강정훈
감평행정법

강정훈 편저

2차 | 기본서 제7판

8년 연속

★ 전체 ★
수석

합격자 배출

박문각 감정평가사

브랜드만족
1위
박문각

감평행정법은 법학으로 법학을 공부함에 있어서 이런 말이 있습니다.

"헌법은 웃으며 들어갔다가 울며 나오고, 행정법은 울며 들어갔다가 웃으며 나온다."

이는 행정법 자체가 방대하고, 통일된 법전이 없는 가운데 행정청과 국민들 사이의 규범을 다루는 학문이다 보니 어렵게 느껴지기 십상입니다. 특히 감정평가사 공부를 하는 수험생들에게 행정법은 기초학문으로서 선행적으로 학습을 하여야 하는 과목입니다.

감평행정법은 용어부터가 낯설고, 어렵기 일쑤입니다. 공부하는 과정에서 기초용어에 해설과 이를 통한 이해와 암기를 병행하는 학습을 하셔야 합니다. 특히 감평행정법은 공익과 사익의 조화를 통한 법리 습득이 우선이지만 감정평가 및 보상법규는 실천학문으로 암기해야 할 것이 많습니다. 감정평가 및 보상법규 선행학습으로 매우 중요한 과목입니다.

감정평가사 시험 2025년-2026년도 〈감정평가 및 보상법규〉에 응시하시는 수험생분들에게 알기 쉽고, 단계별 학습전략으로 효율적인 공부방법론을 구사할 수 있도록 본 교재는 구성되었습니다. 처음 공부할 때는 무엇부터 해야 할지, 어떤 것이 중요한 것인지, 공부는 어떻게 해야 하는지 등등 의문투성이입니다. 본 교재는 체계적인 암기와 이해를 통해서 공부기간을 최단기화하는 것을 목표로 step by step 감평행정법 학습 전략을 구사하여 수험생 여러분들의 감정평가 및 보상법규 정복에 일조를 하려고 합니다. 한번에 끝나는 공부가 아니라 어차피 감정평가사 2차 시험 감정평가 및 보상법규 시험보는 당일까지 계속 반복 학습하는 것이 공부인 만큼, 감평행정법의 사전 찾기식 공부방법론을 본 교재를 통해서 익히시길 바랍니다. 본 저자는 오랜 감정평가사 공부와 강의 경험을 토대로 시험논제에 필요한 감평행정법 공부를 통해서 시험범위의 확정과 아울러 시행착오를 줄이고자 본 교재를 전면 개정 출간하게 되었습니다. 특히 감평행정법을 통해서 〈감정평가 및 보상법규〉와의 유기적이고 체계적인 연결고리 공부를 통해서 튼튼한 기본기를 다져야 합니다.

본 교재의 특징은 다음과 같습니다.

1. 종전에 감평행정법 과거 학설이나 판례들을 전면 삭제하고 최근 2025년 1월까지 새롭게 논의되고, 새롭게 나온 대법원 판례들을 반영하여 감정평가사 수험서로는 가장 최신 자료를 업데이트하고 종전에 학설의 논의에 치중되었던 논의를 실천학문적 관점에서 규정과 판례로 해결할 수 있도록 감평행정법 교재를 전면적으로 수정 출판하게 되었습니다.

2. 최근 공익사업을 위한 토지 등의 취득 및 보상에 관한 법률(이하 '토지보상법')이 개정되어 2024년 9월 20일자 시행되는 내용을 모두 반영하였고, 토지보상법 시행령 개정된 2024년 4월 9일자 반영하였으며, 토지보상법 시행규칙 2024년 4월 9일 개정 내용을 모두 반영하였고, 2025년 1월 현재 개정 내용을 모두 반영하였습니다.

3. 부동산 가격공시 및 감정평가에 관한 법률(이하 '부동산공시법')이 2016년 9월 1일자 분법 시행되어 부동산 가격공시에 관한 법률로 개정되었으며, 2022년 3월 30일 부동산공시법령 시행된 내용을 모두 반영하였고, 현재 2025년 1월 개정된 내용 모두를 반영하였습니다.

4. 감정평가 및 감정평가사에 관한 법률(이하 '감정평가법')과 시행령이 제정되어 2016년 9월 1일자 모두 반영하였으며, 2023년 8월 10일 개정된 감정평가 및 감정평가사에 관한 법률 개정 내용을 반영하였습니다. 또한 감정평가 및 감정평가사에 관한 법률 시행령이 2024년 9월 26일자로 개정 시행되었고, 감정평가 및 감정평가에 관한 법률 시행규칙도 2024년 9월 26일자로 개정 시행되는 내용을 모두 반영하였습니다. 또한, 감정평가산업의 환경변화에 대응하여 감정평가의 구체적인 원칙과 기준을 연구·보급할 수 있는 기관 또는 단체의 운영근거를 마련하고, 전자적인 형태의 감정평가서 발급을 허용하는 등 감정평가분야의 낡은 규제도 개선하려는 제도개선입니다. 또한 2023년 8월 10일부터 시행되는 감정평가법에서는 "감정평가사의 직무와 관련하여 금고 이상의 형을 선고받아 그 형이 확정된 경우 과실범인 경우에도 자격을 취소할 수 있다"고 개정하였습니다. 감정평가사의 사회적 책임을 강조하는 규정이라고 할 수 있겠습니다.

5. 최근 2024년 제35회 감정평가사 제2차 시험에서부터 2007년 제18회 감정평가사 제2차 시험 출제 경향까지 감정평가 및 보상법규에서 쟁점이 되고 핵심 내용이라 할 수 있는 내용들도 모두 수록하여 2025년 1월 현재 최근의 감평행정법 경향을 모두 반영하였습니다.

6. 2025년 1월 현재까지 대법원 판례정보에서 나온 토지보상법, 부동산공시법, 감정평가법 등 관련 판례를 모두 반영하여 최신의 대법원 판례 경향을 분석하여 실었습니다. 또한 행정절차법등 관계법령의 개정 내용도 모두 반영하였습니다. 특히 수험목적상 감정평가 및 보상법규 기출문제뿐만 아니라 타 국가고시가 기출된 내용들도 반영 수록하여 객관적인 출제 경향을 반영하였습니다.

7. 특히 행정기본법이 2021년 3월 23일 제정되어 현재 2024년 1월 16일 개정 시행되는 행정법 일반원칙인 비례의 원칙, 신뢰보호의 원칙, 부당결부금지의 원칙 등에 대한 내용이 모두 성문화되어 이에 대한 제·개정 내용도 모두 반영하였습니다. 부관 규정 신설된 내용과 직권취소와 철회에 대한 신설 규정, 제재처분의 기준과 제척기간 규정, 공법상 계약규정, 과징금 규정, 행정상 강제규정, 처분에 대한 이의신청에 대한 불복 규정, 처분의 재심사 규정등 감정평가 및 보상법규에서 쟁점화될 수 있는 규정들을 모두 감평행정법 기본서에 반영하였습니다.

본 저자는 "미래는 준비하는 자의 것이다"라는 좌우명으로 살아왔는데, 감평행정법은 감정평가 및 보상현장에서 가져야 할 준비된 감평행정 법리가 잘 정리되어 있습니다. 감평행정 법학은 이론과 판례가 서로를 견인하여 발전시켜 나아가는 실천적 학문입니다. 본 교재가 독자들에게 감정평가 및 보상법규 선행학습으로서 감평행정법의 길라잡이 역할을 해주리라 믿습니다. 본서 출간에 많은 도움을 주신 박문각 박용 회장님과 노일구 부장님 등 박문각 편집부 관계자 여러분들께 진심으로 감사 인사드립니다. 감평행정법 교재 편집과 자료 정리, 교정에 많은 도움을 준 김가연 예비감정평가사님과 계미정 예비감정평가사님에게 고마운 마음을 전합니다. 겨울방학 동안에 책작업을 하느라 놀아주지도 못해 딸 서은이와 아들 동윤에게 미안한 마음을 전하며, 무럭무럭 건강하게 잘 자라주기를 기도합니다. 사랑하는 아내 김설현, 딸 강서은, 아들 강동윤에게 무한한 사랑을 전하며, 고군분투하는 감정평가사 수험생 여러분들에게 큰 격려와 응원을 보내드립니다. 고맙습니다.

편저자 강정훈

ᄒᆔ 감정평가사란?

감정평가란 토지 등의 경제적 가치를 판정하여 그 결과를 가액으로 표시하는 것을 말한다. 감정평가사(Certified Appraiser)는 부동산·동산을 포함하여 토지, 건물 등의 유무형의 재산에 대한 경제적 가치를 판정하여 그 결과를 가액으로 표시하는 전문직업인으로 국토교통부에서 주관, 산업인력관리공단에서 시행하는 감정평가사시험에 합격한 사람으로 일정기간의 수습과정을 거친 후 공인되는 직업이다.

ᄒᆔ 시험과목 및 시험시간

가. 시험과목(감정평가 및 감정평가사에 관한 법률 시행령 제9조)

시험구분	시험과목
제1차 시험	❶ 「민법」 중 총칙, 물권에 관한 규정 ❷ 경제학원론 ❸ 부동산학원론 ❹ 감정평가관계법규(「국토의 계획 및 이용에 관한 법률」, 「건축법」, 「공간정보의 구축 및 관리 등에 관한 법률」 중 지적에 관한 규정, 「국유재산법」, 「도시 및 주거환경정비법」, 「부동산등기법」, 「감정평가 및 감정평가사에 관한 법률」, 「부동산 가격공시에 관한 법률」 및 「동산·채권 등의 담보에 관한 법률」) ❺ 회계학 ❻ 영어(영어시험성적 제출로 대체)
제2차 시험	❶ 감정평가실무 ❷ 감정평가이론 ❸ 감정평가 및 보상법규(「감정평가 및 감정평가사에 관한 법률」, 「공익사업을 위한 토지 등의 취득 및 보상에 관한 법률」, 「부동산 가격공시에 관한 법률」)

나. 과목별 시험시간

시험구분	교시	시험과목	입실완료	시험시간	시험방법
제1차 시험	1교시	❶ 민법(총칙, 물권) ❷ 경제학원론 ❸ 부동산학원론	09:00	09:30~11:30(120분)	객관식 5지 택일형
	2교시	❹ 감정평가관계법규 ❺ 회계학	11:50	12:00~13:20(80분)	

	1교시	❶ 감정평가실무	09:00	09:30~11:10(100분)	과목별 4문항 (주관식)
제2차 시험		중식시간 11:10 ~ 12:10(60분)			
	2교시	❷ 감정평가이론	12:10	12:30~14:10(100분)	
		휴식시간 14:10 ~ 14:30(20분)			
	3교시	❸ 감정평가 및 보상법규	14:30	14:40~16:20(100분)	

※ 시험과 관련하여 법률·회계처리기준 등을 적용하여 정답을 구하여야 하는 문제는 시험시행일 현재 시행 중인 법률·회계처리기준 등을 적용하여 그 정답을 구하여야 함

※ 회계학 과목의 경우 한국채택국제회계기준(K-IFRS)만 적용하여 출제

다. 출제영역 : 큐넷 감정평가사 홈페이지(www.Q-net.or.kr/site/value) 자료실 게재

응시자격 및 결격사유

가. 응시자격 : 없음

　　※ 단, 최종 합격자 발표일 기준, 감정평가 및 감정평가사에 관한 법률 제12조의 결격사유에 해당하는 사람 또는 같은 법 제16조 제1항에 따른 처분을 받은 날부터 5년이 지나지 아니한 사람은 시험에 응시할 수 없음

나. 결격사유(감정평가 및 감정평가사에 관한 법률 제12조, 2023.8.10. 시행)

　　다음 각 호의 어느 하나에 해당하는 사람

　1. 파산선고를 받은 사람으로서 복권되지 아니한 사람

　2. 금고 이상의 실형을 선고받고 그 집행이 종료(집행이 종료된 것으로 보는 경우를 포함한다)되거나 그 집행이 면제된 날부터 3년이 지나지 아니한 사람

　3. 금고 이상의 형의 집행유예를 받고 그 유예기간이 만료된 날부터 1년이 지나지 아니한 사람

　4. 금고 이상의 형의 선고유예를 받고 그 선고유예기간 중에 있는 사람

　5. 제13조에 따라 감정평가사 자격이 취소된 후 3년이 지나지 아니한 사람. 다만 제6호에 해당하는 사람은 제외한다.

　6. 제39조 제1항 제11호 및 제12호에 따라 자격이 취소된 후 5년이 지나지 아니한 사람

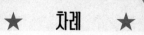

차례

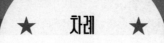

CONTENTS | PREFACE | GUIDE

PART

01

행정법 총론

행정과 행정법

제1절 행정

Ⅰ 행정법과 행정의 의의

행정법이란 국내법 중 행정에 관한 법이면서 동시에 공법인 법을 말하며, 행정법학의 고찰대상으로서의 행정인 형식적 의미의 행정이란 여러 국가기관 중에서 행정부에 속하는 기관에 의하여 행하는 모든 작용을 말한다.

Ⅱ 행정법의 분류

1. 일반행정법과 특별행정법(개별행정법)

일반행정법은 모든 행정분야에 공통적으로 적용되는 법규와 법원칙 전체를 말한다. 특별행정법은 개별행정법이라고도 하는데, 특별행정분야에 적용되는 행정법을 지칭한다. 예를 들면, 지방자치법, 공물법, 경찰행정법, 경제행정법, 환경행정법, 도시계획법, 건축법, 도로법, 교육법 등을 들 수 있다.

2. 행정조직법, 행정작용법, 행정구제법

행정조직법은 행정주체의 내부조직에 관한 법을 말한다. 즉, 행정조직법은 행정기관의 조직과 행정기관 상호 간의 관계 및 행정기관의 권한을 규율하는 법을 말한다. 행정작용법은 행정주체의 국민에 대한 대외적인 활동을 규율하는 법을 말한다. 행정구제법은 행정권에 의해 가해진 권익침해에 대한 구제를 규율하는 법으로서 국가배상법, 손실보상에 관한 법(토지보상법), 행정심판법, 행정소송법, 헌법소원에 관한 법(헌법재판소법)이 이에 속한다.

제2절 법치행정의 원칙

I 개설

법치행정의 원칙이란 행정권도 법에 따라서 행하여져야 하며, 만일 행정권에 의하여 국민의 권익이 침해된 경우에는 이의 구제를 위한 제도가 보장되어야 한다는 것을 의미한다. 법률에 의한 행정의 원칙은 '행정에 대한 법의 지배'와 '행정구제제도'의 확립을 그 내용으로 한다. '행정에 대한 법의 지배'는 법의 우위의 원칙, 법률유보의 원칙을 포함한다.

> **행정기본법 제8조(법치행정의 원칙)**
> 행정작용은 법률에 위반되어서는 아니 되며, 국민의 권리를 제한하거나 의무를 부과하는 경우와 그 밖에 국민생활에 중요한 영향을 미치는 경우에는 법률에 근거하여야 한다.

II 법치행정의 내용(법률의 법규창조력은 제외함)[1]

1. 법률우위의 원칙(행정기본법 제8조 제1문 성문화)

법률우위의 원칙이란 행정활동은 법률의 규정에 위반하여 행하여져서는 안 되며, 이 점은 모든 행정작용에 적용된다는 행정작용의 법률종속성을 의미한다. 여기서의 법률의 우위란 합헌적 법률우위를 뜻한다. 소극적 의미의 법률적합성의 원칙이라고도 한다. 행정작용이 법우위의 원칙을 위반하면 위법한 행정작용이 되어, 이로 인해 손해가 발생한 경우 손해배상이 인정될 수 있다. 행정기본법 제8조 제1문은 "행정작용은 법률에 위반되어서는 아니 된다."는 규정을 두어 법률우위의 원칙을 성문화하였다.

2. 법률유보의 원칙(행정기본법 제8조 제2문 성문화)

(1) 의의 및 내용

법률유보의 원칙은 행정권의 발동에는 법적 근거가 있어야 한다는 것을 의미한다. 법률유보의 원칙은 인권보장 및 민주행정의 실현에 그 의의가 있으며, 법률유보의 원칙이 적용되는 경우 행정상 필요하다는 사실만으로 행정권은 행사될 수 없고, 법적 근거가 있어야 행정권 행사가 가능하다.

---

1) 법률의 법규창조력은 법규를 창조하는 것은 법률, 즉 입법권의 전권에 속하는 것으로서 행정권은 법률의 수권이 없는 한 법규를 창조할 수 없다는 것을 의미한다. 법률의 법규창조력은 국민의 자유와 권리를 제한·침해하는 법은 국민의 대표로 구성되는 의회가 법률로만 규정하거나 법률의 수권에 의하여서만 규정할 수 있다는 뜻을 가진다. 그러나 최근 통설은 법치행정의 원리에서 법률의 법규창조력은 법규명령, 관습법, 행정법의 일반원칙 등 역시 국민생활을 직접적으로 기속하는 효력을 갖게 되어 법치행정 원리의 요소로는 ① 법률우위의 원칙과 ② 법률유보의 원칙만 논의하고 있다.

(2) 적용 범위

1) 학설

① **침해유보설** : 국민의 자유 권리를 제한 또는 침해하거나 새로운 의무를 부과하는 행정작용은 반드시 법률의 근거를 요한다는 견해이다.

② **권력행정유보설** : 행정주체의 행정작용의 성격이 수익적인지 침익적인지와 상관없이 모든 권력적 행정작용에는 법률의 근거를 요한다는 견해이다.

③ **전부유보설** : 모든 행정작용은 그 성질이나 종류를 불문하고 법률의 근거를 요한다는 견해이다.

④ **급부행정유보설** : 침해행정뿐만 아니라 급부행정의 전반에 대해서도 법률의 근거를 요한다는 견해이다.

⑤ **중요사항유보설** : 기본적인 규범영역에서 모든 중요한 결정은 적어도 입법자 스스로 법률을 정하여야 한다는 견해이다.

2) 판례

📋 판례

[1] 도시환경정비사업시행인가 신청 시 요구되는 토지등소유자의 동의정족수를 정하는 것은 국민의 권리와 의무의 형성에 관한 기본적이고 본질적인 사항으로 법률유보 내지 의회유보의 원칙이 지켜져야 할 영역이다. 따라서 사업시행인가 신청에 필요한 동의정족수를 자치규약에 정하도록 한 이 사건 동의요건조항(구 도시 및 주거환경정비법 제28조 제5항)은 법률유보 내지 의회유보의 원칙에 위배된다(헌재 2012.4.24. 선고 2010헌바1)(의회유보의 원칙).

[2] 텔레비전방송수신료는 대다수 국민의 재산권 보장의 측면이나 한국방송공사에게 보장된 방송자유의 측면에서 국민의 기본권 실현에 관련된 영역에 속하고, 수신료금액의 결정은 납부의무자의 범위 등과 함께 수신료에 관한 본질적인 중요한 사항이므로 국회가 스스로 행하여야 하는 사항에 속하는 것임에도 불구하고 한국방송공사법 제36조 제1항에서 국회의 결정이나 관여를 배제한 채 한국방송공사로 하여금 수신료금액을 결정해서 문화관광부장관의 승인을 얻도록 한 것은 법률유보의 원칙에 위반된다(헌재결정 1999.5.27. 98헌바70 전원재판부[KBS수신료사건]).

[3] 법률의 시행령은 모법인 법률에 의하여 위임받은 사항이나 법률이 규정한 범위 내에서 법률을 현실적으로 집행하는 데 필요한 세부적인 사항만을 규정할 수 있을 뿐, 법률에 의한 위임이 없는 한 법률이 규정한 개인의 권리·의무에 관한 내용을 변경·보충하거나 법률에 규정되지 아니한 새로운 내용을 규정할 수는 없다(대법원 2020.9.3. 선고 2016두32992 전원합의체 판결).

[4] 오늘날의 법률유보원칙은 단순히 행정작용이 법률에 근거를 두기만 하면 충분한 것이 아니라, 국가공동체와 그 구성원에게 기본적이고도 중요한 의미를 갖는 영역, 특히 국민의 기본권 실현에 관련된 영역에 있어서는 행정에 맡길 것이 아니고 국민의 대표자인 입법자 스스로 그 본질적 사항에 대하여 결정하여야 한다는 요구, 즉 의회유보원칙까지 내포하는 것으로 이해되고 있다. 여기서 어떠한 사안이 국회가 형식적 법률로 스스로 규정하여야 하는 본질적 사항에 해당되는지는, 구체적 사례에서 관련된 이익 내지 가치의 중요성, 규제 또는 침해의 정도와 방법 등을

고려하여 개별적으로 결정하여야 하지만, 규율대상이 국민의 기본권과 관련한 중요성을 가질수록 그리고 그에 관한 공개적 토론의 필요성 또는 상충하는 이익 사이의 조정 필요성이 클수록, 그것이 국회의 법률에 의하여 직접 규율될 필요성은 더 증대된다. 따라서 국민의 권리·의무에 관한 기본적이고 본질적인 사항은 국회가 정하여야 하고, 헌법상 보장된 국민의 자유나 권리를 제한할 때에는 적어도 그 제한의 본질적인 사항에 관하여 국회가 법률로써 스스로 규율하여야 한다(대법원 2020.9.3. 선고 2016두32992 전원합의체 판결).

[5] 수신료 징수업무를 한국방송공사가 직접 수행할 것인지 제3자에게 위탁할 것인지, 위탁한다면 누구에게 위탁하도록 할 것인지, 위탁받은 자가 자신의 고유업무와 결합하여 징수업무를 할 수 있는지는 징수업무 처리의 효율성 등을 감안하여 결정할 수 있는 사항으로서 국민의 기본권제한에 관한 본질적인 사항이 아니라 할 것이다. 따라서 방송법 제64조 및 제67조 제2항은 법률유보의 원칙에 위반되지 아니한다(헌법재판소 2008.2.28. 선고 2006헌바70 전원재판부[방송법 제64조 등 위헌소원]).

3) 검토

민주주의의 요청과 행정의 탄력성을 조화시키며 국민의 기본권 보장을 고려하여야 한다는 점에서 <중요사항유보설>이 타당하다고 판단되나, 결국 법률유보가 필요한 영역인가에 대하여는 구체적인 사안별로 검토하는 것이 필요하며 행정기본법 제8조 제1문과 제2문의 규정에 의하여 법치행정의 원리를 실현하도록 해야 할 것이다.

제3절 행정법의 법원

Ⅰ 개설

행정법의 법원(Rechtsquelle)이란 행정권의 조직과 작용 및 그 규제에 관한 법의 존재형식 또는 법의 선험적인 인식근거를 말한다. 행정법은 원칙적으로 성문법의 형식으로 존재하나 불문법의 형식으로 존재하는 경우도 있다. 대륙법계 국가에서는 성문법을 원칙으로 하는 데 반하여, 영·미법계 국가에서는 불문법을 원칙으로 하고 있다. 그러나 행정법의 경우는 어느 국가를 막론하고 성문법의 형식을 취함을 원칙으로 한다. 이는 법치행정의 원리표현이다. 행정법의 규율대상인 행정은 매우 복잡하고 다양하기 때문에 행정에 관한 단일법전을 만드는 것이 매우 어렵다. 그리하여 행정법에는 법전이 존재하지 않는다. 그러나, 행정기본법, 행정법총칙, 일반행정작용법의 성격을 갖는 행정기본법과 행정절차에 관한 일반법인 행정절차법이 제정되어 있다.

■ II ■ 성문법원

1. 헌법

헌법은 국가의 통치권 전반에 관한 근본조직과 작용을 규율하는 기본법인 까닭에 그중의 행정조직과 행정작용에 관한 규정은 행정법의 법원 중 가장 기본적인 것이다. 헌법의 기본가치나 방침은 일반적으로 법률의 형식으로 구체화되므로 행정은 법률이라는 통로를 통하여 헌법과 교통하게 된다.

2. 국제법규

헌법 제6조 제1항은 "헌법에 의하여 체결·공포된 조약과 일반적으로 승인된 국제법규는 국내법과 동일한 효력을 갖는다"라고 규정하고 있는데, 이는 국제법규가 별도의 입법조치 없이 일반적으로 국내법으로 수용된다는 것을 의미한다. 헌법 제60조에 의해 국회의 동의를 받은 조약은 법률과 같은 효력이 있고, 국회의 동의를 받지 않은 조약은 명령과 같은 효력이 있다. 법률의 효력을 갖는 조약에 위반한 명령은 무효라는 것이 일반적 견해이며 판례도 이러한 입장을 취하고 있다.

≡○ 판례

[1] 학교급식을 위해 위 지방자치단체에서 생산되는 우수 농수축산물과 이를 재료로 사용하는 가공식품을 우선적으로 사용하도록 하고 그러한 우수농산물을 사용하는 자를 선별하여 식재료나 식재료 구입비의 일부를 지원하며 지원을 받은 학교는 지원금을 반드시 우수농산물을 구입하는 데 사용하도록 하는 것을 내용으로 하는 위 지방자치단체의 조례안이 '1994년 관세 및 무역에 관한 일반협정'(General Agreement on Tariffs and Trade 1994)에 위반되어 그 효력이 없다(대법원 2005.9.9. 선고 2004추10 판결[학교급식조례 사례]).

[2] 반덤핑부과처분이 WTO 협정 위반이라는 이유만으로 사인이 직접 국내 법원에 그 처분의 취소를 구하는 소를 제기하거나 협정 위반을 처분의 독립된 취소사유로 주장할 수 있는지 여부 ; 관세 및 무역에 관한 일반협정(GATT 1994) 제6조의 이행에 관한 협정은 국가와 국가 사이의 권리·의무관계를 설정하는 국제협정으로, 그 내용 및 성질에 비추어 이와 관련한 법적 분쟁은 위 WTO 분쟁해결기구에서 해결하는 것이 원칙이고, 사인에 대하여는 위 협정의 직접 효력이 미치지 아니한다고 보아야 할 것이므로, 위 협정에 따른 회원국 정부의 반덤핑부과처분이 WTO 협정위반이라는 이유만으로 사인이 직접 국내 법원에 회원국 정부를 상대로 그 처분의 취소를 구하는 소를 제기하거나 위 협정위반을 처분의 독립된 취소사유로 주장할 수는 없다(대법원 2009.1.30. 선고 2008두17936 판결[반덤핑관세부과처분취소 사례]).

[3] '서비스 무역에 관한 일반협정(General Agreement on Trade in Services, GATS)' 및 '한-유럽연합 자유무역협정(Free Trade Agreement)'(이 사건 각 협정)은 국가와 국가 사이의 권리·의무관계를 설정하는 국제협정으로서, 그 내용 및 성질에 비추어 이와 관련한 법적 분쟁은 협정에서 정한 바에 따라 국가 간 분쟁해결기구에서 해결하는 것이 원칙이고, 특별한 사정이 없는 한 사인에 대하여는 협정의 직접 효력이 미치지 아니한다. 따라서 이 사건 각 협정의 개별 조항 위반을 주장하여 사인이 직접 국내 법원에 해당 국가의 정부를 상대로 그 처분의 취소를 구하는 소를 제기하거나

협정위반을 처분(대형마트의 영업제한처분)의 독립된 취소사유로 주장하는 것은 허용되지 아니한다(대법원 2009.1.30. 선고 2008두17936 판결 참조)(대법원 2015.11.19. 선고 2015두295 전원합의체 판결 [영업시간제한등처분취소]<대형마트 영업규제사건>).

3. 법률

법률이란 헌법에서 정해진 절차에 따라 국회에서 제정된 법규범으로서 형식적 의미의 법률개념이다. 기본적이거나 중요한 사항은 법률로 정하여야 하고(중요사항유보설), 국민의 기본권의 제한은 헌법 제37조 제2항에 따라 법률로 하여야 한다.

4. 명령

명령이란 행정권에 의해 정립되는 법을 말한다. 명령은 헌법에서 인정한 것으로 긴급명령과 긴급재정·경제명령(헌법 제76조), 대통령령(헌법 제75조), 총리령과 부령(헌법 제95조), 중앙선거관리위원회규칙(헌법 제114조), 국회규칙(헌법 제64조), 대법원규칙(헌법 제108조), 헌법재판소규칙(헌법 제113조)이 있다.

5. 자치법규

자치법규란 자치단체의 기관이 제정하는 자치에 관한 법규범을 말한다. 지방자치단체의 자치 법규에는 지방의회가 제정하는 조례와 지방자치단체의 집행기관이 제정하는 규칙이 있으며, 규칙에는 일반사무의 집행기관이 제정하는 규칙(지방자치법 제23조)과 교육집행 기관이 제정하는 교육규칙이 있다. 대법원 판례는 "도시 및 주거환경정비법에 의한 주택재개발 정비사업조합의 정관은 해당 조합의 조직, 기관, 활동, 조합원의 권리의무관계 등 단체법적 법률관계를 규율하는 것으로서 공법인인 조합과 조합원에 대하여 구속력을 가지는 자치법규로서 원칙적으로 조합 외부의 제3자를 보호하거나 제3자를 위한 규정이라고 볼 것은 아니다(대법원 2019.10.31. 선고 2017다282438 판결)."라고 판시하고 있다.

III 불문법원

1. 관습법

관습법이란 사회의 거듭된 관행으로 생성한 사회생활규범이 사회의 법적 확신과 인식에 의하여 법적 규범으로 승인·강행되기에 이른 것을 말한다(대법원 2005.7.21. 선고 2002다1178 전원합의체 판결). 관습법은 통설과 판례에 의하면, 객관적 요소로서 장기적이고 일반적인 관행·관습이 있고, 주관적 요소로서 민중의 법적 확신이 있는 경우에 인정된다(법적 확신설). 다만 관습법으로 승인되었더라도 사회 구성원들이 그러한 관행의 법적 구속력에 대하여 확신을 갖지 않게 되었다거나, 사회를 지배하는 기본적 이념이나 사회질서의 변화로 인하여 그러한 관습법을 적용하여야 할 시점에 있어서의 전체 법질서에 부합하게 되지 않게 되었다면 그러한 관습법은 법적규범으로서의 효력이 부정될 수밖에 없다(대법원 2005.7.21. 선고 2002다1178 전원합의체 판결).

2. 판례

대륙법계 국가에서처럼 우리나라에서는 영미법계 국가에서와 달리 선례가 법상 구속력을 갖지 않으므로 법원은 기존의 판례를 변경할 수 있고 하급법원도 이론상 상급법원의 판결에 구속되지 않는다. 그러나 실제에 있어서 판례는 사실상 구속력을 갖는다. 그 이유는 법원 특히 대법원은 법적 안정성을 위하여 판례를 잘 변경하지 않는 경향이 있고, 하급심이 상급심의 판결을 따르지 않는 경우 하급심의 판결이 상급심에서 파기될 가능성이 높으므로 하급심은 상급심의 판결을 존중하는 경향이 있기 때문이다.

3. 조리

조리란 사회일반의 정의감에 비추어 반드시 그러하여야 할 것이라고 인정되는 것, 사물의 본질적 법칙 또는 법의 일반원칙을 말하는바, 대법원은 이를 사물의 조리에 따르는 이치라 하여 실정법 이전의 것으로 본다. 조리는 ① 법해석상 의문이 있는 경우에 법해석의 기본원리로서, ② 성문법, 관습법, 판례법 등이 모두 없는 경우에 최후의 보충적 법원으로서 중요한 의의를 가지고 있다(대법원 1966.7.26. 선고 66다919 판결). 종래에는 조리를 성문법과 관습법이 없는 경우에 보충적으로만 적용되는 것으로 보았으나, 그 내용이 헌법에 뿌리를 둔 법의 일반원칙이라는 점에서 본서에서는 후술하는 행정법의 일반원칙의 문제로서 다룬다.

제4절 행정법의 일반원칙

Ⅰ 개설

행정법의 일반원칙이란 행정법의 모든 분야에 적용되고 지배되는 일반적 원리를 말하는데, 종래의 통설은 조리 내지는 조리법의 내용으로 설명하여 왔다. 그러나 행정기본법이 제정되면서 행정법 일반원칙은 성문법화된 점에 유의하여야 할 것이다. 일반적으로 조리 내지는 일반원칙으로 ① 평등원칙, ② 평등원칙을 근거로 한 자기구속의 법리, ③ 비례의 원칙, ④ 신뢰보호의 원칙 등이 있다.

Ⅱ 평등의 원칙

행정기본법 제9조(평등의 원칙)
행정청은 합리적 이유 없이 국민을 차별하여서는 아니 된다.

1. 의의

평등의 원칙은 불합리한 차별을 하여서는 안 된다는 원칙을 말한다. 따라서 합리적인 이유가 있어서 다르게 취급하는 것은 평등원칙의 위반이 아니다. 오히려 합리적인 이유가 있는 경우에는 다르게 취급 하는 것이 평등의 원칙에 합치된다.

2. 법적 근거

헌법 제11조 제1항은 "모든 국민은 법 앞에 평등하다. 누구든지 성별·종교 또는 사회적 신분에 의하 여 정치적·경제적·사회적·문화적 생활의 모든 영역에 있어서 차별을 받지 아니한다."라고 규정하 여 법 앞의 평등원칙을 채택하고 있다. 여기서 '법'은 국회에 의하여 제정된 법률뿐만 아니라 모든 법 (헌법, 법률, 명령 등)을 포함한다. 행정기본법 제9조에서 성문화하였다.

3. 효력 및 권리구제

평등원칙은 헌법적 효력을 갖는다. 따라서 평등원칙에 위반한 행정작용은 위헌 위법한 행정작용이 된 다. 또, 평등원칙에 반하는 법률은 위헌이므로 그러한 법률에 근거한 행정작용도 위법성이 인정된다. 따라서 법원은 재량권의 남용을 이유로 그 처분을 취소하거나 무효임을 확인할 수 있으며, 상대방에게 손해가 발생한 경우, 국가배상청구소송을 통하여 권리구제를 받을 수 있다.

4. 내용

어떠한 행정조치가 평등의 원칙에 반하는 것인가는 차별취급에 합리적인 이유가 있는가의 여부에 달 려 있다. 평등권의 침해 여부에 대한 심사는 ① 합리적 이유 없이 동일한 사항을 다르게 취급하는 것은 자의적인 것으로서 평등원칙에 위반(자의금지원칙에 의한 심사)되는 경우와 ② 상대방의 사정이 다른 경우에는 다르게 취급하는 것이 정당화될 수 있지만 비례성을 결여한 과도한 차별취급은 합리적 인 차별이 아니므로 평등의 원칙에 반하는 경우(비례원칙에 의한 심사)로 나누어 볼 수 있다.

🔍 판례

[1] 평등권의 침해 여부에 대한 심사는 그 심사기준에 따라 자의금지원칙에 의한 심사와 비례의 원칙에 의한 심사로 크게 나누어 볼 수 있다(헌재 2006.2.23. 선고 2004헌마675·981·1022(병합) 전원재판부).

[2] 헌법상 평등원칙은 본질적으로 같은 것을 자의적으로 다르게 취급함을 금지하는 것으로서, 일체의 차별적 대우를 부정하는 절대적 평등을 뜻하는 것이 아니라 입법을 하고 법을 적용할 때에 합리적 인 근거가 없는 차별을 하여서는 아니 된다는 상대적 평등을 뜻하므로, 합리적 근거가 있는 차별 또는 불평등은 평등의 원칙에 반하지 아니한다(대법원 2018.10.25. 선고 2018두44302 판결).

[3] 이 사건 조항으로 인한 공무담임권의 차별효과는 앞서 본 바와 같이 심각한 반면, 국가유공자 가족 들에 대하여 아무런 인원제한도 없이 매 시험마다 10%의 높은 가산점을 부여해야만 할 필요성은 긴요한 것이라고 보기 어렵고, 입법목적을 감안하더라도 일반 응시자들의 공무담임권에 대한 차별

> 효과가 지나친 것이다. 이 사건 조항의 위헌성은 국가유공자 등과 그 가족에 대한 가산점제도 자체가 입법정책상 전혀 허용될 수 없다는 것이 아니고, 그 차별의 효과가 지나치다는 것에 기인한다 (헌재결정 2006.2.23. 선고 2004헌마675 전원재판부).

5. 한계

불법 앞의 평등 요구는 인정되지 않는다.

6. 적용 영역

(1) 재량권 통제의 원칙

평등의 원칙은 모든 공권력 행사를 통제하는 법원칙인데, 특히 재량권을 통제하는 원칙이다. 행정청이 재량권을 행사함에 있어 A에게 어떤 처분을 한 경우에 그 자체로는 재량권의 일탈 또는 남용인 위법이 아니라고 하더라도 이미 행해진 동종사안에서의 제3자에 대한 처분과 비교하여 불합리하게 불리한 처분에 해당하는 경우에는 평등원칙에 반하는 위법한 재량권 행사가 된다.

(2) 재량준칙과 평등원칙

재량준칙은 행정규칙으로서 직접 대외적인 구속력을 갖지는 않지만 평등의 원칙을 매개로 하여 간접적인 대외적 효력을 갖는다고 보는 것이 다수의 견해이다. 평등원칙은 재량준칙이 대외적 효력을 갖게 하는 전환규범으로서의 기능을 갖는다.

III 행정의 자기구속의 원칙

1. 의의 및 근거

행정의 자기구속의 원칙이란 행정청이 상대방에 대하여 동종 사안에 있어서 제3자에게 행한 결정과 동일한 결정을 하도록 스스로 구속당하는 것을 말한다. 이 원칙은 행정기본법에 명문화되어 있지는 않지만, 판례도 평등의 원칙 또는 신뢰보호의 원칙의 근거로 인정되고 있다.

판례

[1] 상급행정기관이 하급행정기관에 대하여 업무처리지침이나 법령의 해석적용에 관한 기준을 정하여 발하는 이른바 '행정규칙이나 내부지침'은 일반적으로 행정조직 내부에서만 효력을 가질 뿐 대외적인 구속력을 갖는 것은 아니므로 행정처분이 그에 위반하였다고 하여 그러한 사정만으로 곧바로 위법하게 되는 것은 아니다. 다만, 재량권 행사의 준칙인 행정규칙이 그 정한 바에 따라 되풀이 시행되어 행정관행이 이루어지게 되면 평등의 원칙이나 신뢰보호의 원칙에 따라 행정기관은 그 상대방에 대한 관계에서 그 규칙에 따라야 할 구속을 받게 되므로, 이러한 경우에는 특별한 사정이 없는 한 그를 위반하는 처분은 평등의 원칙이나 신뢰보호의 원칙에 위배되어 재량권을 일탈·남용한 위법한 처분이 된다.

시장이 농림수산식품부에 의하여 공표된 '2008년도 농림사업시행지침서'에 명시되지 않은 '시·군별 건조저장시설 개소당 논 면적' 기준을 충족하지 못하였다는 이유로 신규 건조저장시설 사업자 인정신청을 반려한 사안에서, 위 지침이 되풀이 시행되어 행정관행이 이루어졌다거나 그 공표만으로 신청인이 보호가치 있는 신뢰를 갖게 되었다고 볼 수 없고, 쌀 시장 개방화에 대비한 경쟁력 강화 등 우월한 공익상 요청에 따라 위 지침상의 요건 외에 '시·군별 건조저장시설 개소당 논 면적 1,000ha 이상' 요건을 추가할 만한 특별한 사정을 인정할 수 있어, 그 처분이 행정의 자기 구속의 원칙 및 행정규칙에 관련된 신뢰보호의 원칙에 위배되거나 재량권을 일탈·남용한 위법이 없다고 한 사례(대법원 2009.12.24. 선고 2009두7967 판결[신규건조저장시설사업자인정신청반려처분취소]).

[2] 재량준칙이 정한 바에 따라 되풀이 시행되어 행정관행이 이루어지게 되면 평등의 원칙이나 신뢰보호의 원칙에 따라 행정청은 상대방에 대한 관계에서 그 규칙에 따라야 할 자기구속을 받게 되므로, 이러한 경우에는 특별한 사정이 없는 한 그에 반하는 처분은 평등의 원칙이나 신뢰보호의 원칙에 어긋나 재량권을 일탈·남용한 위법한 처분이 된다(대법원 2014.11.27. 선고 2013두18964 판결).

[3] 재량권 행사의 준칙인 규칙이 그 정한 바에 따라 되풀이 시행되어 행정관행이 이룩되게 되면, 평등의 원칙이나 신뢰보호의 원칙에 따라 행정기관은 그 상대방에 대한 관계에서 그 규칙에 따라야 할 자기구속을 당하게 되고, 그러한 경우에는 대외적인 구속력을 가지게 된다 할 것이다(헌재결정 1990.9.3. 선고 90헌마13 전원재판부).

2. 적용요건(재/선/동)

① 행정청의 법으로부터 자유로운 영역인 재량영역에 적용된다. 이 원칙은 행정기관에 재량권이 인정되는 영역에서 그 의미를 가진다.

② 이 원칙이 적용되기 위해서는 1회 이상의 행정선례가 존재하여야 한다고 보는 것이 일반적 견해이다.

③ 행정선례와 동일한 사안이어야 한다. 이 원칙은 자의적 차별에까지 이르지 않는 재량결정에 대하여 동종의 전후 양 사안에 적용된 재량기준을 비교하여 그 위법성을 근거 짓는 기능을 가지며 이로써 그에 대한 사법적 통제를 가능케 하는 역할을 수행하게 된다.

3. 한계

새로운 사정변경이 없는 경우 공익상의 이유만으로 행정관행과 다른 처분을 하는 것은 원칙상 자기구속의 원칙에 반한다. 다만, 재량준칙을 개정하는 등 행정관행과 다른 처분의 가능성을 미리 예고하고 시차를 두어 공익상 행정관행과 다른 처분을 하는 것은 가능하다고 보아야 할 것이며, 새로운 사정변경이 있는 경우에는 행정관행과 다른 처분을 할 공익상 필요가 심히 큰 경우에 한하여 행정관행과 다른 처분을 하는 것이 가능하다고 보아야 할 것이다. 또한 불법에 있어서 평등대우는 인정될 수 없으므로, 행정관행이 위법한 경우에는 명문의 규정이 없는 한 행정청은 자기구속을 당하지 않고 행정의 법률적합성 원칙이 우선한다고 보아야 한다.

> **판례**
>
> 관련판례 : 행정관행이 위법한 경우 행정청은 자기구속을 당하지 않는다.
> **[1]** 일반적으로 행정상의 법률관계 있어서 행정청의 행위에 대하여 신뢰보호의 원칙이 적용되기 위하여는 행정청이 개인에 대하여 신뢰의 대상이 되는 공적인 견해표명을 하였다는 점이 전제되어야 한다(대법원 1998.5.8. 선고 98두4061 판결 등 참조). 그리고 평등의 원칙은 본질적으로 같은 것을 자의적으로 다르게 취급함을 금지하는 것이고, 위법한 행정처분이 수차례에 걸쳐 반복적으로 행하여졌다 하더라도 그러한 처분이 위법한 것인 때에는 행정청에 대하여 자기구속력을 갖게 된다고 할 수 없다(대법원 2009.6.25. 선고 2008두13132 판결 [조합설립추진위원회승인처분취소]).

4. 위반의 효과

판례는 자기구속의 원칙이 인정되는 경우 행정관행과 다른 처분은 특별한 사정이 없는 한 위법하다고 본다. 따라서 이 원칙에 반하는 행정처분은 항고소송의 대상이 되고, 행청청의 행위를 통하여 손해가 발생한 경우 국가배상청구소송을 통하여 배상을 받을 수 있다고 보아야 한다.

Ⅳ 비례의 원칙

> **행정기본법 제10조(비례의 원칙)**
> 행정작용은 다음 각 호의 원칙에 따라야 한다.
> 1. 행정목적을 달성하는 데 유효하고 적절할 것
> 2. 행정목적을 달성하는 데 필요한 최소한도에 그칠 것
> 3. 행정작용으로 인한 국민의 이익 침해가 그 행정작용이 의도하는 공익보다 크지 아니할 것

1. 의의 및 근거

비례의 원칙이란 과잉조치금지의 원칙이라고도 하는데, 행정작용에 있어서 행정목적과 행정수단 사이에는 합리적인 비례관계가 있어야 한다는 원칙을 말한다. 행정기본법상 비례의 원칙은 성문의 일반적인 법원칙이다. 행정기본법상 비례의 원칙은 성문의 법규이므로, 국가의 모든 기관과 공무원들은 비례의 원칙을 준수하여야 한다. 개별법률에 비례의 원칙 규정이 없다고 하여도 공무원들은 행정기본법령을 집행할 때 일반법인 행정기본법 제10조를 근거로 활용, 적용하여야 한다.

> **판례**
>
> **[1]** 도시·군계획시설(이하 '도시계획시설'이라 한다)사업에 관한 실시계획인가처분은 해당 사업을 구체화하여 현실적으로 실현하기 위한 형성행위로서 이에 따라 토지수용권 등이 구체적으로 발생하게 된다. 따라서 행정청이 실시계획인가처분을 하기 위해서는 그 실시계획이 법령이 정한 도시계획시설의 결정·구조 및 설치기준에 적합하여야 함은 물론이고 사업의 내용과 방법에 대하여 인가처분에 관련된 자들의 이익을 공익과 사익 간에서는 물론, 공익 상호 간 및 사익 상호 간에도 정당하게 비교·교량하여야 하며, 그 비교·교량은 비례의 원칙에 적합하도록 하여야 한다(대법원 2018.7.24. 선고 2016두48416 판결[수용재결취소 등]).

[2] 관련 규정의 문언·체제·취지 등에 더하여 다음과 같은 사정, 즉 ① 어업허가를 받거나 어업신고가 수리된 자가 갖는 어업에 대한 재산적 이익은 공유수면에서 자유로이 생존하는 수산동식물을 포획할 수 있는 지위로서 어업허가취득이나 수산동식물의 포획에 어떤 대가를 지불하는 것이 아니어서 일반 재산권처럼 보호가치가 확고하다고 보기 어려운 점, ② 한편 어업권의 특성과 그 행사방식 등에 비추어 그 재산권의 행사가 사회적 연관성과 사회적 기능이 크다고 보이므로 입법자에 의한 보다 광범위한 제한이 허용된다고 보이는 점, ③ 구 수산업법이 손실보상 없이 어업을 제한할 수 있는 사유를 수산자원의 보존 또는 국방상 필요 등 사회적 연관성과 사회적 기능이 크다고 보이는 경우로 제한적으로 규정하고 있는 점, ④ 허가 또는 신고 어업과는 달리 면허어업은 해조류양식어업 등을 주요대상으로 하여 조업이 제한되는 해역 이외의 장소에서는 조업이 불가능한 사정을 고려하여 보상제외사유로 삼지 않는 등 제한되는 어업의 종류와 특성 및 내용에 따라 보상 여부를 달리 정하고 있는 점 등을 종합하면, 이 사건 단서 조항에서 허가·신고 어업에 대하여 '국방상 필요하다고 인정하여 국방부장관으로부터 요청이 있을 때'(제3호)에는 '공익사업을 위한 토지 등의 취득 및 보상에 관한 법률 제4조의 공익사업상 필요한 때'(제5호)와 달리 손실보상 없이 이를 제한할 수 있도록 정한 것이 재산권자가 수인하여야 하는 사회적 제약의 한계를 넘어 가혹한 부담을 발생시키는 등 비례의 원칙을 위반하였다고 보기 어려우므로 이 사건 단서 조항이 헌법에 위반된다고 볼 수 없다(대법원 2016.5.12. 선고 2013다62261 판결[손실보상 등]).

[3] 자동차가 대중적인 교통수단이고 그에 따라 자동차운전면허가 대량으로 발급되어 교통상황이 날로 혼잡해짐에 따라 교통법규를 엄격히 지켜야 할 필요성은 더욱 커지는 점, 음주운전으로 인한 교통사고 역시 빈번하고 그 결과가 참혹한 경우가 많아 대다수의 선량한 운전자 및 보행자를 보호하기 위하여 음주운전을 엄격하게 단속하여야 할 필요가 절실한 점 등에 비추어 보면, 음주운전으로 인한 교통사고를 방지할 공익상의 필요는 더욱 중시되어야 하고 운전면허의 취소는 일반의 수익적 행정행위의 취소와는 달리 그 취소로 인하여 입게 될 당사자의 불이익보다는 이를 방지하여야 하는 일반예방적 측면이 더욱 강조되어야 한다(대법원 2019.1.17. 선고 2017두59949 판결[자동차운전면허취소처분취소]).

[4] 사업인정이란 공익사업을 토지 등을 수용 또는 사용할 사업으로 결정하는 것으로서 공익사업의 시행자에게 그 후 일정한 절차를 거칠 것을 조건으로 일정한 내용의 수용권을 설정하여 주는 형성행위이므로, 해당 사업이 외형상 토지 등을 수용 또는 사용할 수 있는 사업에 해당한다고 하더라도 사업인정기관으로서는 그 사업이 공용수용을 할 만한 공익성이 있는지의 여부와 공익성이 있는 경우에도 그 사업의 내용과 방법에 관하여 사업인정에 관련된 자들의 이익을 공익과 사익 사이에서는 물론, 공익 상호 간 및 사익 상호 간에도 정당하게 비교·교량하여야 하고, 그 비교·교량은 비례의 원칙에 적합하도록 하여야 한다. 그뿐만 아니라 해당 공익사업을 수행하여 공익을 실현할 의사나 능력이 없는 자에게 타인의 재산권을 공권력적·강제적으로 박탈할 수 있는 수용권을 설정하여 줄 수는 없으므로, 사업시행자에게 해당 공익사업을 수행할 의사와 능력이 있어야 한다는 것도 사업인정의 한 요건이라고 보아야 한다(대법원 2011.1.27. 선고 2009두1051 판결[토지수용재결처분취소]).

2. 내용

비례의 원칙은 다음과 같은 내용을 포함하며, 적합성·필요성·상당성의 원칙은 단계적 검토가 이루어져야 한다.

(1) 적합성의 원칙(행정기본법 제10조 제1호)

행정기본법 제10조 제1호에는 "행정작용은 행정목적을 달성하는 데 유효하고 적절할 것"을 규정하고 있다. 적합성의 원칙이란 행정기관이 취한 조치 또는 수단이 그가 의도하는바, 목적을 달성하는 데에 적합해야 함을 의미한다.

(2) 필요성의 원칙(최소 침해의 원칙)(행정기본법 제10조 제2호)

행정기본법 제10조 제2호는 "행정작용은 행정목적을 달성하는 데 필요한 최소한도에 그칠 것"을 규정하고 있다. 일정한 목적을 달성할 수 있는 수단이 여러 가지 있는 경우에 행정기관은 관계자에게 가장 적은 부담을 주는 수단을 선택해야 함을 의미한다. 따라서 그 필요성의 원칙은 최소 침해의 원칙이라고도 일컬어진다.

(3) 상당성의 원칙(협의의 비례원칙)(행정기본법 제10조 제3호)

상당성의 원칙이란 행정조치를 취함에 따른 불이익이 그것에 의해 달성되는 이익보다 큰 경우에는 그 행정조치를 취해서는 안 된다는 원칙을 말한다. 상당성의 원칙을 적용함에 따른 이익형량에 있어서 행정조치로 인하여 달성되는 공익과 사익을 한쪽으로 하고 그로 인하여 침해되는 공익과 사익을 다른 한쪽으로 하여 이익형량을 하여야 할 것이다. 이익형량이 균형을 잃은 경우에 재량처분이 위법하게 된다.

판례

[1] 행정주체가 택지개발 예정지구 지정 처분과 같은 행정계획을 입안·결정하는 데에는 비록 광범위한 계획재량을 갖고 있지만 행정계획에 관련된 자들의 이익을 공익과 사익 사이에서는 물론, 공익 상호 간과 사익 상호 간에도 정당하게 비교·교량하여야 하고 그 비교·교량은 비례의 원칙에 적합하도록 하여야 하는 것이므로, 만약 이익형량을 전혀 하지 아니하였거나 이익형량의 고려대상에 포함시켜야 할 중요한 사항을 누락한 경우 또는 이익형량을 하기는 하였으나 그것이 비례의 원칙에 어긋나게 된 경우에는 그 행정계획은 재량권을 일탈·남용한 위법한 처분이다. 또 여기서 비례의 원칙(과잉금지의 원칙)이란 어떤 행정목적을 달성하기 위한 수단은 그 목적달성에 유효·적절하고 또한 가능한 한 최소 침해를 가져오는 것이어야 하며 아울러 그 수단의 도입으로 인한 침해가 의도하는 공익을 능가하여서는 아니 된다는 헌법상의 원칙을 말한다(대법원 1997.9.26. 선고 96누10096 판결[택지개발예정지구지정처분취소 등]).

[2] 헌법재판소는 입법자가 임의적(재량적) 규정으로도 법의 목적을 실현할 수 있음에도 여객운송사업자가 지입제 경영을 한 경우 구체적 사안의 개별성과 특수성(해당 사업체의 규모, 지입차량의 비율, 지입의 경위 등)을 전혀 고려하지 않고 그 사업면허를 필요적으로(기속적으로) 취소하도록 한 여객

자동차운송사업법 제76조 제1항 단서 중 제8호 부분이 비례의 원칙의 요소인 '피해최소성의 원칙' 및 '법익균형성의 원칙'에 반한다고 결정하였다(헌재 전원재판부 2000.6.1. 선고 99헌가11·12(병합)[여객자동차운수사업법 제1항 단서 중 제8호 부분 위헌제청]).

3. 적용 영역

비례의 원칙은 모든 행정분야 및 모든 행정권 행사에 적용되며, 비례의 원칙의 파생원칙으로는 수익적 행정행위의 취소·철회의 제한법리(이익형량의 원칙), 형량명령이론, 과잉급부금지의 원칙 등이 있다. 비례의 원칙은 주로 재량행위의 통제법리이며 기속행위의 경우에는 기속행위의 근거가 된 법령에 대한 비례성 통제를 통하여 간접적으로 행해진다.

(1) 공용수용과 비례원칙

"공용수용은 공익사업을 위하여 타인의 특정한 재산권을 법률의 힘에 의하여 강제적으로 취득하는 것이므로 수용할 목적물의 범위는 원칙적으로 사업을 위하여 필요한 최소한도에 그쳐야 한다(대법원 1997.9.8. 선고 87누395 판결).

(2) 부관의 한계로서의 비례원칙

부관은 행정행위의 목적상 필요한 최소한에 그쳐야 한다는 내용상의 한계가 있다. 즉 부관은 주된 행정행위의 효과를 제한(또는 보충)하기 위하여 부가되는 종된 규율이므로 주된 행정행위의 목적과 아무 관계가 없는 제한을 가할 수 없는 것이고(필요성), 또한 부관은 주된 행정행위의 본질적 내용을 침해하는 정도의 제한이 되어서는 안 될 것이다(상당성).

📑🔍 **판례**

[1] 피고가 이 사건 사업계획승인처분에 부가한 부담의 실현으로 이룩되는 공익의 내용은 이 사건 아파트 입주자 및 인근 주민들의 통행, 차량진입로의 확보 등이고, 그 상대방이 위 부담을 실현하기 위해 입게 되는 불이익의 내용은 이 사건 사업부지 면적의 무려 3분의 1에 해당하는 토지를 고가로 매수하여야 하는 것인 점, … 원고들이 위 부담을 이행한다 하더라도 나머지 구간이 조속히 이루어지지 않는 한 교통난 해소에 별다른 도움이 되지 않는다고 보여지는 점, 원고들은 이 사건 사업으로 인한 주민들의 통행불편을 해소하기 위해 부가된 이 사건 승인조건 제2항, 제3항에 대해서는 다투지 아니하는 점 등에 비추어 보면, 피고가 이 사건 사업계획승인처분에 부가한 승인조건 제1항의 부담은 그로 인해 달성하려는 공익의 내용이나 정도에 비하여 이를 실현하기 위해 입게 되는 원고들의 불이익의 내용 및 정도가 훨씬 심대하여 그들 사이에 현저하게 형평을 잃어 위 부담의 부가행위는 재량권을 일탈하거나 남용한 위법한 것이다(대법원 1994.1.25. 선고 93누13537 판결).

4. 위반의 효과

비례의 원칙에 위반한 행정권발동은 적법한계를 일탈한 위법처분이 된다. 비례의 원칙에 위반되는 행정조치에 대한 소송방식에는 주로 원고적격의 관점에서 문제가 되는데, 침해적 처분에 의한 비례의 원칙을 위반한 과다한 규제에 대하여는 상대방이 항고소송, 행정상 손해배상소송을 제기할 수 있음이 당연하다.

판례

[1] 주유소 영업의 양도인이 등유가 섞인 유사휘발유를 판매한 바를 모르고 이를 양수한 석유판매영업자에게 전 운영자인 양도인의 위법사유를 들어 사업정지기간 중 최장기인 6월의 사업정지에 처한 영업정지처분이 석유사업법에 의하여 실현시키고자 하는 공익목적의 실현보다는 양수인이 입게 될 손실이 훨씬 커서 재량권을 일탈한 것으로서 위법하다고 본 사례(대법원 1992.2.25. 선고 91누13106 판결[석유판매업영업정지처분취소])

[2] 이른바 '원고 사건'에서의 면직처분이, 징계면직된 검사가 그 징계사유인 비행에 이르게 된 동기와 경위, 그 비행의 내용과 그로 인한 검찰조직과 국민에게 끼친 영향의 정도, 그 검사의 직위와 그 동안의 행적 및 근무성적, 징계처분으로 인한 불이익의 정도 등 제반 사정에 비추어, 비례의 원칙에 위반된 재량권 남용으로서 위법하다고 본 사례(대법원 2001.8.24. 선고 2000두7704 판결[면직처분취소])

[3] 이 사건 통행제지행위는 서울광장에서 개최될 여지가 있는 일체의 집회를 금지하고 일반시민들의 통행조차 금지하는 전면적이고 광범위하며 극단적인 조치이므로 집회의 조건부 허용이나 개별적 집회의 금지나 해산으로는 방지할 수 없는 급박하고 명백하며 중대한 위험이 있는 경우에 한하여 비로소 취할 수 있는 거의 마지막 수단에 해당한다. 서울광장 주변에 노무현 전 대통령을 추모하는 사람들이 많이 모여 있었다거나 일부 시민들이 서울광장 인근에서 불법적인 폭력행위를 저지른 바 있다고 하더라도 그것만으로 폭력행위일로부터 4일 후까지 이러한 조치를 그대로 유지해야 할 급박하고 명백한 불법·폭력 집회나 시위의 위험성이 있었다고 할 수 없으므로 이 사건 통행제지행위는 당시 상황에 비추어 필요최소한의 조치였다고 보기 어렵고, 가사 전면적이고 광범위한 집회방지조치를 취할 필요성이 있었다고 하더라도, 서울광장에의 출입을 완전히 통제하는 경우 일반시민들의 통행이나 여가·문화 활동 등의 이용까지 제한되므로 서울광장의 몇 군데라도 통로를 개설하여 통제하에 출입하게 하거나 대규모의 불법·폭력 집회가 행해질 가능성이 적은 시간대라든지 서울광장 인근 건물에의 출근이나 왕래가 많은 오전 시간대에는 일부 통제를 푸는 등 시민들의 통행이나 여가·문화활동에 과도한 제한을 초래하지 않으면서도 목적을 상당 부분 달성할 수 있는 수단이나 방법을 고려하였어야 함에도 불구하고 모든 시민의 통행을 전면적으로 제지한 것은 침해의 최소성을 충족한다고 할 수 없다.
또한 대규모의 불법·폭력 집회나 시위를 막아 시민들의 생명·신체와 재산을 보호한다는 공익은 중요한 것이지만, 당시의 상황에 비추어 볼 때 이러한 공익의 존재 여부나 그 실현 효과는 다소 가상적이고 추상적인 것이라고 볼 여지도 있고, 비교적 덜 제한적인 수단에 의하여도 상당 부분 달성될 수 있었던 것으로 보여 일반 시민들이 입은 실질적이고 현존하는 불이익에 비하여 결코 크다고 단정하기 어려우므로 법익의 균형성 요건도 충족하였다고 할 수 없다.
따라서 이 사건 통행제지행위는 과잉금지원칙을 위반하여 청구인들의 일반적 행동자유권을 침해한 것이다(헌법재판소 2011.6.30. 선고 2009헌마406 전원재판부[서울특별시서울광장통행저지행위위헌확인]).

V 신뢰보호의 원칙

행정기본법 제12조(신뢰보호의 원칙)
① 행정청은 공익 또는 제3자의 이익을 현저히 해칠 우려가 있는 경우를 제외하고는 행정에 대한 국민의 정당하고 합리적인 신뢰를 보호하여야 한다.

1. 의의 및 근거

신뢰보호의 원칙이라 함은 행정기관의 어떠한 말 또는 행동에 대해 국민이 신뢰를 갖고 행위를 한 경우 그 국민의 신뢰가 보호가치 있는 경우에 그 신뢰를 보호하여 주어야 한다는 원칙을 말하며, 행정기본법 제12조 제1항 및 행정절차법 제4조 제2항에 근거한다.

2. 적용 요건

(1) 행정기관의 선행행위의 존재

① **선행조치에 해당하는 행정작용**

신뢰보호원칙이 성립하기 위해서는 개인의 신뢰보호의 대상이 되는 행정기관의 선행조치가 있어야 한다. 그 선행조치에는 법령의 개정, 수익적 처분, 계획(계획 변경), 확언(내인가, 내허가), 행정지도를 비롯한 국가의 모든 행정작용이 이에 해당하며, 반드시 명시적 · 적극적 언동에 국한하지 않는다. 즉, 묵시적 견해표명으로도 가능하다.

② **권한 있는 기관의 공적 견해표명**

판례의 태도에 따르면 공적 견해의 표명의 여부는, 이를 할 수 있는 정당한 권한을 가진 기관이 아니라 할지라도 처분의 상대방이 신뢰할 가능성이 있었는지를 기준으로 판단하고, 이러한 신뢰가능성을 판단함에 있어서는 처분상대방의 주관적인 기준이 아니라 해당 언동을 하게 된 구체적인 경위 및 담당공무원의 조직상의 지위와 임무 등을 고려하여 객관적으로 판단하여야 한다는 취지로 생각된다(대법원 1997.9.12. 선고 96누18380 판결).

📑 **판례**

> [1] 일반적으로 조세 법률관계에서 과세관청의 행위에 대하여 신의성실의 원칙이 적용되기 위하여는 과세관청이 납세자에게 신뢰의 대상이 되는 공적인 견해표명을 하여야 하고, 또한 국세기본법 제18조 제3항에서 말하는 비과세관행이 성립하려면 상당한 기간에 걸쳐 과세를 하지 아니한 객관적 사실이 존재할 뿐만 아니라 과세관청 자신이 그 사항에 관하여 과세할 수 있음을 알면서도 어떤 특별한 사정 때문에 과세하지 않는다는 의사가 있어야 하며 위와 같은 공적 견해나 의사는 명시적 또는 묵시적으로 표시되어야 하지만, 묵시적 표시가 있다고 하기 위하여는 단순한 과세 누락과는 달리 과세관청이 상당기간 불과세 상태에 대하여 과세하지 않겠다는 의사표시를 한 것으로 볼 수 있는 사정이 있어야 하고, 이 경우 특히 과세관청의 의사표시가 일반론적인 견해표명에 불과한 경우에는 위 원칙의 적용을 부정하여야 한다(대법원 2001.4.24. 선고 2000두5203 판결).

[2] 일반적으로 행정상의 법률관계에 있어서 행정청의 행위에 대하여 신뢰보호의 원칙이 적용되기 위하여는, 첫째 행정청이 개인에 대하여 신뢰의 대상이 되는 공적인 견해표명을 하여야 하고, 둘째 행정청의 견해표명이 정당하다고 신뢰한 데에 대하여 그 개인에게 귀책사유가 없어야 하며, 셋째 그 개인이 그 견해표명을 신뢰하고 이에 어떠한 행위를 하였어야 하고, 넷째 행정청이 위 견해표명에 반하는 처분을 함으로써 그 견해표명을 신뢰한 개인의 이익이 침해되는 결과가 초래되어야 하며, 이러한 요건을 충족할 때에는 행정청의 처분은 신뢰보호의 원칙에 반하는 행위로서 위법하게 된다고 할 것이고, 또한 위 요건의 하나인 행정청의 공적 견해표명이 있었는지의 여부를 판단하는 데 있어 반드시 행정조직상의 형식적인 권한분장에 구애될 것은 아니고 담당자의 조직상의 지위와 임무, 당해 언동을 하게 된 구체적인 경위 및 그에 대한 상대방의 신뢰가능성에 비추어 실질에 의하여 판단하여야 한다(대법원 1997.9.12. 선고 96누18380 판결 [토지형질변경행위불허가처분취소]).

[3] 병무청 담당부서의 담당공무원에게 공적 견해의 표명을 구하는 정식의 서면질의 등을 하지 아니한 채 총무과 민원팀장에 불과한 공무원이 민원봉사차원에서 상담에 응하여 안내한 것을 신뢰한 경우, 신뢰보호원칙이 적용되지 아니한다고 한 사례(대법원 2003.12.26. 선고 2003두1875 판결 [병역의무부과처분취소])

[4] 일반적으로 행정상의 법률관계 있어서 행정청의 행위에 대하여 신뢰보호의 원칙이 적용되기 위하여는, ① 행정청이 개인에 대하여 신뢰의 대상이 되는 공적인 견해표명을 하여야 하고, ② 행정청의 견해표명이 정당하다고 신뢰한 데에 대하여 그 개인에게 귀책사유가 없어야 하며, ③ 그 개인이 그 견해표명을 신뢰하고 이에 어떠한 행위를 하였어야 하고, ④ 행정청이 위 견해표명에 반하는 처분을 함으로써 그 견해표명을 신뢰한 개인의 이익이 침해되는 결과가 초래되어야 하며, 어떠한 행정처분이 이러한 요건을 충족할 때에는, ⑤ 공익 또는 제3자의 정당한 이익을 현저히 해할 우려가 있는 경우가 아닌 한, 신뢰보호의 원칙에 반하는 행위로서 위법하게 된다.

폐기물처리업에 대하여 사전에 관할 관청으로부터 적정통보를 받고 막대한 비용을 들여 허가요건을 갖춘 다음 허가신청을 하였음에도 다수 청소업자의 난립으로 안정적이고 효율적인 청소업무의 수행에 지장이 있다는 이유로 한 불허가처분이 신뢰보호의 원칙 및 비례의 원칙에 반하는 것으로서 재량권을 남용한 위법한 처분이라고 본 사례(대법원 1998.5.8. 선고 98두4061 판결[폐기물처리업허가신청에대한불허가처분취소]).

(2) 보호가치 있는 신뢰

이때의 보호가치 유무의 판단은 신뢰를 얻기까지의 과정에서 당사자가 귀책사유 있는 행위를 하였는가에 의해 결정된다. 예컨대, 당사자가 사기·강박·뇌물제공·신청서의 허위기재 등에 의해 선행조치를 받은 경우에는 이 요건을 충족하지 못한다.

(3) 신뢰에 기초한 상대방의 행위 및 이에 대한 처리보호

당사자가 행정기관의 선행조치를 믿고 어떠한 행위를 하여야 한다. 신뢰보호는 그 자체가 목적이 아니라 처리보호를 위한 것이므로 당사자가 행정행위의 적법성 또는 존속성을 신뢰하여 행한 어떤 처리(행정작용을 신뢰하여 개인의 대응책, 즉 흠이 있는 건축허가를 믿고 건축에 착수한 경우와 같이 신뢰에 입각한 관계자의 처리 등의 존재)를 보호하는 것이 목적이기 때문이다.

(4) 선행조치에 반하는 행정작용

행정청이 종래에 행한 선행조치에 반하는 행정작용을 함으로써 그 선행조치의 존속에 대한 신뢰를 바탕으로 일정한 처리를 행한 관계자의 이익을 침해하여야 한다.

(5) 인과관계

신뢰보호는 행정청의 선행조치에 반하는 행정청의 처분이 있거나, 행정청이 선행조치에 의하여 약속한 행위를 하지 않음으로써 선행행위를 신뢰한 당사자의 권익이 침해된 경우에 인정된다.

3. 적용영역

신뢰보호의 원칙이 적용되는 경우로는 수익적 행정행위의 취소 또는 철회의 제한, 실권의 법리, 확약의 법적 근거, 행정계획에 있어서 계획보장청구권, 행정의 자기구속의 법리, 신뢰보호의 원칙에 반하는 처분의 취소, 신뢰보호의 원칙 위반을 이유로 한 국가배상청구 등이 있다. 실권의 법리, 확약의 법리 등 신뢰보호의 원칙의 파생법리는 신뢰보호의 원칙에 우선하여 적용된다.

판례

[1] 대통령이 담화를 발표하고 이에 따라 국방부장관이 삼청교육 관련 피해자들에게 그 피해를 보상하겠다고 공고하고 피해신고까지 받은 것은, 대통령이 정부의 수반인 지위에서 피해자들인 국민에 대하여 향후 입법조치 등을 통하여 그 피해를 보상해 주겠다고 구체적 사안에 관하여 종국적으로 약속한 것으로서, 거기에 채무의 승인이나 시효이익의 포기와 같은 사법상의 효과는 없더라도, 그 상대방은 약속이 이행될 것에 대한 강한 신뢰를 가지게 되고, 이러한 신뢰는 단순한 사실상의 기대를 넘어 법적으로 보호받아야 할 이익이라고 보아야 하므로, 국가로서는 정당한 이유 없이 이 신뢰를 깨뜨려서는 아니 되는바, 국가가 그 약속을 어기고 후속조치를 취하지 아니함으로써 위 담화 및 피해신고 공고에 따라 피해신고를 마친 피해자의 신뢰를 깨뜨린 경우, 그 신뢰의 상실에 따르는 손해를 배상할 의무가 있고, 이러한 손해에는 정신적 손해도 포함된다(대법원 2001.7.10. 선고 98다38364 판결[손해배상(기)]).

[2] 실권 또는 실효의 법리는 법의 일반원리인 신의성실의 원칙에 바탕을 둔 파생원칙인 것이므로 공법관계 가운데 관리관계는 물론이고 권력관계에도 적용되어야 함을 배제할 수는 없다 하겠으나 그것은 본래 권리행사의 기회가 있음에도 불구하고 권리자가 장기간에 걸쳐 그의 권리를 행사하지 아니하였기 때문에 의무자인 상대방은 이미 그의 권리를 행사하지 아니할 것으로 믿을 만한 정당한 사유가 있게 되거나 행사하지 아니할 것으로 추인케 할 경우에 새삼스럽게 그 권리를 행사하는 것이 신의성실의 원칙에 반하는 결과가 될 때 그 권리행사를 허용하지 않는 것을 의미한다(대법원 1988.4.27. 선고 87누915 판결[행정서사허가취소처분취소]).

4. 신뢰보호원칙의 한계

(1) 행정의 법률적합성의 원칙과의 관계

행정에 있어서 가장 기본적인 원칙은 법치행정의 원칙이다. 그런데 신뢰보호의 원칙을 적용하는 결과로 위법한 행정작용의 효력을 시인하는 경우가 발생하는 때에는 어떻게 할 것인가 하는 문제가 생긴다. 이에 대하여는 합법성의 원칙과 법적 안정성이 충돌하는 경우에는 합법성의 원칙에 따른 처분을 통하여 달성하려는 공익과 행정작용의 존속에 대한 상대방의 신뢰가 침해됨으로써 발생되는 불이익을 이익형량하여 결정하여야 한다는 견해가 지배적이며 판례의 태도 또한 동일하다.

판례

[1] 이 사건 토석채취허가가 법적으로 가능할 것이라는 취지의 피고의 언동을 신뢰하고 이 사건 토석채취허가신청 및 그 준비에 적지 않은 비용과 노력을 투자하였다가 이 사건 불허가처분으로 인하여

상당한 불이익을 입게 되었다고 할 것이다. 그러나 근래 날로 심해지고 있는 각종 환경오염과 자연
파괴로 인한 국민건강 및 환경상의 위해를 예방하여 모든 국민이 건강하고 보다 쾌적한 환경에서
생활할 수 있게 하는 것은 국가나 지방자치단체의 의무인 동시에 모든 국민의 당연한 권리이자 의
무이며, 또한 한번 파괴된 환경은 그 회복에 막대한 시간과 비용이 소요되는 점을 감안하여 보면,
이 사건 불허가처분에 의하여 피고가 달성하려는 주변의 환경·풍치·미관 등의 보존·유지라는
공익은 이 사건 불허가처분으로 인하여 원고가 입게 되는 불이익을 정당화할 만큼 강한 경우에 해
당한다고 보아야 할 것이고, 따라서 피고의 이 사건 불허가처분이 재량권을 남용하였다거나 신뢰보
호의 원칙에 반하여 위법하다고는 할 수 없다고 할 것이다(대법원 1998.11.13. 선고 98두7343 판결).

[2] 건축주가 건축허가 내용대로 공사를 상당한 정도로 진행하였는데, 나중에 건축법이나 도시계획법에
위반되는 하자가 발견되었다는 이유로 그 일부분의 철거를 명할 수 있기 위하여는 그 건축허가를 기
초로 하여 형성된 사실관계 및 법률관계를 고려하여 건축주가 입게 될 불이익과 건축행정이나 도시계
획행정상의 공익, 제3자의 이익, 건축법이나 도시계획법 위반의 정도를 비교·교량하여 건축주의 이
익을 희생시켜도 부득이하다고 인정되는 경우라야 한다(대법원 2002.11.8. 선고 2001두1512 판결).

(2) 사정변경

신뢰보호원칙이 사정변경의 경우에도 적용되는가의 문제가 있다. 생각건대, 신뢰보호의 원칙은 상황
의 변화에도 관계없이 적용되어야 하는 원칙일 수는 없으므로, 많은 경우 사인의 신뢰형성에 기초가
된 사실관계가 추후에 변화되고 관계 당사자가 그 변화를 알게 되었다면, 그 후로는 관련 사인도 변
화 전의 상태를 이유로 신뢰보호를 주장할 수 없을 것이다.

> **판례**
>
> 행정청이 상대방에게 장차 어떤 처분을 하겠다고 확약 또는 공적인 의사표명을 하였다고 하더라도, 그
> 자체에서 상대방으로 하여금 언제까지 처분의 발령을 신청을 하도록 유효기간을 두는데도 그 기간 내
> 에 상대방의 신청이 없었다거나 확약 또는 공적인 의사표명이 있은 후에 사실적·법률적 상태가 변경
> 되었다면, 그와 같은 확약 또는 공적인 의사표명은 행정청의 별다른 의사표시를 기다리지 않고 실효된
> 다(대법원 1996.8.20. 선고 95누10877 판결).

(3) 공익 또는 제3자 보호

신뢰보호의 원칙은 복효적 행정행위의 경우와 같이 행정청과 상대방이 아닌 제3자의 이익과 관련하
여, 제3자의 정당한 이익을 희생시키면서까지 적용될 수는 없다고 행정절차법 제4조 제2항에 규정하
고 있으며, 공익과 관련하여 공적견해표명에 반하는 후행처분을 통하여 달성하려는 공익과 공적견해
표명에 대한 상대방의 신뢰가 침해됨으로써 발생하는 불이익을 이익형량하여, 사익이 더 큰 경우에는
재량권을 남용한 위법한 처분이라고 판시한 바 있다.

> **📑 판례**
>
> 비록 지방자치단체장이 당해 토지형질변경허가를 하였다가 이를 취소·철회하는 것은 아니라 하더라도 지방자치단체장이 토지형질변경이 가능하다는 공적 견해표명을 함으로써 이를 신뢰하게 된 당해 종교법인에 대하여는 그 신뢰를 보호하여야 한다는 점에서 형질변경허가 후 이를 취소·철회하는 경우를 유추·준용하여 그 형질변경허가의 취소·철회에 상당하는 당해 처분으로써 지방자치단체장이 달성하려는 공익 즉, 당해 토지에 대하여 그 형질변경을 불허하고 이를 우량농지로 보전하려는 공익과 위 형질변경이 가능하리라고 믿은 종교법인이 입게 될 불이익을 상호 비교·교량하여 만약 전자가 후자보다 더 큰 것이 아니라면 당해 처분은 비례의 원칙에 위반되는 것으로 재량권을 남용한 위법한 처분이라고 봄이 상당하다(대법원 1997.9.12. 선고 96누18380 판결[토지형질변경행위불허가처분취소])

5. 위반의 효과

처분이 신뢰보호원칙의 위반이 된 경우, 법원은 재량권의 남용을 이유로 그 처분을 취소하거나 무효임을 확인할 수 있으며, 신뢰보호원칙에 위반된 행정청의 행위를 통하여 상대방에게 손해가 발생한 경우에는 국가배상법 제2조에 따른 국가배상청구소송을 통하여 권리구제를 받을 수 있다.

Ⅵ 실권의 법칙

> **행정기본법 제12조 제2항(실권의 원칙)**
>
> ② 행정청은 권한 행사의 기회가 있음에도 불구하고 장기간 권한을 행사하지 아니하여 국민이 그 권한이 행사되지 아니할 것으로 믿을 만한 정당한 사유가 있는 경우에는 그 권한을 행사해서는 아니 된다. 다만, 공익 또는 제3자의 이익을 현저히 해칠 우려가 있는 경우는 예외로 한다.

1. 의의

실권의 법리란 행정청은 권한 행사의 기회가 있음에도 불구하고 장기간 권한을 행사하지 아니하여 국민이 그 권한이 행사되지 아니할 것으로 믿을 만한 정당한 사유가 있는 경우에는 그 권한을 행사하여서는 아니 된다는 원칙으로서 신뢰보호원칙의 파생원칙에 해당한다. 실권의 법리 법적 근거로는 행정기본법 제12조 제2항을 들 수 있다.

2. 적용 요건

① 권한행사의 기회가 있을 것(행정청이 권리행사의 가능성을 알았을 것)

행정청의 권한 행사의 기회가 있어야 한다. 기회가 있었는지 여부는 담당공무원의 주관적인 판단이 아니라 객관적으로 판단되어야 한다. 즉 행정청이 권리 행사의 가능성을 알고 있어야 한다.

② 장기간 권한의 불행사가 있을 것

행정청이 장기간 권한을 행사하지 아니하여야 한다. 장기간의 의미를 정확히 정할 수는 없지만 권한을 행사함에 충분한 기간이 경과하였다면, 장기간 권한을 행사하지 아니한 것으로 볼 수 있을 것이다.

③ 권한의 불행사에 대한 국민의 신뢰가 있을 것

국민이 행정청이 그 권한을 행사하지 아니할 것으로 믿을 만한 정당한 사유가 있어야 한다. 권한을 행사하지 아니할 것으로 믿을 만한 정당한 사유는 행정청이 그러한 사정을 제공한 것으로 볼 수 있는 경우에 인정하기가 용이할 것이다. 실권의 원칙은 행정청에 대한 신뢰의 보호를 위한 원칙이기 때문이다.

④ 공익 등을 해칠 우려가 없을 것

공익 또는 제3자의 이익을 현저히 해칠 우려가 없어야 한다. 공익 또는 제3자의 이익을 침해할 우려가 없거나, 있다고 하여도 현저히 해칠 우려가 있는 경우가 아니라면 상권의 원칙은 적용될 수 있다.

3. 위반의 효과

실권의 원칙의 적용요건이 구비되면, 행정청은 그 권한을 행사할 수 없다. 행사할 수 없는 권한에는 취소권, 정지권, 철회권이 포함된다. 실권의 원칙에 위반하는 행정작용은 위법한 것이 되며 실권의 원칙에 반하는 행정작용은 경우에 따라 무효 또는 취소의 대상이 된다.

판례

일반적으로 권리의 행사는 신의에 좇아 성실히 하여야 하고 권리는 남용하지 못하는 것이므로 권리자가 실제로 권리를 행사할 수 있는 기회가 있었음에도 불구하고 상당한 기간이 경과하도록 권리를 행사하지 아니하여 의무자인 상대방으로서도 이제는 권리자가 권리를 행사하지 아니할 것으로 신뢰할 만한 정당한 기대를 가지게 된 다음에 새삼스럽게 그 권리를 행사하는 것이 법질서 전체를 지배하는 신의성실의 원칙에 위반하는 것으로 인정되는 결과가 될 때에는 이른바 실효의 원칙에 따라 그 권리의 행사가 허용되지 않는다고 보아야 할 것이고, 또한 실효의 원칙이 적용되기 위하여 필요한 요건으로서의 실효기간(권리를 행사하지 아니한 기간)의 길이와 의무자인 상대방이 권리가 행사되지 아니하리라고 신뢰할 만한 정당한 사유가 있었는지의 여부는 일률적으로 판단할 수 있는 것이 아니라 구체적인 경우마다 권리를 행사하지 아니한 기간의 장단과 함께 권리자 측과 상대방 측 쌍방의 사정 및 객관적으로 존재한 사정 등을 모두 고려하여 사회통념에 따라 합리적으로 판단하여야 할 것이다(대법원 2005.10.28. 선고 2005다45827 판결).

Ⅶ 부당결부금지의 원칙

행정기본법 제13조(부당결부금지의 원칙)
행정청은 행정작용을 할 때 상대방에게 해당 행정작용과 실질적인 관련이 없는 의무를 부과해서는 아니 된다.

1. 의의 및 근거

부당결부금지의 원칙은, 행정작용을 함에 있어서 이와 실질적인 관련이 없는 상대방의 반대급부를 조건으로 하여서는 안 된다는 원칙을 말한다. 현실적으로는 부관에 의해 행정행위에 반대급부를 결부시키는 경우와 행정상 새로운 의무이행확보수단과 관련하여 주로 논의되고 있으며, 이론적 근거로서 법치행정의 원칙, 행정의 예측가능성 확보, 법적 안정성, 인권의 존중 등을 들 수 있고, 실정법적 근거로는 헌법 제37조 제2항과 행정기본법 제13조를 들 수 있다.

📑 판례

[1] 부당결부금지의 원칙이란 행정주체가 행정작용을 함에 있어서 상대방에게 이와 실질적인 관련이 없는 의무를 부과하거나 그 이행을 강제하여서는 아니 된다는 원칙을 말한다(대법원 2009.2.12. 선고 2005다65500 판결).

2. 요건

부당결부금지의 원칙이 성립하기 위해서는 ① 행정기관의 권한행사가 있어야 하며, ② 행정청의 권한행사와 상대방의 반대급부와 결부 또는 의존되어 있어야 하고, ③ 공권력의 행사와 반대급부 사이에 실체적 관련성이 없어야 하는데 여기서 실체적 관련성의 의미에 대해서는 다음 두 가지가 검토되고 있다.

① 원인적 관련성이란 수익적 내용인 주된 행정행위와 불이익한 의무를 부과하는 부관 사이에 직접적인 인과관계가 있을 것을 요하는 것이다.

② 목적적 관련성이란 행정기관은 부관을 부과함에 있어서 근거 법률 및 해당 행정분야의 과업내용에 따라 허용되는 특정 목적만을 수행하여야 한다는 것을 의미한다. 만약 원인적 관련성과 목적적 관련성이 결여된다면 그 반대급부는 부당결부금지원칙에 반하게 되어 위법하게 된다.

3. 적용 영역

부당결부금지의 원칙이 적용되는 경우로는 행정계약의 영역, 부관의 영역, 새로운 의무이행확보수단 영역 등을 들 수 있다.

> **판례**
>
> [1] 지방자치단체장이 사업자에게 주택사업계획승인을 하면서 그 주택사업과는 아무런 관련이 없는 토지를 기부채납하도록 하는 부관을 주택사업계획승인에 붙인 경우, 그 부관은 부당결부금지의 원칙에 위반되어 위법하지만, 지방자치단체장이 승인한 사업자의 주택사업계획은 상당히 큰 규모의 사업임에 반하여, 사업자가 기부채납한 토지 가액은 그 100분의 1 상당의 금액에 불과한 데다가, 사업자가 그동안 그 부관에 대하여 아무런 이의를 제기하지 아니하다가 지방자치단체장이 업무착오로 기부채납한 토지에 대하여 보상협조요청서를 보내자 그때서야 비로소 부관의 하자를 들고 나온 사정에 비추어 볼 때 부관의 하자가 중대하고 명백하여 당연무효라고는 볼 수 없다고 한 사례(대법원 1997.3.11. 선고 96다49650 판결[소유권이전등기말소])

4. 위반의 효과와 권리구제

행정청의 처분이 부당결부금지의 원칙에 위반된 경우, 법원은 그 처분을 취소하거나 무효임을 확인할 수 있다. 부당결부금지의 원칙에 위반한 행정행위는 중대명백설에 따라 무효와 취소의 대상이 되고, 위법한 행정청의 처분으로 인해 손해가 발생한 경우에는 국가배상법 제2조에 따라 국가배상청구소송을 통하여 권리구제를 받을 수 있다.

Ⅷ 성실의무의 원칙

> **행정기본법 제11조(성실의무 및 권한남용금지의 원칙)**
> ① 행정청은 법령 등에 따른 의무를 성실히 수행하여야 한다.

1. 의의

신의성실의 원칙은 모든 사람은 공동체의 일원으로서 상대방의 신뢰를 헛되이 하지 않도록 성의 있게 행동하여야 한다는 원칙이다. 행정기본법은 불문법인 신의성실의 원칙을 행정법의 일반원칙의 하나로 선언하고 있다. 다만, 성실의무의 원칙으로 명칭을 달리하여 규정하고 있다.

2. 적용범위 및 위반

행정기본법 제11조 제1항의 성실의무는 모든 행정에 적용된다. 성실의무의 원칙에 반하는 명령·처분 등은 위법을 면할 수 없고, 성실의무에 반하는 처분의 당사자는 행정기본법 제36조(처분에 대한 이의신청)가 정하는 바에 따라 이의신청을 할 수 있다. 그뿐만 아니라 행정기본법 제37조가 정하는 바에 따라 처분의 재심사를 신청할 수 있으며, 성실의무의 원칙을 위반한 처분은 행정쟁송의 대상이 되며, 경우에 따라서는 국가나 지방자치단체의 손해배상책임을 발생시킬 수 있다.

IX 권한남용금지의 원칙

행정기본법 제11조(성실의무 및 권한남용금지의 원칙)
② 행정청은 행정권한을 남용하거나 그 권한의 범위를 넘어서는 아니 된다.

1. 의의

행정법상 권한의 남용이란 행정기관의 권한을 법상 정해진 공익 목적에 반하여 행사하는 것을 말하며, 권한남용금지의 원칙은 법치국가원리 내지 법치주의에 기초한 것이다. 권한남용금지의 원칙은 행정의 목적 및 행정권한을 행사한 행정공무원의 내심의 의도까지 통제하는 원칙이다.

> **판례**
>
> [1] 법치국가원리는 국가권력의 행사가 법의 지배 원칙에 따라 법적으로 구속을 받는 것을 뜻한다. 법치주의는 원래 국가권력의 자의적 행사를 막기 위한 데서 출발한 것이다. 국가권력의 행사가 공동선의 실현을 위하여서가 아니라 특정 개인이나 집단의 이익 또는 정파적 이해관계에 의하여 좌우된다면 권력의 남용과 오용이 발생하고 국민의 자유와 권리는 쉽사리 침해되어 힘에 의한 지배가 되고 만다. 법치주의는 국가권력의 중립성과 공공성 및 윤리성을 확보하기 위한 것이므로, 모든 국가기관과 공무원은 헌법과 법률에 위배되는 행위를 하여서는 아니 됨은 물론 헌법과 법률에 의하여 부여된 권한을 행사할 때에도 그 권한을 남용하여서는 아니 된다(대법원 2016.12.15. 선고 2016두47659 판결 [증여세등부과처분취소]).

2. 행정권한남용의 원칙 내용

행정권한의 남용·일탈의 의미를 정의하는 규정은 없다. 그것은 법해석의 문제로 재량권 행사와 관련하여 정리되고, 남용·일탈의 의미를 활용할 수 있다. 재량권의 행사 역시 행정권의 행사이기 때문이다. ① 행정권한 남용의 금지, ② 행정권한 일탈의 금지, ③ 행정권한 불행사의 금지 등으로 구분해 볼 수 있다.

3. 적용범위 및 위반

행정기본법 제11조 제2항의 권한남용금지의 원칙은 모든 행정에 적용되며, 권한남용금지의 원칙에 반하는 행정작용은 위법한 행정작용이 된다. 권한남용의 원칙에 반하는 행정작용으로 손해를 입은 자는 국가배상법이 정하는 바에 따라 국가나 지방자치단체를 상대로 손해배상을 청구할 수 있다.

제5절 행정법의 효력

행정기본법 제14조(법 적용의 기준)
① 새로운 법령 등은 법령 등에 특별한 규정이 있는 경우를 제외하고는 그 법령 등의 효력 발생 전에 완성되거나 종결된 사실관계 또는 법률관계에 대해서는 적용되지 아니한다.
② 당사자의 신청에 따른 처분은 법령 등에 특별한 규정이 있거나 처분 당시의 법령 등을 적용하기 곤란한 특별한 사정이 있는 경우를 제외하고는 처분 당시의 법령 등에 따른다.
③ 법령 등을 위반한 행위의 성립과 이에 대한 제재처분은 법령 등에 특별한 규정이 있는 경우를 제외하고는 법령 등을 위반한 행위 당시의 법령 등에 따른다. 다만, 법령 등을 위반한 행위 후 법령 등의 변경에 의하여 그 행위가 법령 등을 위반한 행위에 해당하지 아니하거나 제재처분 기준이 가벼워진 경우로서 해당 법령 등에 특별한 규정이 없는 경우에는 변경된 법령 등을 적용한다.

1. 개설

행정법의 효력의 문제는 행정법령이 어느 범위에서 관계자를 구속하는 힘을 가지는가 하는 문제이다. 행정법령은 시간적·지역적·인적 범위 내에서 효력을 갖는다.

2. 시간적 효력

(1) 효력 발생 시기

행정법령은 공포된 후 시행일로부터 그 효력을 발생한다. 법령을 제정·개정할 때 시행일을 규정함이 일반적이나, 법령에서 시행일을 규정하지 않은 경우에는 공포한 날부터 20일이 경과함으로써 그 효력을 발생한다(법령 등 공포에 관한 법률 제13조). 공포란 확정된 법령의 시행을 국민·주민에게 알리는 것을 말한다. 법령 등의 공포일은 그 법령 등을 게재한 관보 또는 신문이 발행된 날로 한다(공포법 제12조).

> **판례**
>
> [1] 구 광업법시행령(52.7.8. 대통령령 제654호) 제3조에 이른바 관보 게재일이라 함은 관보에 인쇄된 발행일자를 뜻하는 것이 아니고 관보가 전국의 각 관보보급소에 발송 배포되어 이를 일반인이 열람 또는 구독할 수 있는 상태에 놓이게 된 최초의 시기를 뜻한다(대법원 1969.11.25. 선고 69누129 판결[광업권설정등록불수리처분취소]).

(2) 불소급의 원칙(행정기본법 제14조 제1항 명문화)

1) 진정소급금지의 원칙

특정법규가 그 법규의 효력발생일 이전의 사항에 대하여 적용되는 것을 소급이라 하는데, 헌법 제13조 제1항·제2항에 따라 소급효를 인정하지 않는 것이 원칙이다. 소급에는 효력발생일 이전에 이미 완성된 사항에 소급하는 진정소급과 효력발생일에까지 진행 중인 사항에 대한 소급인 부진정소급이 있다. 불소급의 원칙은 기본적으로 진정소급의 금지를 의미한다. 진정소급은 원칙적으로 부정되나, 예외적으로 인정될 수 있다. 그러나 부진정소급은 원칙적으로 인정되나, 예외적으로 공익과 사익을 비교·형량하여 사익이 우월할 경우에 부정될 수 있다

📑 판례

기존의 법에 의하여 이미 형성된 개인의 법적 지위를 사후입법을 통하여 박탈함을 내용으로 하는 진정소급입법은 개인의 신뢰보호와 법적 안정성을 내용으로 하는 법치국가원리에 의하여 허용되지 않음이 원칙이다. 반면 부진정소급입법은 원칙적으로 허용되지만, 소급효를 요구하는 공익상의 사유와 신뢰보호를 요구하는 개인보호의 사유 사이의 교량 과정에서 그 범위에 제한이 가하여 질 수 있다. 또한, 법률불소급의 원칙은 그 법률의 효력발생 전에 완성된 요건사실에 대하여 그 법률을 적용할 수 없다는 의미일 뿐, 계속 중인 사실이나 그 이후에 발생한 요건사실에 대한 법률적용까지를 제한하는 것은 아니다(대법원 2019.1.31. 선고 2015두60020 판결).

2) 진정소급이 인정되는 경우

진정소급입법이라 하더라도 국민이 소급입법을 예상할 수 있었거나 법적 상태가 불확실하고 혼란스러워 보호할 만한 신뢰이익이 적은 경우와 소급입법에 의한 당사자의 손실이 없거나 아주 경미한 경우 그리고 신뢰보호의 요청에 우선하는 심히 중대한 공익상의 사유가 소급입법을 정당화하는 경우 등에는 예외적으로 진정소급입법이 허용된다

📑 판례

[1] 부진정소급입법은 원칙적으로 허용되지만 소급효를 요구하는 공익상의 사유와 신뢰보호의 요청 사이의 교량과정에서 신뢰보호의 관점이 입법자의 형성권에 제한을 가하게 되는 데 반하여, 기존의 법에 의하여 형성되어 이미 굳어진 개인의 법적 지위를 사후입법을 통하여 박탈하는 것 등을 내용으로 하는 진정소급입법은 개인의 신뢰보호와 법적 안정성을 내용으로 하는 법치국가원리에 의하여 특단의 사정이 없는 한 헌법적으로 허용되지 아니하는 것이 원칙이고, 다만 일반적으로 국민이 소급입법을 예상할 수 있었거나 법적 상태가 불확실하고 혼란스러워 보호할 만한 신뢰이익이 적은 경우와 소급입법에 의한 당사자의 손실이 없거나 아주 경미한 경우 그리고 신뢰보호의 요청에 우선하는 심히 중대한 공익상의 사유가 소급입법을 정당화하는 경우 등에는 예외적으로 진정소급입법이 허용된다(헌재결정 1999.7.22. 선고 97헌바76 전원재판부).

[2] 친일반민족행위자 甲이 1911.6.30. 및 1917.10.13. 사정받아 취득한 토지에 대하여 친일반민족행위자재산조사위원회가 친일재산국가귀속결정을 한 사안에서, 구 '친일반민족행위자 재산의 국가귀속에 관한 특별법'(2011.5.19. 법률 제10646호로 개정되기 전의 것, 이하 '특별법'이라 한다) 제2조 제2호에 정한 친일재산은 친일반민족행위자재산조사위원회가 국가귀속결정을 하였는지 여부에 관계없이 특별법 제3조 제1항에 의하여 그 취득·증여 등 원인행위 시에 소급하여 당연히 국가의 소유로 되는 점에다가 특별법의 입법취지 등을 감안하면 특별법상 친일재산에 관하여는 친일반민족행위자나 그 상속인들에 의한 시효취득이 허용되지 아니한다는 이유로, 망 甲의 상속인 乙 등이 한 점유취득시효 내지 등기부취득시효 완성 주장을 배척한 원심판단을 수긍한 사례(대법원 2012.2.23. 선고 2010두17557 판결 [친일재산국가귀속결정취소])

(3) 효력의 소멸

일반적으로 행정법령은 해당 법령 또는 상위의 법령에 의해 명시적으로 개폐된 경우, 해당 법령과 저촉되는 동위 또는 상위의 법령이 새로이 제정된 경우에 그 효력을 상실한다. 다만 한시법의 경우 명문으로 정해진 유효기간이 경과하면 당연히 효력이 소멸된다. 한시법의 유효기간 내의 위반행위에 대하여 한시법이 소멸된 후에도 동 한시법을 적용하여 처벌하거나 제재를 가할 수 있는지 여부가 문제된다. 긍정하는 것이 판례의 태도인바, 법령에 명시적 규정을 두는 것이 보통이다.

3. 지역적 효력

행정법령의 효력은 해당 법령을 제정한 기관의 권한이 미치는 지역에만 효력을 가지는 것이 원칙이다. 국가의 법령은 대한민국의 영토 전역에 걸쳐 효력을 가지고, 지방자치단체의 조례·규칙은 지방자치단체의 관할구역에서 효력을 가진다. 다만 국제법상 치외법권이 인정되는 시설(대사관, 영사관)에는 미치지 않는다. 국가의 법령이 국내의 일부 지역에만 적용되는 경우도 존재한다(제주특별자치도 설치 및 국제자유도시조성을 위한 특별조치법).

4. 인적 효력

속지주의 원칙상 행정법령은 해당 지역 내의 모든 사람에 적용된다. 여기에는 자연인·법인, 내외국인을 불문한다. 다만 치외법권을 가지는 자(외국의 국가원수, 외교관)는 국내법령의 적용을 받지 아니한다. 국내에 주둔하는 외국군대의 구성원은 협정에 따라 국내법령의 적용이 배제되는 경우도 있다(미합중국군대 구성원에 대한 한미행정협정). 일반 외국인에 대하여 경우에 따라 상호주의와 같은 특별한 규율이 가해지는 경우가 있다(국가배상법 제7조, 외국인토지법 제3조). 외국에 거주하는 내국인에게도 국내법의 효력이 미친다.

제6절 행정규정의 흠결과 보충

▌ㅣ▐ 문제점

행정법의 규율대상은 매우 다양하고 복잡하여 이를 규율하는 개별법규정이 없는 경우가 적지 않다. 또한, 행정법에 있어서는 행정법총칙이 존재하지 않는다. 그리하여 행정법관계에서는 적용할 행정법규정이 없는 경우가 적지 않다(법의 흠결). 그런데 적용할 법 규정이 없다는 이유로 재판을 거부할 수는 없다. 법의 흠결이 있는 경우 해석을 통하여 법을 보충하여야 한다.

Ⅱ 행정법규정의 유추적용

성문의 행정법규정에 흠결이 있는 경우에는 우선 유사한 행정법규정(공법규정)을 유추적용하여야 한다. 유추적용이라 함은 적용할 법령이 없는 경우에 유사한 법령규정을 적용하는 것을 말한다. 어느 법령규정의 입법취지를 고려하여 적용할 법령이 없는 다른 사항에 대해 동일한 결과를 인정하는 해석으로 물론해석이 있는데 이는 유추해석의 일종이다.

📑 판례

[1] 하천법(1971.1.19. 법률 제2292호로 개정된 것) 제2조 제1항 제2호, 제3조에 의하면 제외지는 하천구역에 속하는 토지로서 법률의 규정에 의하여 당연히 그 소유권이 국가에 귀속된다고 할 것인바 한편 동법에서는 위 법의 시행으로 인하여 국유화가 된 제외지의 소유자에 대하여 그 손실을 보상한다는 직접적인 보상규정을 둔 바가 없으나 동법 제74조의 손실보상요건에 관한 규정은 보상사유를 제한적으로 열거한 것이라기 보다는 예시적으로 열거하고 있으므로 국유로된 제외지의 소유자에 대하여는 위 법조를 유추적용하여 관리청은 그 손실을 보상하여야 한다(대법원 1987.7.21. 선고 84누126 판결[하천구역손실보상재결처분취소]).

[2] 사업시행자가 손실보상의무를 이행하지 아니한 채 공유수면에서 허가어업을 영위하던 어민들에게 피해를 입힐 수 있는 공유수면매립공사를 시행함으로써 어민들이 더 이상 허가어업을 영위하지 못하는 손해를 입게 된 경우에는, 어업허가가 취소 또는 정지되는 등의 처분을 받았을 때 손실을 입은 자에 대하여 보상의무를 규정하고 있는 수산업법 제81조 제1항을 유추적용하여 그 손해를 배상하여야 할 것이고, 이 경우 그 손해액은 공유수면매립사업의 시행일을 기준으로 삼아 산정하여야 한다(대법원 2004.12.23. 선고 2002다73821 판결[손해배상(기)]).

Ⅲ 사법규정의 적용

유추적용할 행정법규정이 없는 경우에는 헌법규정 및 법의 일반원칙을 적용할 수 있다. 행정법관계를 규율할 어떠한 공법도 존재하지 않는 경우에는 사법규정을 적용 또는 유추적용할 수 있다.

Ⅳ 조리의 적용

조리는 최종적인 법원으로서, 행정법관계에 적용할 어떠한 공법이나 사법도 없는 경우 이것을 적용한다. 법원은 적용할 법이 없다는 이유로 재판을 거부할 수 없고, 이 경우에는 조리에 따라 재판하여야 한다.

행정법관계(공법관계)와 사법관계

제1절 행정법관계의 의의

행정상 법률관계란 행정활동을 기초로 하여 맺어지는 법률관계를 말하며, 행정상 성립되는 법률관계에는 행정주체와 국민 간에 맺어지는 법률관계와 행정주체와 공무원 간에 맺어지는 법률관계, 행정주체 상호 간에 맺어지는 법률관계가 있다. 법률관계란 법주체 상호 간의 권리의무관계를 말하며, 행정법관계는 행정상 법률관계 중 공법이 적용되는 법률관계를 말한다. 행정법관계는 공법관계와 동의어로 사용된다.

제2절 공법관계와 사법관계의 구별

Ⅰ 공법관계와 사법관계의 구별실익

① 적용할 법규정과 적용할 법원리를 결정하기 위하여 문제의 법률관계가 공법관계인지 사법관계인지 구별할 필요가 있으며, ② 공법관계에 관한 소송은 행정소송으로 제기하여야 하고 사법관계에 관한 소송은 민사소송으로 제기하여야 하는바, 소송형식 및 소송절차의 결정 측면에서 구별실익이 있다.

Ⅱ 공법관계와 사법관계의 구별기준

1. 학설
    ① **권력설** : 행정주체에게 우월적 지위가 주어지는 지배복종관계인 법률관계는 공법관계로 보는 견해
    ② **이익설** : 공익의 보호와 관계가 있는 법률관계는 공법관계로 보는 견해
    ③ **신주체설** : 공권력의 담당자의 지위를 갖는 자에게만 권리의무를 귀속시키는 법률관계를 공법관계로 보는 견해
    ④ **복수기준설** : 위의 세 이론을 종합적으로 고려하여 문제의 법률관계(행위)가 공법관계인지 사법관계인지를 개별적으로 판단하여야 한다는 견해

2. 판례

> 📑 판례
>
> [1] 국유재산법 제31조, 제32조 제3항, 산림법 제75조 제1항의 규정 등에 의하여 국유잡종재산에 관한 관리 처분의 권한을 위임받은 기관이 국유잡종재산을 대부하는 행위는 국가가 사경제 주체로서 상대방과 대등한 위치에서 행하는 사법상의 계약이고, 행정청이 공권력의 주체로서 상대방의 의사 여하에 불구하고 일방적으로 행하는 행정처분이라고 볼 수 없으며, 국유잡종재산에 관한 대부료의 납부고지 역시 사법상의 이행청구에 해당하고, 이를 행정처분이라고 할 수 없다(대법원 2000.2.11. 선고 99다61675 판결[부당이득금]).
>
> [2] 국유재산법 제51조 제1항은 국유재산의 무단점유자에 대하여는 대부 또는 사용, 수익허가 등을 받은 경우에 납부하여야 할 대부료 또는 사용료 상당액 외에도 그 징벌적 의미에서 국가 측이 일방적으로 그 2할 상당액을 추가하여 변상금을 징수토록 하고 있으며 동조 제2항은 변상금의 체납 시 국세징수법에 의하여 강제징수토록 하고 있는 점 등에 비추어 보면 국유재산의 관리청이 그 무단점유자에 대하여 하는 변상금부과처분은 순전히 사경제 주체로서 행하는 사법상의 법률행위라 할 수 없고 이는 관리청이 공권력을 가진 우월적 지위에서 행한 것으로서 행정소송의 대상이 되는 행정처분이라고 보아야 한다(대법원 1988.2.23. 선고 87누1046,1047 판결[국유재산변상금부과처분취소]).

3. 검토

공법관계과 사법관계의 구별기준으로 제시된 이익설, 종속설 및 신주체설은 모두 중요한 구별기준을 제시하고 있지만 공법관계과 사법관계의 구별에 관한 완벽한 이론이 되지 못하고, 판례의 태도 또한 각 기준을 종합적으로 판단하는 입장을 취하는바, 가장 현실적인 이론에 해당하는 <복수기준설>에 따라 구별함이 타당하다.

제3절 | 행정상 법률관계의 종류

Ⅰ 개설

행정상 법률관계는 공법관계와 사법관계로 구분된다. ① 공법관계는 권력관계와 관리관계(비권력적 공행정관계)로 구분되며, ② 사법관계에는 엄격한 의미의 사법관계인 국고관계와 사법관계이지만 일부 공법적 규율을 받는 행정사법관계가 있다.

II 공법관계

1. 권력관계

권력관계란 공권력주체로서의 행정주체가 우월적인 지위에서 국민에 대하여 일방적인 조치(법률행위 또는 사실행위)를 취하는 관계를 말하며, 그 예로는 권력적 법률행위인 행정행위와 권력적 사실행위인 행정강제가 있다.

2. 관리관계(비권력적 공행정관계)

관리관계란 행정주체가 사인과 대등한 관계에서 공행정을 수행함에 있어서(공익 목적을 달성하기 위하여 사업을 수행하거나 재산을 관리함에 있어서) 국민과 맺는 관계를 말하며, 그 예로는 공법상 계약관계 등을 들 수 있다.

III 사법관계

1. 국고관계

국고관계란 행정주체가 일반 사인과 같은 지위에서(사법상의 재산권의 주체로서) 사법상의 행위를 함에 있어 사인과 맺는 관계를 말하며, 그 예로는 행정에 필요한 물품의 구매계약, 청사·도로·교량의 건설도급계약, 국유재산(잡종재산)의 매각, 수표의 발행, 금전차입을 들 수 있다.

> **판례**
>
> 구 국유재산법(1994.1.5. 법률 제4698호로 개정되기 전의 것) 제31조 제3항, 구 국유재산법 시행령(1993.3.6. 대통령령 제13869호로 개정되기 전의 것) 제33조 제2항의 규정에 의하여 국유잡종재산에 관한 관리 처분의 권한을 위임받은 기관이 국유잡종재산을 대부하는 행위는 국가가 사경제 주체로서 상대방과 대등한 위치에서 행하는 사법상의 계약이지 행정청이 공권력의 주체로서 상대방의 의사 여하에 불구하고 일방적으로 행하는 행정처분이라고 볼 수 없고, 국유잡종재산에 관한 사용료의 납입고지 역시 사법상의 이행청구에 해당하는 것으로서 이를 항고소송의 대상이 되는 행정처분이라고 할 수 없다(대법원 1995.5.12. 선고 94누5281 판결[국유재산사용료부과처분취소]).

2. 행정사법관계

행정사법관계란 행정주체가 사법형식에 의해 공행정(공적 임무)을 수행함에 있어서 국민과 맺는 법률관계를 말한다. 행정사법관계를 규율하는 법을 행정사법이라 하며, 행정사법관계는 공법형식의 제약에서 벗어나 사법형식에 의해 규율되는 법률관계이므로 기본적으로 사법관계이며 사법에 의해 규율된다. 그러나 행정주체가 수행하는 작용의 실질은 공행정이므로 공행정의 공공성을 최소한으로 보장하고, 국민의 기본권을 보장하기 위하여 행정사법관계에는 해석상 일정한 공법원리가 적용된다고 본다. 사법형식에 의한 공행정에 적용되는 공법원리에는 평등의 원칙, 비례의 원칙 등이 있다.

제4절   행정법관계의 당사자(행정주체와 행정객체)

Ⅰ   행정주체와 행정기관

1. 의의

행정주체란 행정을 행하는 법주체를 말하며, 행정주체에는 국가, 지방 자치단체, 공공조합, 영조물법인, 공법상 재단, 공무수탁사인이 있다. 행정을 실제로 행하는 것은 공무수탁사인에 있어서의 일정한 경우를 제외하고는 행정주체가 아니라 행정주체의 기관이다. 그러나 이들 기관의 행위의 법적 효과는 법인격체인 행정주체에게 귀속된다. 행정기관의 예로는 대통령, 국무총리, 장관, 차관, 차관보 등이 있는데 이들 행정기관은 상이한 법적 지위를 갖는 여러 종류의 행정기관(예 행정청, 보고기관, 보좌기관, 지원기관 등)으로 분류될 수 있다. 이 중에서 행정청이 행정법에서 가장 중요한 행정기관이며, 이는 국민과의 관계에서 행정권의 행사는 원칙상 행정청의 지위를 갖는 행정기관의 결정에 의해 그의 이름으로 행해지기 때문이다. 국가에 있어서는 통상 장관, 청장과 특별지방행정기관의 장이 행정청이 되고 지방자치단체에 있어서는 지방자치단체의 장이 행정청이 된다.

2. 행정주체의 종류

(1) 국가

국가행정의 주체는 국가가 되며, 국가는 법인격을 가진 법인으로서 행정법관계의 법주체가 된다. 그런데 국가행정의 일부가 지방자치단체, 농공단체, 사인에게 위임 또는 위탁되어 행하여지는 경우도 있다. 이 경우에도 국가행정으로서의 실질은 그대로 유지하나, 법적 효과는 국가에 귀속되기도 하고 수임자에게 귀속되기도 한다.

(2) 공공단체

1) 지방자치단체

지방자치단체란 국가의 영토 내에서 일정한 지역 및 그 지역의 주민으로 구성되며 그 지역 내에서 일정한 통치권을 행사하는 법인격을 갖는 공공단체를 말한다. 지방자치단체도 넓은 의미에서는 공공단체에 포함되나 특정한 사업수행만을 담당하는 협의의 공공단체와 달리 일정한 지역과 주민을 갖고 있다는 점과 일반적인 행정을 담당한다는 점에서 국가와 유사하며 협의의 공공단체와 구별된다.

2) 협의의 공공단체

① 공공조합

공공조합이란 법정의 자격을 가진 조합원으로 구성된 공법상의 사단법인이다. 공공조합에는 농지개량조합, 토지구획정리 조합, 상공회의소, 의료보험 조합, 재개발조합, 재건축조합 등이 있다.

■ **한국토지주택공사라는 공법인이 경과실에 대하여 면책을 주장할 수 있는지(행정고시)**

1. **판례의 태도**

   판례는 국가배상법을 적용하는 경우 자연인과 공법인을 나누어 자연인은 공무수탁사인으로 보아 공무수탁사인이 사인에게 직무를 집행하면서 손해를 끼친 경우에는 그 배상책임은 공무를 위탁한 국가 또는 지방자치단체가 배상책임을 진다고 본다. 공무수탁사인은 공무원이므로 고의·중과실이 있는 경우에만 배상책임을 진다고 본다. 그렇다면 공법은 배상책임의 주체가 될 수 있는지와 공법인의 피용인은 국가배상법상 공무원에 해당되는지 문제된다.

   (1) **한국토지주택공사는 공법인으로서 행정주체**

      한국토지공사는 구 한국토지공사법(2007.4.6. 법률 제8340호로 개정되기 전의 것) 제2조, 제4조에 의하여 정부가 자본금의 전액을 출자하여 설립한 법인이고, 같은 법 제9조 제4호에 규정된 한국토지공사의 사업에 관하여는 공익사업을 위한 토지 등의 취득 및 보상에 관한 법률 제89조 제1항, 위 한국토지공사법 제22조 제6호 및 같은 법 시행령 제40조의3 제1항의 규정에 의하여 본래 시·도지사나 시장·군수 또는 구청장의 업무에 속하는 대집행권한을 한국토지공사에게 위탁하도록 되어 있는바, 한국토지공사는 이러한 법령의 위탁에 의하여 대집행을 수권받은 자로서 공무인 대집행을 실시함에 따르는 권리·의무 및 책임이 귀속되는 행정주체의 지위에 있다고 볼 것이지 지방자치단체 등의 기관으로서 국가배상법 제2조 소정의 공무원에 해당한다고 볼 것은 아니다(대판 2010.1.28. 선고 2007다82950·82967 판결).

   (2) **대한변호사협회를 공법인으로 행정주체**

      공법인이 국가로부터 위탁받은 공행정사무를 집행하는 과정에서 공법인의 임직원이나 피용인이 고의 또는 과실로 법령을 위반하여 타인에게 손해를 입힌 경우에는, 공법인은 위탁받은 공행정사무에 관한 행정주체의 지위에서 배상책임을 부담하여야 하지만, 공법인의 임직원이나 피용인은 실질적인 의미에서 공무를 수행한 사람으로서 국가배상법 제2조에서 정한 공무원에 해당하므로 고의 또는 중과실이 있는 경우에만 배상책임을 부담하고 경과실이 있는 경우에는 배상책임을 면한다. 한편 공무원의 중과실이란 공무원에게 통상 요구되는 정도의 상당한 주의를 하지 않더라도 약간의 주의를 한다면 손쉽게 위법·유해한 결과를 예견할 수 있는 경우임에도 만연히 이를 간과한 경우와 같이, 거의 고의에 가까운 현저한 주의를 결여한 상태를 의미한다(대판 2021.1.28. 선고 2019다260197 판결).

      대한변호사협회는 변호사와 지방변호사회의 지도·감독에 관한 사무를 처리하기 위하여 변호사법에 의하여 설립된 공법인으로서, 변호사등록은 피고 대한변호사협회가 변호사법에 의하여 국가로부터 위탁받아 수행하는 공행정사무에 해당한다(헌재 2019.11.28. 선고 2017헌마759 전원재판부 결정; 대판 2020.1.28. 선고 2019다260197 판결).

   (3) **공법인은 배상책임의 주체, 공법인의 피용인은 국가배상법 제2조상 공무원**

      그러나 공법인이 공무를 수탁받은 경우에는 공법인은 행정주체에 해당하므로 국가 또는 지방자치단체가 아니라 당해 공법인이 배상책임주체가 된다고 본다. 따라서 법령에 의해 대집행권한을 위탁받은 한국토지주택공사는 행정주체이지 국가배상법 제2조상의 공무원에 해당하지 않고, 한국토지주택공사의 업무담당자나 한국토지주택공사와 용역계약을 체결한 법인 또는 그 대표자가 국가배상법 제2조상의 공무원에 해당한다고 보았다(대판 2010.1.28. 선고 2007다82950·82967 판결). 또한 대한변호사협회는 변호사법에 의하여 설립된 공법인으로서 변호사법에 의해 변호사등록업무를 위탁받은 행정주체로서 국가배상책임을 지고, 대한변호사협회의 임직원이나 피용인은 국가배상법 제2조상의 공무원에 해당한다고 보았다(대판 2021.1.28. 선고 2019다260197 판결). 따라서 판례는 공법인(한국토지주택공사, 대한변호사협회)은 행정주체로서 국가배상책임을 지고, 그 직원 등은 고의 또는 중과실이 있는 경우에만 배상책임을 진다고 보고 있다. 대한변호사협회는 변호사와 지방변호사회의 지도·감독에 관한 사무를 처리하기 위하여 변호사법에 의하여 설립된 공법인으로서, 변호사등록은 피고 대한변호사협회가 변호사법에 의하여 국가로부터 위탁받아 수행하는 공행정사무에 해당한다(헌재 2019.11.28. 선고 2017헌마759 전원재판부 결정; 대판 2020.1.28. 선고 2019다260197 판결).

2. 소결(한국토지주택공사는 공법인으로 경과실의 면책을 주장할 수 없다.)

현행 한국토지주택공사법 제19조 제3항 제8호에서 "「공익사업을 위한 토지 등의 취득 및 보상에 관한 법률」 제89조 제1항에 따른 대집행" 권한을 위탁받은 공법인으로서 판례의 태도에 따라 행정주체의 지위를 갖게 되어 경과실에 대한 면책을 주장할 수 없다고 보는 것이 타당하다고 생각한다.

② 영조물법인

영조물법인이란 행정법상의 영조물에 독립된 법인격이 부여된 것을 말한다. 영조물이라 함은 특정한 행정목적에 제공된 인적·물적 종합시설을 말한다.

③ 공법상 재단

공법상 재단이란 국가나 지방자치단체가 공공 목적을 위하여 출연한 재산을 관리하기 위하여 설립된 공법상의 재단법인을 말한다. 그 예로는 한국연구재단이 있다.

(3) 공무수탁사인

1) 의의

공무수탁사인이란 공행정사무를 위탁받아 자신의 이름으로 처리하는 권한을 갖고 있는 행정주체인 사인을 말하며, 공무수탁사인은 처분을 함에 있어서는 행정주체이면서 동시에 행정청의 지위를 갖는다. 공무수탁사인의 예로는 사인이 사업시행자로서 토지를 수용하고 이주대책을 수립하는 경우, 사립대학이 교육법에 의해 학위를 수여하는 경우 등이 있다.

2) 구별개념

① 공의무부담사인

공의무부담사인은 법률에 의하여 직접 행정임무를 수행해야 할 의무를 부담하고 있으나, 행정권한이 부여되지 않기 때문에 사법상으로만 활동할 수 있다는 점에서, 공무수탁사인과 구별된다. 그 예로는 소득세법상의 원천징수의무를 지는 사인, 석유의 비축의무 등을 부담하는 사인 등이 있다.

> **판례**
>
> 원천징수하는 소득세에 있어서는 납세의무자의 신고나 과세관청의 부과결정이 없이 법령이 정하는 바에 따라 그 세액이 자동적으로 확정되고, 원천징수의무자는 소득세법 제142조 및 제143조의 규정에 의하여 이와 같이 자동적으로 확정되는 세액을 수급자로부터 징수하여 과세관청에 납부하여야 할 의무를 부담하고 있으므로, 원천징수의무자가 비록 과세관청과 같은 행정청이더라도 그의 원천징수행위는 법령에서 규정된 징수 및 납부의무를 이행하기 위한 것에 불과한 것이지, 공권력의 행사로서의 행정처분을 한 경우에 해당되지 아니한다(대법원 1990.3.23. 선고 89누4789 판결[기타소득세등부과처분무효확인]).

② 행정보조인

행정보조인은 행정임무를 자기책임하에 수행함이 없이 순수한 기술적인 집행만을 떠맡는 사인을 의미하며, 행정임무의 수행에 있어서 단순한 도구로서 공무수탁사인과 구별된다. 그 예로는 견인업무를 대행하는 자동차견인업자, 표준지의 적정가격을 조사·평가하는 감정평가사 등이 있다.

3) 법적 근거 및 형식

공무의 사인에의 위탁에 있어서는 권한이 이전되므로 법적 근거가 필요하다. 공무수탁사인의 법적 근거에 대하여, 일반법으로서 정부조직법 제6조 제3항과 지방자치법 제104조 제3항 등이 있고, 개별법으로서 토지보상법 제19조, 선원법 제23조 제2항 등이 있다.

4) 행정주체와의 관계

행정주체와 공무수탁사인 간에는 공법상의 위임관계가 성립한다. 이에 따라 공무수탁사인은 자신에게 위탁된 행정임무를 수행할 의무를 지며 위탁행정주체의 지휘·감독하에 놓이게 된다. 국가 등이 공무수탁사인을 감독하는 관계는 특별행정법관계의 한 유형으로서 공법상 특별감독관계에 해당한다.

5) 공무수탁자의 공무수행과 권리구제

① 항고쟁송

공무수탁사인의 행정처분에 의하여 자신의 법률상 이익을 침해받은 자는 공무수탁사인을 피청구인 또는 피고로 하여 행정심판(행정심판법 제2조 제4호) 또는 항고소송(행정소송법 제2조 제2항)을 제기할 수 있다.

② 손해배상

공무수탁사인의 직무상 불법행위로 인해 사인이 손해를 받은 경우, 누구를 상대로 국가배상청구와 민법상 손해배상청구 중 어떤 종류의 손해배상을 청구하여야 하는지에 대해 종래에 견해의 대립이 있었으나, 최근 개정된 국가배상법 제2조에서는 공무수탁사인도 공무원에 해당한다고 보아 공무수탁사인에게 사무를 위탁한 국가나 지방자치단체를 상대로 국가배상청구가 가능하다고 봄이 타당하다.

③ 손실보상

공무수탁사인의 적법한 공권력 행사에 의해 특별한 손해를 받은 자는 공무수탁사인에게 손실보상을 청구할 수 있다.

▌ II ▌ 행정객체

행정객체란 행정의 그 상대방이 되는 자를 말하며, 행정객체에는 사인, 공공단체와 지방자치단체가 있다. 공공단체는 행정주체임과 동시에 국가나 다른 공공단체에 대한 관계에서 행정객체가 될 수 있고, 지방자치단체는 국가에 대한 관계에서 행정객체가 될 수 있다. 국가에 대한 수도료의 부과에서와 같이 국가도 예외적이지만 행정객체가 될 수 있다.

제5절 공권

Ⅰ 공권의 의의 및 종류

공권이란 공법관계에서 직접 자기를 위하여 일정한 이익을 주장할 수 있는 법률상의 힘을 말하며, 공권에는 국가적 공권과 개인적 공권이 있다. 행정법에서 통상 공권이라 함은 개인적 공권을 말한다. 국가적 공권이란 행정주체가 우월한 의사의 주체로서 행정객체에 대하여 가지는 권리를 말하며, 개인적 공권이란 개인이 행정주체에 대하여 가지는 공권을 말한다.

Ⅱ 개인적 공권

1. 개인적 공권의 의의

개인적 공권이란 개인이 직접 자기의 이익을 위하여 행정주체에게 일정한 행위를 할 것을 요구할 수 있는 공법에 의해 주어진 법적인 힘으로서 주관적 공권이라고 부르기도 한다. 개인적 공권에 대응하여 행정권에게는 일정한 작위 또는 부작위의 의무가 부과된다.

2. 개인적 공권의 성립요건

개인적 공권이 성립하기 위해서는 ① 강행법규(공법)에 의해 행정주체에게 일정한 행위(작위 또는 부작위)를 하여야 할 의무가 부과되고 있어야 한다(강행법규성). ② 그 법규가 공익의 보호와 함께 사익의 보호를 목적으로 하고 있어야 한다(사익보호성). ③ 강행법규에 의하여 보호되고 있는 사익을 소송을 통하여 관철시킬 수 있는 법상의 힘이 주어져야 한다(소구가능성).

3. 법률상 이익과의 관계

(1) 문제점

행정심판법 제13조와 행정소송법 제12조 등은 심판청구인적격 및 원고적격과 관련하여 법률상 이익이라는 용어를 사용하고 있다. 법률상 이익(엄밀히는 법률상 이익 중에서도 공법영역에서의 법률상 이익)과 개인적 공권이 동일한 개념인지의 여부가 문제된다.

(2) 학설

① **구별긍정설** : 법률상 보호이익은 권리의 개념은 아니지만 그렇다고 단순한 반사적 이익이라고 할 수 없는 이익, 즉 행정쟁송을 통해 구제되어야 할 이익이라는 의미로 법상 보호이익의 개념을 사용해야 한다는 견해
② **구별부정설** : 권리는 본래 법상 보호이익을 의미하고 그러한 의미에서 반사적 이익과 구별되므로 개인적 공권과 법률상 보호이익은 표현의 차이에 불과하다는 견해

(3) 판례(구별긍정설 입장)

> **판례**
>
> 행정소송에서 소송의 원고는 행정처분에 의하여 직접 권리를 침해당한 자임을 보통으로 하나 직접 권리의 침해를 받은 자가 아닐지라도 소송을 제기할 법률상의 이익을 가진 자는 그 행정처분의 효력을 다툴 수 있다고 해석되는바, 해상운송사업법 제4조 제1호에서 당해 사업의 개시로 인하여 당해 항로에서 전공급수송력이 전수송수요량에 대하여 현저하게 공급과잉이 되지 아니하도록 규정하여 허가의 요건으로 하고 있는 것은 주로 해상운송의 질서를 유지하고 해상운송사업의 건전한 발전을 도모하여 공공의 복리를 증진함을 목적으로 하고 있으며 동시에 한편으로는 업자 간의 경쟁으로 인하여 경영의 불합리를 방지하는 것이 공공의 복리를 위하여 필요하므로 허가조건을 제한하여 기존업자의 경영의 합리화를 보호하자는 데도 목적이 있다. 이러한 기존업자의 이익은 단순한 사실상의 이익이 아니고 법에 의하여 보호되는 이익이라고 해석된다. 본건에 있어 원고에게 본건 행정처분취소를 구할 법률상의 이익이 있다(대법원 1969.12.30. 선고 69누106 판결; 대법원 1974.4.9. 선고 73누173 판결).

4. 반사적 이익

행정법규 중 공익실현만을 목적으로 하는 법규에 의해서도 개인은 간접적으로 사실상 이익을 누리게 되는 경우가 있다. 여기서 그러한 사실상 이익을 반사적 이익이라 한다. 반사적 이익의 침해는 행정소송으로 다툴 수 없다.

Ⅲ 공권(법적 이익)의 확대

1. 개설

공권의 확대는 여러 측면에서 행해졌다. 반사적 이익의 보호이익화, 행정개입청구권, 무하자재량행사청구권 등 새로운 주관적 공권의 등장이 그것이다. 또한 오늘날의 개인적 공권론은 종전의 행정작용의 상대방의 보호에서, 제3자의 보호문제로 논의의 중점이 이전되고 있다. 제3자에게 개인적 공권이 성립된다면 항고소송과 관련하여 제3자에게 원고적격이 인정된다.

2. 인근주민의 이익

(1) 주민소송 또는 환경소송(이웃소송, 인인소송)

이웃소송 혹은 인근 주민의 소송은 이웃하는 자들 사이에서 특정인에게 주어지는 수익적 행위가 타인에게는 법률상 불이익을 가져오는 경우에 그 타인이 자기의 법률상 이익의 침해를 주장하면서 다투는 것을 말하며, 인인소송이라고도 한다.

종래 반사적 이익으로 여겨졌던 것이 법적 이익으로 인정되고 있는 경향이 있다. 건축, 개발 등을 제한하는 행정법규가 공익뿐만 아니라 인근 주민의 이익도 보호하고 있다고 여겨지는 경우에 그로 인하여 해당 인근 주민이 받는 이익은 법적 이익이다. 이에 반하여 개발 등을 제한하는 행정법규가

01

공익만의 보호를 목적으로 하고, 이로 인하여 인근 주민이 사실상 이익을 보는 경우에는 해당 인근 주민의 이익은 반사적 이익에 불과하다.

(2) 법적 이익을 긍정한 사례

판례

[1] 주거지역 안에서는 도시계획법 제19조 제1항과 개정전 건축법 제32조 제1항에 의하여 공익상 부득이하다고 인정될 경우를 제외하고는 거주의 안녕과 건전한 생활환경의 보호를 해치는 모든 건축이 금지되고 있을 뿐 아니라 주거지역 내에 거주하는 사람이 받는 위와 같은 보호이익은 법률에 의하여 보호되는 이익이라고 할 것이므로 주거지역 내에 위 법조 소정 제한면적을 초과한 연탄공장 건축허가처분으로 불이익을 받고 있는 제3거주자는 비록 당해 행정처분의 상대자가 아니라 하더라도 그 행정처분으로 말미암아 위와 같은 법률에 의하여 보호되는 이익을 침해받고 있다면 당해행정처분의 취소를 소구하여 그 당부의 판단을 받을 법률상의 자격이 있다(대법원 1975.5.13. 선고 73누96·97 판결[건축허가처분취소]).

[2] 행정처분의 상대방이 아닌 제3자도 그 처분으로 인하여 법률상 보호되는 이익을 침해당한 경우에는 그 처분의 취소 또는 변경을 구하는 행정소송을 제기하여 그 당부의 판단을 받을 법률상 자격이 있다(대법원 1983.7.12. 선고 83누59 판결[엘.피.지.자동차충전소설치허가처분취소]).

[3] 환경영향평가 대상지역 밖의 주민이라 할지라도 공유수면매립면허처분 등으로 인하여 그 처분 전과 비교하여 수인한도를 넘는 환경피해를 받거나 받을 우려가 있는 경우에는, 공유수면매립면허처분 등으로 인하여 환경상 이익에 대한 침해 또는 침해우려가 있다는 것을 입증함으로써 그 처분 등의 무효확인을 구할 원고적격을 인정받을 수 있다고 할 것이다(대법원 2006.3.16. 선고 2006두330 전원합의체 판결).

(3) 법적 이익을 부정한 사례

판례

[1] 행정처분의 직접 상대방이 아닌 제3자라도 당해 행정처분의 취소를 구할 법률상의 이익이 있는 경우에는 원고적격이 인정된다 할 것이나, 여기서 말하는 법률상의 이익은 당해 처분의 근거 법률에 의하여 보호되는 직접적이고 구체적인 이익이 있는 경우를 말하고 다만 간접적이거나 사실적, 경제적 이해관계를 가지는 데 불과한 경우는 여기에 포함되지 아니한다(대법원 1991.12.13. 선고 90누10360 판결[중소기업창업지원사업계획승인취소등]).

[2] 문화재는 문화재의 지정이나 그 보호구역으로 지정이 있음으로써 유적의 보존 관리 등이 법적으로 확보되어 지역주민이나 국민일반 또는 학술연구자가 이를 활용하고 그로 인한 이익을 얻는 것이지만, 그 지정은 문화재를 보존하여 이를 활용함으로써 국민의 문화적 향상을 도모함과 아울러 인류 문화의 발전에 기여한다고 하는 목적을 위하여 행해지는 것이지, 그 이익이 일반 국민이나 인근주민의 문화재를 향유할 구체적이고도 법률적인 이익이라고 할 수는 없다(대법원 1992.9.22. 선고 91누13212 판결[국유도로의 공용폐지처분무효확인등]).

[3] 상수원보호구역 설정의 근거가 되는 수도법 제5조 제1항 및 동 시행령 제7조 제1항이 보호하고자 하는 것은 상수원의 확보와 수질보전일 뿐이고, 그 상수원에서 급수를 받고 있는 지역주민들이 가지는 상수원의 오염을 막아 양질의 급수를 받을 이익은 직접적이고 구체적으로는 보호하고 있지 않음이 명백하여 위 지역주민들이 가지는 이익은 상수원의 확보와 수질보호라는 공공의 이익이 달성됨에 따라 반사적으로 얻게 되는 이익에 불과하므로 지역주민들에 불과한 원고들에게는 위 상수원보호구역변경처분의 취소를 구할 법률상의 이익이 없다(대법원 1995.9.26. 선고 94누14544 판결[상수원보호구역변경처분등취소]).

3. 경업자 이익

(1) 경업자 소송의 의의

경업자소송이란 일정한 시장에서 신규진입을 허용하는 면허에 대하여 새로운 경쟁을 부담하게 되는 기존업자가 제기하는 소송이다.

영업을 규제하는 법령으로 인하여 경쟁관계에 있는 영업자(경업자)가 받는 이익이 법적 이익인지 반사적 이익인지가 문제된다. 영업을 규제하는 법령이 공익뿐만 아니라 경쟁관계에 있는 영업자의 영업상 이익도 아울러 직접 보호하고 있는 경우에 당해 경쟁관계에 있는 영업자의 영업상 이익은 법적 이익이고, 영업을 규제하는 법령이 공익의 보호만을 목적으로 하고 이로 인하여 경쟁관계에 있는 영업자가 반사적으로 이익을 얻는 경우에는 당해 경쟁관계에 있는 영업자의 영업상 이익은 반사적 이익이다.

(2) 법적 이익을 긍정한 사례

📑 판례

[1] 자동차 운수사업법 제6조 제1호에 의한 자동차운송사업의 면허에 대하여 당해 노선에 관한 기존업자는 노선연장인가처분의 취소를 구할 법률상의 이익이 있다(대법원 1974.4.9. 선고 73누173 판결[행정처분취소]).

[2] 갑이 적법한 약종상허가를 받아 허가지역 내에서 약종상영업을 경영하고 있음에도 불구하고 행정관청이 구 약사법 시행규칙(1969.8.13. 보건사회부령 제344호)을 위배하여 같은 약종상인 을에게 을의 영업허가지역이 아닌 갑의 영업허가지역 내로 영업소를 이전하도록 허가하였다면 갑으로서는 이로 인하여 기존업자로서의 법률상 이익을 침해받았음이 분명하므로 갑에게는 행정관청의 영업소 이전허가처분의 취소를 구할 법률상 이익이 있다(대법원 1988.6.14. 선고 87누873 판결[영업장소이전허가처분취소]).

(3) 법적 이익을 부정한 사례

> 📑 판례
>
> [1] 석탄수급조정에 관한 임시조치법 소정의 석탄가공업에 관한 허가는 사업경영의 권리를 설정하는 형성적 행정행위가 아니라 질서유지와 공공복리를 위한 금지를 해제하는 명령적 행정행위여서 그 허가를 받은 자는 영업자유를 회복하는데 불과하고 독점적 영업권을 부여받은 것이 아니기 때문에 기존허가를 받은 원고들이 신규허가로 인하여 영업상 이익이 감소된다 하더라도 이는 원고들의 반사적 이익을 침해하는 것에 지나지 아니하므로 원고들은 신규허가 처분에 대하여 행정소송을 제기할 법률상 이익이 없다(대법원 1980.7.22. 선고 80누33·34 판결[석탄가공업허가증갱신발급처분무효]).

Ⅳ 무하자재량행사청구권

1. 의의

무하자재량행사청구권이라 함은 행정청에게 재량권이 부여된 경우에 행정청에 대하여 재량권을 흠 없이 행사하여 줄 것을 청구할 수 있는 권리를 말한다.

2. 법적 성질

① 무하자재량행사청구권은 특정한 내용의 처분을 하여 줄 것을 청구하는 권리가 아니고 재량권을 흠 없이 행사하여 어떠한 처분을 하여 줄 것을 청구하는 권리인 점에서 <형식적 권리>라고 할 수 있으며, ② 자신의 권익을 위하여 일정한 행정결정을 청구하는 권리이므로 <실체적 권리>로 보는 것이 타당하다.

3. 무하자재량행사청구권의 독자성 인정 여부

(1) 학설

① **부정설** : 무하자재량행사청구권은 개인적 공권이기는 하나, 독립성이 없는 형식적 권리이므로 원고적격을 가져다주는 권리는 아니라는 견해
② **긍정설** : 의무이행심판에서 적법한 재량행사를 명하는 재결의 실체법적 근거가 되며, 재량권이 인정되는 경우에도 공권이 인정된다는 것을 분명히 하기 위하여 인정함으로써 원고적격을 인정하고자 한다는 견해

(2) 판례

> 📑 판례
>
> 검사의 임용에 있어서 임용권자가 임용여부에 관하여 어떠한 내용의 응답을 할 것인지는 임용권자의 자유재량에 속하므로 일단 임용거부라는 응답을 한 이상 설사 그 응답내용이 부당하다고 하여도 사법

심사의 대상으로 삼을 수 없는 것이 원칙이나, 적어도 재량권의 한계 일탈이나 남용이 없는 위법하지 않은 응답을 할 의무가 임용권자에게 있고 이에 대응하여 임용신청자로서도 재량권의 한계 일탈이나 남용이 없는 적법한 응답을 요구할 권리가 있다고 할 것이며, 이러한 응답신청권에 기하여 재량권 남용의 위법한 거부처분에 대하여는 항고소송으로서 그 취소를 구할 수 있다고 보아야 하므로 임용신청자가 임용거부처분이 재량권을 남용한 위법한 처분이라고 주장하면서 그 취소를 구하는 경우에는 법원은 재량권남용 여부를 심리하여 본안에 관한 판단으로서 청구의 인용 여부를 가려야 한다(대법원 1991.2.12. 선고 90누5825 판결[검사임용거부처분취소]).

(3) 검토

무하자재량행사청구권은 재량행위에 대한 항고소송에서 원고적격을 인정하기 위하여는 그 실익이 없으나, 재량행위에서도 공권이 인정될 수 있다는 것과 인정되는 권리가 어떠한 권리인지를 설명하여 줄 수 있고, 의무이행심판이나 의무이행소송에서 적법 재량행사를 명하는 재결이나 판결의 실체법적 근거가 된다는 점에서 그 인정실익이 있다. 따라서 긍정설이 타당하다.

4. 무하자재량행사청구권의 인정범위

무하자재량행사청구권은 재량권이 인정되는 모든 행정권의 행사에 인정된다. 수익적 행정행위뿐만 아니라 부담적 행정행위에도 인정되며, 무하자재량행사청구권은 행정기관이 선택 재량을 가지는 경우뿐만 아니라 결정재량만을 가지는 경우에도 인정된다. 또한 행정기관이 선택재량과 함께 결정재량을 가지는 경우도 인정된다.

5. 무하자재량행사청구권의 성립요건

무하자재량행사청구권도 공권이므로 무하자재량행사청구권이 인정되기 위하여는 공권의 성립요건에 따라 ① 행정청에게 강행법규에 의해 재량권을 행사하여 어떠한 처분을 하여야 할 의무가 부과되어야 하며(처분의무), ② 재량권을 부여하는 법규가 공익뿐만 아니라 개인의 이익을 보호하는 것을 목적으로 하여야 한다(사익보호성).

6. 무하자재량행사청구권의 내용

무하자재량행사청구권이 인정되는 경우는 행정청에게 그의 재량권을 올바르게 행사하여 처분할 의무가 있고 이에 대응하여 개인은 재량권의 올바른 행사에 의한 처분을 받을 권리를 갖게 된다.

7. 재량권의 영(零)으로의 수축

(1) 의의

재량권의 영으로의 수축이라 함은 일정한 예외적인 경우에 재량권이 있는 행정청에게 선택의 여지가 없어지고 특정한 내용의 처분을 하여야 할 의무가 생기는 것을 말한다.

(2) 판단기준

1) 판단기준

영으로의 재량수축은 행정청에 재량행사의 여지, 즉 선택의 여지가 전혀 없는 경우에 나타난다. 선택가능성의 유무는 사실상황에 대한 합리적·객관적인 평가와 보호받아야 할 사익의 성질을 고려하여 판단되어야 한다.

> 📋 **판례**
>
> 경찰관의 주취운전자에 대한 권한 행사가 관계 법률의 규정 형식상 경찰관의 재량에 맡겨져 있다고 하더라도, 그러한 권한을 행사하지 아니한 것이 구체적인 상황하에서 현저하게 합리성을 잃어 사회적 타당성이 없는 경우에는 경찰관의 직무상 의무를 위배한 것으로서 위법하게 된다(대판 1998.5.8. 선고 97다54482 판결).

2) 영으로 수축된다고 보는 경우

① 사람의 생명, 신체 및 재산 등 중요한 법익에 급박하고 현저한 위험이 존재하고(⑩ 공장으로부터 배출기준을 초과하는 유해한 폐수가 하천으로 배출되어 식수로 사용하는 인근의 지하수를 오염시키고 있는 경우), ② 그러한 위험이 행정권의 발동(⑩ 시정명령 또는 조업중지명령)에 의해 제거될 수 있는 것으로 판단되며, ③ 피해자의 개인적인 노력으로는 권익침해의 방지가 충분하게 이루어질 수 없다고 인정되는 경우

(3) 효과

재량권이 영으로 수축하는 경우 행정청은 특정한 내용의 처분을 하여야 할 의무를 진다. 재량권이 영으로 수축하는 경우에는 무하자재량행사청구권은 특정한 내용의 처분을 하여 줄 것을 청구할 수 있는 행정행위발급청구권 또는 행정개입청구권으로 전환된다.

Ⅴ 행정권발동청구권

1. 행정권발동청구권의 의의

행정권발동청구권은 자신의 권익을 위하여 행정권의 적극적 발동을 청구할 수 있는 권리이다. 광의의 행정개입 청구권이라고도 하며, 행정권발동청구권은 자신에 대하여 행정권의 발동을 청구하도록 요구하는 권리(행정행위발급청구권)와 제3자에 대한 행정권의 발동을 청구하는 권리(협의의 행정개입청구권)로 나눌 수 있다.

2. 행정행위발급청구권

(1) 의의

행정행위발급청구권이란 개인이 자기의 권익을 위하여 자기에 대하여 특정한 내용의 행정권을 발동하여 줄 것을 청구할 수 있는 권리를 말한다.

(2) 성립요건

행정행위발급청구권이 인정되기 위해서는 ① 강행법규자 행정청에게 일정한 행위를 하여야 할 의무를 부과하고 있고(강행법규성, 발급의무), ② 그러한 법규가 공익의 보호뿐만 아니라 개인의 이익도 보호하는 것을 목적으로 하고 있어야 한다(사익보호성).

(3) 인정범위

행정행위 발급 청구권은 원칙적으로 기속행위에 인정되고 재량행위에는 원칙상 인정되지 않는다. 다만, 재량행위의 경우에도 재량권이 영으로 수축되는 경우에는 행정청에게 특정 행정행위를 할 의무가 생기므로 행정행위 발급청구권이 인정된다.

(4) 실현수단

행정행위발급청구권이 침해된 경우라는 것은 그 권리를 갖는 개인이 행정청에게 특정 내용의 행정권 행사를 하여 줄 것을 청구했음에도 행정청이 거부하거나 방치(부작위)한 경우를 말한다. 이 경우에 권리자는 의무이행심판을 제기한 후 다음과 같은 행정소송을 제기하거나 의무이행심판을 제기함이 없이 거부처분에 대하여는 거부처분의 취소소송을 제기하고, 부작위에 대하여는 부작위위법확인소송을 제기할 수 있다.

3. 협의의 행정개입청구권

(1) 의의 및 성질

협의의 행정개입청구권이란 행정권의 발동으로 이익을 받는 제3자가 행정청에게 그 상대방에 대한 행정권의 발동을 청구할 수 있는 권리를 말하며, 형식적 권리에 불과한 무하자 재량행사청구권과는 달리 특정한 행위의 발급을 요구하는 실체적 권리에 해당한다.

(2) 인정 여부

1) 학설

① **부정설** : 청구인과 제3자의 관계는 사인 간의 관계로 행정청의 불개입으로 인한 청구인의 손해는 반사적 손해에 불과하므로 인정할 수 없다는 견해

② **긍정설** : 행정권을 발동하지 않음으로 받는 불이익에는 법상 이익이 포함될 수 있으며, 생명·신체·재산 등에 급박한 위험이 존재한다면 행정청이 개입하며 실효적 권리구제를 할 수 있다는 점을 이유로 긍정하는 견해

2) 판례

📑🔍 판례

[1] 지방자치단체장이 공장시설을 신축하는 회사에 대하여 사업승인 내지 건축허가 당시 부가하였던 조건을 이행할 때까지 신축공사를 중지하라는 명령을 한 경우, 위 회사에게는 중지명령의 원인사유가 해소되었음을 이유로 당해 공사중지명령의 해제를 요구할 수 있는 권리가 조리상 인정된다(대법원 2007.5.11. 선고 2007두1811 판결[공사중지명령처분취소]).

[2] 건축법(1999.2.8. 법률 제5895호로 개정되기 전의 것) 및 기타 관계 법령에 국민이 행정청에 대하여 제3자에 대한 건축허가의 취소나 준공검사의 취소 또는 제3자 소유의 건축물에 대한 철거 등의 조치를 요구할 수 있다는 취지의 규정이 없고, 같은 법 제69조 제1항 및 제70조 제1항은 각 조항 소정의 사유가 있는 경우에 시장·군수·구청장에게 건축허가 등을 취소하거나 건축물의 철거 등 필요한 조치를 명할 수 있는 권한 내지 권능을 부여한 것에 불과할 뿐, 시장·군수·구청장에게 그러한 의무가 있음을 규정한 것은 아니므로 위 조항들도 그 근거 규정이 될 수 없으며, 그 밖에 조리상 이러한 권리가 인정된다고 볼 수도 없다(대법원 1999.12.7. 선고 97누17568 판결[건축허가 및 준공검사취소등에 대한 거부처분취소]).

[3] 건축법 제79조는 시정명령에 대하여 규정하고 있으나, 동법이나 동법 시행령 어디에서도 일반 국민에게 그러한 시정명령을 신청할 권리를 부여하고 있지 않을 뿐만 아니라, 피청구인에게 건축법 위반이라고 인정되는 건축물의 건축주 등에 대하여 시정명령을 할 것인지와, 구체적인 시정명령의 내용을 무엇으로 할 것인지에 대하여 결정할 재량권을 주고 있으며, 달리 이 사건에서 시정명령을 해야 할 법적 의무가 인정된다고 볼 수 없다(헌법재판소 2010.4.20. 선고 2010헌마189 지정재판부[시정명령불행사위헌확인]).

3) 검토

사인의 행정에 대한 의존도가 점증하는 현대국가에서 행정권의 부작위는 경우에 따라 사인에 대하여 중대한 침해를 가져올 수 있으므로 행정청에 대하여 권력발동을 요구할 수 있는 제도를 갖는다는 것은 분명 의미 있는 일이라고 볼 수 있는바 긍정설의 입장이 타당하다고 판단된다.

(3) 성립요건

행정개입청구권이 인정되기 위해서는 ① 행정청에게 개입의무를 부과하는 강행법규가 있어야 하고(강행법규성 및 개입의무), ② 행정권의 발동에 관한 법규가 공익뿐만 아니라 제3자의 사익을 보호하고 있어야 한다(사익보호성).

📑🔍 판례

경찰관직무집행법 제5조는 경찰관은 인명 또는 신체에 위해를 미치거나 재산에 중대한 손해를 끼칠 우려가 있는 위험한 사태가 있을 때에는 그 각 호의 조치를 취할 수 있다고 규정하여 형식상 경찰관에게 재량에 의한 직무수행권한을 부여한 것처럼 되어 있으나, 경찰관에게 그러한 권한을 부여한 취지와 목적에 비추어 볼 때 구체적인 사정에 따라 경찰관이 그 권한을 행사하여 필요한 조치를 취하지 아니하는 것이 현저하게 불합리하다고 인정되는 경우에는 그러한 권한의 불행사는 직무상의 의무를 위반한 것이 되어 위법하게 된다(대법원 1998.8.25. 선고 98다16890 판결[손해배상(자)]).

(4) 권리의 실현

행정개입청구권을 가진 사인이 행정청에 행정권발동을 청구하는 경우 ① 행정청이 거부하거나 부작위하면 의무이행심판을 ② 그럼에도 행정청이 거부·방치하면 그 사인은 취소소송·부작위법확인소송을, 여기에서 사인이 승소하면 간접강제제도에 의해 권리를 실현할 수 있게 된다. ③ 그러나 바람직한 방법은 무명항고소송의 한 종류로 의무이행소송을 인정하여 그에 따라 행정개입 청구권을 실현시키는 방법이며, ④ 행정기관이 의무를 해태함으로 인해 사인에게 손해가 발생한 경우 손해의 배상을 청구할 수 있다.

제6절 행정법관계의 변동(발생·변경·소멸)

Ⅰ 법률요건

법률관계의 발생·변경·소멸의 원인이 되는 것을 법률요건이라 한다. 법률요건은 법률관계의 변동원인이며, 행위, 사건 등이 있다. 행정법상의 법률관계는 행정주체의 공법행위 또는 사인의 공법행위 및 사건에 의해 발생·변경·소멸된다.

Ⅱ 행정주체의 행위

행정주체의 공법행위는 매우 다양하다. 행정주체의 공법행위를 성질에 따라 유형화한 것이 행위형식인데, 행정입법, 행정행위, 공법상 계약, 사실행위 등이 이에 속한다. 법적 행위만이 법률관계에 변동을 가져오며 사실행위는 법률관계의 변동을 가져오지 않는다.

Ⅲ 공법상 사건

1. 의의

공법상 사건이란 행정법상 법적 효과를 가져오는 행정법상 법률사실 중 사람이나 행정주체의 정신작용을 요소로 하지 않는 법률사실을 의미한다. 이것은 정신작용을 요소로 하는 사인의 공법행위나 행정주체의 행정행위 등의 법률사실과 구별된다. 공법상 사건의 예로 시간의 경과(🔢 기간, 시효, 제척기간)를 들 수 있다.

2. 종류

(1) 기간

기간이란 일정시점에서 다른 시점까지의 시간적 간격을 말한다. 행정법상 기간은 2가지의 의미를 갖는다. ① 기간경과 그 자체가 행정법관계의 당사자의 의사여하에 관계없이 행정법관계에 변경을 가져오는 경우와(예 시효와 제척기간), ② 기간이 행정법관계의 당사자의 의사표시의 한 부분으로서 나타나는 경우이다(예 기한부행정행위). 민법상 기간에 관한 규정은 법 기술상의 약속규정이므로 공법상 특별한 규정이 없는 한 공법상의 기간에도 적용된다.

(2) 시효

시효란 일정한 사실관계가 일정기간 계속되면, 그 사실관계가 진실한 법률관계에 부합하는가를 묻지 않고 그 사실관계를 진실한 법률관계로 보는 것을 말한다. 시효에는 취득시효(무권리자라도 일정한 사실상태가 계속되는 경우에 권리를 취득하는 제도)와 소멸시효(권리자가 권리를 행사할 수 있음에도 이를 행사하지 않는 사실상태가 일정기간 계속되면 그 권리가 소멸되는 제도)가 있다.

(3) 제척기간

제척기간이란 법률이 예정하고 있는 권리의 존속기간을 의미한다(예 행정소송법상 제소기간). 제척기간은 기간의 경과로 권리의 소멸효과가 발생한다는 점에서는 소멸시효와 동일하나, 소급효가 없고 시효에서 보는 중단제도가 없다는 점에서 구별된다.

Ⅳ 공법상 사무관리 · 부당이득

1. 공법상 사무관리

사무관리란 법률상 의무 없이 타인을 위하여 사무를 관리하는 행위를 말한다(민법 제734조). 사무관리의 법제도가 공법에서도 존재한다는 것은 원칙적으로 시인되고 있으며, 공법상 사무관리의 예로 ① 국가의 특별감독 밑에 있는 사업에 대하여 감독권의 작용으로서 강제적으로 관리하는 경우, ② 재해 시에 행하는 구호, ③ 시·군에서 행하는 행려병자·사자의 관리, ④ 그리고 개인이 행하는 것으로 비상재해 시 임의적인 행정사무의 일부의 관리 등이 있다.

> **판례**
>
> 사무관리가 성립하기 위하여는 우선 그 사무가 타인의 사무이고 타인을 위하여 사무를 처리하는 의사, 즉 관리의 사실상의 이익을 타인에게 귀속시키려는 의사가 있어야 하며, 나아가 그 사무의 처리가 본인에게 불리하거나 본인의 의사에 반한다는 것이 명백하지 아니 할 것을 요한다. 다만 타인의 사무가 국가의 사무인 경우, 원칙적으로 사인이 법령상의 근거 없이 국가의 사무를 수행할 수 없다는 점을 고려하면, 사인이 처리한 국가의 사무가 사인이 국가를 대신하여 처리할 수 있는 성질의 것으로서, 사무 처리와 긴급성 등 국가의 사무에 대한 사인의 개입이 정당화되는 경우에 한하여 사무관리가 성립하고, 사인은 그 범위 내에서 국가에 대하여 국가의 사무를 처리하면서 지출된 필요비 내지 유익비의 상환을 청구할 수 있다(대법원 2014.12.11. 선고 2012다15602 판결).

2. 공법상 부당이득

(1) 부당이득의 의의 및 적용법규

부당이득이란 법률상 원인 없이 타인의 재산 또는 노무로 인하여 이익을 얻고 이로 인하여 타인에게 손해를 가하는 것(⑩ 무자격자의 연금수령, 무효인 과세처분에 따른 세금징수)을 말한다. 그 이익은 반환되어야 한다(민법 제741조). 부당이득의 법리는 형평의 이념에 입각한 것이다. 공법상 부당이득에 관한 일반법은 없으므로 특별규정이 없는 한 법의 일반원리라 할 민법상 부당이득에 관한 규정(민법 제741조 내지 제749조)이 유추적용되어야 할 것이다.

(2) 부당이득반환청구권의 성질

1) 학설

① **공권설** : 동 청구권의 발생원인이 공법상의 것이므로 동 청구권은 공권이라는 견해
② **사권설** : 부당이득은 오로지 경제적 이해조정의 견지에서 인정되므로 사법상의 것과 구별할 필요가 없으므로 동 청구권은 사권이라는 견해

2) 판례

> 📖🔍 **판례**
>
> **[1]** 조세부과처분이 무효임을 전제로 하여 이미 납부한 세금의 반환을 청구하는 것은 민사상의 부당이득반환청구로서 민사소송절차에 따라야 한다(대법원 1991.2.6.자 90프2 결정[증여세등부과처분무효]).
>
> **[2]** 개발부담금 부과처분이 취소된 이상 그 후의 부당이득으로서의 과오납금 반환에 관한 법률관계는 단순한 민사 관계에 불과한 것이고, 행정소송 절차에 따라야 하는 관계로 볼 수 없다(대법원 1995.12.22. 선고 94다51253 판결[부당이득금]).

3) 검토

공법상의 부당이득반환청구권은 공법상 원인에 의해 발생된 것이고, 행정소송법 제3조 제2호 당사자소송의 입법취지에 비추어 볼 때 공법상의 부당이득반환청구권을 공권으로 보고 이에 관한 소송은 공법상 당사자소송에 의하여야 한다고 보는 것이 타당하다.

Ⅴ 사인의 공법행위

1. 사인의 공법상 행위의 의의

사인의 공법상 행위란 사인이 공법상의 권리와 의무로서 하는 행위를 말한다. 사인의 공법행위는 사인의 공법상 행위 중 법률행위의 성질을 갖는 것만을 지칭하는 것이다.

2. 사인의 공법행위

(1) 의의

사인의 공법행위라 함은 공법적 효과의 발생을 목적으로 하는 사인의 법적 행위를 말한다.

(2) 적용법규

1) 문제점

사인의 공법행위에 대한 일반법은 없으나, 행정절차법은 처분의 신청절차, 신고절차에 대한 일반적 규정을 두고 있다. 사인의 공법행위에 적용할 법규정이 없는 경우에는 민법상의 법원칙, 의사표시나 법률행위에 관한 규정을 원칙상 적용할 수 있다. 다만, 사인의 공법행위와 사법행위의 성질상의 차이가 있는 경우에는 그 한도 내에서 사법규정을 적용할 수 없거나 수정하여 적용하여야 한다.

2) 의사능력과 행위능력

특별한 예외규정이 없는 한 민법의 의사능력에 관한 규정은 사인의 공법행위에도 적용된다. 즉, 행위 당시에 의사능력을 결여한 사인의 공법행위는 무효이다. 행위능력에 관한 민법의 규정도 사인의 공법행위에 원칙상 적용된다고 보나, 민법의 행위능력 규정의 입법취지와 무관한 행정법관계에는 민법의 행위능력에 관한 규정이 적용되지 않을 수도 있다.

3) 대리

대리되는 사인의 공법행위가 사인의 인격적 개성과 밀접한 관련을 갖고 있는 경우(예 사직원의 제출·철회, 투표행위)에는 그 행위는 대리에 친하지 않는 행위로서 대리가 인정되지 않는다. 사인의 인격적 개성과 밀접한 관련이 없는 경우는 대리가 가능하며 이 경우에는 민법상의 대리에 관한 규정이 준용된다.

4) 효력발생시기

사인의 공법행위는 민법에서처럼 원칙상 도달주의에 따라 효력이 발생한다. 다만, 예외적으로 명문의 규정에 의해 발신주의를 취하는 경우가 있다.

5) 의사의 흠결 및 하자 있는 의사표시

사인의 의사표시에 하자가 있는 경우 원칙상 민법상의 법률행위에 관한 규정을 유추적용하여야 할 것이다. 그러나 행정법관계의 특수성에 비추어 민법의 규정을 적용하는 것이 적절하지 않은 경우도 있다. 즉, 행위의 단체적 성질 또는 정형적 성질이 강하게 요구되는 등 사인과의 거래와는 다른 특수성이 인정되는 경우에는 민법의 규정을 수정 또는 변경하여 적용하여야 한다.

6) 부관

행정법관계의 안정성의 요구에 비추어 사인의 공법행위에는 사법행위에서와 달리 부관을 붙일 수 없다.

7) 행위의 철회

사법관계에 있어서는 의사표시가 상대방에게 도달한 경우에는 그것을 철회(撤回)할 수 없다. 그러나 사인의 공법상 행위는 명문으로 금지되거나 성질상 불가능한 경우가 아닌 한 그에 따른 행정행위가 행하여질 때까지 자유로이 철회하거나 보정할 수 있다.

판례

[1] 사인의 공법상 행위는 명문으로 금지되거나 성질상 불가능한 경우가 아닌 한 그에 따른 행정행위가 행하여질 때까지 자유로이 철회하거나 보정할 수 있으므로 도시계획시설사업의 사업시행자 지정 처분이 행하여질 때까지 토지 소유자는 새로이 동의를 하거나 동의를 철회할 수 있다고 보아야 한다(대법원 2014.7.10. 선고 2013두7025 판결[도시계획시설사업시행자지정 및 실시계획인가취소처분취소]).

[2] 공무원에 의해 제출된 사직원은 그에 터잡은 의원면직처분이 있을 때까지는 철회될 수 있고, 일단 면직처분이 있고 난 이후에는 철회나 취소할 여지가 없다(대법원 2001.8.24. 선고 99두9971 판결[면직무효확인 등]).

3. 사인의 공법행위의 효과

사인의 공법행위 중 자기완결적 공법행위는 사인의 공법행위로 효력이 발생하고 행정청의 별도의 조치가 필요 없다. 그런데 신청 등 일정한 행위요건적 공법행위에 대하여는 행정청에게 처리의무(응답의무 또는 신청에 따른 처분의무)가 부과된다.

4. 사인의 공법행위의 하자

(1) 자체완성적 공법행위(자기완결적 공법행위)

수리를 요하지 아니하는 신고의 경우, 신고에 하자가 있다면 보정되기까지는 신고의 효과가 발생하지 아니한다. 보정되기 전에 영업한다면, 그것은 무신고영업으로서 불법영업이 된다.

(2) 행정요건적 공법행위

1) 문제점

행정요건적 사인의 공법행위에서 행정행위의 발령을 구하는 사인의 신청·신고·동의 등을 함에 있어 의사와 표시에 불일치가 있는 경우, 하자 있는 사인의 공법행위에 따른 행정행위는 어떠한 영향을 받는지가 문제된다.

2) 학설

① 제1설 : 사인의 공법행위가 무효인 경우 행정행위는 전제요건을 결하여 무효라 보고, 단순 위법사유가 있는 때에는 행정행위는 원칙적으로 유효하다고 보는 견해
② 제2설 : 사인의 공법행위에 흠이 있으면 그에 의한 행정행위는 원칙상 취소할 수 있는 행정행위라고 보아야 한다고 한다는 견해

③ **제3설** : 전제요건을 결한 행정행위는 원칙상 무효이나, 사인의 공법행위가 취소할 수 있는 행위인 경우는 행정행위가 행해지기 전에 언제든 취소할 수 있다는 견해

3) 판례

> **판례**
>
> **[1]** 사직서의 제출이 감사기관이나 상급관청 등의 강박에 의한 경우에는 그 정도가 의사결정의 자유를 박탈할 정도에 이른 것이라면 그 의사표시가 무효로 될 것이고 그렇지 않고 의사결정의 자유를 제한하는 정도에 그친 경우라면 그 성질에 반하지 아니하는 한 의사표시에 관한 민법 제110조의 규정을 준용하여 그 효력을 따져보아야 할 것이나, 감사담당 직원이 당해 공무원에 대한 비리를 조사하는 과정에서 사직하지 아니하면 징계파면이 될 것이고 또한 그렇게 되면 퇴직금 지급상의 불이익을 당하게 될 것이라는 등의 강경한 태도를 취하였다고 할지라도 그 취지가 단지 비리에 따른 객관적 상황을 고지하면서 사직을 권고·종용한 것에 지나지 않고 위 공무원이 그 비리로 인하여 징계파면이 될 경우 퇴직금 지급상의 불이익을 당하게 될 것 등 여러 사정을 고려하여 사직서를 제출한 경우라면 그 의사결정이 의원면직처분의 효력에 영향을 미칠 하자가 있었다고는 볼 수 없다(대법원 1997.12.12. 선고 97누13962 판결).
>
> **[2]** 조사기관에 소환당하여 구타당하리라는 공포심에서 조사관의 요구를 거절치 못하고 작성교부한 사직서라면 이를 본인의 진정한 의사에 의하여 작성한 것이라 할 수 없으므로 그 사직원에 따른 면직처분은 위법이다(대법원 1968.3.19. 선고 67누164 판결).
>
> **[3]** 처분청인 피고가 당초의 골재채취허가를 취소한 것이 오로지 피고 자신이 골재의 채취와 반출에 대한 감독을 할 수 없다는 내부적 사정에 따른 것이라면, 골재채취허가를 취소할 만한 정당한 사유가 될 수 없고, 상대방인 원고가 이 사건 골재채취허가취소처분에 대하여 한 동의가 피고 측의 기망과 강박에 의한 의사표시라는 이유로 적법하게 취소되었다면, 위 동의는 처음부터 무효인 것이 되므로 이 사건 골재채취허가취소처분은 위법한 것이다(대법원 1990.2.23. 선고 89누7061 판결).

4) 검토

사인의 공법행위의 하자로 인한 행정행위의 효력은 행정행위의 하자에 관한 일반이론에서와 같이 사인의 권리보호와 행정법관계의 안정의 보장이라는 두 요청을 조화하는 해결을 도모하여야 하므로 제3설이 타당하다.

Ⅵ 신청

1. 의의

신청이란 사인이 행정청에 대하여 일정한 조치를 취하여 줄 것을 요구하는 의사표시를 말하며, 신청은 공법상 의사표시이다. 행정절차법은 제17조에서 처분을 구하는 신청의 절차를 규정하고 있다. 이에 반하여 민원처리에 관한 법률 시행령 제2조 제2항은 처분에 대한 신청, 법령해석의 신청 등을 규율하고 있다.

> 📋 **판례**
>
> **[1]** 산재보험법이 규정한 보험급여 지급요건에 해당하여 보험급여를 받을 수 있는 사람이라고 하더라도 그 요건에 해당하는 것만으로 바로 구체적인 급여청구권이 발생하는 것이 아니라, 수급권자의 보험 급여 청구에 따라 근로복지공단이 보험급여에 관한 결정을 함으로써 비로소 구체적인 급여청구권이 발생한다. 이러한 점에서 산재보험법 제36조 제2항에 따른 보험급여 청구는 행정청인 근로복지공단 을 상대로 보험급여 지급결정을 구하는 공법상 의사표시로 볼 수 있어 민법상 최고와는 법적 성격 이 다르다(대법원 2018.6.15. 선고 2017두49119 판결[장해급여청구]).

2. 신청의 요건

신청의 요건이란 신청이 적법하기 위하여 갖추어야 할 요건을 말한다. 신청의 대상인 처분(⑩ 허가, 등록)의 요건과는 구별하여야 한다. 신청이 적법하기 위하여는 신청인에게 신청권이 있어야 하며 신청 이 법령상 요구되는 구비서류 등의 요건을 갖추어야 한다.

> 📋 **판례**
>
> **[1]** 육아휴직을 실시한 근로자가 육아휴직기간이 종료한 때부터 1년이 경과한 시기에 이르러 육아휴직 급여를 신청하였는데, 피고가 이 사건 조항에서 정한 신청기간을 준수하지 못하였음을 이유로 육아 휴직급여 부지급 결정(= 이 사건 처분)을 하고, 이에 대하여 원고가 이 사건 처분의 취소를 구하는 사안에서, 이 사건 조항에서 정한 신청기간은 제척기간이고, 이 사건 조항은 강행규정으로 보는 것 이 타당하다. 따라서 위 규정에서 정한 신청기간을 경과하여 한 육아휴직급여 신청을 거부한 관할 행정청의 처분은 적법하다고 한 사례(대법원 2021.3.18, 2018두47264 전원합의체 판결[육아휴직급여 부지 급등 처분 취소])

3. 신청의 효과

(1) 접수의무

행정청은 신청이 있는 때에는 다른 법령 등에 특별한 규정이 있는 경우를 제외하고는 그 접수를 보류 또는 거부하거나 부당하게 되돌려 보내서는 아니 된다(행정절차법 제17조 제4항). 따라서 신청이 형 식적(절차적) 요건을 갖추어 적법하면 이를 접수하여야 한다.

(2) 보완조치의무

행정청은 신청에 구비서류의 미비 등 흠이 있는 경우에도 접수를 거부하여서는 안 되며 보완에 필요 한 상당한 기간을 정하여 지체 없이 신청인에게 보완을 요구하여야 한다(행정절차법 제17조 제5항). 신청인이 제5항의 규정에 의한 기간 내에 보완을 하지 아니한 때에는 그 이유를 명시하여 접수된 신청을 되돌려 보낼 수 있다(제6항).

📑 **판례**

> **[1]** 행정절차법 제17조가 '구비서류의 미비 등 흠의 보완'과 '신청 내용의 보완'을 분명하게 구분하고 있는 점에 비추어 보면, 행정청으로 하여금 신청에 대하여 거부처분을 하기 전에 반드시 신청인에게 신청의 내용이나 처분의 실체적 발급요건에 관한 사항까지 보완할 기회를 부여하여야 할 의무를 정한 것은 아니라고 보아야 한다(대법원 2020.7.23. 선고 2020두36007 판결).
>
> **[2]** 보완의 대상이 되는 흠은 보완이 가능한 경우이어야 함은 물론이고, 그 내용 또한 형식적·절차적인 요건이어야 하나, 실질적인 요건에 관한 흠이 있는 경우라도 그것이 민원인의 단순한 착오나 일시적인 사정 등에 기한 경우 등은 보완의 대상이 된다(대법원 2004.10.15. 선고 2003두6573 판결[건축불허가처분취소]).

(3) 처리의무(응답의무)

적법한 신청이 있는 경우에 행정청은 상당한 기간 내에 신청에 대하여 응답하여야 한다. 여기에서의 응답의무는 신청된 내용대로 처분할 의무와는 구별되어야 한다. 처분을 구하는 신청행위에 대하여 행정기관은 신청에 따른 행정행위를 하거나 거부처분을 하여야 한다. 신청에 따른 행정청의 처분이 기속행위일 때뿐만 아니라 재량행위인 경우에도 행정청은 신청에 대한 응답의무를 진다.

4. 신청과 권리구제

신청에 대한 거부처분에 대하여는 의무이행심판이나 취소심판 또는 취소소송으로, 부작위에 대하여는 의무이행심판 또는 부작위위법확인소송으로 다툴 수 있다. 적법한 신청에 대하여 접수를 거부하거나 보완명령을 내린 경우에 신청인은 적법한 신청에 대한 접수거부 또는 보완명령을 신청에 대한 거부처분으로 보고 항고소송을 제기할 수 있고, 그로 인하여 손해를 입은 경우에 국가배상을 청구할 수 있다.

Ⅶ 신고

행정기본법 제34조(수리 여부에 따른 신고의 효력)
법령 등으로 정하는 바에 따라 행정청에 일정한 사항을 통지하여야 하는 신고로서 법률에 신고의 수리가 필요하다고 명시되어 있는 경우(행정기관의 내부 업무 처리 절차로서 수리를 규정한 경우는 제외한다)에는 행정청이 수리하여야 효력이 발생한다.

1. 신고의 의의

신고란 사인이 행정기관에 일정한 사항에 대하여 알려야 하는 의무가 있는 경우에 그것을 알리는 것을 말한다.

2. 신고의 종류

(1) 자기완결적 신고

1) 의의 및 효과

자기완결적 신고는 신고의 요건을 갖춘 신고만 하면 신고의무를 이행한 것이 되는 신고를 말하며, 자기완결적 신고의 경우 적법한 신고(신고요건을 갖춘 신고)만 있으면 신고의무를 이행한 것이 되고 신고의 효과가 발생한다. 따라서 적법한 신고만 있으면 행정청의 수리가 없더라도 신고의 대상이 되는 행위를 적법하게 할 수 있고, 과태료나 벌금의 부과 등 어떠한 불이익도 받지 않는다.

2) 성질 및 권리구제

자기완결적 신고의 수리는 단순한 접수행위로서 법적 효과를 발생시키지 않는 사실행위이다. 따라서 자기완결적 신고의 수리행위나 수리거부행위는 원칙상 항고소송의 대상이 되는 처분이 아니다. 다만, 자기완결적 신고 중 건축신고와 같은 금지해제적 신고의 경우에 신고가 반려될 경우 당해 신고의 대상이 되는 행위를 하면 시정명령, 이행강제금, 벌금의 대상이 되는 등 신고인이 법적 불이익을 받을 위험이 있는 경우에는 그 위험을 제거할 수 있도록 하기 위하여 신고거부(반려)행위의 처분성을 인정할 필요가 있다. 판례도 이러한 입장을 취하고 있다.

> **판례**
>
> [1] 구 건축법 제9조 제1항에 의하여 건축신고를 함으로써 건축허가를 받은 것으로 간주되는 경우에는 건축을 하고자 하는 자가 적법한 요건을 갖춘 신고만 하면 행정청의 수리행위 등 별다른 조치를 기다릴 필요 없이 건축을 할 수 있는 것이므로, 행정청이 위 신고를 수리한 행위가 건축주는 물론이고 제3자인 인근 토지 소유자나 주민들의 구체적인 권리 의무에 직접 변동을 초래하는 행정처분이라 할 수 없다(대법원 1999.10.22. 선고 98두18435 판결[증축신고수리처분취소]).
>
> [2] 행정청의 건축신고 반려행위 또는 수리거부행위가 항고소송의 대상인지 여부(적극): 건축법(2008.3.21. 법률 제8974호로 전부 개정되기 전의 것) 관련 규정의 내용 및 취지에 의하면, 건축주 등으로서는 신고제하에서도 건축신고가 반려될 경우 당해 건축물의 건축을 개시하면 시정명령, 이행강제금, 벌금의 대상이 되거나 당해 건축물을 사용하여 행할 행위의 허가가 거부될 우려가 있어 불안정한 지위에 놓이게 된다. 따라서 건축신고 반려행위가 이루어진 단계에서 당사자로 하여금 반려행위의 적법성을 다투어 그 법적 불안을 해소한 다음 건축행위에 나아가도록 함으로써 장차 있을지도 모르는 위험에서 미리 벗어날 수 있도록 길을 열어주고, 위법한 건축물의 양산과 그 철거를 둘러싼 분쟁을 조기에 근본적으로 해결할 수 있게 하는 것이 법치행정의 원리에 부합한다. 그러므로 이 사건 건축신고 반려행위는 항고소송의 대상이 된다고 보는 것이 옳다(대법원 2010.11.18. 선고 2008두167 전원합의체 판결[건축신고불허(또는 반려)처분취소]).
>
> [3] 구 체육시설의 설치·이용에 관한 법률 제16조, 제34조, 같은법 시행령 제16조의 규정을 종합하여 볼 때, 등록체육시설업에 대한 사업계획의 승인을 얻은 자는 규정된 기한 내에 사업시설의 착공계획서를 제출하고 그 수리 여부에 상관없이 설치공사에 착수하면 되는 것이지, 착공계획서가 수리되어야만 비로소 공사에 착수할 수 있다거나 그 밖에 착공계획서 제출 및 수리로 인

하여 사업계획의 승인을 얻은 자에게 어떠한 권리를 설정하거나 의무를 부담케 하는 법률효과가 발생하는 것이 아니므로 행정청이 사업계획의 승인을 얻은 자의 착공계획서를 수리하고 이를 통보한 행위는 그 착공계획서 제출사실을 확인하는 행정행위에 불과하고 그를 항고소송이나 행정심판의 대상이 되는 행정처분으로 볼 수 없다(대법원 2001.5.29. 선고 99두10292 판결).

(2) 수리를 요하는 신고

1) 의의

수리를 요하는 신고는 신고가 수리되어야 신고의 효과가 발생하는 신고를 말한다. 수리를 요하는 신고는 규제완화를 위해 허가제를 신고제로 바꾸면서 허가와 자기완결적 신고 사이에 규제의 격차가 너무 큰 점에 착안하여 허가와 자기완결적 신고 사이에 위치하는 규제수단이 필요하다는 행정의 필요에서 탄생한 규제수단의 하나이다.

2) 성질 및 권리구제

신고의 요건을 갖춘 신고가 있었다 하더라도 수리되지 않으면 신고가 되지 않은 것으로 보는 것이 다수설 및 판례의 입장이다. 수리를 요하는 신고의 경우에 수리는 행정행위인 수리행위이고, 수리거부는 거부처분에 해당하며 항고소송의 대상이 될 수 있다는 것이 일반적 견해이다.

판례

[1] 건축신고를 하려는 자는 인·허가의제사항 관련 법령에서 제출하도록 의무화하고 있는 신청서와 구비서류를 제출하여야 하는데, 이는 건축신고를 수리하는 행정청으로 하여금 인·허가의제사항 관련 법률에 규정된 요건에 관하여도 심사를 하도록 하기 위한 것으로 볼 수밖에 없다. 따라서 인·허가의제 효과를 수반하는 건축신고는 일반적인 건축신고와는 달리, 특별한 사정이 없는 한 행정청이 그 실체적 요건에 관한 심사를 한 후 수리하여야 하는 이른바 '수리를 요하는 신고'로 보는 것이 옳다(대법원 2011.1.20. 선고 2010두14954 전원합의체 판결[건축(신축)신고불가취소]).

[2] 구 체육시설의 설치·이용에 관한 법률(2005.3.31. 법률 제7428호로 개정되기 전의 것) 제19조 제1항, 구 체육시설의 설치·이용에 관한 법률 시행령(2006.9.22. 대통령령 제19686호로 개정되기 전의 것) 제18조 제2항 제1호 (가)목, 제18조의2 제1항 등의 규정에 의하면, 위 법 제19조의 규정에 의하여 체육시설의 회원을 모집하고자 하는 자는 시·도지사 등으로부터 회원모집계획서에 대한 검토결과 통보를 받은 후에 회원을 모집할 수 있다고 보아야 하고, 따라서 체육시설의 회원을 모집하고자 하는 자의 시·도지사 등에 대한 회원모집계획서 제출은 수리를 요하는 신고에서의 신고에 해당하며, 시·도지사 등의 검토결과 통보는 수리행위로서 행정처분에 해당한다(대법원 2009.2.26. 선고 2006두16243 판결[골프장회원권모집계획승인처분취소]).

(3) 정보제공적 신고와 금지해제적 신고

1) 정보제공적 신고

행정청에게 행정의 대상이 되는 사실에 관한 정보를 제공하는 기능을 갖는 신고를 정보제공적 신고(사실파악형신고)라고 한다. 정보제공적 신고의 대상은 금지된 행위가 아니라 본래 자유롭게 할 수 있는 행위로서 신고 없이 행위를 하여도 신고 없이 한 행위 자체는 위법하지 않다. 정보제공적 신고는 항상 자기완결적 신고이다.

2) 금지해제적 신고

금지된 행위에 대해 그 금지를 해제하는 효력을 갖는 신고를 규제적 신고 내지 금지해제적 신고(신고유보부 금지)라고 한다. 금지해제적 신고의 대상은 법상 금지된 행위로서 신고에 의해 그 금지가 해제된다. 금지해제적 신고의 경우에는 신고 없이 한 행위는 법상 금지된 행위로서 위법한 행위가 되므로 행정형벌의 대상이 될 수 있으며 시정조치의 대상이 된다. 수리를 요하는 신고는 금지해제적 신고이다.

(4) 행정절차법상의 신고

행정절차법 제40조의 규율대상이 되는 신고는 자기완결적 신고이다. 그러나 행정절차법 제40조 제3항과 제4항은 수리를 요하는 신고에도 유추적용된다고 보아야 한다.

3. 신고의 요건

① 자기완결적 신고는 행정절차법 제40조 제2항의 신고요건을 갖추어야 한다. 자기완결적 신고의 요건은 원칙상 형식적 요건이다. 예외적으로 실질적 요건이 신고요건에 포함되어 있더라도 형식적 심사만 가능한 경우에는 자기완결적 신고로 보아야 한다. ② 수리를 요하는 신고는 형식적인 요건 이외에 일정한 실질적 요건을 신고의 요건으로 하고 있다.

📑🔍 **판례**

> [1] 건축에 관한 허가·신고 및 변경에 관한 구 건축법 제16조 제1항, 구 건축법 시행령 제12조 제1항 제3호, 제4항, 구 건축법 시행규칙 제11조 제1항 제1호, 제3항의 문언 내용 및 체계 등과 아울러 관련 법리들을 종합하면, 건축허가를 받은 건축물의 양수인이 건축주 명의변경을 위하여 건축관계자 변경신고서에 첨부하여야 하는 구 건축법 시행규칙 제11조 제1항에서 정한 '권리관계의 변경사실을 증명할 수 있는 서류'란 건축할 대지가 아니라 허가대상 건축물에 관한 권리관계의 변경사실을 증명할 수 있는 서류를 의미하고, 그 서류를 첨부하였다면 이로써 구 건축법 시행규칙에 규정된 건축주 명의변경신고의 형식적 요건을 갖추었으며, 허가권자는 양수인에 대하여 구 건축법 시행규칙 제11조 제1항에서 정한 서류에 포함되지 아니하는 '건축할 대지의 소유 또는 사용에 관한 권리를 증명하는 서류'의 제출을 요구하거나, 양수인에게 이러한 권리가 없다는 실체적인 이유를 들어 신고의 수리를 거부하여서는 아니 된다(대법원 2015.10.29. 선고 2013두11475 판결[건축관계자변경신고서반려처분취소]).

[2] 허가대상 건축물의 양수인이 구 건축법 시행규칙에 규정되어 있는 형식적 요건을 갖추어 시장·군수 등 행정관청에 적법하게 건축주의 명의변경을 신고한 때에는 행정관청은 그 신고를 수리하여야지 실체적인 이유를 내세워 신고의 수리를 거부할 수는 없다(대법원 2014.10.15. 선고 2014두37658 판결).

[3] 구 건축법(1991.5.31. 법률 제4381호로 전문 개정되기 전의 것)과 체육시설의 설치·이용에 관한 법률은 입법목적, 규정사항, 적용범위 등을 서로 달리하고 있어서 골프연습장의 설치에 관하여 체육시설의 설치·이용에 관한 법률이 건축법에 우선하여 배타적으로 적용되는 관계에 있다고 해석되지 아니하므로 체육시설의 설치·이용에 관한 법률에 따른 골프연습장의 신고요건을 갖춘 자라 할지라도 골프연습장을 설치하려는 건물이 건축법상 무허가 건물이라면 적법한 신고를 할 수 없다(대법원 1993.4.27. 선고 93누1374 판결[체육시설업신고서반려처분취소]).

4. 신고의 효력

(1) 적법한 신고의 효력 및 권리구제

1) 신고의 효력

적법한 신고란 신고요건을 갖춘 신고를 말한다. 적법한 신고가 있으면 ① 자기완결적 신고의 경우 신고가 있으면 행정청의 수리 여부에 관계없이 신고서가 접수기관에 도달한 때에 신고의무가 이행된 것으로 보고(행정절차법 제40조 제2항), 신고의 효력도 발생한다. 금지해제적 자기완결적 신고의 경우 적법한 신고가 있으면 그것만으로 금지해제의 효과가 발생하며, ② 수리를 요하는 신고의 경우에는 행정청이 수리하여야 효력이 발생한다(행정기본법 제34조). 적법한 신고의 수리는 기속행위이나, 사설봉안시설의 설치신고 수리, 건축신고 수리 등을 기속재량(거부재량)행위로 본 판례가 있다.

> 판례
>
> **[1]** 신고대상인 건축물의 건축행위를 하고자 할 경우에는 그 관계 법령에 정해진 적법한 요건을 갖춘 (건축)신고만을 하면 그와 같은 건축행위를 할 수 있고, 행정청의 수리처분 등 별단의 조처를 기다릴 필요가 없다고 할 것이며, 또한 이와 같은 신고를 받은 행정청으로서는 그 신고가 같은 법 및 그 시행령 등 관계 법령에 신고만으로 건축할 수 있는 경우에 해당하는 여부 및 그 구비서류 등이 갖추어져 있는지 여부 등을 심사하여 그것이 법규정에 부합하는 이상 이를 수리하여야 하고, 같은 법 규정에 정하지 아니한 사유를 심사하여 이를 이유로 신고수리를 거부할 수는 없다(대법원 1999.4.27. 선고 97누6780 판결).
>
> **[2]** 주민등록은 단순히 주민의 거주관계를 파악하고 인구의 동태를 명확히 하는 것 외에도, 주민등록에 따라 공법관계상의 여러 가지 법률상 효과가 발생하므로, 주민등록의 신고는 행정청에 도달하기만 하면 신고로서의 효력이 발생하는 것이 아니라 행정청이 수리한 경우에 비로소 신고의 효력이 발생한다(대법원 2009.1.30. 선고 2006다17850 판결[주민등록법상 전입신고]).
>
> **[3]** 구 장사 등에 관한 법률(2007.5.25. 법률 제8489호로 전부 개정되기 전의 것, 이하 '구 장사법'이라 한다) 제14조 제1항, 구 장사 등에 관한 법률 시행규칙(2008.5.26. 보건복지가족부령 제15호

로 전부 개정되기 전의 것) 제7조 제1항(별지 제7호 서식)을 종합하면, 납골당설치 신고는 이른바 '수리를 요하는 신고'라 할 것이므로, 납골당설치 신고가 구 장사법 관련 규정의 모든 요건에 맞는 신고라 하더라도 신고인은 곧바로 납골당을 설치할 수는 없고, 이에 대한 행정청의 수리처분이 있어야만 신고한 대로 납골당을 설치할 수 있다. 한편 수리란 신고를 유효한 것으로 판단하고 법령에 의하여 처리할 의사로 이를 수령하는 수동적 행위이므로 수리행위에 신고필증 교부 등 행위가 꼭 필요한 것은 아니다(대법원 2011.9.8. 선고 2009두6766 판결[납골당설치신고수리처분이행통지취소]).

[4] 정신과의원을 개설하려는 자가 법령에 규정되어 있는 요건을 갖추어 개설신고를 한 때에, 행정청은 원칙적으로 이를 수리하여 신고필증을 교부하여야 하고, 법령에서 정한 요건 이외의 사유를 들어 의원급 의료기관 개설신고의 수리를 거부할 수는 없다(대법원 2018.10.25. 선고 2018두44302 판결).

[5] 사설납골시설(현행법상 봉안시설)의 설치신고 수리 여부의 판단기준: 구 '장사 등에 관한 법률'(2007.5.25. 법률 제8489호로 전부 개정되기 전의 것)의 관계 규정들에 비추어 보면, 같은 법 제14로 제1항에 의한 사설납골시설의 설치신고는, 같은 법 제15조 각 호에 정한 사설납골시설설치 금지지역에 해당하지 않고 같은 법 제14조 제3항 및 같은 법 시행령(2008.5.26. 대통령령 제20791호로 전부 개정되기 전의 것) 제13조 제1항의 [별표 3]에 정한 설치기준에 부합하는 한, 수리하여야 하나, 보건위생상의 위해를 방지하거나 국토의 효율적 이용 및 공공복리의 증진 등 중대한 공익상 필요가 있는 경우에는 그 수리를 거부할 수 있다고 보는 것이 타당하다(대법원 2010.9.9. 선고 2008두22631 판결[납골당설치신고불가처분취소]).

2) 권리구제

① 자기완결적 신고의 경우 신고필증은 신고사실을 단순히 확인하는 것으로서 그 교부의 거부가 항고소송의 대상이 될 수 없다는 데 이견이 없으나, ② 수리를 요하는 신고의 경우에 신고필증을 신고수리를 증명하는 법적 행위로 보고, 신고필증 교부의 거부를 행정소송법상의 처분으로 보는 견해가 있지만, 판례는 수리를 요하는 신고의 경우에도 신고필증의 교부는 신고의 필수요건도 아니고 행정소송법상의 처분도 아니라고 보고 있다.

📋 판례

[1] 부가가치세법상의 사업자등록은 … 단순한 사업사실의 신고로서 사업자가 소관 세무서장에서 소정의 사업자등록신청서를 제출함으로써 성립되는 것이고, 사업자등록증의 교부는 이와 같은 등록사실을 증명하는 증서의 교부행위에 불과한 것이며, … 사업자등록의 말소 또한 폐업사실의 기재일 뿐 그에 의하여 사업자로서의 지위에 변동을 가져오는 것이 아니라는 점에서 과세관청의 사업자등록 직권말소행위는 불복의 대상이 되는 행정처분으로 볼 수가 없다(대법원 2000.12.22. 선고 99두6903 판결[사업자등록말소처분취소]).

[2] 파주시장이 종교단체 납골당설치 신고를 한 甲 교회에, '구 장사 등에 관한 법률(2007.5.25. 법률 제8489호로 전부 개정되기 전의 것, 이하 '구 장사법'이라 한다) 등에 따라 필요한 시설을 설치하

고 유골을 안전하게 보관할 수 있는 설비를 갖추어야 하며 관계 법령에 따른 허가 및 준수 사항을 이행하여야 한다'는 내용의 납골당설치 신고사항 이행통지를 한 사안에서, 이행통지는 납골당설치 신고에 대하여 파주시장이 납골당설치 요건을 구비하였음을 확인하고 구 장사법령상 납골당설치 기준, 관계 법령상 허가 또는 신고 내용을 고지하면서 신고한 대로 납골당 시설을 설치하도록 한 것이므로, 파주시장이 甲 교회에 이행통지를 함으로써 납골당설치 신고수리를 하였다고 보는 것이 타당하고, 이행통지가 새로이 甲 교회 또는 관계자들의 법률상 지위에 변동을 일으키지는 않으므로 이를 수리처분과 별도로 항고소송 대상이 되는 다른 처분으로 볼 수 없다고 한 사례(대법원 2011.9.8. 선고 2009두6766 판결[납골당설치신고수리처분이행통지취소])

(2) 부적법한 신고의 효력

1) 부적법한 신고의 의의

신고가 신고의 요건을 충족하지 않는 경우에 신고는 부적법한 신고가 된다. 부적법한 신고의 경우 지체 없이 상당한 기간을 정하여 신고인에게 보완을 요구하여야 한다(행정절차법 제40조 제3항). 행정청은 신고인이 보완기간 내에 보완을 하지 아니한 때에는 그 이유를 명시하여 당해 신고서를 되돌려 보내야 하며(제4항), 수리를 요하는 신고에 있어서도 행정절차법 제40조 제3항과 제4항을 유추적용한다.

> **판례**
>
> 식품위생법과 건축법은 그 입법 목적, 규정사항, 적용범위 등을 서로 달리하고 있어 식품접객업에 관하여 식품위생법이 건축법에 우선하여 배타적으로 적용되는 관계에 있다고는 해석되지 않는다. 그러므로 식품위생법에 따른 식품접객업(일반음식점영업)의 영업신고의 요건을 갖춘 자라고 하더라도, 그 영업신고를 한 당해 건축물이 건축법 소정의 허가를 받지 아니한 무허가 건물이라면 적법한 신고를 할 수 없다(대법원 2009.4.23. 선고 2008도6829 판결[식품위생법위반]).

2) 부적법한 신고의 수리 및 그 효과

① 자기완결적 신고의 경우에는 부적법한 신고의 수리(접수)가 있었다고 하더라도 신고의 효력이 발생하지 않고, 신고의 대상이 되는 영업을 하면 무신고의 불법영업행위이다(대법원 1998.4.24. 선고 97도3121 판결 참조). ② 수리를 요하는 신고의 경우 부적법한 신고가 수리되면 하자 있는 수리행위가 된다. 수리행위가 무효인 경우에는 신고의 효과가 발생하지 않지만, 수리행위가 취소할 수 있는 행위인 경우 공정력에 의해 수리행위가 효력을 가지므로 수리가 취소되기까지는 신고된 영업행위로서 불법영업이 아니다. 즉 부적법한 신고를 행정청이 수리한 경우 수리가 무효가 아닌 한 신고의 효과가 발생한다.

> **판례**
>
> [1] 체육시설의 설치·이용에 관한 법률 제10조, 제11조, 제22조, 같은 법 시행규칙 제8조 및 제25조의 각 규정에 의하면, 체육시설업은 등록체육시설업과 신고체육시설업으로 나누어지고, 당구

장업과 같은 신고체육시설업을 하고자 하는 자는 체육시설업의 종류별로 같은법 시행규칙이 정하는 해당 시설을 갖추어 소정의 양식에 따라 신고서를 제출하는 방식으로 시·도지사에 신고하도록 규정하고 있으므로, 소정의 시설을 갖추지 못한 체육시설업의 신고는 부적법한 것으로 그 수리가 거부될 수밖에 없고 그러한 상태에서 신고체육시설업의 영업행위를 계속하는 것은 무신고 영업행위에 해당할 것이지만, 이에 반하여 적법한 요건을 갖춘 신고의 경우에는 행정청의 수리처분 등 별단의 조처를 기다릴 필요 없이 그 접수 시에 신고로서의 효력이 발생하는 것이므로 그 수리가 거부되었다고 하여 무신고 영업이 되는 것은 아니다(대법원 1998.4.24. 선고 97도3121 판결[체육시설의 설치·이용에 관한 법률 위반]).

[2] 장기요양기관의 폐업신고와 노인의료복지시설의 폐지신고는, 행정청이 관계 법령이 규정한 요건에 맞는지를 심사한 후 수리하는 이른바 '수리를 필요로 하는 신고'에 해당한다. 그러나 행정청이 그 신고를 수리하였다고 하더라도, 신고서 위조 등의 사유가 있어 신고행위 자체가 효력이 없다면, 그 수리행위는 유효한 대상이 없는 것으로서, 수리행위 자체에 중대·명백한 하자가 있는지를 따질 것도 없이 당연히 무효이다(대법원 2018.6.12. 선고 2018두33593 판결).

3) 권리구제

신고사항을 신고하지 아니하거나 신고하였더라도 신고요건을 충족하지 않은 부적법한 신고의 경우에는 신고의무를 이행하지 않은 것이 된다. 수리는 행정행위인 수리행위이고, 수리거부는 거부처분에 해당하여 항고소송의 대상이 된다는 것이 일반적 견해이다.

제7절　행정조직

I　행정조직법정주의

행정조직에 관한 사항은 기본적으로 법률로 정하여야 한다는 원칙이 행정조직법정주의이다.

II　행정기관

1. 행정작용법적 행정기관의 개념

(1) 행정기관의 의의

행정기관이란 행정권한을 행사하는 행정조직의 구성단위를 말한다. 행정작용법적 관점에서는 대외적으로 행정권한을 행사하는 행정기관을 중심으로 그 개념을 구성한다.

(2) 행정청

행정관청이란 국가의사를 결정하여 이를 자기의 이름으로 외부에 표시하는 권한을 가진 행정 기관을 말한다. 행정청이란 국가뿐만 아니라 지방자치단체의 의사를 결정하여 자신의 이름으로 외부에 표시할 수 있는 권한을 가진 행정기관을 말한다. 독임제 행정청의 예로, 장관, 처장, 청장, 지방자치단체의 장 등이 있고, 합의제 행정청의 예로, 행정심판위원회, 토지수용위원회, 중앙선거관리위원회, 노동위원회, 감사원, 배상심의회 등이 있다. 위원회 중 의사를 결정하여 그 결정된 의사를 자기의 이름으로 대외적으로 표시할 수 있는 권한을 가진 위원회만 행정청이다. 대외적 표시권이 없이 심리권이나 의결권만을 갖고 있는 위원회는 행정청이 아니다.

(3) 의결기관

의결기관이란 행정주체의 의사를 결정하는 권한만을 가지고 이를 외부에 표시할 권한은 가지지 못하는 기관을 말한다. 의결기관이 외부에 표시할 권한이 없는 점에서 그러한 권한이 있는 합의제 행정청과 구별된다.

(4) 자문기관, 집행기관, 보조기관

① 자문기관이란 행정청에 의견(자문)을 제시하는 것을 임무로 하는 기관이다. 자문기관은 합의제인 것이 보통이나, 독임제인 것도 있다. 행정청은 자문기관의 의견에 구속되지는 않으나, 자문절차가 법령에 규정되어 있는 경우, 이를 거치지 않고 한 처분은 절차의 하자가 있는 위법한 처분이 되게 된다. ② 집행기관이란 실력을 행사하여 행정청의 의사를 집행하는 기관을 말한다. 경찰공무원, 소방공무원, 세무공무원 등이 이에 해당한다. ③ 보조기관이란 국가와 지방자치단체의 행정청에 소속되어 행정청의 권한행사를 보조하는 것을 임무로 하는 기관이다. 행정각부의 차관, 차장, 실장, 국장, 과장, 팀장, 반장, 계장, 지방자치단체의 부지사, 부시장, 국장, 과장 등이 그 예이다.

2. 독임제 행정기관과 합의제 행정기관

행정기관은 그 구성원의 수에 따라 독임제와 합의제로 나눌 수 있다. 독임제 행정기관이란 구성원이 1명인 행정기관이다. 합의제 행정기관이란 구성원이 2명 이상이며, 행정기관의 의사결정이 복수인 구성원의 합의에 의해 이루어지는 행정기관을 말한다.

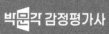
박문각 감정평가사

PART

02

행정작용법

행정입법

제1절 행정입법 개설

행정입법이란 행정권이 일반적·추상적 규범을 정립하는 작용 또는 그에 따라 정립된 규범을 말한다. 여기서 '일반적'이란 상대방의 불특정성을, '추상적'이란 적용사건의 불특정성을 의미한다. 행정입법은 실정법상의 개념이 아니라 학문상의 관념이며, 법규명령과 행정규칙을 포함한다. 행정입법에는 자치단체가 법령의 범위 내에서 규정을 정립하는 작용, 즉 자치입법이 포함되는데, 자치입법에는 조례와 규칙, 교육규칙이 있다.

제2절 법규명령

Ⅰ 의의

법규명령이라 함은 행정권이 제정하는 일반적·추상적 명령으로서 법규의 성질을 가지는 것을 말한다. 법규명령은 법률 또는 조례의 수권에 근거하여 행정기관이 제정하고 법률이나 조례와 마찬가지로 행정주체를 대외적으로 구속하거나 또는 행정주체와 국민과의 관계에서 구속력을 가지며(일반·추상적 규율), 국민의 권리·의무를 변동하는 효력을 지닌다. 기본적으로 대통령령·총리령·부령의 형식으로 나타나지만, 고시·훈령의 형식으로 나타나기도 하며, 법규명령은 법규이므로 이에 위반한 행위는 위법한 행위가 된다. 법규명령의 성질은 입법이지만 행정의 행위형식의 하나로 본다.

Ⅱ 법적 근거

헌법 제76조는 대통령의 긴급명령 및 긴급재정·경제명령의 근거를, 제75조는 대통령령(위임명령과 집행명령)의 근거를, 헌법 제95조는 총리령과 부령(위임명령과 집행명령)의 근거를 두고 있다.

Ⅲ 법규명령의 종류

1. 수권의 근거에 따른 분류

(1) 위임명령

위임명령이라 함은 법률 또는 상위명령의 위임에 의해 제정되는 명령으로서, 위임된 범위 내에서는 국민의 권리·의무에 관한 사항에 대해 규율할 수 있다.

(2) 집행명령

집행명령이라 함은 상위법령의 집행을 위하여 필요한 사항(⑩ 신고서 양식 등)을 법령의 위임(근거) 없이 직권으로 발하는 명령을 말한다. 집행명령에서는 새로운 법규사항을 정할 수 없다.

위임명령과 집행명령은 입법 실제에 있어서 따로 제정되는 예는 거의 없으며, 하나의 명령에 함께 제정되고 있다.

2. 제정권자에 따른 분류

대통령이 법률에서 구체적으로 범위를 정하여 위임받은 사항과 법률을 집행하기 위하여 필요한 사항에 관하여 제정하는 명령이 대통령령이며(헌법 제75조), 이런 대통령령을 보통 시행령이라고 부른다. 한편 국무총리가 법률이나 대통령령의 위임 또는 직권으로 발하는 명령이 총리령이며, 행정각부의 장관이 법률이나 대통령령의 위임 또는 직권으로 발하는 명령이 부령이다(헌법 제95조). 총리령과 부령을 합쳐 보통 시행규칙이라고 부른다.

3. 법형식에 따른 분류

법규명령의 형식을 취하는 명령을 형식적 의미의 법규명령이라 하며, 명령의 형식을 묻지 않고 그 실질이 법규명령의 성질을 가지고 있는 명령을 실질적 의미의 법규명령이라 한다.

Ⅳ 법규명령의 한계

1. 위임명령의 한계

(1) 상위 법령의 위임

위임명령은 상위 법령의 위임(수권)이 있어야 한다. 수권의 범위를 일탈한 법규명령은 위헌·위법하다. 따라서 법률의 명령에 대한 입법권의 수권은 무한정으로 인정될 수 없으며 국회입법의 원칙이 기본적으로 유지될 수 있는 한도 내에서 인정되어야 한다.

(2) 수권의 한계

1) 일반적·포괄적 위임의 금지

> **헌법 제75조**
> 대통령은 법률에서 구체적으로 범위를 정하여 위임받은 사항과 법률을 집행하기 위하여 필요한 사항에 관하여 대통령령을 발할 수 있다.

① '구체적으로 범위를 정하여'의 의미

판례는 '구체적으로 범위를 정하여'의 의미를 법률에 이미 대통령령 등 하위법규에 규정될 내용 및 범위의 기본사항이 구체적이고 명확하게 규정되어 있어 누구라도 규정될 내용의 대강을 예측할 수 있어야 하는 것으로 이해한다(헌법재판소 2018.4.26. 선고 2016헌바287 결정). 또한 판례는 경우에 따라 예시적 위임도 인정한다.

판례

[1] 헌법 제75조는 "대통령은 법률에서 구체적으로 범위를 정하여 위임받은 사항과 법률을 집행하기 위하여 필요한 사항에 관하여 대통령령을 발할 수 있다."라고 규정하여 위임입법의 근거 및 그 범위와 한계를 제시하고 있다. 여기에서 '법률에서 구체적으로 범위를 정하여'라 함은 법률에 이미 대통령령 등 하위법규에 규정될 내용 및 범위의 기본사항이 구체적이고 명확하게 규정되어 있어 누구라도 그 자체로부터 대통령령 등에 규정될 내용의 대강을 예측할 수 있어야 함을 의미한다(헌재 2011.2.24. 선고 2009헌바13 등 참조). 그리고 예측가능성의 유무를 판단함에 있어서는 당해 특정조항 하나만 가지고 판단할 것이 아니고 관련 법조항 전체를 유기적·체계적으로 종합·판단하여야 하며, 대상법률의 성질에 따라 구체적이고 개별적으로 검토하여야 한다(헌법재판소 2018.4.26. 선고 2016헌바287 결정[구 장사 등에 관한 법률 제14조 제6항 위헌소원]).

[2] 어선의 효율적인 관리와 안전성 확보라는 구 어선법의 목적을 달성하기 위해서는 어선의 종류와 규모 등에 따라 구체적인 검사의 필요성과 대상 등을 다르게 정할 필요가 있고 그에 따라서 어선검사증서에 기재할 내용이 정해질 것이므로, 어선검사증서에 기재할 사항을 법률에 자세히 정하기는 어려워 보인다. 법 제21조 제1항은 어선의 검사에 관한 구체적인 사항을 해양수산부령인 구 어선법 시행규칙에 위임하고 있고, 법 제27조 제1항 제1호에서 정기검사에 합격된 경우 어선검사증서에 기재할 사항에 관하여 괄호 표시를 하고 그 안에 '어선의 종류·명칭·최대승선인원·제한기압 및 만재흘수선의 위치 등'이라고 정하여 그 대상을 예시하는 형식으로 규정하고 있다. 따라서 법 제21조 제1항은 정기검사에 합격된 경우 어선검사증서에 기재할 사항을 해양수산부령에 위임하고 있고, 그 구체적인 위임의 범위를 법 제27조 제1항 제1호에서 예시적으로 규정하였다고 볼 수 있다. 따라서 법 제21조 제1항, 제27조 제1항 제1호는 어선검사증서에 기재할 사항에 관하여 해양수산부령에 위임할 사항의 내용과 범위를 구체적으로 특정하였고, 이로부터 하위법령인 해양 수산부령에 규정될 사항이 어떤 것인지 대체적으로 예측할 수 있다고 보인다(대법원 2018.6.28. 선고 2017도13426 판결).

② 예측가능성 유무의 판단

예측가능성의 유무는 당해 위임조항 하나만을 가지고 판단할 것이 아니라 그 위임조항이 속한 법률의 전반적인 체계와 취지 및 목적, 해당 위임조항의 규정형식과 내용 및 관련 법규를 유기적·체계적으로 종합하여 판단하여야 하며, 나아가 각 규제 대상의 성질에 따라 구체적·개별적으로 검토함을 요한다.

📖 판례

[1] 위임명령은 법률이나 상위명령에서 구체적으로 범위를 정한 개별적인 위임이 있을 때에 가능하고, 여기에서 구체적인 위임의 범위는 규제하고자 하는 대상의 종류와 성격에 따라 달라지는 것이어서 일률적 기준을 정할 수는 없지만, 적어도 위임명령에 규정될 내용 및 범위의 기본사항이 구체적으로 규정되어 있어서 누구라도 당해 법률이나 상위법령으로부터 위임명령에 규정될 내용의 대강을 예측할 수 있어야 하나, 이 경우 그 예측가능성의 유무는 당해 위임조항 하나만을 가지고 판단할 것이 아니라 그 위임조항이 속한 법률의 전반적인 체계와 취지 및 목적, 당해 위임조항의 규정형식과 내용 및 관련 법규를 유기적·체계적으로 종합하여 판단하여야 하며, 나아가 각 규제 대상의 성질에 따라 구체적·개별적으로 검토함을 요한다(대법원 2015.1.15. 선고 2013두14238 판결[건축불허가처분취소]).

2) 총리령·부령과 구체적 위임

총리령과 부령을 규정하는 헌법 제95조는 헌법 제75조와 달리 포괄적 위임의 금지에 관한 표현을 두고 있지 않다. 명확성의 원칙은 모든 법규범, 즉 법률이나 대통령령 외에 부령 등에도 당연히 적용되는 원칙으로 볼 수 있는바 헌법 제95조 역시 포괄적 위임의 금지의 원리의 적용하에 있다고 보아야 한다.

3) 조례와 공법상 단체의 정관의 경우

조례의 경우에는 포괄적 위임도 가능하며, 공법상 단체의 정관에 자치법적 사항을 위임하는 경우에도 포괄적 위임은 가능하다.

📖 판례

[1] 조례의 제정권자인 지방의회는 선거를 통해서 그 지역적인 민주적 정당성을 지니고 있는 주민의 대표기관이고 헌법이 지방자치단체에 포괄적인 자치권을 보장하고 있는 취지로 볼 때, 조례에 대한 법률의 위임은 법규명령에 대한 법률의 위임과 같이 반드시 구체적으로 범위를 정하여 할 필요가 없으며 포괄적인 것으로 족하다(헌재 1995.4.20. 92헌마264·279).

[2] 법률이 공법적 단체 등의 정관에 자치법적 사항을 위임한 경우에는 헌법 제75조가 정하는 포괄적인 위임입법의 금지는 원칙적으로 적용되지 않는다고 봄이 상당하고, 그렇다 하더라도 그 사항이 국민의 권리·의무에 관련되는 것일 경우에는 적어도 국민의 권리·의무에 관한 기본적이고 본질적인 사항은 국회가 정하여야 한다(대법원 2007.10.12. 선고 2006두14476 판결).

4) 국회전속적 입법사항의 위임금지

① 헌법이 어떠한 사항을 법률로써 정하게 한 경우, 그 사항은 반드시 국회가 정해야 하며 이를 행정부에서 정하도록 위임할 수는 없다(예 국적취득의 요건, 행정조직법정주의, 조세법률주의 등) 다만, 일정범위에서 구체적으로 범위를 정하면 위임이 가능하며, ② 법률유보원칙의 내용에 따라 국민의 권리와 의무의 형성에 관한 사항과 국가의 통치조직에 관한 본질적인 사항은 반드시 국회가 정하여야 한다.

📋 판례

[1] 헌법 제75조는 대통령에 대한 입법권한의 위임에 관한 규정이지만, 국무총리나 행정각부의 장으로 하여금 법률의 위임에 따라 총리령 또는 부령을 발할 수 있도록 하고 있는 헌법 제95조의 취지에 비추어 볼 때, 입법자는 법률에서 구체적으로 범위를 정하기만 한다면 대통령령 뿐만 아니라 부령에 입법사항을 위임할 수도 있다(헌법재판소 1998.2.27. 선고 97헌마64 전원재판부[기각][공중위생법 시행규칙 [별표 3] 중 2의 나의 (2)의 (다)목 위헌확인]).

5) 전면적 재위임 금지

위임된 입법권의 전면적인 재위임은 입법권을 위임한 법률 그 자체의 내용을 임의로 변경하는 결과를 가져오는 것이 되므로 허용되지 않는다. 다만, 특정사항으로 범위를 정하여 재위임하는 것은 가능하다.

📋 판례

법률에서 위임받은 사항을 전혀 규정하지 않고 재위임하는 것은 복위임금지 원칙에 반할 뿐 아니라 위임명령의 제정 형식에 관한 수권법의 내용을 변경하는 것이 되므로 허용되지 않으나 위임받은 사항에 관하여 대강을 정하고 그중의 특정사항을 범위를 정하여 하위법령에 다시 위임하는 경우에는 재위임이 허용된다. 이러한 법리는 조례가 지방자치법 제22조 단서에 따라 주민의 권리제한 또는 의무부과에 관한 사항을 법률로부터 위임받은 후, 이를 다시 지방 자치단체장이 정하는 '규칙'이나 '고시' 등에 재위임하는 경우에도 마찬가지이다(대법원 2015.1.15. 선고 2013두14238 판결).

6) 처벌규정의 위임금지(형벌규정 규율금지)

헌법상 죄형법정주의의 원칙으로 인해 벌칙을 명령으로 규정하도록 일반적으로 위임할 수는 없다. 그러나 근거된 법이 ① 구성요건의 구체적인 기준을 설정하고, 그 범위 내에서 세부적인 사항을 정하도록 하거나, ② 형벌의 종류와 상한을 정하고, 그 범위 내에서 구체적인 것을 명령으로 정하게 하는 것은 허용된다고 볼 수 있다.

📋 판례

법률의 시행령은 모법인 법률의 위임 없이 법률이 규정한 개인의 권리·의무에 관한 내용을 변경·보충하거나 법률에서 규정하지 아니한 새로운 내용을 규정할 수 없고, 특히 법률의 시행령이 형사처벌에 관한 사항을 규정하면서 법률의 명시적인 위임 범위를 벗어나 처벌의 대상을 확장하는 것은 죄형법정주의의 원칙에도 어긋나는 것이므로, 그러한 시행령은 위임입법의 한계를 벗어난 것으로서 무효이다(대법원 2017.2.16. 선고 2015도16014 전원합의체 판결[의료법위반]).

7) 수임형식의 특정(특정된 형식으로 규율)

수권법률이 위임입법을 규정하는 경우에는 위임입법의 형식을 명시하여야 한다. 왜냐하면 수권법률이 단순히 권한기관만을 규정하면, 그 법의 형식이 부령인지, 일반처분인지, 고시인지는 의문이기 때문이다.

2. 집행명령의 한계

집행명령은 집행에 필요한 세칙을 정하는 범위 내에서만 가능하고, 새로운 국민의 권리·의무를 정할 수 없다. 실제 입법에서는 "본법의 시행에 필요한 사항은 대통령령으로 정한다" 등으로 표현되며, 이러한 표현이 없어도 집행명령은 발령될 수 있다.

V 법규명령의 적법요건·하자·소멸

1. 적법요건

법규명령은 정당한 권한을 가진 기관이 권한 내의 사항에 관해 법정절차(국무회의심의, 법제처심사, 행정절차법 제41조 내지 제45조가 정하는 입법예고절차 등)에 따라 제정하고, 문서로 제정하되 법조문 형식에 의하고(구 사무관리규정 시행규칙 제3조 제1호), 아울러 법령 등 공포에 관한 법률이 정하는 바에 따라 공포되고 시행기일이 도래함으로써 효력을 발생한다.

2. 하자

(1) 위법의 사유 및 효과

① 법규명령(주체·내용·형식·절차·통지의 요건)의 적법요건에 흠이 있으면 위법한 것이 되며, 위반 여부의 판단은 종합적으로 이루어져야 한다. ② 위법한 법규명령은 행정행위와는 달리 무효가 되며(대법원 2008.11.20. 선고 2007두8287 전원합의체 판결), 위법한 법규명령도 폐지되거나 취소되기 전에는 특별한 규정이 없는 한 잠정적으로 효력을 유지한다고 보는 견해도 있으나, 일정한 법적 행위가 성립·효력요건을 충족하지 못하는 경우 법적 효력을 인정하지 않는 것이 원칙이므로 위법한 법규명령은 무효라고 보는 것이 타당하다(일반적 견해·판례).

📑 판례

[1] 하위법령에 규정된 내용이 상위법령이 위임한 범위 안에 있는지 여부를 판단함에 있어서는, 당해 특정 법령조항 하나만 가지고 판단할 것이 아니라 관련 법령 조항 전체를 유기적·체계적으로 고려하여 종합적으로 판단하여야 한다. 수권법령조항 자체가 위임하는 사항과 그 범위를 명확히 규정

하고 있지 않다고 하더라도 관련 법규의 전반적 체계와 관련 규정에 비추어 위임받은 내용과 범위의 한계를 객관적으로 확인할 수 있다면 그 범위 안에서 규정된 하위법령 조항은 위임입법의 한계를 벗어난 것이 아니다(헌재 2018.5.31. 선고 2015헌마853 전원재판부 결정; 헌재 2010.10.28. 선고 2008헌마408 전원재판부).

[2] 공공기관의 운영에 관한 법률 제39조 제3항에서 부령에 위임한 것은 '입찰참가자격의 제한기준 등에 관하여 필요한 사항'일 뿐이고, 이는 그 규정의 문언상 입찰참가자격을 제한하면서 그 기간의 정도와 가중·감경 등에 관한 사항을 의미하는 것이지 처분대상까지 위임한 것이라고 볼 수는 없다. 따라서 이 사건 규칙 조항에서 위와 같이 처분대상을 확대하여 정한 것은 상위법령의 위임 없이 규정한 것이므로 이는 위임입법의 한계를 벗어난 것으로서 그 대외적 효력을 인정할 수 없다. 이러한 법리는 구 공기업·준정부기관 계약사무규칙 제2조 제5항이 "공기업·준정부기관의 계약에 관하여 계약사무규칙에 규정되지 아니한 사항에 관하여는 국가를 당사자로 한 계약에 관한 법령을 준용한다."고 규정하고 있다고 하여 달리 볼 수 없다(대법원 2017.6.15. 선고 2016두52378 판결).

(2) 하자 있는 법규명령에 따른 행정행위의 효과

하자 있는 법규명령에 따른 행정행위는 내용상 중대한 하자를 갖는다. 따라서 근거된 법규명령의 하자가 외관상 명백하다면 행정행위는 무효가 되고, 외관상 명백하지 않다면 취소할 수 있는 행위가 된다.

(3) 위임의 근거 규정의 사후보완

판례는 "일반적으로 법률의 위임에 따라 효력을 갖는 법규명령의 경우에 위임의 근거가 없어 무효였더라도 나중에 법 개정으로 위임의 근거가 부여되면 그때부터는 유효한 법규명령으로 볼 수 있다"고 한다.

📑 판례

일반적으로 법률의 위임에 따라 효력을 갖는 법규명령의 경우에 위임의 근거가 없어 무효였더라도 나중에 법 개정으로 위임의 근거가 부여되면 그때부터는 유효한 법규명령으로 볼 수 있다. 그러나 법규명령이 개정된 법률에 규정된 내용을 함부로 유추·확장하는 내용의 해석규정이어서 위임의 한계를 벗어난 것으로 인정될 경우에는 법규명령은 여전히 무효이다(대법원 2017.4.20. 선고 2015두45700 전원합의체 판결 [증여세부과처분취소]).

3. 소멸

법규명령은 폐지의 의사표시 또는 일정사실의 발생으로 소멸된다. 일정사실의 발생으로의 소멸을 실효라고 하며, 실효사유로는 내용상 충돌되는 상위 또는 동위의 법령의 제정으로 인한 소멸, 법정부관의 성취, 근거법령의 소멸이 있다.

Ⅵ 법규명령의 통제

1. 의회에 의한 통제

의회에 의한 행정입법의 통제방법으로는 의회에의 제출절차와 의회의 동의 또는 승인권의 유보가 있다. 국회는 국정감사 등에서 행정권에 대한 국정감사권을 행사하여 위법한 법규명령을 통제할 수 있다.

2. 행정적 통제

(1) 상급행정청의 감독권에 의한 통제

상급행정청은 하급행정청의 행정입법권의 행사의 기준과 방향을 지시할 수 있고, 위법한 법규명령의 폐지를 명할 수 있으나, 상급행정청이라도 하급행정청의 법규명령을 스스로 개정 또는 폐지할 수 없다. 다만, 상위명령에 의해 하위명령을 배제할 수 있다.

(2) 법제처의 심사

국무회의에 상정될 법령안, 조약안과 총리령안 및 부령안은 법제처의 심사를 받는다(정부조직법 제20조 제1항). 법제처의 법령심사는 법안의 문언·법령 상호 간의 모순·상위법령에 대한 위반 여부에 미친다.

3. 국민에 의한 통제

행정절차법은 행정상 입법예고제를 채택하고 있고, 법규명령안에 대한 공청회를 개최할 수 있음을 명기하고 있다. 법규 명령안이 사전에 입법예고되고 공청회를 거치는 동안 국민에 의한 찬반 여론이 형성되어 법규명령에 대한 민주적 규범통제에 기여하게 된다. 오늘날의 민주주의 국가에 있어서는 법규명령에 대한 절차상 통제의 중요성이 강조되고 있다.

4. 사법적 통제

(1) 의의

사법적 통제란 사법기관인 법원 및 헌법재판소에 의한 통제를 말한다. ① 직접적 통제란 행정입법 자체가 직접 소송의 대상이 되어 위법한 경우 그 효력을 상실시키는 제도를 말한다. 법규명령에 대한 헌법소원 및 항고소송은 직접적 통제에 속하며, 추상적 규범통제라고도 한다. ② 간접적 통제란 행정입법 자체를 직접 소송의 대상으로 하는 것이 아니라 다른 구체적인 사건에 관한 재판에서 당해 행정입법의 위법 여부가 선결문제가 되는 경우 당해 행정입법의 위법 여부를 판단하는 제도이며, 부수적 통제 또는 구체적 규범통제라고도 한다.

(2) 구체적 규범통제(법원에 의한 통제)

1) 의의 및 근거

구체적 규범통제란 구체적인 사건에 관한 재판에서 행정입법의 위법 여부가 선결문제가 되는 경우 당해 행정입법의 위법 여부를 통제하는 것을 말하며, 헌법 제107조 제2항에 근거한다. 헌법 제107조 제2항은 "명령·규칙 또는 처분이 헌법이나 법률에 위반되는 여부가 재판의 전제가 된 경우에는 대법원은 이를 최종적으로 심사할 권한을 가진다."라고 규정하고 있다.

2) 통제의 대상

① 명령·규칙

'명령'이란 법규명령을 의미하며, 위임명령과 집행명령 모두 통제의 대상이 된다. '규칙'이란 중앙선거관리위원회규칙, 대법원규칙, 국회규칙과 같이 법규명령인 규칙을 의미한다. 행정규칙 중 법규적 성질을 갖는 것(◉ 법령보충적 행정규칙)은 그 행정규칙의 위법 여부가 그에 근거한 처분의 위법 여부를 판단함에 있어서 전제문제가 되므로 헌법 제107조의 구체적 규범통제의 대상이 되나, 법규적 효력이 없는 행정규칙은 헌법 제107조의 통제대상이 아니다.

> **판례**
>
> 명령 또는 규칙이 법률에 위반한 경우에는 대법관 전원의 2/3 이상의 합의체에서 심판하도록 규정한 법원조직법 제7조 제1항 제2호에서 말하는 명령 또는 규칙이라 함은 국가와 국민에 대하여 일반적 구속력을 가지는 이른바 법규로서의 성질을 가지는 명령 또는 규칙을 의미한다 할 것인바, 수산업에 관한 어업면허사무취급규정(수산청훈령 제434호)은 행정기관 내부의 행정사무처리 기준을 정한 것에 불과하고 이른바 법규로서의 성질을 가지는 명령 또는 규칙이라 볼 수 없으므로 위 규정을 무효라고 판단한 이 사건 재심대상판결이 대법원 전원합의체에서 이루어진 것이 아니라 하더라도 법률에 의하여 구성되지 아니한 판결이라고 할 수 없다(대법원 1990.2.27. 선고 88재누55 판결[어업면허거부처분취소]).

② 위헌·위법

행정입법이 헌법이나 법률에 위반한 경우나 상위의 법규명령에 위반한 경우 모두 법원에 의한 통제의 대상이 된다.

3) 통제의 요건

행정입법은 그 위법 여부가 재판에서 전제문제(선결문제)로서 다투어지는 경우에 법원의 통제의 대상이 되며, 행정처분의 근거가 된 행정입법의 위법이 당사자에 의해 주장되지 않은 경우에도 법원은 직권으로 당해 행정입법의 위법 여부를 심사할 수 있다.

> **판례**
>
> 법원이 법률 하위의 법규명령, 규칙, 조례, 행정규칙 등(이하 '규정'이라 한다)이 위헌·위법인지를 심사하려면 그것이 '재판의 전제'가 되어야 한다. 여기에서 '재판의 전제'란 구체적 사건이 법원에

계속 중이어야 하고, 위헌·위법인지가 문제 된 경우에는 규정의 특정 조항이 해당 소송사건의 재판에 적용되는 것이어야 하며, 그 조항이 위헌·위법인지에 따라 그 사건을 담당하는 법원이 다른 판단을 하게 되는 경우를 말한다. 따라서 법원이 구체적 규범통제를 통해 위헌·위법으로 선언할 심판대상은, 해당 규정의 전부가 불가분적으로 결합되어 있어 일부를 무효로 하는 경우 나머지 부분이 유지될 수 없는 결과를 가져오는 특별한 사정이 없는 한, 원칙적으로 해당 규정 중 재판의 전제성이 인정되는 조항에 한정된다(대법원 2019.6.13. 선고 2017두33985 판결).

4) 통제의 주체

각급 법원이 통제하고, 대법원이 최종적인 심사권을 갖는다. 대법원이 최종적 심사권을 갖는다는 것은 대법원이 위헌·위법이라고 판단한 경우에는 해당 명령의 위헌 또는 위법이 확정되며 그 위헌 또는 위법이 명백하게 된다는 것을 의미한다.

5) 통제의 효력

① 명령이 위법하다는 대법원의 판결이 있는 경우에 해당 명령은 효력을 상실하는 것으로 보는 견해도 있으나, 현재의 일반적인 견해는 해당 행정입법이 일반적으로 효력을 상실하는 것으로 보지 않고 해당 사건에 한하여 적용되지 않는 것으로 보고 있다. 즉, 위법하다는 판정이 난 행정입법도 해당 사건 외에는 폐지되기 전까지는 여전히 유효하다. 법원에 의해 명령이 위법으로 판정되어도 해당 명령은 효력을 상실하는 것은 아니라고 보는 이유는 위법한 명령이 직접 다투어진 것이 아니고, 명령의 효력이 상실되는 경우 법의 공백상태가 초래되고, 법률의 위헌판결에 대하여는 일반적 효력을 인정하는 명문의 법률규정이 있지만 명령에 대한 위헌·위법심사에 대하여는 이와 같은 규정이 없는 점에 있다.

② 위법인 법령에 근거한 행정처분은 중대명백설에 의할 때 통상 취소할 수 있는 처분으로 보아야 한다. 왜냐하면 처분근거법령의 위헌·위법은 통상 중대한 하자이나 명백하지 않기 때문이다. 그렇지만 행정기관이 대법원에 의해 위법으로 판정되었음에도 해당 명령을 적용하여 행정처분을 한 경우에는 그 행정처분은 이제는 당연히 무효인 행정처분이 된다고 보아야 한다.

③ 행정소송법 제6조 제1항 및 제2항은 행정소송에 대한 대법원판결에 의하여 명령·규칙이 헌법 또는 법률에 위반된다는 것이 확정된 경우에는 대법원은 지체 없이 그 사유를 행정안전부장관에게 통보하여야 하고, 통보를 받은 행정안전부장관은 지체 없이 이를 관보에 게재하도록 하고 있다.

판례

[1] 헌법 제107조 제2항의 규정에 따르면 행정입법의 심사는 일반적인 재판절차에 의하여 구체적 규범통제의 방법에 의하도록 명시하고 있으므로, 당사자는 구체적 사건의 심판을 위한 선결문제로서 행정입법의 위법성을 주장하여 법원에 대하여 해당 사건에 대한 적용 여부의 판단을 구할 수 있을 뿐 행정입법 자체의 합법성의 심사를 목적으로 하는 독립한 신청을 제기할 수는 없다(대법원 1994.4.26. 자 93부32 결정[위법여부심사청구]).

[2] 행정청이 위헌이거나 위법하여 무효인 시행령을 적용하여 한 행정처분이 당연무효로 되려면 그 규정이 행정처분의 중요한 부분에 관한 것이어서 결과적으로 그에 따른 행정처분의 중요한 부분에 하자가 있는 것으로 귀착되고, 또한 그 규정의 위헌성 또는 위법성이 객관적으로 명백하여 그에 따른 행정처분의 하자가 객관적으로 명백한 것으로 귀착되어야 하는바, 일반적으로 시행령이 헌법이나 법률에 위반된다는 사정은 그 시행령의 규정을 위헌 또는 위법하여 무효라고 선언한 대법원의 판결이 선고되지 아니한 상태에서는 그 시행령 규정의 위헌 내지 위법 여부가 해석상 다툼의 여지가 없을 정도로 명백하였다고 인정되지 아니하는 이상 객관적으로 명백한 것이라 할 수 없으므로, 이러한 시행령에 근거한 행정처분의 하자는 취소사유에 해당할 뿐 무효사유가 되지 아니한다(대법원 2007.6.14. 선고 2004두619 판결[청소년유해매체물결정 및 고시처분무효확인]).

(3) 헌법재판소에 의한 통제

1) 법규명령에 대한 헌법소원의 인정 여부

① 학설

<부정설> 헌법 제107조 제1항 및 제2항은 법률에 대한 위헌심판권은 헌법재판소에 부여하고, 명령·규칙에 대한 헌법심판권은 법원에 부여하고 대법원이 최종적 심사권을 갖도록 하는바, 헌법소원을 인정하는 것은 헌법상 관할권 배분에 위반되고, 처분적 법규명령의 경우 직접 행정소송을 제기할 수 있으므로 헌법소원이 인정될 수 없다는 견해

<긍정설> 헌법 제107조가 명령·규칙의 최종 심사권을 대법원에 부여한 것은 명령·규칙의 위헌 여부가 재판에서 전제문제가 된 경우에 한하는 것이므로, 헌법소원은 헌법 제107조와는 무관한 것으로서 직접 기본권을 침해하는 명령·규칙에 대하여는 헌법소원이 인정될 수 있다는 견해

② 판례

헌법재판소는 긍정설을 취하고 있다. 헌법재판소는 자동집행력을 갖는 법규명령을 헌법소원의 대상으로 보고 있다. 대법원은 헌법 제107조 제2항에서 최종 심사권을 대법원에 부여하고 있고, 침해의 직접성이 결여되어 있으며, 관할권의 혼란 등을 이유로 부정적 입장을 표명한 바 있다.

🔍 판례

헌법 제107조 제2항은 "명령·규칙 또는 처분이 헌법이나 법률에 위반되는 여부가 재판의 전제가 된 경우에는 대법원은 이를 최종적으로 심사할 권한을 가진다."라고 규정하고 있고, 법원행정처장이나 법무부장관은 이 규정을 들어 명령·규칙의 위헌여부는 대법원에 최종적으로 심사권이 있으므로 법무사법 시행규칙의 위헌성 여부를 묻는 헌법소원은 위 헌법규정에 반하여 부적법하다고 주장한다. 그러나 헌법 제107조 제2항이 규정한 명령·규칙에 대한 대법원의 최종심사권이란 구체적인 소송사건에서 명령·규칙의 위헌여부가 재판의 전제가 되었을 경우 법률의 경우와는 달리 헌법재판소에 제청할 것 없이 대법원의 최종적으로 심사할 수 있다는 의미이며, 헌법 제111조 제1

항 제1호에서 법률의 위헌여부심사권을 헌법재판소에 부여한 이상 통일적인 헌법해석과 규범통제를 위하여 공권력에 의한 기본권침해를 이유로 하는 헌법소원심판청구사건에 있어서 법률의 하위 법규인 명령·규칙의 위헌여부심사권이 헌법재판소의 관할에 속함은 당연한 것으로서 헌법 제107조 제2항의 규정이 이를 배제한 것이라고는 볼 수 없다. 그러므로 법률의 경우와 마찬가지로 명령·규칙 그 자체에 의하여 직접 기본권이 침해되었음을 이유로 하여 헌법소원 심판을 청구하는 것은 위 헌법 규정과는 아무런 상관이 없는 문제이다. 그리고 헌법재판소법 제68조 제1항이 규정하고 있는 헌법소원심판의 대상으로서의 "공권력"이란 입법·사법·행정 등 모든 공권력을 말하는 것이므로 입법부에서 제정한 법률, 행정부에서 제정한 시행령이나 시행규칙 및 사법부에서 제정한 규칙 등은 그것들이 별도의 집행행위를 기다리지 않고 직접 기본권을 침해하는 것일 때에는 모두 헌법소원심판의 대상이 될 수 있는 것이다(헌재 1990.10.15. 선고 89헌마178 전원재판부).

③ 검토

헌법소원제도의 기본권 보장제도로서의 기능을 보장하기 위한 것이므로, 긍정함이 타당하며, 이러한 해결이 헌법 제107조에 배치되는 것은 아니라고 본다.

2) 권리구제형 헌법소원심판의 요건

법규명령에 대한 헌법소원 역시 일반적 공권력 행사에 대한 헌법소원과 동일한 요건을 갖추어야 한다. 실체적 요건으로 공권력의 행사 또는 불행사가 있어야 하고, 헌법상 보장된 기본권 침해 주장이 있어야 하고, 청구인 능력이 있어야 한다. 청구인 적격이 있어야 한다(기본권 침해의 직접성·자기관련성·현재성). 다른 법률에 구제절차가 있으면 그 절차를 거친 후여야 한다(보충성). 권리보호의 필요성이 있어야 한다. 형식적 요건으로 청구 기간을 준수하여야 하고, 변호사를 대리인으로 선임하여야 한다(변호사 강제주의).

3) 헌법소원 제기기간

권리구제형 헌법소원의 심판은 그 사유가 있음을 안 날부터 90일 이내에, 그 사유가 있은 날부터 1년 이내에 청구해야 한다. 다만, 다른 법률에 의한 구제절차를 거친 헌법소원의 심판은 그 최종 결정을 통지받은 날로부터 30일 이내에 청구하여야 한다(헌법재판소법 제68조 제1항).

4) 헌법소원결정의 효력

① 문제점

헌법소원의 인용결정이 내려진 경우 해당 법규명령이 효력을 상실하게 됨은 자명하나, 효력상실의 소급효에 관하여는 견해대립이 있다.

② 학설

<긍정설> 위헌인 법규명령은 당연무효라는 당연무효설과 공권력 행사인 법규명령을 취소해야 한다는 취소설이 있다.
<부정설> 규범으로서의 성격에 비추어 원칙상 장래에 한하여 효력을 상실한다는 견해이다.

③ 헌법재판소 입장

헌법재판소는 명시적이진 않으나, 법규명령의 규범으로서의 성격에 비추어 위헌결정된 법규명령은 장래에 향하여 효력을 상실하는 것으로 보고 있다.

④ 검토

헌법재판소법 제75조 제3항은 공권력 행사에 대한 헌법소원에서 인용결정의 경우 기본권 침해의 원인이 된 공권력의 행사를 취소하는 것으로 규정하고 있으므로, 현행법하에서는 취소설이 타당하나, 법적안정성 보장을 위하여 필요한 경우 예외적으로 소급효를 제한할 수 있는 것으로 보아야 할 것이다.

(4) 처분적 명령에 대한 항고소송(법원에 의한 통제)

1) 판례 및 일반적 견해

법규명령(법령보충적 행정규칙 포함) 중 처분적 성질을 갖는 법규명령(처분적 법규명령)은 항고소송의 대상이 된다는 것이 판례 및 일반적 견해이다. 다만, 법원에서 항고소송을 인정해 주지 않는다면 권리구제형 헌법소원심판을 제기할 수 있을 것이라 보는 견해도 있다.

2) 처분적 법규명령 인정기준에 관한 판례 입장

판례는 명령이 "그 자체로서 국민의 구체적 권리의무에 직접적인 변동을 초래하는 것"인 경우에 한하여 항고소송의 대상이 된다고 본다.

3) 소송형식

① 학설

위법한 법규명령은 무효이므로 처분적 명령에 대하여는 항상 무효확인소송을 제기해야 한다는 견해, 당해 명령의 위법이 무효인지 취소할 수 있는 위법인지에 따라 취소소송 또는 무효등확인소송을 제기해야 한다고 보는 견해가 있다.

② 판례

실무상 법규의 형식을 취하는 명령은 항고소송인 무효등확인소송으로 제기되고 있고, 법령보충적 행정규칙은 항고소송인 취소소송의 형식으로 제기되고 있다.

③ 검토

법규명령은 위법하더라도 법질서의 공백을 막기 위하여 효력을 유지하므로 취소소송을 제기해야 한다는 견해가 타당하다. 다만, 법적 안정성 보장을 위해 처분적 명령의 취소판결의 소급효는 제한된다고 보아야 한다.

제3절 행정규칙

■ Ⅰ 행정규칙의 의의

행정규칙이란 행정조직내부에서의 행정의 사무처리기준으로서 제정된 일반적·추상적 규범을 말하며, 법규적 성질을 갖지 않는 것을 말한다. 실무에서의 훈령·통첩·예규 등이 행정규칙에 해당한다.

■ Ⅱ 행정규칙의 종류

1. 규율대상 및 내용에 따른 분류

① 행정조직 내부에서의 행정기관의 구성 및 권한배분 및 업무처리 절차를 정하는 <조직규칙>, ② 영조물의 관리청이 영조물의 조직·관리 및 사용을 규율하기 위하여 제정하는 규칙인 <영조물 규칙>, ③ 법령의 해석을 규정한 <법령해석규칙>, ④ 재량권 행사의 기준을 제시하는 <재량준칙>, ⑤ 행정권 행사의 기준 및 방법에 관하여 법령에 의한 규율이 없는 영역에서 행정권 행사의 기준을 정하는 <법률대체적 규칙>으로 분류된다.

2. 법령상의 분류

(1) 사무관리규정상의 분류

① 상급기관이 하급기관에 대하여 상당히 장기간에 걸쳐서 그 권한의 행사를 일반적으로 지시하기 위하여 발하는 명령인 <훈령>, ② 상급기관이 직권 또는 하급기관의 문의에 의하여 개별적·구체적으로 발하는 명령인 <지시>, ③ 법규문서 이외의 문서로서 반복적 행정사무의 기준을 제시하는 법규문서 외의 문서인 <예규>, ④ 당직·출장·시간외근무 등 일일업무에 관한 명령인 <일일명령>으로 분류된다.

(2) 고시

① 고시가 행정사무의 처리기준이 되는 일반적·추상적 규범의 성질을 갖는 경우 행정규칙이고 ② 고시가 일반적·구체적 성질을 가질 때에는 '일반처분'에 해당하며 ③ 고시가 법령의 수권에 의해 법령을 보충하는 사항을 정하는 경우(행정규제기본법 제4조 제2항)에는 법령보충적 고시로서 근거법령규정과 결합하여 대외적으로 구속력 있는 법규명령의 효력을 갖는다.

Ⅲ 행정규칙의 법적 성질 및 구속력

1. 대내적 구속력(효력)

행정규칙은 원칙상 대내적 구속력이 있다. 행정규칙(특히 훈령)은 상급행정기관의 감독권에 근거하여 하급행정기관에 대하여 발해지는 것이므로 행정규칙은 하급행정기관에 대한 상급행정기관의 직무명령의 성격을 아울러 가지므로 하급행정기관은 공무원법상의 복종의무(⑩ 국가공무원법 제57조)에 따라 행정규칙을 준수할 법적 의무를 진다. 그리하여 하급행정기관이 행정규칙에 따르지 않고 처분을 한 것은 징계사유가 된다.

2. 대외적 구속력

(1) 문제점

행정규칙의 대외적인 법적 구속력이란 국민이 행정행위가 행정규칙에 위반하였다는 것을 이유로 행정행위의 위법을 주장할 수 있는가 하는 것과 행정규칙이 법원에 대하여 재판규범이 되는가 하는 문제이다.

(2) 학설

① **법규설** : 행정부도 민주적 정당성을 갖는 국가기관으로서 고유의 법정립 권한을 가지므로 정한 행정규칙은 대외적 구속력을 지니는 법규라고 보는 견해
② **비법규설** : 행정규칙은 국민에 대한 직접적·외부적 효력이 없어서 법규가 아니라는 견해

(3) 판례

📑 판례

[1] 보건사회부장관 훈령 제241호는 법규의 성질을 가지는 것으로는 볼 수 없고 상급행정기관인 보건사회부장관이 관계 하급기관 및 직원에 대하여 직무권한의 행사를 지휘하고 직무에 관하여 명령하기 위하여 발한 것으로서 그 규정이 의료법 제51조에 보장된 행정청의 재량권을 기속하는 것이라고 할 수 없고 법원도 그 훈령의 기속을 받는 것이 아니다(대법원 1983.9.13. 선고 82누285 판결; 대법원 1995.3.28. 선고 94누6925 판결).

[2] 행정처분이 법규성이 없는 내부지침 등의 규정에 위배된다고 하더라도 그 이유만으로 처분이 위법하게 되는 것은 아니고, 또 내부지침 등에서 정한 요건에 부합한다고 하여 반드시 그 처분이 적법한 것이라고 할 수도 없다. 처분의 적법 여부는 그러한 내부지침 등에서 정한 요건에 합치하는지 여부가 아니라 일반 국민에 대하여 구속력을 가지는 법률 등 법규성이 있는 관계 법령의 규정을 기준으로 판단하여야 한다(대법원 2018.6.15. 선고 2015두40248 판결[정교사1급자격증발급신청거부처분취소]).

(4) 검토

권한의 내부위임 또는 전결권한에 관한 조직규칙을 위반한 권한 행사가 위법으로 되는 것은 당해 조직규칙을 위반하여서가 아니라 권한 없는 행위이기 때문에 부정설이 타당하다.

3. 재량준칙

(1) 재량준칙의 의의

재량준칙이란 재량권 행사의 기준을 정하는 행정규칙을 말한다. 재량준칙은 행정권 행사의 기준을 정하는 일반적 성격의 규범인 점에서 법규명령과 유사하지만, 재량준칙은 법규명령과 달리 행정권 행사의 일반적 기준 내지 방침을 제시할 뿐이며 그 자체로서는 국민에게 직접적인 법적 효과를 미치지 않는다. 또한 법규명령의 경우에는 법규명령 자체에 명문의 규정이 없는 한 그 규정내용과 다른 결정을 할 수 없지만 재량준칙의 경우에는 구체적 사안의 특수성 또는 공익상의 필요에 의해 재량준칙에서 정해진 행정기준과 다른 결정을 할 수 있다.

(2) 재량준칙의 기능 및 근거

① 재량준칙은 국민에게 법적 안정성을 보장하고, 행정에 일관성을 보장하고, 재량권의 자의적인 행사를 방지하고, 행정권 행사의 편의성을 보장하기 위하여 사용된다. ② 재량준칙의 제정에는 별도의 법적 근거를 요하지 않으며, 행정기관의 자율권 및 처분권에 근거하여 자유롭게 제정될 수 있다.

(3) 재량준칙의 한계

재량준칙의 제정은 행정청에게 재량권이 인정되는 경우에만 가능하며, 그 내용은 적용법령이 추구하는 목적에 적합하여야 한다. 재량준칙은 구체적 사안의 특수성에 따른 고려를 배제하는 정도로 엄격하게 제정되어서는 안 된다.

(4) 재량준칙의 법적 효력과 성질

1) 재량준칙의 내부적 효력

공무원은 상급행정기관이 발한 재량준칙에 복종할 의무가 있고 이에 위반한 경우에는 징계 등의 제재를 받는다. 그런데, 재량준칙은 그 개념상 각 사안의 특수성을 개별적으로 심사하여 그 준칙과 다른 결정을 할 가능성을 유보하고 있다.

2) 외부적 효력과 성질

① 학설

<부정설> 전통적 견해는 재량준칙은 행정조직 내부에서의 재량권 행사의 기준을 정한 행정규칙이므로 대외적 구속력이 없다고 본다.

<간접적·대외적 구속력설(평등원칙설)> 재량준칙은 평등원칙을 매개로 하여 간접적으로 대외적 구속력을 갖는다고 보는 것이 다수견해이다. 즉 그 자체가 직접 대외적 구속력을 갖는 것은 아니나, 특별한 사유 없이 특정한 자에게 행정관행의 내용과 다른 처분을 하는 것은 자기구

속의 원칙에 반하여 위법한 처분이 된다고 한다.

<법규성설> 행정권에도 일정한 한도 내에서 고유한 법규제정권이 있다는 전제하에 재량준칙은 행정권이 독자적 입법권에 근거하여 제정한 법규라고 보는 견해이다.

② 판례

> 📑 판례

> **[1]** 재량권행사의 준칙인 규칙이 그 정한 바에 따라 되풀이 시행되어 행정관행이 이룩되게 되면, 평등의 원칙이나 신뢰보호의 원칙에 따라 행정기관은 그 상대방에 대한 관계에서 그 규칙에 따라야 할 자기구속을 당하게 되고, 그러한 경우에는 대외적인 구속력을 가지게 된다 할 것이다(헌재 1990.9.3. 선고 90헌마13 전원재판부[전라남도 교육위원회의 1990학년도 인사원칙(중등)에 대한 헌법소원]).

> **[2]** 부과과징금 결정단계의 조정사유별 감경률 적용방식에 관하여 구체적인 규정이 없는 상태에서, 공정거래위원회가 과징금 부과처분을 하면서 적용한 기준(재량준칙)이 과징금제도와 감경제도의 입법 취지에 반하지 아니하고 불합리하거나 자의적이지 아니하며, 나아가 그러한 기준을 적용한 과징금 부과처분에 과징금 부과의 기초가 되는 사실을 오인하였거나 비례·평등원칙에 위배되는 등의 사유가 없다면, 그 과징금 부과처분에 재량권을 일탈·남용한 위법이 있다고 보기 어렵다(대법원 2019.7.25. 선고 2017두55077 판결).

> **[3]** 설정된 기준이 그 자체로 객관적으로 합리적이지 않거나 타당하지 않음에도 행정청이 만연히 그에 따라 처분한 경우 또는 기준을 설정하였던 때와 처분 당시를 비교하여 수송 수요와 공급상황이 달라졌는지 등을 전혀 고려하지 않은 채 설정된 기준만을 기계적으로 적용함으로써 휴업을 허가할 것인지를 결정하기 위하여 마땅히 고려하여야 할 사항을 제대로 살피지 아니한 경우 등에까지 단지 행정청의 재량에 속하는 사항이라는 이유만으로 행정청의 의사를 존중하여야 하는 것은 아니며, 이러한 경우의 처분은 재량권을 남용하거나 그 범위를 일탈한 조치로서 위법하다(대법원 2018.2.28. 선고 2017두51501 판결[여객자동차운송사업휴업허가신청거부처분취소등]).

③ 검토

재량준칙은 행정 내부사무처리기준으로서 독자적 입법권이 있을 수 없으므로, 법규성설은 타당성이 없다고 판단되는바, 평등원칙을 매개로 하여 재량준칙의 간접적·대외적 구속력을 인정하는 견해가 타당하다고 판단된다.

Ⅳ 행정규칙의 적법요건 · 하자 · 소멸

1. 적법요건

행정규칙은 ① 권한 있는 기관이 제정하여야 하고, ② 그 내용이 법규나 상위규칙에 반하지 않고, 실현불가능하지 않고, 명확하여야 하며, ③ 소정의 절차와 형식이 있으면 그것을 갖추어야 적법한 것이 된다. 개별법령상의 수권을 요하는 것은 아니며, 적당한 방법으로 통보되고 도달하면 효력을 갖는다.

2. 하자

적법요건을 갖춘 행정규칙은 적법한 행위로서 효력을 발생하게 된다. 그러나 적법요건을 모두 구비한 것이 아닌 행정규칙은 하자 있는 것이 된다. 하자 있는 행정규칙은 효력을 발생하지 못하며, 행정행위의 경우에는 하자의 효과로서 무효와 취소의 경우가 있으나, 행정규칙의 경우에는 무효의 경우만 존재한다.

3. 소멸

유효하게 성립된 행정규칙도 폐지, 종기의 도래, 해제조건의 성취, 내용이 상이한 상위 또는 동위의 행정규칙의 제정 등의 사유로 인해 효력이 소멸된다.

V 행정규칙의 사법적 통제

1. 법원에 의한 통제

(1) 항고소송의 대상

행정규칙에는 원칙상 대외적 효력이 인정되지 않으며 국민의 권리의무에 직접 구체적인 효과를 미치지 않기 때문에 원칙상 행정소송법상의 처분에 해당하지 않으므로 항고소송의 대상이 되지 않는다. 다만, 직접적·대외적 구속력이 있는 행정규칙으로 인하여 직접적·구체적으로 국민의 권익이 침해된 경우에는 처분이 되므로 항고소송의 대상이 된다.

사정만으로서 위 지침에 의하여 곧바로 개별적이고 구체적인 권리의 침해를 받은 것으로는도저히 인정할 수 없으므로, 그것만으로는 현실적으로 특정인의 구체적인 권리의무에 직접적으로 변동을 초래케 하는 것은 아니라 할 것이어서 내신성적 산정지침을 항고소송의 대상이 되는 행정처분으로 볼 수 없다(대법원 1994.9.10. 선고 94두33 판결[대학입시기본계획철회처분효력정지]).

(2) 구체적 규범통제

행정규칙이 대외적 구속력을 갖지 않는 경우에는 행정처분의 위법 여부를 판단함에 있어서 행정규칙의 위법 여부가 전제문제가 되지 않으므로 법원에 의한 심판대상이 될 수 없을 것이다. 그러나 행정규칙이 대외적 구속력을 갖고 행정처분의 취소소송에서 행정규칙의 위법 여부가 전제문제가 되었을 때에는 법원에 의한 심판대상이 된다고 볼 수 있다.

📑 판례

'행정규칙'은 상위법령의 구체적 위임이 있지 않는 한 행정조직 내부에서만 효력을 가질 뿐 대외적으로 국민이나 법원을 구속하는 효력이 없다. 다만 행정규칙이 이를 정한 행정기관의 재량에 속하는 사항에 관한 것인 때에는 그 규정 내용이 객관적 합리성을 결여하였다는 등의 특별한 사정이 없는 한 법원은 이를 존중하는 것이 바람직하다. 그러나 행정규칙의 내용이 상위법령에 반하는 것이라면 법치국가원리에서 파생되는 법질서의 통일성과 모순금지 원칙에 따라 그것은 법질서상 당연무효이고, 행정내부적 효력도 인정될 수 없다. 이러한 경우 법원은 해당 행정규칙이 법질서상 부존재하는 것으로 취급하여 행정기관이 한 조치의 당부를 상위법령의 규정과 입법 목적 등에 따라서 판단하여야 한다(대법원 2020.11.26. 선고 2020두42262 판결[과태료부과처분취소]).

2. 헌법재판소에 의한 통제

행정규칙은 대외적인 행위가 아니라 행정조직 내부에서의 행위이므로 원칙상 헌법소원의 대상이 되는 공권력 행사가 아니지만, 행정규칙이 사실상 구속력을 갖고 있어 국민의 기본권을 현실적으로 침해하는 경우에는 헌법소원의 대상이 되는 공권력 행사에 해당한다.

📑 판례

국립대학인 서울대학교의 "94학년도 대학입학고사 주요 요강"은 사실상의 준비행위 내지 사전안내로서 행정쟁송의 대상이 될 수 있는 행정처분이나 공권력의 행사는 될 수 없지만 그 내용이 국민의 기본권에 직접 영향을 끼치는 내용이고 앞으로 법령의 뒷받침에 의하여 그대로 실시될 것이 틀림없을 것으로 예상되어 그로 인하여 직접적으로 기본권 침해를 받게 되는 사람에게는 사실상의 규범작용으로 인한 위험성이 이미 현실적으로 발생하였다고 보아야 할 것이므로 이는 헌법소원의 대상이 되는 헌법재판소법 제68조 제1항 소정의 공권력의 행사에 해당한다고 할 것이며, 이 경우 헌법소원 외에 달리 구제방법이 없다(헌재 1992.10.1. 선고 92헌마68·76 전원재판부[1994학년도 신입생선발 입시안에 대한 헌법소원]).

제4절 · 법규명령형식의 행정규칙과 법령 보충적 행정규칙

Ⅰ 법규명령형식의 행정규칙

1. 의의

법규명령형식의 행정규칙이란 법규명령의 형식을 취하고 있지만 그 내용이 행정규칙의 실질을 가지는 것을 말하며, 법규명령형식의 행정규칙은 재량권 행사의 기준(재량준칙, 특히 제재적 처분의 기준)을 법규명령의 형식으로 제정함으로써 문제가 야기된다.

2. 법적 성질

(1) 학설

① **법규명령설(형식설)** : 형식을 중시하여 법규의 형식으로 제정된 이상 법규라고 보아야 한다고 보는 견해

② **행정규칙설(실질설)** : 당해 규범의 실질을 중시하여 행정기관 내부에서의 행정사무처리기준이 법규명령의 형식을 취하고 있다 하더라도 당해 규범을 행정규칙으로 보아야 한다고 보는 견해

③ **수권여부기준설** : 상위법에서 법규명령의 형식에 의한 기준설정의 근거를 부여하고 있는 경우에 이에 근거한 기준설정은 위임입법에 해당하므로 법규명령으로 보아야 하고, 법령의 수권 없이 제정된 처분의 기준은 법령의 위임 없이 법규사항을 정할 수 없으므로 행정규칙으로 보아야 한다는 견해

(2) 판례

1) 종전 판례

> **📑 판례**
>
> 당해 처분의 기준이 된 주택건설촉진법 시행령 제10조의3 제1항 [별표 1]은 주택건설촉진법 제7조 제2항의 위임규정에 터잡은 규정형식상 대통령령이므로 그 성질이 부령인 시행규칙이나 또는 지방자치단체의 규칙과 같이 통상적으로 행정조직 내부에 있어서의 행정명령에 지나지 않는 것이 아니라 대외적으로 국민이나 법원을 구속하는 힘이 있는 법규명령에 해당한다(대법원 1997.12.26. 선고 97누15418 판결[주택건설사업영업정지처분취소]).

2) 최근 판례

최근 전원합의체 다수의견은 부령의 형식이라도 법규명령인지 여부와 관계없이 관할 행정청 및 공무원은 이를 준수하여야 하는바 그 상대방인 국민에 대한 대외적 구속력을 인정하였으며, 전원합의체 별개의견은 법률상 이익을 긍정하는 결론에는 찬성하지만, 그 이유에 있어서는 다음과 같이 부령인 제재적 처분기준의 법규성을 인정하는 이론적 기초 위에서 그 법률상 이익을 긍정하는 것이 법리적으로는 더욱 합당하다고 하였다.[2]

(3) 검토

부령도 대통령령과 동일하게 절차적 정당성이 부여되는바, 국민의 예측가능성, 법적 안정성, 헌법 존중의 측면에서 판례의 태도와 동일하게 법규명령인지 여부와 관계없이 대외적 구속력을 인정함이 타당하다고 판단된다.

II 법령보충적 행정규칙

1. 의의

법령보충적 행정규칙이라 함은 법령의 위임에 의해 법령을 보충하는 법규사항을 정하는 행정규칙을 말하며, 행정기관이 상위법령의 위임을 받아 고시·훈령 등의 형식으로 상위법령을 보충·구체화한 경우 헌법 제75조와 제95조와의 관계에서 법적 성질이 무엇인지가 문제된다.

2. 법적 성질

(1) 학설

① **법규명령설(실질설)** : 당해 규칙이 법규와 같은 효력을 가지므로 법규명령으로 보아야 한다는 견해
② **행정규칙설(형식설)** : 훈령, 고시 등의 형식을 취하는 이상 행정규칙으로 보아야 한다는 견해
③ **규범구체화 행정규칙설** : 통상적인 행정규칙과 달리 그 자체로서 국민에 대한 구속력을 인정하는 견해
④ **위헌무효설** : 법규명령의 형식이 헌법상 한정되어 있다는 전제하에 행정규칙형식의 법규명령은 허용될 수 없으므로 위헌, 무효라는 견해
⑤ **법규명령 효력을 갖는 행정규칙설** : 법령보충적 행정규칙에 법규와 같은 효력(구속력)을 인정하더라도 행정규칙의 형식으로 제정되었으므로 법적 성질은 행정규칙으로 보는 견해

(2) 판례

> 🔍 판례

> [1] 국세청장으로 하여금 양도소득세의 실지거래가액이 적용될 부동산투기 억제를 위하여 필요하다고 인정되는 거래를 지정하게 하면서 그 지정의 절차나 방법에 관하여 아무런 제한을 두고 있지 아니하고 있어 이에 따라 국세청장이 재산제세사무처리규정 제72조 제3항에서 양도소득세의 실지거래가액이 적용될 부동산투기억제를 위하여 필요하다고 인정되는 거래의 유형을 열거하고 있으므로 이는 비록 위 재산제세사무처리규정이 국세청장의 훈령형식으로 되어 있다 하더라도 이에 의한 거래지정은 소득세법 시행령의 위임에 따라 그 규정의 내용을 보충하는 기능을 가지면서 그와 결합하여 대외적 효력을 발생하게 된다 할 것이고 그 보충규정의 내용이 위 법령의 위임한계를 벗어났다는 등 특별한 사정이 없는 한 양도소득세의 실지거래가액에 의한 과세의 법령상의 근거가 된다고 할 것이다(대법원 1987.9.29. 선고 86누484 판결).

---

2) 대법원 2006.6.22. 선고 2003두1684 전원합의체 판결[영업정지처분취소]

[2] 공익사업을 위한 토지 등의 취득 및 보상에 관한 법률(이하 '공익사업법'이라 한다) 제68조 제3항은 협의취득의 보상액 산정에 관한 구체적 기준을 시행규칙에 위임하고 있고, 위임 범위 내에서 공익 사업을 위한 토지 등의 취득 및 보상에 관한 법률 시행규칙 제22조는 토지에 건축물 등이 있는 경우에는 건축물 등이 없는 상태를 상정하여 토지를 평가하도록 규정하고 있는데, 이는 비록 행정 규칙의 형식이나 공익사업법의 내용이 될 사항을 구체적으로 정하여 내용을 보충하는 기능을 갖는 것이므로, 공익사업법 규정과 결합하여 대외적인 구속력을 가진다(대법원 2012.3.29. 선고 2011다 104253 판결[손해배상(기)등]).

(3) 검토

법령보충적 행정규칙의 현실적 필요성이 있고, 법령의 수권을 받아 제정되는 것이며 독자적으로 법규 명령의 효력을 갖는 것이 아니라 수권법령과 결합하여 법규명령의 효력을 갖는 것이므로 법규명령으로 로 봄이 타당하며, 행정기본법 제2조 제1항 가목의 입법취지 측면에서 또한 그 타당성이 인정된다.

3. 법적 효력

법령보충적 행정규칙은 수권법령 규정과 결합하여 대외적으로 구속력이 있는 법규명령으로서의 효력을 가진다.

4. 법령보충적 행정규칙의 한계

① 법령보충적 행정규칙은 법령의 수권에 근거하여야 하고, 포괄위임금지의 원칙상 구체적·개별적으로 한정된 사항에 대하여 행하여져야 한다. ② 법령보충적 행정규칙이 법령의 위임의 범위를 벗어난 경우 법규명령으로서의 대외적 구속력이 인정되지 않는다. ③ 법령보충적 행정규칙은 법규명령의 효력을 가지므로 예측가능성을 보장하기 위하여 최소한 공표되어야 하며 공표되지 않은 법령보충적 행정규칙은 법규명령의 효력을 발생하지 않는 것으로 보아야 한다. ④ 판례는 법령의 근거 없이 법령보충적 행정규칙에서 재위임하는 것도 가능한 것으로 본다.

> 📑 **판례**
>
> [1] 행정규칙은 법규명령과 같은 엄격한 제정 및 개정절차를 요하지 아니하므로, 재산권 등과 같은 기본권을 제한하는 작용을 하는 법률이 입법위임을 할 때에는 "대통령령", "총리령", "부령" 등 법규명령에 위임함이 바람직하고, 금융감독위원회의 고시와 같은 형식으로 입법위임을 할 때에는 적어도 행정규제기본법 제4조 제2항 단서에서 정한 바와 같이 법령이 전문적 기술적 사항이나 경미한 사항으로서 업무의 성질상 위임이 불가피한 사항에 한정된다 할 것이고, 그러한 사항이라 하더라도 포괄위임금지의 원칙상 법률의 위임은 반드시 구체적·개별적으로 한정된 사항에 대하여 행하여져야 한다(헌재 2004.10.28. 99헌바91[금융산업의 구조개선에 관한 법 제2조 제3호 가목 등의 위헌소원]).

[2] 일반적으로 행정 각부의 장이 정하는 고시라도 그것이 특히 법령의 규정에서 특정 행정기관에 법령 내용의 구체적 사항을 정할 수 있는 권한을 부여함으로써 법령 내용을 보충하는 기능을 가질 경우에는 형식과 상관없이 근거 법령 규정과 결합하여 대외적으로 구속력이 있는 법규명령으로서의 효력을 가지나 이는 어디까지나 법령의 위임에 따라 법령 규정을 보충하는 기능을 가지는 점에 근거하여 예외적으로 인정되는 효력이므로 특정 고시가 비록 법령에 근거를 둔 것이더라도 규정 내용이 법령의 위임 범위를 벗어난 것일 경우에는 법규명령으로서의 대외적 구속력을 인정할 여지는 없다 (대법원 2016.8.17. 선고 2015두51132 판결[유가보조금환수 및 유가보조금 지급정지 6개월 처분 취소]).

[3] 수입선다변화품목의 지정 및 그 수입절차 등에 관한 1991.5.13.자 상공부 고시 제91-21호는 그 근거가 되는 대외무역법시행령 제35조의 규정을 보충하는 기능을 가지면서 그와 결합하여 대외적인 구속력이 있는 법규명령으로서의 효력을 가지는 것으로서 그 시행절차에 관하여 대외무역관리규정은 아무런 규정을 두고 있지 않으나, 그 자체가 법령은 아니고 행정규칙에 지나지 않으므로 적당한 방법으로 이를 일반인 또는 관계인에게 표시 또는 통보함으로써 그 효력이 발생한다(대법원 1993.11.23. 선고 93도662 판결[관세법위반]).

[4] 산업자원부 고시 공장입지기준 제5조 제2호의 위임에 따라 공장입지의 보다 세부적인 기준을 정한 김포시 고시 공장입지제한처리기준 제5조 제1항의 법적 성질(=법규명령): 산업자원부 고시 공장입지기준(1999.12.16. 산업자원부 고시 제1999-147호) 제5조는 산업자원부장관이 공업배치 및 공장설립에 관한 법률 제8조의 위임에 따라 공장입지의 기준을 구체적으로 정한 것으로서 법규명령으로서 효력을 가진다 할 것이고, 김포시 고시 공장입지제한처리기준(2000.4.10. 김포시 고시 제2000-28호) 제5조 제1항은 김포시장이 위 산업자원부 고시 공장입지기준 제5조 제2호의 위임에 따라 공장입지의 보다 세부적인 기준을 정한 것으로서 상위명령의 범위를 벗어나지 아니하므로 그와 결합하여 대외적으로 구속력이 있는 법규명령으로서 효력을 가진다(대법원 2004.5.28. 선고 2002두4716 판결[공장업종변경승인신청 거부처분취소]).

5. 법령보충적 행정규칙의 사법적 통제

(1) 법원에 의한 통제

법령보충적 행정규칙은 법규명령의 효력을 가지므로 법규명령과 같이 재판에서 전제가 된 경우에 법원이 간접적으로 통제하고, 처분성을 갖는 경우 직접 항고소송의 대상이 된다.

판례

어떠한 고시가 일반적·추상적 성격을 가질 때에는 법규명령 또는 행정규칙에 해당할 것이지만, 다른 집행행위의 매개 없이 그 자체로서 직접 국민의 구체적인 권리의무나 법률관계를 규율하는 성격을 가질 때에는 행정처분에 해당한다(대법원 2006.9.22. 선고 2005두2506 판결[보험약가인하처분취소]).

(2) 헌법재판소에 의한 통제

법령보충적 행정규칙이 명백히 처분이 아니고(헌법소원의 보충성 원칙) 직접적·구체적으로 국민의 권익을 침해하는 경우에는 헌법소원의 대상이 된다.

판례

법령의 직접적인 위임에 따라 위임행정기관이 그 법령을 시행하는 데 필요한 구체적 사항을 정한 것이면, 그 제정형식은 비록 법규명령이 아닌 고시, 훈령, 예규 등과 같은 행정규칙이더라도 그것이 상위법령의 위임한계를 벗어나지 아니하는 한, 상위법령과 결합하여 대외적인 구속력을 갖는 법규명령으로서 기능하게 된다고 보아야 할 것인바, 청구인이 법령과 예규의 관계규정으로 말미암아 직접 기본권침해를 받았다면 이에 대하여 바로 헌법소원심판을 청구할 수 있다(헌재 1992.6.26. 선고 91헌마25 전원재판부 [공무원임용령 제35조의2 등에 대한 헌법소원]).

제1절 행정행위의 개념

Ⅰ 행정행위의 개념

행정행위라는 개념은 학문상 개념이며, 실무상으로는 '처분', '행정처분'이라는 개념이 사용되고 있다. 통설에 의하면 행정행위 개념은 행정청이 구체적인 사실에 대한 법집행으로서 행하는 외부에 대하여 직접적·구체적인 법적 효과를 발생시키는 권력적 단독행위인 공법행위라고 정의된다. 행정행위라는 개념을 개념적 요소로 나누어 설명하면 아래와 같다.

(1) 행정청의 행위

행정청은 일반적으로 국가·지방자치단체 등 행정주체의 의사를 결정·표시할 수 있는 권한을 가진 행정기관을 의미하며, 행정청에는 엄격한 의미의 행정청(조직법상 의미의 행정청) 이외에 법령에 의하여 행정권을 위임 또는 위탁받은 행정기관, 공공단체 또는 사인이 포함된다.

(2) 법적 행위

법적 행위란 외부에 대하여 직접 법적 효과를 발생시키는 행위를 말한다. 따라서 법적 효과를 발생시키지 않는 내부적 행위(예 직무 명령)는 행정행위가 아니다.

(3) 구체적 사실에 관한 법집행

1) 개별적·구체적 규율

행정행위는 행정청이 행하는 '구체적 사실에 대한 법집행행위'이다. 행정행위는 행정청의 개별적·구체적 규율이라는 점에서 일반적 추상적 규율인 법규명령과 구별된다. 여기서 개별적인가 일반적인가는 규율의 수범자에 관련된 징표이며, 구체적인가 추상적인가는 규율의 대상, 즉 사안에 관련된 징표이다. 법규명령은 일반적·추상적 규율로서 불특정다수의 사람과 불특정다수의 사안에 대한 규율인 반면, 개별적 구체적 규율인 행정행위는 특정한 사람과 특정한 사안에 대한 규율에 해당한다.

2) 개별적·추상적 규율

행정청은 특정 범위의 사람을 장래에 향하여 계속적으로 규율하기 위하여 일정한 조치를 취하는 경우가 있다. 예컨대 행정청이 어느 공장주에게 공장으로부터 뿜어 나오는 수증기로 인해 도로에 빙판이 생길 때마다 그것을 제거하라는 명령을 발하는 것이 그에 해당한다. 이 경우 하명의 수범자는 특정인이지만, 빙판의 제거라는 규율내용은 장래의 불확정한 생활 관계이므로, 이는 개별적·추상적 규율에 해당한다.

3) 일반적·구체적 규율

'폭발물이 존재함을 이유로 한 특정도로의 통행금지', 또는 '일정한 시일에 예상된 옥외 집회(시위)의 금지'와 같은 것이 이에 해당한다. 고권적 조치의 발급 시에 있어서 동 조치의 직접적 수범자가 불특정다수인 점에서 일반적이지만 공간적 또는 시간적으로 확정된 사안에 대해 규율하는 점에서 구체적이라 할 수 있다. 이러한 일반적·구체적 규율을 일반처분이라 하면 역시 행정행위의 일종으로 볼 수 있다. 도로통행금지, 야간통행금지, 입산금지, 도로의 공용개시·공용폐지 등 일반처분의 예는 증가일로에 있다.

4) 대물적 행정행위

예컨대 행정청이 주차금지구역을 지정하거나 일정한 유형문화재를 국보로 지정하는 경우(문화재보호법 제5조), 자동차검사합격처분, 건물 준공검사, 공중위생업소폐쇄명령, 환지처분 등에 있어서와 같이 직접적으로는 물건의 성질에 관해서 규율하며 소유자에게는 간접적으로 또는 자동적으로만 효과를 미치는 물적 규율을 대물적 행정행위라 한다.

■ 일반처분

1. 일반처분의 의의

   일반처분이란 행정청의 일반적·구체적 규율, 즉 불특정 다수인을 상대로 구체적인 법적 효과를 가져오는 행위를 말한다. 다만, 일반적·구체적 규율이 일반처분이 되기 위하여는 규율의 수범자가 시간적, 공간적으로 어느 정도 특정이 가능하여야 한다.

2. 일반처분의 종류

   ① 물적 행정행위 : 직접적으로는 물건의 상태에 대한 규율이지만 간접적 효과로서 물건의 소유자 또는 사용자의 권리나 의무에 영향을 주는 행위이다.

   ② 인적 일반처분 : 불특정 다수인을 대상으로 하는 구체적 규율이다.

---

3. 일반처분의 특징

① 사전통지 및 의견청취 절차의 생략

일반처분은 처분의 상대방을 특정할 수 없으므로 '처분의 성질상 의견청취가 현저히 곤란'한 경우에 해당한다(행정절차법 제21조 제4항 제3호, 제22조 제4항). 따라서 행정절차법상 사전통지 및 의견청취 절차가 생략된다(대판 2008.6.12. 선고 2007두1767 판결).

② 처분의 효력발생일에 처분이 있음을 알았다고 간주

인적 일반처분은 처분의 상대방을 특정할 수 없기 때문에 판례는 행정처분에 이해관계를 갖는 자가 고시 또는 공고가 있었다는 사실을 현실적으로 알았는지 여부에 관계없이 고시가 효력을 발생하는 날에 행정처분이 있음을 알았다고 '간주'하고 그때부터 90일 이내에만 취소소송을 제기할 수 있다고 보고 있다(대판 2007.6.14. 선고 2004두619 판결).

③ 물적 행정행위

물적행정행위는 경우에 따라 처분의 상대방이 특정되는 경우도 있는데, 판례는 개별공시지가결정은 행정편의상 일단의 각 개별토지에 대한 가격결정을 일괄하여 행정기관 게시판에 결정·공시하여 고지하는 것일 뿐 그 처분의 효력은 각각의 토지소유자에 대하여 각별로 발생하는 것이므로 개별공시지가결정의 결정·공시는 결정·공시일로부터 그 효력을 발생하지만 처분 상대방인 토지소유지가 그 결정·공시일에 개별공시지가결정이 있음을 알았다고까지 의제할 수는 없다고 판시(대판 1993.12.24. 선고 92누17204 판결)한 바 있다. 부동산가격공시법에서는 개별공시지가에 대하여 개별통지(부동산공시법 시행령 제21조 제3항)를 할 수 있는 규정을 두고 있으나 3,600만여 필지의 개별공시지가를 모두 개별 통지하기는 현실적으로 어려움이 있어 동법 시행령 제21조 제2항에서 시장·군수 또는 구청장은 개별공시지가를 공시할 때에는 해당 시·군 또는 구의 게시판 또는 인터넷 홈페이지에 게시하여야 한다고 규정하고 있다. 따라서 개별공시지가의 제소기간에 대한 판단은 해당 시·군 또는 구의 게시판 또는 인터넷 홈페이지에 게시하고 매년 전국적으로 반복적인 행위를 하기 때문에 개별공시지가의 결정·공시일이 효력발생일인 만큼 대법원2004두619 판결을 논거로 결정·공시일을 안날로 간주하여 제소기간을 기산하도록 하고, 현장실무에서는 부동산가격공시알리미 사이트를 통해 개별공시지가의 열람과 의견청취를 할 수 있도록 제도화하였다.

(4) 권력적 단독행위

행정행위는 공권력의 행사로서 행정청이 일방적으로 국민에게 권리를 부여하거나 의무를 명하는 행위이어야 한다. 따라서 공법상 계약이나 행정지도와 같은 비권력적 작용은 행정행위에 해당하지 않는다.

(5) 공법행위

공법행위란 사법행위에 대한 관념으로 공법적 효과를 발생시키는 법적 행위를 말한다. 행정행위가 법적 행위라는 것에서 사실행위와 구별되고 또한 행정행위는 공법행위라는 점에서 행정청의 사법행위는 행정행위에 해당하지 않는다.

Ⅱ 행정행위 개념과 행정쟁송법상의 처분개념

1. 문제점

취소소송의 대상인 처분에 대하여 행정소송법 제2조 제1항은 "행정청이 행하는 구체적 사실에 관한 법집행행위로서의 공권력의 행사 또는 그 거부와 그 밖에 이에 준하는 행정작용(이하 '처분'이라 한다) 및 행정심판에 대한 재결을 말한다."라고 규정하고 있다. 행정소송법은 취소소송의 대상인 '처분'을 이처럼 광의로 정의하고 있어 그 해석에 있어서는 견해가 대립되고 있다.

2. 학설

① **이원설(쟁송법상 개념설, 형식적 행정행위설) :** 양자를 동일한 개념으로 보면서, '그 밖에 이에 준하는 행정작용'은 공권력 행사에 준하는 행정작용을 의미한다고 보는 견해
② **일원설(실체법상 개념설) :** 행정쟁송법상 처분개념을 강학상 행정행위보다 더 넓게 보아야 하고, 국민의 실효적 권리구제를 위해 형식적 행정행위 등도 여기에 포함하여 항고소송을 인정해야 한다고 보는 견해

3. 판례

> **판례**
>
> 행정소송법 제1조의 행정청의 처분이라 함은 행정청의 공법상의 행위로서 특정사항에 대하여 법규에 의한 권리설정 또는 의무의 부담을 명하며 기타 법률상의 효과를 발생하게 하는 등 국민의 권리의무에 직접관계가 있는 행위를 말한다고 할 것이므로, 어떤 행정청의 행위가 행정소송의 대상이 되는 행정처분에 해당하는가는 그 행위의 성질, 효과 외에 행정소송제도의 목적 또는 사법권에 의한 국민의 권리보호의 기능도 충분히 고려하여 합목적적으로 판단되어야 할 것이다(대법원 1984.2.14. 선고 82누370 판결 [행정처분무효확인]).

4. 검토

현행 행정쟁송법상 처분개념의 한 요소인 '공권력의 행사 또는 그 거부'에는 학문상 행정행위의 필수적인 개념요소인 '법적 규율성'이 나타나고 있지 않으며 또한 '그 밖에 이에 준하는 행정작용'의 구체적 의미는 명확하지 않으나 행정쟁송법이 이를 규정하고 있다는 점에서 해석론상 행정쟁송법상 처분개념은 학문상 행정행위의 개념보다 넓다는 것은 부정할 수 없는 사실이다. 따라서 행정쟁송법상의 처분개념을 확대하여 실체법상의 행정행위, 그 밖의 사실행위나 행정계획, 급부행위의 결정 등에 대해서도 처분성을 인정하여 항고쟁송이 권리구제기능을 충분히 발휘할 수 있도록 해야 한다.

III 행정행위의 특징

행정행위의 특징이라 함은 통상 사법상 법률행위에 대한 특징을 말한다. 행정행위의 특징 중 가장 대표적인 것은 행정의사의 우월성이며, 이외에 행정행위의 특수성으로는 공정력, 구성요건적 효력, 구속력, 존속력(불가쟁력, 불가변력), 강제력(자력집행력, 제재력), 권리구제수단의 특수성이 있다.

제2절 행정행위의 분류

I 법률행위적 행정행위와 준법률행위적 행정행위의 구별

종래 통설은 행위자의 효과의사의 유무 내지 행정행위의 법적 효과의 발생원인에 따라 행정행위를 법률행위적 행정행위와 준법률행위적 행정행위로 구분하였으나, 오늘날에는 구별을 부정하는 견해가 유력해지고 있다. 그 이유는 법률에 의한 행정의 원리가 기본원리로 되어 있는 행정에 있어서 행정권 행사의 법적 효과는 어느 경우에나 기본적으로 법에 의해 인정되는 것이므로 구별하는 것은 타당하지 않기 때문이다.

II 행정행위의 법적 효과의 내용에 따른 분류

법률행위적 행정행위는 법률효과의 내용에 따라 명령적 행위와 형성적 행위로 구분된다. 명령적 행위는 인간이 본래 가지는 자연적 자유를 규율하는 행위인 반면에 형성적 행위는 상대방에게 권리나 능력을 창설하는 행위라는 점에서 양자를 구분하고 있다. 명령적 행위는 하명, 허가, 면제로 구분되며, 형성적 행정행위로는 특허, 인가, 대리 등이 있다. 준법률행위적 행정행위는 법률효과의 내용에 따라 확인행위, 공증행위, 통지행위, 수리행위로 구분된다.

III 기속행위와 재량행위

행정행위는 법에 기속되는 정도에 따라 기속행위와 재량행위로 나누어진다. ① 기속행위는 행정권 행사의 요건과 효과가 법에 일의적으로 규정되어 있어서 행정청은 법에 정해진 행위를 하여야 하는 의무를 지는 행위를 말하며, ② 재량행위는 행위의 요건이나 효과의 선택에 관하여 법이 행정권에게 재량권을 인정한 경우에 행해지는 행정청의 행정행위를 말한다.

Ⅳ 침익적 행정행위, 수익적 행정행위, 복효적 행정행위

1. 개설

행정행위가 초래하는 이익 및 불이익 상황에 따라 행해지는 구분이다. 구분에는 ① 행정행위의 상대방의 권익을 침해하는 침익적 행정행위, ② 행위의 상대방에게 이익을 부여하는 수익적 행정행위, ③ 하나의 행정행위가 이익과 불이익의 효과를 동시에 발생시키는 복효적 행정행위가 있다.

2. 수익적 행정행위와 침익적 행정행위의 구별실익

(1) 법에의 기속

침익적 행정행위는 국민의 권익을 침해하는 행위이므로 일반적으로 수익적 행정행위보다 엄격한 법적 기속을 받는다.

(2) 절차적 통제

① 침익적 행정행위는 사전에 통지를 하고 상대방의 의견 진술을 들어야 하나(행정절차법 제21조, 제22조), ② 수익적 행정행위에 있어서는 행정청에게 사전행정절차를 거칠 의무가 없다.

(3) 사인의 공법행위

① 수익적 행정행위는 통상 상대방의 신청을 요하는 쌍방적 행정행위인 데 반하여 ② 침해적 행정행위는 통상 행정청의 직권에 의해 일방적으로 행하여진다.

(4) 취소 또는 철회

① 수익적 행정행위에 대하여는 쟁송취소를 제기할 소의 이익이 전혀 인정되지 않으므로 행정쟁송으로 다툴 수 없고, 직권취소 또는 철회는 상대방의 신뢰보호의 원칙상 일정한 제한이 가해진다. ② 침익적 행정행위는 원칙상 소의 이익이 인정되고, 취소 또는 철회에 대해서 제한이 없다.

(5) 무효

① 수익적 행정행위의 경우에는 상대방의 신뢰보호를 위하여 무효의 요건을 엄격히 해석하여야 하고, ② 침익적 행정행위는 부담적 행정행위에 의해 침해된 권익이 중대한 경우에 무효의 요건을 완화하여야 할 것이다.

(6) 구제수단

① 수익적 행정행위의 거부 또는 부작위에 대하여는 거부의 경우에는 거부처분 취소심판, 의무이행심판 또는 거부처분의 취소소송을 제기하고 부작위의 경우에는 의무이행심판 또는 부작위위법 확인소송을 제기할 수 있다, ② 침익적 행정행위에 대하여는 취소심판 또는 취소소송을 제기할 수 있다.

3. 복효적 행정행위

복효적 행정행위는 ① 상대방에게는 이익을 주고 제3자에게는 불이익을 주거나 상대방에게는 불이익을 주고 제3자에게는 이익을 주는 제3자효 행정행위와 ② 상대방에 대하여 동시에 수익적 효과와 침해적 효과를 발생하는 혼합효 행정행위로 구분된다.

제3절 ┃ 제3자효 행정행위

Ⅰ 의의

제3자효 행정행위는 상대방에게는 이익을 주고 제3자에게는 불이익을 주거나 상대방에게는 불이익을 주고 제3자에게는 이익을 주는 행정행위를 말한다. 이것이 협의의 복효적 행정행위이며, 두 당사자가 있게 되므로 이들 상호 간의 서로 대립되는 이익의 형량이 요청된다. 그리하여 다른 특수한 규율이 필요하며, 이러한 문제는 행정절차, 행정쟁송에 있어서 원고적격, 소송참가 등에서 제기된다.

Ⅱ 행정절차상의 문제

1. 불이익을 받은 제3자에 대한 통지

행정행위는 상대방에 대한 통지로서 성립하며 행정청은 원칙상 제3자인 이해관계인에 대한 통지의무를 지지 않는다. 다만, 개별법에서 통지의무를 부과하고 있는 경우가 있다(예 사업인정 시 통지의무).

2. 이해관계인인 제3자의 행정절차상의 참가

행정절차법은 상대방의 권리를 제한하거나 의무를 부과하는 처분에 한하여 "당사자 등"에 대한 처분의 사전통지와 의견청취의무를 정하고 있다(제21조 제1항, 제22조 제3항). 이해관계인인 제3자는 행정절차법에 따르면 행정청이 이해관계인인 제3자로 하여금 행정절차에 참가하도록 결정한 경우에 한하여 사전통지와 의견제출기회를 받으며, 행정청이 이해관계인인 제3자의 행정절차에의 참가를 인정하는 것은 직권으로 또는 신청에 따라 임의로 결정하게 된다(제2조 제4호).

3. 이해관계인의 동의

처분상대방에게 수익이 되지만 제3자에게는 불이익이 되는 처분의 경우 예외적으로 이해관계 있는 제3자의 동의를 처분의 요건으로 규정하는 경우가 있다. 그 예로는 도시 및 주거환경정비법 제16조 제1항 주택재개발사업 및 도시환경정비사업의 추진위원회가 조합을 설립하고자 하는 데에는 토지등소유자의 4분의 3 이상 및 토지면적의 2분의 1 이상의 토지소유자의 동의를 얻어 정관 및 국토교통부령이 정하는 서류를 첨부하여 시장·군수의 인가(특허)를 받아야 한다.

Ⅲ 행정쟁송상의 문제

1. 원고적격

행정행위의 상대방에게는 이익이 되지만 제3자에게 불이익이 되는 경우 불이익을 받는 제3자(인근주민 또는 경쟁관계에 있는 기존업자)에게 항고소송의 원고적격이 인정되는 경우가 점차 늘고 있다.

2. 제3자의 소송참가

제3자에 의해 항고소송이 제기된 경우에 제3자효 행정행위의 상대방은 소송참가를 할 수 있고(행정소송법 제16조), 책임 없는 사유로 소송에 참가하지 못함으로써 판결의 결과에 영향을 미칠 공격 방어방법을 제출하지 못한 때에는 확정된 종국판결에 대하여 재심을 청구할 수 있다(행정소송법 제31조 제1항).

3. 불복제기기간

현행법상 행정처분은 제3자에게 통지되지 않으므로 제3자는 특별한 사정이 없는 한 행정행위가 있음을 알았다고 할 수 없다. 또한 제3자가 행정처분이 있었음을 알지 못한 경우에는 행정 불복을 제기할 수 없으므로 제3자가 행정처분이 있었음을 알지 못한 것은 정당한 사유에 해당한다고 보아야 하며, 처분이 있은 날로부터 180일(행정심판) 또는 1년(행정소송)이 경과한 뒤에도 취소쟁송을 제기할 수 있다. 다만 제3자가 어떠한 경위로든 처분이 있음을 안 이상, 그 처분이 있음을 안 날로부터 90일 이내에 취소쟁송을 제기하여야 한다.

4. 불이익을 받은 제3자의 가구제

제3자효 행정행위에 의해 법률상 이익을 침해받은 제3자는 취소소송을 제기한 경우 소송당사자로서 당연히 행정소송법 제23조에 근거하여 그가 다투는 행정행위의 집행정지를 신청할 수 있다.

Ⅳ 제3자효 행정행위의 철회 또는 직권취소

철회 또는 직권취소에 있어서는 일반 행정행위의 철회 또는 직권취소에서처럼 이익형량의 원칙이 적용된다. 다만, 제3자효 행정행위에 있어서는 철회 또는 직권취소로 인하여 한쪽 당사자는 이익을 받고 다른 쪽 당사자는 불이익을 받으므로 이러한 상반되는 당사자의 이익도 이익형량에서 함께 고려되어야 한다.

제4절 재량권과 판단여지

Ⅰ 재량권

1. 재량권과 재량행위의 의의 및 구분

(1) 개념

재량권이란 행정기관이 행정권을 행사함에 있어서 둘 이상의 다른 내용의 결정 또는 행태 중에서 선택할 수 있는 권한을 말한다. 재량권은 구체적 타당성이 있는 행정을 위하여 입법자에 의해 행정권에 부여되며, 재량권의 행사에 의해 행해지는 행정행위를 재량행위라고 한다.

(2) 재량권의 구분

재량권이 행정기관에게 부여되는 경우 행정기관이 행정권을 행사함에 있어 ① 어떠한 행정결정을 하거나 하지 않을 수 있는 권한을 갖는 경우를 결정재량권이라 하고 ② 둘 이상의 조치 중 선택을 할 수 있는 권한을 갖는 경우를 선택재량권이라고 한다. 또한 결정재량권과 선택재량권을 모두 갖는 경우가 있다.

2. 판단여지

(1) 의의

판단여지는 불확정개념[3]과 관련하여 사법심사가 곤란한 행정청의 평가영역·결정영역을 말한다. 따라서 법원은 행정청이 그 영역의 한계를 준수하였는가의 여부만을 심사해야 한다.

(2) 재량과 판단여지의 구분

1) 학설

① 긍정설 : 판단여지와 재량을 구분하는 견해는 판단여지는 판단의 여지일 뿐 선택의 자유가 아니므로 판단여지는 선택의 자유를 의미하는 재량과 구분하여야 한다고 보는 견해
② 부정설 : 재량과 판단여지를 구분하지 않고, 판단여지가 인정될 수 있는 경우도 재량이 인정되는 것으로 보는 견해

---

[3] 불확정개념이란 공공의 복지·공적 질서·위험 등의 용어와 같이, 그 의미내용이 일의적인 것이 아니라 다의적인 것이어서 진정한 의미내용이 구체적 상황에 따라 판단되는 개념을 말한다.

2) 판례

[1] 지가공시 및 토지 등의 평가에 관한 법률 시행령 제18조 제1항, 제2항은 감정평가사시험의 합격기준으로 절대평가제 방식을 원칙으로 하되, 행정청이 감정평가사의 수급상 필요하다고 인정할 때에는 상대평가제 방식으로 할 수 있다고 규정하고 있으므로, 감정평가사시험을 실시함에 있어 어떠한 합격기준을 선택할 것인가는 시험실시기관인 행정청의 고유한 정책적인 판단에 맡겨진 것으로서 자유재량에 속한다(대법원 1996.9.20. 선고 96누6882 판결[감정평가사시험불합격결정처분취소]).

[2] 논술형시험인 사법시험 제2차시험의 채점위원이 하는 채점행위의 법적 성질(=재량행위): 논술형 시험에 대한 채점행위는 객관식 시험과 같은 일의적인 정답을 그 기준으로 하기보다는 덕망과 책임감 높은 평가자가 스스로 보유하고 있는 고도의 전문적 식견과 학식 등에 근거한 평가에 전적으로 의존할 것이 예정되어 있음을 그 본질적인 속성으로 하고 있는 사무이므로, 논술형으로 치르는 이 사건 시험에 있어 채점위원은 사법시험의 목적과 내용 등을 고려하여 법령이 정하는 범위 내에서 전문적인 지식에 근거하여 그 독자적 판단과 재량에 따라 답안을 채점할 수 있는 것이다(대법원 2007.1.11. 선고 2004두10432 판결[사법시험제2차시험불합격처분취소]).

3) 검토

판례는 판단여지와 재량을 구별하지 않고 있으며, 재량과 판단여지는 그 개념, 필요성, 인정근거, 내용, 인정기준 및 범위 등에서 차이가 있으므로 양자를 구별하는 것이 타당하다.

(3) 판단여지의 인정영역

판단여지는 비대체적 결정의 영역(예 시험), 구속적 가치평가의 영역(예 전문위원회에 의한 청소년 유해도서의 판단, 보호대상문화재 해당 여부의 판단), 예측결정의 영역(예 환경상 위험의 예측 평가, 경제여건의 변화 예측), 정책적 결정의 영역(예 외국인의 체류갱신 허가의 필요성 판단) 등에서 인정된다.

(4) 판단여지의 한계

판단여지가 존재하는 경우에도 ① 판단기관이 적법하게 구성되었는가, ② 절차규정이 준수되었는가, ③ 정당한 사실관계에서 출발하였는가, ④ 행정법의 일반 원칙, 즉 일반적으로 승인된 평가의 척도 (예 평등원칙)가 침해되지 않았는가의 여부는 사법심사의 대상이 된다.

3. 재량행위와 기속행위의 구별

(1) 기속행위와 재량행위의 개념

① 기속행위란 법규상 구성요건에서 정한 요건이 충족되면 행정청이 반드시 어떠한 행위를 발하거나 발하지 말아야 하는 행정행위를 말하며, ② 재량행위란 행정청에 수권된, 그리고 합목적성의 고려하에 이루어지는 선택과 결정의 자유인 재량에 따른 행위를 말한다.

(2) 재량행위와 기속행위의 구별실익

1) 행정소송에 있어서의 구별실익

① 법원의 통제

재량행위는 재량권의 한계를 넘지 않는 한(재량권의 행사에 일탈 또는 남용이 없는 한) 재량을 그르친 경우에도 위법한 것이 되지 않고 부당한 행위가 되는 데 불과하므로 재량권의 한계를 넘지 않는 한 법원에 의해 통제되지 않으나, 기속행위에 있어 행정권 행사에 잘못이 있는 경우에 위법한 행위가 되므로 기속 행위에 대한 법원의 통제에는 그러한 제한이 없고, 전면적 통제가 행해진다.

② 사법심사방식

기속행위의 경우에 법원은 행정청의 판단과 결정 모두를 심사대상으로 하여 행정청의 판단이 법원의 판단과 다른 경우 법원의 판단을 행정청의 판단에 대체하여 행정청의 행위를 위법한 것으로 판단할 수 있으나(완전심사 및 판단대체방식), 재량행위에 있어서는 행정청의 판단이 공익판단인 경우에는 재량권의 일탈·남용이 있거나 행정청의 판단이 심히 부당한 경우가 아닌 한 법원은 당해 행정청의 결정을 위법하다고 판단할 수 없다(제한심사방식).

📑 **판례**

> 기속행위의 경우 그 법규에 대한 원칙적인 기속성으로 인하여 법원이 사실인정과 관련 법규의 해석·적용을 통하여 일정한 결론을 도출한 후 그 결론에 비추어 행정청이 한 판단의 적법 여부를 독자의 입장에서 판정하는 방식에 의하게 되나, 재량행위의 경우 행정청의 재량에 기한 공익판단의 여지를 감안하여 법원은 독자의 결론을 도출함이 없이 당해 행위에 재량권의 일탈·남용이 있는지 여부만을 심사하게 되고, 이러한 재량권의 일탈·남용 여부에 대한 심사는 사실오인, 비례·평등의 원칙 위배, 당해 행위의 목적 위반이나 동기의 부정 유무 등을 그 판단 대상으로 한다(대법원 2001.2.9. 선고 98두17593 판결[건축물용도변경신청거부처분취소]; 대법원 2010.9.9. 선고 2010다39413 판결; 대법원 2020.10.15. 선고 2019두45739 판결).

2) 부관과의 관계

재량행위의 경우에는 재량권의 범위 내에서 법적 근거 없이도 행정행위의 법률효과를 일부 제한하거나 상대방에게 특별한 부담을 지우는 부관을 붙일 수 있지만, 기속행위의 경우에는 법상 요건이 충족되면 일정한 행위를 하여야 하므로 행위요건의 일부가 충족되지 않은 경우에 법령에 특별한 근거가 없는 한 그 요건의 충족을 조건으로 하는 부관만을 붙일 수 있을 뿐 행위의 효과를 제한하는 부관을 붙일 수 없다.

3) 공권과의 관계

재량행위와 기속행위에 있어 인정되는 공권의 내용에는 차이가 있다. 기속행위에 있어서는 행정청에 대하여 특정한 내용의 행위를 청구할 공권이 인정되지만, 재량행위에 있어서는 그러한 공권은 인정되지 않으며 무하자재량행사청구권이라는 공권이 인정된다.

4) 요건 충족에 따른 효과의 부여

행정청은 기속행위에 있어서는 요건이 충족되면 반드시 법에 정해진 효과를 부여하여야 하지만, 재량행위에 있어서는 요건이 충족되어도 공익과의 이익형량을 통하여 법에 정해진 효과를 부여하지 않을 수도 있다. 기속재량행위의 경우에는 거부처분을 할 중대한 공익상 필요가 없는 한 요건을 충족하면 신청에 따른 허가 등 처분을 하여야 한다.

📑 판례

[1] 주택건설촉진법 제33조에 의한 주택건설사업계획의 승인은 상대방에게 권리나 이익을 부여하는 효과를 수반하는 이른바 수익적 행정처분으로서 법령에 행정처분의 요건에 관하여 일의적으로 규정되어 있지 아니한 이상 행정청의 재량행위에 속한다 할 것이고, 이러한 승인을 받으려는 주택건설사업계획이 관계 법령이 정하는 제한에 배치되는 경우는 물론이고 그러한 제한사유가 없는 경우에도 공익상 필요가 있으면 처분권자는 그 승인신청에 대하여 불허가 결정을 할 수 있다(대법원 2005.4.15. 선고 2004두10883 판결[주택건설사업계획승인 신청 반려처분취소]).

[2] '공익상 필요'에는 자연환경보전의 필요도 포함된다. 특히 산림의 훼손은 국토 및 자연의 유지와 수질 등 환경의 보전에 직접적으로 영향을 미치는 행위이므로, 법령이 규정하는 산림훼손 금지 또는 제한 지역에 해당하는 경우는 물론이고 금지 또는 제한 지역에 해당하지 않더라도 허가관청은 산림 훼손허가신청 대상토지의 현상과 위치 및 주위의 상황 등을 고려하여 국토 및 자연의 유지와 환경의 보전 등 중대한 공익상 필요가 있다고 인정될 때에는 허가를 거부할 수 있고, 그 경우 법규에 명문의 근거가 없더라도 거부처분을 할 수 있다(대법원 2007.5.10. 선고 2005두13315 판결[주택건설사업계획승인신청서반려처분취소]).

(3) 재량행위와 기속행위의 구별기준

① 재량행위와 기속행위의 구별에 있어 재량권은 입법권에 의해 행정기관에 부여되는 것이기 때문에 법률규정이 일차적 기준이 된다. 다만, 법률규정의 문리적 표현뿐만 아니라 관련 규정, 입법취지 및 입법목적을 아울러 고려하여야 하며, ② 법령의 규정이 명확하지 않은 경우 당해 법령의 규정과 함께 문제가 되는 행위의 성질, 기본권 관련성 및 공익관련성을 종합적으로 고려하여야 한다.

📑 판례

[1] 어느 행정행위가 기속행위인지 재량행위인지 여부는 이를 일률적으로 규정지을 수 없고, 당해 처분의 근거가 된 규정의 형식이나 체제 또는 문언에 따라 개별적으로 판단하여야 한다(대법원 1997.12.26. 선고 97누15418 판결; 대법원 2008.5.29. 선고 2007두18321 판결).

[2] 행정행위가 그 재량성의 유무 및 범위와 관련하여 이른바 기속행위 내지 기속재량행위와 재량행위 내지 자유재량행위로 구분된다고 할 때, 그 구분은 당해 행위의 근거가 된 법규의 체재·형식과 그 문언, 당해 행위가 속하는 행정 분야의 주된 목적과 특성, 당해 행위 자체의 개별적 성질과 유형 등을 모두(종합적으로) 고려하여 판단하여야 한다(대법원 2001.2.9. 선고 98두17593 판결[건축물용도변경신청거부처분취소]; 대법원 2020.10.15. 선고 2019두45739 판결).

4. 재량권 행사의 문제

재량권이 인정된 취지는 행정의 대상이 되는 사실은 매우 다양하므로 구체적인 상황에 맞는 합목적적이고 구체적 타당성 있는 행정권의 행사가 가능하도록 하기 위한 것이다. 그러나 재량준칙이라는 재량권 행사의 기준을 정하여 그 기준에 따라 재량권을 행사하도록 하는 경우에 특별한 이유 없이 재량준칙에 위반하여 상대방에게 불리한 처분을 내리면 그 처분은 평등원칙에 위반하는 결과가 되어 위법하게 된다.

5. 재량권의 한계

(1) 개념

행정청에 재량권이 부여된 경우에도 재량권은 무한정한 것은 아니며 일정한 법적 한계가 있다. 재량권이 이 법적 한계를 넘은 경우에는 그 재량권의 행사는 위법한 것이 된다. 재량권의 한계는 재량권의 일탈 또는 남용을 말한다.

(2) 재량권의 일탈

재량권의 일탈이란 재량권의 외적 한계(즉, 법적·객관적 한계)를 벗어난 것을 말하며, 일반적으로 행정청이 법에서 정한 법률효과를 선택하지 않은 경우에 재량의 일탈이 존재한다. 아울러 재량행사가 부정확한 사실관계에 기초하고 있는 등 사실인정에 흠결이 있는 경우에도 재량의 일탈이 인정된다.

> **판례**
>
> 공무원에 대한 징계처분에 있어서 재량권의 한계, 공무원인 피징계자에게 징계사유가 있어 징계처분을 하는 경우 어떠한 처분을 할 것인가 하는 것은 징계권자의 재량에 맡겨진 것이고, 다만 징계권자가 재량권의 행사로서 한 징계처분이 사회통념상 현저하게 타당성을 잃어 징계권자에게 맡겨진 재량권을 남용하거나 그 범위를 일탈한 것이라고 인정되는 경우에 한하여 위법한 것이 된다(대법원 1997.11.28. 선고 97누8755 판결).

(3) 재량권의 남용

재량권의 남용이란 재량권의 내적 한계, 즉 재량권이 부여된 내재적 목적을 벗어난 것을 말하며, 행정청이 재량행사에 특정 이익만을 고려하여 결정을 내리는 경우나 개인적 동기로 인하여 결정을 내리는 경우가 여기에 해당한다. 나아가 기본권을 침해하는 경우, 비례의 원칙, 평등의 원칙 등 행정법의 일반원칙에 반하는 결정을 내리는 경우 재량권의 남용이 문제된다.

> **판례**
>
> 재량행위에 대한 사법심사는 행정청의 재량에 기초한 공익 판단의 여지를 감안하여 법원이 독자적인 결론을 내리지 않고 해당 처분에 재량권 일탈·남용이 있는지 여부만을 심사하게 되고, 사실 오인과 비례·평등의 원칙 위반 여부 등이 그 판단기준이 된다(대법원 2020.9.3. 선고 2019두60899 판결 등 참조).

행정청이 행정행위를 함에 있어 이익형량을 전혀 하지 아니하거나 이익형량의 고려대상에 마땅히 포함 시켜야 할 사항을 누락한 경우 또는 이익형량을 하였으나 정당성·객관성이 결여된 경우 그 행정행위는 재량권을 일탈·남용하여 위법하다고 할 수 있다(대법원 2020.6.11. 선고 2020두34384 판결 등 참조). 이러한 재량권 일탈·남용에 관해서는 그 행정행위의 효력을 다투는 사람이 증명책임을 진다(대법원 2019.7.4. 선고 2016두47567 판결 등 참조)(대법원 2022.9.7. 선고 2021두39096 판결).

(4) 재량의 해태(불행사)

재량의 불행사란 행정청이 재량행위를 태만 또는 착오로 인하여 기속행위로 간주하여 재량행사에 필 요한 복수행위 간에 전혀 형량을 하지 않은 경우가 이에 해당한다. 즉 행정청이 A, B, C 중 선택할 수 있는 재량권이 부여되어 있음에도 불구하고 전혀 형량을 하지 아니하고 특정 행위만을 선택한 경우가 여기에 해당한다.

📑 판례

처분의 근거 법령이 행정청에 처분의 요건과 효과 판단에 일정한 재량을 부여하였는데도, 행정청이 자 신에게 재량권이 없다고 오인한 나머지 처분으로 달성하려는 공익과 그로써 처분상대방이 입게 되는 불이익의 내용과 정도를 전혀 비교·형량하지 않은 채 처분을 하였다면, 이는 재량권 불행사로서 그 자체로 재량권 일탈·남용으로 해당 처분을 취소하여야 할 위법사유가 된다(대법원 2019.7.11. 선고 2017 두38874 판결[사증발급거부처분취소]).

(5) 재량의 영으로 수축

재량의 영으로의 수축은 개인의 신체, 생명 등 중요한 법익에 대한 침해의 우려가 있는 경우에 존재 한다. 재량이 영으로 수축된 경우에는 재량행위는 기속행위로 변하게 된다. 이 경우에는 재량은 여러 개의 가능한 결정 중에서 어느 하나의 결정으로 수축되어 그 외의 다른 결정은 위법하게 된다.

제5절 행정행위의 법적 효과의 내용

Ⅰ 법률행위적 행정행위

- 명령적 행위 : 하명, 허가, 면제
- 형성적 행위 : 특허, 인가, 공법상 대리

1. 명령적 행위

(1) 명령적 행위의 의의

명령적 행위란 국민에 대하여 일정한 의무를 부과하거나 의무를 해제하는 행정행위를 말한다. 의무를 부과하는 것이 하명, 부작위 의무를 해제하는 것이 허가, 작위·급부·수인의무를 해제하는 것이 면제이다.

(2) 하명

1) 의의

하명이란 행정청이 국민에게 작위, 부작위, 급부 또는 수인의무를 명하는 행위를 말하며, 이 중 부작위의무를 명하는 행위를 금지라 한다.

2) 효과

하명의 내용에 따라 상대방에게 일정한 공법상 의무가 발생한다. 작위하명(시정명령)에 의해서는 상대방에게 일정한 행위를 적극적으로 행하여야 할 의무(시정의무)가 생기고, 부작위하명(금지, 통행금지)에 의해서는 일정한 행위를 하지 않을 의무(통행하지 않을 의무)가 생기고, 급부하명(조세부과처분)에 의해서는 일정한 급부를 하여야 할 의무(조세납부의무)가 생기고, 수인하명(타인토지출입조사 시 수인의무)에 의해서는 행정청에 의한 강제를 감수하고 이를 수인할 의무(타인토지출입을 수인할 의무)가 생긴다.

(3) 허가

1) 의의

허가란 법령에 의한 자연적 자유에 대한 일반적인 상대적 금지를 일정한 요건을 갖춘 경우에 해제하여 일정한 행위를 적법하게 할 수 있게 하는 행정행위를 말한다. 그 예로는 영업허가, 건축허가 등이 있다.

2) 법적 성질

허가는 인간의 자유권을 공익목적상 제한하고 일정한 요건을 충족시키는 경우에 회복시켜 주는 행위이므로 허가요건을 충족하였는데도 허가를 거부하는 것은 정당한 사유 없이 헌법상 자유권을 제한하는 것이 되므로 허용되지 않는다고 보아야 하기 때문에 법령에 특별한 규정이 없는 한 원칙상 기속행위라고 보아야 한다. 다만, 판례는 건축허가 등 일정한 허가를 원칙상 기속행위라고 보면서도 예외적으로 심히 중대한 공익상 필요가 있는 경우 거부할 수 있는 재량권(기속재량권)을 인정하고 있다.

> **판례**
>
> 건축허가권자는 건축허가신청이 건축법 등 관계 법규에서 정하는 어떠한 제한에 배치되지 않는 이상 당연히 같은 법조에서 정하는 건축허가를 하여야 하고, 중대한 공익상의 필요가 없는데도 관계 법령에서 정하는 제한사유 이외의 사유를 들어 요건을 갖춘 자에 대한 허가를 거부할 수는 없다(대법원 2009.9.24. 선고 2009두8946 판결[건축허가거부처분취소]).

3) 허가의 신청

신청을 전제로 하지 않는 허가도 있지만(예 통행금지의 해제), 통상 허가는 신청을 전제로 하여 주어진다.

4) 허가의 효과

허가가 주어지면 본래 가지고 있던 자유권이 회복되며, 허가를 받으면 상대방은 적법하게 일정한 행위를 할 수 있는 권리 내지 법률상 이익을 향유하게 된다. 또한 허가가 있으면 당해 허가의 대상이 된 행위에 대한 금지가 해제될 뿐 다른 법률에 의한 금지까지 해제되는 것은 아니다.

(4) 면제

면제란 법령에 의해 정해진 작위의무, 급부의무 또는 수인의무를 해제해 주는 행정행위를 말하며, 면제는 의무해제행위라는 점에서 허가와 같으나 허가가 부작위 의무를 해제하는 행위인 데 반해, 면제는 작위·급부·수인의무를 해제하는 행위라는 점에서 차이가 있다.

2. 형성적 행위

(1) 형성적 행위의 의의

형성적 행위란 국민에게 특정한 권리, 능력(권리능력·행위능력), 포괄적 법률관계 기타 법률상의 힘을 발생·변경·소멸시키는 행정행위를 말하며, 상대방의 여하에 따라 ① 직접 상대방을 위하여 권리, 능력, 포괄적 법률관계를 설정·변경·소멸시키는 행위(특허)와, ② 제3자의 법률적 행위의 효력을 보충·완성하거나(인가) 또는 제3자를 대신하여 행하는 행위(대리)로 구분된다.

(2) 특허

1) 의의

특허란 상대방에게 직접 권리, 능력, 법적 지위, 포괄적 법률관계를 설정하는 행위를 말하며, 권리를 설정하는 행위의 예로는 버스운송사업면서, 전기사업허가 등이 있고, 능력을 설정하는 예로는 재건축정비조합설립인가 등이 있다. 특허는 학문상 개념으로서 실정법에서는 허가, 면허라는 용어를 사용한다.

2) 특허의 성질

① 특허는 상대방에게 권리 등을 설정하여 주는 행위이므로 형성적 행위이며, ② 상대방에게 권리나 이익을 새로이 설정하는 형성적 행위(설권행위)이고, 특허에 있어서는 공익을 고려하여야 하므로 원칙상 재량행위로 본다.

판례

[1] 여객자동차운수사업법에 따른 개인택시운송사업면허는 특정인에게 권리나 이익을 부여하는 재량행위이다(대법원 2002.1.22. 선고 2001두8414 판결[개인택시운송사업면허제외처분취소]).

[2] 구 도시정비법 제18조에 의하면 토지등소유자로 구성되어 정비사업을 시행하려는 조합은 제13조 내지 제17조를 비롯한 관계 법령에서 정한 요건과 절차를 갖추어 조합설립인가처분을 받은 후에 등기함으로써 성립하며, 그때 비로소 관할 행정청의 감독 아래 정비구역 안에서 정비사업을 시행하는 행정주체로서의 지위가 인정된다. 여기서 행정청의 조합설립인가처분은 조합에 정비사업을 시행할 수 있는 권한을 갖는 행정주체(공법인)로서의 지위를 부여하는 일종의 설권적 처분의 성격을 가진다. 따라서 토지등소유자로 구성되는 조합이 그 설립과정에서 조합설립인가처분을 받지 아니하였거나 설령 이를 받았다 하더라도 처음부터 조합설립인가처분으로서 효력이 없는 경우에는, 구 도시정비법 제13조에 의하여 정비사업을 시행할 수 있는 권한을 가지는 행정주체인 공법인으로서의 조합이 성립되었다 할 수 없고, 또한 이러한 조합의 조합장, 이사, 감사로 선임된 자 역시 구 도시정비법에서 정한 조합의 임원이라 할 수 없다(대법원 2014.5.22. 선고 2012도7190 전원합의체 판결[도시및주거환경정비법위반]).

[3] 행정청이 도시 및 주거환경정비법 등 관련 법령에 근거하여 행하는 조합설립인가처분은 단순히 사인들의 조합설립행위에 대한 보충행위로서의 성질을 갖는 것에 그치는 것이 아니라 법령상 요건을 갖출 경우 도시 및 주거환경정비법상 주택재건축사업을 시행할 수 있는 권한을 갖는 행정주체(공법인)로서의 지위를 부여하는 일종의 설권적 처분의 성격을 갖는다고 보아야 한다. 그리고 그와 같이 보는 이상 조합설립결의는 조합설립인가처분이라는 행정처분을 하는 데 필요한 요건 중 하나에 불과한 것이어서, 조합설립결의에 하자가 있다면 그 하자를 이유로 직접 항고소송의 방법으로 조합설립인가처분의 취소 또는 무효확인을 구하여야 하고, 이와는 별도로 조합설립결의 부분만을 따로 떼어내어 그 효력 유무를 다투는 확인의 소를 제기하는 것은 원고의 권리 또는 법률상의 지위에 현존하는 불안·위험을 제거하는 데 가장 유효·적절한 수단이라 할 수 없어 특별한 사정이 없는 한 확인의 이익은 인정되지 아니한다(대법원 2009.9.24. 선고 2008다60568 판결[재건축결의부존재확인]).

3) 특허의 신청 및 효과

특허는 상대방의 신청을 요하는 행정행위이며, 상대방에게 새로운 권리, 능력 기타 법률상의 힘을 발생시키는 효과가 있다. 특허에 의해 창설되는 권리는 배타적 권리로서 공권(⑩ 사업경영권)인 것이 보통이나 사권(⑩ 광업권, 어업권)인 경우도 있다.

(3) 인가

1) 의의

인가(認可)라 함은 타인의 법률적 행위를 보충하여 그 법률적 효력을 완성시켜 주는 행정행위를 말한다. 이론상 인가는 법률적 행위의 효력을 인가라는 행정청의 결정에 의해 발생시킬 공익상 필요가 있는 경우에 인정되며, 인가도 허가나 특허과 같이 학문상 개념에 해당한다.

2) 인가의 성질

① 인가는 인가의 대상이 되는 기본행위의 효력을 완성시켜 주는 행위인 점에서 형성적 행정행위 이며, ② 인가는 기속행위인 경우도 있지만, 재량행위인 경우도 있다. 인가가 재량행위인 경우 부관을 붙일 수 있고, 기속행위인 경우에도 정지조건부부관을 붙일 수 있다.

3) 인가의 대상

인가의 대상이 되는 행위는 제3자의 행위이며 법률적 행위에 한한다. 인가의 대상이 되는 행위는 공법상 행위(예 정비조합의 사업시행계획결의)일 수도 있고 사법상 행위(예 비영리법인 설립, 사립학교법인 이사의 선임행위)일 수도 있다.

4) 인가의 효과

인가가 행해져야 인가의 대상이 된 제3자의 법률적 행위가 법적 효력을 발생한다. 인가는 기본행위가 효력을 발생하기 위한 효력요건이며, 무인가행위는 효력을 발생하지 않는다.

(4) 공법상 대리행위

공법상 대리란 제3자가 하여야 할 행위를 행정기관이 대신하여 행함으로써 제3자가 스스로 행한 것과 같은 효과를 발생시키는 행정행위를 말하며, 그 예로는 토지수용위원회의 수용재결, 체납처분절차에서의 압류재산의 공매처분, 감독청에 의한 공법인의 정관작성 또는 임원 임명 등을 들 수 있다.

▌Ⅱ▐ 준법률행위적 행정행위

1. 준법률행위적 행정행위의 의의

준법률행위적 행정행위란 행정청의 의사표시가 아니라, 행정청의 의사표시 이외의 정신작용의 표시에 대해 법률에서 일정한 법적 효과를 부여한 결과 행정행위가 되는 행위를 말하며, 확인·공증·통지·수리의 4가지로 구분된다.

2. 확인

(1) 의의

확인행위란 특정의 사실 또는 법률관계의 존재 여부에 관해 의문이 있거나 다툼이 있는 경우에 공권적으로 판단하여 이것을 확정하는 행위를 말하며, 실정법상으로는 재결·재정·특허 등 여러 가지 용어가 사용되고 있다. 확인행위는 기존의 사실 또는 법률관계(❹ 무효등확인심판재결)의 존재 여부를 판단하는 사실행위로서 준사법적 행위, 법선언행위라고도 한다.

(2) 성질 및 효과

① 확인행위는 판단작용으로서 객관적 진실에 따라 결정되므로 성질상 기속행위이다. ② 효과는 개별 법률이 정하는 바에 따라 다르며, 확인행위로 확정된 사실 또는 법관계는 권한 있는 기관에 의해 부인되지 않는 한 누구도 그것을 임의로 변경할 수 없는 힘, 즉 존속력을 가진다. 확인의 효과는 확인의 대상의 존재시기에 소급한다.

3. 공증

(1) 의의

공증행위란 특정의 사실 또는 법관계의 존재 여부를 공적으로 증명하는 행위이다. 그 예로는 건축물 대상 등재, 각종 허가증 등의 발행에서 볼 수 있으며, 이러한 행위는 본래 사실행위에 그치는 것이나 법률이 그에 일정한 법률효과, 즉 공적 증거력을 부여하는 경우에 한하여 준법률행위적 행정 행위로의 법적 성격을 가진다.

> 📑 판례
>
> 의료법 부칙 제7조, 제59조(1975.12.31. 법률 제2862호로 개정 전의 것), 동법 시행규칙 제59조 및 1973.11.9.자 보건사회부 공고 58호에 의거한 서울특별시장 또는 도지사의 의료유사업자 자격증 갱신발급 행위는 유사의료업자의 자격을 부여 내지 확인하는 것이 아니라 특정한 사실 또는 법률관계의 존부를 공적으로 증명하는 소위 공증행위에 속하는 행정행위라 할 것이다(대법원 1977.5.24. 선고 76누295 판결).

(2) 각종 공부에의 등재행위의 성질

1) 문제점

준법률행위적 행정행위로서 공증행위는 법적 효과를 가져오는 행위만을 말하지만, 각종 공적 장부에 대해서 공신력이 인정되지 않고, 또한 공부에의 등재행위나 변경행위에 있어서 담당 공무원들의 실질적 심사권도 인정되고 있지 않는 등의 특수한 사정이 있는 상황하에서 과연 공적장부에의 등재(변경)행위가 항고소송의 대상이 되는 처분인지가 문제된다.

2) 판례

① 종래 대법원은 처분이 아니라고 하였다(대법원 1991.9.24. 선고 91누1400 판결). ② 그 후 헌법재판소가 지목등록변경신청거부행위를 항고소송의 대상인 거부처분으로 판단하자(헌재 1999.6.24. 선고 97헌마315 전원재판부) 대법원도 지목변경신청거부처분을 항고소송의 대상인 거부처분으로 보았다(대법원 2004.4.22. 선고 2003두9015 전원합의체 판결). ③ 그 후 대법원은 건축물대장 용도변경신청거부를 항고 소송의 대상인 거부처분으로 보았으며(대법원 2009.1.30. 선고 2007두7277 판결), 건축물대장 작성신청거부도 항고소송의 대상인 처분으로 보았다(대법원 2009.2.12. 선고 2007두17359 판결). 실체적 권리관계에 영향을 미치지 아니하는 사항은 처분으로 보지 아니하였다 (대법원 2012.1.12. 선고 2010두12354 판결). ④ 무허가건물등재대장 삭제행위는 항고소송의 대상인 처분이 아니라 하였다(대법원 2009.3.12. 선고 2008두11525 판결). ⑤ 그 후 지적공부 소관청이 토지대장 직권말소행위도 처분으로 보았다(대법원 2013.10.24. 선고 2011두13286 판결).

(3) 효과

공증행위의 효력은 사실 또는 법률관계의 존재에 대하여 공적 증거력을 부여하는 것이다. 공증에 의한 공적 증거력은 반증에 의하지 아니하고는 번복될 수 없다. 반증이 있으면 공증행위의 취소 없이 공적 증거력이 번복되며, 공증행위에는 공적 증거력의 발생 이외에 법규정에 의해 일정한 법률효과가 부여되는 경우도 있다.

4. 통지행위

통지행위란 특정인 또는 불특정 다수인에게 특정한 사실을 알리는 행정행위를 말하며, 통지행위는 그 자체가 일정한 법률효과를 발생시키는 행정행위이다. 통지행위는 행정행위의 효력발생요건인 통지 또는 고지와 구별되어야 하며, 그 예로는 특허출원의 공고, 귀화의 고시, 대집행의 계고, 납세의 독촉 등을 들 수 있다.

5. 수리행위

(1) 의의

수리행위란 법상 행정청에게 수리의무가 있는 경우에 신고, 신청 등 타인의 행위를 행정청이 적법한 행위로서 받아들이는 행위를 말하며, 사직서의 수리, 행정심판청구서의 수리, 혼인신고서의 수리 등이 그 예이다. 수리행위는 행정청의 수리의무를 전제로 하여 행해지는 행정행위이다. 따라서 수리행위는 내부적 사실행위인 단순한 접수행위와 구별되어야 한다.

(2) 효과

수리에 의한 법적 효과는 법률이 정하는 바에 의한다. 예를 들면, 혼인·출생신고에 의해 신분상 법적 지위에 변동이 일어난다.

제6절 행정행위의 부관

행정기본법 제17조(부관)

① 행정청은 처분에 재량이 있는 경우에는 부관(조건, 기한, 부담, 철회권의 유보 등을 말한다. 이하 이 조에서 같다)을 붙일 수 있다.

② 행정청은 처분에 재량이 없는 경우에는 법률에 근거가 있는 경우에 부관을 붙일 수 있다.

③ 행정청은 부관을 붙일 수 있는 처분이 다음 각 호의 어느 하나에 해당하는 경우에는 그 처분을 한 후에도 부관을 새로 붙이거나 종전의 부관을 변경할 수 있다.

　1. 법률에 근거가 있는 경우

　2. 당사자의 동의가 있는 경우

　3. 사정이 변경되어 부관을 새로 붙이거나 종전의 부관을 변경하지 아니하면 해당 처분의 목적을 달성할 수 없다고 인정되는 경우

④ 부관은 다음 각 호의 요건에 적합하여야 한다.

　1. 해당 처분의 목적에 위배되지 아니할 것

　2. 해당 처분과 실질적인 관련이 있을 것

　3. 해당 처분의 목적을 달성하기 위하여 필요한 최소한의 범위일 것

*기출 문제

- 제20회: 부관에 대한 취소소송 가능 여부
- 제13회: 위법한 부관에 대한 해결가능성

I 부관의 개념

1. 개관

행정행위의 부관이란 행정청에 의해 주된 행정행위에 부가된 종된 규율이다. 행정행위의 부관은 학문상 개념이며 실정법에서는 오히려 '조건'으로 표시되고 있으며, 부관의 기능이나 목적은 매우 다양하다.

2. 구별개념

(1) 내용상 제한

부관은 행정행위의 내용상의 제한은 아니다. 행정행위의 부관은 행정 행위의 주된 규율에 대한 부가적인 규율이다. 따라서 주된 규율내용을 직접 제한하는 규율은 부관이 아니다.

(2) 법정부관

법규에서 직접 행정행위의 효력범위를 자세히 정하고 있는 경우(例 광업법 제28조)를 행정행위의 부관의 경우와 구분하여 법정부관이라 부른다. 법정부관은 법령으로서 법정부관의 통제는 법규명령(법률)의 통제문제가 된다.

(3) 수정부담(변경허가)

수정부담이란 당사자가 신청한 내용과 다른 내용으로 행정행위를 행하는 것을 말한다. 수정부담은 신청된 내용의 행정행위를 부여하면서 그 법적 효과를 제한하는 것이 아니라 신청된 행정행위의 내용 자체를 변경하여 변경된 내용의 행정행위를 행하는 것이므로 부관과 구별되어야 한다.

Ⅱ 부관의 종류

1. 조건

조건이란 행정행위의 효력의 발생 또는 소멸을 장래의 불확실한 사실에 의존시키는 부관을 말한다. ① 조건이 성취되어야 행정행위가 비로소 효력을 발생하는 조건을 정지조건이라 하고 ② 행정행위가 일단 효력을 발생하고 조건이 성취되면 행정행위가 효력을 상실하는 조건을 해제조건이라 한다.

2. 기한

기한이란 행정행위의 효력의 발생 또는 소멸을 장래의 발생이 확실한 사실에 의존시키는 부관을 말한다. 기한이 도래함으로써 행정행위의 효력이 발생하는 기한을 시기라 하고, 기한이 도래함으로써 행정행위가 효력을 상실하는 기한을 종기라 한다. 기한 중 도래시점이 확정된 기한을 확정기한이라 하고, 도래시점이 확정되지 않은 기한을 불확정기한이라 한다.

3. 부담

(1) 의의 및 법적 성질

부담이란 행정행위의 주된 내용에 부가하여 그 행정행위의 상대방에게 작위, 부작위, 급부, 수인 등의 의무를 부과하는 부관을 말한다. 부담은 다른 부관과 달리 그 자체가 행정행위이다. 따라서 부담만이 독립하여 항고소송의 대상이 될 수 있다.

> **판례**
>
> 수익적 행정처분에 있어서는 법령에 특별한 근거 규정이 없다고 하더라도 그 부관으로서 부담을 붙일 수 있고, 그와 같은 부담은 행정청이 행정처분을 하면서 일방적으로 부가할 수도 있지만 부담을 부가하기 이전에 상대방과 협의하여 부담의 내용을 협약의 형식으로 미리 정한 다음 행정처분을 하면서 이를 부가할 수도 있다(대법원 2009.2.12. 선고 2005다65500 판결[약정금]).

(2) 부담과 조건의 구별

① 정지조건부 행정행위는 일정한 사실의 성취가 있어야 효력이 발생하는 반면, 부담부 행정행위는 처음부터 효력이 발생한다는 점에서 구별된다. ② 해제조건분 행정행위는 조건이 되는 사실의 성취에 의하여 당연히 효력이 소멸되는 데 반하여 부담은 이행하지 않더라도 당연히 효력이 소멸되지 않는다는 점에서 구별된다. 만약 양자의 구별이 명확하지 않을 경우에는 개인에게 상대적으로 유리한 부담으로 보는 것이 타당할 것이다.

4. 철회권 유보

철회권의 유보란 행정행위를 행함에 있어 일정한 경우에는 행정행위를 철회(변경)할 수 있음을 정한 부관을 말하며, 철회권이 유보되었고 철회권유보사유가 발생하였다고 하여 철회가 아무런 제한 없이 가능한 것은 아니다. 철회권이 유보된 경우에도 철회의 제한이론인 이익형량의 원칙이 적용된다.

5. 부담유보(사후 부담의 유보)

부담유보란 사후적으로 부담을 설정·변경·보완할 수 있는 권리를 미리 유보해 두는 부관을 말하며, 사후부담의 유보 및 부담의 사후변경의 유보에 있어서는 철회권의 유보에서처럼 상대방의 신뢰보호는 인정되지 않는다.

6. 법률효과의 일부배제

(1) 의의

법률효과의 일부배제란 법률이 예정하고 있는 행정행위의 효과의 일부를 행정청이 배제하는 부관을 말한다. 그 예로는 택시의 격일제운행 또는 3부제운행 등이 있으며, 이것은 부작위부담으로 볼 것이다. 개념상 행정행위의 부관으로서의 법률효과의 일부배제는 행정기관의 행위에 의한 것이므로, 법률이 직접 효과를 한정하고 있는 경우에는 여기서 말하는 법률효과의 일부배제에 해당하지 아니한다.

📋 **판례**

> 행정행위의 부관은 부담의 경우를 제외하고는 독립하여 행정소송의 대상이 될 수 없는 것인바, 지방국토관리청장이 일부 공유수면매립지에 대하여 한 국가 또는 직할시 귀속처분은 매립준공인가를 함에 있어서 매립의 면허를 받은 자의 매립지에 대한 소유권취득을 규정한 공유수면매립법 제14조의 효과 일부를 배제하는 부관을 붙인 것이고, 이러한 행정행위의 부관은 위 법리와 같이 독립하여 행정소송 대상이 될 수 없다(대법원 1993.10.8. 선고 93누2032 판결[공유수면매립공사준공인가처분취소]).

(2) 부관으로서의 인정가능성

일반적 견해와 판례는 법률효과 일부배제를 부관의 하나로 본다. 다만, 법률이 예정하는 효과를 부관으로 제한하려면 반드시 법률에 근거가 있어야 한다(법률유보). 부관으로서 법률효과의 일부배제는 행정기관의 행위에 의한 것이므로, 법률이 직접 효과를 제한하고 있는 경우는 법률효과의 일부배제가 아니다.

Ⅲ 부관의 한계

1. 부관의 가능성

(1) 전통적 견해 · 판례

판례와 전통적 견해는 부관이 행정행위의 효과를 제한하기 위해 주된 의사표시에 부가되는 종된 의사표시라는 전제하에 부관은 의사표시를 요소로 하는 법률행위적 행정행위에만 붙일 수 있고, 의사표시를 요소로 하지 않는 준법률행위적 행정행위에는 제한을 가할 주된 의사표시가 없으므로 부관을 붙일 수 없으며, 법률행위적 행정행위의 경우에도 재량행위에만 붙일 수 있고, 기속행위 · 기속재량행위에는 붙일 수 없다고 한다.

> **판례**
>
> **[1]** 매립준공인가는 매립면허에 대한 단순한 확인행위가 아니며, 인가는 당사자의 법률적 행위를 보충하여 그 법률적 효력을 완성시키는 행정주체의 보충적 의사표시로서의 법률행위적 행정행위인 이상 매립면허의 양도허가 시 및 준공인가 시 부관을 붙일 수 있다(대법원 1975.8.29. 선고 75누23 판결).
>
> **[2]** 주택재건축사업시행의 인가는 상대방에게 권리나 이익을 부여하는 효과를 가진 이른바 수익적 행정처분으로서 법령에 행정처분의 요건에 관하여 일의적으로 규정되어 있지 아니한 이상 행정청의 재량행위에 속하므로, 처분청으로서는 법령상의 제한에 근거한 것이 아니라 하더라도 공익상 필요 등에 의하여 필요한 범위 내에서 여러 조건(부담)을 부과할 수 있다(대법원 2007.7.12. 선고 2007두6663 판결).
>
> **[3]** 이사회소집승인에 있어서의 일시, 장소의 지정을 가리켜 소집승인 행위의 부관으로 본다 하더라도, 일반적으로 기속행위나 기속적 재량행위에는 부관을 붙일 수 없는 것이고, 위 이사회소집승인 행위가 기속행위 내지 기속적 재량행위에 해당함은 위에서 설시한 바에 비추어 분명하므로, 여기에는 부관을 붙이지 못한다 할 것이며, 가사 부관을 붙였다 하더라도 이는 무효의 것으로서 당초부터 부관이 붙지 아니한 소집승인 행위가 있었던 것으로 보아야 할 것이다(대법원 1988.4.27. 선고 87누1106 판결; 대법원 2004.3.25. 선고 2003두12837 판결; 대법원 1995.6.13. 선고 94다56883 판결; 대법원 1990.10.16. 선고 90누2253 판결).

(2) 비판적 견해

준법률행위적 행정행위에도 부관을 붙일 수 있는 경우(예 여권의 유효기간)가 있다. 재량행위의 경우 법적 근거가 없어도 자유롭게 부관을 부가할 수 있지만 성질상 부관을 붙일 수 없는 경우(예 귀화허가나 개명허가에 조건이나 기한을 부가하는 경우)도 있으며, 기속행위의 경우에도 요건충족적 부관은 붙일 수 있다.

(3) 검토

최근에는 부관의 가능성은 개개의 행정행위의 성질에 따라 결정되어야 한다는 비판적인 견해가 많은 지지를 얻어가고 있다. 따라서 비판적인 견해가 타당하다고 판단된다.

2. 부관의 내용상 한계

(1) 관련 규정

행정기본법 제17조 제4항
④ 부관은 다음 각 호의 요건에 적합하여야 한다.
  1. 해당 처분의 목적에 위배되지 아니할 것
  2. 해당 처분과 실질적인 관련이 있을 것
  3. 해당 처분의 목적을 달성하기 위하여 필요한 최소한의 범위일 것

(2) 내용상 한계

① 부관은 법령에 위반되어서는 안 된다.
② 부관은 주된 행정행위의 목적에 반하여서는 안 된다.
③ 부관은 주된 행정행위와 실질적(실제적) 관련성이 있어야 하며 그렇지 못한 것은 부당결부 금지의 원칙에 반하여 위법한 부관이 된다.
④ 부관은 평등원칙, 비례의 원칙 등 법의 일반원칙에 반하여서는 안 된다.
⑤ 부관은 이행가능하여야 한다.
⑥ 주된 행정행위의 본질적 효력을 해하지 아니하는 한도의 것이어야 한다.

📖 **판례**

[1] 65세대의 공동주택을 건설하려는 사업주체(지역주택조합)에게 구 주택건설촉진법 제33조에 의한 주택건설사업계획의 승인처분을 함에 있어 그 주택단지의 진입도로 부지의 소유권을 확보하여 진입도로 등 간선시설을 설치하고 그 부지 소유권 등을 기부채납하며 그 주택건설사업 시행에 따라 폐쇄되는 인근 주민들의 기존 통행로를 대체하는 통행로를 설치하고 그 부지 일부를 기부채납하도록 조건을 붙인 경우, 주택건설촉진법과 같은법 시행령 및 주택건설기준 등에 관한 규정 등 관련 법령의 관계규정에 의하면 그와 같은 조건을 붙였다 하여도 다른 특별한 사정이 없는 한 필요한 범위를 넘어 과중한 부담을 지우는 것으로서 형평의 원칙 등에 위배되는 위법한 부관이라 할 수 없다고 본 사례(대법원 1997.3.14. 선고 96누16698 판결[사용검사신청반려처분취소]).

[2] 수산업법 제15조에 의하여 어업의 면허 또는 허가에 붙이는 부관은 그 성질상 허가된 어업의 본질적 효력을 해하지 않는 한도의 것이어야 하고 허가된 어업의 내용 또는 효력 등에 대하여는 행정청이 임의로 제한 또는 조건을 붙일 수 없다(대법원 1990.4.27. 선고 89누6808 판결).

[3] 소외 인천시장은 원고에게 주택사업계획승인을 하게 됨을 기화로 그 주택사업과는 아무런 관련이 없는 토지인 위 2,791m² 를 기부채납하도록 하는 부관을 위 주택사업계획승인에 붙인 사실이 인정되므로, 위 부관은 부당결부금지의 원칙에 위반되어 위법하다고 할 것이다(대법원 1997.3.11. 선고 96다49650 판결).

(3) 시간상 한계(사후부관 가능성)

1) 학설

① 부담긍정설 : 부담만은 독립된 처분인 바, 사후부관이 가능하다는 견해

② 부정설 : 부관은 주된 행위에 가해진 종된 규율이므로 부관의 독자적 존재는 인정할 수 없어 사후에 별개로 붙일 수 없다는 견해

③ 제한적 긍정설 : 명문 규정이 있거나 사후부관 가능성이 유보되어 있거나 상대방 동의가 있는 경우는 가능하다는 견해

2) 판례

사후부관에 대하여 ① 법령에 명문 근거가 있거나 ② 변경이 미리 유보된 경우, ③ 상대방의 동의가 있는 경우, ④ 사정변경으로 인해 부담을 부가한 목적을 달성할 수 없게 된 경우에는 그 목적달성에 필요한 범위 내에서 예외적으로 허용된다고 보고 있다.

3) 검토

사후부관은 다른 행정행위의 새로운 발령을 뜻할 수 있어 원칙적으로 인정하기 곤란하다. 그러나 최소침해원칙상 행정행위를 취소하기보다는 부관부 행위로 전환하는 것이 당사자에게 보다 유리할 수 있어 불가피한 경우 비례원칙에 반하지 않는 범위 내에서 예외적으로 긍정하는 제한적 긍정설이 타당하다.

Ⅳ 위법한 부관과 권리구제

1. 위법한 부관의 효력

부관의 한계를 넘어 위법한 부관은 행정행위의 하자이론에 따라 부관의 위법이 중대하고 명백할 때에는 그 부관은 무효이며 그렇지 않은 때에는 취소할 수 있는 부관이 된다. 부관의 위법 여부는 부관부 가처분 시 법령을 기준으로 한다.

📑 판례

행정청이 수익적 행정처분을 하면서 부가한 부담의 위법 여부는 처분 당시 법령을 기준으로 판단하여야 하고, 부담이 처분 당시 법령을 기준으로 적법하다면 처분 후 부담의 전제가 된 주된 행정처분의 근거 법령이 개정됨으로써 행정청이 더 이상 부관을 붙일 수 없게 되었다 하더라도 곧바로 위법하게 되거나 그 효력이 소멸하게 되는 것은 아니다. 따라서 행정처분의 상대방이 수익적 행정처분을 얻기 위하여 행정청과 사이에 행정처분에 부가할 부담에 관한 협약을 체결하고 행정청이 수익적 행정처분을 하면서 협약상의 의무를 부담으로 부가하였으나 부담의 전제가 된 주된 행정처분의 근거 법령이 개정됨으로써 행정청이 더 이상 부관을 붙일 수 없게 된 경우에도 곧바로 협약의 효력이 소멸하는 것은 아니다(대법원 2009.2.12. 선고 2005다65500 판결[약정금]).

2. 위법한 부관과 행정쟁송

(1) 문제점

위법한 부관에 대한 행정쟁송과 관련하여 ① 위법한 부관만의 취소를 구하는 행정쟁송의 제기가 가능한 것인가(독립쟁송가능성)와 위법한 부관을 다투는 쟁송형식, ② 부관만이 취소쟁송의 대상이 되거나 부관부행정행위 전체가 취소쟁송의 대상이 된 경우에 위법한 부관만의 취소 또는 무효확인이 가능한지(독립취소가능성) 문제된다.

(2) 독립쟁송가능성

1) 학설

① **부담긍정설** : 처분성이 인정되는 부담만이 독립쟁송이 가능하다는 견해

② **분리가능성설** : 부관이 주된 행정행위로부터 분리가능한 것이면 독립하여 행정쟁송으로 다툴 수 있다는 견해

③ **부정설** : 부담의 처분성마저 부인하는 전제에서, 모든 부관에 대한 쟁송가능성을 인정하되 그 소송형태는 항상 부진정일부취소쟁송이어야 한다는 견해

④ **긍정설** : 모든 부관의 처분성을 긍정하는 전제에서 모든 부관에 대해서 항상 진정일부취소쟁송의 형태로 다툴 수 있다는 견해

2) 판례

> 📑 판례
>
> 행정행위의 부관은 행정행위의 일반적인 효력이나 효과를 제한하기 위하여 의사표시의 주된 내용에 부가되는 종된 의사표시이지 그 자체로서 직접 법적 효과를 발생하는 독립된 처분이 아니므로 현행 행정쟁송제도 아래서는 부관 그 자체만을 독립된 쟁송의 대상으로 할 수 없는 것이 원칙이나 행정행위의 부관 중에서도 행정행위에 부수하여 그 행정행위의 상대방에게 일정한 의무를 부과하는 행정청의 의사표시인 부담의 경우에는 다른 부관과는 달리 행정행위의 불가분적인 요소가 아니고 그 존속이 본체인 행정행위의 존재를 전제로 하는 것일 뿐이므로 부담 그 자체로서 행정쟁송의 대상이 될 수 있다(대법원 1992.1.21. 선고 91누1264 판결[수토대금부과처분취소]).

3) 검토

분리가능성설은 원고적격의 관점과 독립쟁송가능성의 문제를 혼동하여 부관과 주된 행정행위 간의 객관적인 고찰을 소홀히 한다는 비판이 있다. 생각건대 부관의 독립쟁송가능성을 처분성의 문제가 아니라 법원에 의한 부관의 독자적인 취소가능성의 전제조건의 문제로 파악하고, 처분성은 부관에 대한 쟁송형태의 문제로 파악하는 분리가능성을 기준으로 하는 견해가 타당하다고 본다.

(3) 부관에 대한 쟁송형태

1) 개설

부관에 대한 소송형태로는 진정일부취소소송과 부진정일부취소소송이 있다. ① 진정일부취소소송이란 부관만을 취소소송의 대상으로 하는 소송이고, ② 부진정일부취소소송은 형식상은 부관부 행정행위 전체를 소송의 대상으로 하면서 내용상으로는 부관만의 취소를 구하는 소송을 말한다.

2) 판례

📖 **판례**

> **[1]** 원고가 신축한 상가 등 시설물을 부산직할시에 기부채납함에 있어 그 무상사용을 위한 도로점용 기간은 원고의 총공사비와 시 징수조례에 의한 점용료가 같아지는 때까지로 정하여 줄 것을 전제조건으로 하고 원고의 위 조건에 대하여 시는 아무런 이의 없이 수락하고 위 상가 등 건물을 기부채납받아 그 소유권을 취득하였다면 시가 원고에 대하여 위 상가 등의 사용을 위한 도로점용 허가를 함에 있어서는 그 점용기간을 수락한 조건대로 해야 할 것임에도 합리적인 근거 없이 단축한 것은 위법한 처분이라 할 것이며 가사 원고가 위 상가를 타에 임대하여 보증금 및 임료수입을 얻는다 하여 위 무상점용 기간을 단축할 사유가 될 수 없다. … 원심 판결(피고 (부산직할시장)가 1983.3.3. 원고에 대하여 한 부산 서면 지하도 상가부분 4,603.65 평방미터 (1,392.59평) 및 부대시설부분에 관한 도로점용허가처분은 이를 취소한다)은 적법하다(대법원 1985.7.9. 선고 84누604 판결).
>
> **[2]** 원고는 피고(경상남도지사)로부터 허가받은 내용에 따라 조업을 해오다가 원고소유의 제38 청룡호(기존허가어선)와 제3 대운호를 제1 대영호(기존허가어선)의 등선으로, 제22 대원호, 제3 선경호 및 한진호를 제1 대영호의 운반선으로 각 사용할 수 있도록 하여 선박의 척수를 변경 (본선 2척을 1척으로 줄이는 대신 등선 2척과 운반선 3척을 추가하는 내용임)하여 달라는 어업 허가사항변경신청을 하였는데, 피고는 관련 규정에 따라 수산자원보호 및 다른 어업과 어업조정을 위하여 앞서 한 제한조건을 변경할 수 없다는 사유로 위 신청을 불허가하였다. 이에 원고가 어업허가사항변경신청 불허가처분을 다투었다. 원심은 불허가처분이 위법하다고 판시하였다. 불허가처분이 위법하다고 본 원심의 조치는 정당하다(대법원 1990.4.27. 선고 89누6808 판결).

3) 검토

판례의 태도에 따르면 부담은 진정일부취소소송이 가능하나, 기타 부관은 부진정일부취소소송의 형태를 제기함이 타당하다고 보는 것이 타당하다.

(4) 부관의 독립취소가능성

1) 학설

① **기속행위 재량행위 구별설** : 기속행위의 경우에만 부관의 취소를 인정할 수 있다는 견해
② **중요요소설** : 부관이 주된 행정행위의 중요한 요소가 아닌 경우에만 취소를 인정할 수 있다는 견해

③ **위법성설** : 부관의 위법성의 인정되면 제한 없이 부관의 취소를 인정할 수 있다는 견해

2) 판례

판례는 부담만이 독립하여 취소될 수 있고, 기타부관은 독립하여 취소의 대상이 되지 않는다는 입장이다. 즉 부담 이외의 부관은 위법한 부관이 행정행위의 중요부분이면 전부취소의 판결을 하고, 그렇지 않다면 기각판결을 한다고 보고 있다.

3) 검토

부담은 진정일부취소소송의 형태로 제기되므로 부담만을 취소하는 것이 아무런 문제가 없는바, 부담만이 독립취소가능성이 인정된다고 봄이 타당하며, 부담 이외의 부관은 중요성을 기준으로 하여 부관이 주된 행정행위의 중요한 요소일 때에는 행정행위 전체를 취소해야 하고, 중요한 요소가 아닌 경우는 부관만의 취소가 가능하다는 중요요소설이 타당하다.

제7절 행정행위의 적법요건

Ⅰ 주체요건

행정행위는 조직법상 정한 바에 따라 권한을 가진 기관이 권한의 범위 내에서 정상적 의사작용에 기한 것이어야 하며, 권한이 위임된 경우에는 수임자가 권한을 행사한다. 다만, 내부위임의 경우에는 위임자가 권한을 가진 기관이다.

📑 **판례**

> 행정처분의 권한을 내부적으로 위임받은 수임기관이 그 권한을 행사함에 있어서는 행정처분의 내부적 성립과정은 스스로 결정하여 행하고 그 외부적 성립요건인 상대방에의 표시만 위임기관의 명의로 하면 된다 (대법원 1984.12.11. 선고 80누344 판결[영업허가취소처분취소]).

Ⅱ 내용요건

행정행위는 법우위원칙상 모든 법률 및 행정법의 일반원칙에 반하지 않아야 한다. 또한 법률유보원칙과 관련하여 중요하고 본질적인 사항은 법적 근거를 요하며, 법률상이나 사실상으로 실현가능하고 관계인이 인식할 수 있을 정도로 명확하여야 한다.

Ⅲ 형식요건

① 행정청이 처분을 할 때에는 다른 법령 등에 특별한 규정이 있는 경우를 제외하고는 문서로 하여야 한다(행정절차법 제24조 제1항). ② 처분을 하는 문서에는 그 처분행정청 및 담당자의 소속·성명과 전화번호 등 문의할 수 있는 연락처를 기재하여야 한다(동조 제2항).

> **판례**
>
> 행정절차법 제24조 제1항에서 행정청이 처분을 하는 때에는 다른 법령 등에 특별한 규정이 있는 경우를 제외하고는 문서로 하도록 규정한 것은 처분 내용의 명확성을 확보하고 처분의 존부나 내용에 관한 다툼을 방지하기 위한 것인바, 이와 같은 행정절차법의 규정 취지를 감안해 보면, 행정청이 문서에 의하여 처분을 한 경우 원칙적으로 그 처분서의 문언에 따라 어떤 처분을 하였는지 확정하여야 하나, 그 처분서의 문언만으로는 행정청이 어떤 처분을 하였는지 불분명하다는 등 특별한 사정이 있는 때에는 처분 경위나 처분 이후의 상대방의 태도 등 다른 사정을 고려하여 처분서의 문언과 달리 그 처분의 내용을 해석할 수도 있다(대법원 2010.2.11. 선고 2009두18035 판결[복구설계승인신청불승인처분취소]).

Ⅳ 절차요건

1. 이유제시

이유제시란 행정청이 처분을 할 때에 당사자에게 그 근거와 이유를 제시하여야 하는 것을 말하며, ① 신청 내용을 모두 그대로 인정하는 처분인 경우 ② 단순·반복적인 처분 또는 경미한 처분으로서 당사자가 그 이유를 명백히 알 수 있는 경우 ③ 긴급히 처분을 할 필요가 있는 경우 생략이 가능하다(행정절차법 제23조 제1항). 그러나 행정청은 ②와 ③의 경우에 처분 후 당사자가 요청하는 경우에는 그 근거와 이유를 제시하여야 한다(행정절차법 제23조 제2항).

2. 협력절차

행정행위의 성립에 일정한 절차(❸ 신청, 청문, 타기관의 협력, 평가절차)가 법상 요구되면, 그러한 절차를 거쳐야 한다. 법상 요구되는 절차를 거치지 아니한 행정행위는 하자 있는 것이 된다. 그 효과는 취소할 수 있는 행위가 됨이 원칙이나, 하자가 중대하고 명백하다면 무효가 될 것이다.

> **판례**
>
> 구 택지개발촉진법(1999.1.25. 법률 제5688호로 개정되기 전의 것)에 의하면, 택지개발은 택지개발예정지구의 지정(제3조), 택지개발계획의 승인(제8조), 이에 기한 수용재결 등의 순서로 이루어지는바, 위 각 행위는 각각 단계적으로 별개의 법률효과가 발생되는 독립한 행정처분이어서 선행처분에 불가쟁력이 생겨 그 효력을 다툴 수 없게 된 경우에는 선행처분에 위법사유가 있다고 할지라도 그것이 당연무효의 사유가 아닌 한 선행처분의 하자가 후행처분에 승계되는 것은 아니라고 할 것인데, 같은 법 제3조에서 건설부장관이 택지개발예정지구를 지정함에 있어 미리 관계중앙행정기관의 장과 협의를 하라고 규정한 의미는 그의 자문을 구하라는 것이지 그 의견을 따라 처분을 하라는 의미는 아니라 할 것이므로

이러한 협의를 거치지 아니하였다고 하더라도 이는 위 지정처분을 취소할 수 있는 원인이 되는 하자 정도에 불과하고 위 지정처분이 당연무효가 되는 하자에 해당하는 것은 아니다(대법원 2000.10.13. 선고 99두653 판결[토지수용재결처분취소]).

3. 사전통지

(1) 의의 및 통지 항목

행정청은 당사자에게 의무를 과하거나 권익을 제한하는 처분을 하는 경우에는 미리 ① 처분의 제목, ② 당사자의 성명 또는 명칭과 주소, ③ 처분하려는 원인이 되는 사실과 처분의 내용 및 법적 근거, ④ 앞의 ③에 대하여 의견을 제출할 수 있다는 뜻과 의견을 제출하지 아니하는 경우의 처리방법, ⑤ 의견제출기관의 명칭과 주소, ⑥ 의견제출기한, ⑦ 그 밖에 필요한 사항을 당사자 등에게 통지하여야 한다(행정절차법 제21조 제1항).

(2) 생략 가능 사유(행정절차법 제21조 제4항).

① 공공의 안전을 위해 긴급히 처분을 할 필요가 있는 경우
② 법원의 재판 등에 의해 일정한 처분을 하여야 함이 객관적으로 증명된 때
③ 처분이 성질상 의견청취가 현저히 곤란하거나 명백히 불필요한 경우

4. 의견청취

(1) 내용

① 다른 법령에서 청문을 하도록 규정하고 있는 경우 또는 행정청이 필요하다고 인정하는 경우, 인허가 등의 취소, 신분·자격의 박탈, 법인이나 조합 등의 설립허가의 취소의 처분 시 당사자 등의 신청이 있는 경우에는 청문을 한다(동조 제1항). ② 다른 법령 등에서 공청회를 개최하도록 규정하고 있는 경우 또는 해당 처분의 영향이 광범위하여 널리 의견을 수렴할 필요가 있다고 행정청이 인정하는 경우 행정청이 처분을 할 때 공청회를 개최한다(동조 제2항). ③ 그러나, 행정청이 당사자에게 의무를 부과하거나 권익을 제한하는 처분을 할 때 청문을 실시하거나 공청회를 개최하는 경우 외에는 당사자등에게 의견제출의 기회를 주어야 한다(동조 제3항). 의견청취가 배제되는 예외 경우도 있다(동조 제4항). 행정청은 처분을 할 때 당사자 등이 제출한 의견이 상당한 이유가 있다고 인정하는 경우에는 이를 반영하여야 한다(동법 제27조의2).

(2) 청문 생략 가능 사유(공증현포)

① 공공의 안전을 위해 긴급히 처분을 할 필요가 있는 경우
② 법원의 재판 등에 의해 일정한 처분을 하여야 함이 객관적으로 증명된 때
③ 처분이 성질상 의견청취가 현저히 곤란하거나 명백히 불필요한 경우
④ 당사자가 의견진술의 포기를 명백히 표시한 경우

V 표시(송달·통지)요건

1. 의의

표시는 행정행위의 효력요건이자[판례] 동시에 행정행위의 존재의 전제요건이다. 표시는 권한을 가진 기관이 하여야 한다.

> **판례**
>
> 상대방 있는 행정처분은 특별한 규정이 없는 한 의사표시에 관한 일반 법리에 따라 상대방에게 고지되어야 효력이 발생하고, 상대방 있는 행정처분이 상대방에게 고지되지 아니한 경우에는 상대방이 다른 경로를 통해 행정처분의 내용을 알게 되었다고 하더라도 행정처분의 효력이 발생한다고 볼 수 없다(대법원 2019.8.9. 선고 2019두38656 판결).

2. 도달주의

(1) 도달주의 원칙(행정절차법 제15조 제1항)

송달은 다른 법령 등에 특별한 규정이 있는 경우를 제외하고는 해당문서가 송달받을 자에게 도달됨으로써 그 효력이 발생한다(행정절차법 제15조 제1항). 여기서 도달이란 현실적으로 상대방이 행정행위를 수령하여 알 수 있어야 함을 뜻하는 것은 아니고 상대방이 지료할 수 있는 상태에 두는 것을 말한다.

> **판례**
>
> 우편물이 등기취급의 방법으로 발송된 경우에는 반송되는 등의 특별한 사정이 없는 한 그 무렵 수취인에게 배달되었다고 보아야 한다(대법원 2007.12.27. 선고 2007다51758 판결).

(2) 행정절차법의 공고의 경우(행정절차법 제14조)

행정절차법 제14조 제4항의 경우에는 다른 법령 등에 특별한 규정이 있는 경우를 제외하고는 공고일부터 14일이 지난 때에 그 효력이 발생한다(행정절차법 제15조 제3항 본문). 당사자가 공고의 내용을 반드시 알아야만 하는 것은 아니나, 긴급히 시행하여야 할 특별한 사유가 있어 효력 발생 시기를 달리 정하여 공고한 경우에는 그에 따른다(행정절차법 제15조 제3항 단서).

(3) 행정업무의 효율적 운영에 관한 규정상 고시·공고의 경우

공고문서는 그 문서에서 효력발생 시기를 구체적으로 밝히고 있지 않으면 그 고시 또는 공고 등이 있은 날부터 5일이 경과한 때에 효력이 발생한다(행정업무규정 제6조 제3항).

3. 송달하자의 치유

송달의 적법성에 문제가 있으면, 송달하자의 치유가 문제된다. 이러한 경우에는 수령권자가 송달내용을 확인하고 수령하는 시점에 송달이 있고, 송달하자는 치유된다고 볼 것이다.

제8절　행정행위의 효력

I　일반적 조치권

행정주체에게 '행정결정'에 의해 일방적으로 법질서에 변경을 가할 수 있는 권한이 주어지는 경우가 있다. 또한 행정주체는 일방적으로 국민의 자유와 재산에 물리력을 행사할 수 있는 권한이 부여된다. 일방적 조치권은 법률유보의 원칙에 비추어 원칙상 법률의 근거가 있어야 한다.

II　행정행위의 공정력과 구성요건적 효력

1. 공정력과 구성요건적 효력의 구별

공정력은 행정행위의 상대방 또는 이해관계인에 대한 구속력이고, 구성요건적 효력은 제3의 국가기관에 대한 구속력(예 교육공무원임용 시 법무부 장관의 귀화허가의 교육장관에 대한 구속력)이라고 보고 있다. 이와 같이 공정력과 구성요건적 효력을 구분하는 논거는 공정력과 구성요건적 효력은 내용과 범위 및 이론적·법적 근거를 달리한다는 점에서 찾고 있다.

	공정력	구성요건적 효력
내용	행정행위가 무효가 아닌 한 상대방 또는 이해관계인은 행정행위가 권한 있는 기관(처분청, 행정심판위원회 또는 수소법원)에 의해 취소되기까지는 그의 효력을 부인할 수 없는 힘	무효가 아닌 행정행위가 존재하는 이상 비록 흠(하자)이 있는 행정행위일지라도, 모든 국가기관(지방자치단체기관을 포함한 행정기관 및 법원 등)은 그의 존재, 유효성 및 내용을 존중하며, 스스로의 판단의 기초 내지는 구성요건으로 삼아야 하는 구속력
범위	상대방 또는 이해관계인에 대한 구속력	모든 국가기관(지방자치단체기관을 포함한 행정기관 및 법원 등)에 대한 구속력
이론적 근거	행정의 안정성과 실효성 확보	권한과 직무 또는 관할을 달리하는 국가기관은 상호 타 기관의 권한을 존중하며 침해해서는 안 된다(국가기관 간 권한존중의 원칙).
실정법상의 근거	행정소송법상의 취소소송에 관한 규정, 직권취소에 관한 규정, 처분의 쟁송기간을 제한하는 규정, 처분의 집행정지제도	행정권과 사법권의 분립규정, 행정기관 상호 간의 사무분장 규정

2. 공정력

(1) 의의

공정력이라 함은 일단 행정행위가 행하여지면 비록 행정행위에 하자(또는 흠)가 있다 하더라도 그 흠이 중대하고 명백하여 무효로 되는 경우를 제외하고는 권한 있는 기관에 의해 취소되기 전까지는 상대방 및 이해관계인에 대하여 일단 유효한 것으로 통용되는 힘을 말한다.

[1] 행정행위의 공정력이란 행정행위가 위법하더라도 취소되지 않는 한 유효한 것으로 통용되는 효력을 의미한다(대법원 1994.4.12. 선고 93누21088 판결[토지형질변경허가반려처분취소]).

[2] 행정처분이 아무리 위법하다고 하여도 그 하자가 중대하고 명백하여 당연무효라고 보아야 할 사유가 있는 경우를 제외하고는 아무도 그 하자를 이유로 무단히 그 효과를 부정하지 못하는 것으로, 이러한 행정행위의 공정력은 판결의 기판력과 같은 효력은 아니지만 그 공정력의 객관적 범위에 속하는 행정행위의 하자가 취소사유에 불과한 때에는 그 처분이 취소되지 않는 한 처분의 효력을 부정하여 그로 인한 이득을 법률상 원인 없는 이득이라고 말할 수 없는 것이다(대법원 1994.11.11. 선고 94다28000 판결[부당이득금]).

(2) 근거

행정기본법 제15조(처분의 효력)

처분은 권한이 있는 기관이 취소 또는 철회하거나 기간의 경과 등으로 소멸되기 전까지는 유효한 것으로 통용된다. 다만, 무효인 처분은 처음부터 그 효력이 발생하지 아니한다.

이론적 근거로는 행정정책설이 통설로 되어 있다. 행정기본법 제15조에서 명문의 규정을 두고 있으며, 행정심판법의 취소심판 및 행정소송법의 취소소송에 관한 규정, 집행부정지의 원칙에 관한 규정 등을 행정행위의 공정력에 대한 간접적인 실정법상 근거라고 볼 수 있다.

(3) 공정력의 한계

공정력은 처분에 대해 인정되는 효력이며, 행정행위가 무효 또는 부존재인 경우에는 공정력이 인정되지 않는다는 한계가 있다.

(4) 공정력과 입증책임

오늘날 공정력은 행위의 적법성을 추정시키는 효력이 아니라 행정행위의 위법 또는 적법 여부와 관계없이 취소될 때까지 행위를 잠정적으로 통용시키는 힘에 불과하다고 보므로 공정력은 입증책임의 분배와는 관련이 없다고 보는 것이 일반적인 견해이다.

행정처분의 위법을 주장하여 그 처분의 취소를 구하는 소위 항고소송에 있어서는 그 처분이 적법하였다고 주장하는 피고에게 그가 주장하는 적법사유에 대한 입증책임이 있다고 하는 것이 당원판례의 견해이고, 그 견해를 행정처분의 공정력을 부정하는 것이라고 할 수는 없다(대법원 1966.10.18. 선고 66누134 판결).

3. 구성요건적 효력

(1) 의의

구성요건적 효력이란 행정행위가 존재하는 이상 비록 흠(하자)이 있는 행정행위일지라도 무효가 아닌 한 제3의 국가기관은 법률에 특별한 규정이 없는 한 그 행정행위의 존재 및 내용을 존중하며, 스스로의 판단의 기초 내지는 구성요건으로 삼아야 하는 구속력을 말한다.

(2) 근거

구성요건적 효력을 직접 인정하는 법규정은 없다. 그러나 국가는 법인체로서 통일된 의사를 가져야 하므로 국가기관은 특별한 규정이 없는 한 상호 간에 타 기관의 권한 및 그 권한의 행사를 존중하여야 한다. 다만, 법률에 의해 권한이 부여된 경우에는 그 한도 내에서 구성요건적 효력이 배제된다.

4. 구성요건적 효력과 선결문제

(1) 개설

선결문제란 소송에서 본안판단을 함에 있어 행정행위의 위법여부 등의 확인 및 효력부인에 대한 해결이 필수적으로 전제가 되는 법문제를 말하며, 종래의 학설은 이를 공정력에 관련하여 언급하여 왔으나, 이는 다른 국가기관에 대한 구속력이란 점에서 구성요건적 효력과 관련하여 다루어져야 할 문제라고 봐야 한다.

(2) 민사소송에서의 선결문제와 구성요건적 효력

1) 행정행위의 효력을 부인하는 것이 선결문제인 경우

판례는 부정설의 입장을 취하고 있고, 취소소송의 배타적 관할 및 구성요건적 효력을 고려할 때 민사법원에서 행정행위의 효력부인은 할 수 없다고 봄이 타당하다.

📑🔍 **판례**

> 국세 등의 부과 및 징수처분 등과 같은 행정처분이 당연무효임을 전제로 하여 민사소송을 제기한 때에는 그 행정처분의 당연무효인지의 여부가 선결문제이므로, 법원은 이를 심사하여 그 행정처분의 하자가 중대하고 명백하여 당연무효라고 인정될 경우에는 이를 전제로 하여 판단할 수 있으나, 그 하자가 단순한 취소사유에 그칠 때에는 법원은 그 효력을 부인할 수 없다 할 것이다(대법원 1973.7.10. 선고 70다1439 판결).

2) 행정행위의 위법성을 확인하는 것이 선결문제인 경우

① 학설

<부정설> 구성요건적 효력은 적법성 추정 효력이고, 행정소송법 제11조를 제한적으로 해석하여 부정하는 견해

<긍정설> 구성요건적 효력은 잠정적 유효성의 힘이고, 행정소송법 제11조를 예시적으로 해석하여 심리가 가능하다는 견해

② 판례

> 📑 판례
>
> 미리 그 행정처분의 취소판결이 있어야만, 그 행정처분의 위법임을 이유로 한 손해배상청구를 할 수 있는 것은 아니다(대법원 1972.4.28. 선고 72다337 판결[손해배상]).

③ 검토

판례는 긍정설의 입장을 취하고 있으며, 국가배상청구소송에서 선결문제로서 행정행위의 위법성 판단은 단순한 위법성 심사에 그치는 것이므로 행정행위의 구성요건적 효력에 반하지 않는 바 민사법원에서 행정행위의 위법성 확인이 가능하다고 봄이 타당하다.

(3) 형사소송에서의 선결문제와 구성요건적 효력

1) 행정행위의 효력을 부인하는 것이 선결문제인 경우

① 학설

<부정설> 형사법원에서 행정행위 효력을 부인하는 것은 구성요건적 효력에 반하므로 인정될 수 없다는 견해

<긍정설> 형사소송에서는 피고인의 인권보장 및 신속하게 재판받을 권리가 보장되어야 한다는 형사소송의 특수성을 이유로 형사재판에는 구성요건적 효력이 미치지 않는다고 보는 견해

② 판례

> 📑 판례
>
> [1] 대법원은 연령미달의 결격자인 피고인이 소외인(자신의 형)의 이름으로 운전면허시험에 응시하여 합격함으로써 교부받은 운전면허를 가지고 운전한 것에 대해 무면허운전으로 기소된 사건에서 당해 운전면허는 당연무효가 아니고 취소되지 않는 한 유효하므로 무면허운전행위에 해당하지 않는다고 판시하였다(대법원 1982.6.8. 선고 80도2646 판결[도로교통법 위반]).
>
> [2] 하자 있는 수입승인에 기초하여 수입면허를 받고 물품을 통관한 경우 당해 수입면허가 당연무효가 아닌 이상 무면허수입죄가 성립되지 않는다고 한 사례(대법원 1989.3.28. 선고 89도149 판결[특정범죄가중처벌법 등에 관한 법률 위반])

③ 검토

명문규정이 없는 한 인권보장을 위하여 형사법원이 위법한 행정행위의 효력을 부인하고 범죄성립을 부인할 수 있는 것으로 보는 긍정설이 타당하다고 판단된다.

2) 행정행위의 위법성을 확인하는 것이 선결문제인 경우

① 학설

<부정설> 구성요건적 효력은 적법성 추정 효력이고, 행정소송법 제11조를 제한적으로 해석하여 부정하는 견해

<긍정설> 구성요건적 효력은 잠정적 유효성의 힘이고, 행정소송법 제11조를 예시적으로 해석하여 심리가 가능하다는 견해

② 판례

📋🔍 **판례**

> **[1]** 도시계획법 제78조 제1항에 정한 처분이나 조치명령에 위반한 자에 대한 동법 제92조의 위반죄는 동 처분이나 조치가 위법한 경우에는 성립될 수 없다(대법원 1992.8.18. 선고 90도1709 판결 [도시계획법위반]).
>
> **[2]** 개발제한구역의 지정 및 관리에 관한 특별조치법(이하 '개발제한구역법'이라 한다) 제30조 제1항에 의하여 행정청으로부터 시정명령을 받은 자가 이를 위반한 경우, 그로 인하여 개발제한구역법 제32조 제2호에 정한 처벌을 하기 위하여는 시정명령이 적법한 것이라야 하고, 시정명령이 당연무효가 아니더라도 위법한 것으로 인정되는 한 개발제한구역법 제32조 제2호 위반죄가 성립될 수 없다(대법원 2017.9.21. 선고 2017도7321 판결).

③ 검토

형사소송의 선결문제로서 행정행위의 위법성 판단은 단순한 위법성 심사에 그치는 것이므로 구성요건적 효력에 반하지 않으므로 행정행위의 위법 여부를 심리할 수 있다고 보는 긍정설이 타당하다.

Ⅲ 존속력(확정력)

1. 존속력의 의의 및 구분

하자 있는 행정행위라도 일정한 경우 행정행위에 취소할 수 없는 힘이 부여되는 것을 존속력(확정력)이라 하며, 존속력에는 불가쟁력과 불가변력이 있다.

2. 불가쟁력(형식적 확정력)

(1) 의의 및 사유

불가쟁력이란 일정한 사유가 존재하면 더 이상 그 행정행위의 효력을 다툴 수 없게 하는 효력이며, 불가쟁력이 발생하는 사유로는 불복기간의 경과, 쟁송절차의 종료, 법적 구제수단의 포기, 판결을 통한 행정행위의 확정 등이 있다.

(2) 효력

위법한 행정행위를 다투고자 하는 자는 법상 정해진 단기의 불복기간 내에 행정심판 또는 행정소송을 제기하여야 하며 그러하지 않으면 더 이상 다툴 수 없게 된다. 취소권을 가진 행정청은 직권으로 불가쟁력이 발생한 행정행위에 대하여도 취소 또는 철회를 할 수 있다. 무효인 행정행위에는 제소기간이 없으므로, 불가쟁력이 발생하지 않는다.

📑 **판례**

행정행위의 불가쟁력은 행정행위의 상대방이나 이해관계인이 행정행위의 효력을 더 이상 다투지 못하는 효력이다. 따라서 취소권을 가진 행정청(처분행정청 또는 상급감독청)이 직권으로 불가쟁력이 발생한 행정행위를 취소 또는 철회하는 것은 가능하다. 또한 국가배상청구소송은 처분의 효력을 다투는 것이 아니므로 불가쟁력이 발생한 행정행위로 손해를 입은 국민은 국가배상청구를 할 수 있다(대법원 1979.4.10. 선고 79다262 판결).

(3) 재심사청구(불가쟁력의 예외)

확정판결의 경우에도 일정한 경우에 재심이 인정되는데 일정한 불복기간 내에 불복을 제기하지 않았다고 하여 재심의 기회를 전혀 주지 않는 것은 타당하지 않으므로 입법론으로는 불가쟁력이 발생한 행정행위에 대하여도 일정한 요건하에서 재심사청구를 할 수 있도록 하여야 할 것이라고 보고 있다.

3. 불가변력(실질적 확정력)

(1) 의의 및 근거

불가변력이란 행정행위를 한 행정청이 당해 행정행위를 직권으로 취소 또는 변경할 수 없게 하는 힘을 말하며, 불가변력은 행정행위의 성질상 인정되는 효력으로서, 실질적 확정력 또는 실체적 존속력이라고 부른다.

📑 **판례**

행정행위의 불가변력은 당해 행정행위에 대하여서만 인정되는 것이고, 동종의 행정행위라 하더라도 그 대상을 달리할 때에는 이를 인정할 수 없다(대법원 1974.12.10. 선고 73누129 판결).

(2) 인정범위

① 준사법적 행정행위(⑩ 행정심판의 재결)에 불가변력을 인정하는 것이 일반적 견해이다. 준사법적 행정행위에는 소송법상의 확정력에 준하는 불가변력(절대적 불가변력)이 인정되며, ② 확인행위는 쟁송절차를 거쳐 행해지지는 않지만 다툼이 있는 사실 또는 법률관계에 대하여 공적 권위를 가지고 확인하는 행위이므로 중대한 공익상 필요가 있거나, 상대방에게 귀책사유가 있는 경우 예외적으로 상대적 불가변력이 발생하는 것으로 본다.

(3) 효력

행정청은 불가변력이 있는 행정행위를 직권으로 취소 또는 철회할 수 없으며, 불가변력이 있는 행정행위의 상대방은 불복기간 내에 행정쟁송수단을 통하여 당해 행정행위의 효력을 다툴 수 있다.

4. 불가쟁력과 불가변력과의 관계

양자는 행정법관계의 안정을 도모하고 상대방 기타 이해관계인의 신뢰를 보호하기 위하여 행정행위의 효력을 지속시키는 것을 제외하고는 서로 다른 내용의 것이다.

① 불가쟁력은 행정행위의 상대방 및 이해관계인이 대상이지만, 불가변력은 처분청 등 행정기관이 대상이다.

② 불가변력이 있는 행정행위도 쟁송제기기간이 경과하기 전에는 그 효력을 다툴 수 있다.

③ 불가쟁력이 발생한 행정행위도 불가변력이 발생하지 않는 한 권한 있는 기관이 취소·변경할 수 있다.

④ 불가쟁력은 절차법적 효력이지만, 불가변력은 실체법적 효력에 속한다.

> **판례**
>
> 일반적으로 행정처분이나 행정심판재결이 불복기간의 경과로 인하여 확정될 경우, 그 확정력은 그 처분으로 인하여 법률상 이익을 침해받은 자가 당해 처분이나 재결의 효력을 더 이상 다툴 수 없다는 의미일 뿐, 더 나아가 판결에 있어서와 같은 기판력이 인정되는 것은 아니어서 그 처분의 기초가 된 사실관계나 법률적 판단이 확정되고 당사자들이나 법원이 이에 기속되어 모순되는 주장이나 판단을 할 수 없게 되는 것은 아니다(대법원 2000.4.25. 선고 2000다2023 판결).

Ⅳ 강제력

1. 집행력

(1) 의의

행정행위의 집행력이란 행정행위에 의하여 부과된 행정상의 의무를 상대방이 이행하지 않는 경우에 행정청이 스스로의 강제력을 발동하여 그 의무를 실현시키는 힘을 말한다. 이를 자력집행력이라고 한다.

(2) 강제집행에 대한 실정법적 근거

강제집행행위는 의무를 부과하는 행정행위에 추가하여 개인의 자유와 재산을 침해할 수 있으며 따라서 행정행위와는 별도로 법적 근거가 필요하다. 즉 행정행위의 집행력은 행정행위의 성질상 당연히 내재하는 효력이 아니며 상대방에게 부과한 의무를 강제집행할 수 있는 행정청의 권리가 실정법에 수권되어 있을 때에만 인정되는 것이다. 우리나라의 행정대집행법 및 국세징수법 등은 행정행위의 집행력을 규정한 근거 법률의 대표적인 예라고 볼 수 있다.

2. 제재력

행정행위에 의해 부과된 의무를 위반하면 행정벌이 부과되기도 한다. 이러한 강제에는 법률상 근거를 요하며, 집행력의 경우와 같이 이러한 제재력이 행정행위에 내재하는 것이라고 할 수는 없다. 제재력을 행정행위에 고유한 효력의 한 종류로 보기에는 어려움이 있다.

제9절 행정행위의 하자

I 개설

1. 행정행위의 하자의 의의 및 유형

행정행위의 하자란 행정행위에 흠결이 있음을 의미하며, 하자의 유형에는 위법과 부당이 있다. 위법은 법을 위반한 경우를 말하고, 부당은 법을 위반한 것은 아니지만 재량행사가 비합목적적인 경우를 말한다. 위법한 행정행위는 행정소송절차와 행정심판절차에서 다툴 수 있으나, 부당한 행정행위는 행정심판절차에서만 다툴 수 있다. 다만, 양자 모두 직권취소의 대상이 된다.

2. 하자의 판단시점

행정행위가 적법한 것인가 또는 위법한 것인가의 여부는 원칙적으로 행정결정이 최종적으로 이루어지는 시점의 법적 상황과 사실상태에 따라 판단한다. 즉 행정행위의 발령시점이 하자의 유무에 대한 판단의 기준시점이 된다.

II 행정행위의 부존재

1. 의의

행정행위의 부존재란 외관상 명백히 행정청의 행위로 볼 수 없는 행위들을 말한다. 판례도 행정처분은 주체·내용·형식·절차·표시 요건을 모두 갖춘 경우에 존재한다고 하고 있으며, 그 예로는 ① 명백히 행정기관이 아닌 사인의 행위, ② 행정기관의 행위일지라도 행정권발동으로 볼 수 없는 행위, ③ 행정기관의 내부 의사결정만 있었을 뿐 외부로 표시되지 아니하여 행정행위로서 성립하지 못한 행위, ④ 해제조건의 성취, 기한의 도래, 취소·철회 등에 의해 소멸된 경우 등이 있다.

> **판례**
>
> 일반적으로 행정처분이 주체·내용·절차와 형식이라는 내부적 성립요건과 외부에 대한 표시라는 외부적 성립요건을 모두 갖춘 경우에는 행정처분이 존재한다고 할 수 있다. 행정처분의 외부적 성립은 행정

의사가 외부에 표시되어 행정청이 자유롭게 취소·철회할 수 없는 구속을 받게 되는 시점을 확정하는 의미를 가지므로, 어떠한 처분의 외부적 성립 여부는 행정청에 의해 행정의사가 공식적인 방법으로 외부에 표시되었는지를 기준으로 판단하여야 한다(대법원 2017.7.11. 선고 2016두35120 판결).

2. 부존재와 무효의 구별

(1) 구별실익

무효인 행정행위는 무효선언을 구하는 취소소송의 대상이 되지만 부존재의 경우에는 인정되지 않는 점 및 무효인 행정행위는 전환이 인정되지만 부존재인 행정행위는 전환이 인정될 수 없다는 점에서 양자를 구별할 실익이 있다. 다만, 현행 행정소송법이 무효확인소송과 부존재확인소송을 동일하게 규율하고 있고, 실체법적 측면에서 무효인 행정행위나 부존재인 행정행위나 다같이 실체법상 법적 효력이 발생하지 않는다는 점에서 그 구별의 실익은 크지 않다.

(2) 구별기준

① 행정행위의 성립요건이 충족되지 못한 경우 및 행정행위의 외관을 갖추지 못한 경우 행정행위는 부존재이며 ② 행정행위가 성립하여 행정행위의 외관은 갖추었으나 행정행위의 위법이 중대하고 명백하여 행정행위가 애초부터 효력을 발생하지 않는 경우가 무효에 해당한다.

Ⅲ 행정행위의 무효와 취소의 구별

1. 구별필요성

(1) 불가쟁력 등

취소할 수 있는 행위에는 기간의 경과 등으로 불가쟁력(형식적 존속력) 등 행정 행위의 효력이 발생하지만, 무효인 행위에는 효력이 발생하지 아니한다.

판례

토지수용에 관한 중앙 또는 지방토지수용위원회의 수용재결이 그 성질에 있어 구체적으로 일정한 법률효과의 발생을 목적으로 하는 점에서 일반의 행정처분과 전혀 다를 바 없으므로, 수용재결처분이 무효인 경우에는 그 재결 자체에 대한 무효확인을 소구할 수 있다고 보아야 할 것이다. 만약 소정의 기간 내에 이의신청을 하지 않았다 하여 그 무효를 소구하거나 주장할 수 없다고 한다면 무효인 수용재결에 대하여 특별히 하자의 치유를 인정하여 이를 유효한 것으로 보게 되는 결과가 되고 피수용자는 권리구제를 받을 수 있는 길이 막히게 되어 매우 부당하다고 아니할 수 없다(대법원 1987.6.9. 선고 87누219 판결).

(2) 하자의 승계

취소할 수 있는 행위는 선·후행행위가 하나의 효과를 목적으로 하는 경우에만 선행행위의 하자가 후행행위에 승계되지만, 무효인 행위에는 하나의 효과를 목적으로 하지 아니하는 경우에도 승계된다.

(3) 하자의 치유

취소할 수 있는 행위에는 하자의 치유가 인정되지만, 무효인 행위에는 하자의 치유가 인정되지 아니한다고 보는 것이 다수설이다.

(4) 하자의 전환

취소할 수 있는 행위에는 하자의 전환이 인정되지 아니하지만(전통적 견해), 무효인 행위에는 인정된다(종래 다수설).

(5) 소송형태

행정소송법상 취소할 수 있는 행위는 취소소송의 대상이 되고, 무효인 행위는 무효확인소송의 대상이 된다. 그러나 판례는 무효인 행위를 '행정처분의 당연무효를 선언하는 의미에서 그 취소를 구하는 형식(취소소송의 형식)'으로 제기할 수 있다고 하며, 이러한 경우에는 전치 절차와 그 제소기간의 준수 등 취소소송의 제소요건을 갖추어야 한다는 입장이다.

> **📑 판례**
>
> 행정처분의 당연무효를 선언하는 의미에서 그 취소를 구하는 행정소송을 제기하는 경우에는 전치절차와 그 제소기간의 준수 등 취소소송의 제소요건을 갖추어야 한다(대법원 1987.6.9. 선고 87누219 판결[부가가치세부과처분취소]).

(6) 선결문제

행정사건을 선결문제로 하는 민사소송이나 형사소송에서 법원은 「취소할 수 있는 행위」의 효력을 부인할 수는 없지만, 「무효인 행위의 효력」을 확인할 수는 있다.

(7) 사정판결

취소할 수 있는 행위에 대해서는 사정판결을 할 수 있으나, 무효인 행위에 대해서는 사정판결을 할 수 없다는 것이 전통적 견해와 판례의 입장이다.

(8) 공무방해

취소할 수 있는 행위에 대항하는 사인의 행위는 공무집행방해죄를 구성하지만, 무효행위의 경우에는 공무집행방해죄를 구성하지 아니한다.

2. 구별의 기준

(1) 학설

① **중대명백성설** : 행정행위의 하자의 내용이 중대하고 명백하면 무효가 되고, 그중 어느 한 요건이라도 결여한 경우 취소로 보는 견해

② **명백성보충설** : 무효의 기준은 중대성요건만을 요구하고, 제3자나 공공의 신뢰보호가 있는 경우 보충적으로 명백성요건을 요구하는 견해

③ **중대설** : 중대성을 기준으로 강행규정을 위반하면 하자가 중대하여 무효이고, 비강행규정 위반 시는 취소사유가 된다는 견해

④ **구체적 가치형량설** : 구체적 사안마다 구체적, 개별적으로 이익형량하여 무효 또는 취소 여부를 결정해야 한다는 견해

⑤ **조사의무설** : 일반국민뿐 아니라 관계 공무원이 볼 때 명백한 경우도 명백한 것으로 보아 무효사유를 넓히는 견해

(2) 판례

📑 **판례**

[1] 중대명백설 입장

과세처분이 당연무효라고 하기 위하여는 처분에 위법사유가 있다는 것만으로는 부족하고 하자가 법규의 중요한 부분을 위반한 중대한 것으로서 객관적으로 명백한 것이어야 하며, 하자가 중대하고 명백한지를 판별할 때에는 과세처분의 근거가 되는 법규의 목적·의미·기능 등을 목적론적으로 고찰함과 동시에 구체적 사안 자체의 특수성에 관하여도 합리적으로 고찰하여야 한다. 그리고 어느 법률관계나 사실관계에 대하여 어느 법령의 규정을 적용하여 과세처분을 한 경우에 그 법률관계나 사실관계에 대하여는 그 법령의 규정을 적용할 수 없다는 법리가 명백히 밝혀져서 해석에 다툼의 여지가 없음에도 과세관청이 그 법령의 규정을 적용하여 과세처분을 하였다면 하자는 중대하고도 명백하다고 할 것이나, 그 법률관계나 사실관계에 대하여 그 법령의 규정을 적용할 수 없다는 법리가 명백히 밝혀지지 아니하여 해석에 다툼의 여지가 있는 때에는 과세관청이 이를 잘못 해석하여 과세처분을 하였더라도 이는 과세요건사실을 오인한 것에 불과하여 하자가 명백하다고 할 수 없다 (대법원 2019.5.16. 선고 2018두34848 판결[종합소득세 부과처분의 무효확인]).

[2] 명백성보충설 입장

취득세 신고행위는 납세의무자와 과세관청 사이에 이루어지는 것으로서 취득세 신고행위의 존재를 신뢰하는 제3자의 보호가 특별히 문제되지 않아 그 신고행위를 당연무효로 보더라도 법적 안정성이 크게 저해되지 않는 반면, 과세요건 등에 관한 중대한 하자가 있고 그 법적 구제수단이 국세에 비하여 상대적으로 미비함에도 위법한 결과를 시정하지 않고 납세의무자에게 그 신고행위로 인한 불이익을 감수시키는 것이 과세행정의 안정과 그 원활한 운영의 요청을 참작하더라도 납세의무자의 권익구제 등의 측면에서 현저하게 부당하다고 볼 만한 특별한 사정이 있는 때에는 예외적으로 이와 같은 하자 있는 신고행위가 당연무효라고 함이 타당하다(대법원 2009.2.12. 선고 2008두11716 판결[취득세부과처분무효확인]).

(3) 검토

명백성보충요건설은 무효의 범위가 넓어 법적 안정성이라는 면에서 문제가 있다. 행정행위가 위법함에도 법적 안정성을 근거로 일단 유효성을 인정하지만, 행정행위의 하자가 중대하고도 명백한 경우에도 그 행위의 효력을 인정하는 것은 법률적합성의 원칙에 반하므로 이 경우 효력을 부정해야 한다는 점에서 중대명백설이 타당하다(법률적합성과 법적 안정성의 조화).

Ⅳ 무효인 행정행위

1. 무효행위의 의의

무효인 행정행위란 행정행위의 적법요건에 중대하고도 명백한 하자가 있기 때문에 외관상 행정행위가 존재함에도 불구하고 행정행위로서 갖는 효과를 전혀 갖지 못하는 것을 말한다. 무효인 행정행위는 행위의 외관이 존재한다는 점에서 부존재와 구별되며, 처음부터 효력이 없다는 점에서 취소되기 전까지는 효력을 가지는 취소와 구별되며, 일단 유효하게 성립하였다가 일정한 사유의 발생으로 효력이 소멸되는 실효와도 구별된다.

2. 무효사유

(1) 주체에 관한 하자

① 선의의 상대방보호를 위해 유효한 행위로 보아야 할 때도 있지만, 적법하게 선임되지 않은 공무원, 결격사유 있는 공무원, 임기가 만료되거나 사직한 공무원 등의 행위는 무효이다. ② 명백한 사항적·지역적·인적인 무권한의 행위는 무효이다. ③ 의사무능력이나 제한능력인 공무원이 한 행위는 무효이다.

> **판례**
>
> 조례 제정권의 범위를 벗어나 국가사무를 대상으로 한 무효인 서울특별시행정권한위임조례의 규정에 근거하여 구청장이 건설업영업정지처분을 한 경우, 그 처분은 결과적으로 적법한 위임 없이 권한 없는 자에 의하여 행하여진 것과 마찬가지가 되어 그 하자가 중대하나, 지방자치단체의 사무에 관한 조례와 규칙은 조례가 보다 상위규범이라고 할 수 있고, 또한 헌법 제107조 제2항의 "규칙"에는 지방자치단체의 조례와 규칙이 모두 포함되는 등 이른바 규칙의 개념이 경우에 따라 상이하게 해석되는 점 등에 비추어 보면 위 처분의 위임 과정의 하자가 객관적으로 명백한 것이라고 할 수 없으므로 이로 인한 하자는 결국 당연무효사유는 아니라고 봄이 상당하다(대법원 1995.7.11. 선고 94누4615 전원합의체 판결[건설업영업정지처분무효확인]).

(2) 내용상 무효원인

행정행위의 내용이 사실상·법률상 실현불가능한 경우나 불명확한 경우, 법적 근거가 명백히 결여된 침익적 행정행위는 무효가 된다.

> **판례**
>
> 법률에 근거하여 행정처분이 발하여진 후에 헌법재판소가 그 행정처분의 근거가 된 법률을 위헌으로 결정하였다면 결과적으로 행정처분은 법률의 근거가 없이 행하여진 것과 마찬가지가 되어 하자가 있는 것이 되나, 하자 있는 행정처분이 당연무효가 되기 위하여는 그 하자가 중대할 뿐만 아니라 명백한 것이어야 하는데, 일반적으로 법률이 헌법에 위반된다는 사정이 헌법재판소의 위헌결정이 있기 전에는 객관적으로 명백한 것이라고 할 수는 없으므로 헌법재판소의 위헌결정 전에 행정처분의 근거되는 당해 법률이 헌법에 위반된다는 사유는 특별한 사정이 없는 한 그 행정처분의 취소소송의 전제가 될 수 있을 뿐 당연무효사유는 아니라고 봄이 상당하다(대법원 1994.10.28. 선고 92누9463 판결[압류처분등무효확인]).

(3) 형식상 무효원인

법령이 문서형식을 요함에도 불구하고 문서형식을 결한 경우나, 행정기관의 서명이나 날인을 요함에도 이를 결한 행정행위는 무효이다.

> **판례**
>
> 국세징수법 제9조 제1항은 단순히 세무행정상의 편의를 위한 훈시규정이 아니라 조세행정에 있어 자의를 배제하고 신중하고 합리적인 처분을 행하게 함으로써 공정을 기함과 동시에 납세의무자에게 부과처분의 내용을 상세히 알려 불복여부의 결정과 불복신청에 편의를 제공하려는 데서 나온 강행규정이므로 세액의 산출근거가 기재되지 아니한 물품세 납세고지서에 의한 부과처분은 위법한 것으로서 취소의 대상이 된다(대법원 1984.5.9. 선고 84누116 판결[물품세부과처분취소]).

(4) 절차상 무효원인

법령상 요구되는 사인의 신청 또는 동의를 결한 경우, 이해관계인의 보호를 위해 법령상 요구되는 공고·통지절차를 결여한 경우는 무효이다. 그러나 다른 행정 기관과의 협력(협의)을 결한 경우와 청문 또는 의견진술의 기회를 주지 않은 경우는 무효와 단순위법사유라는 견해가 대립한다.

> **판례**
>
> [1] 민원사무를 처리하는 행정기관이 민원 1회방문 처리제를 시행하는 절차의 일환으로 민원사항의 심의·조정 등을 위한 민원조정위원회를 개최하면서 민원인에게 회의일정 등을 사전에 통지하지 아니하였다 하더라도, 이러한 사정만으로 곧바로 민원사항에 대한 행정기관의 장의 거부처분에 취소사유에 이를 정도의 흠이 존재한다고 보기는 어렵다. 다만 행정기관의 장의 거부처분이 재량행위인 경우에, 위와 같은 사전통지의 흠결로 민원인에게 의견진술의 기회를 주지 아니한 결과 민원조정위원회의 심의과정에서 고려대상에 마땅히 포함시켜야 할 사항을 누락하는 등 재량권의 불행사 또는 해태로 볼 수 있는 구체적 사정이 있다면, 거부처분은 재량권을 일탈·남용한 것으로서 위법하다(대법원 2015.8.27. 선고 2013두1560 판결[건축신고반려처분취소]).
>
> [2] 행정절차에 관한 일반법인 행정절차법 제21조, 제22조에서 사전 통지와 의견청취에 관하여 정하고 있다. 행정청이 당사자에게 의무를 부과하거나 권익을 제한하는 처분을 하는 경우에는 미리 '처분

의 제목', '처분하려는 원인이 되는 사실과 처분의 내용 및 법적 근거', '이에 대하여 의견을 제출할 수 있다는 뜻과 의견을 제출하지 아니하는 경우의 처리방법', '의견제출기관의 명칭과 주소', '의견제출기한' 등을 당사자 등에게 통지하여야 한다(제21조 제1항). 다른 법령 등에서 필수적으로 청문을 하거나 공청회를 개최하도록 정하고 있지 않은 경우에도 당사자 등에게 의견제출의 기회를 주어야 하고(제22조 제3항), 다만 '해당 처분의 성질상 의견청취가 현저히 곤란하거나 명백히 불필요하다고 인정될 만한 상당한 이유가 있는 경우' 등에 한하여 처분의 사전 통지나 의견청취를 하지 않을 수 있다(제21조 제4항, 제22조 제4항). 따라서 행정청이 침해적 행정처분을 하면서 당사자에게 행정절차법상의 사전 통지를 하거나 의견제출의 기회를 주지 않았다면, 사전 통지를 하지 않거나 의견제출의 기회를 주지 않아도 되는 예외적인 경우에 해당하지 않는 한, 그 처분은 위법하여 취소를 면할 수 없다(대법원 2020.7.23. 선고 2017두66602 판결[조치명령무효확인]).

3. 무효의 효과

무효인 행정행위는 효력이 발생하지 않으므로 행정행위에 의해 처음부터 아무런 권리나 의무가 생겨나지 않는다.

Ⅴ 하자의 승계(34회, 32회, 28회, 27회, 21회, 17회, 13회 기출)

1. 의의

하자의 승계란 둘 이상의 행정행위가 연속적으로 행해지는 경우, 선행행위에 하자가 있으면 후행행위 자체에 하자가 없어도 선행행위의 하자를 이유로 후행행위를 다툴 수 있는가의 문제이다. 다툴 수 있다면 승계된다고 하고, 다툴 수 없다고 하면 승계되지 아니한다고 표현한다.

2. 전제요건

① 선행행위와 후행행위가 모두 항고소송의 대상이 되는 행정처분이어야 한다. ② 선행행위는 당연무효가 아닌 취소사유인 하자가 존재해야 한다. ③ 선행행위에는 하자가 존재하여 위법하나 후행행위에는 하자가 없어 적법하여야 한다. ④ 선행행위의 하자를 제소기간 내에 다투지 않아 선행행위에 불가쟁력이 발생한 경우에 하자의 승계가 문제된다.

3. 인정범위

(1) 학설

① **전통적 하자승계론** : 동일한 하나의 법률효과를 목적으로 하는 경우 하자가 승계된다는 견해
② **구속력이론** : 선행행위의 구속력이 후행행위에 미치지 않는 경우 하자의 승계가 인정된다는 견해

(2) 판례

1) 하나의 법률 효과를 목적으로 하는 경우

판례

2개 이상의 행정처분이 연속적 또는 단계적으로 이루어지는 경우 선행처분과 후행처분이 서로 합하여 1개의 법률효과를 완성하는 때에는 선행처분에 하자가 있으면 그 하자는 후행처분에 승계된다. 이러한 경우에는 선행처분에 불가쟁력이 생겨 그 효력을 다툴 수 없게 되더라도 선행처분의 하자를 이유로 후행처분의 효력을 다툴 수 있다. 그러나 선행처분과 후행처분이 서로 독립하여 별개의 법률효과를 발생시키는 경우에는 선행처분에 불가쟁력이 생겨 그 효력을 다툴 수 없게 되면 선행처분의 하자가 당연무효인 경우를 제외하고는 특별한 사정이 없는 한 선행처분의 하자를 이유로 후행처분의 효력을 다툴 수 없는 것이 원칙이다(대법원 2017.7.18. 선고 2016두49938 판결).

2) 별개의 법률 효과를 목적으로 하는 경우

① 원칙

판례는 선행처분과 후행처분이 서로 독립하여 별개의 법률효과를 목적으로 하는 때에는 선행처분에 불가쟁력이 생겨 그 효력을 다툴 수 없게 된 경우에는 선행처분의 하자가 중대하고 명백하여 당연무효인 경우를 제외하고는 선행처분의 하자를 이유로 후행처분의 효력을 다툴 수 없다고 하여 전통적 견해와 원칙적으로 동일한 입장을 취한다.

판례

[1] 선행처분과 후행처분이 서로 독립하여 별개의 법률효과를 목적으로 하는 때에도 선행처분이 당연무효이면 선행처분의 하자를 이유로 후행처분의 효력을 다툴 수 있다. 도시계획시설사업의 시행자가 작성한 실시계획을 인가하는 처분은 도시계획 시설사업 시행자에게 도시계획시설사업의 공사를 허가하고 수용권을 부여하는 처분으로서 선행처분인 도시계획시설사업 시행자 지정 처분이 처분 요건을 충족하지 못하여 당연무효인 경우에는 사업시행자 지정 처분이 유효함을 전제로 이루어진 후행처분인 실시계획 인가처분도 무효라고 보아야 한다(대법원 2017.7.11. 선고 2016두35120 판결).

[2] 도시관리계획의 결정 및 고시, 사업시행자지정고시, 사업실시계획인가고시, 수용재결 등의 단계로 진행되는 도시계획시설사업의 경우 그 각각의 처분은 이전의 처분을 전제로 한 것이기는 하나, 단계적으로 별개의 법률효과가 발생되는 독립한 행정처분이어서 이미 불가쟁력이 발생한 선행처분에 하자가 있다고 하더라도 그것이 당연무효의 사유가 아닌 한 후행처분에 승계되는 것은 아니다(헌재 2010.12.28. 2009헌바429).

② 예외

판례는 쟁송기간이 도과한 개별공시지가결정의 위법을 이유로 그에 기초하여 부과된 양도소득세부과처분의 취소를 구한 판결에서 선행행위와 후행행위가 별개의 법률효과를 목적으로 하는 경우에도 수인성의 원칙을 이유로 하자의 승계를 예외적으로 인정하였다.

2개 이상의 행정처분이 연속적 또는 단계적으로 이루어지는 경우, 선행처분과 후행처분이 서로 독립하여 별개의 법률효과를 발생시키는 경우에는 선행처분에 불가쟁력이 생겨 그 효력을 다툴 수 없게 되면 선행처분의 하자가 중대하고 명백하여 선행처분이 당연 무효인 경우를 제외하고는 특별한 사정이 없는 한 선행처분의 하자를 이유로 후행처분의 효력을 다툴 수 없는 것이 원칙이다. 다만 그 경우에도 선행처분의 불가쟁력이나 구속력이 그로 인하여 불이익을 입게 되는 자에게 수인한도를 넘는 가혹함을 가져오고, 그 결과가 당사자에게 예측가능한 것이 아니라면, 국민의 재판받을 권리를 보장하고 있는 헌법의 이념에 비추어 선행처분의 후행 처분에 대한 구속력을 인정할 수 없다(대법원 2019.1.31. 선고 2017두40372 판결).

(3) 검토

국민의 권리구제 측면과 하나의 법률효과를 기준으로 하는지의 기준에 개별·구체적인 경우의 불합리성을 제거하기 위해 수인성의 원칙을 추가적 요건으로 하여 판단함이 타당하다.

4. 유형별 검토

(1) 하자의 승계를 인정한 판례

[1] 개별공시지가결정은 이를 기초로 한 과세처분 등과는 별개의 독립된 처분으로서 서로 독립하여 별개의 법률효과를 목적으로 하는 것이나, 개별공시지가는 이를 토지소유자나 이해관계인에게 개별적으로 고지하도록 되어 있는 것이 아니어서 토지소유자 등이 개별공시지가결정 내용을 알고 있었다고 전제하기도 곤란할 뿐만 아니라 결정된 개별공시지가가 자신에게 유리하게 작용될 것인지 또는 불이익하게 작용될 것인지 여부를 쉽사리 예견할 수 있는 것도 아니며, 더욱이 장차 어떠한 과세처분 등 구체적인 불이익이 현실적으로 나타나게 되었을 경우에 비로소 권리구제의 길을 찾는 것이 우리 국민의 권리의식을 감안하여 볼 때 토지소유자 등으로 하여금 결정된 개별공시지가를 기초로 하여 장차 과세처분 등이 이루어질 것에 대비하여 항상 토지의 가격을 주시하고 개별공시지가결정이 잘못된 경우 정해진 시정절차를 통하여 이를 시정하도록 요구하는 것은 부당하게 높은 주의의무를 지우는 것이라고 아니할 수 없고, 위법한 개별공시지가결정에 대하여 그 정해진 시정절차를 통하여 시정하도록 요구하지 아니하였다는 이유로 위법한 개별공시지가를 기초로 한 과세처분 등 후행 행정처분에서 개별공시지가결정의 위법을 주장할 수 없도록 하는 것은 수인한도를 넘는 불이익을 강요하는 것으로서 국민의 재산권과 재판받을 권리를 보장한 헌법의 이념에도 부합하는 것이 아니라고 할 것이므로, 개별공시지가결정에 위법이 있는 경우에는 그 자체를 행정소송의 대상이 되는 행정처분으로 보아 그 위법 여부를 다툴 수 있음은 물론 이를 기초로 한 과세처분 등 행정처분의 취소를 구하는 행정소송에서도 선행처분인 개별공시지가결정의 위법을 독립된 위법사유로 주장할 수 있다고 해석함이 타당하다(대법원 1994.1.25. 선고 93누8542 판결[양도소득세등부과처분취소]).

[2] 표준지공시지가결정은 이를 기초로 한 수용재결 등과는 별개의 독립된 처분으로서 서로 독립하여 별개의 법률효과를 목적으로 하지만, 표준지공시지가는 이를 인근 토지의 소유자나 기타 이해관계인에게 개별적으로 고지하도록 되어 있는 것이 아니어서 인근 토지의 소유자 등이 표준지공시지가결정 내용을 알고 있었다고 전제하기가 곤란할 뿐만 아니라, 결정된 표준지공시지가가 공시될 당시 보상금 산정의 기준이 되는 표준지의 인근 토지를 함께 공시하는 것이 아니어서 인근 토지 소유자는 보상금 산정의 기준이 되는 표준지가 어느 토지인지를 알 수 없으므로, 인근 토지 소유자가 표준지의 공시지가가 확정되기 전에 이를 다투는 것은 불가능하다. 더욱이 장차 어떠한 수용재결 등 구체적인 불이익이 현실적으로 나타나게 되었을 경우에 비로소 권리구제의 길을 찾는 것이 우리 국민의 권리의식임을 감안하여 볼 때, 인근 토지소유자 등으로 하여금 결정된 표준지공시지가를 기초로 하여 장차 토지보상 등이 이루어질 것에 대비하여 항상 토지의 가격을 주시하고 표준지공시지가결정이 잘못된 경우 정해진 시정절차를 통하여 이를 시정하도록 요구하는 것은 부당하게 높은 주의의무를 지우는 것이고, 위법한 표준지공시지가결정에 대하여 그 정해진 시정절차를 통하여 시정하도록 요구하지 않았다는 이유로 위법한 표준지공시지가를 기초로 한 수용재결 등 후행 행정처분에서 표준지공시지가결정의 위법을 주장할 수 없도록 하는 것은 수인한도를 넘는 불이익을 강요하는 것으로서 국민의 재산권과 재판받을 권리를 보장한 헌법의 이념에도 부합하는 것이 아니다. 따라서 표준지공시지가결정이 위법한 경우에는 그 자체를 행정소송의 대상이 되는 행정처분으로 보아 그 위법 여부를 다툴 수 있음은 물론, 수용보상금의 증액을 구하는 소송에서도 선행처분으로서 그 수용대상 토지 가격 산정의 기초가 된 비교표준지공시지가결정의 위법을 독립한 사유로 주장할 수 있다(대법원 2008.8.21. 선고 2007두13845 판결[토지보상금]).

[3] 적법한 건축물에 대한 철거명령은 그 하자가 중대하고 명백하여 당연무효라고 할 것이고, 그 후행 행위인 건축물철거 대집행계고처분 역시 당연무효라고 할 것이다(대법원 1999.4.27. 선고 97누6780 판결[건축물철거대집행계고처분취소]).

(2) 하자의 승계를 부정한 판례

📑🔍 판례

[1] 도시계획사업허가의 공고 시에 토지세목의 고시를 누락하거나 사업인정을 함에 있어 수용 또는 사용할 토지의 세목을 공시하는 절차를 누락한 경우, 이는 절차상의 위법으로서 수용재결 단계 전의 사업인정 단계에서 다툴 수 있는 취소사유에 해당하기는 하나 더 나아가 그 사업인정 자체를 무효로 할 중대하고 명백한 하자라고 보기는 어렵고, 따라서 이러한 위법을 들어 수용재결처분의 취소를 구하거나 무효확인을 구할 수는 없다(대법원 2009.11.26. 선고 2009두11607 판결[재결취소처분]).

[2] 표준지로 선정된 토지의 공시지가에 대하여 불복하기 위하여는 지가공시 및 토지 등의 평가에 관한 법률 제8조 제1항 소정의 이의절차를 거쳐 처분청을 상대로 공시지가결정의 취소를 구하는 행정소송을 제기하여야 하고, 그러한 절차를 밟지 아니한 채 개별 토지가격 결정을 다투는 소송에서 개별 토지가격 산정의 기초가 된 표준지 공시지가의 위법성을 다툴 수는 없다(대법원 1996.5.10. 선고 95누9808 판결[개별공시지가결정처분취소]).

[3] 표준지로 선정된 토지의 표준지공시지가를 다투기 위해서는 처분청인 국토교통부장관에게 이의를 신청하거나 국토교통부장관을 상대로 공시지가결정의 취소를 구하는 행정심판이나 행정소송을 제기해야 한다. 그러한 절차를 밟지 않은 채 토지 등에 관한 재산세 등 부과처분의 취소를 구하는 소송에서 표준지공시지가결정의 위법성을 다투는 것은 원칙적으로 허용되지 않는다(대법원 2022.5.13. 선고 2018두50147 판결[재산세부과처분취소]).

[4] 2개 이상의 행정처분이 연속적 또는 단계적으로 이루어지는 경우 선행처분과 후행처분이 서로 합하여 1개의 법률효과를 완성하는 때에는 선행처분에 하자가 있으면 그 하자는 후행처분에 승계된다. 이러한 경우에는 선행처분에 불가쟁력이 생겨 그 효력을 다툴 수 없게 되더라도 선행처분의 하자를 이유로 후행처분의 효력을 다툴 수 있다. 그러나 선행처분과 후행처분이 서로 독립하여 별개의 법률효과를 발생시키는 경우에는 선행처분에 불가쟁력이 생겨 그 효력을 다툴 수 없게 되면 선행처분의 하자가 중대하고 명백하여 선행처분이 당연무효인 경우를 제외하고는 특별한 사정이 없는 한 선행처분의 하자를 이유로 후행처분의 효력을 다툴 수 없는 것이 원칙이다. 다만 그 경우에도 선행처분의 불가쟁력이나 구속력이 그로 인하여 불이익을 입게 되는 자에게 수인한도를 넘는 가혹함을 가져오고, 그 결과가 당사자에게 예측가능한 것이 아니라면, 국민의 재판받을 권리를 보장하고 있는 헌법의 이념에 비추어 선행처분의 후행처분에 대한 구속력을 인정할 수 없다(대법원 2019.1.31. 선고 2017두40372 판결[중개사무소의개설등록취소처분취소]).

VI 하자의 치유

1. 의의

하자의 치유란 행정행위가 발령 당시에 위법한 것이라고 하여도 사후에 흠결을 보완하게 되면, 적법한 행위로 취급하는 것을 말한다. 하자 있는 행위의 치유는 보완적인 것이므로, 그 자체를 하나의 독립적인 행정행위로 보기는 어렵다.

2. 인정 여부

(1) 학설

① **부정설** : 국민의 권익구제 및 법치주의, 행정의 자의배제 등을 강조하는 견해
② **긍정설** : 행정의 효율성 및 법적 안정성을 강조하는 견해
③ **제한적 긍정설** : 행정경제와 행정절차의 사전적 권리구제 기능을 모두 고려하는 견해

(2) 판례

📑 판례

하자 있는 행정행위의 치유는 행정행위의 성질이나 법치주의 관점에서 볼 때 원칙적으로 허용될 수 없는 것이고, 예외적으로 행정행위의 무용한 반복을 피하고 당사자의 법적 안정성을 위해 이를 허용하

는 때에도 국민의 권리나 이익을 침해하지 아니하는 범위에서 구체적 사정에 따라 합목적적으로 인정
하여야 할 것이다(대법원 2014.2.27. 선고 2011두11570 판결).

(3) 검토

국민의 권익구제와 법적안정성, 행정의 능률확보 측면 등을 조화롭게 고려하여 제한적 범위 내에서
인정하는 <제한적 긍정설>이 타당하다.

3. 적용 범위

(1) 무효인 행정행위의 치유 여부

무효와 취소의 구별이 상대적이라는 이유로 무효인 행위에 대해서도 하자의 치유를 인정하는 견해가
있으나, 무효란 처음부터 효력이 발생하지 않는다는 점에서 무효인행위에 대한 치유는 법논리적으로
허용되진 않는다.

📑🔍 **판례**

징계처분이 중대하고 명백한 흠 때문에 당연무효의 것이라면 징계처분을 받은 자가 이를 용인하였다
하여 그 흠이 치유되는 것은 아니다(대법원 1989.12.12. 선고 88누8869 판결[파면처분무효확인]).

(2) 내용상 하자의 치유 여부

판례는 내용상 하자에 대해 하자 치유를 인정하면 행정의 법률적합성과의 조화를 깨뜨리는 것이므로
인정하지 않는다. 생각건대, 내용상 하자의 경우는 그 경중을 따져 판단함이 타당할 것으로 보인다.

📑🔍 **판례**

행정행위의 성질이나 법치주의의 관점에서 볼 때 하자 있는 행정행위의 치유는 원칙적으로 허용될 수
없을 뿐만 아니라 이를 허용하는 경우에도 국민의 권리와 이익을 침해하지 않는 범위에서 구체적 사정
에 따라 합목적적으로 가려야 할 것인바, 이 사건 처분(사업계획변경인가처분)에 관한 하자가 행정처분
의 내용에 관한 것이고 새로운 노선 면허가 이 사건 소제기 이후에 이루어진 사정 등에 비추어 하자의
치유를 인정치 않은 원심의 판단은 정당하고, 거기에 소론이 지적하는 바와 같은 법리오해의 위법이
있다 할 수 없다(대판 1991.5.28. 선고 90누1359 판결).

4. 효과

치유의 효과는 소급적이다. 처음부터 적법한 행위와 같은 효과를 가진다. 치유가 허용되지 않은 행위
의 경우에는 새로운 행위를 발령함으로써 치유의 효과를 거둘 수 있을 뿐이다.

절차상 또는 형식상 하자로 인하여 무효인 행정처분이 있은 후 행정청이 관계 법령에서 정한 절차 또는 형식을 갖추어 다시 동일한 행정처분을 하였다면 당해 행정처분은 종전의 무효인 행정처분과 관계없이 새로운 행정처분이라고 보아야 한다(대법원 2014.3.13. 선고 2012두1006 판결[국방・군사시설사업실시계획승인고시처분무효확인 및 취소]).

5. 한계

(1) 실체적 한계

행정행위의 성질이나 법치주의의 관점에서 볼 때 하자 있는 행정행위의 치유는 원칙적으로 허용될 수 없을 뿐만 아니라 이를 허용하는 경우에도 국민의 권리와 이익을 침해하지 않는 범위에서 구체적 사정에 따라 합목적적으로 가려야 할 것이다.

(2) 시간적 한계

1) 학설

① **행정쟁송제기 이전시설** : 상대방의 권익보호 차원에서 행정쟁송제기 이전까지만 하자치유를 인정하는 견해

② **행정소송제기 이전시설** : 행정심판은 행정내부의 자율적인 통제수단에 불과하므로 행정심판 중에는 하자가 치유될 수 있다고 보는 견해

③ **행정소송종결 이전시설** : 분쟁의 일회적 해결이라는 소송경제적 관점에서 행정소송 절차에서도 하자치유가 가능하다는 견해

2) 판례

판례는 '치유를 허용하려면 늦어도 처분에 대한 불복 여부의 결정 및 불복신청에 편의를 줄 수 있는 상당한 기간 내에 하여야 한다고 할 것'이라고 하고 있어 행정쟁송제기 이전까지만 가능하다는 입장이다.

[1] 과세처분 시 납세고지서에 과세표준, 세율, 세액의 산출근거 등이 누락된 경우에는 늦어도 과세처분에 대한 불복 여부의 결정 및 불복신청에 편의를 줄 수 있는 상당한 기간 내에 보정행위를 하여야 그 하자가 치유된다 할 것이므로, 과세처분이 있은 지 4년이 지나서 그 취소소송이 제기된 때에 보정된 납세고지서를 송달하였다는 사실이나 오랜 기간(4년)의 경과로써 과세 처분의 하자가 치유되었다고 볼 수는 없다(대법원 1983.7.26. 선고 82누420 판결).

[2] 세액산출근거가 누락된 납세고지서에 의한 과세처분의 하자의 치유를 허용하려면 늦어도 과세처분에 대한 불복 여부의 결정 및 불복신청에 편의를 줄 수 있는 상당한 기간 내에 하여야 한다고 할 것이므로 위 과세처분에 대한 전심절차가 모두 끝나고 상고심의 계류 중에 세액산출 근

> 거의 통지가 있었다고 하여 이로써 위 과세처분의 하자가 치유되었다고는 볼 수 없다(대법원 1984.4.10. 선고 83누393 판결).

3) 검토

행정의 공정성 확보 및 당사자에게 불복신청에 편의를 줄 수 있도록 행정쟁송제기 전까지만 인정하는 <행정쟁송제기 이전시설>이 타당하다.

Ⅶ 하자의 전환

1. 의의 및 취지

하자의 전환이란 하자 있는 행정행위가 다른 행정행위의 적법요건을 갖춘 경우, 다른 행정행위의 효력 발생을 인정하는 것을 말한다(**예** 위법의 징계면직처분을 적법의 직권면직처분으로). 하자의 치유는 하자의 사후적인 제거를 위한 것이나, 전환은 새로운 행위를 가져온다는 점에 차이가 있으며, 하자의 전환은 하자의 치유와 마찬가지로 국민의 법생활의 안정과 신뢰 보호를 위한 것이다.

2. 성질

행정행위의 전환의 성질과 관련하여, 그것이 행정행위라는 견해(행정행위설), 법률에 의하여 나타나는 행위라는 견해(법규범설) 등이 있다. 전환에는 행정청의 의지적인 작용이 필요하다는 점, 그리고 독일과 달리 행정절차법에 전환에 관한 규정이 없다는 점에 비추어 행정 행위설이 타당하다. 따라서 전환에 문제가 있다면, 행정쟁송으로 다툴 수 있다.

📑🔍 판례

> 귀속재산을 불하받은 자가 사망한 후에 그 수불하자에 대하여 한 그 불하처분은 사망자에 대한 행정처분이므로 무효이지만 그 취소처분을 수불하자의 상속인에게 송달한 때에는 그 송달 시에 그 상속인에 대하여 다시 그 불하처분을 취소한다는 새로운 행정처분을 한 것이라고 할 것이다(대법원 1969.1.21. 선고 68누190 판결).

3. 요건

(1) 적극적 요건

① 전환 전의 행정행위가 위법하여야 한다. 다만, 무효인 행정행위에 대해서만 인정할 것인지, 취소사유 있는 행정행위에도 인정할 것인지는 학설의 대립이 있다. ② 전환 후의 행위의 적법요건이 존재하여야 한다. ③ 전환 전의 행위와 전환 후의 행위는 목적·효과, 절차와 형식이 동일하여야 한다. ④ 전환을 위해서는 관계자에게 청문(전환의사에 과한 청문)의 기회를 부여하는 것이 필요하다.

(2) 소극적 요건

① 전환이 행정청의 의사에 반하지 않아야 한다. ② 전환이 관계자에게 불이익하지 않아야 한다. 불이익이란 상대방이나 제3자에게 부담을 보다 강화하거나 수익을 축소하는 법효과를 의미한다.

4. 효과

하자 있는 행정행위의 전환은 새로운 행정행위를 가져온다. 전환된 행정행위에 대해서는 행정쟁송을 제기할 수 있고, 그 불복기간은 전환행위가 있음을 안 날로부터 90일 이내이다. 전환된 새로운 행정행위의 효력은 전의 하자 있는 행정행위의 발령시점에 발생한다.

제10절 **행정행위의 취소와 철회**

행정기본법 제18조(위법 또는 부당한 처분의 취소)

① 행정청은 위법 또는 부당한 처분의 전부나 일부를 소급하여 취소할 수 있다. 다만, 당사자의 신뢰를 보호할 가치가 있는 등 정당한 사유가 있는 경우에는 장래를 향하여 취소할 수 있다.
② 행정청은 제1항에 따라 당사자에게 권리나 이익을 부여하는 처분을 취소하려는 경우에는 취소로 인하여 당사자가 입게 될 불이익을 취소로 달성되는 공익과 비교·형량(衡量)하여야 한다. 다만, 다음 각 호의 어느 하나에 해당하는 경우에는 그러하지 아니하다.
  1. 거짓이나 그 밖의 부정한 방법으로 처분을 받은 경우
  2. 당사자가 처분의 위법성을 알고 있었거나 중대한 과실로 알지 못한 경우

행정기본법 제19조(적법한 처분의 철회)

① 행정청은 적법한 처분이 다음 각 호의 어느 하나에 해당하는 경우에는 그 처분의 전부 또는 일부를 장래를 향하여 철회할 수 있다.
  1. 법률에서 정한 철회 사유에 해당하게 된 경우
  2. 법령 등의 변경이나 사정변경으로 처분을 더 이상 존속시킬 필요가 없게 된 경우
  3. 중대한 공익을 위하여 필요한 경우
② 행정청은 제1항에 따라 처분을 철회하려는 경우에는 철회로 인하여 당사자가 입게 될 불이익을 철회로 달성되는 공익과 비교·형량하여야 한다.

Ⅰ 행정행위의 직권취소

1. 의의

행정행위의 직권취소란 일단 유효하게 발령된 행정행위를 처분청이나 감독청이 그 행위에 위법 또는 부당한 하자가 있음을 이유로 하여 직권으로 그 효력을 소멸시키는 새로운 행정행위를 말하며, 취소는

유효하게 성립한 행위의 효과를 사후에 소멸시키는 점에서 처음부터 효력이 없는 무효행위임을 선언하는 행위와 구별되고, 성립에 흠이 있는 행위의 효과를 소멸시킨다는 점에서 사후의 새로운 사정을 이유로 효력을 소멸시키는 철회와 구별된다.

판례

[1] 행정행위의 '취소'는 일단 유효하게 성립한 행정행위를 그 행위에 위법한 하자가 있음을 이유로 소급하여 그 효력을 소멸시키는 별도의 행정처분을 의미함이 원칙이다(대법원 2018.6.28. 선고 2015두58195 판결).

[2] 행정행위의 취소는 일단 유효하게 성립한 행정행위를 그 행위에 위법 또는 부당한 하자가 있음을 이유로 소급하여 그 효력을 소멸시키는 별도의 행정처분이고, 행정행위의 철회는 적법요건을 구비하여 완전히 효력을 발하고 있는 행정행위를 사후적으로 그 행위의 효력의 전부 또는 일부를 장래에 향해 소멸시키는 행정처분이므로, 행정행위의 취소사유는 행정 행위의 성립 당시에 존재하였던 하자를 말하고, 철회사유는 행정행위가 성립된 이후에 새로이 발생한 것으로서 행정행위의 효력을 존속시킬 수 없는 사유를 말한다(대법원 2003.5.30. 선고 2003다6422 판결; 대법원 2006.5.11. 선고 2003다37969 판결).

2. 법적 근거

종전에는 법적 근거가 필요한지 여부에 대하여 견해의 대립이 있었으나, 행정기본법 제18조 제1항에서 행정청은 위법 또는 부당한 처분의 전부나 일부를 취소할 수 있는 것으로 규정하여 논란이 종결되었다.

3. 직권취소권자

① 처분청은 명문의 근거가 없어도 직권취소를 할 수 있으며, ② 감독청의 경우, 국가행정의 경우에는 정부조직법 제11조 제2항, 지방자치행정의 경우에는 지방자치법 제169조 제1항이 감독청의 취소권을 일반적·명시적으로 규정하고 있다.

4. 직권취소의 사유

행정행위의 취소 사유는 원칙적으로 행정행위의 성립 당시에 존재하였던 하자를 말한다. 취소사유에 있어서는 관계법령에서 명문의 규정을 두고 있는 경우도 있으나 그러한 규정이 없는 경우에는 행정행위의 하자가 있거나 부당한 경우 취소사유가 된다.

판례

변상금 부과처분에 대한 취소소송이 진행 중이라도 그 부과권자로서는 위법한 처분을 스스로 취소하고 그 하자를 보완하여 다시 적법한 부과처분을 할 수도 있다(대법원 2006.2.10. 선고 2003두5686 판결).

5. 취소의 제한법리

(1) 침익적 행위의 직권취소

위법·침익적인 행위는 형식적 존속력이 생겨난 후에도 의무에 합당한 재량에 따라 행정청에 의해 취소될 수 있다. 그 효과는 소급적일 수도 있고 장래적일 수도 있다. 위법한 침익적 행위의 직권취소는 오히려 행정청의 의무라 할 수 있다.

(2) 수익적 행위의 직권취소

수익적 행정행위의 직권취소는 행정기본법 제18조 제2항에 따라 취소로 인하여 당사자가 입게 될 불이익을 취소로 달성되는 공익과 비교·형량하여야 한다. 다만, 거짓이나 그 밖의 부정한 방법으로 처분을 받은 경우, 당사자가 처분의 위법성을 알고 있었거나 중대한 과실로 알지 못한 경우에는 취소가 제한되지 않는다고 본다.

6. 직권취소의 절차

직권취소는 독립적인 행정행위의 성격을 갖고 있기 때문에 행정절차법상의 처분절차에 따라 행해져야 하며, 개별법령에서 구체적인 절차를 규정하고 있으면, 그에 따라야 한다. 입증책임은 행정청이 부담한다.

> **판례**
>
> 일정한 행정처분으로 국민이 일정한 이익과 권리를 취득하였을 경우에 종전 행정처분에 하자가 있음을 전제로 직권으로 이를 취소하는 행정처분은 이미 취득한 국민의 기존 이익과 권리를 박탈하는 별개의 행정처분으로, 취소될 행정처분에 하자가 있어야 하고, 나아가 행정처분에 하자가 있다고 하더라도 취소해야 할 공익상 필요와 취소로 당사자가 입게 될 기득권과 신뢰보호 및 법률생활 안정의 침해 등 불이익을 비교·교량한 후 공익상 필요가 당사자가 입을 불이익을 정당화할 만큼 강한 경우에 한하여 취소할 수 있는 것이며, 하자나 취소해야 할 필요성에 관한 증명책임은 기존 이익과 권리를 침해하는 처분을 한 행정청에 있다. 이러한 신뢰보호와 이익형량의 취지는 구 산업집적활성화 및 공장설립에 관한 법률(2013.3.23. 법률 제11690호로 개정되기 전의 것)에 따른 입주계약 또는 변경계약을 취소하는 경우에도 마찬가지로 적용될 수 있다(대법원 2017.6.15. 선고 2014두46843 판결[입주변경계약취소처분등취소]).

7. 직권취소의 효과

① 부담적 행정행위의 직권취소에 있어서 소급효가 인정되는지의 여부는 원칙적으로 행정청의 재량에 따른다. 이에 대하여 수익적 행정행위의 직권취소에 있어서는 상대방의 귀책사유가 있는 경우를 제외하고는 원칙적으로 소급하지 않으며, ② 위법한 행정행위를 취소한 경우에 있어서 행정청은 당사자 등이 행정행위의 존속을 신뢰함으로써 받은 재산상의 불이익을 보상하여야 한다.

8. 하자 있는 직권취소의 취소

(1) 직권취소의 하자가 중대·명백한 경우

취소처분 자체에 중대하고 명백한 하자가 있으면 그 취소는 당연무효이므로 취소의 상대방이 취소처분에 대해 무효선언으로서의 취소나 무효확인을 구할 수 있고 처분청도 직권으로 무효를 확인할 수 있다.

(2) 직권취소의 하자가 단순위법한 경우

1) 학설

① **적극설** : 법원의 판결에 의한 취소는 그 대상이 원처분이건 취소처분이건 가리지 아니한다는 점에 비추어 직권취소처분의 취소도 긍정되어야 하며, 직권취소처분도 행정행위의 한 종류로서의 성질을 가지고 있으므로 행정행위의 하자론의 일반원칙에 따라 직권취소의 취소도 긍정되어야 한다는 견해

② **소극설** : 명문의 규정이 없는 한, 취소처분으로 원처분의 효력은 상실되므로 취소 처분의 취소를 통해 원처분의 회복은 불가하다는 견해

③ **절충설** : 당해 행정행위의 성질, 새로운 이해관계인의 등장 여부, 신뢰보호, 법적 안정성, 행정의 능률을 종합적으로 고려하여 판단하여야 한다는 견해

2) 판례

판례는 침익적 행정행위의 경우 상대방의 신뢰이익보호를 위해 취소의 취소를 부정하고, 수익적 행정행위의 경우 취소의 취소가 가능하다고 보았다. 다만, 광업권 허가 취소 사건(수익적 행정행위)에서는 취소의 취소 전에 새롭게 형성된 제3자의 권익이 침해되는 경우 취소의 취소가 허용되지 않는다고 보았다.

🔍 **판례**

> [1] 행정행위(과세처분)의 취소처분의 위법이 중대하고 명백하여 당연무효이거나, 그 취소처분에 대하여 소원 또는 행정소송으로 다툴 수 있는 명문의 규정이 있는 경우는 별론, 행정행위의 취소처분의 취소에 의하여 이미 효력을 상실한 행정행위를 소생시킬 수 없고, 그러기 위하여는 원 행정행위와 동일내용의 행정행위를 다시 행할 수밖에 없다(대법원 1979.5.8. 선고 77누61 판결).
>
> [2] 국세기본법 제26조 제9호는 부과의 취소를 국세납부의무 소멸사유의 하나로 들고 있으나, 그 부과의 취소에 하자가 있는 경우의 부과의 취소의 취소에 대하여는 법률이 명문으로 그 취소요건이나 그에 대한 불복절차에 대하여 따로 규정을 둔 바도 없으므로, 설사 부과의 취소에 위법사유가 있다고 하더라도 당연무효가 아닌 한 일단 유효하게 성립하여 부과처분을 확정적으로 상실시키는 것이므로, 과세관청(북부산세무서장)은 상속세부과의 취소를 다시 취소함으로써 원 부과처분을 소생시킬 수는 없고 납세의무자에게 종전의 과세대상에 대한 납부의무를 지우려면 다시 법률에서 정한 부과절차에 쫓아 동일한 내용의 새로운 처분을 하는 수밖에 없다(대법원 1995.3.10. 선고 94누7027 판결).

[3] 행정처분이 취소되면 그 소급효에 의하여 처음부터 그 처분이 없었던 것과 같은 효과를 발생하게 되는바, 행정청이 의료법인의 이사에 대한 이사취임승인 취소처분(제1처분)을 직권으로 취소(제2처분)한 경우에는 그로 인하여 이사가 소급하여 이사로서의 지위를 회복하게 되고, 그 결과 위 제1처분과 제2처분 사이에 법원에 의하여 선임 결정된 임시이사들의 지위는 법원의 해임결정이 없더라도 당연히 소멸된다(대법원 1997.1.21. 선고 96누3401 판결).

[4] 피고가 … 일단취소처분을 한 후에 새로운 이해관계인이 생기기 전에 취소처분을 취소하여 그 광업권의 회복을 시켰다면 모르되 피고가 본건취소처분을 한 후에 원고가 1966.1.19.에 본건 광구에 대하여 선출원을 적법히 함으로써 이해관계인이 생긴 이 사건에 있어서, 피고가 1966.8.24.자로 1965.12.30.자의 취소처분을 취소하여, 위 안○○ 명의의 광업권을 복구시키는 조처는, 원고의 선출원 권리를 침해하는 위법한 처분이라고 하지 않을 수 없다(대법원 1967.10.23. 선고 67누126 판결).

3) 검토

직권취소는 자체가 독립된 행정행위로서 직권취소가 취소되면 원행정행위가 소급적으로 원상회복되는 이익이 있는바 재취소를 인정함이 타당하다고 판단되나, 재취소 후 제3자의 권익이 새롭게 형성된 경우에는 이익형량의 원칙이 적용된다.

■■ 행정행위의 철회

1. 행정행위 철회의 의의

행정행위의 철회란 적법요건을 구비하여 효력을 발하고 있는 행정행위에 있어서 사후적으로 발생한 사유에 의해 그 행위의 효력의 전부 또는 일부를 장래에 향해 소멸시키는 원행정행위와 독립된 별개의 의사표시를 말하며, 철회는 학문상의 용어이며 실정법상으로는 일반적으로 취소로 불리기도 한다.

> **◎ 판례**
>
> 행정행위의 '철회'는 적법요건을 구비하여 완전히 효력을 발하고 있는 행정행위를 사후적으로 그 효력의 전부 또는 일부를 장래에 향해 소멸시키는 별개의 행정 처분이다(대법원 2018.6.28. 선고 2015두58195 판결).

2. 직권취소와의 구분

철회는 적법하게 성립된 행정행위의 효력을 사후에 발생된 새로운 사정에 의하여 그 효력을 소멸시킨다는 점에서 행정행위의 성립에 하자를 이유로 하여 그 효력을 소멸시키는 행정행위의 직권취소와 구분된다. 즉 직권취소는 하자의 시정을 그 주목적으로 하는 데 대하여, 철회는 변화된 사실 및 법률상태에 대한 적응을 목적으로 한다는 점에서 양자는 구별된다. 실정법상으로 철회는 직권취소와 구별되지 않고 취소라는 용어로 사용되고 있다(⑩ 건축법 제69조, 식품위생법 제58조 등).

3. 법적 근거

과거 수익적 처분의 철회의 경우 법령의 근거 없이 철회하는 것이 법률유보의 원칙에 반하는지에 대하여 견해대립이 있었으나, 행정기본법이 최근 제정되어 철회에 대한 법적 근거인 행정기본법 제19조 제1항을 두게 되어 논란이 종결되었다.

4. 철회권자

① 처분청이 갖는 처분의 권한 속에는 어떠한 처분을 영속적으로 현재의 법과 사실관계에 합당하도록 하게 할 수 있는 권한도 포함되어 있기 때문에 명문의 규정을 불문하고 처분청은 철회권을 가지며, ② 감독청은 명문 규정이 있는 경우를 제외하고는 철회권이 없다. 그 이유는 철회도 하나의 독립된 새로운 행정행위인데 감독청이 철회한다면, 이는 감독청이 합리적인 이유 없이 처분청의 권한을 침해하는 결과가 되고, 이러한 결과는 처분청을 둔 행정조직의 목적에 반하기 때문이다.

5. 철회사유(법사공)

행정기본법 제19조 제1항은 철회를 할 수 있는 사유로 ① 법률에서 정한 철회 사유에 해당하게 된 경우, ② 법령 등의 변경이나 사정변경으로 처분을 더 이상 존속시킬 필요가 없는 경우, ③ 중대한 공익을 위하여 필요한 경우를 규정하고 있다.

📋 판례

[1] '철회사유'는 행정행위가 성립된 이후에 새로이 발생한 것으로서 행정행위의 효력을 존속시킬 수 없는 사유를 말한다(대법원 2018.6.28. 선고 2015두58195 판결).

[2] 행정행위를 한 처분청은 비록 그 처분 당시에 별다른 하자가 없었고, 또 그 처분 후에 이를 취소(철회)할 별도의 법적 근거가 없다 하더라도 원래의 처분을 존속시킬 필요가 없게 된 사정변경이 생겼거나 또는 중대한 공익상의 필요가 발생한 경우에는 그 효력을 상실케 하는 별개의 행정행위로 이를 취소할 수 있다(대법원 1995.6.9. 선고 95누1194 판결[징집처분취소]).

[3] 취소사유로서의 사정변경 및 공익상 필요성 : 공수법 제32조 제3호, 제40조, 구 공수법 시행령(2005.9.30. 대통령령 제19080호로 개정되기 전의 것, 이하 같다) 제40조 제4항, 제1항의 규정을 종합하면, 농림부장관은 매립공사의 준공인가 전에 공유수면의 상황 변경 등 예상하지 못한 사정변경으로 인하여 공익상 특히 필요한 경우에는 공수법에 의한 면허 또는 인가 등을 취소·변경할 수 있는바, 여기에서 사정변경이라 함은 공유수면매립면허처분을 할 당시에 고려하였거나 고려하였어야 할 제반 사정들에 대하여 각각 사정변경이 있고, 그러한 사정변경으로 인하여 그 처분을 유지하는 것이 현저히 공익에 반하는 경우라고 보아야 할 것이며, 위와 같은 사정변경이 생겼다는 점에 관하여는 그와 같은 사정변경을 주장하는 자에게 그 입증책임이 있다고 할 것이다(대법원 2006.3.16. 선고 2006두330 전원합의체 판결[새만금사건]).

6. 철회의 제한법리

(1) 침익적 행정행위의 철회

침익적 행위의 철회는 수익적인 결과를 가져오므로, 기속행위의 경우나 영으로 재량수축의 경우가 아닌 한, 또는 다른 사유(例 확약)로 제한받지 아니하는 한, 철회가 가능하다.

(2) 수익적 행정행위

1) 이익형량의 원칙

행정청은 행정기본법 제19조 제1항에 따라 처분을 철회하려는 경우에는 철회로 인하여 당사자가 입게 될 불이익을 철회로 달성되는 공익과 비교·형량하여야 한다(행정기본법 제19조 제2항). 이를 철회 시의 이익형량의 원칙이라 한다. 철회권이 유보된 경우의 철회에도 이익형량의 원칙은 적용된다. 수익처분을 철회하는 것은 비례의 원칙(이익형량의 원칙)에 반한다.

> 📑 **판례**
>
> 교통사고가 일어난 지 1년 10개월이 지난 뒤 그 교통사고를 일으킨 택시에 대하여 운송사업면허를 취소하였더라도 처분관할관청이 위반행위를 적발한 날로부터 10일 이내에 처분을 하여야 한다는 교통부령인 자동차운수사업법 제31조 등의 규정에 의한 사업면허의 취소 등의 처분에 관한 규칙 제4조 제2항 본문을 강행규정으로 볼 수 없을 뿐만 아니라 택시운송사업자로서는 자동차운수사업법의 내용을 잘 알고 있어 교통사고를 낸 택시에 대하여 운송사업면허가 취소될 가능성을 예상할 수도 있었을 터이니, 자신이 별다른 행정조치가 없을 것으로 믿고 있었다 하여 바로 신뢰의 이익을 주장할 수는 없으므로 그 교통사고가 자동차운수사업법 제31조 제1항 제5호 소정의 "중대한 교통사고로 인하여 많은 사상자를 발생하게 한 때"에 해당한다면 그 운송사업면허의 취소가 행정에 대한 국민의 신뢰를 저버리고 국민의 법생활의 안정을 해치는 것이어서 재량권의 범위를 일탈한 것이라고 보기는 어렵다(대법원 1989.6.27. 선고 88누62 판결[택시사업면허취소처분 등 취소]).

2) 신뢰보호의 원칙

철회권의 행사에 있어서 개인의 신뢰가 보호되어야 한다. 철회권의 유보, 부담의 불이행, 법에서 정한 의무위반 등에 있어서는 상대방은 사전에 철회가능성을 충분하게 예견하고 있기 때문에, 이들에 대하여는 신뢰보호의 원칙이 적용되지 않는다.

3) 실권의 법리

철회사유가 발생한 경우에도 행정청이 일정 기간 철회권을 행사하지 않는 경우에, 실권의 법리에 따라 행정청은 그 행정행위를 더 이상 철회할 수 없을 것이다.

7. 철회의 절차

철회는 그 자체가 독립적 행정행위이므로 특별한 규정이 없는 한 일반행정행위와 같은 절차에 따른다. 수익적 행정행위의 철회는 '권리를 제한하는 처분'이므로 사전통지절차, 의견제출절차 등 행정절차법 상의 절차에 따라 행해져야 한다.

8. 철회의무

철회는 원칙상 재량행위이다. 그러나 사실적 상황이 변하여 원행정행위의 목적에 비추어 원행정행위 가 더 이상 필요하지 않으며 원행정행위의 존속으로 인하여 국민의 중대한 기본권이 침해되는 경우에 는 처분청은 원행정행위의 철회를 하여야 할 의무를 진다.

> **판례**
>
> 사업계획승인 취소(철회)사유로 규정된 사유는 인정되지 않지만, 사실관계를 종합하여 볼 때에 사업계 획승인을 존속하기 어려운 사정의 변경이 있거나 사업계획승인을 취소할 중대한 공익상의 필요가 있다 고 보아, 사업계획승인 취소사유에 해당하지 않는다는 이유로 사업계획승인 취소(철회)신청을 거부한 피고 행정청의 처분이 구 주택법에 위반되는 것은 아니지만 여기에 재량권 일탈·남용의 위법이 있다고 판단한 원심의 판단을 수긍한 사례(대법원 2021.1.14. 선고 2020두46004 판결[주택건설사업계획승인 취소신청 에 대한 거부처분취소 청구의 소]).

9. 철회의 효과

철회는 행정기본법 제19조 제1항에 따라 장래에 향하여 원행정행위의 효력을 상실시키는 효력을 갖는 다. 다만, 예외적으로 별도의 법적 근거가 있는 경우에는 철회의 효력을 과거(❶ 철회사유 발생일)로 소 급시킬 수 있다.

10. 철회의 취소

(1) 무효원인이 있는 경우

취소처분에 중대하고 명백한 흠이 있으면 그 취소처분은 당연무효가 되어 처음부터 취소의 효과가 발생하지 않는다. 따라서 원행정행위는 취소된 것이 아니고 그대로 존속하는 것이며, 이 경우에는 쟁송에 의하여 취소처분에 대한 무효확인 또는 행정청의 직권에 의한 무효선언이 가능하다.

(2) 취소원인이 있는 경우

1) 학설

① **부정설** : 취소에 의하여 소멸된 행위를 다시 소생시킬 수 없으므로, 원행정행위와 같은 내용의 새로운 행정행위를 다시 할 수밖에 없다는 견해

② **긍정설** : 직권취소도 성질상 행정행위의 일종이므로 그에 흠이 있으면 행정행위에 대한 취소의 법리에 따라 취소할 수 있다는 견해

③ **절충설** : 해당 행정행위의 성질, 새로운 이해관계인의 등장여부, 신뢰보호, 법적 안정성, 행정의 능률을 종합적으로 고려하여 판단하여야 된다는 견해

2) 판례

부담적 행정행위의 경우에는 상대방의 신뢰이익보호를 위해 취소의 취소를 부정하고, 수익적 행정행위의 경우에는 제3자의 이해관계가 개입되지 않은 경우에 한하여 취소의 취소가 가능하다고 하여 절충설의 입장을 취하고 있는 것으로 보인다.

> **판례**
>
> 지방병무청장이 재신체검사 등을 거쳐 현역병입영대상편입처분을 보충역편입 처분이나 제2국민역편입처분으로 변경하거나 보충역편입처분을 제2국민역편입 처분으로 변경하는 경우 비록 새로운 병역처분의 성립에 하자가 있다고 하더라도 그것이 당연무효가 아닌 한 일단 유효하게 성립하고 제소기간의 경과 등 형식적 존속력이 생김과 동시에 종전의 병역처분의 효력은 취소 또는 철회되어 확정적으로 상실된다고 보아야 할 것이므로 그 후 새로운 병역처분의 성립에 하자가 있었음을 이유로 하여 이를 취소한다고 하더라도 종전의 병역처분의 효력이 되살아난다고 할 수 없다(대법원 2002.5.28. 선고 2001두9653 판결).

3) 검토

행정행위의 철회는 하나의 독립된 행정행위이기 때문에 행정행위의 적법요건을 갖추어야 하며, 철회가 취소되면 원행정행위가 소급적으로 원상회복되는 이익이 있으므로 긍정설이 타당하다고 보인다.

현대행정에 있어서 행위형식의 다양화

제1절 행정계획 (24회 기출)

Ⅰ 행정계획의 의의 및 종류

1. 의의

행정계획이란 행정주체 또는 그 기관이 일정한 행정활동을 행함에 있어서 일정한 목표를 설정하고 그 목표를 달성하기 위하여 필요한 수단을 선정하고 그러한 수단들을 조정하고 종합화한 것을 말한다.

2. 종류

행정계획에는 ① 대내적·대외적으로 아무런 법적 효과를 발생하지 않고 오직 앞으로의 행정의 방향에 대한 단순한 구상에 그치는 것에 불과한 <비구속적 행정계획>과 ② 행정계획의 효과적인 실현을 보장하기 위하여 일정한 법적 효과가 부여되어 수범자에 대하여 구속력을 갖는 <구속적 행정계획>이 있다.

Ⅱ 행정계획의 법적 성질

1. 일반적 검토

(1) 문제점

행정계획이 특정의 행위형식을 취하지 않는 경우에 당해 행정계획은 어떠한 법적 성질을 갖는가 하는 것이 문제되며, 특히 행정계획이 항고소송의 대상이 되는 처분인지 아닌지 하는 것이 문제된다.

(2) 학설

① **입법행위설** : 일반·추상적 규율로서 일반적 구속력을 가지는 입법행위로서 항고소송의 대상이 아니라는 견해

② **행정행위설** : 법 관계 변동이라는 고유 효과를 가지는 행정행위로서 항고소송의 대상이라는 견해

③ **독자성설** : 계획은 고도의 구체적인 것이므로 규범은 아니고, 개개인의 권리에 관하여 결정하는 것도 아니므로 행정행위는 아니라는 전제하에 독자적 성질로 보는 견해

④ **개별검토설** : 개별적으로 검토하여 항고소송의 대상여부를 판단해야 한다는 견해

(3) 판례

> **판례**
>
> 일반적으로 국민적 구속력을 갖는 행정계획은 행정행위에 해당되지만, 구속력을 갖지 않고 행정기관 내부의 행동지침에 지나지 않는 행정계획은 행정행위가 될 수 없다(헌법재판소 2014.3.27. 선고 2011헌마291).

(4) 검토

행정계획은 종류와 내용이 매우 다양하고 상이한바, 모든 종류의 계획에 적합한 하나의 법적 성격을 부여한다는 것은 불가능하다. 따라서 행정계획의 법적 성질은 계획마다 개별적으로 검토되어야 하는 바 개별검토설이 타당하다.

2. 도시·군관리계획의 법적 성질

(1) 학설

① **입법행위설** : 도시·군관리계획은 도시계획행정의 기준이 되는 일반적·추상적 성질의 것이므로 입법행위의 성질을 가진다는 견해

② **행정행위설** : 도시·군관리계획 결정 고시로 인해 토지나 건물소유자의 재산권 행사가 일정한 제한을 받으므로 행정행위라고 보는 견해

③ **독자성설** : 행정계획은 법규범도 행정행위도 아닌 독자적인 행위형식이지만 도시·군관리계획은 국민의 권익에 직접 구체적 영향을 미치므로 행정행위에 준하여 행정소송의 대상이 된다는 견해

(2) 판례

> **판례**
>
> **[1]** 도시계획법 제12조 소정의 고시된 도시계획결정은 특정 개인의 권리 내지 법률상의 이익을 개별적이고 구체적으로 규제하는 효과를 가져오게 하는 행정청의 처분이라 할 것이고, 이는 행정소송의 대상이 된다(대법원 1982.3.9. 선고 80누105 판결[도시계획변경처분취소]).
>
> **[2]** 구 도시 및 주거환경정비법(2007.12.21. 법률 제8785호로 개정되기 전의 것)에 따른 주택재건축정비사업조합은 관할 행정청의 감독 아래 위 법상 주택재건축사업을 시행하는 공법인으로서, 그 목적 범위 내에서 법령이 정하는 바에 따라 일정한 행정작용을 행하는 행정주체의 지위를 가진다 할 것인데, 재건축정비사업조합이 이러한 행정주체의 지위에서 위 법에 기초하여 수립한 사업시행계획은 인가·고시를 통해 확정되면 이해관계인에 대한 구속적 행정계획으로서 독립된 행정처분에 해당하고, 이와 같은 사업시행계획안에 대한 조합 총회결의는 그 행정처분에 이르는 절차적 요건 중 하나에 불과한 것으로서, 그 계획이 확정된 후에는 항고소송의 방법으로 계획의 취소 또는 무효확인을 구할 수 있을 뿐, 절차적 요건에 불과한 총회결의 부분만을 대상으로 그 효력 유무를 다투는 확인의 소를 제기하는 것은 허용되지 아니하고, 한편 이러한 항고소송의 대상이 되는 행정처분의

효력이나 집행 혹은 절차속행 등의 정지를 구하는 신청은 행정소송법상 집행정지신청의 방법으로서만 가능할 뿐 민사소송법상 가처분의 방법으로는 허용될 수 없다(대법원 2009.11.2. 자 2009마596 결정[가처분이의]).

[3] 도시 및 주거환경정비법상 행정주체인 주택재건축정비사업조합을 상대로 관리처분계획안에 대한 조합 총회결의의 효력 등을 다투는 소송은 행정처분에 이르는 절차적 요건의 존부나 효력 유무에 관한 소송으로서 그 소송결과에 따라 행정처분의 위법 여부에 직접 영향을 미치는 공법상 법률관계에 관한 것이므로, 이는 행정소송법상의 당사자소송에 해당한다(대법원 2009.9.17. 선고 2007다2428 전원합의체 판결[총회결의무효확인]).

[4] 토지구획정리사업법 제57조, 제62조 등의 규정상 환지예정지 지정이나 환지처분은 그에 의하여 직접 토지소유자 등의 권리의무가 변동되므로 이를 항고소송의 대상이 되는 처분이라고 볼 수 있으나, 환지계획은 위와 같은 환지예정지 지정이나 환지처분의 근거가 될 뿐 그 자체가 직접 토지소유자 등의 법률상의 지위를 변동시키거나 또는 환지예정지 지정이나 환지처분과는 다른 고유한 법률효과를 수반하는 것이 아니어서 이를 항고소송의 대상이 되는 처분에 해당한다고 할 수가 없다(대법원 1999.8.20. 선고 97누6889 판결[환지계획등무효확인및취소]).

[5] 국토해양부, 환경부, 문화체육관광부, 농림수산부, 식품부가 합동으로 2009.6.8. 발표한 '4대강 살리기 마스터플랜' 등은 4대강 정비사업과 주변 지역의 관련 사업을 체계적으로 추진하기 위하여 수립한 종합계획이자 '4대강 살리기 사업'의 기본방향을 제시하는 계획으로서, 행정기관 내부에서 사업의 기본방향을 제시하는 것일 뿐, 국민의 권리·의무에 직접 영향을 미치는 것이 아니어서 행정처분에 해당하지 않는다고 한 사례(대법원 2011.4.21. 자 2010무111 전원합의체 결정[집행정지]).

(3) 검토

국토계획법 제30조 소정의 도시관리계획(군관리계획) 결정은 도시관리계획이 결정되면 도시계획 관계법령의 규정에 따라 건축이 제한되는 등 국민의 권리의무에 직접 구체적인 영향을 미치는바 처분성을 갖는 것으로 보는 것이 타당하다.

▐▐▐ 계획재량과 통제

1. 계획재량의 의의

계획재량이란 행정계획을 수립·변경함에 있어서 계획청에게 인정되는 재량을 말하며, 계획재량은 행정목표의 설정이나 행정목표를 효과적으로 달성할 수 있는 수단의 선택 및 조정에 있어서 인정된다. 판례는 개발제한구역지정처분을 그 입안·결정에 관하여 광범위한 형성의 자유를 가지는 계획재량처분으로 보고 있다.

> **판례**
>
> 개발제한구역지정처분은 건설부장관이 법령의 범위 내에서 도시의 무질서한 확산 방지 등을 목적으로 도시정책상의 전문적·기술적 판단에 기초하여 행하는 일종의 행정계획으로서 그 입안·결정에 관하여 광범위한 형성의 자유를 가지는 계획재량처분이므로, 그 지정에 관련된 공익과 사익을 전혀 비교교량하지 아니하였거나 비교교량을 하였더라도 그 정당성과 객관성이 결여되어 비례의 원칙에 위반되었다고 볼 만한 사정이 없는 이상, 그 개발제한구역지정처분은 재량권을 일탈·남용한 위법한 것이라고 할 수 없다(대법원 1997.6.24. 선고 96누1313 판결[토지수용이의재결처분취소등]).

2. 계획재량과 일반 행정재량의 구분

(1) 학설

① **구분설** : 계획재량과 행정재량은 규범구조 및 하자이론의 구성에 있어서 기본적인 차이가 있으므로 양자를 구별하는 견해

② **구분부정설** : 계획재량도 행정재량과 마찬가지로 행정청에 선택의 자유를 부여한다는 점과 구별설이 주장하는 형량명령이란 비례의 원칙의 내용에 지나지 않는다는 이유로 양자의 구별을 부인하는 견해

(2) 판례

> **판례**
>
> 행정계획이라 함은 행정에 관한 전문적·기술적 판단을 기초로 하여 도시의 건설·정비·개량 등과 같은 특정한 행정목표를 달성하기 위하여 서로 관련되는 행정수단을 종합·조정함으로써 장래의 일정한 시점에 있어서 일정한 질서를 실현하기 위한 활동기준으로 설정된 것으로서, 관계 법령에는 추상적인 행정목표와 절차만이 규정되어 있을 뿐 행정계획의 내용에 관하여는 별다른 규정을 두고 있지 아니하므로 행정주체는 구체적인 행정계획을 입안·결정함에 있어서 비교적 광범위한 형성의 자유를 가지는 것이지만, 행정주체가 가지는 이와 같은 형성의 자유는 무제한적인 것이 아니라 그 행정계획에 관련되는 자들의 이익을 공익과 사익 사이에서는 물론이고 공익 상호 간과 사익 상호 간에도 정당하게 비교교량하여야 한다는 제한이 있으므로, 행정주체가 행정계획을 입안·결정함에 있어서 이익형량을 전혀 행하지 아니하거나 이익형량의 고려 대상에 마땅히 포함시켜야 할 사항을 누락한 경우 또는 이익형량을 하였으나 정당성과 객관성이 결여된 경우에는 그 행정계획결정은 형량에 하자가 있어 위법하게 된다(대법원 2007.4.12. 선고 2005두1893 판결[도시계획시설결정취소]).

(3) 검토

종전에는 양자가 다 같이 행정청에게 선택의 자유를 인정하는 것이므로 질적인 면에서 차이가 있다고 보는 것은 타당하지 않다고 보았지만, 최근의 판례는 계획재량의 독자성을 나타내는 경향을 보이고 있다.

3. 계획재량의 통제(형량명령)

> **행정절차법 제40조의4(행정계획)**
> 행정청은 행정청이 수립하는 계획 중 국민의 권리·의무에 직접 영향을 미치는 계획을 수립하거나 변경·폐지할 때에는 관련된 여러 이익을 정당하게 형량하여야 한다.

(1) 의의

형량명령이란 행정계획을 수립·변경함에 있어서 관련된 이익을 정당하게 형량하여야 한다는 원칙을 말하며, 계획재량의 통제이론에 해당한다.

(2) 형량하자

형량명령의 내용에 반하는 경우에 형량하자가 있게 되며, 형량하자에는 ① 형량을 전혀 하지 않은 경우 <형량의 해태>, ② 형량의 대상에 마땅히 포함되어야 할 사항을 빠뜨린 경우 <형량의 흠결>, ③ 공익과 사익의 조정이 객관적으로 보아 비례원칙을 위반한 경우 <오형량>이 있다.

(3) 효과

① 형량하자 중 <형량의 해태, 흠결>은 광의의 절차상 하자로서, 취소판결이 나면 처분청은 다시 적법하게 형량하여 동일한 내용의 처분을 할 수 있으나, ② <오형량>은 내용상 하자로서 취소판결이 나면 특별한 사정이 없는 동일한 사정의 처분을 다시 할 수 없다.

4. 행정계획과 신뢰보호(계획보장청구권)

(1) 계획보장청구권의 의의

계획보장청구권이란 행정계획에 대한 관계국민의 신뢰를 보호하기 위하여 관계국민에 대하여 인정된 행정계획주체에 대한 권리를 총칭하는 개념이다. 계획보장청구권은 행정계획분야에 있어서의 신뢰보호의 원칙의 적용례라고 할 수 있다. 계획보장청구권에 포함되는 권리로는 계획존속청구권, 계획이행청구권, 경과조치청구권, 손해배상청구권 및 손실보상청구권이 들어지고 있다.

(2) 계획존속청구권

계획존속청구권이란 행정계획의 변경 또는 폐지에 대하여 계획의 존속을 주장할 수 있는 권리이다. 이 권리는 일반적으로 공익이 더 큰 경우가 많아 긍정되기 어려우나, 공권이 인정되고 계획의 변경 또는 폐지로 인한 공익보다 상대방의 신뢰보호이익이 훨씬 큰 경우에는 예외적으로 인정될 수 있다. 예를 들면, 지방자치단체의 특정 공장의 유치계획과 같이 주로 특정 개인에 대해서 효력을 미치는 행정계획의 경우에 계획존속청구권이 인정되는 경우가 있을 수 있다.

(3) 계획준수청구권과 계획집행청구권

1) 개설

계획의 준수와 계획의 집행은 구별하여야 한다. 계획의 준수는 행정기관이 구속적 행정계획을 위반해서는 안 되는 것을 의미하며, 계획의 집행이란 행정기관이 계획의 목표를 달성하기 위하여 계획을 집행하는 것을 말한다.

2) 계획준수청구권의 의의 및 요건

계획준수청구권이라 함은 행정기관이 계획을 준수할 것을 청구할 수 있는 권리이며, 계획준수청구권이 인정되기 위하여는 계획준수를 청구하는 자의 개인적 이익이 계획법규에 의해 보호되고 있어야 하고, 행정청에게 계획을 준수할 의무가 있어야 한다. 구속적 행정계획의 경우 행정청은 계획을 준수할 의무를 진다.

(4) 계획집행청구권의 의의 및 요건

계획집행청구권이라 함은 행정기관에게 계획을 집행할 것을 청구할 수 있는 권리이며, 계획집행청구권이 인정되기 위하여는 계획의 집행을 청구하는 자의 개인적 이익이 계획법규에 의해 보호되고 있어야 하고, 행정기관에게 계획집행의무가 인정되어야 한다.

(5) 경과조치청구권(적응지원청구권)

경과조치청구권이란 계획의 존속을 신뢰하여 조치를 취한 자가 행정계획의 변경 또는 폐지로 받게 될 불이익을 방지하기 위해 행정청에게 경과조치 또는 적응조치(예 기간의 연장, 보조금 지급 등)를 청구할 수 있는 권리이며, 법률의 명시적 근거가 없는 한 인정될 수 없다.

(6) 손실보상청구권 및 손해배상청구권

① 계획의 변경·폐지를 통하여 개인의 보호할 가치가 있는 신뢰가 침해된 경우에는 손실보상을 하는 것이 일반적이며, 계획보장청구권의 주된 내용을 이루고 있고 ② 행정계획의 수립·책정과정에서 공무원의 직무상 불법행위가 개입되었다면 손해배상청구도 가능할 것이다.

(7) 계획변경청구권

계획변경청구권이란 기존계획의 변경을 청구할 수 있는 권리이다. 사인이 적법한 계획의 변경을 청구할 권리를 가진다는 것은 일반적으로 인정되기 어려우며, 사인에게 계획변경청구권이 인정되지 않는다는 것이 판례의 일반적 입장이다. 다만, 진안군수가 주식회사 진도의 국토이용계획변경승인신청을 거부한 사건에서 행정청의 계획변경 신청 거부가 실질적으로 처분의 거부가 되는 경우 사인에게 계획변경신청권을 예외적으로 인정하였다.

📑 판례

대법원 2003.9.23. 선고 2001두10936 판결[국토이용계획변경승인거부처분취소]

[1] 국민의 적극적 신청행위에 대하여 행정청이 그 신청에 따른 행위를 하지 않겠다고 거부한 행위가 항고소송의 대상이 되는 행정처분에 해당하는 것이라고 하려면, 그 신청한 행위가 공권력의 행사 또는 이에 준하는 행정작용이어야 하고, 그 거부행위가 신청인의 법률관계에 어떤 변동을 일으키는 것이어야 하며, 그 국민에게 그 행위발동을 요구할 법규상 또는 조리상의 신청권이 있어야만 한다.

[2] 구 국토이용관리법(2002.2.4. 법률 제6655호 국토의 계획 및 이용에 관한 법률 부칙 제2조로 폐지) 상 주민이 국토이용계획의 변경에 대하여 신청을 할 수 있다는 규정이 없을 뿐만 아니라, 국토건설 종합계획의 효율적인 추진과 국토이용질서를 확립하기 위한 국토이용계획은 장기성, 종합성이 요구되는 행정계획이어서 원칙적으로는 그 계획이 일단 확정된 후에 어떤 사정의 변동이 있다고 하여 그러한 사유만으로는 지역주민이나 일반 이해관계인에게 일일이 그 계획의 변경을 신청할 권리를 인정하여 줄 수는 없을 것이지만, 장래 일정한 기간 내에 관계 법령이 규정하는 시설 등을 갖추어 일정한 행정처분을 구하는 신청을 할 수 있는 법률상 지위에 있는 자의 국토이용계획변경신청을 거부하는 것이 실질적으로 당해 행정처분 자체를 거부하는 결과가 되는 경우에는 예외적으로 그 신청인에게 국토이용계획변경을 신청할 권리가 인정된다고 봄이 상당하므로, 이러한 신청에 대한 거부행위는 항고소송의 대상이 되는 행정처분에 해당한다.

5. 행정계획과 권리구제제도

(1) 위법한 행정계획과 국가배상

이론상 위법한 행정계획의 수립·변경 또는 폐지로 인하여 손해를 받은 자는 국가배상을 청구할 수 있다.

(2) 적법한 행정계획과 손실보상 등 권리구제

적법한 행정계획의 수립·변경 또는 폐지로 인하여 손실을 받은 경우에는 손실보상의 요건을 갖춘 경우 손실보상을 청구할 수 있다. 특히 문제가 되는 것은 행정계획으로 인한 재산상의 손실이 보상을 요하지 않는 '재산권에 내재하는 사회적 제약'에 불과한지 아니면 보상을 요하는 '특별한 희생'인지를 판단하는 것이다.

📑 판례

도시계획시설의 지정으로 말미암아 당해 토지의 이용가능성이 배제되거나 또는 토지소유자가 토지를 종래 허용된 용도대로도 사용할 수 없기 때문에 이로 말미암아 현저한 재산적 손실이 발생하는 경우에는 원칙적으로 사회적 제약의 범위를 넘는 수용적 효과를 인정하여 국가나 지방자치단체는 이에 대한 보상을 하여야 한다(헌재 1999.10.21. 선고 97헌바26 전원재판부).

(3) 행정계획의 사법적 통제

1) 행정계획이 처분인 경우(취소소송)

행정계획에 처분성과 위법성이 인정된다면 행정소송을 제기할 수 있으나, 행정계획이 위법한 경우에도 행정계획이 성립되면 그에 따라 많은 법률관계가 형성되고 이 경우 행정계획의 취소로 인하여 침해되는 공익이 크기 때문에 사정판결에 의해 행정계획이 취소되지 않을 가능성이 있다.

2) 행정계획이 공권력 행사이지만 처분이 아닌 경우(헌법소원)

행정계획이 공권력 행사이지만 처분이 아닌 경우 헌법소원의 대상이 된다.

> **판례**
>
> 비구속적 행정계획안이나 행정지침이라도 국민의 기본권에 직접적으로 영향을 끼치고, 앞으로 법령의 뒷받침에 의하여 그대로 실시될 것이 틀림없을 것으로 예상될 수 있을 때에는, 공권력행위로서 예외적으로 헌법소원의 대상이 될 수 있다(헌법재판소 2000.6.1. 선고 99헌마538·543·544·545·546·549(병합) 전원재판부[개발제한구역제도개선방안확정발표위헌확인]).

(4) 사전적 구제

행정계획에 대한 사전적 권리구제수단은 행정계획의 수립과정에 이해관계인들의 절차적 참여를 보장하여, 공익과 사익과의 갈등을 조정하거나 최소화하는 데 그 의의가 있다. 위에서 보았듯이 행정계획에 대한 사후적 구제에는 한계가 있는바 행정계획분야에서는 특히 행정절차에 의한 통제가 중요하다.

제2절 행정법상의 확약

행정절차법 제40조의2(확약)

① 법령 등에서 당사자가 신청할 수 있는 처분을 규정하고 있는 경우 행정청은 당사자의 신청에 따라 장래에 어떤 처분을 하거나 하지 아니할 것을 내용으로 하는 의사표시(이하 "확약"이라 한다)를 할 수 있다.

② 확약은 문서로 하여야 한다.

③ 행정청은 다른 행정청과의 협의 등의 절차를 거쳐야 하는 처분에 대하여 확약을 하려는 경우에는 확약을 하기 전에 그 절차를 거쳐야 한다.

④ 행정청은 다음 각 호의 어느 하나에 해당하는 경우에는 확약에 기속되지 아니한다.

　　1. 확약을 한 후에 확약의 내용을 이행할 수 없을 정도로 법령등이나 사정이 변경된 경우

　　2. 확약이 위법한 경우

⑤ 행정청은 확약이 제4항 각 호의 어느 하나에 해당하여 확약을 이행할 수 없는 경우에는 지체 없이 당사자에게 그 사실을 통지하여야 한다.

I 확약의 의의

확약은 장래 일정한 행정행위를 하거나 하지 아니할 것을 약속하는 의사표시를 말한다. 그 예로는 공무원임명의 내정, 자진신고자에 대한 세율인하의 약속, 무허가건물의 자진철거자에게 아파트입주권을 주겠다는 약속, 주민에 대한 개발사업의 약속 등이 있다.

II 법적 성질

1. 학설

① **처분성 긍정설** : 확약이 행정청에 대하여 확약의 내용대로 이행할 법적 의무를 발생시킨다는 점에 비추어 확약의 처분성을 인정하는 견해

② **처분성 부정설** : 확약은 사정변경에 의해 변경될 수 있으므로 종국적 규율성을 가지지 못한다는 점을 근거로 처분이 아니라고 보는 견해

2. 판례

▣ 판례

어업권면허에 선행하는 우선순위결정은 행정청이 우선권자로 결정된 자의 신청이 있으면 어업권 면허처분을 하겠다는 것을 약속하는 행위로서 강학상 확약에 불과하고 행정처분은 아니므로 우선순위결정에 공정력이나 불가쟁력과 같은 효력은 인정되지 아니하며, 따라서 우선순위결정이 잘못되었다는 이유로 종전의 어업권면허처분이 취소되면 행정청은 종전의 우선순위결정을 무시하고 다시 우선순위를 결정한 다음 새로운 우선순위결정에 기하여 새로운 어업권면허를 할 수 있다(대법원 1995.1.20. 선고 94누6529 판결 [행정처분취소]).

3. 검토

판례는 처분성을 부정하는 입장이나, 확약으로 행정청에게 확약을 준수할 의무가 발생하는 점, 확약의 처분성을 인정함으로써 조기의 권리구제를 도모할 수 있는 점을 고려하여 확약의 처분성을 인정하는 것이 타당하다.

Ⅲ 기속행위의 확약

재량행위에 확약이 가능하다는 데 이견이 없으나 기속행위에도 확약이 가능한지가 다투어진다. 기속행위와 재량행위의 구별이 다투어지는 경우가 많고, 기속행위에 있어서도 요건충족 여부가 불분명한 경우가 적지 않으므로 예측가능성을 확보하기 위한 확약의 이익은 기속행위에서도 인정될 수 있다. 따라서 긍정설이 타당하며 이 견해가 다수견해이다.

Ⅳ 확약의 성립 및 효력요건

1. 주체상 요건

확약은 본처분에 대해 정당한 권한을 가진 행정청만이 할 수 있고, 확약이 당해 행정청의 행위 권한의 범위 내에 있어야 한다.

2. 내용상 요건

① 확약의 대상이 적법하고 가능하며 확정적이어야 한다. ② 확약이 법적 구속력을 갖기 위하여는 상대방에게 표시되고, 그 상대방이 행정청의 확약을 신뢰하였고 그 신뢰에 귀책사유가 없어야 한다. ③ 확약은 추후에 행해질 행정행위와 그 규율사안에 있어 동일한 것이어야 한다.

3. 절차상 요건

본 처분에 대하여 일정한 절차가 규정되어 있는 경우에는 확약에 있어서도 당해 절차는 이행되어야 하며, 행정청은 다른 행정청과의 협의 등의 절차를 거쳐야 하는 처분에 대하여 확약을 하려는 경우에는 확약을 하기 전에 그 절차를 거쳐야 한다(행정절차법 제40조의2 제3항).

4. 형식상 요건

확약은 문서로 하여야 한다(행정절차법 제40조의2 제2항).

V 확약의 효력

1. 확약의 구속력

확약의 효과는 행정청이 확약의 내용인 행위를 하여야 할 법적 의무를 지며 상대방에게는 행정청에 대한 확약내용의 이행청구권이 인정된다. 상대방은 당해 행정청에 대하여 그 확약에 따를 것을 요구할 수 있으며 나아가 그 이행을 청구할 수 있다.

2. 확약의 실효

> 📑 판례
>
> 행정청이 상대방에게 장차 어떤 처분을 하겠다고 확약 또는 공적인 의사표명을 하였다고 하더라도, 그 자체에서 상대방으로 하여금 언제까지 처분의 발령을 신청을 하도록 유효기간을 두었는데도 그 기간 내에 상대방의 신청이 없었다거나 확약 또는 공적인 의사표명이 있은 후에 사실적·법률적 상태가 변경되었다면, 그와 같은 확약 또는 공적인 의사표명은 행정청의 별다른 의사표시를 기다리지 않고 실효된다(대법원 1996.8.20. 선고 95누10877 판결[주택건설사업승인거부처분취소]).

VI 확약의 취소·철회

위법한 확약에 대해 취소가 가능하며 적법한 확약은 상대방의 의무불이행 등 철회사유가 발생한 경우 철회의 대상이 된다. 확약의 취소·철회에 있어서는 취소·철회의 제한의 법리가 적용된다.

VII 권리구제

확약은 처분이므로 항고소송의 대상이 된다고 봄이 타당하며, 행정청이 확약의 내용인 행위를 하지 아니하는 경우 현행법상 의무이행소송은 허용되지 않으므로, 상대방은 확약의 이행을 청구하고 거부처분이나 부작위에 대해 거부처분취소심판, 의무이행심판, 부작위위법확인소송 또는 거부처분취소소송을 제기할 수 있다. 또한 확약의 불이행으로 손해가 발생한 경우에는 손해배상청구소송을 제기할 수 있다.

제3절 공법상 계약

행정기본법 제27조(공법상 계약의 체결)

① 행정청은 법령 등을 위반하지 아니하는 범위에서 행정목적을 달성하기 위하여 필요한 경우에는 공법상 법률관계에 관한 계약(이하 "공법상 계약"이라 한다)을 체결할 수 있다. 이 경우 계약의 목적 및 내용을 명확하게 적은 계약서를 작성하여야 한다.

② 행정청은 공법상 계약의 상대방을 선정하고 계약 내용을 정할 때 공법상 계약의 공공성과 제3자의 이해관계를 고려하여야 한다.

I 공법상 계약의 의의

공법상 계약이란 행정주체 상호 간 또는 행정주체와 사인 간에 공법적 효과의 발생을 내용으로 하는 계약을 말한다. 여기서 행정주체는 공권력주체로서의 국가·공공단체 및 공무수탁사인, 즉 스스로의 이름으로 공권력(행정권)을 행사할 수 있는 사인 등을 의미한다. 공법상 계약은 사법상 계약과 같이 실정법에 규정되어 있는 것이 아니고 학문상으로 일정한 유형의 공법행위의 성질에 착안하여 인정된 관념이다.

판례

대법원 2017.4.13. 선고 2016두64241 판결[수용재결무효확인]

[1] 공익사업을 위한 토지 등의 취득 및 보상에 관한 법률(이하 '토지보상법'이라 한다)은 사업시행자로 하여금 우선 협의취득 절차를 거치도록 하고, 협의가 성립되지 않거나 협의를 할 수 없을 때에 수용재결취득 절차를 밟도록 예정하고 있기는 하다. 그렇지만 일단 토지수용위원회가 수용재결을 하였더라도 사업시행자로서는 수용 또는 사용의 개시일까지 토지수용위원회가 재결한 보상금을 지급 또는 공탁하지 아니함으로써 재결의 효력을 상실시킬 수 있는 점, 토지소유자 등은 수용재결에 대하여 이의를 신청하거나 행정소송을 제기하여 보상금의 적정 여부를 다툴 수 있는데, 그 절차에서 사업시행자와 보상금액에 관하여 임의로 합의할 수 있는 점, 공익사업의 효율적인 수행을 통하여 공공복리를 증진시키고, 재산권을 적정하게 보호하려는 토지보상법의 입법 목적(제1조)에 비추어 보더라도 수용재결이 있은 후에 사법상 계약의 실질을 가지는 협의취득 절차를 금지해야 할 별다른 필요성을 찾기 어려운 점 등을 종합해 보면, 토지수용위원회의 수용재결이 있은 후라고 하더라도 토지소유자 등과 사업시행자가 다시 협의하여 토지 등의 취득이나 사용 및 그에 대한 보상에 관하여 임의로 계약을 체결할 수 있다고 보아야 한다.

[2] 중앙토지수용위원회가 지방국토관리청장이 시행하는 공익사업을 위하여 갑 소유의 토지에 대하여 수용재결을 한 후, 갑과 사업시행자가 '공공용지의 취득협의서'를 작성하고 협의취득을 원인으로 소유권이전등기를 마쳤는데, 갑이 "사업시행자가 수용개시일까지 수용재결보상금 전액을 지급·공탁하지 않아 수용재결이 실효되었다."고 주장하며 수용재결의 무효확인을 구하는 소송을 제기한 사안에서, 갑과 사업시행자가 수용재결이 있은 후 토지에 관하여 보상금액을 새로 정하여 취득협의서를 작성하였고, 이를 기초로 소유권이전등기까지 마친 점 등을 종합해 보면, 갑과 사업시행자가 수용재결과는 별도로 '토지의 소유권을 이전한다는 점과 그 대가인 보상금의 액수'를 합의하는 계약을 새로 체결하였다고

볼 여지가 충분하고, 만약 이러한 별도의 협의취득 절차에 따라 토지에 관하여 소유권이전등기가 마쳐진 것이라면 설령 갑이 수용재결의 무효확인 판결을 받더라도 토지의 소유권을 회복시키는 것이 불가능하고, 나아가 무효확인으로써 회복할 수 있는 다른 권리나 이익이 남아 있다고도 볼 수 없다고 한 사례

Ⅱ 구별개념

1. 사법상 계약과의 구별

사법상 계약은 사법의 영역에서 이루어지는 계약을 말하나, 공법상 계약은 공법의 영역에서 이루어지는 계약을 말한다. 그것은 공법상 효과, 즉 공법상 권리·의무의 발생·변경·소멸을 목적으로 한다.

2. 행정행위와의 구별

행정행위나 공법상 계약 모두 개별·구체적인 법적 행위라는 점에서는 동일하다. 그러나 행정행위는 일방적인 행위임에 반하여 공법상 계약은 쌍방행위인 점에서 양자는 구분된다.

Ⅲ 공법상 계약의 성립요건

1. 주체상요건

공법상 계약을 체결하고자 하는 행정청은 규율대상에 대해 정당한 관할권을 가져야 한다. 그리고 행정청을 위해 행위하는 공무원은 그 행정청을 대표하는 권한을 가져야 한다. 또한 그 공무원은 정상적인 의사능력을 가져야 한다.

2. 형식상 요건

행정청은 공법상 계약을 체결할 경우 계약의 목적 및 내용을 명확하게 적은 계약서를 작성하여야 한다(행정기본법 제27조 제1항).

3. 절차상 요건

공법상 계약의 체결에 대한 일반법은 없다. 특별규정이 없는 한 의사표시와 계약에 관한 일반 원칙을 따르게 된다. 그리고 현행 행정절차법은 그 적용 범위를 처분·신고·행정상 입법예고·행정예고·행정지도에 한정하고 있기 때문에 공법상 계약에는 행정절차법이 적용되지 아니한다.

📋 판례

계약직공무원에 관한 현행 법령의 규정에 비추어 볼 때, 계약직공무원 채용계약 해지의 의사표시는 일반공무원에 대한 징계처분과는 달라서 항고소송의 대상이 되는 처분 등의 성격을 가진 것으로 인정되지

아니하고, 일정한 사유가 있을 때에 국가 또는 지방자치단체가 채용계약 관계의 한쪽 당사자로서 대등한 지위에서 행하는 의사표시로 취급되는 것으로 이해되므로, 이를 징계해고 등에서와 같이 그 징계사유에 한하여 효력 유무를 판단하여야 하거나, 행정처분과 같이 행정절차법에 의하여 근거와 이유를 제시하여야 하는 것은 아니다(대법원 2002.11.26. 선고 2002두5948 판결).

4. 내용에 관한 요건

공법상 계약의 내용은 법우위의 원칙에 따라 법을 위반하지 않아야 하며, 법의 일반원칙 또한 적용되는바 비례의 원칙상 행정청은 공법상 계약의 상대방을 선정하고 계약 내용을 정할 때 공법상 계약의 공공성과 제3자의 이해관계를 고려하여야 한다(행정기본법 제27조 제2항). 부당결부금지의 원칙상 행정주체의 급부와 사인의 급부 사이에 실질적 관련성이 있어야 한다.

Ⅳ 공법상 계약의 하자의 효과

공법상 계약에는 공정력이 인정되지 않으므로 위법한 공법상 계약은 원칙상 무효라는 것이 다수견해이다. 공법상 계약이 무효인 경우 계약이 목적으로 하는 권리나 의무는 발생하지 않는다. 실무상 공법상 계약의 효력을 다투는 소송은 공법상 계약의 무효확인을 구하는 당사자소송으로 제기되고 있는 점에 비추어 판례도 위법한 공법상 계약을 무효로 보고 있는 것으로 보인다.

판례

(생략) 현행 실정법이 전문직공무원인 공중보건의사의 채용계약 해지의 의사표시는 일반공무원에 대한 징계처분과는 달라서 항고소송의 대상이 되는 처분 등의 성격을 가진 것으로 인정되지 아니하고, 일정한 사유가 있을 때에 관할 도지사가 채용계약 관계의 한쪽 당사자로서 대등한 지위에서 행하는 의사표시로 취급하고 있는 것으로 이해되므로, 공중보건의사 채용계약 해지의 의사표시에 대하여는 대등한 당사자 간의 소송형식인 공법상의 당사자소송으로 그 의사표시의 무효확인을 청구할 수 있는 것이지, 이를 항고소송의 대상이 되는 행정처분이라는 전제하에서 그 취소를 구하는 항고소송을 제기할 수는 없다(대법원 1996.5.31. 선고 95누10617 판결[공중보건의사전문직공무원채용계약해지처분취소등]).

제4절 행정상 사실행위

I 행정상 사실행위의 의의

행정상 사실행위란 행정목적을 달성하기 위하여 행해지는 물리력의 행사를 말하며, 그 예로는 폐기물 수거, 행정지도, 대집행의 실행, 행정상 즉시강제 등이 있다.

행정기관의 행위는 직접적인 법적 효과를 발생시키는가를 기준으로 하여 법적 행위와 사실행위로 구분되고 있다. 사실행위는 직접적인 법적 효과를 발생시키지 않는다. 그러나 사실행위도 간접적으로는 법적 효과를 발생시키는 경우가 있다. 예를 들어, 위법한 사실행위로 인해 국민에게 손해가 발생한 경우 국가 또는 지방자치단체는 피해 국민에게 손해배상의무를 지고, 피해자인 국민은 손해배상청구권을 갖는다.

II 행정상 사실행위의 종류

1. 행정법상 지식의 표시 · 비명령적 영향력 행사 · 순수 사실행위

① 행정법상 지식의 표시란 행정법 영역에서 물적 상황이나 법적 상황에 대한 단순 지식의 표명으로서 직접적 구속효를 갖지 않는 것을 말한다(예 불복고지, 감정평가상 입장표명, 조사보고 등). ② 비명령적 영향력 행사란 명령적 성격 없이 이루어지는 조정적 영향력 행사를 말한다(예 경고, 위협 등). ③ 순수 사실행위란 공법 영역에서 고유한 규율내용 없이 이루어지는 순수히 사실적인 행정작용을 말한다(예 문서관리, 임의적 예방접종, 담장설치 등).

2. 기타

내부적 사실행위(공문서 정리), 외부적 사실행위(쓰레기 수거, 도로건설), 정신적 사실행위(행정지도), 물리적 사실행위(도로청소), 독립적 사실행위(행정지도), 집행적 사실행위(압류를 위한 실력행사, 경찰의 무기사용), 권력적 사실행위(토지보상법상 타인토지출입), 비권력적 사실행위(행정지도, 표창)을 들 수 있다.

III 행정상 사실행위와 법치행정

1. 법적 근거

행정상 사실행위도 법률의 우위의 원칙과 법률의 유보의 원칙하에 놓인다. 행정상 사실행위가 조직규범의 범위 내에서 이루어져야 함에는 의문이 없다. 그러나 적어도 개인의 신체 · 자유 · 재산에 직접 침해를 야기할 수 있는 사실행위는 작용법상의 근거도 가져야 한다(중요사항 유보설).

2. 법적 한계

행정상 사실행위는 ① 조직법상 주어진 권한의 범위 내에서, ② 목적의 범위 내에서, ③ 공익원칙·평등원칙·신뢰보호원칙 등 행정법의 일반원칙에 따라서 행해져야 한다. ④ 개별법규가 있다면, 그에 따라야 하며, 이에 위반하면 위법한 행위가 된다. 위법한 사실행위는 손해배상청구·결과제거청구 등의 문제를 가져온다.

Ⅳ 행정상사실행위에 대한 권리구제

1. 행정쟁송

(1) 권력적 사실행위

1) 의의

권력적 사실행위는 행정청이 특정의 행정목적을 달성하기 위하여 국민의 신체·재산 등에 직접 물리력을 행사하여 행정상 필요한 상태를 실현하는 행위를 의미한다. 그 예로는 대집행의 실시, 토지보상법상 타인토지출입 등을 들 수 있다.

2) 항고소송의 대상적격 인정 여부

① 학설

<긍정설> 권력적 사실행위 그 자체가 공권력의 행사 또는 그 밖에 이에 준하는 작용으로서 취소소송의 대상이 된다는 견해

<수인하명설> 계속적 성격을 갖는 권력적 사실행위는 수인하명과 사실행위가 결합된 합성행위이므로 이 수인하명이 취소소송의 대상이 된다는 견해

<부정설> 사실행위에 대해서는 취소를 생각할 수 없으므로 취소소송의 대상이 될 수 없으며, 다만 당사자소송으로 중지나 금지를 요구하거나 결과제거를 요구하여야 한다는 견해

② 판례

대법원은 권력적 사실행위로 보이는 단수조치를 처분에 해당하는 것으로 판시하였다(대법원 1985.12.24. 선고 84누598 판결). 헌법재판소는 "수형자의 서신을 교도소장이 검열하는 행위는 이른바 권력적 사실행위로서 행정심판이나 행정 소송의 대상이 되는 행정처분으로 볼 수 있다"고 하여 명시적으로 권력적 사실행위의 처분성을 인정하고 있다(헌재 1998.8.27. 선고 96헌마398 전원재판부[각하]; 헌재 2011.6.30. 선고 2009헌마406 전원재판부).

③ 검토

당사자소송으로 금지소송이나 이행소송이 인정되지 않고 있는 현행법하에서 실효적인 권리구제를 위해서는 사실행위를 처분으로 보아 항고쟁송의 대상으로 하는 것이 타당하므로 긍정설이 타당하다.

(2) 비권력적 사실행위

행정지도와 같은 비권력적 사실행위의 경우에는 법적 행위의 요소를 찾아보기 어려우므로, 행정심판
이나 행정소송의 대상이 되지 아니한다.

2. 결과제거청구권

위법한 공법상 사실행위로 인해 위법한 사실상태가 야기된 경우, 가능하고 수인할 수 있음을 전제로
행정청은 그 위법한 상태를 제거하고 적법한 상태를 회복할 의무를 부담하고, 침해받은 사인은 적법한
상태로의 원상회복을 위한 결과제거청구권을 갖는다. 소송상 결과제거청구권은 당사자소송형식에 의
해 주장될 수 있다.

3. 손해배상

위법한 행정상 사실행위로 인해 사인이 손해를 입게 되면, 피해자는 그 사실행위가 사법적 사실행위인
경우에는 민사법(민법 제750조 등)에 따라, 공법적 사실행위인 경우에는 국가배상법에 따라 손해배상
을 청구할 수 있다.

4. 손실보상

적법한 공법상 사실행위로 사인이 손실을 입게 되면, 그 사인은 그 손실이 특별한 희생에 해당하는
경우에 손실보상을 청구할 수 있다.

제5절 행정지도

Ⅰ 행정지도의 의의

행정지도란 일정한 행정목적을 실현하기 위하여 상대방인 국민에게 임의적인 협력을 요청하는 비권력적 사실행위를 말한다. 그 예로는 권고, 권유, 요망 등이 있다(제2조 제3호).

Ⅱ 법적 성질

행정지도는 행정청이 행정목적의 달성을 위하여 직접 활동을 하는 것이 아니라 상대방인 국민의 임의적인 협력을 구하는 데 그 개념적 특징이 있다. 행정지도에 따르지 않는다고 하여도 행정지도가 강제되거나 그것만을 근거로 불이익이 주어지지는 않는다. 따라서 행정지도는 비권력적 행위이며, 사실행위이다.

Ⅲ 행정지도의 종류

① 일정한 행위의 억제를 내용으로 하는 행정지도인 <규제적 행정지도>, ② 이해관계자 사이의 분쟁의 조정을 내용으로 하는 행정지도인 <조정적 행정지도>, ③ 관계자에게 지식 기술을 제공하거나 조언하는 행정지도인 <조성적 행정지도>가 있다.

Ⅳ 권리구제

1. 행정쟁송

(1) 행정지도의 처분성

1) 학설

① 처분성 부정설 : 행정지도는 상대방의 협력이나 동의를 요구하는 임의적인 행정작용에 지나지 않기 때문에 일방적인 공권력행사로서의 처분성이 결여되어 있다고 보는 견해

② 처분성 긍정설 : 조정적·규제적 행정지도처럼 사실상의 강제력이 인정되는 것은 "그 밖에 이에 준하는 행정작용"으로서 취소소송의 대상이 될 수 있다고 보는 견해

2) 판례

> 🔍 판례
>
> [1] 항고소송의 대상이 되는 행정처분이라 함은 행정청의 공법상의 행위로서 특정 사항에 대하여 법규에 의한 권리의 설정 또는 의무의 부담을 명하거나 기타 법률상 효과를 발생하게 하는 등 국민의 권리의무에 직접 관계가 있는 행위를 가리키는 것이고, 행정권 내부에서의 행위나 알선, 권유, 사실상의 통지 등과 같이 상대방 또는 기타 관계자들의 법률상 지위에 직접적인 법률적 변동을 일으키지 아니하는 행위 등은 항고소송의 대상이 되는 행정처분이 아니다(대법원 1996.3.22. 선고 96누433 판결[시정명령처분등취소]).

[2] 세무당국이 소외 회사에 대하여 원고와의 주류거래를 일정기간 중지하여 줄 것을 요청한 행위는 권고 내지 협조를 요청하는 권고적 성격의 행위로서 소외 회사나 원고의 법률상의 지위에 직접적인 법률상의 변동을 가져오는 행정처분이라고 볼 수 없는 것이므로 항고소송의 대상이 될 수 없다(대법원 1980.10.27. 선고 80누395 판결[주류출고정지처분취소]).

3) 검토

행정지도는 법적 행위가 아니므로 항고소송의 대상이 되지 않는다고 봄이 타당하나, 행정지도가 국민의 권리의무에 사실상 강제력을 미치고 있는 경우에는 처분성을 제한적으로 인정하는 것이 타당하다.

2. 헌법소원

헌법재판소는 행정지도가 단순한 행정지도로서의 한계를 넘어 규제적·구속적 성격을 상당히 강하게 갖는 것이면 헌법소원의 대상이 되는 공권력의 행사라고 볼 수 있다고 한다.

📑 **판례**

교육인적자원부장관의 대학총장들에 대한 이 사건 학칙시정요구는 고등교육법 제6조 제2항, 동법 시행령 제4조 제3항에 따른 것으로서 그 법적 성격은 대학총장의 임의적인 협력을 통하여 사실상의 효과를 발생시키는 행정지도의 일종이지만, 그에 따르지 않을 경우 일정한 불이익조치를 예정하고 있어 사실상 상대방에게 그에 따를 의무를 부과하는 것과 다를 바 없으므로 단순한 행정지도로서의 한계를 넘어 규제적·구속적 성격을 상당히 강하게 갖는 것으로서 헌법소원의 대상이 되는 공권력의 행사라고 볼 수 있다(헌재 2003.6.26. 2002헌마337, 2003헌마7·8(병합) 전원재판부[학칙시정요구 등 위헌확인]).

3. 국가배상청구

위법한 행정지도로 손해가 발생한 경우 국가배상책임의 요건을 충족하는 한 국가배상책임이 인정된다는 것이 판례 및 일반적 견해이다. 위법한 행정지도에 의한 국가배상책임에 있어서 다음의 세 요건이 특히 문제된다. ① 행정지도가 국가배상법상의 직무행위에 해당하는지 여부, ② 행정지도의 위법성, ③ 행정지도와 손해 사이의 인과관계의 존재 여부

📑 **판례**

원심은 피고(인천광역시 강화군)가 1995.1.3. 이전에 원고에 대하여 행한 행정지도는 원고의 임의적 협력을 얻어 행정목적을 달성하려고 하는 비권력적 작용으로서 강제성을 띤 것이 아니지만, 1995.1.3. 행한 행정지도는 그에 따를 의사가 없는 원고에게 이를 부당하게 강요하는 것으로서 행정지도의 한계를 일탈한 위법한 행정지도에 해당하여 불법행위를 구성하므로, 피고는 1995.1.3.부터 원고가 피고로부터 "원고의 어업권은 유효하고 향후 어장시설공사를 재개할 수 있으나 어업권 및 시설에 대한 보상은 할 수 없다"는 취지의 통보를 받은 1996.4.30.까지 원고가 실질적으로 어업권을 행사할 수 없게 됨에 따라 입은 손해

를 배상할 책임이 있다고 판단하고, 나아가 피고는 원고의 어업면허를 취소하거나 어업면허를 제한하는 등의 처분을 하지 아니한 채 원고에게 양식장시설공사를 중단하도록 하여 어업을 하지 못하도록 (지도) 함으로써 실질적으로는 어업권이 정지된 것과 같은 결과를 초래하였으므로, 결국 어업권이 정지된 경우의 보상액 관련 규정을 유추 적용하여 손해배상액을 산정하여야 한다고 판단하였는데, 대법원은 위와 같은 원심의 사실인정과 판단을 인정하였다. 그리고, 1995.1.3. 이전의 피고의 행정지도가 강제성을 띠지 않은 비권력적 작용으로서 행정지도의 한계를 일탈하지 아니하였다면 그로 인하여 원고에게 어떤 손해가 발생하였다 하더라도 피고는 그에 대한 손해배상책임이 없다고 할 것이고, 또한 피고가 원고에게 어장시설공사를 재개할 수 있다는 취지의 통보를 한 1998.4.30.부터는 원고가 어업권을 행사하는 데 장애가 있었다고 할 수 없어 그 이후에도 원고에게 어업권의 행사불능으로 인한 손해가 발생하였다고 볼 수 없으므로, 국가배상책임은 인정될 수 없다고 하고 있다(대법원 2008.9.25. 선고 2006다18228 판결).

4. 손실보상

행정지도가 전혀 강제성을 띠지 않는 한 손실보상은 인정되지 않는다. 그러나 행정지도가 사실상 강제성을 띠고 있고, 국민이 행정지도를 따를 수밖에 없었던 경우에는 특별한 희생이 발생한 경우 손실보상을 해 주어야 할 것이다.

행정절차

제1절 개설

I 행정절차의 의의

보통 행정절차라 함은 행정활동을 함에 있어서 가치는 사전통지, 의견청취, 이유제시 등 사전절차만을 가리킨다. 행정절차는 행정의 절차적 통제, 행정에 대한 이해관계인 등 국민의 참여, 국민의 권익에 대한 침해의 예방 등의 기능을 갖는다.

II 행정절차의 법적 근거

1. 헌법

헌법 제12조 제1항과 제3항은 형사사건의 적법절차에 관해 규정하고 있고, 행정절차에 관해서는 특별히 규정하는 바는 없지만 헌법의 동 규정은 행정절차에도 적용된다.

> **판례**
>
> 적법절차의 원칙(due process of law)은 공권력에 의한 국민의 생명·자유·재산의 침해는 반드시 합리적이고 정당한 법률에 의거해서 정당한 절차를 밟은 경우에만 유효하다는 원리로서, 그 의미는 누구든지 합리적이고 정당한 법률의 근거가 있고 적법한 절차에 의하지 아니하고는 체포·구속·압수·수색을 당하지 아니함은 물론, 형사처벌 및 행정벌과 보안처분, 강제노역 등을 받지 아니한다고 이해되는 바, 이는 형사절차상의 제한된 범위 내에서만 적용되는 것이 아니라 국가작용으로서 기본권 제한과 관련되든 아니든 모든 입법작용 및 행정작용에도 광범위하게 적용된다고 해석하여야 한다(헌재 2018.4.26. 선고 2016헌바453 결정).

2. 법률

① 행정절차에 관한 일반법으로 행정절차법이 있다. ② 행정절차에 관한 개별규정(특별규정)을 두는 경우로서는 계고(행정대집행법 제3조)·협의(토지보상법 제26조) 등이 있다.

제2절 행정절차법

Ⅰ 일반법

행정절차에 관한 공통적인 사항을 규정하는 행정절차법은 행정절차에 관한 일반법이다. 개별법률에 특별한 규정이 없는 한, 행정절차에 관해서는 당연히 행정절차법이 적용된다. 다만, 행정절차법은 「절차법」이지만, 절차적 규정만을 갖는 것은 아니고 실체적 규정(예 신뢰보호의 원칙)도 갖는다.

Ⅱ 적용범위

1. 적용영역

행정절차법이 행정절차에 관한 일반법이지만, 모든 행정작용에 적용되는 것은 아니다. 그것은 「처분, 신고, 행정상 입법예고, 행정예고 및 행정지도」의 절차에 관하여 다른 법률에 특별한 규정이 없는 경우에 적용된다(행정절차법 제3조 제1항).

2. 적용배제사항

처분, 신고, 행정상 입법예고, 행정예고 및 행정지도의 절차에 관한 사항도 국회 또는 지방의회의 의결을 거치거나 동의 또는 승인을 받아 행하는 사항 등 일정한 사항의 경우에는 행정절차법의 적용이 배제된다(행정절차법 제3조 제2항).

> **판례**
>
> **[1]** 헌법상 적법절차의 원칙은 형사소송절차뿐만 아니라 국민에게 부담을 주는 행정작용에서도 준수되어야 하므로, 그 기본 정신은 과세처분에 대해서도 그대로 관철되어야 한다. 행정처분에 처분의 이유를 제시하도록 한 행정절차법이 과세처분에 직접 적용되지는 않지만(행정절차법 제3조 제2항 제9호, 행정절차법 시행령 제2조 제5호), 그 기본 원리가 과세처분의 장면이라고 하여 본질적으로 달라져서는 안 되는 것이고 이를 완화하여 적용할 하등의 이유도 없다(대법원 2012.10.18. 선고 2010두12347 전원합의체 판결).
>
> **[2]** 행정절차법 제3조 제2항 제9호, 행정절차법 시행령 제2조 제2호 등 관련 규정들의 내용을 행정의 공정성, 투명성, 신뢰성을 확보하고 처분상대방의 권익보호를 목적으로 하는 행정절차법의 입법 목적에 비추어 보면, 행정절차법의 적용이 제외되는 '외국인의 출입국에 관한 사항'이란 해당 행정작용의 성질상 행정절차를 거치기 곤란하거나 거칠 필요가 없다고 인정되는 사항이나 행정절차에 준하는 절차를 거친 사항으로서 행정절차법 시행령으로 정하는 사항만을 가리킨다고 보아야 한다. '외국인의 출입국에 관한 사항'이라고 하여 행정절차를 거칠 필요가 당연히 부정되는 것은 아니다(대법원 2019.7.11. 선고 2017두38874 판결).

3. 행정법의 일반원칙

(1) 신의성실의 원칙

행정청은 직무를 수행할 때 신의에 따라 성실히 하여야 한다(행정절차법 제4조 제1항).

(2) 신뢰보호의 원칙

행정청은 법령 등의 해석 또는 행정청의 관행이 일반적으로 국민들에게 받아들여졌을 때에는 공익 또는 제3자의 정당한 이익을 현저히 해칠 우려가 있는 경우를 제외하고는 새로운 해석 또는 관행에 따라 소급하여 불리하게 처리하여서는 아니 된다(행정절차법 제4조 제2항).

(3) 투명성의 원칙

행정청이 행하는 행정작용은 그 내용이 구체적이고 명확하여야 하며, 행정작용의 근거가 되는 법령 등의 내용이 명확하지 아니한 경우 상대방은 해당 행정청에 그 해석을 요청할 수 있다. 이 경우 해당 행정청은 특별한 사유가 없으면 그 요청에 따라야 한다(행정절차법 제5조).

제3절 처분절차

Ⅰ 개설

1. 처분의 의의

행정절차법상 '처분'이라 함은 행정청이 행하는 구체적 사실에 관한 법집행으로서의 공권력의 행사 또는 그 거부와 그 밖에 이에 준하는 행정작용을 말한다(제2조 제2호).

2. 처분절차의 구분

처분절차에 관한 행정절차법의 규정에는 한편으로 침해적 처분과 수익적 처분에 공통적으로 적용되는 규정이 있고, 다른 한편으로 침해적 처분 또는 신청에 의한 처분에만 적용되는 규정이 있다. ① 처분기준의 설정·공표, 이유제시, 처분의 방식, 고지 등은 공통절차이고, ② 신청절차는 신청에 의한 처분절차를 규율하는 절차이며 ③ 의견진술절차는 원칙상 침해적 처분절차를 규율하는 절차이다.

Ⅱ 처분기준의 설정·공표

1. 처분기준 공표의 의의

처분기준의 설정·공표는 행정청의 자의적인 권한행사를 방지하고 행정의 통일성을 기하며 처분의 상대방에게 예측가능성을 부여하기 위하여 요청된다.

2. 처분기준의 설정·공표의무

행정청은 필요한 처분기준을 해당 처분의 성질에 비추어 되도록 구체적으로 정하여 공표하여야 한다. 처분기준을 변경하는 경우에도 또한 같다(제20조 제1항). 제1항에 따른 처분기준을 공표하는 것이 해당 처분의 성질상 현저히 곤란하거나 공공의 안전 또는 복리를 현저히 해치는 것으로 인정될 만한 상당한 이유가 있는 경우에는 처분기준을 공표하지 아니할 수 있다(제20조 제2항).

📑 판례

처분의 성질상 처분기준을 미리 공표하는 경우 행정목적을 달성할 수 없게 되거나 행정청에 일정한 범위 내에서 재량권을 부여함으로써 구체적인 사안에서 개별적인 사정을 고려하여 탄력적으로 처분이 이루어지도록 하는 것이 오히려 공공의 안전 또는 복리에 더 적합한 경우도 있다. 그러한 경우에는 행정절차법 제20조 제2항에 따라 처분기준을 따로 공표하지 않거나 개략적으로만 공표할 수도 있다(대법원 2019.12.13. 선고 2018두41907 판결).

3. 설정·공표의무 위반의 효과

처분기준을 설정하여야 함에도 설정하지 아니하거나 설정된 처분기준이 구체적이지 못한 경우, 처분기준을 공표하지 않은 경우에 그 하자는 관련 행정처분의 독립된 취소사유가 될 것인가에 대하여는 논란의 여지가 있다. 그러나 우리나라의 행정절차법은 '… 하여야 한다'라고 규정하고 있으므로 제20조 제1항은 의무규정으로 보아야 하며, 처분기준 불비의 하자는 절차의 하자가 되며 독립된 취소사유가 된다고 보아야 한다.

📑 판례

행정청이 정하여 공표한 처분기준이 과연 구체적인지 또는 행정절차법 제20조 제2항에서 정한 처분기준 사전공표 의무의 예외사유에 해당하는지는 일률적으로 단정하기 어렵고, 구체적인 사안에 따라 개별적으로 판단하여야 한다. 만약 행정청이 행정절차법 제20조 제1항에 따라 구체적인 처분기준을 사전에 공표한 경우에만 적법하게 처분을 할 수 있는 것이라고 보면, 처분의 적법성이 지나치게 불안정해지고 개별법령의 집행이 사실상 유보·지연되는 문제가 발생하게 된다(대법원 2020.12.24. 선고 2018두45633 판결).

4. 처분기준의 구속력과 신뢰보호

처분기준이 해석규칙, 재량준칙 등 행정규칙인 경우 처분기준의 구속력은 행정규칙의 구속력의 문제가 된다. 자기구속의 법리의 요건이 충족되면 자기구속의 법리에 따라 처분기준은 대외적 구속력을 갖게 되며, 자기구속의 법리가 인정되지 않는 경우에도 행정기준을 신뢰한 국민의 신뢰는 보호되어야 한다.

Ⅲ 처분의 사전통지

1. 의의 및 취지(행정절차법 제21조)

당사자에게 의무를 부과하거나 권익을 제한하는 처분을 하는 경우 당사자에게 미리 통지하는 것을 말하며, 상대방 등이 앞으로 있을 절차에 있어 미리 준비할 수 있도록 함에 취지가 있다.

2. 거부처분의 사전통지

(1) 문제점

행정절차법 제21조 제1항은 당사자에게 의무를 부과하거나 권익을 제한하는 처분을 하는 경우 당사자 등에게 일정한 사항을 사전통지하도록 한다. 사전통지의 적용 범위와 관련해 거부처분이 '당사자에게 의무를 부과하거나 권익을 제한하는 처분'인지가 문제된다.

(2) 학설

① **부정설** : 사전통지는 침익적 처분에만 해당되고, 수익적 행위나 수익적 행위의 거부에는 적용이 없으며, 신청상태는 아직 당사자의 권익이 부여된 상태가 아닌 바 권익을 제한하는 처분도 아니라 하여 부정하는 견해

② **긍정설** : 당사자가 신청을 한 경우 긍정적 처분이 이루어질 것으로 기대하므로 거부처분도 사전통지가 필요하다는 견해

(3) 판례

> 📑 **판례**
>
> **[1]** 신청에 따른 처분이 이루어지지 아니한 경우에는 아직 당사자에게 권익이 부과되지 아니하였으므로 특별한 사정이 없는 한 신청에 대한 거부처분이라고 하더라도 직접 당사자의 권익을 제한하는 것은 아니어서 신청에 대한 거부처분을 행정절차법 제21조 제1항에서 말하는 '당사자의 권익을 제한하는 처분'에 해당한다고 할 수 없는 것이어서 처분의 사전통지대상이 된다고 할 수 없다(대법원 2003.11.28. 선고 2003두674 판결).
>
> **[2]** 민원사무를 처리하는 행정기관이 민원 1회방문 처리제를 시행하는 절차의 일환으로 민원사항의 심의·조정 등을 위한 민원조정위원회를 개최하면서 민원인에게 회의일정 등을 사전에 통지하지 아니하였다 하더라도, 이러한 사정만으로 곧바로 민원사항에 대한 행정기관의 장의 거부처분에 취소사유에 이를 정도의 흠이 존재한다고 보기는 어렵다. 다만 행정기관의 장의 거부처분이 재량행위인 경우에, 위와 같은 사전통지의 흠결로 민원인에게 의견진술의 기회를 주지 아니한 결과 민원조정위원회의 심의과정에서 고려대상에 마땅히 포함시켜야 할 사항을 누락하는 등 재량권의 불행사 또는 해태로 볼 수 있는 구체적 사정이 있다면, 거부처분은 재량권을 일탈·남용한 것으로서 위법하다 (대법원 2015.8.27. 선고 2013두1560 판결[건축신고반려처분취소]).

(4) 검토

판례는 사전통지의 흠결은 재량권을 일탈·남용한 것으로서 위법하다고 보고 있는바 거부처분도 사전통지의 대상이 된다고 보는 것이 타당하다.

3. 생략 가능 사유

① 공공의 안전을 위해 긴급히 처분을 할 필요가 있는 경우, ② 법원의 재판 등에 의해 일정한 처분을 하여야 함이 객관적으로 증명된 때, ③ 처분이 성질상 의견청취가 현저히 곤란하거나 명백히 불필요한 경우에 생략이 가능하다.

Ⅳ 의견청취절차

1. 의의 및 취지(행정절차법 제22조)

의견청취란 행정처분의 상대방 또는 이해관계인에게 자신의 의견을 진술하며 스스로 방어할 수 있는 기회를 부여하는 절차로서 청문, 의견제출, 공청회가 있다.

2. 청문(행정절차법 제22조 제1항)

(1) 청문의 의의 및 취지

청문은 행정청이 어떠한 처분을 하기에 앞서 당사자 등의 의견을 직접 듣고 조사하는 절차를 말하며, 청문권의 보장은 당사자에게 중요한 사실관계 등을 제출할 기회를 확보하여 방어권을 보장하는 취지가 있다.

> **판례**
>
> 행정절차법 제22조 제1항 제1호의 청문제도는 행정처분의 사유에 대하여 당사자에게 변명과 유리한 자료를 제출할 기회를 부여함으로써 위법사유의 시정가능성을 고려하고, 처분의 신중과 적정을 기하려는 데 그 취지가 있다(대법원 2017.4.7. 선고 2016두63224 판결).

(2) 청문권의 성질

청문권은 개인적 공권이나, 그것이 특정한 행위를 요구할 수 있는 권리는 아니다. 청문권은 자신의 권리의 방어에 봉사하는 참가자가 갖는 이익이다. 그렇지만 청문권은 포기될 수 있는 권리이다(행정절차법 제22조 제4항).

(3) 청문실시의 경우

행정청이 처분을 할 때 ① 다른 법령 등에서 청문을 하도록 규정하고 있는 경우, ② 행정청이 필요하다고 인정하는 경우, ③ 인·허가 등의 취소, 신분·자격의 박탈, 법인이나 조합 등의 설립허가의 취소 처분 시 제21조 제1항 제6호에 따른 의견제출기한 내에 당사자 등의 신청이 있는 경우에는 청문을 한다(행정절차법 제22조 제1항).

(4) 청문 생략 가능 사유

① 공공의 안전을 위해 긴급히 처분을 할 필요가 있는 경우, ② 법원의 재판 등에 의해 일정한 처분을 하여야 함이 객관적으로 증명된 때, ③ 처분이 성질상 의견청취가 현저히 곤란하거나 명백히 불필요한 경우, ④ 당사자가 의견진술의 포기를 명백히 표시한 경우 생략이 가능하다고 본다.

📑 판례

[1] 행정청이 당사자와 사이에 도시계획사업의 시행과 관련한 협약을 체결하면서 관계 법령 및 행정절차법에 규정된 청문의 실시 등 의견청취절차를 배제하는 조항을 두었다고 하더라도, 국민의 행정참여를 도모함으로써 행정의 공정성·투명성 및 신뢰성을 확보하고 국민의 권익을 보호한다는 행정절차법의 목적 및 청문제도의 취지 등에 비추어 볼 때, 위와 같은 협약의 체결로 청문의 실시에 관한 규정의 적용을 배제할 수 있다고 볼 만한 법령상의 규정이 없는 한, 이러한 협약이 체결되었다고 하여 청문의 실시에 관한 규정의 적용이 배제된다거나 청문을 실시하지 않아도 되는 예외적인 경우에 해당한다고 할 수 없다(대법원 2004.7.8. 선고 2002두8350 판결[유희시설조성사업협약해지 및 사업시행자지정 거부처분취소]).

[2] 행정절차법 제21조 제4항 제3호는 침해적 행정처분을 할 경우 청문을 실시하지 않을 수 있는 사유로서 "당해 처분의 성질상 의견청취가 현저히 곤란하거나 명백히 불필요하다고 인정될 만한 상당한 이유가 있는 경우"를 규정하고 있으나, 여기에서 말하는 '의견청취가 현저히 곤란하거나 명백히 불필요하다고 인정될 만한 상당한 이유가 있는지 여부'는 당해 행정처분의 성질에 비추어 판단하여야 하는 것이지, 청문통지서의 반송 여부, 청문통지의 방법 등에 의하여 판단할 것은 아니며, 또한 행정처분의 상대방이 통지된 청문일시에 불출석하였다는 이유만으로 행정청이 관계 법령상 그 실시가 요구되는 청문을 실시하지 아니한 채 침해적 행정처분을 할 수는 없을 것이므로, 행정처분의 상대방에 대한 청문통지서가 반송되었다거나, 행정처분의 상대방이 청문일시에 불출석하였다는 이유로 청문을 실시하지 아니하고 한 침해적 행정처분은 위법하다(대법원 2001.4.13. 선고 2000두3337 판결[영업허가취소처분취소]).

(5) 청문절차의 결여

판례는 청문절차의 결여를 취소사유에 해당한다고 보고, 행정청과 당사자 사이의 합의에 의해 청문의 실시 등 의견청취절차를 배제하여도 청문의 실시에 관한 규정의 적용이 배제되지 않으며 청문을 실시하지 않아도 되는 예외적인 경우에 해당하지 않는다고 본다.

구 도시계획법(2000.1.28. 법률 제6243호로 전문 개정되기 전의 것) 제78조, 제78조의2, 행정절차법 제22조 제1항 제1호, 제4항, 제21조 제4항에 의하면, 행정청이 구 도시계획법 제23조 제5항의 규정에 의한 사업시행자 지정처분을 취소하기 위해서는 청문을 실시하여야 하고, 다만 행정절차법 제22조 제4항, 제21조 제4항에서 정한 예외사유에 해당하는 경우에 한하여 청문을 실시하지 아니할 수 있으며, 이러한 청문제도는 행정처분의 사유에 대하여 당사자에게 변명과 유리한 자료를 제출할 기회를 부여함으로써 위법사유의 시정가능성을 고려하고 처분의 신중과 적정을 기하려는 데 그 취지가 있음에 비추어 볼 때, 행정청이 침해적 행정처분을 함에 즈음하여 청문을 실시하지 않아도 되는 예외적인 경우에 해당하지 않는 한 반드시 청문을 실시하여야 하고, 그 절차를 결여한 처분은 위법한 처분으로서 취소사유에 해당한다(대법원 2004.7.8. 선고 2002두8350 판결[유희시설조성사업협약해지 및 사업시행자지정 거부처분취소]).

3. 의견제출(행정절차법 제22조 제3항)

(1) 의견제출의 의의

의견제출이란 행정청이 어떠한 행정작용을 하기 전에 당사자 등이 의견을 제시하는 절차로서 청문이나 공청회에 해당하지 아니하는 절차를 말하며, 의견제출제도는 침익적 처분에만 적용된다.

(2) 의견제출절차의 위반 효과

행정청이 침익적 처분을 하면서 당사자에게 위와 같은 사전통지를 하거나 의견제출의 기회를 주지 않았다면 사전통지를 하지 않거나 의견제출의 기회를 주지 아니하여도 되는 예외적인 경우에 해당하지 않는 한 그 처분은 위법하여 취소를 면할 수 없다.

행정절차에 관한 일반법인 행정절차법 제21조, 제22조에서 사전 통지와 의견청취에 관하여 정하고 있다. 행정청이 당사자에게 의무를 부과하거나 권익을 제한하는 처분을 하는 경우에는 미리 '처분의 제목', '처분하려는 원인이 되는 사실과 처분의 내용 및 법적 근거', '이에 대하여 의견을 제출할 수 있다는 뜻과 의견을 제출하지 아니하는 경우의 처리방법', '의견제출기관의 명칭과 주소', '의견제출기한' 등을 당사자 등에게 통지하여야 한다(제21조 제1항). 다른 법령 등에서 필수적으로 청문을 하거나 공청회를 개최하도록 정하고 있지 않은 경우에도 당사자 등에게 의견제출의 기회를 주어야 하고(제22조 제3항), 다만 '해당 처분의 성질상 의견청취가 현저히 곤란하거나 명백히 불필요하다고 인정될 만한 상당한 이유가 있는 경우' 등에 한하여 처분의 사전 통지나 의견청취를 하지 않을 수 있다(제21조 제4항, 제22조 제4항). 따라서 행정청이 침해적 행정처분을 하면서 당사자에게 행정절차법상의 사전 통지를 하거나 의견제출의 기회를 주지 않았다면, 사전 통지를 하지 않거나 의견제출의 기회를 주지 않아도 되는 예외적인 경우에 해당하지 않는 한, 그 처분은 위법하여 취소를 면할 수 없다(대법원 2020.7.23. 선고 2017두66602 판결[조치명령무효확인]).

4. 공청회 절차

(1) 공청회의 의의

공청회란 "행정청이 공개적인 토론을 통하여 어떠한 행정작용에 대하여 당사자 등, 전문지식과 경험을 가진 사람, 그 밖의 일반인으로부터 의견을 널리 수렴하는 절차"를 말한다(제2조 제6호). 공청회는 통상 행정작용과 관련이 있는 이해관계인이 다수인 경우에 행해지는 의견청취절차이며, 공청회에는 의견제출절차나 청문절차와 달리 전문지식을 가진 자 및 일반국민 등도 참여하는 경우가 많다.

(2) 공청회의 개최 여부

행정청이 처분을 함에 있어서 ① 다른 법령 등에서 공청회를 개최하도록 규정하고 있는 경우나 ② 해당 처분의 영향이 광범위하여 널리 의견을 수렴할 필요가 있다고 행정청이 인정하는 경우, ③ 국민생활에 큰 영향을 미치는 처분으로서 대통령령으로 정하는 처분에 대하여 대통령령으로 정하는 수 이상의 당사자 등이 공청회 개최를 요구하는 경우에는 공청회를 개최한다(행정절차법 제22조 제2항).

📑 **판례**

> 묘지공원과 화장장의 후보지를 선정하는 과정에서 서울특별시, 비영리법인, 일반 기업 등이 공동발족한 협의체인 추모공원건립추진협의회가 후보지 주민들의 의견을 청취하기 위하여 그 명의로 개최한 공청회는 행정청이 도시계획시설결정을 하면서 개최한 공청회가 아니므로, 위 공청회의 개최에 관하여 행정절차법에서 정한 절차를 준수하여야 하는 것은 아니라고 한 사례(대법원 2007.4.12. 선고 2005두1893 판결 [도시계획시설결정취소]<원지동추모공원사건>).

Ⅴ 처분의 이유제시

1. 의의(행정절차법 제23조)

행정청이 처분을 함에 있어 처분의 근거와 이유를 제시하는 것을 말한다. 이는 행정을 보다 신중·공정하게 하고, 쟁송제기 여부의 판단 및 쟁송준비의 편의 제공 등에 그 취지가 인정된다.

2. 생략 가능사유

① 신청 내용을 모두 그대로 인정하는 처분인 경우, ② 단순·반복적인 처분 또는 경미한 처분으로서 당사자가 그 이유를 명백히 알 수 있는 경우, ③ 긴급히 처분을 할 필요가 있는 경우에는 이유제시의 생략이 가능하다(행정절차법 제23조 제1항). 그러나 ②와 ③의 경우에 처분 후 당사자가 요청하는 경우에는 그 근거와 이유를 제시하여야 한다(행정절차법 제23조 제2항).

3. 요건

(1) 정도

이유제시의 정도는 처분사유를 이해할 수 있을 정도로 구체적이어야 한다. 이유제시에 있어서는 행정청이 자기의 결정에 고려하였던 사실상·법률상의 근거를 알려야 한다. 사실상 근거에는 행정청이 확정하여 행정행위의 결정에 근거로 삼은 사실관계가 포함되며, 법률상 근거에는 해석·포섭·형량 및 절차법상 형량이 포함된다. 재량결정에 있어서의 이유제시에는 행정청이 자기의 재량행사에서 기준으로 하였던 관점을 또한 알려야 한다. 다만, 당사자가 신청한 허가를 거부하는 처분을 하면서 당사자가 그 근거를 알 수 있는 정도로 이유를 제시한 경우에는 처분의 근거와 이유를 구체적으로 명시하지 않았더라도 그 처분이 위법하다고 볼 수는 없다.

> **판례**
>
> [1] 면허의 취소처분에는 그 근거가 되는 법령이나 취소권 유보의 부관 등을 명시하여야 함은 물론 처분을 받은 자가 어떠한 위반사실에 대하여 당해 처분이 있었는지를 알 수 있을 정도로 사실을 적시할 것을 요하며, 이와 같은 취소처분의 근거와 위반사실의 적시를 빠뜨린 하자는 피처분자가 처분 당시 그 취지를 알고 있었다거나 그 후 알게 되었다 하여도 치유될 수 없다고 할 것인바, 세무서장인 피고가 주류도매업자인 원고에 대하여 한 이 사건 일반주류도매 면허취소통지에 '상기 주류도매장은 무면허 주류 판매업자에게 주류를 판매하여 주세법 제11조 및 국세법사무처리규정 제26조에 의거 지정조건위반으로 주류판매면허를 취소합니다'라고만 되어 있어서 원고의 영업기간과 거래상대방 등에 비추어 원고가 어떠한 거래행위로 인하여 이 사건 처분을 받았는지 알 수 없게 되어 있다면 이 사건 면허취소처분은 위법하다(대법원 1990.9.11. 선고 90누1786 판결).
>
> [2] 행정청의 자의적 결정을 배제하고 당사자로 하여금 행정구제 절차에서 적절히 대처할 수 있도록 하는 처분의 근거 및 이유제시 제도의 취지에 비추어, 처분을 하면서 당사자가 그 근거를 알 수 있을 정도로 이유를 제시한 경우에는 처분의 근거와 이유를 구체적으로 명시하지 않았더라도 그로 말미암아 그 처분이 위법하다고 볼 수는 없다. 이때 '이유를 제시한 경우'는 처분서에 기재된 내용과 관계 법령 및 당해 처분에 이르기까지의 전체적인 과정 등을 종합적으로 고려하여, 처분 당시 당사자가 어떠한 근거와 이유로 처분이 이루어진 것인지를 충분히 알 수 있어서 그에 불복하여 행정구제 절차로 나아가는 데 별다른 지장이 없었다고 인정되는 경우를 뜻한다(대법원 2019.1.31. 선고 2016두64975 판결; 대법원 2017.8.29. 선고 2016두44186 판결).

(2) 방식 및 기준시점

① 행정절차법상 처분의 방식은 동법 제24조 제1항의 규정에 의하여 원칙적으로 문서로 하여야 하며, ② 이유제시는 원칙적으로 처분이 이루어지는 시점에 이루어져야 한다.

4. 이유제시의 하자

이유제시의 하자란 행정청이 처분이유를 제시하여야 함에도 처분이유를 전혀 제시하지 않거나 불충분하게 제시한 경우를 말한다. 이유제시의 하자는 무효사유와 취소사유의 구별기준에 따라 무효인 하자나 취소할 수 있는 하자가 된다. 판례는 이유제시의 하자를 통상 취소사유로 보고 있다.

> **판례**
>
> 세액산출근거가 기재되지 아니한 납세고지서에 의한 부과처분은 강행법규에 위반하여 취소대상이 된다할 것이므로 이와 같은 하자는 납세의무자가 전심절차에서 이를 주장하지 아니하였거나, 그 후 부과된세금을 자진납부하였다거나, 또는 조세채권의 소멸시효기간이 만료되었다 하여 치유되는 것이라고는할 수 없다(대법원 1985.4.9. 선고 84누431 판결[법인세등부과처분취소]).

5. 이유제시의 하자의 치유

일반적으로 이유제시의 하자의 치유가능성을 인정하고 있다. 이유제시의 취지의 중점은 상대방에게쟁송제기상 편의를 제공하는 데 있다고 보는 것이 타당하므로 행정쟁송의 제기 전에 한하여 치유가가능한 것으로 보아야 할 것이다.

제4절 행정절차의 하자

I 절차상 하자의 의의

절차의 하자란 행정입법·행정행위 등 행정청에 의한 모든 공법적 작용은 적법요건을 갖추어야 적법한것이 되는 경우 행정청에 의한 각종의 공법적 작용에 절차요건상 흠이 있을 때를 말한다.

II 절차상 하자의 사유

절차상 하자의 유형으로 법령상 요구되는 상대방의 협력이나 관계 행정청의 협력의 결여, 필요적인 처분의 사전통지나 의견청취절차의 결여, 이유제시의 결여, 송달방법의 하자 등을 볼 수 있다. 말하자면 개별법률 또는 행정절차법에서 행정절차상 요구되는 각종 절차의 결여가 절차상 하자에 해당한다.

III 절차상 하자의 효과

1. 명문규정이 있는 경우

현재로서 우리나라의 경우에 일반법은 없다. 개별법률에 따라서는 "소청사건을 심사할 때 소청인 등에게 진술의 기회를 주지 아니한 결정은 무효로 한다"(국가공무원법 제13조 제2항, 지방공무원법 제

18조 제2항)와 같이 명문의 규정을 두기도 한다. 입법의 실제상으로는 명문의 규정을 두고 있지 않은 경우가 일반적이다.

2. 명문규정이 없는 경우

(1) 절차하자의 독자적 위법성

1) 문제점

행정처분에 내용상 하자는 없으나, 절차하자만 존재하는 경우 절차위법이 당해 행정처분의 독립된 위법사유가 되는지 문제된다.

2) 학설

① **부정설** : 인용판결을 하더라도 행정청은 실체적 하자가 없으므로 다시 동일한 처분을 하게 되어 소송·행정경제에 반한다는 견해

② **긍정설** : 행정행위의 종류를 불문하고 절차하자를 내용상 하자와 마찬가지로 보아 위법을 주장할 수 있다는 견해

③ **절충설** : 기속행위인 경우 다시 동일한 처분을 하게 되어 부정하나, 재량행위의 경우 행정청의 재량권이 있어 긍정하는 견해

3) 판례

> **판례**
>
> [1] 식품위생법 제64조, 같은법 시행령 제37조 제1항 소정의 청문절차를 전혀 거치지 아니하거나 거쳤다고 하여도 그 절차적 요건을 제대로 준수하지 아니한 경우에는 가사 영업정지사유 등 위 법 제58조 등 소정 사유가 인정된다고 하더라도 그 처분은 위법하여 취소를 면할 수 없다(대법원 1991.7.9. 선고 91누971 판결[식품위생접객업소영업정지명령취소등]).
>
> [2] 과세처분 시 납세고지서에 과세표준, 세율, 세액의 계산명세서 등을 첨부하여 고지하도록 한 것은 조세법률주의의 원칙에 따라 처분청으로 하여금 자의를 배제하고 신중하고도 합리적인 처분을 행하게 함으로써 조세행정의 공정성을 기함과 동시에 납세의무자에게 부과처분의 내용을 상세히 알려서 불복여부의 결정 및 그 불복신청에 편의를 주려는 취지에서 나온 것이므로 이러한 규정은 강행규정으로서 납세고지서에 위와 같은 기재가 누락되면 과세처분 자체가 위법하여 취소대상이 된다(대법원 1983.7.26. 선고 82누420 판결[법인세등부과처분취소]).

4) 검토

행정의 법률적합성원칙에 따라 행정작용은 실체상뿐만 아니라 절차상으로도 적법하여야 하며, 절차적 요건의 실효성을 확보해야 된다는 점, 취소소송 등의 기속력이 절차의 위법을 이유로 하는 경우에 준용된다는 점(행정소송법 제30조 제3항) 등에 비추어 적극설이 타당하다.

(2) 위법성 정도

절차하자가 위법사유를 구성한다고 해도 무효사유인지 취소사유인지 여부는 단언할 수 없다. 중대명백설에 따라 판단하여 하자가 중대하고 명백하면 무효사유가 되고, 중대하거나 명백하기만 하면 취소사유로 보아야 할 것이다.

Ⅳ 절차의 하자와 국가배상

절차의 하자로 손해가 발생한 경우 국가배상책임이 인정된다. 다만 절차상 위법하지만 실체법상으로 적법한 경우에 손해가 발생하였다고 볼 수 없는 경우(예 절차상 위법하나 실체상 적법한 조세부과처분의 경우)에는 국가배상책임이 인정되지 않는다.

📑🔍 **판례**

교도소장이 아닌 일반교도관 또는 중간관리자에 의하여 징벌 내용이 고지되었다는 사유에 의하여 당해 징벌처분이 위법하다는 이유로 공무원의 고의·과실로 인한 국가배상책임을 인정하기 위하여는 징벌처분이 있게 된 규율 위반행위의 내용, 징벌혐의내용의 조사·징벌혐의자의 의견 진술 및 징벌위원회의 의결 등 징벌절차의 진행경과, 징벌의 내용 및 그 집행경과 등 제반 사정을 종합적으로 고려하여 징벌처분이 객관적 정당성을 상실하고 이로 인하여 손해의 전보책임을 국가에게 부담시켜야 할 실질적인 이유가 있다고 인정되어야 한다(대법원 2004.12.9. 선고 2003다50184 판결[손해배상]).

Ⅴ 취소판결의 기속력

행정절차의 하자를 이유로 취소판결이 선고된 후, 처분청이 종전의 처분과 동일한 내용의 처분을 하여도 판결의 취지에 따라 위법 사유를 보완한 것이면 취소판결의 기속력에 반하는 것이 아니다. 왜냐하면 기속력은 판결에 적시된 절차 내지 형식의 위법사유에 한정되는 것이므로 위법 사유를 보완한 처분은 당초처분과는 별개의 처분이므로 기속력에 반하지 않기 때문이다.

📑🔍 **판례**

과세의 절차 내지 형식에 위법이 있어 과세처분을 취소하는 판결이 확정되었을 때는 그 확정판결의 기판력은 거기에 적시된 절차 내지 형식의 위법사유에 한하여 미치는 것이므로 과세관청은 그 위법사유를 보완하여 다시 새로운 과세처분을 할 수 있고 그 새로운 과세처분은 확정판결에 의하여 취소된 종전의 과세처분과는 별개의 처분이라 할 것이어서 확정판결의 기판력에 저촉되는 것이 아니다(대법원 1987.2.10. 선고 86누91 판결).

제1절 개설

행정의 실효성 확보수단이란 행정의 실효성을 확보하기 위하여 인정되는 법적 수단을 말하며, 행정의 실효성이라 함은 행정목적의 달성을 말한다.

행정의 실효성을 확보하기 위한 전통적 수단으로 행정강제와 행정벌이 인정되고 있다. 그런데 행정강제와 행정벌만으로 행정의 실효성을 확보하는 데에는 불충분하고 효과적이지 못한 경우가 있기 때문에 새로운 실효성 확보수단이 법상 또는 행정 실무상 등장하고 있다. 제재로서 가해지는 수익적 행정행위의 철회, 명단의 공표, 수익적 행정행위의 거부, 과징금, 가산세 등이 그 예이다. 또한, 민사상 강제집행 수단의 활용이 논의되고 있다.

제2절 행정강제

행정기본법 제30조(행정상 강제)

① 행정청은 행정목적을 달성하기 위하여 필요한 경우에는 법률로 정하는 바에 따라 필요한 최소한의 범위에서 다음 각 호의 어느 하나에 해당하는 조치를 할 수 있다.

1. 행정대집행 : 의무자가 행정상 의무(법령 등에서 직접 부과하거나 행정청이 법령 등에 따라 부과한 의무를 말한다. 이하 이 절에서 같다)로서 타인이 대신하여 행할 수 있는 의무를 이행하지 아니하는 경우 법률로 정하는 다른 수단으로는 그 이행을 확보하기 곤란하고 그 불이행을 방치하면 공익을 크게 해칠 것으로 인정될 때에 행정청이 의무자가 하여야 할 행위를 스스로 하거나 제3자에게 하게 하고 그 비용을 의무자로부터 징수하는 것

2. 이행강제금의 부과 : 의무자가 행정상 의무를 이행하지 아니하는 경우 행정청이 적절한 이행기간을 부여하고, 그 기한까지 행정상 의무를 이행하지 아니하면 금전급부의무를 부과하는 것

3. 직접강제 : 의무자가 행정상 의무를 이행하지 아니하는 경우 행정청이 의무자의 신체나 재산에 실력을 행사하여 그 행정상 의무의 이행이 있었던 것과 같은 상태를 실현하는 것

4. 강제징수 : 의무자가 행정상 의무 중 금전급부의무를 이행하지 아니하는 경우 행정청이 의무자의 재산에 실력을 행사하여 그 행정상 의무가 실현된 것과 같은 상태를 실현하는 것

5. 즉시강제 : 현재의 급박한 행정상의 장해를 제거하기 위한 경우로서 다음 각 목의 어느 하나에 해당하는 경우에 행정청이 곧바로 국민의 신체 또는 재산에 실력을 행사하여 행정목적을 달성하는 것

가. 행정청이 미리 행정상 의무 이행을 명할 시간적 여유가 없는 경우

나. 그 성질상 행정상 의무의 이행을 명하는 것만으로는 행정목적 달성이 곤란한 경우

② 행정상 강제 조치에 관하여 이 법에서 정한 사항 외에 필요한 사항은 따로 법률로 정한다.

③ 형사(刑事), 행형(行刑) 및 보안처분 관계 법령에 따라 행하는 사항이나 외국인의 출입국·난민인정·귀화·국적회복에 관한 사항에 관하여는 이 절을 적용하지 아니한다.

I 행정강제의 의의

행정강제란 행정목적의 실현을 확보하기 위하여 사람의 신체 또는 재산에 실력을 가함으로써 행정권이 직접 행정상 필요한 상태를 실현하는 권력적 행위로서 행정상 강제집행과 행정상 즉시강제가 있다.

II 행정상 강제집행

1. 의의

행정상 강제집행이란 행정법상의 의무불이행이 있는 경우에 행정청이 의무자의 신체 또는 재산에 실력을 가하여 그 의무를 이행시키거나 이행한 것과 동일한 상태를 실현시키는 작용을 말하며, 대집행, 강제징수, 직접강제, 집행벌이 있다.

2. 근거

행정상 강제집행은 국민의 기본권에 대한 제한을 수반하므로 법적 근거가 있어야 한다. 근거법으로는 대집행에 관한 일반법인 행정대집행법(제2조)과 대집행에 관한 개별법 규정인 토지보상법(제89조) 등이 있다.

3. 대집행

(1) 의의(행정대집행법 제2조, 행정기본법 제30조)

대집행이란 의무자가 행정상 의무로서 타인이 대신하여 행할 수 있는 의무를 이행하지 아니하는 경우 법률로 정하는 다른 수단으로는 그 이행을 확보하기 곤란하고 그 불이행을 방치하면 공익을 크게 해칠 것으로 인정될 때에 행정청이 의무자가 하여야 할 행위를 스스로 하거나 제3자에게 하게 하고 그 비용을 의무자로부터 징수하는 것을 말한다.

(2) 대집행권자

대집행을 할 수 있는 권한을 가진 자는 '당해 행정청'이다(행정대집행법 제2조). '당해 행정청'이라 함은 대집행의 대상이 되는 의무를 명하는 처분을 한 행정청을 말한다. 행정청은 대집행을 스스로 하거나 타인에게 대집행을 위탁할 수 있다.

📑 판례

대한주택공사(2009.5.22. 법률 제9706호 한국토지주택공사법 부칙 제8조에 의하여 원고에게 권리·의무가 포괄승계되었다)는 구 대한주택공사법(위 한국토지주택공사법 부칙 제2조로 폐지, 이하 '법'이라 한다) 제2조, 제5조에 의하여 정부가 자본금의 전액을 출자하여 설립한 법인이고, 대한주택공사가 택지개발촉진법에 따른 택지개발사업을 수행하는 경우 이러한 사업에 관하여는 법 제9조 제1항 제2호, 제9조 제2항 제7호, 구 대한주택공사법 시행령(2009.9.21. 대통령령 제21744호 한국토지주택공사법 시행령 부칙 제2조로 폐지, 이하 '시행령'이라 한다) 제10조 제1항 제2호, 공익사업을 위한 토지 등의 취득 및 보상에 관한 법률 제89조 제2항에 따라 시·도지사나 시장·군수 또는 구청장의 업무에 속하는 대집행 권한을 대한주택공사에 위탁하도록 되어 있다. 따라서 대한주택공사는 위 사업을 수행함에 있어 법령에 의하여 대집행권한을 위탁받은 자로서 공무인 대집행을 실시함에 따르는 권리·의무 및 책임이 귀속되는 행정주체의 지위에 있다고 볼 것이다(대법원 2011.9.8. 선고 2010다48240 판결[손해배상(기)]).

(3) 대집행의 요건

1) 개설

행정대집행법은 행정대집행에 관하여 일반법의 성질을 갖는다. 따라서 개별법상 근거 규정이 없는 경우에도 행정대집행법이 정하는 요건을 충족하는 경우에는 행정대집행법에 근거하여 대집행이 행해질 수 있다.

2) 요건

① 공법상 의무로서 대체적 작위의무의 불이행

대체적 작위의무라 함은 그 의무의 이행을 타인이 대신할 수 있는 작위의무이며, 그 예로는 건물의 철거, 물건의 파기를 들 수 있다. 행정대집행법상 대집행의 대상이 되는 대체적 작위의무는 공법상 의무이어야 한다.

📑 판례

대법원 2006.10.13. 선고 2006두7096 판결[건물철거대집행계고처분취소]
[1] 행정대집행법상 대집행의 대상이 되는 대체적 작위의무는 공법상 의무이어야 할 것인데, 구 공공용지의 취득 및 손실보상에 관한 특례법(2002.2.4. 법률 제6656호 공익사업을 위한 토지 등의 취득 및 보상에 관한 법률 부칙 제2조로 폐지)에 따른 토지 등의 협의취득은 공공사업에 필요한 토지 등을 그 소유자와의 협의에 의하여 취득하는 것으로서 공공기관이 사경제주체로서 행하는 사법상 매매 내지 사법상 계약의 실질을 가지는 것이므로, 그 협의취득 시 건물소유자가 매매대상 건물에 대한 철거의무를 부담하겠다는 취지의 약정을 하였다고 하더라

도 이러한 철거의무는 공법상의 의무가 될 수 없고, 이 경우에도 행정대집행법을 준용하여 대집행을 허용하는 별도의 규정이 없는 한 위와 같은 철거의무는 행정대집행법에 의한 대집행의 대상이 되지 않는다.

[2] 구 공공용지의 취득 및 손실보상에 관한 특례법(2002.2.4. 법률 제6656호 공익사업을 위한 토지 등의 취득 및 보상에 관한 법률 부칙 제2조로 폐지)에 의한 협의취득 시 건물소유자가 협의취득대상 건물에 대하여 약정한 철거의무는 공법상 의무가 아닐 뿐만 아니라, 공익사업을 위한 토지 등의 취득 및 보상에 관한 법률 제89조에서 정한 행정대집행법의 대상이 되는 '이 법 또는 이 법에 의한 처분으로 인한 의무'에도 해당하지 아니하므로 위 철거의무에 대한 강제적 이행은 행정대집행법상 대집행의 방법으로 실현할 수 없다.

② 다른 수단으로 이행의 확보가 곤란할 것

대집행은 강제력을 행사하는 수단이므로 대집행보다 덜 침익성이 강한 수단으로 의무이행을 확보할 수 있다면 대집행을 해서는 안되는 보충성이 요구된다.

③ 불이행을 방치함이 심히 공익을 해할 것

대집행은 강제력을 행사하는 수단이므로 상대방의 기본권에 미치는 영향이 매우 크다. 따라서 의무 불이행이 있다고 해서 당연히 대집행을 해야 하는 것이 아니라 그 의무 불이행을 방치하는 것이 심히 공익을 해할 정도에 이르러야 한다.

(4) 대집행 절차

1) 계고

① 의의

계고란 상당한 기간 내에 의무이행을 하지 않으면 대집행을 한다는 의사를 사전에 통지하는 행위이다. 대집행 요건이 갖춰진 경우 대집행을 하려면 먼저 의무 이행을 독촉하는 뜻의 계고를 하여야 한다(행정대집행법 제3조 제1항).

② 법적 성질

계고란 준법률행위적 행정행위로서 통지행위에 해당하고, 행정쟁송법상 처분이다.

📑 판례

[1] 행정대집행법 제3조 제1항의 계고처분은 그 계고처분 자체만으로서는 행정적 법률효과를 발생하는 것은 아니다. 같은 법 제3조 제2항의 대집행명령장을 발급하고 대집행을 하는데 전제가 되는 것이므로 행정처분이라 할 수 있고 따라서 행정소송의 대상이 될 수 있다(대법원 1962.10.18. 선고 62누117 판결).

[2] 건물의 소유자에게 위법건축물을 일정기간까지 철거할 것을 명함과 아울러 불이행할 때에는 대집행한다는 내용의 철거대집행 계고처분을 고지한 후에 불응하자 다시 제2차, 제3차 계고서를 발송하여 일정기간까지의 자진철거를 촉구하고 불이행하면 대집행을 한다는 뜻을 고지

하였다면 행정대집행법상의 건물철거의무는 제1차 철거명령 및 계고처분으로서 발생하였고 제2차, 제3차의 계고처분은 새로운 철거의무를 부과한 것이 아니고 다만 대집행기한의 연기 통지에 불과하므로 행정처분이 아니다(대법원 1994.10.28. 선고 94누5144 판결).

③ 계고의 요건

계고 시 의무 내용 및 범위가 특정되어야 하며, 계고 시 상당한 이행기간을 정해야 하고, 계고는 문서로 해야 한다(행정대집행법 제3조 제1항). 이때 상당한 이행기간이란 사회통념상 이행에 필요한 기간을 의미한다.

> **판례**
>
> **[1]** 행정청이 행정대집행법 제3조 제1항에 의한 대집행계고를 함에 있어서는 의무자가 스스로 이행하지 아니하는 경우에 대집행할 행위의 내용 및 범위가 구체적으로 특정되어야 하지만, 그 행위의 내용 및 범위는 반드시 대집행계고서에 의하여서만 특정되어야 하는 것이 아니고 계고처분 전후에 송달된 문서나 기타 사정을 종합하여 행위의 내용이 특정되거나 대집행 의무자가 그 이행의무의 범위를 알 수 있으면 족하다(대법원 1997.2.14. 선고 96누15428 판결; 대법원 1992.6.12. 선고 91누13564 판결).
>
> **[2]** 행정대집행법 제3조 제1항은 행정청이 의무자에게 대집행영장으로써 대집행할 시기 등을 통지하기 위하여는 그 전제로서 대집행계고처분을 함에 있어서 의무이행을 할 수 있는 상당한 기간을 부여할 것을 요구하고 있으므로, 행정청인 피고가 의무이행기한이 1988.5.24.까지로 된 이 사건 대집행계고서를 5.19. 원고에게 발송하여 원고가 그 이행종기인 5.24. 이를 수령하였다면, 설사 피고가 대집행영장으로써 대집행의 시기를 1988.5.27. 15:00로 늦추었더라도 위 대집행계고처분은 상당한 이행기한을 정하여 한 것이 아니어서 대집행의 적법절차에 위배한 것으로 위법한 처분이라고 할 것이다(대법원 1990.9.14. 선고 90누2048 판결).

④ 작위의무의 부과와 계고처분을 1장의 문서로 할 수 있는지 여부

대집행요건으로서 작위의무의 부과와 대집행 절차인 계고처분은 별개로 독립하여 이루어져야 함이 원칙이다. 다만, 긴박한 사유가 있는 경우 예외적으로 결합이 가능하며 판례의 태도 또한 동일하다.

> **판례**
>
> 계고서라는 명칭의 1장의 문서로서 일정기간 내에 위법건축물의 자진철거를 명함과 동시에 그 소정기한 내에 자진철거를 하지 아니할 때에는 대집행할 뜻을 미리 계고한 경우라도 건축법에 의한 철거명령과 행정대집행법에 의한 계고처분은 독립하여 있는 것으로서 각 그 요건이 충족되었다고 볼 것이다. 이 경우, 철거명령에서 주어진 일정기간이 자진철거에 필요한 상당한 기간이라면 그 기간 속에는 계고 시에 필요한 '상당한 이행기간'도 포함되어 있다고 보아야 할 것이다(대법원 1992.6.12. 선고 91누13564 판결).

2) 대집행영장에 의한 통지

대집행영장에 의한 통지는 계고에 의해 지정된 기한까지 의무가 이행되지 않은 경우에 행정청에 의해 대집행의 시기, 대집행책임자의 이름, 대집행비용 액수를 의무자에게 통지하는 절차로(대집행법 제3조 제2항), 준법률행위적 행정행위인 통지이다. 판례도 처분성을 인정하고 있다.

📑 판례

대집행의 계고, 대집행영장에 의한 통지, 대집행의 실행, 대집행에 요한 비용의 납부명령 등은 타인이 대신하여 행할 수 있는 행정의무의 이행을 의무자의 비용부담하에 확보하고자 하는, 동일한 행정목적을 달성하기 위하여 단계적인 일련의 절차로 연속하여 행하여지는 것으로서, 서로 결합하여 하나의 법률효과를 발생시키는 것이므로, 선행처분인 계고처분이 하자가 있는 위법한 처분이라면, 비록 그 하자가 중대하고도 명백한 것이 아니어서 당연무효의 처분이라고 볼 수 없고 행정소송으로 효력이 다투어지지도 아니하여 이미 불가쟁력이 생겼으며, 후행처분인 대집행영장발부통보처분 자체에는 아무런 하자가 없다고 하더라도, 후행처분인 대집행영장발부통보처분의 취소를 청구하는 소송에서 청구원인으로 선행처분인 계고처분이 위법한 것이기 때문에 그 계고처분을 전제로 행하여진 대집행영장발부통보처분도 위법한 것이라는 주장을 할 수 있다(대법원 1996.2.9. 선고 95누12507 판결 [행정대집행계고처분취소]).

3) 대집행의 실행

① 의의 및 법적 성질

대집행의 실행은 당해 행정청이 스스로 또는 타인으로 하여금 대체적 작위의무를 이행시키는 물리력의 행사를 말하며, 대집행 실행행위는 물리력을 행사하는 권력적 사실행위이다.

② 절차

대집행을 하기 위하여 현장에 파견되는 집행책임자는 그가 집행책임자라는 것을 표시한 증표를 휴대하여 대집행 시에 이해관계인에게 제시하여야 한다(행정대집행법 제4조).

③ 실력행사 가능성

위법건축물의 철거에서와 같이 대집행의 실행에 대하여 저항하는 경우에 실력으로 그 저항을 배제하는 것이 대집행의 일부로서 인정되는가에 대하여 문제된다. 이에 대해 신체에 대한 물리력의 행사에는 명문의 근거가 있어야 하므로 부정하는 입장이나, 경찰의 행정응원(행정절차법 제8조)을 통하여 대집행의무자의 저항을 실력으로 배제할 수 있다고 보고 있다.

📑 판례

행정청이 행정대집행의 방법으로 건물철거의무의 이행을 실현할 수 있는 경우에는 건물철거 대집행 과정에서 부수적으로 건물의 점유자들에 대한 퇴거 조치를 할 수 있고, 점유자들이 적법한 행정대집행을 위력을 행사하여 방해하는 경우 형법상 공무집행방해죄가 성립하므로, 필요한 경우에는 '경찰관 직무집행법'에 근거한 위험발생 방지조치 또는 형법상 공무집행방해죄의 범행방지 내지 현행범체포의 차원에서 경찰의 도움을 받을 수도 있다(대법원 2017.4.28. 선고 2016다213916 판결 [건물퇴거]).

4) 비용징수

대집행의 비용은 원칙상 의무자가 부담한다. 당해 행정청은 실제에 요한 비용과 그 납기일을 정하여 의무자에게 문서로써 그 납부를 명하여야 한다(행정대집행법 제5조). 비용납부명령은 급부하명으로서 행정쟁송법상 처분이다. 그리고 비용납부명령에 따라 발생한 행정청의 비용납부청구권은 공법상 청구권이다. 대집행비용은 국세징수법의 예에 의하여 강제징수할 수 있다(행정대집행법 제6조).

(5) 대집행의 행정구제

1) 항고소송

① 행정심판임의주의

대집행에 대하여는 행정심판을 제기할 수 있다(행정대집행법 제7조). 대집행에 대한 행정심판은 임의절차이며 행정심판법에 의해 규율된다.

② 대상

대집행의 절차 중 <계고>와 <대집행영장에 의한 통지>는 준법률행위적 행정행위로서 그 자체가 독립하여 취소소송의 대상이 되고, <대집행의 실행>은 권력적 사실행위로서 행정심판법 및 행정소송법상의 '처분'에는 권력적 사실행위도 포함된다고 해석하는 것이 타당하므로 취소소송의 대상이 된다. 또한 <비용납부명령>은 급부하명으로서 행정쟁송법상 처분이므로 취소소송의 대상이 된다.

③ 하자의 승계

대체적 작위의무 부과처분과 대집행 절차 사이에는 동일한 목적·효과가 인정되지 않으므로 하자 승계가 인정되지 않으며, 대집행 절차는 단계적 절차로서 서로 결합하여 하나의 법률효과를 발생시키므로 하자가 승계된다는 것이 통설 및 판례 입장이나, 의무를 명하는 행정처분(예 철거명령)과 대집행 절차를 이루는 행위는 별개의 법적효과를 가져오는 행위이므로 승계되지 않는다는 입장이다.

> 📑 **판례**
>
> **[1]** 적법한 건축물에 대한 철거명령은 그 하자가 중대하고 명백하여 당연무효라고 할 것이고, 그 후행행위인 건축물철거 대집행계고처분 역시 당연무효라고 할 것이다(대법원 1999.4.27. 선고 97누6780 판결[건축물철거대집행계고처분취소]).
>
> **[2]** 계고처분의 후속절차인 대집행에 위법이 있다고 하더라도, 그와 같은 후속절차에 위법성이 있다는 점을 들어 선행절차인 계고처분이 부적법하다는 사유로 삼을 수는 없다(대법원 1997.2.14. 선고 96누15428 판결[행정대집행무효확인]).

2) 국가배상 및 결과제거청구

대집행이 실행된 후에는 취소소송은 소의 이익을 상실한다. 그러나 대집행의 위법 또는 대집행 방법의 잘못으로 손해가 발생한 경우 국가배상청구는 가능하다. 또한 대집행의 실행으로 인하여 위법한 상태가 계속되는 경우에는 결과제거청구를 할 수 있다.

3) 손실보상

대집행은 의무자의 의무불이행을 전제로 의무를 대신 이행시키는 행위이므로 대집행으로 인한 손실은 원칙상 손실보상의 대상이 되지 않는다. 다만, 의무자의 의무가 경찰상 위해에 대한 의무자의 책임 없이 공익상 부과된 경우에는 대집행으로 인한 손실을 보상하여야 한다.

4. 집행벌(이행강제금)

(1) 의의

집행벌(이행강제금)이란 작위의무·부작위의무·수인의무의 불이행 시 일정액수의 금전이 부과될 것임을 의무자에게 미리 계고함으로써 의무 이행의 확보를 도모하는 강제수단을 말한다.

(2) 행정벌과의 병과 가능성

집행벌은 의무이행의 강제를 직접목적으로 하여 부과되는 금전적 부담이며 행정벌과 달리 과거의 법위반에 대한 제재를 목적으로 하지 않는다. 양자는 규제목적을 달리하므로 병행하여 부과될 수 있다.

(3) 법적 성질 및 권리구제

이행강제금 부과행위는 행정행위이다. 따라서 이행강제금 부과행위에는 행정절차법이 적용되고, 직권취소 또는 철회가 가능하며, 이행강제금 부과처분에 불복이 있는 자는 개별법률이 정하는 바에 따라 다툴 수 있다.

5. 직접강제

(1) 의의

직접강제란 의무자가 의무를 불이행할 때 행정기관이 직접 의무자의 신체·재산에 실력을 가하여 의무자가 직접 의무를 이행한 것과 같은 상태를 실현하는 작용이며, 직접강제는 작위의무의 불이행뿐만 아니라 부작위의무나 수인의무 불이행의 경우에도 활용될 수 있는 수단이다.

(2) 직접강제의 한계

직접강제에는 비례의 원칙 및 적법절차의 원칙에 따라 보다 엄격한 절차법적, 실체법적 통제가 가해져야 한다. 직접강제는 행정상 강제집행수단 중에서 국민의 인권을 가장 크게 제약하는 것이기 때문에 다른 강제집행수단으로 의무이행을 강제할 수 없을 때 최후의 수단으로 인정되어야 한다.

(3) 직접강제의 법적 성질 및 권리구제

직접강제는 권력적 사실행위로서, 행정쟁송, 국가배상, 공법상 결과제거청구가 권리구제 수단이 될 수 있다.

6. 행정상 강제징수

(1) 의의 및 법적 근거

행정상 강제징수란 국민이 국가 등 행정주체에 대하여 부담하고 있는 공법상의 금전급부의무를 이행하지 않은 경우에 행정청이 의무자의 재산에 실력을 가하여 의무가 이행된 것과 동일한 상태를 실현하는 행정상 강제집행수단을 말하며, 국세징수법이 행정상 강제징수의 일반법으로서 기능을 한다.

(2) 절차

강제징수의 절차로는 독촉, 재산의 압류, 압류재산의 매각, 청산의 절차가 있다.

(3) 권리구제

행정상 강제징수에 대하여 불복이 있을 때에는 개별법령에 특별한 규정이 없는 한 국세기본법·행정심판법·행정소송법이 정한 바에 따라 행정쟁송을 제기할 수 있다.

📖 판례

> 과세관청이 체납처분으로서 행하는 공매는 우월한 공권력의 행사로서 행정소송의 대상이 되는 공법상의 행정처분이며 공매에 의하여 재산을 매수한 자는 그 공매처분이 취소된 경우에 그 취소처분의 위법을 주장하여 행정소송을 제기할 법률상 이익이 있다(대법원 1984.9.25. 선고 84누201 판결[공매처분취소처분취소]).

제3절 행정상 즉시강제

Ⅰ 의의

행정상 즉시강제란 급박한 행정상의 장해를 제거할 필요가 있지만 미리 의무를 명할 시간적 여유가 없을 때 또는 급박하지는 않지만 성질상 의무를 명하여 가지고는 목적 달성이 곤란할 때에 즉시 국민의 신체 또는 재산에 실력을 가하여 행정상의 필요한 상태를 실현하는 행정작용을 말한다.

II 직접강제와의 구별

① 직접강제는 개별·구체적 의무부과를 전제로 의무 불이행이 있어야 실력행사가 가능하나, ② 행정상 즉시강제는 의무부과행위와 의무 불이행이 전제되지 않고 이루어지는 실력행사이다.

III 즉시강제의 법적 성질

실력행사인 사실행위와 실력행사를 수인해야 하는 의무부과가 결합되는 합성행위로서 권력적 사실행위이다. 따라서 행정상 즉시강제는 항고소송의 대상이 되는 처분에 해당한다.

IV 권리구제

1. 행정상 쟁송

행정상 즉시강제의 취소나 변경을 구할 법률상 이익이 있는 자는 행정상 쟁송의 제기를 통해 위법한 즉시강제를 다툴 수 있다. 그러나 즉시강제가 완성되어 버리면 취소나 변경을 구할 협의의 소의 이익(권리보호의 필요)이 없으므로 행정상 쟁송은 행정상 즉시강제가 장기간에 걸쳐 계속되는 경우에 의미를 갖는다.

2. 행정상 손해배상

위법한 즉시강제작용으로 인하여 손해를 입은 자는 국가나 지방자치단체를 상대로 국가배상법이 정한 바에 따라 손해배상을 청구할 수 있다.

3. 행정상 손실보상

적법한 즉시강제로 인해 개인이 재산상 손실을 입게 되고 또한 그 손실이 특별한 희생에 해당한다면, 그 개인은 행정상 손실보상을 청구할 수 있다(헌법 제23조 제3항).

제4절 행정조사

I 행정조사의 의의

행정조사란 행정기관이 사인으로부터 행정상 필요한 자료나 정보를 수집하기 위하여 행하는 일체의 행정작용을 말한다. 행정조사기본법은 행정조사를 "행정기관이 정책을 결정하거나 직무를 수행하는 데 필요한 정보나 자료를 수집하기 위하여 현장조사·문서열람·시료채취 등을 하거나 조사대상자에게 보고요구·자료제출요구 및 출석·진술요구를 행하는 활동"이라고 정의하고 있다(제2조 제1호).

II 법적 성질

행정조사의 효과는 사실적이다. 일반적으로 행정조사 그 자체는 법적 효과를 가져오지 아니하므로 사실행위에 해당하나(⑩ 여론조사), 경우에 따라서는 상대방에게 수인 의무를 발생시키기도 한다(⑩ 불심검문, 토지보상법상 타인토지출입). 이러한 경우에는 사실행위와 법적 행위가 결합된 행위(합성적 행위)가 된다.

> **🔍 판례**
>
> 부과처분을 위한 과세관청의 질문조사권이 행해지는 세무조사결정이 있는 경우 납세의무자는 세무공무원의 과세자료 수집을 위한 질문에 대답하고 검사를 수인하여야 할 법적 의무를 부담하게 되는 점, 세무조사는 기본적으로 적정하고 공평한 과세의 실현을 위하여 필요한 최소한의 범위 안에서 행하여져야 하고, 더욱이 동일한 세목 및 과세기간에 대한 재조사는 납세자의 영업의 자유 등 권익을 심각하게 침해할 뿐만 아니라 과세관청에 의한 자의적인 세무조사의 위험마저 있으므로 조세공평의 원칙에 현저히 반하는 예외적인 경우를 제외하고는 금지될 필요가 있는 점, 납세의무자로 하여금 개개의 과태료 처분에 대하여 불복하거나 조사 종료 후의 과세처분에 대하여만 다툴 수 있도록 하는 것보다는 그에 앞서 세무조사결정에 대하여 다툼으로써 분쟁을 조기에 근본적으로 해결할 수 있는 점 등을 종합하면, 세무조사결정은 납세의무자의 권리·의무에 직접 영향을 미치는 공권력의 행사에 따른 행정작용으로써 항고소송의 대상이 된다(대법원 2011.3.10. 선고 2009두23617·23624(병합) 판결).

III 행정조사의 법적 근거

조사대상자 없이 정보를 수집하는 행정조사는 원칙상 법률의 근거를 요하지 않지만, 이 경우에도 조사의 대상이 개인정보 등이어서 조사 자체로서 국민의 권리를 침해하는 경우에는 개인의 동의에 의하지 않는 한 법적 근거가 있어야 한다고 보아야 한다.

> **🔍 판례**
>
> 행정조사기본법 제5조에 의하면 행정기관은 법령 등에서 행정조사를 규정하고 있는 경우에 한하여 행정조사를 실시할 수 있으나(본문), 한편 '조사대상자의 자발적인 협조를 얻어 실시하는 행정조사'의 경우에는 그러한 제한이 없이 실시가 허용된다(단서). 행정조사기본법 제5조는 행정기관이 정책을 결정하거나 직무를 수행하는 데에 필요한 정보나 자료를 수집하기 위하여 행정조사를 실시할 수 있는 근거에 관하여 정한

것으로서, 이러한 규정의 취지와 아울러 문언에 비추어 보면, 단서에서 정한 '조사대상자의 자발적인 협조를 얻어 실시하는 행정조사'는 개별 법령 등에서 행정조사를 규정하고 있는 경우에도 실시할 수 있다(대법원 2016.10.27. 선고 2016두41811 판결[시정명령처분취소등]).

Ⅳ 행정조사의 방법

행정조사기본법은 출석·진술 요구, 보고요구와 자료제출의 요구, 현장조사, 시료채취, 자료 등의 영치, 공동조사, 자율신고제도 등 행정조사의 방법에 관한 규정을 두고 있다.

Ⅴ 행정조사의 한계

1. 실체법상 한계

행정조사는 조사목적을 달성하는 데 필요한 최소한의 범위 안에서 실시하여야 하며, 다른 목적 등을 위하여 조사권을 남용하여서는 아니 된다(행정조사기본법 제4조 제1항). 말하자면 모든 행정조사는 그 조사의 목적에 필요한 범위 내에서만 가능하다. 위법한 목적을 위한 조사는 불가능하다. 권력적 조사의 경우에는 근거된 법규의 범위 내에서만 가능하다.

📋 판례

> [1] 세무조사가 국가의 과세권을 실현하기 위한 행정조사의 일종으로서 과세 자료의 수집 또는 신고내용의 정확성 검증 등을 위하여 필요불가결하며, 종국적으로는 조세의 탈루를 막고 납세자의 성실한 신고를 담보하는 중요한 기능을 수행하더라도 만약 남용이나 오용을 막지 못한다면 납세자의 영업활동 및 사생활의 평온이나 재산권을 침해하고 나아가 과세권의 중립성과 공공성 및 윤리성을 의심받는 결과가 발생할 것이다(대법원 2016.12.15. 선고 2016두47659 판결).
>
> [2] 노동조합법 제30조, 같은 법 시행령 제9조의2에 의하면 행정관청은 당해 노동조합에 대하여 진정 등이 있는 경우와 분규가 야기된 경우뿐만 아니라 노동조합의 회계, 경리상태나 기타 운영에 대하여 지도할 필요가 있는 경우에도 노동조합의 경리상황 기타 관계 서류를 제출하게 하여 조사할 수 있도록 규정되어 있으므로 행정기관이 그와 같은 업무지도의 필요성이 있다고 판단되면 관계 서류 등의 제출을 요구하여 조사할 수 있다고 하여야 할 것이고, 설사 노동조합의 회계, 경리상태나 기타 운영에 대하여 지도할 필요가 있는 경우에 해당되지 않는다고 하더라도 행정관청이 그와 같이 판단하여 조사하기로 한 이상 노동조합은 이에 응할 의무가 있다고 할 것이다(대법원 1992.4.10. 선고 91도3044 판결).

2. 행정법의 일반원칙상 한계

(1) 목적부합의 원칙

행정조사는 수권법령상의 조사목적 이외의 목적을 위하여 행해져서는 안 된다. 행정조사를 범죄수사의 목적이나 정치적 목적으로 이용하는 것은 위법하다.

(2) 비례의 원칙

행정조사는 행정목적을 달성하기 위하여 필요한 최소한도에 그쳐야 한다. 행정조사의 수단에 여러 가지가 있는 경우에 상대방에게 가장 적은 침해를 가져오는 수단을 사용하여야 한다.

(3) 평등의 원칙

행정조사의 실시에 있어서 합리적인 사유 없이 피조사자를 차별하는 것은 평등의 원칙에 반한다. 특히, 세무조사에 있어서 피조사자의 선정 및 조사의 강도와 관련하여 평등원칙의 위반 여부가 문제된다.

3. 절차법적 한계

① 적법절차의 원칙은 행정조사에도 적용된다. 그러므로 행정조사는 적법한 절차에 따라 행해져야 한다. ② 행정절차법은 행정조사에 관한 명문의 규정을 두고 있지 않다. 다만, 행정조사가 처분에 해당하는 경우에 행정절차법상의 처분절차에 관한 규정이 행정조사에도 적용된다.

4. 영장주의의 적용 여부

(1) 문제점

압수·수색을 수반하는 행정조사에 영장주의가 적용될 것인가 하는 문제가 제기된다.

(2) 학설

① **영장불요설** : 헌법상 영장주의에 관한 원칙은 연혁적으로 형사사법권의 남용으로부터 국민의 자유권을 보장함을 목적으로 하기 때문에 행정목적수행을 위한 행정상 즉시 강제에는 적용되지 않는다는 견해
② **영장필요설** : 영장주의는 널리 통치권의 부당한 행사로부터 국민의 자유와 권리를 보장하기 위한 절차적 수단이므로 행정상 즉시강제에도 영장주의가 타당하다고 하는 견해
③ **절충설** : 헌법상의 영장제도는 형사사법권뿐만 아니라 행정상의 즉시강제에도 동일하게 적용되어야 하는 것이 원칙이나, 행정상 즉시강제의 특수성을 고려하여 행정목적의 달성을 위해 불가피한 경우에는 영장주의에 대한 예외를 인정할 수 있다는 견해

(3) 판례

📑 판례

[1] 관세법 제246조 제1항, 제2항, 제257조, '국제우편물 수입통관 사무처리'(2011.9.30. 관세청고시 제2011-40호) 제1-2조 제2항, 제1-3조, 제3-6조, 구 '수출입물품 등의 분석사무 처리에 관한 시행세칙'(2013.1.4. 관세청훈령 제1507호로 개정되기 전의 것) 등과 관세법이 관세의 부과·징수와 아울러 수출입물품의 통관을 적정하게 함을 목적으로 한다는 점(관세법 제1조)에 비추어 보면, 우편물 통관검사절차에서 이루어지는 우편물의 개봉, 시료채취, 성분분석 등의 검사는 수출입물품에 대한

> 적정한 통관 등을 목적으로 한 행정조사의 성격을 가지는 것으로서 수사기관의 강제처분이라고 할 수 없으므로, 압수·수색영장 없이 우편물의 개봉, 시료채취, 성분분석 등 검사가 진행되었다 하더라도 특별한 사정이 없는 한 위법하다고 볼 수 없다(대법원 2013.9.26. 선고 2013도7718 판결[마약류관리에 관한 법률위반(향정)]).
>
> [2] 세관공무원이 밀수품을 싣고 왔다는 정보에 의하여 정박 중인 선박에 대하여 수색을 하려면 선박의 소유자 또는 점유자의 승낙을 얻거나 법관의 압수수색영장을 발부받거나 또는 관세법 제212조 제1항 후단에 의하여 긴급을 요하는 경우에 한하여 수색압수를 하고 사후에 영장의 교부를 받아야 할 것이다(대법원 1976.11.9. 선고 76도2703 판결).

(4) 검토

행정조사도 상대방의 신체나 재산에 직접 실력을 가하는 것인 한, 그리고 행정조사의 결과가 형사책임의 추궁과 관련성을 갖는 한 사전영장주의는 원칙적으로 적용되어야 한다. 다만 긴급을 요하는 불가피한 경우에는 그러하지 아니하나, 이 경우에도 침해가 장기적이면 사후영장이 필요한바, 절충설이 타당하다.

VI 행정조사와 권리구제

1. 위법한 행정조사와 행정행위의 효력

(1) 문제점

행정조사를 통하여 획득한 정보가 내용상으로는 정확하지만 행정조사가 실체법상 또는 절차법상 한계를 넘어 위법한 경우 그 행정조사에 의해 수집된 정보에 기초하여 내려진 행정결정이 위법한 것으로 되는지에 관하여 학설은 대립하고 있다.

(2) 학설

① **적극설** : 절차의 적법성보장의 원칙에 비추어 행정조사가 위법한 경우에 당해 조사를 기초로 한 행정결정은 위법하다는 견해
② **소극설** : 행정조사는 법령에서 특히 행정행위의 전제조건으로 규정되어 있는 경우를 제외하고는 별개의 제도로 볼 수 있는 것이고, 조사의 위법이 바로 행정행위를 위법하게 만들지는 않는다고 보는 견해
③ **절충설** : 행정조사와 행정처분은 하나의 과정을 구성하는 것이므로 적정절차의 관점에서 행정조사에 중대한 위법사유가 있는 때에는 이를 기초로 한 행정행위도 위법한 행위로 된다는 견해

(3) 판례

> **판례**
>
> **[1]** 음주운전 여부에 대한 조사 과정에서 운전자 본인의 동의를 받지 아니하고 또한 법원의 영장도 없이 채혈조사를 한 결과를 근거로 한 운전면허 정지·취소 처분은 도로교통법 제44조 제3항을 위반한 것으로서 특별한 사정이 없는 한 위법한 처분으로 볼 수밖에 없다(대법원 2016.12.27. 선고 2014두46850 판결[자동차운전면허취소처분취소]).
>
> **[2]** 세무조사가 과세자료의 수집 또는 신고내용의 정확성 검증이라는 본연의 목적이 아니라 부정한 목적을 위하여 행하여진 것이라면 이는 세무조사에 중대한 위법사유가 있는 경우에 해당하고 이러한 (위법한) 세무조사에 의하여 수집된 과세자료를 기초로 한 과세처분 역시 위법하다(대법원 2016.12.15. 선고 2016두47659 판결).

(4) 검토

행정조사에 의해 수집된 정보가 행정결정의 기초가 된 경우에 당해 행정조사를 행정결정을 하기 위한 절차라고 볼 수 있고, 절차의 하자를 독자적 취소사유로 보는 것이 타당하므로 적극설이 타당하다. 다만, 경미한 절차의 하자는 취소사유가 되지 않는다.

2. 행정조사에 대한 행정구제

(1) 적법한 행정조사에 대한 손실보상

적법한 행정조사로 재산상 특별한 손해를 받은 자에 대하여는 손실보상을 해 주어야 한다. 문제는 보상규정이 없는 경우에 헌법 제23조 제3항을 근거로 손실보상을 청구할 수 있는가 하는 것이다.

(2) 위법한 행정조사에 대한 구제

1) 항고쟁송

위법한 행정조사에 대하여 항고쟁송이 가능하기 위해서는 행정조사의 처분성이 인정되어야 하며 소의 이익이 인정될 수 있도록 행정조사의 상태가 계속되어야 한다. 장부제출명령, 출두명령 등 행정행위의 형식을 취하는 행정조사는 물론 사실행위로서의 행정조사도 권력적인 경우에는 행정소송법상의 처분이라고 보아야 한다.

> **판례**
>
> 세무조사결정은 납세의무자의 권리·의무에 직접 영향을 미치는 공권력의 행사에 따른 행정작용으로서 항고소송의 대상이 된다(대법원 2011.3.10. 선고 2009두23617, 23624 판결[세무조사결정처분취소·종합소득세등부과처분취소]).

2) 손해배상

위법한 행정조사로 손해를 입은 국민은 국가배상을 청구할 수 있다.

제5절 행정벌

I 행정벌의 의의 및 종류

행정벌이란 행정의 상대방이 행정법상 의무를 위반한 경우에 국가 또는 지방자치단체가 행정의 상대방에 과하는 행정법상의 제재로서의 처벌을 말한다. 행정벌은 간접적으로 의무이행을 확보하는 수단으로서 행정법규의 실효성확보에 그 의미를 가지며, 처벌의 내용에 따라 행정형벌과 행정질서벌(과태료)로 나누어진다. 헌법재판소는 행정형벌과 행정질서벌의 구별을 입법재량으로 본다.

📑 판례

어떤 행정법규 위반행위에 대하여 이를 단지 간접적으로 행정상의 질서에 장해를 줄 위험성이 있음에 불과한 경우(단순한 의무태만 내지 의무위반)로 보아 행정질서벌인 과태료를 과할 것인가, 아니면 직접적으로 행정목적과 공익을 침해한 행위로 보아 행정형벌을 과할 것인가, 그리고 행정형벌을 과할 경우 그 법정형의 종류와 형량을 어떻게 정할 것인가는, 당해 위반행위가 위의 어느 경우에 해당하는가에 대한 법적 판단을 그르친 것이 아닌 한 그 처벌내용은 기본적으로 입법자가 제반 사정을 고려하여 결정할 입법재량에 속하는 문제이다(헌재 2018.8.30. 2017헌바368).

II 행정형벌

1. 행정형벌의 의의 및 종류

행정형벌이란 행정법상 의무를 위반한 자에게 형법에 규정되어 있는 형벌이 가해지는 것을 말하며, 종류로는 사형·징역·금고·벌금·구류·과료 등이 있다.

2. 행정형벌의 법적 근거

행정형벌에 관한 일반법은 없으며, 단행 법률에서 개별법으로 규정하고 있다. 개별법에 규정이 없으면 원칙적으로 형법총칙과 형사소송법이 적용된다. 우리 감정평가법에서는 일정한 사유를 위반하는 자에 대하여 징역 및 벌금에 처할 벌칙 규정을 두고 있다. 이 규정 위반 시 형법이 적용되어 벌금에 처해진다(감정평가법 제49조, 제50조).

III 행정질서벌(과태료)

1. 의의 및 종류

행정질서벌이란 일반사회의 법익에 직접 영향을 미치지는 않으나 행정상 질서에 장해를 야기할 우려가 있는 의무위반에 대해 과태료가 가해지는 제재를 말하며, 각종의 등록·신고의무불이행의 경우가 있다.

2. 법적 근거

행정질서벌의 총칙으로 질서위반행위규제법이 있고, 각칙은 개별 법률에서 규정되고 있다. 우리 감정평가법 제52조는 일정한 사유 위반 시 500만원, 400만원, 300만원, 150만원 이하의 과태료를 규정하고 있다.

Ⅳ 이중처벌(병과) 가능성

1. 문제점

동일한 위반행위에 대하여 행정형벌과 행정질서벌을 동시에 부과하는 것이 이중처벌금지원칙(헌법 제13조 제1항) 또는 일사부재리원칙에 반하는 것인지 문제된다.

2. 학설

① **긍정설** : 행정형벌과 행정질서벌은 목적이나 성질이 다르므로 이중처벌에 해당하지 않는다고 보는 견해

② **부정설** : 행정형벌과 행정질서벌은 모두 넓은 의미의 처벌이고 동일한 위반에 대한 처벌이라는 점에서 병과가 불가능하다고 보는 견해

3. 판례

> **판례**
>
> **[1]** 피고인이 행형법에 의한 징벌을 받아 그 집행을 종료하였다고 하더라도 행형법상의 징벌은 수형자의 교도소 내의 준수사항위반에 대하여 과하는 행정상의 질서벌의 일종으로서 형법 법령에 위반한 행위에 대한 형사책임과는 그 목적, 성격을 달리하는 것이므로 징벌을 받은 뒤에 형사처벌을 한다고 하여 일사부재리의 원칙에 반하는 것은 아니다(대법원 2000.10.27. 선고 2000도3874 판결[위계공무집행방해]).
>
> **[2]** 구 건축법 제54조 제1항에 의한 형사처벌의 대상이 되는 범죄의 구성요건은 당국의 허가 없이 건축행위 또는 건축물의 용도변경행위를 한 것이고, 동법 제56조의2 제1항에 의한 과태료는 건축법령에 위반되는 위법건축물에 대한 시정명령을 받고도 건축주 등이 이를 시정하지 아니할 때 과하는 것이므로, 양자는 처벌 내지 제재대상이 되는 기본적 사실관계로서의 행위를 달리하는 것이다. 그리고, 전자가 무허가건축행위를 한 건축주 등의 행위 자체를 위법한 것으로 보아 처벌하는 것인 데 대하여, 후자는 위법건축물의 방치를 막고자 행정청이 시정조치를 명하였음에도 건축주 등이 이를 이행하지 아니한 경우에 행정명령의 실효성을 확보하기 위하여 제재를 과하는 것이므로 양자는 그 보호법익과 목적에서도 차이가 있고, 또한 무허가건축행위에 대한 형사처벌 시에 위법건축물에 대한 시정명령의 위반행위까지 평가된다고 할 수 없으므로 시정명령위반행위가 무허가건축행위의 불가벌적 사후행위라고 할 수도 없다. 이러한 점에 비추어 구 건축법 제54조 제1항에 의한 무허가건축행위에 대한 형사처벌과 동법 제56조의2 제1항에 의한 과태료의 부과는 헌법 제13조 제1항이 금지하는 이중처벌에 해당한다고 할 수 없다(헌법재판소 1994.6.30. 선고 92헌바38 전원재판부[합헌]).

4. 검토

판례는 긍정설 입장이지만, 행정형벌과 행정질서벌은 모두 제재로서의 행정벌이므로 동일한 위반에 대한 이중처벌은 부정하는 것이 타당하다(부정설).

V 행정형벌의 행정질서벌화

경미한 행정법 위반이 행정형벌로 이어지면 국민 대부분을 전과자로 만들 가능성이 높아진다. 따라서 비교적 경미한 행정법 위반에 대한 벌금형 규정 등은 과태료로 전환할 필요가 있다. 실무상으로도 행정형벌의 행정질서벌화가 계속 추진되고 있다.

제6절 새로운 행정의 실효성 확보수단

I 과징금

행정기본법 제28조(과징금의 기준)
① 행정청은 법령 등에 따른 의무를 위반한 자에 대하여 법률로 정하는 바에 따라 그 위반행위에 대한 제재로서 과징금을 부과할 수 있다.
② 과징금의 근거가 되는 법률에는 과징금에 관한 다음 각 호의 사항을 명확하게 규정하여야 한다.
　1. 부과·징수 주체
　2. 부과 사유
　3. 상한액
　4. 가산금을 징수하려는 경우 그 사항
　5. 과징금 또는 가산금 체납 시 강제징수를 하려는 경우 그 사항

행정기본법 제29조(과징금의 납부기한 연기 및 분할 납부)
과징금은 한꺼번에 납부하는 것을 원칙으로 한다. 다만, 행정청은 과징금을 부과받은 자가 다음 각 호의 어느 하나에 해당하는 사유로 과징금 전액을 한꺼번에 내기 어렵다고 인정될 때에는 그 납부기한을 연기하거나 분할 납부하게 할 수 있으며, 이 경우 필요하다고 인정하면 담보를 제공하게 할 수 있다.
1. 재해 등으로 재산에 현저한 손실을 입은 경우
2. 사업 여건의 악화로 사업이 중대한 위기에 처한 경우
3. 과징금을 한꺼번에 내면 자금 사정에 현저한 어려움이 예상되는 경우
4. 그 밖에 제1호부터 제3호까지에 준하는 경우로서 대통령령으로 정하는 사유가 있는 경우

1. 의의

과징금이란 행정법규의 위반이나 행정법상의 의무 위반으로 경제상의 이익을 얻게 되는 경우에 당해 위반으로 인한 경제적 이익을 박탈하기 위하여 그 이익액에 따라 행정기관이 과하는 행정상 제재금을 말한다.

2. 변형된 과징금

감정평가법 제41조(과징금의 부과)

① 국토교통부장관은 감정평가법인등이 제32조 제1항 각 호의 어느 하나에 해당하게 되어 업무정지처분을 하여야 하는 경우로서 그 업무정지처분이 「부동산 가격공시에 관한 법률」 제3조에 따른 표준지공시지가의 공시 등의 업무를 정상적으로 수행하는 데에 지장을 초래하는 등 공익을 해칠 우려가 있는 경우에는 업무정지처분을 갈음하여 5천만원(감정평가법인인 경우는 5억원) 이하의 과징금을 부과할 수 있다.

② 국토교통부장관은 제1항에 따른 과징금을 부과하는 경우에는 다음 각 호의 사항을 고려하여야 한다.
   1. 위반행위의 내용과 정도
   2. 위반행위의 기간과 위반횟수
   3. 위반행위로 취득한 이익의 규모

③ 국토교통부장관은 이 법을 위반한 감정평가법인이 합병을 하는 경우 그 감정평가법인이 행한 위반행위는 합병 후 존속하거나 합병으로 신설된 감정평가법인이 행한 행위로 보아 과징금을 부과·징수할 수 있다.

④ 제1항부터 제3항까지에 따른 과징금의 부과기준 등에 필요한 사항은 대통령령으로 정한다.

(1) 의의 및 취지

변형된 과징금이란 영업정지처분 등에 갈음하여 과징금을 부과하는 경우를 말하며, 이는 당해 영업의 정지로 인해 초래될 공익에 대한 침해 등의 문제를 고려하여 영업정지를 하지 않고 대신 영업으로 인한 이익을 박탈하는 과징금을 할 수 있도록 한 것이다.

(2) 재량

영업정지처분에 갈음하는 과징금이 규정된 경우 과징금을 부과할지 영업정지를 할지는 통상 행정청의 재량에 속하나, 과징금부과처분을 하지 않고 영업정지처분을 한 것이 심히 공익을 해하고 사업자에게도 가혹한 불이익을 초래하는 경우에는 비례의 원칙에 반한다.

> **판례**
>
> 구 영유아보육법(2013.6.4. 법률 제11858호로 개정되기 전의 것, 이하 같다) 제45조 제1항 제1호, 제4항, 제45조의2 제1항, 구 영유아보육법 시행규칙(2013.8.5. 보건복지부령 제202호로 개정되기 전의 것) 제38조 [별표 9]의 문언·취지·체계 등에 비추어, 구 영유아보육법 제45조 제1항 각 호의 사유가 인정되는 경우, 행정청에는 운영정지 처분이 영유아 및 보호자에게 초래할 불편의 정도 또는 그 밖에 공익을 해칠 우려가 있는지 등을 고려하여 어린이집 운영정지 처분을 할 것인지 또는 이에 갈음하여 과징금을 부과할 것인지를 선택할 수 있는 재량이 인정된다(대법원 2015.6.24. 선고 2015두39378 판결[어린이집운영정지처분취소등]).

3. 과징금과 벌금 등과의 비교

(1) 과태료와의 비교

과태료는 과거 의무 위반에 대한 행정질서벌이지만 과징금은 의무 위반에 대한 제재와 부당이득을 환수하기 위한 수단이며, 과태료는 불복 시 질서위반행위규제법에 따르나 과징금은 행정쟁송법에 따른다.

(2) 행정형벌과 비교

행정형벌은 형법에 규정된 형벌을 과하는 것으로 제재적 성격을 가지지만, 과징금은 형법에 규정된 형벌이 아니며 부당이득을 환수하는 성격을 가지고 있어 행정형벌과 구별된다. 또한 양자를 규정하는 규범의 목적이 서로 달라 병과하더라도 이중처벌금지에 위반되지 않는다.

> **판례**
>
> 과징금은 행정상 제재금이고, 범죄에 대한 국가의 형벌권의 실행으로서의 과벌이 아니므로 행정법규위반에 대하여 벌금이나 범칙금 이외에 과징금을 부과하는 것은 이중처벌금지의 원칙에 반하지 않는다고 보아야 한다(헌재 1994.6.30. 선고 92헌바38 전원재판부[합헌][구 행형법 제1조 제1항 등 위헌확인]).

4. 법적 성질 및 권리구제

과징금부과행위의 법적 성질은 침해적 행정행위이다. 따라서 과징금부과처분에는 원칙상 행정절차법이 적용되고, 과징금부과처분은 항고쟁송의 대상이 된다.

> **판례**
>
> 부동산 실권리자명의 등기에 관한 법률 제3조 제1항, 제5조 제1항, 같은 법 시행령 제3조 제1항의 규정을 종합하면, 명의신탁자에 대하여 과징금을 부과할 것인지 여부는 기속행위에 해당하므로, 명의신탁이 조세를 포탈하거나 법령에 의한 제한을 회피할 목적이 아닌 경우에 한하여 그 과징금을 일정한 범위 내에서 감경할 수 있을 뿐이지 그에 대하여 과징금 부과처분을 하지 않거나 과징금을 전액 감면할 수 있는 것은 아니다(대법원 2007.7.12. 선고 2005두17287 판결[과징금부과처분취소]).

II 가산세

가산세란 세법상의 의무의 성실한 이행을 확보하기 위하여 그 세법에 의하여 산출된 세액에 가산하여 징수되는 세금을 말하며(국세기본법 제2조 제4호), 세금의 형태로 가하는 행정벌의 성질을 가진다.

> **판례**
>
> 가산세는 개별 세법이 과세의 적정을 기하기 위하여 정한 의무의 이행을 확보할 목적으로 그 의무 위반에 대하여 세금의 형태로 가하는 행정벌의 성질을 가진 제재이므로 그 의무 해태에 정당한 사유가 있는 경우에는 이를 부과할 수 없다(대법원 1992.4.28. 선고 91누9848 판결 [증여세등부과처분취소]).

III 가산금

가산금은 행정법상의 금전급부의무의 불이행에 대한 제재로서 가해지는 금전부담을 말한다.

IV 명단공표

명단공표란 행정법상의 의무 위반 또는 의무불이행이 있는 경우에 그 위반자의 성명, 위반사실 등을 일반에게 공개하여 명예 또는 신용에 침해를 가함으로써 심리적인 압박을 가하여 행정법상의 의무이행을 확보하는 간접강제수단을 말한다. 그 예로는 징계의 공고(감정평가법 제39조의2), 환경보전을 위한 관계 법령 위반에 따른 행정처분 사실의 공표(환경정책기본법 제30조 제3항) 등이 있다.

V 공급거부

공급거부란 행정법상의 의무를 위반하거나 불이행한 자에 대하여 행정상의 서비스 또는 재화의 공급을 거부하는 행위를 말하며, 국민생활에 필수적인 전기, 수도와 같은 재화 또는 서비스의 제공을 거부함으로써 행정법상의 의무의 이행을 간접적으로 강제하는 수단이다.

VI 관허사업의 제한

관허사업의 제한이란 행정법상의 의무를 위반하거나 불이행한 자에 대하여 각종 인·허가를 거부할 수 있게 함으로써 행정법상 의무의 준수 또는 의무의 이행을 확보하는 간접적 강제수단을 말한다.

VII 시정명령

시정명령은 행정법규 위반에 의해 초래된 위법상태를 제거하는 것을 명하는 행정행위이며, 강학상 하명에 해당한다. 시정명령을 받은 자는 시정의무를 부담하게 되며 시정의무를 이행하지 않은 경우에는 행정강제(대집행, 직접강제 또는 집행벌)의 대상이 될 수 있고, 시정의무 위반에 대하여는 통상 행정벌이 부과된다.

VIII 행정법규위반에 대한 제재처분

1. 행정기본법상 제재처분의 개념

제재처분이란 법령 등에 따른 의무를 위반하거나 이행하지 아니하였음을 이유로 당사자에게 의무를 부과하거나 권익을 제한하는 처분을 말한다. 다만, 제30조 제1항 각 호에 따른 행정상 강제는 제외한다(행정기본법 제2조 제5호).

2. 제재처분 법정주의의 의의

행정기본법 제22조 제1항은 제재처분 법정주의를 명시하고 있다. 제재처분은 국민의 권리와 이익을 제한하는 침해적 처분이므로, 헌법 제37조 제2항에 비추어 엄격한 법의 통제 아래 이루어져야 한다. 즉 제재처분의 법적 근거는 법률에 규정되어야 한다.

> **행정기본법 제22조(제재처분의 기준)**
> ① 제재처분의 근거가 되는 법률에는 제재처분의 주체, 사유, 유형 및 상한을 명확하게 규정하여야 한다. 이 경우 제재처분의 유형 및 상한을 정할 때에는 해당 위반행위의 특수성 및 유사한 위반행위와의 형평성 등을 종합적으로 고려하여야 한다.
> ② 행정청은 재량이 있는 제재처분을 할 때에는 다음 각 호의 사항을 고려하여야 한다.
> 　1. 위반행위의 동기, 목적 및 방법
> 　2. 위반행위의 결과
> 　3. 위반행위의 횟수
> 　4. 그 밖에 제1호부터 제3호까지에 준하는 사항으로서 대통령령으로 정하는 사항

3. 제재처분의 요건

행정법규 위반에 대하여 가하는 제재조치(영업정지 등)는 행정목적의 달성을 위하여 행정법규 위반이라는 객관적 사실에 착안하여 가하는 제재이므로, 반드시 현실적인 행위자가 아니라도 법령상 책임자로 규정된 자에게 부과되고, 위반자의 의무 해태를 탓할 수 없는 정당한 사유가 있는 등의 특별한 사정이 없는 한 위반자에게 고의나 과실이 없다고 하더라도 부과될 수 있다.

📑 판례

[1] 행정법규 위반에 대하여 가하는 제재조치는 행정목적의 달성을 위하여 행정법규 위반이라는 객관적 사실에 착안하여 가하는 제재이므로 위반자의 의무 해태를 탓할 수 없는 정당한 사유가 있는 등의 특별한 사정이 없는 한 위반자에게 고의나 과실이 없다고 하더라도 부과될 수 있다(대법원 2003.9.2. 선고 2002두5177 판결).

[2] 구 여객자동차 운수사업법(2012.2.1. 법률 제11295호로 개정되기 전의 것) 제88조 제1항의 과징금부과처분은 제재적 행정처분으로서 여객자동차 운수사업에 관한 질서를 확립하고 여객의 원활한 운송과 여객자동차 운수사업의 종합적인 발달을 도모하여 공공복리를 증진한다는 행정목적의 달성을

위하여 행정법규 위반이라는 객관적 사실에 착안하여 가하는 제재이므로 반드시 현실적인 행위자가 아니라도 법령상 책임자로 규정된 자에게 부과되고 원칙적으로 위반자의 고의·과실을 요하지 아니하나, 위반자의 의무 해태를 탓할 수 없는 정당한 사유가 있는 등의 특별한 사정이 있는 경우에는 이를 부과할 수 없다(대법원 2014.10.15. 선고 2013두5005 판결).

4. 제재처분 시 고려사항

행정청은 재량이 있는 제재처분을 할 때에는 다음 각 호의 사항을 고려하여야 한다. 1. 위반행위의 동기, 목적 및 방법, 2. 위반행위의 결과, 3. 위반행위의 횟수, 4. 그 밖에 제1호부터 제3호까지에 준하는 사항으로서 대통령령으로 정하는 사항(행정기본법 제22조 제2항).

5. 제재처분의 제척기간

행정기본법 제23조(제재처분의 제척기간)
① 행정청은 법령 등의 위반행위가 종료된 날부터 5년이 지나면 해당 위반행위에 대하여 제재처분(인허가의 정지·취소·철회, 등록 말소, 영업소 폐쇄와 정지를 갈음하는 과징금 부과를 말한다. 이하 이 조에서 같다)을 할 수 없다.
② 다음 각 호의 어느 하나에 해당하는 경우에는 제1항을 적용하지 아니한다.
  1. 거짓이나 그 밖의 부정한 방법으로 인허가를 받거나 신고를 한 경우
  2. 당사자가 인허가나 신고의 위법성을 알고 있었거나 중대한 과실로 알지 못한 경우
  3. 정당한 사유 없이 행정청의 조사·출입·검사를 기피·방해·거부하여 제척기간이 지난 경우
  4. 제재처분을 하지 아니하면 국민의 안전·생명 또는 환경을 심각하게 해치거나 해칠 우려가 있는 경우
③ 행정청은 제1항에도 불구하고 행정심판의 재결이나 법원의 판결에 따라 제재처분이 취소·철회된 경우에는 재결이나 판결이 확정된 날부터 1년(합의제행정기관은 2년)이 지나기 전까지는 그 취지에 따른 새로운 제재처분을 할 수 있다.
④ 다른 법률에서 제1항 및 제3항의 기간보다 짧거나 긴 기간을 규정하고 있으면 그 법률에서 정하는 바에 따른다.

처분에 대한 이의신청 및 재심사

제1절 처분에 대한 이의신청

행정기본법 제36조(처분에 대한 이의신청)

① 행정청의 처분(「행정심판법」 제3조에 따라 같은 법에 따른 행정심판의 대상이 되는 처분을 말한다. 이하 이 조에서 같다)에 이의가 있는 당사자는 처분을 받은 날부터 30일 이내에 해당 행정청에 이의신청을 할 수 있다.

② 행정청은 제1항에 따른 이의신청을 받으면 그 신청을 받은 날부터 14일 이내에 그 이의신청에 대한 결과를 신청인에게 통지하여야 한다. 다만, 부득이한 사유로 14일 이내에 통지할 수 없는 경우에는 그 기간을 만료일 다음 날부터 기산하여 10일의 범위에서 한 차례 연장할 수 있으며, 연장 사유를 신청인에게 통지하여야 한다.

③ 제1항에 따라 이의신청을 한 경우에도 그 이의신청과 관계없이 「행정심판법」에 따른 행정심판 또는 「행정소송법」에 따른 행정소송을 제기할 수 있다.

④ 이의신청에 대한 결과를 통지받은 후 행정심판 또는 행정소송을 제기하려는 자는 그 결과를 통지받은 날(제2항에 따른 통지기간 내에 결과를 통지받지 못한 경우에는 같은 항에 따른 통지기간이 만료되는 날의 다음 날을 말한다)부터 90일 이내에 행정심판 또는 행정소송을 제기할 수 있다.

⑤ 다른 법률에서 이의신청과 이에 준하는 절차에 대하여 정하고 있는 경우에도 그 법률에서 규정하지 아니한 사항에 관하여는 이 조에서 정하는 바에 따른다.

⑥ 제1항부터 제5항까지에서 규정한 사항 외에 이의신청의 방법 및 절차 등에 관한 사항은 대통령령으로 정한다.

⑦ 다음 각 호의 어느 하나에 해당하는 사항에 관하여는 이 조를 적용하지 아니한다.

1. 공무원 인사 관계 법령에 따른 징계 등 처분에 관한 사항
2. 「국가인권위원회법」 제30조에 따른 진정에 대한 국가인권위원회의 결정
3. 「노동위원회법」 제2조의2에 따라 노동위원회의 의결을 거쳐 행하는 사항
4. 형사, 행형 및 보안처분 관계 법령에 따라 행하는 사항
5. 외국인의 출입국·난민인정·귀화·국적회복에 관한 사항
6. 과태료 부과 및 징수에 관한 사항

▌Ⅰ▐ 행정기본법 제정의 의의 및 취지

개별법령에 이의신청에 관한 내용이 규정되어 있지 아니한 처분에 대해서도 불복할 수 있는 기회를 제공하여 국민들의 권리구제를 강화하고, 처분의 이의신청에 대한 공통적인 방법과 절차를 규정하여 이의신청 제도가 실효성 있게 운영되고자 하는 것이 행정기본법 제36조의 제정취지이다.

II 이의신청의 의의 및 대상(행정기본법 제36조 제1항)

1. 의의

행정청의 처분(행정심판법상 처분)에 이의가 있는 당사자는 처분을 받은 날부터 30일 이내에 해당 행정청에 이의신청을 할 수 있다. 행정기본법 제36조 제1항을 바탕으로 이의신청이란 행정청의 처분에 이의가 있는 당사자가 해당 행정청(처분청)에 이의를 신청하는 절차로 정의할 수 있다.

2. 대상

이의신청의 대상이 되는 처분은 행정심판법 제2조에 따라 같은 법에 따른 행정심판의 대상이 되는 처분을 말한다. 행정심판법 제3조는 행정청의 처분 또는 부작위에 대하여 다른 법률에 특별한 규정이 있는 경우에는 그 특별한 규정, 특별한 규정이 없는 경우에는 행정심판법을 적용토록 규정하고 있다.

> **행정심판법 제3조(행정심판의 대상)**
> ① 행정청의 처분 또는 부작위에 대하여는 다른 법률에 특별한 규정이 있는 경우 외에는 이 법에 따라 행정심판을 청구할 수 있다.
> ② 대통령의 처분 또는 부작위에 대하여는 다른 법률에서 행정심판을 청구할 수 있도록 정한 경우 외에는 행정심판을 청구할 수 없다.

III 행정기본법상 이의신청에 대한 처리기간(행정기본법 제36조 제2항)

행정청은 제1항에 따른 이의신청을 받으면 그 신청을 받은 날부터 14일 이내에 그 이의신청에 대한 결과를 신청인에게 통지하여야 한다. 다만, 부득이한 사유로 14일 이내에 통지할 수 없는 경우에는 그 기간을 만료일 다음 날부터 기산하여 10일의 범위에서 한 차례 연장할 수 있으며, 연장 사유를 신청인에게 통지하여야 한다(제36조 제2항).

IV 처분에 대한 이의신청과 행정심판 · 행정소송(행정기본법 제36조 제3항)

이의신청은 임의절차이다. 즉, 제1항에 따라 이의신청을 한 경우에도 그 이의신청과 관계없이 「행정심판법」에 따른 행정심판 또는 「행정소송법」에 따른 행정소송을 제기할 수 있다(제36조 제3항). 행정청의 처분에 이의가 있는 당사자가 쟁송절차를 취할 수 있는 방법으로는 다음과 같다.

> ① 처분 → 행정기본법상 이의신청 → 이의신청결과를 통지 받은 날 → 행정심판법상 행정심판 → 행정소송법상 행정소송
> ② 처분 → 행정기본법상 이의신청 → 이의신청결과를 통지 받은 날 → 행정소송법상 행정소송
> ③ 처분 → 행정심판법상 행정심판 → 행정소송법상 행정소송
> ④ 처분 → 행정소송법상 행정소송

Ⅴ 행정심판청구 · 행정소송 제기의 기간(행정기본법 제36조 제4항)

1. 이의신청을 거친 경우

이의신청에 대한 결과를 통지받은 후 행정심판 또는 행정소송을 제기하려는 자는 그 결과를 통지받은 날(제2항에 따른 통지기간 내에 결과를 통지받지 못한 경우에는 같은 항에 따른 통지기간이 만료되는 날의 다음 날을 말한다)부터 90일 이내에 행정심판 또는 행정소송을 제기할 수 있다.

■ **최근 행정기본법 제36조에 대한 정부입법 개정안**

○ 정부입법에 의한 행정기본법 제36조 처분에 대한 이의신청 제도 정비(변경처분은 변경처분이 소송의 대상, 기각된 경우에는 원처분이 소송의 대상)(안 제36조 제4항 및 제5항 개정안)

현행	개정안
제36조(처분에 대한 이의신청) ① ~ ③ (생략)	제36조(처분에 대한 이의신청) ① ~ ③ (현행과 같음)
④ 이의신청에 대한 결과를 통지받은 후 행정심판 또는 행정소송을 제기하려는 자는 그 결과를 통지받은 날(제2항에 따른 통지기간 내에 결과를 통지받지 못한 경우에는 같은 항에 따른 통지기간이 만료되는 날의 다음 날을 말한다)부터 90일 이내에 행정심판 또는 행정소송을 제기할 수 있다.	④ ----------------------------------- ----------------------------------- ----------------------------------- ----------------------------------- ----------------------------------- --- 90일 이내에 제1항의 처분(이의신청 결과 처분이 변경된 경우에는 변경된 처분으로 한다)에 대하여 ------------.
<신설>	⑤ 행정청은 제2항 또는 다른 법률에 따라 이의신청에 대한 결과를 통지할 때에는 대통령령으로 정하는 바에 따라 제4항에 따른 행정심판 또는 행정소송을 제기할 수 있는 기간 등 행정심판 또는 행정소송의 제기에 관한 사항을 함께 안내하여야 한다. 다만, 이의신청에 대한 결과를 통지하기 전에 이미 신청인이 행정심판 또는 행정소송을 제기한 경우에는 안내하지 아니할 수 있다.

개정안: 90일 이내에 제1항의 처분(이의신청 결과 처분이 변경된 경우에는 변경된 처분으로 한다)에 대하여.....

이의신청에 대한 행정청의 결정에 대해 불복하는 경우 원처분과 이의신청에 대한 결정 중 어느 것을 대상으로 행정쟁송을 제기할 것인가에 대해서는 학계의 의견이 대립되는 부분이 존재함. 이의신청의 인용결정은 이의신청인의 권리의무에 변동을 가져오고 원처분을 대체하는 새로운 처분이므로 당연히 대상적격을 가진다는 것이 통설의 입장이다.

그러나 이의신청에 대한 기각 또는 각하결정에 대해서는 기존의 원처분의 결론을 그대로 유지하는 것이고 이의신청인의 권리·의무에 새로운 변동을 가져오는 공권력의 행사나 이에 준하는 행정작용으로 볼 수 없다는 점에서 기각 또는 각하결정의 통지는 단순한 사실행위로 대상적격을 부정하는 것이 다수설과 판례(대법원 2012.11.15. 선고 2010두8676 판결)의 입장임. 반면, 대상적격을 인정하는 견해는 이의신청 결정은 별도의 절차에서 인정된 행정작용으로 이를 독립된 대상적격으로 인정하지 못할 바는 없다는 것을 근거로 하고 있다[4].

이처럼 학계에서도 의견이 나뉘는바 일반국민이 행정쟁송의 대상적격에 대해 알기 어렵다는 점에서 개정안은 다수설 및 판례의 입장과 같이 처분에 대한 이의신청 결과를 통지받고 행정심판 또는 행정소송을 제기하는 경우에는 '제1항의 원처분'이 대상이고, 예외적으로 처분이 변경된 경우에 한하여 변경된 처분의 대상적격을 인정한다는 것을 법문으로 명확히 하려는 것으로 그 취지의 타당성이 인정된다고 할 것임.

안 제36조 제5항은 현행 제36조 제4항에 따라 이의신청인은 이의신청 결과를 통지받은 날부터 90일 이내에 행정심판 또는 행정소송을 제기할 수 있는바 이의신청인이 행정청으로부터 결과통지를 받을 때 이 사실을 함께 안내하도록 하여 국민의 권리구제를 강화하려는 것으로 타당성이 인정된다고 할 것이다[5].

○ **참고판례 : 대법원 2012.11.15. 선고 2010두8676 판결[주택건설사업승인불허가처분취소등]**

【판시사항】

[1] 민원사항에 대한 행정기관의 장의 거부처분에 불복하여 민원사무처리에 관한 법률 제18조 제1항에 따라 이의신청을 한 경우, 이의신청에 대한 결과를 통지받은 날부터 취소소송의 제소기간이 기산되는지 여부(소극) 및 위 이의신청 절차가 헌법 제27조에서 정한 재판청구권을 침해하는지 여부(소극)

[2] 민원사무처리에 관한 법률 제18조 제1항에서 정한 '거부처분에 대한 이의신청'을 받아들이지 않는 취지의 기각 결정 또는 그 취지의 통지가 항고소송의 대상이 되는지 여부(소극)

【판결요지】

[1] 행정소송법 제18조 내지 제20조, 행정심판법 제3조 제1항, 제4조 제1항, 민원사무처리에 관한 법률(이하 '민원사무처리법'이라 한다) 제18조, 같은 법 시행령 제29조 등의 규정들과 그 취지를 종합하여 보면, 민원사무처리법에서 정한 민원 이의신청의 대상인 거부처분에 대하여는 민원 이의신청과 상관없이 행정심판 또는 행정소송을 제기할 수 있으며, 또한 민원 이의신청은 민원사무처리에 관하여 인정된 기본사항의 하나로 처분청으로 하여금 다시 거부처분에 대하여 심사하도록 한 절차로서 행정심판법에서 정한 행정심판과는 성질을 달리하고 또한 사안의 전문성과 특수성을 살리기 위하여 특별한 필요에 따라 둔 행정심판에 대한 특별 또는 특례 절차라 할 수도 없어 행정소송법에서 정한 행정심판을 거친 경우의 제소기간의 특례가 적용된다고 할 수도 없으므로, <u>민원 이의신청에 대한 결과를 통지받은 날부터 취소소송의 제소기간이 기산된다고 할 수 없다. 그리고 이와 같이 민원 이의신청 절차와는 별도로 그 대상이 된 거부처분에 대하여 행정심판 또는 행정소송을 제기할 수 있도록 보장하고 있는 이상, 민원 이의신청 절차에 의하여 국민의 권익 보호가 소홀하게 된다거나 헌법 제27조에서 정한 재판청구권이 침해된다고 볼 수도 없다.</u>

[2] 민원사무처리에 관한 법률(이하 '민원사무처리법'이라 한다) 제18조 제1항에서 정한 거부처분에 대한 이의신청(이하 '민원 이의신청'이라 한다)은 행정청의 위법 또는 부당한 처분이나 부작위로 침해된 국민의 권리 또는 이익을 구제함을 목적으로 하여 행정청과 별도의 행정심판기관에 대하여 불복할 수 있도록 한 절차인 행정심판과는 달리, 민원사무처리법에 의하여 민원사무처리를 거부한 처분청이 민원인의 신청 사항을 다시 심사하여 잘못이 있는 경우 스스로 시정하도록 한 절차이다. 이에 따라, 민원 이의신청을 받아들이는 경우에는 이의신청 대상인 거부처분을 취소하지 않고 바로 최초의 신청을 받아들이는 새로운 처분을 하여야 하지만, 이의신청을 받아들이지 않는 경우에는 다시 거부처분을 하지 않고 그 결과를 통지함에 그칠 뿐이다. 따라서 이의신청을 받아들이지 않는 취지의 기각 결정 내지는 그 취지의 통지는, 종전의 거부처분을 유지함을 전제로 한 것에 불과하고 또한 거부처분에 대한 행정심판이나 행정소송의 제기에도 영향을 주지 못하므로, 결국 민원 이의신청인의 권리·의무에 새로운 변동을 가져오는 공권력의 행사나 이에 준하는 행정작용이라고 할 수 없어, 독자적인 항고소송의 대상이 된다고 볼 수 없다고 봄이 타당하다(대법원 2012.11.15. 선고 2010두8676 판결[주택건설사업승인불허가처분취소등]).

2. 이의신청을 거치지 않은 경우

행정청의 처분에 이의가 있는 당사자가 해당 행정청에 이의신청을 하지 않고 바로 행정심판을 청구하는 경우에는 그 청구기간은 행정심판법이 정하는 기간, 바로 행정소송을 제기하는 경우에는 그 제소기간은 행정소송법이 정하는 바에 의한다.

행정심판법 제27조(심판청구의 기간)
① 행정심판은 처분이 있음을 알게 된 날부터 90일 이내에 청구하여야 한다.
② 청구인이 천재지변, 전쟁, 사변(事變), 그 밖의 불가항력으로 인하여 제1항에서 정한 기간에 심판청구를 할 수 없었을 때에는 그 사유가 소멸한 날부터 14일 이내에 행정심판을 청구할 수 있다. 다만, 국외에서 행정심판을 청구하는 경우에는 그 기간을 30일로 한다.
③ 행정심판은 처분이 있었던 날부터 180일이 지나면 청구하지 못한다. 다만, 정당한 사유가 있는 경우에는 그러하지 아니하다.

– 이하 생략 –

행정소송법 제20조(제소기간)
① 취소소송은 처분등이 있음을 안 날부터 90일 이내에 제기하여야 한다. 다만, 제18조 제1항 단서에 규정한 경우와 그 밖에 행정심판청구를 할 수 있는 경우 또는 행정청이 행정심판청구를 할 수 있다고 잘못 알린 경우에 행정심판청구가 있은 때의 기간은 재결서의 정본을 송달받은 날부터 기산한다.
② 취소소송은 처분등이 있은 날부터 1년(第1項 但書의 경우는 裁決이 있은 날부터 1年)을 경과하면 이를 제기하지 못한다. 다만, 정당한 사유가 있는 때에는 그러하지 아니하다.
③ 제1항의 규정에 의한 기간은 불변기간으로 한다.

---

4) 황창근, "이의신청에 대한 행정청의 결정과 그에 대한 불복", 홍익법학 제25권 제1호(2024)
5) 국회 법사위원회 행정기본법 일부개정법률안에 대한 검토보고서 일부 인용함.

Ⅵ 이의신청의 특별법과 일반법(행정기본법 제36조 제5항)

1. 일반법으로서 행정기본법

다른 법률에서 이의신청과 이에 준하는 절차에 대하여 정하고 있는 경우에도 그 법률에서 규정하지 아니한 사항에 관하여는 이 행정기본법 제36조에서 정하는 바에 따른다.

2. 적용범위

행정기본법 제36조는 다른 법률에서 이의신청을 규정하고 있는 경우뿐만 아니라 이의신청이라는 표현을 사용하지 않아도 내용상 이의신청에 준하는 절차를 규정하고 있는 경우에도 적용된다.

Ⅶ 이의신청의 방법과 절차 대통령령으로 규정(행정기본법 제36조 제6항)

1. 의의

행정기본법 제36조 제1항부터 제5항까지에서 규정한 사항 외에 이의신청의 방법 및 절차 등에 관한 사항은 대통령령으로 정한다.

2. 행정기본법 시행령 제11조 이의신청의 방법

행정기본법 시행령 제11조(이의신청의 방법 등)

① 법 제36조 제1항에 따라 이의신청을 하려는 자는 다음 각 호의 사항을 적은 문서를 해당 행정청에 제출해야 한다.

    1. 신청인의 성명・생년월일・주소(신청인이 법인이나 단체인 경우에는 그 명칭, 주사무소의 소재지와 그 대표자의 성명)와 연락처

    2. 이의신청 대상이 되는 처분의 내용과 처분을 받은 날

    3. 이의신청 이유

② 행정청은 법 제36조 제2항 단서에 따라 이의신청 결과의 통지 기간을 연장하려는 경우에는 연장 통지서에 연장 사유와 연장 기간 등을 구체적으로 적어야 한다.

③ 제1항에 따른 이의신청을 받은 행정청은 그 내용에 보완이 필요하면 보완해야 할 내용을 명시하고 7일 이내에서 적절한 기간을 정해 보완을 요청할 수 있다. <신설 2025.1.7.>

④ 제3항에 따른 보완기간은 법 제36조 제2항에 따른 이의신청 결과 통지 기간에 포함하지 않는다. <신설 2025.1.7.>

⑤ 행정청은 법 제36조에 따른 이의신청에 대한 접수 및 처리 상황을 이의신청 처리대장에 기록하고 유지해야 한다. <개정 2025.1.7.>

⑥ 법제처장은 이의신청 제도의 개선을 위하여 필요한 경우에는 행정청에 이의신청 처리 상황 등 이의신청 제도의 운영 현황을 점검하는 데 필요한 자료의 제공을 요청할 수 있다. <개정 2025.1.7.>

Ⅷ 처분에 대한 이의신청의 적용 제외 사항(행정기본법 제36조 제7항)

1. 의의

행정기본법 제36조가 정하는 처분에 대한 이의신청은 국민들에게 처분에 대한 불복할 수 있는 기회를 넓게 제공하여 국민들의 권리구제를 강화하고자 하는 데 의미가 있다. 그러나 처분 중에는 성질상 이의신청을 넓게 인정하는 것이 오히려 바람직하지 않은 경우도 있다. 이러한 경우를 규정하는 것이 바로 행정기본법 제36조 제7항이다.

2. 적용이 제외되는 사항

> **행정기본법 제36조 제7항**
>
> ⑦ 다음 각 호의 어느 하나에 해당하는 사항에 관하여는 이 조를 적용하지 아니한다.
> 1. 공무원 인사 관계 법령에 따른 징계 등 처분에 관한 사항
> 2. 「국가인권위원회법」 제30조에 따른 진정에 대한 국가인권위원회의 결정
> 3. 「노동위원회법」 제2조의2에 따라 노동위원회의 의결을 거쳐 행하는 사항
> 4. 형사, 행형 및 보안처분 관계 법령에 따라 행하는 사항
> 5. 외국인의 출입국·난민인정·귀화·국적회복에 관한 사항
> 6. 과태료 부과 및 징수에 관한 사항

제2절 처분에 대한 재심사

행정기본법 제37조(처분의 재심사)

① 당사자는 처분(제재처분 및 행정상 강제는 제외한다. 이하 이 조에서 같다)이 행정심판, 행정소송 및 그 밖의 쟁송을 통하여 다툴 수 없게 된 경우(법원의 확정판결이 있는 경우는 제외한다)라도 다음 각 호의 어느 하나에 해당하는 경우에는 해당 처분을 한 행정청에 처분을 취소·철회하거나 변경하여 줄 것을 신청할 수 있다.

1. 처분의 근거가 된 사실관계 또는 법률관계가 추후에 당사자에게 유리하게 바뀐 경우
2. 당사자에게 유리한 결정을 가져다주었을 새로운 증거가 있는 경우
3. 「민사소송법」 제451조에 따른 재심사유에 준하는 사유가 발생한 경우 등 대통령령으로 정하는 경우

② 제1항에 따른 신청은 해당 처분의 절차, 행정심판, 행정소송 및 그 밖의 쟁송에서 당사자가 중대한 과실 없이 제1항 각 호의 사유를 주장하지 못한 경우에만 할 수 있다.

③ 제1항에 따른 신청은 당사자가 제1항 각 호의 사유를 안 날부터 60일 이내에 하여야 한다. 다만, 처분이 있은 날부터 5년이 지나면 신청할 수 없다.

④ 제1항에 따른 신청을 받은 행정청은 특별한 사정이 없으면 신청을 받은 날부터 90일(합의제행정기관은 180일) 이내에 처분의 재심사 결과(재심사 여부와 처분의 유지·취소·철회·변경 등에 대한 결정을 포함한다)를 신청인에게 통지하여야 한다. 다만, 부득이한 사유로 90일(합의제행정기관은 180일) 이내에 통지할 수 없는 경우에는 그 기간을 만료일 다음 날부터 기산하여 90일(합의제행정기관은 180일)의 범위에서 한 차례 연장할 수 있으며, 연장 사유를 신청인에게 통지하여야 한다.

⑤ 제4항에 따른 처분의 재심사 결과 중 처분을 유지하는 결과에 대해서는 행정심판, 행정소송 및 그 밖의 쟁송수단을 통하여 불복할 수 없다.

⑥ 행정청의 제18조에 따른 취소와 제19조에 따른 철회는 처분의 재심사에 의하여 영향을 받지 아니한다.

⑦ 제1항부터 제6항까지에서 규정한 사항 외에 처분의 재심사의 방법 및 절차 등에 관한 사항은 대통령령으로 정한다.

⑧ 다음 각 호의 어느 하나에 해당하는 사항에 관하여는 이 조를 적용하지 아니한다.

1. 공무원 인사 관계 법령에 따른 징계 등 처분에 관한 사항
2. 「노동위원회법」 제2조의2에 따라 노동위원회의 의결을 거쳐 행하는 사항
3. 형사, 행형 및 보안처분 관계 법령에 따라 행하는 사항
4. 외국인의 출입국·난민인정·귀화·국적회복에 관한 사항
5. 과태료 부과 및 징수에 관한 사항
6. 개별 법률에서 그 적용을 배제하고 있는 경우

ⅠⅠ 행정기본법 제37조 제정 취지

행정심판법상 행정심판을 제기할 수 있는 기간이 경과하거나 행정소송법상 행정소송을 제기할 수 있는 기간이 경과하면, 당사자는 더 이상 다툴 수 없다. 그렇지만 기간의 경과로 처분에 기초가 되었던 사실관계 또는 법률관계가 사회적 관념이나 헌법질서와 충돌하는 경우, 종전의 처분을 유지하는 것은 정의관념에 반하므로, 종전의 처분을 취소하거나 철회할 필요가 있다. 행정기본법 제37조는 이러한 필요에 응하는 조문이다. 민사소송법과 형사소송법은 확정된 종국판결에 대해서도 일정한 사유가 있는 경우에 재심을 인정하고 있음을 볼 때 법원의 판결이 아닌 행정청의 처분에 대해서도 일정한 사유가 있으면 재심사를 인정할 필요가 있다.

ⅡⅡ 처분의 재심사의 의의와 요건(행정기본법 제37조 제1항)

1. 의의

처분의 재심사는 처분을 불복기간의 경과 등으로 쟁송을 통하여 더 이상 다툴 수 없는 경우에 신청(처분의 취소·철회 또는 변경의 신청)에 의해 처분청이 해당 처분을 재심사하는 것을 말한다. '처분의 재심사' 제도는 민·형사 재판절차상 재심제도와 유사하다.

2. 대상과 제외사항

처분의 재심사의 대상은 처분이다. 다만 재심사 대상에서 제외되는 처분은 ① 제재처분 및 행정상 강제, ② 법원이 확정판결이 있는 처분이다. 제재처분 및 행정상 강제는 처분의 재심사의 대상에서 제외된다. 제재처분이나 행정상 강제에 해당하지 않는 처분일지라도 그 처분에 관해 법원의 판결이 있다면, 처분의 재심사의 대상에서 제외된다.

3. 신청사유(요건)

행정기본법 제37조 제1항은 처분의 재심사 신청의 남용을 방지하기 위하여 처분의 재심사를 신청할 수 있는 사유를 3가지 경우로 제한하고 있다.
① 처분의 근거된 사실관계 또는 법률관계가 추후에 당사자에게 유리하게 바뀐 경우
② 당사자에게 유리한 결정을 가져다주었을 새로운 증거가 있는 경우
③ 민사소송법 제451조에 따른 재심사유에 준하는 사유가 발생한 경우 등 대통령으로 정하는 경우

Ⅲ 처분의 재심사 신청의 제한(행정기본법 제37조 제2항)

1. 의의 및 취지

행정기본법 제37조 제1항에 따른 신청은 해당 처분의 절차, 행정심판, 행정소송 및 그 밖의 쟁송에서 당사자가 중대한 과실 없이 제1항 각 호의 사유를 주장하지 못한 경우에만 알 수 있다.

2. 제한사유로서의 중대한 과실

행정기본법 제37조 제1항이 정하는 사유가 있다고 하여도, 당사자가 해당 처분의 절차, 행정심판, 행정소송 및 그 밖의 쟁송에서 중대한 과실로 그 사유를 주장하지 않았다면, 당사자는 그 사유를 근거로 처분의 재심사를 청구할 수 없다. 고의로 그 사유를 주장하지 아니한 경우도 마찬가지이다. 따라서 당사자가 처분의 재심사를 신청할 수 있는 것은 해당 처분의 절차, 행정심판, 행정소송 및 그 밖의 쟁송에서 경과실 또는 경과실 없이 그 사유를 주장하지 못한 경우에 한한다.

Ⅳ 처분의 재심사 신청기한(행정기본법 제37조 제3항)

행정기본법 제37조 제1항에 따른 신청은 당사자가 동조 제1항 각 호의 사유를 안 날부터 60일 이내에 하여야 한다. 다만, 처분이 있는 날부터 5년이 지나면 신청할 수 없다.

Ⅴ 처분의 재심사 결과 통지의 기간(행정기본법 제37조 제4항)

행정기본법 제37조 제1항에 따른 신청을 받은 행정청은 특별한 사정이 없으면 신청을 받은 날부터 90일(합의제행정기관은 180일) 이내에 처분의 재심사 결과(재심사 여부와 처분의 유지·취소·철회·변경 등에 대한 결정을 포함한다)를 신청인에게 통지하여야 한다. 다만, 부득이한 사유로 90일(합의제행정기관은 180일) 이내에 통지할 수 없는 경우에는 그 기간을 만료일 다음 날부터 기산하여 90일(합의제행정기관은 180일)의 범위에서 한 차례 연장할 수 있으며, 연장 사유를 신청인에게 통지하여야 한다.

Ⅵ 처분의 재심사와 행정심판·행정소송의 관계(행정기본법 제37조 제5항)

행정기본법 제37조 제4항에 따른 처분의 재심사 결과 중 처분을 유지하는 결과에 대해서는 행정심판, 행정소송 및 그 밖의 쟁송수단을 통하여 불복할 수 없다.

Ⅶ 처분의 재심사와 직권취소·철회의 관계(행정기본법 제37조 제6항)

행정기본법 제37조 제6항에서 "행정청의 제18조에 따른 취소와 제19조에 따른 철회는 처분의 재심사에 의하여 영향을 받지 아니한다."고 규정하고 있어 직권취소나 철회는 처분의 재심사에 영향을 받지 아니한다.

Ⅷ 처분의 재심사 방법 및 절차 등에 관한 사항 대통령으로 규정(행정기본법 제37조 제7항)

행정기본법 제37조 제1항부터 제6항까지에서 규정한 사항 외에 처분의 재심사의 방법 및 절차 등에 관한 사항은 대통령령으로 정한다.

행정기본법 시행령 제13조(처분의 재심사 신청 방법 등)
① 법 제37조 제1항에 따라 처분의 재심사를 신청하려는 자는 다음 각 호의 사항을 적은 문서에 처분의 재심사 신청 사유를 증명하는 서류를 첨부하여 해당 처분을 한 행정청에 제출해야 한다.
  1. 신청인의 성명·생년월일·주소(신청인이 법인이나 단체인 경우에는 그 명칭, 주사무소의 소재지와 그 대표자의 성명)와 연락처
  2. 재심사 대상이 되는 처분의 내용과 처분이 있은 날
  3. 재심사 신청 사유
② 제1항에 따른 신청을 받은 행정청은 그 신청 내용에 보완이 필요하면 보완해야 할 내용을 명시하고 20일 이내에서 적절한 기간을 정하여 보완을 요청할 수 있다.
③ 제2항에 따른 보완 기간은 법 제37조 제4항에 따른 재심사 결과 통지 기간에 포함하지 않는다.
④ 행정청은 법 제37조 제4항 단서에 따라 처분의 재심사 결과의 통지 기간을 연장하려는 경우에는 연장 통지서에 연장 사유와 연장 기간 등을 구체적으로 적어야 한다.

Ⅸ 처분의 재심사 적용 제외사항(행정기본법 제37조 제8항)

행정기본법 제37조 제8항에서 "다음 각 호의 어느 하나에 해당하는 사항에 관하여는 이 조를 적용하지 아니한다."라고 규정하여 처분의 재심사 적용을 배제하고 있다.

PART

03

행정구제법

행정상 손해전보

제1절 행정상 손해배상 25회, 23회, 22회, 12회 기출

사전적 권리구제	행정절차	
사후적 권리구제	행정상 손해전보	국가배상제도
		손실보상제도
	행정쟁송	행정심판
		행정소송

I 국가배상제도의 의의 및 취지

국가배상제도란 국가가 자신의 사무수행과 관련하여 위법하게 타인에게 손해를 가한 경우에 국가가 피해자에게 손해를 배상해 주는 제도를 말하며, 법치국가에서 기본권을 존중하고 보장하기 위한 것이다.

II 국가배상제도의 법적 근거

① 헌법 제29조 제1항 본문은 "공무원의 직무상 불법행위로 손해를 받은 국민은 법률이 정하는 바에 의하여 국가 또는 공공단체에 정당한 배상을 청구할 수 있다"고 하여 국가배상제도를 헌법상 보장하고 있다. ② 헌법 제29조의 위임에 따라 국가배상법이 제정되어 있으며, 국가배상법은 국가나 지방자치단체의 손해배상책임에 관한 일반법이다(국가배상법 제8조).

> ■ **국가배상책임에 있어 행정주체**(예: 한국토지주택공사는 공법인으로 배상책임의 행정주체임)
>
> 1. 국가
>   국가행정의 주체는 국가가 되며, 국가는 법인격을 가진 법인으로서 행정법관계의 법주체가 된다. 그런데 국가행정의 일부가 지방자치단체, 농공단체, 사인에게 위임 또는 위탁되어 행하여지는 경우도 있다. 이 경우에도 국가행정으로서의 실질은 그대로 유지하나, 법적 효과는 국가에 귀속되기도 하고 수임자에게 귀속되기도 한다.
> 2. 공공단체
>   (1) 지방자치단체
>   지방자치단체란 국가의 영토 내에서 일정한 지역 및 그 지역의 주민으로 구성되며 그 지역 내에서 일정한 통치권을 행사하는 법인격을 갖는 공공단체를 말한다. 지방자치단체도 넓은 의미에서는 공공단체에 포함되나 특정한 사업수행만을 담당하는 협의의 공공단체와 달리 일정한 지역과 주민을 갖고 있다는 점과 일반적인 행정을 담당한다는 점에서 국가와 유사하며 협의의 공공단체와 구별된다.

(2) 협의의 공공단체
① 공공조합
공공조합이란 법정의 자격을 가진 조합원으로 구성된 공법상의 사단법인이다. 공공조합에는
농지개량조합, 토지구획정리 조합, 상공회의소, 의료보험 조합, 재개발조합, 재건축조합 등이
있다.

> ○ 공법인으로서 한국토지주택공사, 대한변호사협회는 행정주체로서 배상책임 주체가 되
> 고 공법인의 임직원이나 피용인은 국가배상법 제2조상 공무원에 해당함.
> 본래 시·도지사나 시장·군수 또는 구청장의 업무에 속하는 대집행권한을 한국토지공
> 사에게 위탁하도록 되어 있는바, 한국토지공사는 이러한 법령의 위탁에 의하여 대집행을
> 수권받은 자로서 공무인 대집행을 실시함에 따르는 권리·의무 및 책임이 귀속되는 행정
> 주체의 지위에 있다고 볼 것이지 지방자치단체 등의 기관으로서 국가배상법 제2조 소정의
> 공무원에 해당한다고 볼 것은 아니다(대판 2010.1.28. 선고 2007다82950·82967 판결).
> 공법인이 국가로부터 위탁받은 공행정사무를 집행하는 과정에서 공법인의 임직원이나
> 피용인이 고의 또는 과실로 법령을 위반하여 타인에게 손해를 입힌 경우에는, 공법인은
> 위탁받은 공행정사무에 관한 행정주체의 지위에서 배상책임을 부담하여야 하지만, 공법
> 인의 임직원이나 피용인은 실질적인 의미에서 공무를 수행한 사람으로서 국가배상법 제2
> 조에서 정한 공무원에 해당하므로 고의 또는 중과실이 있는 경우에만 배상책임을 부담하
> 고 경과실이 있는 경우에는 배상책임을 면한다.

② 영조물법인
영조물법인이란 행정법상의 영조물에 독립된 법인격이 부여된 것을 말한다. 영조물이라 함은
특정한 행정목적에 제공된 인적·물적 종합시설을 말한다.
③ 공법상 재단
공법상 재단이란 국가나 지방자치단체가 공공 목적을 위하여 출연한 재산을 관리하기 위하여
설립된 공법상의 재단법인을 말한다. 그 예로는 한국연구재단이 있다.
(3) 공무수탁사인
공무수탁사인이란 공행정사무를 위탁받아 자신의 이름으로 처리하는 권한을 갖고 있는 행정주체
인 사인을 말하며, 공무수탁사인은 처분을 함에 있어서는 행정주체이면서 동시에 행정청의 지위
를 갖는다. 공무수탁사인의 예로는 사인이 사업시행자로서 토지를 수용을 위한 사업인정을 받고
토지등을 수용하거나 이주대책을 수립하는 경우, 사립대학이 교육법에 의해 학위를 수여하는 경
우 등이 있다.

Ⅲ 국가배상법의 성질

1. 판례

📑 판례

공무원의 직무상 불법행위로 손해를 받은 국민이 국가 또는 공공단체에 배상을 청구하는 경우 국가 또는 공공단체에 대하여 그의 불법행위를 이유로 손해배상을 구함은 국가배상법이 정한 바에 따른다 하여도 이 역시 민사상의 손해배상책임을 특별법인 국가배상법이 정한 데 불과하다(대법원 1972.10.10. 선고 69다701 판결).

2. 검토

공법적 원인으로 발생한 법적 효과를 다투는 것이므로 공법적 관계로 봄이 타당하고 다툼은 당사자소송에 의하여야 할 것이다. 행정소송법 개정안은 국가배상청구소송을 당사자소송의 하나로 예시하고 있다.

Ⅳ 국가배상법상 배상책임의 유형

국가배상법은 배상책임의 유형으로 ① 공무원의 직무상 불법행위로 인한 배상책임과 ② 영조물의 설치·관리상의 하자로 인한 배상책임의 2가지 유형을 규정하고 있다. 국가배상법 제8조는 이 법에 규정된 사항 외에는 「민법」에 따르며, 「민법」 외의 법률에 다른 규정이 있을 때에는 그 규정에 따른다고 규정하고 있다.

📑 판례

국가 또는 지방자치단체라 할지라도 공권력의 행사가 아니고 단순한 사경제의 주체로 활동하였을 경우에는 그 손해배상책임에 국가배상법이 적용될 수 없고 민법상의 사용자책임 등이 인정되는 것이고 국가의 철도운행사업은 국가가 공권력의 행사로서 하는 것이 아니고 사경제적 작용이라 할 것이므로, 이로 인한 사고에 공무원이 간여하였다고 하더라도 국가배상법을 적용할 것이 아니고 일반 민법의 규정에 따라야 하므로, 국가배상법상의 배상전치절차를 거칠 필요가 없으나, 공공의 영조물인 철도시설물의 설치 또는 관리의 하자로 인한 불법행위를 원인으로 하여 국가에 대하여 손해배상청구를 하는 경우에는 국가배상법이 적용되므로 배상전치절차를 거쳐야 한다(대법원 1999.6.22. 선고 99다7008 판결[손해배상(자)]).

Ⅴ 위법한 직무집행행위로 인한 배상책임

1. 국가배상책임의 요건(국가배상법 제2조 제1항)

(1) 공무원

1) 공무원의 의의

국가배상법상 공무원이란 행정조직법상의 공무원뿐만 아니라, 널리 공무를 위탁받아 공무에 종사하는 기능적 의미의 공무원을 의미한다.

2) 국가기관의 구성자

공무원이란 행정부 및 지방자치단체소속의 공무원뿐만 아니라 입법부 및 사법부 소속의 공무원도 포함한다. 입법부소속의 공무원 중 국회의원도 공무원에 해당하며, 검사와 판사, 헌법재판소의 재판관도 포함된다. 공무원은 1인일 수도 있고, 다수인일 수도 있다. 공무원은 자연인인 경우가 일반적이나, 기관 그 자체도 공무원의 개념에 포함된다. 해석상 국회 그 자체도 공무원 개념에 포함된다.

판례

[1] 우리 헌법이 채택하고 있는 의회민주주의하에서 국회는 다원적 의견이나 갖가지 이익을 반영시킨 토론과정을 거쳐 다수결의 원리에 따라 통일적인 국가의사를 형성하는 역할을 담당하는 국가기관으로서 그 과정에 참여한 국회의원은 입법에 관하여 원칙적으로 국민 전체에 대한 관계에서 정치적 책임을 질 뿐 국민 개개인의 권리에 대응하여 법적 의무를 지는 것은 아니므로, 국회의원의 입법행위는 그 입법 내용이 헌법의 문언에 명백히 위배됨에도 불구하고 국회가 굳이 당해 입법을 한 것과 같은 특수한 경우가 아닌 한 국가배상법 제2조 제1항 소정의 위법행위에 해당한다고 볼 수 없고, 같은 맥락에서 국가가 일정한 사항에 관하여 헌법에 의하여 부과되는 구체적인 입법의무를 부담하고 있음에도 불구하고 그 입법에 필요한 상당한 기간이 경과하도록 고의 또는 과실로 이러한 입법의무를 이행하지 아니하는 등 극히 예외적인 사정이 인정되는 사안에 한정하여 국가배상법 소정의 배상책임이 인정될 수 있으며, 위와 같은 구체적인 입법의무 자체가 인정되지 않는 경우에는 애당초 부작위로 인한 불법행위가 성립할 여지가 없다(대법원 2008.5.29. 선고 2004다33469 판결).

[2] 검사는 피의자가 유죄판결을 받을 가능성이 있는 정도의 혐의를 가지게 된 데에 합리적인 이유가 있다고 판단될 때에는 피의자에 대하여 공소를 제기할 수 있으므로 그 후 형사재판 과정에서 범죄사실의 존재를 증명함에 충분한 증거가 없다는 이유로 무죄판결이 확정되었다고 하더라도 그러한 사정만으로 바로 검사의 구속 및 공소제기가 위법하다고 할 수 없고, 그 구속 및 공소제기에 관한 검사의 판단이 그 당시의 자료에 비추어 경험칙이나 논리칙상 도저히 합리성을 긍정할 수 없는 정도에 이른 경우에만 그 위법성을 인정할 수 있다. … 강도강간의 피해자가 제출한 팬티에 대한 국립과학수사연구소의 유전자검사결과 그 팬티에서 범인으로 지목되어 기소된 원고나 피해자의 남편과 다른 남자의 유전자형이 검출되었다는 감정결과를 검사가 공판과정에서 입수한 경우 그 감정서는 원고의 무죄를 입증할 수 있는 결정적인 증거에 해당하는데도 검사가 그 감정서를 법원에 제출하지 아니하고 은폐하였다면 검사의 그와 같은 행위는 위법하므로 국가는 배상책임을 진다(대법원 2002.2.22. 선고 2001다23447 판결).

[3] 헌법소원심판을 청구한 자로서는 헌법재판소 재판관이 일자 계산을 정확하게 하여 본안판단을 할 것으로 기대하는 것이 당연하고, 따라서 헌법재판소 재판관의 위법한 직무집행의 결과 잘못된 각하결정을 함으로써 청구인으로 하여금 본안판단을 받을 기회를 상실하게 한 이상, 설령 본안판단을 하였더라도 어차피 청구가 기각되었을 것이라는 사정이 있다고 하더라도 잘못된 판단으로 인하여 헌법소원심판 청구인의 위와 같은 합리적인 기대를 침해한 것이고 이러한 기대는 인격적 이익으로서 보호할 가치가 있다고 할 것이므로 그 침해로 인한 정신상 고통에 대하여는 위자료를 지급할 의무가 있다(대법원 2003.7.11. 선고 99다24218 판결).

3) 사인

공무수탁사인이 국가배상법상 공무원에 해당하는지에 관해 논란이 있었으나, 최근 국가배상법 개정으로 공무수탁사인이 국가배상법상 공무원에 명시적으로 포함되었다. 사인이라도 공무를 위탁받아 공무를 수행하는 한, 그것이 일시적인 사무일지라도 여기의 공무원에 해당한다(국가배상법 제2조 제1항). 또한 사인이 사법상 계약에 의하여 공무를 수행하여도 그 공무가 공법작용에 해당하면 공무원에 해당한다.

🔍 판례

구 국가배상법 제2조 소정의 "공무원"이라 함은 국가공무원법이나 지방공무원법에 의하여 공무원으로서의 신분을 가진 자에 국한하지 않고, 널리 공무를 위탁받아 실질적으로 공무에 종사하고 있는 일체의 자를 가리키는 것으로서, 공무의 위탁이 일시적이고 한정적인 사항에 관한 활동(어린이 보호업무)을 위한 것이어도 달리 볼 것은 아니다. … 지방자치단체가 '교통할아버지 봉사활동 계획'을 수립한 후 관할 동장으로 하여금 '교통할아버지'를 선정하게 하여 어린이 보호, 교통안내, 거리질서 확립 등의 공무를 위탁하여 집행하게 하던 중 '교통할아버지'로 선정된 노인이 위탁받은 업무범위를 넘어 교차로 중앙에서 교통정리를 하다가 교통사고를 발생시킨 경우, 지방자치단체가 국가배상법 제2조 소정의 배상책임을 부담한다(대법원 2001.1.5. 선고 98다39060 판결).

(2) 직무

1) 사법 작용의 포함 여부

① 학설

<협의설> 국가배상법 제2조 제1항의 직무는 공법상의 권력작용만을 뜻한다는 견해

<광의설> 국가배상법 제2조 제1항의 직무는 공법상의 권력작용 외에 국가배상법 제5조에서 규정된 것을 제외한 공법상 비권력작용까지 포함한다는 견해

<최광의설> 국가배상법 제2조 제1항에서 말하는 직무를 공법상의 작용뿐만 아니라 사법상의 작용까지 포함한다는 견해

② 판례

🔍 판례

[1] 국가배상법이 정한 손해배상청구의 요건인 '공무원의 직무'에는 국가나 지방자치단체의 권력적 작용뿐만 아니라 비권력적 작용도 포함되지만 단순한 사경제의 주체로서 하는 작용은 포함되지 않는다(대법원 2004.4.9. 선고 2002다10691 판결).

[2] 서울특별시장의 대행자인 도봉구청장이 원고와 사이에 체결한 도봉 차량기지건설사업부지예정토지 매매계약은 공공기관이 사경제주체로서 행한 사법상 매매이므로, 설령 서울특별시장이나 그 대행자인 도봉구청장에게 원고를 위하여 양도소득세 감면신청을 할 법률상의 의무가 인정되고 이러한 의무를 위반하여 원고에게 손해를 가한 행위가 불법행위를 구성하는 것으로 본다 하더라도, 이에 대하여는 국가배상법을 적용하기는 어렵고 일반 민법의 규정을 적용할 수 있을 뿐이라 할 것이다(대법원 1999.11.26. 선고 98다47245 판결).

③ 검토

국가배상법 제5조와의 관련상 제2조의 직무란 국가배상법 제5조와 관련된 직무를 제외한 모든 공법상의 행정작용을 의미하는바 광의설이 타당하다.

2) 재판작용이 직무에 포함되는지 여부

① 문제점

법관도 국가배상법 제2조 제1항의 공무원에 해당하고, 재판행위도 직무에 해당한다. 하지만 법관의 재판행위의 결과인 확정판결에 대해 국가배상청구를 인정한다는 것은 직접적이지는 않으나 실질적으로 확정판결의 기판력을 부정하는 것(확정판결에 대한 소송이 재개되는 결과가 되기에)으로 볼 수도 있기에 재판행위에 대한 국가배상청구가 가능한지가 문제된다.

② 학설

<부정설> 법관의 재판행위에 대한 국가배상책임의 인정이 확정판결의 효력을 직접 부정하는 것은 아니지만, 국가배상책임을 인정하기 위해서는 판결의 위법성을 인정해야 하므로 확정판결에 대한 국가배상책임의 인정은 기판력을 침해하는 것이 된다는 견해

<긍정설> 법관의 불법행위를 이유로 국가배상책임을 인정하여도 확정판결의 기판력(법적안정성)을 침해하는 것은 아니라는 견해

<절충설> 사법행정작용은 일반행정작용과 같이 국가배상책임을 인정하고, 재판작용의 경우는 국가배상책임이 기판력을 침해할 우려가 있으므로 법적 안정성의 요구와 권리구제의 요구를 적정히 조화시켜 제한적으로 국가배상책임을 인정하자는 견해

③ 판례

> **판례**
>
> 법관의 재판에 법령의 규정을 따르지 아니한 잘못이 있다 하더라도 이로써 바로 그 재판상 직무행위가 국가배상법 제2조 제1항에서 말하는 위법한 행위로 되어 국가의 손해배상책임이 발생하는 것은 아니고, 당해 법관이 위법 또는 부당한 목적을 가지고 재판을 하는 등 법관이 그에게 부여된 권한의 취지에 명백히 어긋나게 이를 행사하였다고 인정할 만한 특별한 사정이 있어야 위법한 행위가 되어 국가배상책임이 인정된다고 할 것인바, 압수수색할 물건의 기재가 누락된 압수수색영장을 인천세관 직원에게 발부한 법관이 위법·부당한 목적을 가지고 있었다거나 법이 직무수행상 준수할 것을 요구하고 있는 기준을 현저히 위반하였다는 등의 자료를 찾아볼 수 없다면 그와 같은 압수수색영장의 발부행위는 불법행위를 구성하지 않는다(대법원 2001.10.12. 선고 2001다47290 판결).

④ 검토

국가배상책임의 성립가능성을 인정하더라도 재판의 특수성은 위법성 또는 고의·과실의 판단과정에서 고려될 수 있다는 점, 법관의 독립은 법관의 직무행위에 관한 전면적인 면책을 의미하지 않는다는 점을 고려하면 긍정설이 타당하다.

(3) 집행하면서(직무 관련성)

직무행위 자체는 물론 객관적으로 직무의 범위에 속한다고 판단되는 행위 및 직무와 밀접히 관련된 행위를 말한다. 직무행위인지의 여부는 객관적으로 직무행위의 외관을 갖추고 있는지의 여부에 따라 판단하여야 한다는 것이 판례의 태도이다. 특히 판례가 외형설을 따르면서 실질적 직무관련성을 요구하지 않는 것은 직무관련성의 범위를 넓히려는 것으로서 국민의 권리구제의 확대에 기여한다.

> 판례
>
> [1] 본조 제1항에서 말하는 "직무를 집행함에 당하여"라는 취지는 공무원의 행위의 외관을 객관적으로 관찰하여 공무원의 직무행위로 보여질 때에는 비록 그것이 실질적으로 직무행위이거나 아니거나 또는 행위자의 주관적 의사에 관계없이 그 행위는 공무원의 직무집행행위로 볼 것이요 이러한 행위가 실질적으로 공무집행행위가 아니라는 사정을 피해자가 알았다 하더라도 그것을 "직무를 행함에 당하여"라고 단정하는 데 아무런 영향을 미치는 것이 아니다(대법원 1966.6.28. 선고 66다781 판결; 대법원 2001.1.5. 선고 98다39060 판결; 대법원 1994.5.27. 선고 94다6741 판결).
>
> [2] 울산세관의 통관지원과에서 인사업무를 담당하면서 울산세관 공무원들의 공무원증 및 재직증명서 발급업무를 하는 공무원인 K가 울산세관의 다른 공무원의 공무원증 등을 위조하는 행위는 비록 그것이 실질적으로는 직무행위에 속하지 아니한다 할지라도 적어도 외관상으로는 공무원증과 재직증명서를 발급하는 행위로서 직무집행으로 보여진다(대법원 2005.1.14. 선고 2004다26805 판결).

(4) 고의 또는 과실

1) 고의와 과실의 의의

① <고의>란 위법한 결과의 발생을 인식하는 것을 말하고, ② <과실>이란 위법한 결과의 발생을 부주의로 인식하지 못하는 것을 말한다.

> 판례
>
> 공무원의 직무집행상 과실의 의미에 관하여 대법원 판례는 "공무원이 그 직무를 수행함에 있어 당해 직무를 담당하는 평균인이 보통 갖추어야 할 주의의무를 게을리 한 것" 혹은 "담당공무원이 보통 일반의 공무원을 표준으로 하여 볼 때 객관적 주의의무를 결하여"라고 판시하고 있다. 근래에는 국가배상법상의 과실관념을 객관화하거나 조직과실, 과실 추정과 같은 논리의 개발을 통하여 피해자에 대한 구제의 폭을 넓히려는 추세에 있다(헌재 2015.4.30. 2013헌바395).

2) 판단대상

고의·과실의 유무는 국가가 아니라 당해 공무원을 기준으로 판단한다[판례]. 공무원에게 고의·과실이 없으면 국가는 배상책임이 없다.

> **📑 판례**
>
> 검사는 공익의 대표자로서 실체적 진실에 입각한 국가 형벌권의 실현을 위하여 공소제기와 유지를
> 할 의무뿐만 아니라 그 과정에서 피고인이 당한 이익을 옹호하여야 할 의무가 있다. 그리고 법원이
> 형사소송절차에서의 피고인의 권리를 실질적으로 보장하기 위하여 마련되어 있는 형사소송법 등
> 관련 법령에 근거하여 검사에게 어떠한 조치를 이행할 것을 명하였고, 관련 법령의 해석상 그러한
> 법원의 결정에 따르는 것이 당연하고 그와 달리 해석될 여지가 없는 경우라면, 법에 기속되는 검사
> 로서는 법원의 결정에 따라야 할 직무상 의무도 있다 할 것이다. 그런데도 그와 같은 상황에서 검사
> 가 관련 법령의 해석에 관하여 대법원 판례 등의 선례가 없다는 이유 등으로 법원의 결정에 어긋나
> 는 행위를 하였다면 특별한 사정이 없는 한 당해 검사에게 그 직무상 의무를 위반한 과실이 있다고
> 보아야 한다(대법원 2012.11.15. 선고 2011다48452 판결).

3) 과실개념의 객관화

과실개념을 객관화하여 국가배상책임의 성립을 용이하게 하려는 시도가 근자의 경향이다. 예컨대
① 국가배상책임을 자기책임으로 보아야 한다는 전제하에서 국가배상법상 과실개념을 주관적으
로 파악하지 않고 국가작용의 하자라는 의미에서 객관적으로 이해하는 견해, ② 일원적 관념으로
위법성과 과실을 통합하여 위법성과 과실 중의 어느 하나가 입증되면 다른 요건은 당연히 인정된
다는 견해 등이 주장되고 있다. ③ 과실의 기준은 당해 공무원이 아니라 당해 직무를 담당하는
평균적 공무원을 기준으로 한다는 일반적 견해와 판례의 입장도 과실개념을 객관적으로 접근하는
입장으로 보고 있다.

> **📑 판례**
>
> 행정처분의 담당공무원이 보통 일반의 공무원을 표준으로 하여 볼 때 객관적 주의의무를 결하여
> 그 행정처분이 객관적 정당성을 상실하였다고 인정될 정도에 이른 경우에 비로소 국가배상법 제2
> 조 소정의 국가배상책임의 요건을 충족하였다고 봄이 상당하다(대법원 2003.11.27. 선고 2001다33789
> 판결; 대법원 2006.7.28. 선고 2004다759 판결).

(5) 법령에 위반(위법성)

1) 손해배상의 성질과 국가배상법상 위법개념

① 학설

<협의의 행위위법설> 엄격한 의미의 법규위반으로 보는 견해

<광의의 행위위법설> 법령위반뿐만 아니라 인권존중 · 권력남용금지 · 신의성실의 위반도 위반
으로 보는 견해

<결과불법설> 손해의 수인가능성으로 판단하는 견해

<상대적 위법설> 직무행위 자체의 위법뿐만 아니라, 피침해이익의 성격, 침해의 정도, 태양 등을 종합적으로 판단하는 견해가 있다.

<직무의무위반설> 공무원 개인의 직무의무위반을 위법으로 보는 견해

② 판례

위법성 판단의 기준에 대하여 대법원의 주류적인 입장은 <광의의 행위위법설>이나, 행위가 객관적으로 정당성을 결여한 경우를 의미한다는 <상대적 위법성설>을 취하는 경우도 있다.

판례

[1] 국가배상책임은 공무원의 직무집행이 법령에 위반한 것임을 요건으로 하는 것으로서, 공무원의 직무집행이 법령이 정한 요건과 절차에 따라 이루어진 것이라면 특별한 사정이 없는 한 이는 법령에 적합한 것이고 그 과정에서 개인의 권리가 침해되는 일이 생긴다고 하여 그 법령 적합성이 곧바로 부정되는 것은 아니라고 할 것인바, 불법시위를 진압하는 경찰관들의 직무집행이 법령에 위반한 것이라고 하기 위하여는 그 시위진압이 불필요하거나 또는 불법시위의 태양 및 시위 장소의 상황 등에서 예측되는 피해 발생의 구체적 위험성의 내용에 비추어 시위진압의 계속 수행 내지 그 방법 등이 현저히 합리성을 결하여 이를 위법하다고 평가할 수 있는 경우이어야 한다(대법원 1997.7.25. 선고 94다2480 판결; 대법원 2000.11.10. 선고 2000다26807·26814 판결).

[2] 행정처분이 객관적 정당성을 상실하였다고 인정될 정도에 이른 경우에 국가배상법 제2조 소정의 국가배상책임의 요건을 충족하였다고 봄이 상당할 것이며, 이때에 객관적 정당성을 상실하였는지 여부는 피침해이익의 종류 및 성질, 침해행위가 되는 행정처분의 태양 및 그 원인, 행정처분의 발동에 대한 피해자측의 관여의 유무, 정도 및 손해의 정도 등 제반 사정을 종합하여 … 판단하여야 한다(대법원 2000.5.12. 선고 99다70600 판결).

③ 검토

국가배상은 위법이 있는 경우 그에 대한 손해전보수단이어야 하므로, 법질서 위반이라는 일관된 가치판단으로 위법을 판단함이 타당한 점에서 <광의의 행위위법설>이 타당하다.

2) 법령위반의 의의

(가) 법령

<일원설>은 "법령"에는 성문법령뿐만 아니라, 관습법, 법의 일반원칙, 조리 등 불문법도 포함한다고 보고 <이원설>은 엄격한 의미의 법규뿐만 아니라 인권존중·권력남용금지·신의성실의 원칙도 법령에 포함하는 것으로 본다. 그러나 이원설이 주장하는 인권존중·권력남용금지·신의성실원칙도 오늘날에는 해석(예 인권존중·권력남용금지)상 또는 성문법(예 신의성실의 원칙을 규정하는 행정절차법 제4조)상 행정법의 일반원칙으로 승인되고 있는바, 일원설과 이원설 사이에 실제상 별다른 차이가 없다.

(나) 위반

① **위반의 의의**

위반이란 법령에 위배됨을 의미한다.

② **위반의 태양**

위반의 태양에는 적극적 작위에 의한 위반과 소극적 부작위에 의한 위반이 있다. 부작위의 경우에는 작위의무가 있어야 한다. 기속행위 및 재량이 영으로 수축되는 경우에는 통상 작위의무가 있다. 재량의 일탈·남용에 이르지 않는 부당한 재량행사는 여기에서 말하는 위반에 해당하지 않는다. 입법상 불법이나 사법상 불법의 경우 위법성을 인정하기는 쉽지 않다.

> **판례**
>
> [명문 근거 없는 경우 헌법 및 행정법 일반원칙(판례상 조리)을 근거로 부작위의 작위의무를 인정할 수 있는지]
> ① 법치행정 원칙에 비추어 법률 근거를 결하는 작위의무를 인정할 수 없다는 <부정설>과 ② 법치행정의 목적인 인권보장, 생명 재산보호라는 점에서 공서양속 조리 내지 건전한 사회통념에 근거하여 법적 작위의무를 인정할 수 있다는 <긍정설>이 대립한다. ③ <판례>는 긍정적 입장을 취한다. <검토> 국가나 공무원의 작위의무는 명문 근거뿐만 아니라 각 행정분야에서의 헌법 및 행정법의 일반원칙(객관적 법질서, 조리 및 인권존중의 원칙)으로부터 도출될 수 있다고 보아야 함이 타당하다.

> **판례**
>
> **[1] 직무상 의무의 위반으로서 권한의 불행사의 판단기준**
> 경찰관직무집행법 제5조는 경찰관은 인명 또는 신체에 위해를 미치거나 재산에 중대한 손해를 끼칠 우려가 있는 위험한 사태가 있을 때에는 그 각호의 조치를 취할 수 있다고 규정하여 형식상 경찰관에게 재량에 의한 직무수행권한을 부여한 것처럼 되어 있으나, 경찰관에게 그러한 권한을 부여한 취지와 목적에 비추어 볼 때 구체적인 사정에 따라 경찰관이 그 권한을 행사하여 필요한 조치를 취하지 아니하는 것이 현저하게 불합리하다고 인정되는 경우에는 그러한 권한의 불행사는 직무상의 의무를 위반한 것이 되어 위법하게 된다. 경찰관이 농민들의 시위를 진압하고 시위과정에 도로상에 방치된 트랙터 1대에 대하여 이를 도로 밖으로 옮기거나 후방에 안전표지판을 설치하는 것과 같은 위험발생방지조치를 취하지 아니한 채 그대로 방치하고 철수하여 버린 결과, 야간에 그 도로를 진행하던 운전자가 위 방치된 트랙터를 피하려다가 왼쪽 공터 옆에 옮겨 둔 다른 트랙터에 부딪혀 상해를 입은 피해에 대하여 국가는 배상책임을 진다(대법원 2001.3.9. 선고 99다64278 판결).
>
> **[2] 공무원의 부작위로 인한 국가배상책임의 인정요건**
> 국민의 생명·신체재산 등에 대하여 절박하고 중대한 위험상태가 발생하였거나 발생할 상당한 우려가 있어서 국민의 생명 등을 보호하는 것을 본래적 사명으로 하는 국가가 초법규적 일차적으로 그 위험의 배제에 나서지 아니하면 국민의 생명 등을 보호할 수 없는

경우에는 형식적 의미의 법령에 근거가 없더라도 국가나 관련 공무원에 대하여 그러한 위험을 배제할 작위의무를 인정할 수 있을 것이다(대법원 2012.7.26. 선고 2010다95666 판결).

③ 위법행위의 취소불요(선결문제)

단순위법의 경우 그 행위가 취소되기 전에 손해배상을 청구할 수 있는가 문제되는데, 행정행위의 구성요건적 효력의 문제로서, 취소를 구하지 않고도 손해배상을 청구할 수 있다는 데 학설은 일치하고 있다.

(6) 타인

타인이란 위법한 행위를 한 자 및 그 행위 가담자를 제외한 모든 피해자를 말한다.

(7) 손해

손해란 가해행위로부터 발생한 일체의 손해로서 법익 침해를 의미하며, 판례는 적극적 · 소극적 손해, 재산상 · 생명 · 신체 · 정신상 손해를 가리지 않는다고 보았다.

(8) 인과관계

1) 의미

상당한 인과관계란 공무원의 직무상 행위와 손해 사이 상당한 인과관계가 있어야 하는 것을 말한다.

2) 판단 기준

인과관계 유무의 판단은 관련 법령의 내용, 가해행위의 태양, 피해의 상황 등 제반사정을 종합적으로 고려하여 이루어져야 한다.

판례

공무원에게 부과된 직무상 의무의 내용이 단순히 공공일반의 이익을 위한 것이거나 행정기관의 내부의 질서를 규율하기 위한 것이 아니고, 전적으로 또는 부수적으로 사회구성원 개인의 안전과 이익을 보호하기 위하여 설정된 것이라면, 공무원이 그와 같은 직무상 의무를 위반함으로 인하여 피해자가 입은 손해에 대하여는 상당인과관계가 인정되는 범위 내에서 국가나 지방자치단체가 손해배상책임을 지는 것이고, 이때 상당인과관계의 유무를 판단함에 있어서는 일반적인 결과발생의 개연성은 물론 직무상의 의무를 부과하는 행동규범의 목적, 그 수행하는 직무의 목적 내지 기능으로부터 예견가능한 행위 후의 사정 및 가해행위의 태양이나 피해의 정도 등을 종합적으로 고려하여야 한다(대법원 1994.12.27. 선고 94다36285 판결[손해배상(기)]).

VI 공무원의 국가에 대한 구상책임

국가배상법 제2조 제2항은 국가의 구상권은 고의 또는 중과실의 경우에 한하는 것으로 규정하고 있다. 이와 같이 고의 또는 중과실의 경우에 한하여 국가의 공무원에 대한 구상권을 인정한 것은 경과실의 경우까지 공무원의 책임을 인정하는 것은 공무원에게 가혹할 뿐만 아니라 공무원의 직무집행을 위축시킬 우려가 있기 때문이다. 판례는 기본적으로 손해의 발생에 기여한 정도에 따라 국가와 공무원 사이에 손해의 공평한 분담이라는 견지에서 국가의 공무원에 대한 구상권을 인정하고 있다.

📑 판례

국가 또는 지방자치단체의 산하 공무원에 대한 구상권행사의 범위: 국가 또는 지방자치단체의 산하 공무원이 그 직무를 집행함에 당하여 중대한 과실로 인하여 법령에 위반하여 타인에게 손해를 가함으로써 국가 또는 지방자치단체가 손해배상책임을 부담하고, 그 결과로 손해를 입게 된 경우에는 국가 등은 당해 공무원의 직무내용, 당해 불법행위의 상황, 손해발생에 대한 당해 공무원의 기여정도, 당해 공무원의 평소 근무태도, 불법행위의 예방이나 손실의 분산에 관한 국가 또는 지방자치단체의 배려의 정도 등 제반사정을 참작하여 손해의 공평한 분담이라는 견지에서 신의칙상 상당하다고 인정되는 한도 내에서만 당해공무원에 대하여 구상권을 행사할 수 있다고 봄이 상당하다(대법원 1991.5.10. 선고 91다6764 판결[구상금]).

VII 선택적 청구

1. 문제점

피해자는 반드시 국가나 지방자치단체에 손해배상을 청구하여야 하는가 아니면 피해자의 선택에 따라 가해행위를 한 공무원에게 손해배상을 청구할 수도 있는가의 문제가 선택적 청구의 문제이다.

2. 학설

① **자기책임설** : 논리적으로 보면 국가배상책임은 공무원의 행위에 대한 책임이 아니라 국가 스스로의 행위에 대한 책임이며, 공무원의 불법행위에 대한 개인책임은 국가책임과는 별개의 책임이기에 양 책임은 양립할 수 있다고 보는 견해

② **대위책임설** : 논리적으로 보면 대위책임설은 국가배상책임을 공무원의 고의·과실로 인한 책임으로 보기 때문에 공무원의 대외적 배상책임을 부정하는 견해

③ **중간설** : 공무원의 고의·중과실·경과실을 구별하지 않고 국가 등이 배상책임을 지고 있기에 공무원은 대외적으로 배상책임을 지지 않는다고 보는 견해

④ **절충설** : 경과실의 경우에는 국가나 지방자치단체에 대해서만, 고의·중과실의 경우에는 공무원만 배상책임을 지지만, 후자의 경우 그 행위가 직무로서 외형을 갖춘 경우에는 피해자와의 관계에서 국가도 배상책임을 지기 때문에 이 경우 피해자는 공무원과 국가에 대해 선택적으로 청구할 수 있다고 보는 견해

3. 판례

판례는 전원합의체 판결을 통하여 고의나 중대한 과실이 있는 경우에는 선택적 청구가 가능하지만, 경과실이 있는 경우에는 선택적 청구를 할 수 없다고 입장을 변경하였다(공군버스 지프추돌사건).

> **🔍 판례**
>
> 공무원이 직무수행 중 불법행위로 타인에게 손해를 입힌 경우에 국가 등이 국가배상책임을 부담하는 외에 공무원 개인도 고의 또는 중과실이 있는 경우에는 불법행위로 인한 손해배상책임을 진다고 할 것이지만, 공무원에게 경과실뿐인 경우에는 공무원 개인은 손해배상책임을 부담하지 아니한다고 해석하는 것이 헌법 제29조 제1항 본문과 단서 및 국가배상법 제2조의 입법취지에 조화되는 올바른 해석이다 (대법원 1996.2.15. 선고 95다38677 전원합의체 판결[손해배상(자)]).

4. 검토

국가나 지방자치단체에 대해서만 배상의 청구가 가능하다고 본다. 선택적 청구의 배제는 피해자에게는 담보력이 충분한 자에 의한 배상의 보장을, 가해자인 공무원에게는 피해자로부터 직접적인 배상청구를 피함으로써 공무집행에 전념하게 하는 효과를 가져다 준다.

ⅧⅡ 영조물의 설치·관리의 하자로 인한 손해배상

국가배상법 제5조 제1항은 "도로·하천 기타 공공의 영조물의 설치 또는 관리에 하자가 있어 타인에게 손해를 발생하게 하였을 때에는 국가 또는 지방자치단체는 그 손해를 배상하여야 한다. 이 경우에는 제2조 제1항 단서 및 제3조 및 제3조의2 규정을 준용한다."라고 규정하고 있다. 본조는 민법 제758조의 공작물의 설치·보존의 하자로 인한 배상책임에 상응하는 것이나 점유자의 면책조항이 없다는 점과 그 대상이 민법상의 공작물보다 넓은 개념이라는 데서 차이가 있다. 다수의 학설과 판례는 영조물의 설치·관리를 담당하는 공무원의 고의·과실의 유무를 불문한다는 점에서 직무상 불법행위로 인한 배상책임과는 달리 무과실책임으로 보고 있다.

제2절 공법상 결과제거청구권

Ⅰ 의의 및 취지

공법상 결과제거청구권이란 공행정작용으로 인하여 야기된 위법한 상태로 인하여 자기의 권익을 침해받고 있는 자가 행정주체에 대하여 그 위법한 상태를 제거하여 침해 이전의 원래의 상태를 회복시켜 줄 것을 청구하는 권리를 말한다. 이는 손해전보·행정쟁송 등 기존의 행정구제 제도를 보완하기 위해 인정된다.

Ⅱ 공법상 결과제거청구권과 행정상 손해배상의 구별

공행정작용의 위법한 결과에 대한 구제제도인 점에서 행정상 손해배상과 동일하지만, 양자는 근거, 성질, 요건, 효과 등에서 다르므로, 별개의 법제로 보는 것이 타당하다.

Ⅲ 법적 근거

공법상 결과제거청구권을 일반적으로 인정하는 명문 규정은 없으나, 법치행정의 원리, 기본권 규정, 법상 소유권방해배제청구권 등의 관계 규정의 유추적용에서 법적 근거를 찾고, 취소판결의 기속력 규정인 행정소송법 제30조를 근거로 보는 견해가 있다.

Ⅳ 요건

1. 공행정작용으로 인한 침해

결과제거청구는 권력작용뿐만 아니라 관리작용에 의한 침해의 경우에도 인정된다. 법적 행위뿐만 아니라 사실행위에 의한 침해의 경우에도 인정된다. 행정주체의 사법적 활동으로 인한 침해에 있어서는 민법상의 원상회복 또는 방해배제청구권에 의해 구제된다. 위법한 상태는 작위뿐만 아니라 부작위에 의해 발생할 수도 있다.

2. 권익의 침해

공행정작용으로 인한 위법한 상태로 인하여 타인의 권리 또는 법적 이익이 침해되고 있어야 한다. 여기에서 말하는 권익에는 재산상의 것 이외에 명예, 신용 등 정신적인 것도 포함된다.

3. 위법한 상태의 존재

공행정작용의 결과로서 위법한 상태가 야기되었어야 한다. 위법한 상태의 존재 여부는 사실심의 변론 종결 시를 기준으로 판단한다. 위법한 상태는 위법한 행정작용에 의해 발생할 수도 있고, 적법한 행정작용의 효력의 상실에 의해 사후적으로 발생할 수도 있다.

4. 결과제거의 가능성

원상회복이 사실상 가능하고, 법률상 허용되어야 한다.

5. 원상회복의 기대가능성

원상회복이 행정주체에게 기대가능한 것이어야 한다. 기대가능성의 판단은 관련 이익의 형량에 의해 판단한다. 위법한 결과의 제거를 통한 원상회복에 지나치게 많은 비용이 필요한 경우에는 기대가능성이 부인될 수 있다.

Ⅴ 권리의 실현수단

결과제거청구권은 공권으로 보는 것이 타당하므로 공법상 당사자소송으로 그 권리를 실현해야 한다. 그러나 현재 판례상 공법상 위법상태의 제거를 구하는 당사자소송은 원칙상 인정되지 않고 있다.

제3절 행정상 손실보상

I 행정상 손실보상의 의의

행정상 손실보상은 적법한 공권력 행사에 의해 국민에게 가해진 특별한 손실을 보상하여 주는 것을 말한다. 간접손실보상, 생명 또는 신체에 대한 적법한 침해로 인한 손실의 보상은 손실보상에 포함시키는 것이 타당하지만, 위법한 행위로 인한 손해의 전보는 손실보상의 문제가 아니라 국가배상의 문제로 보아야 한다.

II 행정상 손실보상의 근거

1. 이론적 근거

손실보상의 이론적 근거는 재산권보장과 공적 부담 앞의 평등원칙이라고 보는 것이 타당하다.

2. 실정법상 근거

(1) 헌법적 근거

> **헌법 제23조 제3항**
> ③ 공공필요에 의한 재산권의 수용·사용 또는 제한 및 그에 대한 보상은 법률로써 하되, 정당한 보상을 지급하여야 한다.

① 헌법 제23조 제3항은 재산권의 수용은 공공필요가 있는 경우에 한하며 또한 법률에 근거가 있는 경우에만 가능하도록 하고 있다. ② 다음으로 공공필요를 위한 재산권 침해의 근거를 법률로 정하는 경우에 입법자는 반드시 보상에 관한 사항도 법률로 규정하여야 한다. ③ 또한 입법권은 손실보상에 관한 규정을 제정함에 있어서 무한정의 재량을 갖는 것이 아니라 정당한 보상이 되도록 규정하여야 한다는 것을 분명히 하고 있다.

판례

> 헌법 제23조 제3항의 규정은 보상청구권의 근거에 관하여서 뿐만 아니라 보상의 기준과 방법에 관하여서도 법률의 규정에 유보하고 있는 것으로 보아야 하고, 위 구 토지수용법과 지가공시법의 규정들은 바로 헌법에서 유보하고 있는 그 법률의 규정들로 보아야 할 것이다(대법원 1993.7.13. 선고 93누2131 판결).

(2) 법률상 근거

토지보상법은 공익사업을 위한 토지수용의 근거 및 보상의 기준과 절차 등을 규정하고 있다. 토지보상법 이외에 하천법, 소방기본법 등 개별법에서 공공필요에 의한 재산권침해에 대한 보상이 규정되고 있다.

Ⅲ 손실보상청구권의 법적성질

1. 학설

① **공권설** : 손실보상의 원인행위가 공법적인 것이므로, 손실보상 역시 공법적으로 보아야 한다는 견해

② **사권설** : 손실보상의 원인은 공법적이나 그 효과로서의 손실보상은 사법적인 것이라는 견해

2. 관련 판례의 태도

판례

[1] 손실보상청구권은 모두 종전의 하천법 규정 자체에 의하여 하천구역으로 편입되어 국유로 되었으나 그에 대한 보상규정이 없었거나 보상청구권이 시효로 소멸되어 보상을 받지 못한 토지들에 대하여, 국가가 반성적 고려와 국민의 권리구제 차원에서 그 손실을 보상하기 위하여 규정한 것으로서, 그 법적 성질은 하천법 본칙(本則)이 원래부터 규정하고 있던 하천구역에의 편입에 의한 손실보상청구권과 하등 다를 바가 없는 것이어서 공법상의 권리임이 분명하므로 그에 관한 쟁송도 행정소송절차에 의하여야 한다(대법원 2006.5.18. 선고 2004다6207 전원합의체 판결[보상청구권확인]).

[2] 구 공익사업을 위한 토지 등의 취득 및 보상에 관한 법률(2007.10.17. 법률 제8665호로 개정되기 전의 것, 이하 '구 공익사업법'이라고 한다) 제79조 제2항은 "기타 공익사업의 시행으로 인하여 발생하는 손실의 보상 등에 대하여는 건설교통부령이 정하는 기준에 의한다"고 규정하고 있고, 그 위임에 따라 공익사업을 위한 토지 등의 취득 및 보상에 관한 법률 시행규칙(이하 '공익사업법 시행규칙'이라고 한다) 제57조는 '사업폐지 등에 대한 보상'이라는 제목 아래 "공익사업의 시행으로 인하여 건축물의 건축을 위한 건축허가 등 관계 법령에 의한 절차를 진행 중이던 사업 등이 폐지·변경 또는 중지되는 경우 그 사업 등에 소요된 법정수수료 그 밖의 비용 등의 손실에 대하여는 이를 보상하여야 한다"고 규정하고 있다. 위 규정들에 따른 사업폐지 등에 대한 보상청구권은 공익사업의 시행 등 적법한 공권력의 행사에 의한 재산상의 특별한 희생에 대하여 전체적인 공평부담의 견지에서 공익사업의 주체가 그 손해를 보상하여 주는 손실보상의 일종으로 공법상의 권리임이 분명하므로 그에 관한 쟁송은 민사소송이 아닌 행정소송절차에 의하여야 할 것이다(대법원 2012.10.11. 선고 2010다23210 판결).

[3] 농업손실보상청구권은 공익사업의 시행 등 적법한 공권력의 행사에 의한 재산상의 특별한 희생에 대하여 전체적인 공평부담의 견지에서 공익사업의 주체가 그 손해를 보상하여 주는 손실보상의 일종으로 공법상의 권리임이 분명하므로 그에 관한 쟁송은 민사소송이 아닌 행정소송절차에 의하여야 할 것이고, 위 규정들과 구 공익사업법 제26조, 제28조, 제30조, 제34조, 제50조, 제61조, 제83조 내지 제85조의 규정 내용 및 입법 취지 등을 종합하여 보면, 공익사업으로 인하여 농업의 손실을 입게 된 자가 사업시행자로부터 구 공익사업법 제77조 제2항에 따라 농업손실에 대한 보상을 받기 위해서는 구 공익사업법 제34조, 제50조 등에 규정된 재결절차를 거친 다음 그 재결에 대하여 불복이 있는 때에 비로소 구 공익사업법 제83조 내지 제85조에 따라 권리구제를 받을 수 있다(대법원 2011.10.13. 선고 2009다43461 판결[농업손실보상금]).

3. 검토

손실보상은 공권력 행사를 원인으로 하는 공법관계에 관한 제도이고, 손실보상 규정을 둔 실정법이 전심절차로 행정심판을 두고 있는 경우가 많다는 점을 근거로 <공권>으로 보는 것이 타당하다.

Ⅳ 손실보상청구권의 성립 요건

1. 공공의 필요

(1) 공공필요의 의의

손실보상청구권이 주어지는 침해는 공공필요를 위한 것이어야 한다. '공공의 필요'란 일정한 공익사업을 시행하거나 공공복리를 달성하기 위해 재산권의 제한이 불가피한 경우를 말한다.

(2) 공공필요의 판단기준

구체적인 경우에 공공필요의 여부는 공권적 침해로 얻게 되는 공익과 재산권보장이라는 사익 간의 이익형량을 통해서 판단되어야 하는 것이다. 이익형량의 기준으로는 비례의 원칙, 보충성의 원칙, 평등의 원칙 등이 있다.

≡Q 판례

> [1] 국토의 계획 및 이용에 관한 법률에서 규정하는 도시계획시설사업은 도로·철도·항만·공항·주차장 등 교통시설, 수도·전기·가스공급설비 등 공급시설과 같은 도시계획시설을 설치·정비 또는 개량하여 공공복리를 증진시키고 국민의 삶의 질을 향상시키는 것을 목적으로 하고 있으므로, 도시계획시설 사업은 그 자체로 공공필요성의 요건이 충족된다(헌법재판소 2011.6.30. 선고 2008헌바166).
>
> [2] 하천관리의 공익목적을 달성하기 위하여는 국가가 제외지를 유수형적토지와 일체화하여 일률적으로 관리할 필요성이 인정되고, 이러한 관리목적을 위하여 국가가 택할 수 있는 방법에는 제외지를 국유화하는 방안 또는 제외지를 일률적으로 국유화하지 아니하고 하천의 관리 등을 위하여 필요한 토지를 개별적으로 수용한다든가 하천관리상의 필요에 대응하여 사소유권의 이용·처분에 제한을 가하는 것에 그치는 방안이 있을 수 있는데, 이 두 가지 방안 중 어느 것을 택할 것인지는 입법자가 홍수피해방지와 하천의 적정한 이용 등 효율적인 하천관리라는 공익적 필요성의 정도와 이를 위해 국민의 재산권이 희생되고 제한되는 정도를 조화롭게 형량하여 결정할 문제이고, 이에 관한 사실의 평가와 가치판단은 일차적으로 입법자의 몫으로 그것이 현저히 자의적이거나 비례성을 벗어난 것이라고 보이지 않는 한 이를 존중하여야 할 것인바, 근대적 수리법체계에서 국가의 하천관리의 중요성이 날로 커지고 있으며, 하천이라는 자연현상을 대상으로 하는 하천법은 합목적성과 기술성의 요청에 민감할 수밖에 없다는 점과 제외지가 가진 특성을 고려할 때, 국민의 재산권에 대한 제약의 정도가 큰 국유화의 방법을 채택하였다 하더라도 하천의 보다 효율적 관리 및 이용이라는 중대한 공익목적에 비추어 볼 때 적정한 보상이 수반되는 한 이를 두고 현저히 자의적이라거나 비례성을 벗어난 것으로서 위헌이라고 할 수 없다(헌법재판소 1998.3.26. 선고 93헌바12 전원재판부[하천법 제2조 제1항 제2호 다목 위헌소원]).

2. 재산권에 대한 공권적 침해

(1) 재산권의 의의

재산권이란 토지소유권 및 그 재산적 가치가 있는 일체의 권리를 의미한다. 재산가치는 현존하는 것으로서, 기대이익은 재산권에 포함되지 않으며, 물권뿐 아니라 채권·유가증권 등이 포함된다.

> **판례**
>
> [1] 헌법 제23조 제1항에 의하여 보장되는 재산권은 경제적 가치가 있는 모든 공법상·사법상의 권리를 뜻한다. 이러한 재산권의 범위에는 동산·부동산에 대한 모든 종류의 물권은 물론, 재산가치가 있는 모든 사법상의 채권과 특별법상의 권리 및 재산가치 있는 공법상의 권리 등이 포함되나, 단순한 기대이익·반사적 이익 또는 경제적인 기회 등은 재산권에 속하지 않는다(헌법재판소 2019.8.29. 선고 2017헌마828; 헌법재판소 1998.7.16. 선고 96헌마246).
>
> [2] 재산권 보장에 의하여 보호되는 재산권은 사적 유용성 및 그에 대한 원칙적 처분권을 내포하는 재산가치가 있는 구체적 권리를 의미한다(헌법재판소 2018.2.22. 선고 2015헌마552).

(2) 공권적 침해

손실보상청구권이 성립하기 위하여는 재산권에 대한 공권에 의한 침해가 있어야 한다. 이에 따라 행정주체의 사법적 작용은 배제되며, 침해란 재산권의 가치를 감소시키는 일체의 작용으로써, 헌법 제23조 제3항은 재산권 침해의 형태로써 재산권의 수용·사용제한을 규정하고 있다.

3. 침해의 적법성(법률적 근거)

헌법 제23조 제3항은 법률유보원칙을 취하고 있는바, 재산권 침해는 형식적 의미의 법률에 적합해야 한다. 또한 적법한 공권력 행사는 법률에 근거해야 할 뿐만 아니라 그 절차에 있어서도 적법하여야 한다.

4. 특별한 희생

(1) 의의

손실보상이 행해지려면 재산권에 대한 공권적 침해가 특정인에게 특별한 희생을 가한 것이 되어야 한다. 특별한 희생이란 특정인에 한정된 손실이며 그 손실을 방치하면 평등의 원리에 반하는 경우로서 재산권에 일반적으로 내재하는 사회적 제약을 넘어선 손실을 의미한다. 사회적제약은 보상대상이 되지 않는다는 점에서 구별실익이 있다.

(2) 특별한 희생의 구별 기준

1) 학설

① 형식적 기준설(형식설)

형식적 기준설은 침해행위가 일반적인 것이냐 아니면 개별적인 것이냐라는 형식적 기준에 의해 특별한 희생과 사회적 제약을 구별하려는 견해이다.

② 실질적 기준설

실질적 기준설은 공용침해의 실질적 내용 즉 침해의 본질성 및 강도를 기준으로 하여 특별한 희생과 사회적 제약을 구별하려는 견해이다.

㉠ 목적위배설 : 종래 인정되어 온 재산권의 이용목적 내지 기능에 위배되는지의 여부를 기준으로 삼는 견해

㉡ 사적효용설 : 침해가 재산권의 사적 효용을 본질적으로 해하는 경우 특별희생으로 보는 견해

㉢ 보호가치설 : 침해된 재산권이 보호가치가 있는 경우에 특별한 희생이 존재한다고 보는 견해

㉣ 수인한도설 : 재산권 주체의 입장에서 침해행위의 강도가 수인한도를 넘는 경우에 특별한 희생이 된다는 견해

㉤ 중대성설 : 침해의 중대성과 범위에 비추어 사인이 수인할 수 없는 경우에만 보상이 주어진다는 견해

㉥ 상황구속성설 : 토지의 위치나 상황에 따라 특별한 희생의 해당여부를 판단하는 견해. 이에 따르면 도시지역의 토지는 강한 사회적 구속이 예정되어 있으므로 특별한 희생의 인정범위가 줄어든다.

㉦ 사회적 비용설 : 손실보상의 시점은 특별한 희생이 손실보상의 사회적 비용보다 큰 경우에 가능하다는 견해

2) 판례

≡Q 판례

[1] 도시계획법 제21조 제1항, 제2항의 규정에 의하여 개발제한구역 안에 있는 토지의 소유자는 재산상의 권리행사에 많은 제한을 받게 되고 그 한도 내에서 일반 토지소유자에 비하여 불이익을 받게 되었음은 명백하지만 "도시의 무질서한 확산을 방지하고 도시주변의 자연환경을 보전하여 건전한 생활환경을 확보하기 위하여, 또는 국방부장관의 요청이 있어 보안상 도시의 개발을 제한할 필요가 있다고 인정되는 때"에 한하여 가하여지는 위와 같은 제한은 공공복리에 적합한 합리적인 제한이라고 볼 것이고, 그 제한으로 인한 토지소유자의 불이익은 공공의 복리를 위하여 감수하지 아니하면 안될 정도의 것이라고 인정되므로 이에 대하여 손실보상의 규정을 하지 아니하였다 하여 도시계획법 제21조 제1항, 제2항의 규정을 헌법 제23조 제3항이나 제37조 제2항에 위배되는 것이라고 할 수 없다(대법원 1990.5.8. 자 89부2 결정[위헌심판제청]).

[2] 국립공원구역지정 후 토지를 종래의 목적으로 사용할 수 있는 원칙적인 경우의 토지소유자에게 부과하는 현상태의 유지의무나 변경금지의무는, 토지재산권의 제한을 통하여 실현하고자 하는

> 공익의 비중과 토지재산권의 침해의 정도를 비교해 볼 때, 토지소유자가 자신의 토지를 원칙적으로 종래 용도대로 사용할 수 있는 한 재산권의 내용과 한계를 비례의 원칙에 부합하게 합헌적으로 규율한 규정이라고 보아야 한다. 그러나 입법자가, 국립공원구역지정 후 토지를 종래의 목적으로도 사용할 수 없거나 토지를 사적으로 사용할 수 있는 방법이 없이 공원구역 내 일부 토지소유자에 대하여 가혹한 부담을 부과하면서 아무런 보상규정을 두지 않은 경우에는 비례의 원칙에 위반되어 당해 토지소유자의 재산권을 과로하게 침해하는 것이라고 할 수 있다(헌법재판소 2003.4.24. 선고 99헌바110, 2000헌바46(병합)[자연공생법 제4조 등 위헌소원]).

3) 검토

판례의 입장 및 형식설과 실질설이 일면 타당하다는 점을 종합할 때 보상 여부의 결정에 있어서는 형식적 기준과 실질적 기준을 상호 보완적으로 적용하여 판단하는 것이 타당하다고 보인다.

5. 보상규정의 존재

(1) 문제점

적법한 공행정작용으로 인하여 재산권에 대한 특별한 희생이 발생하였으나 개별법률에 손실보상에 관한 규정이 없는 경우, 헌법 제23조 제3항의 규정만으로 손실보상을 청구할 수 있는지 견해의 대립이 있다.

(2) 학설

① **방침규정설** : 헌법상 보상규정은 입법방침에 불과한 프로그램 규정이므로 법률에 보상규정이 없는 한 손실보상이 안된다는 견해
② **직접효력설** : 헌법 제23조 제3항을 직접 근거로 하여 보상을 청구할 수 있다는 견해
③ **유추적용설** : 헌법 제23조 제3항 및 관계 규정의 유추적용을 통하여 보상을 청구할 수 있다는 견해
④ **위헌무효설** : 법률에 보상규정이 없으면 그 법률은 위헌무효가 되어 손실보상이 아닌 손해배상을 청구할 수 있다는 견해
⑤ **보상입법부작위위헌설** : 공용제한을 규정하면서 손실보상을 두지 않은 경우 그 공용제한규정 자체는 헌법에 위반되는 것은 아니지만 손실보상을 규정하지 않은 입법부작위가 위헌이라고 보는 견해

(3) 판례

📑 판례

[1] 위헌무효설의 입장에 선 판례(헌법재판소)

구 도시계획법 제21조에 규정된 개발제한구역의 지정은 재산권 형성적 법률유보에 의해 보장되는 재산권의 특성과 토지재산권의 사회기속성에 비추어 정당성이 인정되는 합헌적인 행위이나, 구역 지정으로 인해 예외적으로 토지를 종래의 목적으로도 사용할 수 없거나 또는 법적으로 허용된 토지 이용방법이 없어 실질적으로 토지의 사용수익의 길이 막혀버린 경우에는 토지소유자가 수인해야 하는 사회적 제약의 한계를 넘는 것이기 때문에 적정한 보상규정이 없으면 위헌이다(헌법재판소 결정 1998.12.24. 선고 89헌마214, 90헌바16, 97헌바78(병합) 전원재판부).

[2] 관계보상규정을 유추적용한 판례(대법원)

구 수산업법(2007.1.3. 법률 제8226호로 개정되기 전의 것, 이하 같다) 제81조의 규정에 의한 손실보상청구권이나 손실보상 관련 법령의 유추적용에 의한 손실보상청구권은 사업시행자를 상대로 한 민사소송의 방법에 의하여 행사하여야 한다(대법원 2001.6.29. 선고 99다56468 판결 참조). 그렇지만 구 공익사업을 위한 토지 등의 취득 및 보상에 관한 법률(2008.2.29. 법률 제8852호로 개정되기 전의 것, 이하 '구 공익사업법'이라 한다)의 관련 규정에 의하여 취득하는 어업피해에 관한 손실보상청구권은 민사소송의 방법으로 행사할 수는 없고, 구 공익사업법 제34조, 제50조 등에 규정된 재결절차를 거친 다음 그 재결에 대하여 불복이 있는 때에 비로소 구 공익사업법 제83조 내지 제85조에 따라 권리구제를 받아야 하며, 이러한 재결절차를 거치지 않은 채 곧바로 사업시행자를 상대로 손실보상을 청구하는 것은 허용되지 않는다고 봄이 타당하다(대법원 2014.5.29. 선고 2013두12478 판결 [어업손실보상금]).

[3] 수용유사적 침해의 이론은 국가 기타 공권력의 주체가 위법하게 공권력을 행사하여 국민의 재산권을 침해하였고 그 효과가 실제에 있어서 수용과 다름없을 때에는 적법한 수용이 있는 것과 마찬가지로 국민이 그로 인한 손실의 보상을 청구할 수 있다는 것인데, 1980.6.말경의 비상계엄 당시 국군보안사령부 정보처장이 언론통폐합조치의 일환으로 사인 소유의 방송사 주식을 강압적으로 국가에 증여하게 한 것이 위 수용유사행위에 해당되지 않는다고 한 사례(대법원 1993.10.26. 선고 93다6409 판결[주주확인등])

(4) 검토

손실보상의 문제는 원칙적으로 입법적으로 해결하여야 하나, 현행 헌법 제23조 제3항이 완전보상원칙으로 해석되는 정당보상원칙을 선언하고 있고, 완전보상에 따른 보상액을 법원이 결정할 수 있으므로, 국민의 권리구제 실효성을 위하여 <직접효력설>이 타당하다.

제4절 행정상 손실보상의 기준과 내용

Ⅰ 손실보상의 기준

1. 문제점

헌법 제23조 제3항은 정당한 보상의 원칙을 선언하고 있다. 정당한 보상이 무엇을 의미하는가에 관하여 학설상 견해의 대립이 있다.

2. 학설

① **완전보상설** : 손실보상은 피침해재산이 가지는 재산적 가치와 부대적 손실까지 합친 완전한 보상을 해야 한다는 견해
② **상당보상설** : 재산권의 사회적 구속성과 침해행위의 공공성에 비추어 사회국가원리에 바탕을 둔 조화로운 보상이면 족하다는 견해
③ **절충설** : 완전보상을 요하는 경우와 상당보상을 요하는 경우로 나누어 평가하는 견해

3. 판례

> **판례**
>
> [1] 헌법 제23조 제3항에 규정된 "정당한 보상"이란 원칙적으로 수용되는 재산의 객관적인 재산가치를 완전하게 보상하여야 한다는 이른바 "완전보상"을 뜻하는데, 토지의 경우에는 그 특성상 인근 유사 토지의 거래가격을 기준으로 하여 그 가격형성에 미치는 제 요소를 종합적으로 고려한 합리적 조정을 거쳐서 객관적인 가치를 평가할 수밖에 없다(헌법재판소 2010.2.25. 선고 2008헌바6 전원재판부).
>
> [2] 헌법 제23조 제3항의 정당한 보상이란 원칙적으로 피수용 재산의 객관적인 재산가치를 완전하게 보상하여야 한다는 완전보상을 뜻하는 것으로 보상금액뿐만 아니라 보상의 시기·방법에 있어서도 어떠한 제한을 두어서는 아니 된다는 것을 의미한다(헌법재판소 1990.6.25. 선고 89헌마107).

4. 검토

판례의 입장 및 상당보상설이 평등원칙에 위배될 소지가 있음을 종합적으로 고려할 때 <완전보상설>이 타당하다고 판단되며, 토지보상법 등 보상의 내용을 정하는 법률이 완전보상의 원칙에 반하면 당해 법률은 그 한도 내에서 위헌이 된다.

Ⅱ 행정상 손실보상의 구체적 기준과 내용

1. 취득재산의 객관적 가치의 보상

(1) 가격시점(협의 또는 재결당시)의 가격

1) 보상액의 가격시점

토지보상법은 '취득재산의 협의성립 또는 재결 당시의 가격'을 손실보상액으로 하는 것으로 규정하고 있다(제67조).

2) 공시지가를 기준으로 한 보상

협의 또는 재결에 의하여 취득하는 토지에 대하여는 부동산공시법에 의한 공시지가(표준지공시지가)를 기준으로 하여 보상한다(제70조 제1항).

3) 현실적 이용 및 객관적 가치의 보상

토지에 대한 보상액은 가격시점에서의 현실적인 이용상황과 일반적인 이용방법에 의한 객관적 상황을 고려하여 산정하되, 일시적인 이용상황과 토지소유자나 관계인이 갖는 주관적 가치 및 특별한 용도에 사용할 것을 전제로 한 경우 등은 고려하지 아니한다(토지보상법 제70조 제2항).

4) 사업인정 전의 협의취득 보상

사업인정 전 협의에 의한 취득의 경우에 제1항에 따른 공시지가는 해당 토지의 가격시점 당시 공시된 공시지가 중 가격시점과 가장 가까운 시점에 공시된 공시지가로 한다(토지보상법 제70조 제3항).

5) 사업인정 후의 취득보상

사업인정 후의 취득의 경우에 제1항에 따른 공시지가는 사업인정고시일 전의 시점을 공시기준일로 하는 공시지가로서, 해당 토지에 관한 협의의 성립 또는 재결 당시 공시된 공시지가 중 그 사업인정고시일과 가장 가까운 시점에 공시된 공시지가로 한다(토지보상법 제70조 제4항).

6) 상황보정과 시점수정

취득재산에 대한 보상액으로 결정되는 취득재산의 가격은 기준이 되는 표준공시지가를 기준으로 하여 토지의 상황을 고려하여 수정하고(상황보정), 기준이 되는 공시지가의 공시기준일과 가격시점 사이의 지가변동률 및 물가상승률을 고려하여 보상액을 수정하여(시점수정) 결정하게 된다(제70조 제1항). 상황보정은 지역요인과 개별요인을 고려한 수정을 말한다.

(2) 현황평가의 원칙

1) 개발이익 배제

토지보상법 제67조 제2항은 "보상액을 산정할 경우에 해당 공익사업으로 인하여 토지 등의 가격이 변동되었을 때에는 이를 고려하지 아니한다."라고 규정하고 있는바 개발이익의 배제를 명시하고 있다.

2) 개발이익 배제의 정당성과 위헌성

개발이익은 국가 등의 공공투자 또는 사업시행자의 투자에 의해 발생하는 것으로서 피수용자의 노력이나 자본에 의해 발생하는 것이 아닌 불로소득이므로, 그러한 개발이익은 형평의 관념에 비추어 볼 때, 토지소유자에게 귀속시키는 것은 타당하지 않으며 투자자인 사업시행자 또는 궁극적으로는 국민 모두(사회)에게 귀속되어야 하므로 당해 공익사업으로 인해 발생한 개발이익은 보상액의 산정에서 배제하는 것이 타당하다.

> **판례**
>
> [1] 개발이익을 배제하고 손실보상액을 산정한다 하여 헌법이 규정한 정당보상의 원리에 어긋나는 것이라고는 판단되지 않는다(헌법재판소 1990.6.25. 선고 89헌마107 전원재판부).
>
> [2] 공익사업법 제67조 제2항은 보상액을 산정함에 있어 당해 공익사업으로 인한 개발이익을 배제하는 조항인데, 공익사업의 시행으로 지가가 상승하여 발생하는 개발이익은 사업시행자의 투자에 의한 것으로서 피수용자인 토지소유자의 노력이나 자본에 의하여 발생하는 것이 아니므로, 이러한 개발이익은 형평의 관념에 비추어 볼 때 토지소유자에게 당연히 귀속되어야 할 성질의 것이 아니고, 또한 개발이익은 공공사업의 시행에 의하여 비로소 발생하는 것이므로, 그것이 피수용 토지가 수용 당시 갖는 객관적 가치에 포함된다고 볼 수도 없다. 따라서 개발이익은 그 성질상 완전보상의 범위에 포함되는 피수용자의 손실이라고 볼 수 없으므로, 이러한 개발이익을 배제하고 손실보상액을 산정한다 하여 헌법이 규정한 정당한 보상의 원칙에 위반되지 않는다(헌법재판소 2009.12.29. 선고 2009헌바142 전원재판부[공익사업을 위한 토지 등의 취득 및 보상에 관한 법률 제67조 제2항 등 위헌소원]).

3) 개발이익배제의 내용

① 사업인정고시일 전 공시지가 기준

토지보상법이 사업인정고시일 전의 공시지가를 기준으로 보상액을 결정하는 것으로 하고 있는 것은 손실보상에서 공익사업으로 인한 개발이익을 배제하기 위한 것이다. 보상액의 산정을 사업인정고시일 전의 공시지가를 기준으로 함으로써 사업인정 이후 재결 시까지의 수용의 원인이 된 공익사업으로 인한 개발이익이 배제되게 된다.

② 해당 공익사업으로 인한 가격변동 배제

보상액을 산정할 경우에 해당 공익사업으로 인하여 토지 등의 가격이 변동되었을 때에는 이를 고려하지 아니하며(제67조 제2항), 보상액을 산정함에 있어서 당해 공익사업으로 인한 지가의 영향을 받지 않는 지역의 지가변동률을 참작하여야 한다(제70조 제1항).

> **판례**
>
> 수용 대상 토지의 보상액을 산정함에 있어 해당 공익사업의 시행을 직접 목적으로 하는 계획의 승인, 고시로 인한 가격변동은 이를 고려함이 없이 재결 당시의 가격을 기준으로 하여 적정가격을 정하여야 하나, 해당 공익사업과는 관계없는 다른 사업의 시행으로 인한 개발이익은 이를 포함한 가격으로 평가하여야 하고, 개발이익이 해당 공익사업의 사업인정고시일 후에 발생한 경우에도 마찬가지이다(대법원 2014.2.27. 선고 2013두21182 판결[수용보상금증액]).

③ 해당 공익사업의 시행을 직접 목적으로 하는 공법상 제한의 배제

공법상 제한을 받는 토지에 대하여는 제한받는 상태대로 평가한다. 다만, 그 공법상 제한이 당해 공익사업의 시행을 직접 목적으로 하여 가하여진 경우에는 제한이 없는 상태를 상정하여 평가한다(토지보상법 시행규칙 제23조 제1항). 당해 공익사업의 시행을 직접 목적으로 하여 용도지역 또는 용도지구 등이 변경된 토지에 대하여는 변경되기 전의 용도지역 또는 용도지구 등을 기준으로 평가한다(제2항).

판례

[1] 공법상 제한을 받는 토지에 대한 보상액을 산정할 때에 해당 공법상 제한이 용도지역 지구·구역(이하 '용도지역 등'이라 한다)의 지정 또는 변경과 같이 그 자체로 제한목적이 달성되는 일반적 계획제한으로서 구체적 도시계획사업과 직접 관련되지 아니한 경우에는 그러한 제한을 받는 상태 그대로 평가하여야 하지만, 개별적 계획제한이거나 일반적 계획제한에 해당하는 용도지역 등의 지정 또는 변경에 따른 제한이더라도 그 용도지역 등의 지정 또는 변경이 특정 공익사업의 시행을 위한 것일 때에는 당해 공익사업의 시행을 직접 목적으로 하는 제한으로 보아 위 제한을 받지 아니하는 상태를 상정하여 평가하여야 한다(대법원 2015.8.27. 선고 2012두7950 판결[토지보상금증액]).

[2] 당해 공공사업의 시행 이전에 이미 도시계획법에 의한 고시 등으로 이용제한이 가하여진 상태인 경우에는 그 제한이 도시계획법 제2장 제2절의 규정에 의한 지역, 지구, 구역 등의 지정 또는 변경으로 인한 제한의 경우 그 자체로 제한목적이 완성되는 일반적 계획제한으로 보고 그러한 제한을 받는 상태 그대로 재결 당시의 토지의 형태 및 이용상황 등에 따라 평가한 가격을 기준으로 적정한 보상가액을 정하여야 하고, 도시계획법 제2조 제1항 제1호 나목에 의한 시설의 설치, 정비, 개량에 관한 계획결정으로서 도로, 광장, 공원, 녹지 등으로 고시되거나, 같은 호 다목 소정의 각종 사업에 관한 계획결정이 고시됨으로 인한 제한의 경우 구체적 사업이 수반되는 개별적 계획제한으로 보아 그러한 제한이 없는 것으로 평가하여야 한다고 하여 수용대상토지에 대하여 당해 공공사업의 시행 이전에 개발제한구역 지정으로 인한 제한은 그대로 고려하고 공원용지 지정으로 인한 제한은 고려하지 아니한 상태로 보상액을 평가하였음이 정당하다고 한 사례(대법원 1992.3.13. 선고 91누4324 판결).

[3] 공법상의 제한을 받는 토지의 수용보상액을 산정함에 있어서는 그 공법상의 제한이 당해 공공사업의 시행을 직접 목적으로 하여 가하여진 경우에는 그 제한을 받지 아니하는 상태대로 평가하여야 할 것이지만, 공법상 제한이 당해 공공사업의 시행을 직접 목적으로 하여 가하여진 경우가 아니라면 그러한 제한을 받는 상태 그대로 평가하여야 하고, 그와 같은 제한이 당해 공공사업의 시행 이후에 가하여진 경우라고 하여 달리 볼 것은 아니다(대법원 2005.2.18. 선고 2003두14222 판결[토지수용이의재결처분취소]).

[4] 공원조성사업의 시행을 직접 목적으로 일반주거지역에서 자연녹지지역으로 변경된 토지에 대한 수용보상액을 산정하는 경우, 그 대상 토지의 용도지역을 일반주거지역으로 하여 평가하여야 한다고 한 사례(대법원 2007.7.12. 2006두11507 판결[손실보상금증액청구]).

[5] 당해 사업인 택지개발사업에 대한 실시계획의 승인과 더불어 그 용도지역이 주거지역으로 변경된 토지를 그 사업의 시행을 위하여 후에 수용하였다면 그 재결을 위한 평가를 함에 있어서는 그 용도지역의 변경을 고려함이 없이 평가하여야 한다(대법원 1999.3.23. 선고 98두13850 판결[토지수용이의재결처분취소]).

[6] 어느 수용대상 토지에 관하여 특정 시점에서 용도지역 등 일반적 계획제한의 지정 또는 변경을 하지 않은 것이 특정 공익사업의 시행을 위한 것일 경우 이는 당해 공익사업의 시행을 직접 목적으로 하는 제한이라고 보아 그 용도지역 등의 지정 또는 변경이 이루어진 상태를 상정하여 토지 가격을 평가하여야 한다. 여기에서 특정 공익사업의 시행을 위하여 용도지역 등의 지정 또는 변경을 하지 않았다고 볼 수 있으려면, 토지가 특정 공익사업에 제공된다는 사정을 배제할 경우 용도 지역 등의 지정 또는 변경을 하지 않은 행위가 계획재량권의 일탈·남용에 해당함이 객관적으로 명백하여야만 한다(대법원 2015.8.27. 선고 2012두7950 판결[토지보상금증액]).

2. 부대적 손실의 보상

(1) 부대적 손실의 개념

부대적 손실이란 공익사업을 위한 토지 등 취득이 직접 원인이 되어 부수적으로 발생한 손실을 말한다. 완전보상이 되기 위하여는 취득의 대상이 된 재산권의 재산적 가치뿐만 아니라 취득이 원인이 되어 부수적으로 발생한 손실도 보상되어야 한다.

(2) 잔여지의 손실과 공사비 보상(잔여지 보상)

사업시행자는 동일한 소유자에게 속하는 일단의 토지의 일부가 취득되거나 사용됨으로 인하여 잔여지의 가격이 감소하거나 그 밖의 손실이 있는 때 또는 잔여지에 통로·도랑·담장 등의 신설이나 그 밖의 공사가 필요한 때에는 국토교통부령으로 정하는 바에 따라 그 손실이나 공사의 비용을 보상하여야 한다. 다만, 잔여지의 가격 감소분과 잔여지에 대한 공사의 비용을 합한 금액이 잔여지의 가격보다 큰 경우에는 사업시행자는 그 잔여지를 매수할 수 있다(토지보상법 제73조 제1항).

📑 판례

대법원 2017.7.11. 선고 2017두40860 판결[잔여지가치하락손실보상금청구]

[1] 특정한 공익사업의 사업시행자가 보상하여야 하는 잔여지 손실은, 동일한 소유자에게 속하는 일단의 토지 중 일부를 사업시행자가 그 공익사업을 위하여 취득하거나 사용함으로 인하여 잔여지에 발생하는 것임을 전제로 한다. 따라서 이러한 잔여지에 대하여 현실적 이용상황 변경 또는 사용가치 및 교환가치의 하락 등이 발생하였더라도, 그 손실이 토지의 일부가 공익사업에 취득되거나 사용됨으로 인하여 발생하는 것이 아니라면 특별한 사정이 없는 한 토지보상법 제73조 제1항 본문에 따른 잔여지 손실보상 대상에 해당한다고 볼 수 없다.

[2] 토지의 일부가 접도구역으로 지정·고시됨으로써 일정한 형질변경이나 건축행위가 금지되어 장래의 이용 가능성이나 거래의 용이성 등에 비추어 사용가치 및 교환가치가 하락하는 손실은, 고속도

로를 건설하는 이 사건 공익사업에 원고들 소유의 일단의 토지 중 일부가 취득되거나 사용됨으로 인하여 발생한 것이 아니라, 그와 별도로 국토교통부장관이 이 사건 잔여지 일부를 접도구역으로 지정·고시한 조치에 기인한 것이므로, 원칙적으로 토지보상법 제73조 제1항에 따른 잔여지 손실보상의 대상에 해당하지 아니한다.

(3) 잔여 건축물의 손실에 대한 보상 등

사업시행자는 동일한 소유자에 속하는 일단의 건축물의 일부가 취득되거나 사용됨으로 인하여 잔여 건축물의 가격이 감소하거나 그 밖의 손실이 있을 때에는 국토교통부령으로 정하는 바에 따라 그 손실을 보상하여야 한다. 다만, 잔여 건축물의 가격감소분과 보수비(건축물의 나머지 부분을 종래의 목적대로 사용할 수 있도록 그 유용성을 동일하게 유지하는 데에 일반적으로 필요하다고 볼 수 있는 공사에 사용되는 비용을 말한다. 다만, 『건축법』 등 관계 법령에 따라 요구되는 시설 개선에 필요한 비용은 포함하지 아니한다)를 합한 금액이 잔여 건축물의 가격보다 큰 경우에는 사업시행자는 그 잔여 건축물을 매수할 수 있다(제75조의2 제1항).

(4) 이전비보상

건축물·입목·공작물 기타 토지에 정착한 물건(이하 '건축물 등'이라 한다)에 대하여는 원칙상 이전에 필요한 비용으로 보상하여야 한다(제75조 제1항). 분묘에 대하여는 이장에 소요되는 비용 등을 산정하여 보상하여야 한다(제75조 제4항).

(5) 권리의 보상

광업권·어업권·양식업권 및 물(용수시설을 포함한다) 등의 사용에 관한 권리에 대하여는 투자비용·예상 수익 및 거래가격 등을 참작하여 평가한 적정가격으로 보상하여야 한다(제76조 제1항).

> 📑🔍 **판례**
>
> 댐건설 및 주변지역지원 등에 관한 법률(이하 '댐건설법'이라 한다) 제11조 제1항, 제3항, 공익사업을 위한 토지 등의 취득 및 보상에 관한 법률(이하 '토지보상법'이라 한다) 제1조, 제61조, 제76조 제1항, 제77조 제1항의 내용을 종합해 볼 때, 물을 사용하여 사업을 영위하는 지위가 독립하여 재산권, 즉 처분권을 내포하는 재산적 가치 있는 구체적인 권리로 평가될 수 있는 경우에는 댐건설법 제11조 제1항, 제3항 및 토지보상법 제76조 제1항에 따라 손실보상의 대상이 되는 '물의 사용에 관한 권리'에 해당한다고 볼 수 있다(대법원 2018.12.27. 선고 2014두11601 판결[보상금증액]).

(6) 영업손실의 보상

영업을 폐지하거나 휴업함에 따른 영업손실에 대하여는 영업이익과 시설의 이전비용 등을 참작하여 보상하여야 한다(제77조 제1항). 토지보상법 제77조가 규정하고 있는 '영업손실'이란 수용의 대상이 된 토지·건물 등을 이용하여 영업을 하다가 그 토지·건물 등이 수용됨으로 인하여 영업을 할 수 없거나 제한을 받게 됨으로 인하여 생기는 직접적인 손실, 즉 수용손실을 말하는 것이며 후술하는 간접손실인 영업손실과 구별되어야 한다.

📑 판례

[1] 영농손실액의 산정기준이 되는 '당해 토지에서 실제로 재배하고 있는 작물'은 영농자가 영농의 의사를 갖고 정상적인 방법으로 수확을 목적으로 실제 재배한 작물을 말하며 보상을 목적으로 잠정적, 일시적으로 재배하는 것은 해당하지 않는다(대법원 2001.8.21. 선고 2001두3211 판결).

[2] 공익사업을 위한 토지 등의 취득 및 보상에 관한 법률」(이하 '토지보상법')상 공익사업에 해당하지만 국토교통부장관의 사업인정고시가 없는 경우, 토지보상법상 영업손실보상에 관한 규정이 적용되는지 여부(적극) : 사업인정고시는 수용재결절차로 나아가 강제적인 방식으로 토지소유자나 관계인의 권리를 취득·보상하기 위한 절차적 요건에 지나지 않고 영업손실보상의 요건이 아니다. 토지보상법령도 반드시 사업인정이나 수용이 전제되어야 영업손실 보상의무가 발생한다고 규정하고 있지 않다. 따라서 피고가 시행하는 사업이 「공익사업을 위한 토지 등의 취득 및 보상에 관한 법률」(이하 '토지보상법'이라 한다)상 공익사업에 해당하고 원고들의 영업이 해당공익사업으로 폐업하거나 휴업하게 된 것이어서 토지보상법령에서 정한 영업손실 보상대상에 해당하면, 사업인정고시가 없더라도 피고는 원고들에게 영업손실을 보상할 의무가 있다(대법원 2021.11.11. 선고 2018다204022 판결).

(7) 농업손실의 보상

농업의 손실에 대하여는 농지의 단위면적당 소득 등을 참작하여 실제 경작자에게 보상하여야 한다. 다만, 농지소유자가 당해 지역에 거주하는 농민인 경우에는 농지소유자와 실제 경작자가 협의하는 바에 따라 보상할 수 있다(제77조 제2항).

3. 확장수용보상

(1) 확장수용의 의의 및 내용

확장수용이란 특정한 공익사업을 위하여 필요한 범위를 넘어서 수용하는 것을 말하며, 그 내용으로는 잔여지 수용, 이전수용, 완전수용이 있다.

(2) 잔여지수용(토지보상법 제74조)

동일한 토지소유자에 속하는 일단의 토지의 일부가 협의에 의하여 매수되거나 수용됨으로 인하여 잔여지를 종래의 목적에 사용하는 것이 현저히 곤란할 때에는 해당 토지소유자는 사업시행자에게 잔여지를 매수하여 줄 것을 청구할 수 있으며, 사업인정 이후에는 관할 토지수용위원회에 수용을 청구할 수 있다. 이 경우 수용의 청구는 매수에 관한 협의가 성립되지 아니한 경우에만 할 수 있으며, 사업완료일까지 하여야 한다.

📑🔍 **판례**

[1] '종래의 목적'이라 함은 수용재결 당시에 당해 잔여지가 현실적으로 사용되고 있는 구체적인 용도를 의미하고, '사용하는 것이 현저히 곤란한 때'라고 함은 물리적으로 사용하는 것이 곤란하게 된 경우는 물론 사회적·경제적으로 사용하는 것이 곤란하게 된 경우, 즉 절대적으로 이용 불가능한 경우만이 아니라 이용은 가능하나 많은 비용이 소요되는 경우를 포함한다(대법원 2005.1.28. 선고 2002두4679 판결[토지수용이의재결처분취소 등]).

[2] 수용청구의 의사표시는 관할 토지수용위원회에 하여야 하는 것으로서, 관할 토지수용위원회가 사업시행자에게 잔여지 수용청구의 의사표시를 수령할 권한을 부여하였다고 인정할 만한 사정이 없는 한, 사업시행자에게 한 잔여지 매수청구의 의사표시를 관할 토지수용위원회에 한 잔여지 수용청구의 의사표시로 볼 수는 없다(대법원 2010.8.19. 선고 2008두822 판결).

(3) 이전수용(토지보상법 제75조 제1항)

건축물 등은 이전비 보상이 원칙이나. ① 이전하기 어렵거나 그 이전으로 인하여 건축물 등을 종래의 목적대로 사용할 수 없게 된 경우, ② 건축물 등의 이전비가 그 물건가격을 넘는 경우, ③ 사업시행자가 공익사업에 직접 사용할 목적으로 취득하는 경우에는 당해 물건의 가격으로 보상하여야 한다.

📑🔍 **판례**

토지수용 시 지장물에 대해 이전비보상은 타당하지 않아 취득가격으로 보상하는 경우 그 취득가격에 건물철거비를 포함시키거나 취득가격과 별도로 철거비를 보상할 것이 아니고, 사업시행자가 철거비를 부담해 철거하면 된다(대법원 1998.12.8. 선고 98두13249 판결).

(4) 완전수용(토지보상법 제72조)

완전수용이란 토지사용으로 인해 토지소유자가 받게 되는 현저한 장애 내지 제한에 갈음하여 수용보상을 가능하게 해 주는 제도이다. 완전수용은 '사용에 갈음하는 수용'이라고도 하며, ① 토지를 사용하는 기간이 3년 이상인 경우, ② 토지의 사용으로 인하여 토지의 형질이 변경되는 경우, ③ 사용하고자 하는 토지에 그 토지소유자의 건축물이 있는 경우를 요건으로 한다.

📑🔍 **판례**

공익사업을 위한 토지 등의 취득 및 보상에 관한 법률(이하 '토지보상법'이라고 한다) 제72조의 문언, 연혁 및 취지 등에 비추어 보면, 위 규정이 정한 수용청구권은 토지보상법 제74조 제1항이 정한 잔여지 수용청구권과 같이 손실보상의 일환으로 토지소유자에게 부여되는 권리로서 그 청구에 의하여 수용효과가 생기는 형성권의 성질을 지니므로, 토지소유자의 토지수용청구를 받아들이지 아니한 토지수용위원회의 재결에 대하여 토지소유자가 불복하여 제기하는 소송은 토지보상법 제85조 제2항에 규정되어 있는 '보상금의 증감에 관한 소송'에 해당하고, 피고는 토지수용위원회가 아니라 사업시행자로 하여야 한다(대법원 2015.4.9. 선고 2014두46669 판결[토지수용재결신청거부처분취소]).

Ⅲ 생활보상

1. 생활보상의 의의 및 필요성

생활보상은 피수용자가 종전과 같은 생활을 유지할 수 있도록 실질적으로 보장하는 보상을 말한다. 생활보상은 생활재건조치라고도 하며, 재산권에 대한 금전보상의 한계를 극복하기 위해 등장하였다.

2. 생활보상의 근거

(1) 학설

① 정당보상설 : 헌법 제23조 제3항을 근거로 보는 견해
② 생존권설 : 헌법 제34조에 근거하는 견해
③ 통일설 : 헌법 제23조와 제34조 동시에 근거하는 것으로 보는 견해

(2) 판례

> 판례
>
> **[1]** 구 공익사업을 위한 토지 등의 취득 및 보상에 관한 법률(2007.10.17. 법률 제8665호로 개정되기 전의 것, 이하 '구 공익사업법'이라 한다)은 공익사업에 필요한 토지 등을 협의 또는 수용에 의하여 취득하거나 사용함에 따른 손실 보상에 관한 사항을 규정함으로써 공익사업의 효율적인 수행을 통하여 공공복리의 증진과 재산권의 적정한 보호를 도모함을 목적으로 하고 있고, 위 법에 의한 이주대책은 공익사업의 시행에 필요한 토지 등을 제공함으로 인하여 생활의 근거를 상실하게 되는 이주대책대상자들에게 종전 생활상태를 원상으로 회복시키면서 동시에 인간다운 생활을 보장하여 주기 위하여 마련된 제도이므로, 사업시행자의 이주대책 수립·실시의무를 정하고 있는 구 공익사업법 제78조 제1항은 물론 이주대책의 내용에 관하여 규정하고 있는 같은 조 제4항 본문 역시 당사자의 합의 또는 사업시행자의 재량에 의하여 적용을 배제할 수 없는 강행법규이다(대법원 2011.6.23. 선고 2007다63089,63096 전원합의체 판결[채무부존재확인·채무부존재확인]).
>
> **[2]** 공익사업을 위한 토지 등의 취득 및 보상에 관한 법률 제78조 제5항 및 같은 법 시행규칙 제54조 제2항, 제55조 제2항의 각 규정에 의하여 공익사업의 시행에 따라 이주하는 주거용 건축물의 세입자에게 지급하는 주거이전비와 이사비는, 당해 공익사업 시행지구 안에 거주하는 세입자들의 조기 이주를 장려하여 사업추진을 원활하게 하려는 정책적인 목적과 주거이전으로 인하여 특별한 어려움을 겪게 될 세입자들을 대상으로 하는 사회보장적인 차원에서 지급하는 금원의 성격을 갖는다 할 것이다(생략)(대법원 2006.4.27. 선고 2006두2435 판결[주거이전비및이사비지급청구]).

(3) 검토

판례의 태도에 따르면 헌법 제34조에 입각하는 생존권설이 타당하다고 보여지나, 정당보상은 대물보상뿐만 아니라 생활보상까지 포함하는 것으로 확대되고 있는 점에 비추어 보면 <통일설>이 타당하다고 판단된다.

3. 생활보상의 내용

(1) 주거대책

주거대책이란 피수용자가 종전과 같은 주거를 획득하는 것을 보장하는 보상을 말한다. 주거대책으로는 이주정착지의 조성과 분양, 이주정착금지급, 주거이전비의 보상, 공영주택의 알선, 국민주택자금의 지원 등이 있다.

(2) 생활대책

생활대책이란 종전과 같은 경제수준을 유지할 수 있도록 하는 조치를 말한다. 생활대책으로는 생활비보상(이농비·이어비 보상), 상업용지, 농업용지 등 용지의 공급, 직업훈련, 고용 또는 고용알선, 고용상담, 보상금에 대한 조세감면조치 등이 있다.

4. 이주대책

(1) 이주대책의 의의 및 취지(토지보상법 제78조)

이주대책이란 공익사업의 시행으로 인하여 주거용건축물을 제공함에 따라 생활의 근거를 상실한 자에게 종전과 같은 생활상태를 유지할 수 있도록 택지 및 주택을 공급하거나 이주정착금을 지급하는 것을 말하며 생활재건조치에 취지가 있다.

(2) 이주대책의 법적 성질

이주대책은 <생활보상>으로 보는 것이 일반적이며, 사업시행자는 법령에서 정한 일정한 경우(토지보상법 시행령 제40조 제2항) 이주대책(협의의 이주대책)을 수립할 의무가 있으므로 <강행규정>의 성질을 지닌다.

📑 판례

[1] 공공용지의 취득 및 손실보상에 관한 특례법상의 이주대책은 공공사업의 시행에 필요한 토지 등을 제공함으로 인하여 생활의 근거를 상실하게 되는 이주자들을 위하여 사업시행자가 기본적인 생활시설이 포함된 택지를 조성하거나 그 지상에 주택을 건설하여 이주자들에게 이를 그 투입비용 원가만의 부담하에 개별 공급하는 것으로서, 그 본래의 취지에 있어 이주자들에 대하여 종전의 생활상태를 원상으로 회복시키면서 동시에 인간다운 생활을 보장하여 주기 위한 이른바 생활보상의 일환으로 국가의 적극적이고 정책적인 배려에 의하여 마련된 제도이다(대법원 1994.5.24. 선고 92다35783 전원합의체 판결[지장물세목조서명의 변경]).

[2] 구 공익사업을 위한 토지 등의 취득 및 보상에 관한 법률(2007.10.17. 법률 제8665호로 개정되기 전의 것, 이하 '구 공익사업법'이라 한다)은 공익사업에 필요한 토지 등을 협의 또는 수용에 의하여 취득하거나 사용함에 따른 손실 보상에 관한 사항을 규정함으로써 공익사업의 효율적인 수행을 통하여 공공복리의 증진과 재산권의 적정한 보호를 도모함을 목적으로 하고 있고, 위 법에 의한 이주대책은 공익사업의 시행에 필요한 토지 등을 제공함으로 인하여 생활의 근거를 상실하게 되는 이주

대책대상자들에게 종전 생활상태를 원상으로 회복시키면서 동시에 인간다운 생활을 보장하여 주기 위하여 마련된 제도이므로, 사업시행자의 이주대책 수립·실시의무를 정하고 있는 구 공익사업법 제78조 제1항은 물론 이주대책의 내용에 관하여 규정하고 있는 같은 조 제4항 본문 역시 당사자의 합의 또는 사업시행자의 재량에 의하여 적용을 배제할 수 없는 강행법규이다(대법원 2011.6.23. 선고 2007다63089·63096 전원합의체 판결[채무부존재확인·채무부존재확인]).

(3) 이주대책의 요건

1) 수립 요건(토지보상법 시행령 제40조 제2항)

부득이한 사유가 있는 경우를 제외하고는 이주대책대상자 중 이주정착지에 이주를 희망하는 자의 가구 수가 10호 이상인 경우 수립·실시한다. 다만 사업시행자가 이주대책대상자에게 택지 또는 주택을 공급한 경우 이주대책을 수립·실시한 것으로 본다.

> **판례**
>
> "영 제40조 제2항에서 국토해양부령이 정하는 부득이한 사유라 함은 다음 각 호의 1에 해당하는 경우를 말한다."고 하면서 제1호에서 "공익사업시행지구의 인근에 택지 조성에 적합한 토지가 없는 경우"를, 제2호에서 "이주대책에 필요한 비용이 당해 공익사업의 본래의 목적을 위한 소요비용을 초과하는 등 이주대책의 수립·실시로 인하여 당해 공익사업의 시행이 사실상 곤란하게 되는 경우"를 들고 있다(대법원 2013.8.22. 선고 2011두28301 판결[이주대책대상자거부처분취소]).

2) 대상자 요건

① 주거용의 경우(토지보상법 시행령 제40조 제5항)

무허가 건축물 등의 소유자와 관계 법령에 따른 고시 등이 있은 날부터 수용재결일(계약체결일)까지 계속 거주하고 있지 않은 건축물의 소유자, 타인이 소유하고 있는 건축물에 거주하는 세입자는 이주대책 대상자에서 제외한다.

② 공장의 경우(토지보상법 제78조의2)

사업시행자는 공익사업의 시행으로 인하여 공장부지가 협의 양도되거나 수용됨에 따라 더 이상 해당 지역에서 공장을 가동할 수 없게 된 자가 희망하는 경우 산업입지개발법에 따라 지정·개발된 인근 산업단지에의 입주 등 이주대책에 관한 계획을 수립하여야 한다.

(4) 이주대책의 재량행위성

사업시행자는 법령에서 정한 일정한 경우 이주대책을 수립할 의무를 지지만, 이주대책의 내용결정에 있어서는 재량권을 갖는다.

> **판례**
>
> **[1]** 구 공공용지의 취득 및 손실보상에 관한 특례법 제8조 제1항 및 같은 법 시행령 제5조 제5항에 의하여 실시되는 이주대책은 공공사업의 시행으로 생활근거를 상실하게 되는 이주자에게 이주정착지의 택지를 분양하도록 하는 것이고, 사업시행자는 특별공급주택의 수량, 특별공급대상자의 선정 등에 있어 재량을 가진다(대법원 2007.2.22. 선고 2004두7481 판결 [특별공급제외처분취소]).
>
> **[2]** 구 도시개발법(2007.4.11. 법률 제8376호로 개정되기 전의 것) 제23조, 공익사업을 위한 토지 등의 취득 및 보상에 관한 법률 제78조 제1항, 같은 법 시행령 제40조 제3항 제2호의 문언, 내용 및 입법 취지 등을 종합하여 보면, 위 시행령 제40조 제3항 제2호에서 말하는 '공익사업을 위한 관계 법령에 의한 고시 등이 있은 날'은 이주대책대상자와 아닌 자를 정하는 기준이지만, 나아가 사업시행자가 이주대책대상자 중에서 이주대책을 수립·실시하여야 할 자와 이주정착금을 지급하여야 할 자를 정하는 기준이 되는 것은 아니므로, 사업시행자는 이주대책기준을 정하여 이주대책대상자 중에서 이주대책을 수립·실시하여야 할 자를 선정하여 그들에게 공급할 택지 또는 주택의 내용이나 수량을 정할 수 있고, 이를 정하는 데 재량을 가지므로, 이를 위해 사업시행자가 설정한 기준은 그것이 객관적으로 합리적이 아니라거나 타당하지 않다고 볼 만한 다른 특별한 사정이 없는 한 존중되어야 한다(대법원 2009.3.12. 선고 2008두12610 판결[입주권확인]).

(5) 이주대책대상자의 법적 지위

1) 문제점

이주대책대상자는 이주대책상의 권리(이주대책계획수립청구권, 분양신청권, 수분양권(분양받을 권리))를 취득하는데, 이 권리를 언제 취득하는가 하는 것이 문제된다.

2) 법상의 이주대책대상자의 이주대책계획수립청구권

토지보상법 제78조 제1항은 토지보상법 시행령 제40조 제4항상 예외가 인정되고 있는 경우를 제외하고는 사업시행자에게 이주대책을 실시할 의무만을 부여하고 있다고 보아야 하므로 이 법규정만으로는 법상의 이주대책대상자에게 특정한 이주대책을 청구할 권리는 발생하지 않지만 이주대책을 수립할 것을 청구할 권리는 갖는다고 보아야 한다.

> **판례**
>
> 공익사업법 제78조 제1항에서 사업시행자는 이주대책대상자에게 이주대책을 수립·실시하도록 규정하고 있으므로, 사업시행자는 이주대책의 수립·실시의무가 있다(대법원 2009.2.26. 선고 2008두5124 판결).

3) 이주대책대상자의 수분양권 등 특정한 실체법상의 권리의 취득

① 판례

> **판례**
>
> **[1]** 같은 법 제8조 제1항이 사업시행자에게 이주대책의 수립·실시의무를 부과하고 있다고 하여 그 규정 자체만에 의하여 이주자에게 사업시행자가 수립한 이주대책상의 택지분양권이나 아파트 입주권 등을 받을 수 있는 구체적인 권리(수분양권)가 직접 발생하는 것이라고는 도저히 볼 수 없으며, 사업시행자가 이주대책에 관한 구체적인 계획을 수립하여 이를 해당자에게 통지 내지 공고한 후, 이주자가 수분양권을 취득하기를 희망하여 이주대책에 정한 절차에 따라 사업시행자에게 이주대책대상자 선정신청을 하고 사업시행자가 이를 받아들여 이주대책대상자로 확인.결정하여야만 비로소 구체적인 수분양권이 발생하게 된다(대법원 1994.5.24. 선고 92다35783 전원합의체 판결[지장물세목조서명의 변경]).
>
> **[2]** 공익사업을 위한 토지 등의 취득 및 보상에 관한 법률상의 공익사업시행자가 하는 이주대책대상자 확인·결정은 구체적인 이주대책상의 수분양권을 부여하는 요건이 되는 행정작용으로서의 처분이지 이를 단순히 절차상의 필요에 따른 사실행위에 불과한 것으로 평가할 수는 없다. 따라서 수분양권의 취득을 희망하는 이주자가 소정의 절차에 따라 이주대책대상자 선정신청을 한 데 대하여 사업시행자가 이주대책대상자가 아니라고 하여 위 확인·결정 등의 처분을 하지 않고 이를 제외시키거나 거부조치한 경우에는, 이주자로서는 사업시행자를 상대로 항고소송에 의하여 제외처분이나 거부처분의 취소를 구할 수 있다. 나아가 이주대책의 종류가 달라 각 그 보장하는 내용에 차등이 있는 경우 이주자의 희망에도 불구하고 사업시행자가 요건 미달 등을 이유로 그중 더 이익이 되는 내용의 이주대책대상자로 선정하지 않았다면 이 또한 이주자의 권리의무에 직접적 변동을 초래하는 행위로서 항고소송의 대상이 된다(대법원 2014.2.27. 선고 2013두10885 판결[일반분양이주택지결정무효확인]).

② 검토

이주대책계획이 수립되면 수분양권 등 이주대책상 구체적 권리를 취득하는 것으로 보아야 할 것이므로 사업시행자가 이주대책에 관한 구체적인 계획을 수립하여 이를 해당자에게 통지 내지 공고한 경우에 이것으로 이주자에게 수분양권이 취득된다고 보는 것이 타당하며, 새로운 최근 이주대책의 새로운 전원합의체 판결에 의하면 이주대책은 강행규정으로서 토지보상법상 이주대책의 요건을 충족한다면 실체적 권리로 보는 것이 타당하다.

4) 권리구제 및 소송 형식

판례와 같이 확인·결정시설을 취하면 이주대책대상자 선정신청에 대한 거부는 거부처분이 되므로 이에 대하여 취소소송을 제기하고 부작위인 경우에는 부작위위법확인소송을 제기하여야 하며, 수분양권 또는 법률상 지위의 확인을 구하기 위해서는 '확인소송의 보충성'이 추가로 고려되어야 한다. 신청기간이 도과하였거나, 분양절차가 이미 종료된 경우, 사업시행자가 미리 수분양권을 부정하는 등 가장 유효적절한 수단으로서 확인의 이익이 인정되는 경우에는 당사자소송이 가능할 것이다.

> **판례**
>
> 이주대책을 수립한 이후에는 이주자의 추상적인 수분양권이 그 이주대책이 정하는 바에 따라 구체
> 적 권리로 바뀌게 되므로, 구체적 이주대책에서 제외된 이주자는 위와 같은 수분양권에 터잡은 분
> 양신청(이른바 실체적 신청권의 행사)을 하여 거부당한 경우에는 이를 실체적 신청권을 침해하는
> 거부처분으로 보아 그 취소를 구하는 항고소송을 제기할 수 있을 것이고, 신청기간을 도과한 경우,
> 사업시행자가 미리 수분양권을 부정하거나 이주대책에 따른 분양절차가 종료되어 분양신청을 하더
> 라도 거부당할 것이 명백한 경우, 또는 분양신청을 묵살당한 경우, 기타 확인판결을 얻음으로써 분
> 쟁이 해결되고 권리구제가 가능하여 그 확인소송이 권리구제에 유효 적절한 수단이 될 수 있는 특
> 별한 사정이 있는 경우에는, 당사자소송으로 수분양권 또는 그 법률상의 지위의 확인을 구할 수
> 있다고 보아야 한다(대법원 1994.5.24. 선고 92다35783 전원합의체 판결[지장물세목조서명의 변경]).

5. 이주정착금의 지급

사업시행자는 ① 이주대책을 수립·실시하지 아니하는 경우 또는 ② 이주대책대상자가 이주정착지가
아닌 다른 지역으로 이주하고자 하는 경우에는 이주대책대상자에게 국토교통부령이 정하는 바에 따라
이주정착금을 지급하여야 한다(시행령 제41조).

6. 주거이전비의 지급

주거용 건물의 거주자에 대하여는 주거이전에 필요한 비용과 가재도구 등 동산의 운반에 필요한 비용
을 산정하여 보상하여야 한다(토지보상법 제78조 제5항). 공익사업시행지구에 편입되는 주거용 건축
물의 소유자에 대하여는 해당 건축물에 대한 보상을 하는 때에 가구원수에 따라 2개월분의 주거이전
비를 보상하여야 한다. 다만, 건축물의 소유자가 당해 건축물 또는 공익사업시행지구 내 타인의 건축
물에 실제 거주하고 있지 아니하거나 해당 건축물이 무허가건축물 등인 경우에는 그러하지 아니하다
(동법 시행규칙 제54조 제1항).

> **판례**
>
> 토지보상법 제2조, 제78조에 의하면, 세입자는 사업시행자가 취득 또는 사용할 토지에 관하여 임대차
> 등에 의한 권리를 가진 관계인으로서, 공익사업을 위한 토지 등의 취득 및 보상에 관한 법률 시행규칙
> (이하 '토지보상법 시행규칙'이라 한다) 제54조 제2항 본문에 해당하는 경우에는 주거이전에 필요한 비
> 용을 보상받을 권리가 있다. 그런데 이러한 주거이전비는 당해 공익사업 시행지구 안에 거주하는 세입
> 자들의 조기이주를 장려하여 사업추진을 원활하게 하려는 정책적인 목적과 주거이전으로 인하여 특별
> 한 어려움을 겪게 될 세입자들을 대상으로 하는 사회보장적인 차원에서 지급되는 금원의 성격을 가지므
> 로(대법원 2006.4.27. 선고 2006두2435 판결 참조), 적법하게 시행된 공익사업으로 인하여 이주하게 된 주거
> 용 건축물 세입자의 주거이전비 보상청구권은 공법상의 권리이고, 따라서 그 보상을 둘러싼 쟁송은 민
> 사소송이 아니라 공법상의 법률관계를 대상으로 하는 행정소송에 의하여야 한다(대법원 2019.4.23. 선고
> 2018두55326 판결[토지수용재결처분취소등]).

Ⅳ 간접손실보상

1. 간접손실 및 간접손실보상의 의의(토지보상법 제79조)

공익사업으로 인하여 사업시행지 밖의 재산권자에게 가해지는 손실 중 공익사업으로 인하여 필연적으로 발생하는 손실이 간접손실이며 이 손실에 대한 보상이 간접손실보상이다.

2. 간접손실의 유형

사회적·경제적(어업, 영업, 농업 등) 손실인 간접손실, 물리적·기술적(소음, 진동, 수고갈, 전파장해) 손실인 간접침해보상으로 나뉘며, 최근 판례(대법원 2019.11.28. 선고 2018두227 판결)는 사회적·경제적 손실은 물론 물리적·기술적 손실도 간접손실의 유형으로 보아 피수용자 권익보호를 한층 강화하고 있다.

3. 간접손실보상의 요건

간접손실이 되기 위하여는 ① 공공사업의 시행으로 사업시행지 이외의 토지소유자(제3자) 등이 입은 손실이어야 하고, ② 그 손실이 공공사업의 시행으로 인하여 발생하리라는 것이 예견되어야 하고, ③ 그 손실의 범위가 구체적으로 특정될 수 있어야 한다.

📑 판례

[1] 공공용지의 취득 및 손실보상에 관한 특례법 제3조 제1항이 "공공사업을 위한 토지 등의 취득 또는 사용으로 인하여 토지 등의 소유자가 입은 손실은 사업시행자가 이를 보상하여야 한다."고 규정하고 같은법 시행규칙 제23조의5에서 공공사업시행지구 밖에 위치한 영업에 대한 간접손실에 대하여도 일정한 요건을 갖춘 경우 이를 보상하도록 규정하고 있는 점에 비추어, 공공사업의 시행으로 인하여 사업지구 밖에서 수산제조업에 대한 간접손실이 발생하리라는 것을 쉽게 예견할 수 있고 그 손실의 범위도 구체적으로 특정할 수 있는 경우라면, 그 손실의 보상에 관하여 같은 법 시행규칙의 간접보상 규정을 유추적용할 수 있다(대법원 1999.12.24. 선고 98다57419·57426 판결[보상금]).

[2] 관계 법령이 요구하는 허가나 신고 없이 김양식장을 배후지로 하여 김종묘생산어업에 종사하던 자들의 간접손실에 대하여 그 손실의 예견가능성이 없고, 그 손실의 범위도 구체적으로 특정하기 어려워 공공 용지의 취득 및 손실보상에 관한 특례법 시행규칙상의 손실보상에 관한 규정을 유추적용할 수 없다고 한 사례(대법원 2002.11.26. 선고 2001다44352 판결[손해배상(기)])

4. 간접손실보상의 근거

(1) 헌법적 근거

간접손실도 적법한 공용침해로 인하여 예견되는 통상의 손실이고, 헌법 제23조 제3항을 손실보상에 관한 일반적 규정으로 보는 것이 타당하므로 간접손실보상을 헌법 제23조 제3항의 손실보상에 포함시키는 것이 타당하다.

> **판례**
>
> 공공사업의 시행 결과 그 공공사업의 시행이 기업지 밖에 미치는 간접손실에 관하여 그 피해자와 사업시행자 사이에 협의가 이루어지지 아니하고 그 보상에 관한 명문의 근거 법령이 없는 경우라고 하더라도, 헌법 제23조 제3항은 "공공필요에 의한 재산권의 수용·사용 또는 제한 및 그에 대한 보상은 법률로써 하되, 정당한 보상을 지급하여야 한다."고 규정하고 있고, 이에 따라 국민의 재산권을 침해하는 행위 그 자체는 반드시 형식적 법률에 근거하여야 하며, 토지수용법 등의 개별 법률에서 공익사업에 필요한 재산권 침해의 근거와 아울러 그로 인한 손실보상 규정을 두고 있는 점, 공공용지의 취득 및 손실보상에 관한 특례법 제3조 제1항은 "공공사업을 위한 토지 등의 취득 또는 사용으로 인하여 토지 등의 소유자가 입은 손실은 사업시행자가 이를 보상하여야 한다."고 규정하고, 같은 법 시행규칙 제23조의2 내지 7에서 공공사업시행지구 밖에 위치한 영업과 공작물 등에 대한 간접손실에 대하여도 일정한 조건하에서 이를 보상하도록 규정하고 있는 점에 비추어, 공공사업의 시행으로 인하여 그러한 손실이 발생하리라는 것을 쉽게 예견할 수 있고 그 손실의 범위도 구체적으로 이를 특정할 수 있는 경우라면 그 손실의 보상에 관하여 공공용지의 취득 및 손실보상에 관한 특례법 시행규칙의 관련 규정 등을 유추적용할 수 있다고 해석함이 상당하다(대법원 1999.10.8. 선고 99다27231 판결[손해배상(기)]).

(2) 법률적 근거

토지보상법 제79조 제2항은 "공익사업이 시행되는 지역 밖에 있는 토지 등이 공익사업의 시행으로 인하여 본래의 기능을 다할 수 없게 되는 경우에는 국토교통부령으로 정하는 바에 따라 그 손실을 보상하여야 한다"라고 간접손실보상의 원칙을 규정하며 간접손실보상의 기준, 내용 및 절차 등을 국토교통부령에 위임하고 있다. 이에 따라 동법 시행규칙은 제59조 이하에서 간접보상을 유형화하여 열거·규정하고 있다. 또한, 토지보상법 제79조 제1항은 간접손실인 공사비용의 보상을 규정하고 있다.

5. 토지보상법령상의 간접손실보상의 내용

(1) 간접손실인 공사비의 보상

사업시행자는 공익사업의 시행으로 인하여 취득 또는 사용하는 토지(잔여지를 포함한다)외의 토지에 통로·도랑·담장 등의 신설 그 밖의 공사가 필요한 때에는 그 비용의 전부 또는 일부를 보상하여야 한다. 다만, 해당 토지에 대한 공사의 비용이 그 토지의 가격보다 큰 경우에는 사업시행자는 그 토지를 매수할 수 있다(토지보상법 제79조 제1항).

(2) 공익사업시행지구 밖의 대지 등에 대한 보상

공익사업시행지구 밖의 대지(조성된 대지를 말한다), 건축물, 분묘 또는 농지(계획조성된 유실수단지 및 죽림단지를 포함한다)가 공익사업의 시행으로 인하여 산지나 하천 등에 돌러싸여 교통이 두절되거나 경작이 불가능하게 된 경우에는 그 소유자의 청구에 의하여 이를 공익사업시행지구에 편입되는 것으로 보아 보상하여야 한다. 다만, 그 보상비가 도로 또는 도선시설의 설치비용을 초과하는 경우에는 도로 또는 도선시설을 설치함으로써 보상에 갈음할 수 있다(동법 시행규칙 제59조).

(3) 공익사업시행지구 밖의 건축물에 대한 보상

소유농지의 대부분이 공익사업시행지구에 편입됨으로써 건축물(건축물의 대지 및 잔여농지를 포함한다)만이 공익사업시행지구 밖에 남게 되는 경우로서 그 건축물의 매매가 불가능하고 이주가 부득이한 경우에는 그 소유자의 청구에 의하여 이를 공익사업시행지구에 편입되는 것으로 보아 보상하여야한다(제60조).

(4) 소수잔존자에 대한 보상

공익사업의 시행으로 인하여 1개 마을의 주거용 건축물이 대부분 공익사업시행지구에 편입됨으로써 잔여 주거용 건축물 거주자의 생활환경이 현저히 불편하게 되어 이주가 부득이한 경우에는 해당 건축물 소유자의 청구에 의하여 그 소유자의 토지 등을 공익사업시행지구에 편입되는 것으로 보아 보상하여야 한다(제61조).

(5) 공익사업시행지구 밖의 공작물 등에 대한 보상

공익사업시행지구 밖에 있는 공작물등이 공익사업의 시행으로 인하여 그 본래의 기능을 다할 수 없게 되는 경우에는 그 소유자의 청구에 의하여 이를 공익사업시행지구에 편입되는 것으로 보아 보상하여야 한다(제62조).

(6) 공익사업시행지구 밖의 어업의 피해에 대한 보상

공익사업의 시행으로 인하여 당해 공익사업시행지구 인근에 있는 어업에 피해가 발생한 경우 사업시행자는 실제 피해액을 확인할 수 있는 때에 그 피해에 대하여 보상하여야 한다. 이 경우 실제 피해액은 감소된 어획량 및 수산업법 시행령 별표 3의 평년수익액 등을 창작하여 평가한다(제65조 제1항). 제1항에 따른 보상액은 『수산업법 시행령』 별표 3에 따른 어업권·허가어업 또는 신고어업이 취소되거나 어업면허의 유효기간이 연장되지 아니하는 경우의 보상액을 초과하지 못한다(동조 제2항). 사업인정고시일 등 이후에 어업권의 면허를 받은 자 또는 어업의 허가를 받거나 신고를 한 자에 대하여는 제1항 및 제2항을 적용하지 아니한다(동조 제3항).

(7) 공익사업시행지구 밖의 영업손실에 대한 보상

공익사업시행지구 밖에서 토지보상법 시행규칙 제45조의 규정에 따른 영업손실의 보상대상이 되는 영업을 하고 있는 자가 공익사업의 시행으로 인하여 배후지의 3분의 2 이상이 상실되어 그 장소에서 영업을 계속할 수 없는 경우 및 진출입로의 단절, 그 밖의 부득이한 사유로 인하여 일정한 기간 동안 휴업하는 것이 불가피한 경우에는 그 영업자의 청구에 의하여 당해 영업을 공익사업시행지구에 편입되는 것으로 보아 보상하여야 한다(제64조 제1항). 이 경우 폐업 또는 휴업에 따른 보상을 행한다. 제1항에 불구하고 사업시행자는 영업자가 보상을 받은 이후에 그 영업장소에서 영업이익을 보상받은 기간 이내에 동일한 영업을 하는 경우에는 실제 휴업기간에 대한 보상금을 제외한 영업손실에 대한 보상금을 환수하여야 한다(동조 제2항).

> **판례**
>
> 공익사업시행지구 밖 영업손실보상의 요건인 '공익사업의 시행으로 인한 그 밖의 부득이한 사유로 일정 기간 동안 휴업이 불가피한 경우'란 공익사업의 시행 또는 시행 당시 발생한 사유로 휴업이 불가피한 경우만을 의미하는 것이 아니라 공익사업의 시행 결과, 즉 그 공익사업의 시행으로 설치되는 시설의 형태·구조·사용 등에 기인하여 휴업이 불가피한 경우도 포함된다(대법원 2019.11.28. 선고 2018두227 판결).

(8) 공익사업시행지구 밖의 농업의 손실에 대한 보상

경작하고 있는 농지의 3분의 2 이상에 해당하는 면적이 공익사업시행지구에 편입됨으로 인하여 당해 지역(영 제26조 제1항 각 호의 1의 지역을 말한다)에서 영농을 계속할 수 없게 된 농민에 대하여는 공익사업시행지구 밖에서 그가 경작하고 있는 농지에 대하여도 제48조 제1항 내지 제3항 및 제4항 제2호의 규정에 의한 영농손실액을 보상하여야 한다(제65조).

6. 간접손실 보상청구 및 불복방법

(1) 보상청구

간접손실의 보상은 해당 사업의 공사완료일부터 1년이 지난 후에는 청구할 수 없다(제79조 제5항, 제73조 제2항). 이 청구기간이 지난 경우 손해배상 청구를 할 수 있다.

(2) 불복방법

간접손실의 보상은 토지수용위원회의 재결에 의해 결정되고(법 제80조 제2항), 사업시행지구 밖의 토지 등을 공익사업시행지구에 편입된 것으로 보고 보상한다고 규정하고 있으므로 토지보상법상의 이의신청 또는 행정소송(보상금증감청구소송)으로 하여야 하는 것으로 보아야 한다(법 제83조, 제85조).

> **판례**
>
> **대법원 2019.11.28. 선고 2018두227 판결[보상금]**
>
> [2] 공익사업을 위한 토지 등의 취득 및 보상에 관한 법률(이하 '토지보상법'이라 한다) 제79조 제2항 (그 밖의 토지에 관한 비용보상 등)에 따른 손실보상과 환경정책기본법 제44조 제1항(환경오염의 피해에 대한 무과실책임)에 따른 손해배상은 근거 규정과 요건·효과를 달리하는 것으로서, 각 요건이 충족되면 성립하는 별개의 청구권이다. 다만 손실보상청구권에는 이미 '손해 전보'라는 요소가 포함되어 있어 실질적으로 같은 내용의 손해에 관하여 양자의 청구권을 동시에 행사할 수 있다고 본다면 이중배상의 문제가 발생하므로, 실질적으로 같은 내용의 손해에 관하여 양자의 청구권이 동시에 성립하더라도 영업자는 어느 하나만을 선택적으로 행사할 수 있을 뿐이고, 양자의 청구권을 동시에 행사할 수는 없다. 또한 '해당 사업의 공사완료일로부터 1년'이라는 손실보상 청구기간(토지보상법 제79조 제5항, 제73조 제2항)이 도과하여 손실보상청구권을 더 이상 행사할 수 없는 경우에도 손해배상의 요건이 충족되는 이상 여전히 손해배상청구는 가능하다.

[3] 공익사업을 위한 토지 등의 취득 및 보상에 관한 법률(이하 '토지보상법'이라 한다) 제26조, 제28조, 제30조, 제34조, 제50조, 제61조, 제79조, 제80조, 제83조 내지 제85조의 규정 내용과 입법 취지 등을 종합하면, 공익사업으로 인하여 공익사업시행지구 밖에서 영업을 휴업하는 자가 사업시행자로부터 공익사업을 위한 토지 등의 취득 및 보상에 관한 법률 시행규칙 제47조 제1항에 따라 영업손실에 대한 보상을 받기 위해서는, 토지보상법 제34조, 제50조 등에 규정된 재결절차를 거친 다음 그 재결에 대하여 불복이 있는 때에 비로소 토지보상법 제83조 내지 제85조에 따라 권리구제를 받을 수 있을 뿐이다. 이러한 재결절차를 거치지 않은 채 곧바로 사업시행자를 상대로 손실보상을 청구하는 것은 허용되지 않는다.

[4] 어떤 보상항목이 공익사업을 위한 토지 등의 취득 및 보상에 관한 법령상 손실보상대상에 해당함에도 관할 토지수용위원회가 사실을 오인하거나 법리를 오해함으로써 손실보상대상에 해당하지 않는다고 잘못된 내용의 재결을 한 경우에는, 피보상자는 관할 토지수용위원회를 상대로 그 재결에 대한 취소소송을 제기할 것이 아니라, 사업시행자를 상대로 공익사업을 위한 토지 등의 취득 및 보상에 관한 법률 제85조 제2항에 따른 보상금증감소송을 제기하여야 한다.

7. 간접손실보상 보상규정결여시 보상청구가능성

(1) 문제점

보상을 요하는 특별한 희생이 발생하였음에도 불구하고 간접손실보상규정이 결여된 경우의 보상가능성에 대해 견해가 대립한다.

(2) 학설

① **보상부정설** : 간접보상규정에 규정하지 않은 간접손실은 보상의 대상이 되지 않는다는 견해

② **유추적용설** : 간접손실보상에 관한 규정을 유추적용하여 손실보상을 청구가 가능하다는 견해

③ **헌법 제23조 제3항의 직접적용설** : 헌법 제23조 제3항에 근거하여 보상청구권이 인정된다는 견해

④ **평등원칙 및 재산권보장규정근거설** : 헌법상의 평등원칙 및 재산권 보장규정이 손실보상의 직접적 근거가 될 수 있다면 이에 근거하여 보상해 주어야 한다는 견해

⑤ **수용적 침해이론** : 간접손실도 수용적 침해로 보면서 구제하여야 한다는 견해

⑥ **손해배상설** : 보상규정이 없는 경우 손해배상을 청구하여야 한다는 견해

(3) 판례

📑 판례

[1] 간접손실(위탁판매수수료 수입손실)은 헌법 제23조 제3항에 규정한 손실보상의 대상이 되고, 그 손실에 관하여 구 공유수면매립법 또는 그 밖의 법령에 직접적인 보상규정이 없더라도 공공용지의 취득 및 손실보상에 관한 특례법 시행규칙상의 각 규정을 유추적용하여 그에 관한 보상을 인정하는 것이 타당하다(대판 1999.10.8. 선고 99다27231 판결[손해배상(기)]).

> [2] 사업시행자가 택지개발사업을 시행하면서 그 구역 내의 농지개량조합 소유 저수지의 몽리답을 취득함으로써 사업시행구역 외에 위치한 저수지가 기능을 상실하고, 그 기능상실에 따른 손실보상의 협의가 이루어지지 않은 경우, 공공용지의 취득 및 손실보상에 관한 특례법 시행규칙 제23조의6을 유추적용하여 사업시행자를 상대로 민사소송으로서 그 보상을 청구할 수 있다고 본 사례(대법원 1999.6.11. 선고 97다56150 판결).

(4) 검토

간접손실도 헌법 제23조 제3항의 손실보상의 범주에 포함되므로, 법령의 규정이 흠결되었다고 하여 보상을 부정하는 것은 타당하지 못하다. 따라서 헌법 제23조 제3항을 직접 근거로 관련 손실 보상규정을 유추적용하여 손실을 보상함이 타당하다.

제5절 행정상 손실보상의 원칙

I 사업시행자보상원칙(법 제61조)

공익사업에 필요한 토지 등의 취득 또는 사용으로 인하여 토지소유자나 관계인이 입은 손실은 사업시행자가 보상하여야 한다.

II 사전보상의 원칙(법 제62조)

(1) 의의, 취지

사업시행자는 해당 공익사업을 위한 공사에 착수하기 이전에 토지소유자 및 관계인에 대하여 보상액을 지급하여야 한다. 다만, 천재지변 시의 토지 사용(제38조)과 시급한 토지 사용의 경우(제39조) 또는 토지소유자 및 관계인의 승낙이 있는 경우는 그러하지 아니하다.

(2) 사전보상원칙 보장 제도(법 제42조)

토지보상법은 수용 또는 사용의 개시일까지 관할 토지수용위원회가 재결한 보상금을 지급 또는 공탁하지 않으면 재결의 효력이 실효되도록 규정함으로써 사전보상의 원칙을 보장하고 있다.

III 현금보상의 원칙

(1) 현금보상의 원칙(법 제63조 제1항)

손실보상은 다른 법률에 특별한 규정이 있는 경우를 제외하고는 현금으로 지급하여야 한다.

(2) 현금보상 원칙의 예외

1) 채권보상의 의의, 종류, 방법

① 채권보상이라 함은 현금보상의 원칙에 대한 예외로서 채권으로 하는 손실보상을 말하며, ② 채권보상에는 사업시행자가 선택하는 임의적 채권보상과 토지투기를 막기 위하여 행해지는 의무적 채권보상이 있다. ③ 채권보상이 인정되는 경우에도 채권의 상환기간은 5년 이내로 하고, 채권 금액에 대하여 법정의 이자를 지급하여야 한다(제63조 제9항).

2) 대토보상

토지소유자가 원하는 경우에는 해당 공익사업의 토지이용계획 및 사업계획 등을 고려하여 공익사업의 시행으로 조성된 토지로 보상할 수 있다(제63조 제1항 단서 제2항 내지 제5항).

Ⅳ 개인별 보상의 원칙(법 제64조)

손실보상은 토지소유자나 관계인에게 개인별로 하여야 한다. 다만, 개인별로 보상액을 산정할 수 없을 때에는 그러하지 아니하다.

Ⅴ 일괄보상 원칙(법 제65조)

사업시행자는 동일한 사업지역에 보상시기를 달리하는 동일인 소유의 토지 등이 여러 개 있는 경우 토지소유자나 관계인이 요구할 때에는 한꺼번에 보상금을 지급하여야 한다. 이는 토지소유자의 대체지 구입을 원활히 하여 정당보상 구현에 취지가 있다.

Ⅵ 사업시행 이익과의 상계금지(법 제66조)

사업시행자는 동일한 소유자에게 속하는 일단의 토지 중 일부를 취득하거나 사용하는 경우 해당 공익사업의 시행으로 인하여 잔여지의 가격이 상승하거나 그 밖의 이익이 발생한 경우에도 그 이익을 그 취득 또는 사용으로 인한 손실과 상계할 수 없다.

Ⅶ 시가보상의 원칙(법 제67조 제1항)

손실보상은 협의에 의한 경우에는 협의성립 당시의 가격을, 재결에 의한 경우에는 수용 또는 사용의 재결 당시의 가격을 기준으로 한다.

Ⅷ 개발이익 배제의 원칙(법 제67조 제2항)

보상액 산정 시 해당 공익사업으로 인하여 토지 등의 가격이 변동되었을 때에는 이를 고려하지 아니한다. 즉, 토지소유자의 노력과 상관없는 정상지가의 초과 상승분은 배제한다.

Ⅸ 복수평가의 원칙(법 제68조 제1항)

사업시행자는 토지 등에 대한 보상액을 산정하려는 경우에는 감정평가법인 등 3인(추천하지 아니하는 경우에는 2인)을 선정하여 토지 등의 평가를 의뢰하여야 한다. 다만, 사업시행자가 국토교통부령으로 정하는 기준에 따라 직접 보상액을 산정할 수 있을 때에는 그러하지 아니하다.

Ⅹ 보상채권 발행의 원칙(법 제69조)

국가는 도로법에 따른 도로공사 등 공익사업을 위한 토지등의 취득 또는 사용으로 인하여 토지소유자 및 관계인이 입은 손실을 보상하기 위하여 제63조 제7항에 따라 채권으로 지급하는 경우에는 일반회계 또는 교통시설특별회계의 부담으로 보상채권을 발행할 수 있다.

제6절 보상액의 결정방법 및 불복절차

Ⅰ 개설

보상액은 협의매수 시에는 사업시행자와 토지소유자 사이의 협의에 의해 결정되고, 강제수용의 경우에는 행정청 또는 소송에 의해 결정된다.

Ⅱ 협의에 의한 결정

1. 사업인정 후 협의

사업인정을 받은 사업시행자는 보상에 관하여 토지소유자 및 관계인과 협의하여야 한다(제26조 제1항). 다만, 사업인정 이전에 임의협의절차를 거쳤으나 협의가 성립되지 아니하여 사업인정을 받은 사업으로서 토지조서 및 물건조서의 내용에 변동이 없는 때에는 협의절차를 거치지 아니할 수 있다. 다만, 사업시행자 또는 토지소유자 및 관계인이 협의를 요구하는 때에는 협의하여야 한다(제26조 제2항).

2. 협의성립확인

협의가 성립되었을 때에는 사업시행자는 … 관할 토지수용위원회에 협의 성립의 확인을 신청할 수 있다(제29조 제1항). 제29조 제1항 및 제3항에 따른 확인은 이 법에 따른 재결로 보며, 사업시행자, 토지소유자 및 관계인은 그 확인된 협의의 성립이나 내용을 다툴 수 없다(제29조 제4항).

> 📑 판례
>
> [1] 공익사업을 위한 토지 등의 취득 및 보상에 관한 법률(이하 '공익사업법'이라고 한다)에 의한 보상합의는 공공기관이 사경제주체로서 행하는 사법상 계약의 실질을 가지는 것으로서, 당사자 간의 합의

로 같은 법 소정의 손실보상의 기준에 의하지 아니한 손실보상금을 정할 수 있으며, 이와 같이 같은 법이 정하는 기준에 따르지 아니하고 손실보상액에 관한 합의를 하였다고 하더라도 그 합의가 착오 등을 이유로 적법하게 취소되지 않는 한 유효하다. 따라서 공익사업법에 의한 보상을 하면서 손실보상금에 관한 당사자 간의 합의가 성립하면 그 합의 내용대로 구속력이 있고, 손실보상금에 관한 합의 내용이 공익사업법에서 정하는 손실보상 기준에 맞지 않는다고 하더라도 합의가 적법하게 취소되는 등의 특별한 사정이 없는 한 추가로 공익사업법상 기준에 따른 손실보상금 청구를 할 수는 없다(대법원 2013.8.22. 선고 2012다3517 판결).

[2] 간이한 공증절차만을 거치는 협의성립확인에 원시취득이라는 강력한 효과를 부여한 법적 정당성의 원천은 사업시행자와 토지소유자 등이 진정한 합의를 하였다는 데에 있다는 점을 고려할 때 협의성립확인 신청에 필요한 동의의 주체인 토지소유자는 '토지의 진정한 소유자'를 의미한다. 따라서 단순히 등기부상 소유명의자의 동의만을 얻은 후 이를 공증 받아 협의 성립 확인을 신청하였음에도 토지수용위원회가 신청을 수리했다면 이는 토지보상법이 정한 소유자 동의 요건을 갖추지 못한 것으로 사업시행자의 과실이 있었는지 여부와 무관하게 그 동의의 흠결은 위 수리행위의 위법사유가 된다. 이에 따라 진정한 토지소유자는 수리행위가 위법함을 주장하여 항고소송으로 취소를 구할 수 있다(대법원 2018.12.13. 선고 2016두51719 판결[협의성립확인신청수리처분취소]).

Ⅲ 재결(수용재결)

제26조에 따른 협의가 성립되지 아니하거나 협의를 할 수 없을 때(제26조 제2항 단서에 따른 협의의 요구가 없을 대를 포함한다)에는 사업시행자는 사업인정고시가 된 날부터 1년 이내에 대통령령으로 정하는 바에 따라 관할 토지수용위원회에 재결을 신청할 수 있다(제28조 제1항). 재결신청에 따라 내려지는 최초의 재결을 수용재결이라 하며, 피수용자는 이를 신청할 수 없다.

> 📑 **판례**
>
> 공익사업을 위한 토지 등의 취득 및 보상에 관한 법률(이하 '공익사업법'이라 한다) 제28조 제1항의 '협의가 성립되지 아니한 때'에는 사업시행자가 토지소유자 등과 공익사업법 제26조에서 정한 협의절차를 거쳤으나 보상액 등에 관하여 협의가 성립하지 아니한 경우는 물론 토지소유자 등이 손실보상 대상에 해당한다고 주장하며 보상을 요구하는데도 사업시행자가 손실보상대상에 해당하지 아니한다며 보상대상에서 이를 제외한 채 협의를 하지 않아 결국 협의가 성립하지 않은 경우도 포함된다고 보아야 한다(대법원 2011.7.14. 선고 2011두2309 판결).

Ⅳ 재결에 대한 불복절차

1. 이의신청(토지보상법 제83조)

(1) 의의

이의신청이란 관할 토지수용위원회의 위법·부당한 재결에 의해 권익을 침해당한 자가 중앙토지수용위원회에 그 취소 또는 변경을 구하는 것을 말하며, 이의신청은 임의절차이다.

(2) 성질(행정심판)

이의신청은 준사법적 절차이므로 행정심판(특별행정심판)으로서의 성질을 가지며 토지보상법상 이의신청에 관한 규정은 행정심판법에 대한 특별법규정이다.

(3) 신청기간

이의신청은 수용재결서의 정본을 받은 날부터 30일 이내에 하여야 한다(제83조 제3항). 판례는 제소기간을 단축한 것은 수용행정의 특수성과 전문성을 살리기 위한 것으로 합헌적 규정으로 본다.

> **판례**
>
> 수용재결(원재결)에 대한 이의신청기간과 이의재결에 대한 행정소송제기기간을 그 일반법인 행정심판법 제18조 제1항의 행정심판청구기간(60일)과 행정소송법 제20조 제1항의 행정소송의 제소기간(60일)보다 짧게 규정한 것은 토지수용과 관련한 공공사업을 신속히 수행하여야 할 그 특수성과 전문성을 살리기 위한 필요에서 된 것으로 이해되므로 이를 행정심판법 제43조, 제42조에 어긋나거나 헌법 제27조에 어긋나는 위헌규정이라 할 수 없다(대법원 1992.8.18. 선고 91누9312 판결[토지수용재결처분취소]).

(4) 이의신청제기의 효과

1) 중앙토지수용위원회의 심리 및 재결

이의신청을 받은 중앙토지수용위원회는 원재결이 위법 또는 부당한 때에는 그 원재결의 전부 또는 일부를 취소하거나 손실보상액을 변경할 수 있다(제84조 제1항). 손실보상액의 변경이라 함은 손실보상액의 증액 또는 감액을 말한다.

2) 집행부정지

수용재결에 대한 이의신청의 제기는 사업의 진행 및 토지의 수용 또는 사용을 정지시키지 아니한다(제88조).

2. 행정소송

(1) 취소소송(토지보상법 제85조 제1항)

1) 의의

취소소송이란 관할 토지수용위원회의 위법한 수용재결의 취소나 변경을 구하는 소송을 말하며, 토지보상법이 정하는 사항 외에는 행정소송법이 적용된다(행정소송법 제8조).

2) 대상

① 토지보상법 제85조 제1항은 행정소송에 의한 불복의 대상을 "제34조의 규정에 의한 재결", 즉 수용재결이라 규정하고 있는 점, ② 이의신청임의주의를 취하고 있는 점, ③ 이의재결을 대상으로 한다는 명문의 규정이 없는 점을 고려하면 원처분인 수용재결을 대상으로 하여야 하며, 이의재결에 고유한 위법이 있는 경우에는 이의재결에 대하여 취소소송을 제기할 수 있다(행정소송법 제19조).

토지소유자 등이 수용재결에 불복하여 이의신청을 거친 후 취소소송을 제기하는 경우 피고적격 (= 수용재결을 한 토지수용위원회) 및 소송대상(= 수용재결) : 공익사업법 제85조 제1항 전문의 문언 내용과 공익사업법 제83조, 제85조가 중앙토지수용위원회에 대한 이의신청을 임의적 절차로 규정하고 있는 점, 행정소송법 제19조 단서가 행정심판에 대한 재결은 재결 자체에 고유한 위법이 있음을 이유로 하는 경우에 한하여 취소소송의 대상으로 삼을 수 있도록 규정하고 있는 점 등을 종합하여 보면, 수용재결에 불복하여 취소소송을 제기하는 때에는 이의신청을 거친 경우에도 수용 재결을 한 중앙토지수용위원회 또는 지방토지수용위원회를 피고로 하여 수용재결의 취소를 구하여야 하고, 다만 이의신청에 대한 재결 자체에 고유한 위법이 있음을 이유로 하는 경우에는 그 이의재결을 한 중앙토지수용위원회를 피고로 하여 이의재결의 취소를 구할 수 있다고 보아야 한다(대법원 2010.1.28. 선고 2008두1504 판결).

3) 제소기간

이의신청을 제기함이 없이 취소소송을 제기하는 경우에는 재결서를 받은 날부터 90일 이내에, 이의신청을 거친 때에는 이의신청에 대한 재결서를 받은 날부터 60일 이내에 제기하여야 한다(제85조 제1항).

4) 취소소송 제기의 효과(집행부정지)

수용재결에 대한 취소소송의 제기는 사업의 진행 및 토지의 수용 또는 사용을 정지시키지 아니한다(제88조).

(2) 보상금증감청구소송(토지보상법 제85조 제2항)

1) 의의

보상금증감청구소송은 수용재결 중 보상금에 대하여서만 이의가 있는 경우에 보상금의 증액 또는 감액을 청구하는 소송이다.

2) 보상금증감청구소송의 성질

① 형식적 당사자소송

현행 토지보상법하에서의 보상금증감청구소송에서 당사자가 직접 다투는 것은 보상금에 관한 법률관계의 내용이고 그 전제로서 재결의 효력이 심판의 대상이 되는 것이므로 보상금증감청구소송을 형식적 당사자소송으로 보는 것이 타당하다.

[1] 토지수용법 제75조의2 제2항의 규정은 그 제1항에 의하여 이의재결에 대하여 불복하는 행정소송을 제기하는 경우, 이것이 보상금의 증감에 관한 소송인 때에는 이의재결에서 정한 보상금이 증액 변경될 것을 전제로 하여 기업자를 상대로 보상금의 지급을 구하는 공법상의 당사자소송을 규정한 것으로 볼 것이다(대법원 1991.11.26. 선고 91누285 판결[토지수용재결처분취소등]).

[2] 공익사업을 위한 토지 등의 취득 및 보상에 관한 법률(이하 '토지보상법'이라 한다) 제85조 제2항에 따른 보상금의 증액을 구하는 소(이하 '보상금 증액 청구의 소'라 한다)의 성질, 토지 보상법상 손실보상금 채권의 존부 및 범위를 확정하는 절차 등을 종합하면, 토지보상법에 따른 토지소유자 또는 관계인(이하 '토지소유자 등'이라 한다)의 사업시행자에 대한 손실보상금 채권에 관하여 압류 및 추심명령이 있더라도, 추심채권자가 보상금 증액 청구의 소를 제기할 수 없고, 채무자인 토지소유자 등이 보상금 증액 청구의 소를 제기하고 그 소송을 수행할 당 사자적격을 상실하지 않는다고 보아야 한다(대법원 2022.11.24. 선고 2018두67 전원합의체 판결 [손실보상금]).

② 확인소송

손실보상금증액청구소송은 법정되어 있는 보상액을 확인하고 그 이행을 명하는 점에서 이행소 송(급부소송)의 성질을 가지고, 감액청구소송은 보상액을 확인하는 점에서 확인소송의 성질을 가진다고 보는 것이 타당하다.

3) 보상금증감청구소송의 제기기간

보상금증감청구소송의 제기기간은 수용재결에 대한 취소소송에서와 같이 이의신청을 제기함이 없이 보상금증감청구소송을 제기하는 경우에는 재결서를 받은 날부터 90일 이내이고, 이의신청을 거친 때에는 이의신청에 대한 재결서를 받은 날부터 60일 이내이다(제85조 제1항).

4) 보상금증감청구소송의 인정범위

손실보상금의 증감, 손실보상의 방법(금전보상, 채권보상 등), 보상항목의 인정(잔여지보상 등의 손실보상의 인정 여부), 잔여지수용보상, 이전이 곤란한 물건의 수용보상, 보상면적을 다투는 소 송 등이 보상금증감청구소송에 속한다.

📑 판례

[1] 어떤 보상항목이 공익사업을 위한 토지 등의 취득 및 보상에 관한 법령상 손실보상대상에 해당 함에도 관할 토지수용위원회가 사실을 오인하거나 법리를 오해함으로써 손실보상 대상에 해당 하지 않는다고 잘못된 내용의 재결을 한 경우에는, 피보상자는 관할 토지수용위원회를 상대로 그 재결에 대한 취소소송을 제기할 것이 아니라, 사업시행자를 상대로 구 공익사업을 위한 토지 등의 취득 및 보상에 관한 법률 제85조 제2항에 따른 보상금증감소송을 제기하여야 한다(대법원 2018.7.20. 선고 2015두4044 판결; 대법원 2019.11.28. 선고 2018두227 판결).

[2] 구 '공익사업을 위한 토지 등의 취득 및 보상에 관한 법률'(2007.10.17. 법률 제8665호로 개정되 기 전의 것) 제74조 제1항에 규정되어 있는 잔여지 수용청구권은 손실보상의 일환으로 토지소 유자에게 부여되는 권리로서 그 요건을 구비한 때에는 잔여지를 수용하는 토지수용위원회의 재결이 없더라도 그 청구에 의하여 수용의 효과가 발생하는 형성권적 성질을 가지므로, 잔여지 수용청구를 받아들이지 않은 토지수용위원회의 재결에 대하여 토지소유자가 불복하여 제기하 는 소송은 위 법 제85조 제2항에 규정되어 있는 '보상금의 증감에 관한 소송'에 해당하여 사업 시행자를 피고로 하여야 한다(대법원 2010.8.19. 선고 2008두822 판결[토지수용이의재결처분취소등]).

[3] 공익사업을 위한 토지 등의 취득 및 보상에 관한 법률(이하 '토지보상법'이라고 한다) 제72조의 문언, 연혁 및 취지 등에 비추어 보면, 위 규정이 정한 수용청구권은 토지보상법 제74조 제1항이 정한 잔여지 수용청구권과 같이 손실보상의 일환으로 토지소유자에게 부여되는 권리로서 그 청구에 의하여 수용효과가 생기는 형성권의 성질을 지니므로, 토지소유자의 토지수용청구를 받아들이지 아니한 토지수용위원회의 재결에 대하여 토지소유자가 불복하여 제기하는 소송은 토지보상법 제85조 제2항에 규정되어 있는 '보상금의 증감에 관한 소송'에 해당하고, 피고는 토지수용위원회가 아니라 사업시행자로 하여야 한다(대법원 2015.4.9. 선고 2014두46669 판결[토지수용재결신청거부처분취소]).

5) 표준지공시지가 하자의 승계

수용보상금의 증액을 구하는 소송에서 선행처분으로서 그 수용대상 토지가격 산정의 기초가 된 비교표준지공시지가결정의 위법을 독립한 사유로 주장할 수 있다는 것이 판례의 견해이다.

판례

표준지공시지가결정은 이를 기초로 한 수용재결 등과는 별개의 독립된 처분으로서 서로 독립하여 별개의 법률효과를 목적으로 하지만, 표준지공시지가는 이를 인근 토지의 소유자나 기타 이해관계인에게 개별적으로 고지하도록 되어 있는 것이 아니어서 인근 토지의 소유자 등이 표준지공시지가 결정 내용을 알고 있었다고 전제하기가 곤란할 뿐만 아니라, 결정된 표준지공시지가가 공시될 당시 보상금 산정의 기준이 되는 표준지의 인근 토지를 함께 공시하는 것이 아니어서 인근 토지 소유자는 보상금 산정의 기준이 되는 표준지가 어느 토지인지를 알 수 없으므로, 인근 토지 소유자가 표준지의 공시지가가 확정되기 전에 이를 다투는 것은 불가능하다. 더욱이 장차 어떠한 수용재결 등 구체적인 불이익이 현실적으로 나타나게 되었을 경우에 비로소 권리구제의 길을 찾는 것이 우리 국민의 권리의식임을 감안하여 볼 때, 인근 토지소유자 등으로 하여금 결정된 표준지공시지가를 기초로 하여 장차 토지보상 등이 이루어질 것에 대비하여 항상 토지의 가격을 주시하고 표준지공시지가결정이 잘못된 경우 정해진 시정절차를 통하여 이를 시정하도록 요구하는 것은 부당하게 높은 주의의무를 지우는 것이고, 위법한 표준지공시지가결정에 대하여 그 정해진 시정절차를 통하여 시정하도록 요구하지 않았다는 이유로 위법한 표준지공시지가를 기초로 한 수용재결 등 후행 행정처분에서 표준지공시지가결정의 위법을 주장할 수 없도록 하는 것은 수인한도를 넘는 불이익을 강요하는 것으로서 국민의 재산권과 재판받을 권리를 보장한 헌법의 이념에도 부합하는 것이 아니다. 따라서 표준지공시지가결정이 위법한 경우에는 그 자체를 행정소송의 대상이 되는 행정처분으로 보아 그 위법 여부를 다툴 수 있음은 물론, 수용보상금의 증액을 구하는 소송에서도 선행처분으로서 그 수용대상 토지가격 산정의 기초가 된 비교표준지 공시지가결정의 위법을 독립한 사유로 주장할 수 있다(대법원 2008.8.21. 선고 2007두13845 판결[토지보상금]).

(3) 청구의 병합

주위적으로 수용재결 취소소송을, 예비적으로 보상금증액청구소송을 제기할 수 있다.

제1절 **행정심판**

I **행정심판의 개관**

1. 행정심판의 의의

행정심판이란 행정청의 위법·부당한 처분 또는 부작위에 대한 불복에 대하여 행정기관이 심판하는 행정심판법상의 행정쟁송절차를 말한다.

2. 행정심판의 근거

행정심판을 규율하는 법으로는 일반법인 행정심판법이 있고, 각 개별법률에서 행정심판법에 대한 특칙을 규정하고 있다. 각 개별법률에서는 행정심판에 대하여 이의신청(**예** 토지보상법상 이의신청), 심사청구 또는 심판청구(국세기본법 등), 재심의 판정(감사원법) 또는 재심요구 등의 용어를 사용하고 있다.

3. 행정심판의 인정 범위

현행 헌법 제107조 제3항은 행정심판은 준사법적 절차가 되어야 한다고 규정하고 있고, 행정심판법은 행정심판을 규율하는 준사법적 절차를 규정하고 있으므로, 행정기관이 심판기관이 되는 행정불복절차 모두가 엄밀한 의미의 행정심판(행정심판법의 규율대상이 되는 행정심판)이 아니며 준사법적 절차가 보장되는 행정불복절차만이 행정심판이라고 보아야 할 것이다.

> 📖 **판례**
>
> 헌법 제101조 제1항과 제107조 제2항은 입법권 및 행정권으로부터 독립된 사법권의 권한과 심사범위를 규정한 것일 뿐이다. 헌법 제107조 제3항은 행정심판의 심리절차에서도 관계인의 충분한 의견진술 및 자료제출과 당사자의 자유로운 변론 보장 등과 같은 대심구조적 사법절차가 준용되어야 한다는 취지일 뿐, 사법절차의 심급제에 따른 불복할 권리까지 준용되어야 한다는 취지는 아니다. 그러므로 이 사건 법률조항은 헌법 제101조 제1항, 제107조 제2항 및 제3항에 위배되지 아니한다(헌법재판소 2014.6.26. 선고 2013헌바122 전원재판부).

Ⅱ 행정심판의 종류

1. 개설

행정심판법은 행정심판의 종류로 취소심판, 무효등확인심판, 의무이행 심판을 규정하고 있다.

2. 취소심판

(1) 의의 및 성질

취소심판이란 "행정청의 위법 또는 부당한 처분을 취소하거나 변경하는 심판"을 말한다(행정심판법 제5조 제1호). 취소심판은 처분의 취소·변경을 통하여 법률관계의 변경·소멸을 가져오는 형성적 쟁송으로 봄이 타당하다.

(2) 재결

행정심판위원회는 취소심판의 청구가 이유 있다고 인정하면 처분을 취소 또는 다른 처분으로 변경하거나 처분을 다른 처분으로 변경할 것을 피청구인에게 명한다(제43조 제3항). 따라서 취소재결에는 처분취소재결, 처분변경재결, 처분변경명령재결이 있다.

3. 무효등확인심판

(1) 의의 및 성질

무효등확인심판이란 행정청의 처분의 효력 유무 또는 존재 여부를 확인하는 행정심판이다(행정심판법 제5조 제2호). 무효등확인심판은 실질적으로는 확인적 쟁송인 것이나 형식적으로는 처분의 유무 또는 존재 여부를 직접 쟁송의 대상으로 한다는 점에서 형성적 쟁송의 측면을 아울러 지닌다고 보는 것이 통설의 입장이다.

(2) 재결

위원회는 무효등확인심판의 청구가 이유가 있다고 인정하면 심판청구의 대상이 된 처분의 유효·무효 또는 존재·부존재를 확인하는 재결을 한다(행정심판법 제43조 제4항).

4. 의무이행심판

(1) 의의

의무이행심판이란 "행정청의 위법 또는 부당한 거부처분이나 부작위에 대하여 일정한 처분을 하도록 하는 심판"을 말한다(제5조 제3호). 의무이행심판은 행정청의 거부처분 또는 부작위에 대하여 적극적인 처분을 구하는 행정심판이다. 행정소송에 있어서는 인정되고 있지 않지만 행정심판에 있어서는 의무이행심판이 인정되고 있다.

(2) 성질

행정심판법은 "위원회는 의무이행심판의 청구가 이유가 있다고 인정하면 지체 없이 신청에 따른 처분을 하거나 처분을 할 것을 피청구인에게 명한다"라고 규정하고 있다(제43조 제5항). 즉 의무이행심판의 재결에는 처분명령재결뿐만 아니라 처분재결이 있다. 처분재결은 행정 심판기관인 위원회가 스스로 처분을 하는 것이므로 형성재결이고, 처분명령재결은 처분청에게 처분을 명하는 재결이므로 이행재결이다. 따라서 의무이행심판은 이행적 쟁송의 성질과 함께 형성적 쟁송의 성격을 아울러 갖는 것으로 보는 것이 타당하다.

Ⅲ 행정심판의 당사자 및 관계인

1. 청구인

(1) 개념

청구인이란 행정심판을 제기하는 자를 말하며, 청구인은 원칙적으로 자연인 또는 법인이어야 하지만, 법인이 아닌 사단 또는 재단으로서 대표자 또는 관리인이 정하여져 있는 경우에는 그 사단이나 재단의 이름으로 심판청구를 할 수 있다(제14조).

(2) 청구인적격

① 청구인적격이란 행정심판을 청구할 자격이 있는 자를 말하며, 행정심판의 청구인은 행정심판을 제기할 '법률상 이익이 있는 자'이다(행정심판법 제13조 제1항). ② 무효등확인심판은 처분의 효력 유무 또는 존재 여부의 확인을 구할 법률상 이익이 있는 자가 청구할 수 있으며(동조 제2항), ③ 의무이행심판은 처분을 신청한 자로서 행정청의 거부처분 또는 부작위에 대하여 일정한 처분을 구할 법률상 이익이 있는 자가 청구할 수 있다(동조 제3항).

📑🔍 **판례**

> **[1]** 행정처분무효확인의 소에 있어서 확인의 이익은 그 대상인 법률관계에 관하여 당사자 사이에 분쟁이 있고 그로 인하여 원고의 권리 또는 법률상의 지위에 불안, 위험이 있어 판결로써 그 법률관계의 존부를 확인하는 것이 위 불안, 위험을 제거하는 데 필요하고도 적절한 경우에 확정되는 것인바…
> (대법원 1989.10.10. 선고 89누3397 판결).

> **[2]** 행정처분의 부존재확인소송은 행정처분의 부존재확인을 구할 법률상 이익이 있는 자만이 제기할 수 있고 여기에서의 법률상 이익은 원고의 권리 또는 법률상 지위에 현존하는 불안, 위험이 있고 그 불안, 위험을 제거함에는 확인판결을 받는 것이 가장 유효적절한 수단일 때 인정되는 것이다(대법원 1990.9.28. 선고 89누6396 판결).

(3) 청구인적격에 관한 입법론

1) 문제점

행정심판은 위법 외에 부당도 포함한다. 부당한 침해로는 법률상 이익이 침해되기 어려운 점 때문에 행정심판법상 법률상 이익이라는 표현이 입법상 과오인지 견해대립이 있다.

2) 학설

① **입법과오론** : 행정심판은 '위법한 처분'뿐만 아니라 '부당한 처분'에 대하여도 제기할 수 있는바, 처분이 부당하다는 것은 재량을 그르친 경우를 의미하고 이렇게 재량을 그르침으로서 개인이 입게 되는 불이익은 권리침해가 아니라 반사적 이익이나 사실상 이익의 침해에 해당하므로 반사적 이익 또는 사실상 이익을 침해받은 경우에도 행정심판을 제기할 수 있도록 행정심판법을 개정할 필요가 있다는 견해

② **입법비과오론** : 법률상 이익이 있는지 여부의 문제는 본안심리로 들어가기 위한 현관(input)차원의 문제임에 반해, 위법·부당·적법의 문제는 본안심리결과 내려지는 심판기관의 최종적 평가(output)차원의 문제로서 논의의 차원이 다르다고 하여 현행 행정심판법을 지지하는 견해

3) 검토

법률상 이익을 침해받은 자만이 행정소송을 제기할 수 있는 것과 달리 반사적 이익 또는 사실상 이익을 침해받은 자까지도 행정심판을 제기할 수 있도록 하고 있는 제도의 취지에 비추어 볼 때 우리나라의 행정심판법이 법률상 이익을 침해받은 자 또는 법률상 이익이 있는 자만이 행정심판을 제기할 수 있게 하고 있는 점은 모순이며, 입법상의 과오라고 할 것이다.

2. 피청구인

(1) 피청구인인 행정청

피청구인이란 심판청구의 상대방을 말하며, 행정심판은 처분을 한 행정청(의무이행심판의 경우에는 청구인의 신청을 받은 행정청)을 피청구인으로 하여 청구하여야 한다. 다만, 심판청구의 대상과 관계되는 권한이 다른 행정청에 승계된 경우에는 권한을 승계한 행정청을 피청구인으로 하여야 한다(제17조 제1항).

(2) 피청구인의 경정

청구인이 피청구인을 잘못 지정한 경우에는 위원회는 직권으로 또는 당사자의 신청에 의하여 결정으로써 피청구인을 경정할 수 있다(제17조 제2항). 위원회는 행정심판이 청구된 후에 제1항 단서의 사유가 발생하면 직권으로 또는 당사자의 신청에 의하여 결정으로써 피청구인을 경정한다(제17조 제5항).

Ⅳ 행정심판의 대상

1. 문제점

행정심판의 대상은 처분과 부작위이다(행정심판법 제3조). 다만, 행정심판법은 대통령의 처분 또는 부작위에 대하여는 다른 법률에 특별한 규정이 있는 경우를 제외하고는 행정심판을 제기할 수 없도록 규정하고 있다(제3조 제2항). 따라서 처분적 법규명령이 행정심판의 대상이 될 것인지가 문제된다.

2. 학설

① **부정설** : 법규명령과 같은 규범통제에는 헌법적 근거가 필요한데, 헌법 제107조 제2항은 명령에 대한 규범통제권을 법원에 부여하고 있다는 점을 그 논거로 행정심판의 대상이 될 수 없다고 보는 견해이다.

② **긍정설** : 행정심판법상 처분개념과 행정소송법상 처분개념은 동일한 개념으로 규정되어 있고, 행정소송에서는 처분적 명령이 행정소송의 대상이 된다는 점을 논거로 명령 중 처분성이 있는 것은 행정심판의 대상이 된다고 보는 견해이다.

3. 검토

생각건대, 행정심판법과 행정소송법상의 처분개념은 동일한 개념으로 규정되어 있고, 행정소송에서는 처분적 명령이 행정소송의 대상이 된다는 점, 헌법 제107조 제3항은 재판의 전심절차로 행정심판을 둘 수 있게 하고, 행정심판을 준 사법절차로 하고 있는 점, 헌법 제107조 제2항이 명령의 위헌·위법 여부에 대한 법원의 최종적 판단권을 규정하고 있는 것이 명령의 위헌·위법 여부에 대한 법원의 배타적 판단권까지 규정한 것은 아니라고 해야 한다는 점을 고려할 때, 긍정설이 타당하다.

Ⅴ 행정심판의 청구

1. 행정심판청구기간

(1) 개설

심판청구기간은 취소심판청구와 거부처분에 대한 의무이행심판청구에만 적용되고, 무효등확인심판청구나 부작위에 대한 의무이행심판청구에는 적용되지 아니한다(행정심판법 제27조 제7항). 행정심판이나 행정소송에 있어서는 민사소송에서와 달리 단기의 불복기간이 정해져 있다. 이와 같이 단기의 불복기간을 둔 것은 행정행위의 효력을 신속히 확정하여 행정법관계의 안정성을 확보하기 위한 것이다.

(2) 원칙적인 심판청구기간

행정심판청구는 원칙적으로 처분이 있음을 알게 된 날부터 90일 이내에 제기하여야 하고(제27조 제1항), 처분이 있었던 날부터 180일을 경과하면 이를 제기하지 못한다(제27조 제3항 본문). 이 중 90일은 불변기간으로서(제27조 제4항), 두 기간 중 어느 하나라도 도과하면 행정심판을 제기하지 못한다.

판례

국세기본법의 적용을 받는 처분과 달리 행정심판법의 적용을 받는 처분인 과징금부과처분에 대한 심판청구기간의 기산점인 행정심판법 제18조 제1항 소정의 '처분이 있음을 안 날'이라 함은 당사자가 통지·공고 기타의 방법에 의하여 당해 처분이 있었다는 사실을 현실적으로 안 날을 의미하고, 추상적으로 알 수 있었던 날을 의미하는 것은 아니라 할 것이며, 다만 처분을 기재한 서류가 당사자의 주소에 송달되는 등으로 사회통념상 처분이 있음을 당사자가 알 수 있는 상태에 놓여진 때에는 반증이 없는 한 그 처분이 있음을 알았다고 추정할 수는 있다(대법원 2002.8.27. 선고 2002두3850 판결[과징금부과처분취소]).

(3) 예외적인 심판청구기간

1) 90일에 대한 예외

행정심판은 처분이 있음을 알게 된 날로부터 90일 이내에 제기하여야 하지만, 천재지변, 전쟁, 사변 그 밖의 불가항력으로 인하여 그 기간 내에 제기할 수 없었을 때에는 그 사유가 소멸한 날부터 14일(국외에서는 30일) 이내에 제기할 수 있다(제27조 제2항).

2) 180일에 대한 예외

처분이 있은 날로부터 180일 이내에 제기하여야 하지만 정당한 사유가 있는 경우에는 180일이 넘어도 제기할 수 있다(제27조 제3항 단서). 어떤 사유가 '정당한 사유'에 해당하는가는 건전한 사회 통념에 의해 판단되어야 한다.

 판례

[1] 행정처분의 상대방이 아닌 제3자는 행정심판법 제18조 제3항의 청구기간 내에 심판청구를 제기하지 아니하였다 하더라도 그 심판청구기간 내에 심판청구가 가능하였다는 특별한 사정이 없는 한 동 조항 단서에서 규정하고 있는 기간을 지키지 못한 정당한 사유가 있는 때에 해당한다고 보아 심판청구기간의 제한을 받지 않는다고 해석하여야 한다(대법원 1988.9.27. 선고 88누29 판결[하천공작물(보)설치공사준공검사증발급처분취소]).

[2] 행정처분의 상대방이 아닌 제3자는 일반적으로 처분이 있는 것을 바로 알 수 없는 처지에 있으므로 처분이 있은 날로부터 180일이 경과하더라도 특별한 사유가 없는 한 구 행정심판법(1995.12.6. 법률 제5000호로 개정되기 전의 것) 제18조 제3항 단서 소정의 정당한 사유가 있는 것으로 보아 심판청구가 가능하나, 그 제3자가 어떤 경위로든 행정처분이 있음을 알았거나 쉽게 알 수 있는 등 행정심판법 제18조 제1항 소정의 심판청구기간 내에 심판청구가 가능하였다는 사정이 있는 경우에는 그때로부터 60일 이내에 행정심판을 청구하여야 한다(대법원 1997.9.12. 선고 96누14661 판결[공장설립변경신고수리취소처분취소]).

3) 심판청구기간의 오고지 및 불고지의 경우

행정청이 심판청구기간을 고지함에 있어서 법상 규정된 기간보다 긴 기간으로 잘못 알린 경우에는 그 잘못 고지된 긴 기간 내에 심판청구를 할 수 있고(제27조 제5항), 심판청구 기간을 고지하지 아니한 경우에는 처분이 있었던 날로부터 180일 이내에 심판청구를 할 수 있다(제27조 제6항).

4) 특별법상의 심판청구기간

각 개별법에서 심판청구기간을 정한 경우가 있다. 그 예로는 토지수용재결에 대한 이의신청기간은 재결서 정본을 받은 날로부터 30일 이내로 규정되어 있고(토지보상법 제83조 제3항), 국가공무원법상 소청심사사청구기간은 처분을 안 날로부터 30일 이내로 규정되어 있다(국가공무원법 제76조 제1항).

5) 심판청구서 제출일시

심판청구기간을 계산함에 있어서는 피청구인이나 위원회 또는 불고지 또는 오고지에 따라 심판청구서를 제출받은 행정기관에 심판청구서가 제출되었을 때에 행정심판이 청구된 것으로 본다(제23조 제4항).

2. 심판청구의 방식

심판청구는 서면으로 하여야 한다(제28조 제1항). 형식과 관계없이 그 내용이 행정심판을 청구하는 것이면 행정심판청구로 보아야 한다.

📖 **판례**

[1] 비록 제목이 "진정서"로 되어 있고, 재결청의 표시, 심판청구의 취지 및 이유처분을 한 행정청의 고지의 유무 및 그 내용 등 행정심판법 제19조 제2항 소정의 사항들을 구분하여 기재하고 있지 아니하여 행정심판청구서로서의 형식을 다 갖추고 있다고 볼 수는 없으나, 피청구인인 처분청과 청구인의 이름 주소가 기재되어 있고, 청구인의 기명이 되어 있으며, 문서의 기재내용에 의하연 심판청구의 대상이 되는 행정처분의 내용과 심판청구의 취지 및 이유, 처분이 있은 것을 안 날을 알 수 있는 경우, 위 문서에 기재되어 있지 않은 재결청. 처분을 한 행정청의 고지의 유무 등의 내용과 날인 등의 불비한 점은 보정이 가능하므로 위 문서를 행정처분에 대한 행정심판청구로 보는 것은 옳다(대법원 2000.6.9. 선고 98두2621 판결; 대법원 1995.9.5. 선고 94누16250 판결).

[2] 지방자치단체의 변상금부과처분에 대하여 '답변서'란 표제로, 토지 점유 사실이 없어 변상금을 납부할 수 없다는 취지의 서면을 제출한 경우, 행정심판청구로 보아야 한다고 한 사례(대법원 1999.6.22. 선고 99두2772 판결)

Ⅵ 행정심판제기의 효과

① 행정심판이 제기되면 행정심판위원회는 심판청구를 심리·재결하며, ② 행정심판청구가 제기되어도 처분의 효력이나 그 집행 또는 절차의 속행이 정지되지 아니한다(제30조 제1항). 이를 집행부정지의 원칙이라 한다.

Ⅶ 행정심판의 심리

1. 행정심판의 심리의 의의

행정심판의 심리라 함은 행정심판청구에 대한 재결을 하기 위하여 그 기초가 될 심판자료를 수집하는 절차를 말한다.

2. 심리의 내용

행정심판사건의 심리는 그 내용에 따라 요건심리와 본안심리로 나누어진다. ① 요건심리는 당해 행정심판청구가 행정심판제기요건을 갖추고 있는지 여부를 심리하는 것을 말하며, ② 본안심리란 요건심리의 결과 당해 심판청구가 심판청구요건을 구비한 것으로 인정되는 경우 심판청구의 당부를 심리하는 것을 말한다.

3. 심리의 기본원칙

(1) 대심주의

대심주의란 대립되는 분쟁 당사자들의 공격 방어를 통하여 심리를 진행하는 소송원칙을 말한다. 대립되는 당사자에게 공격 방어를 할 수 있는 대등한 지위가 보장되고 심판기관의 중립적인 지위가 보장되어야 한다.

(2) 직권심리주의

직권심리주의란 심리에 있어서 심판기관이 당사자의 사실의 주장에 근거하지 않거나 그 주장에 구속되지 않고 적극적으로 직권으로 필요한 사실상의 탐지 또는 증거조사를 행하는 소송원칙을 말한다. 행정심판법은 실체적 진실을 밝히고, 심리의 간이·신속을 도모하기 위하여 직권심리주의를 인정하고 있다.

(3) 서면심리주의와 구술심리주의

행정심판법은 "행정심판의 심리는 구술심리나 서면심리로 한다. 다만, 당사자가 구술심리를 신청한 경우에는 서면심리만으로 결정할 수 있다고 인정되는 경우 외에는 구술심리를 하여야 한다"라고 규정하고 있다(제40조 제1항).

(4) 발언 내용 등의 비공개

위원회에서 위원이 발언한 내용이나 그 밖에 공개되면 위원회의 심리 재결의 공정성을 해칠 우려가 있는 사항으로서 대통령령으로 정하는 사항은 공개하지 아니한다(제41조).

4. 소관 중앙행정기관의 장의 의견진술권

중앙행정심판위원회에서 심리·재결하는 심판청구의 경우 소관 중앙행정기관의 장은 의견서를 제출하거나 위원회에 출석하여 의견을 진술할 수 있다(제35조 제4항).

Ⅷ 행정심판의 재결

1. 재결의 의의 및 성질

행정심판의 재결이란 행정심판청구에 대한 심리를 거쳐 재결청이 내리는 결정을 말하며, 재결은 다툼이 있는 행정법상의 사실 또는 법률관계를 확정하는 행위이므로 확인행위이다.

2. 재결 기간과 재결의 방식

행정심판위원회는 심리를 마치면 직접 재결한다. 재결은 피청구인 또는 위원회가 심판청구서를 받은 날부터 60일 이내에 하여야 하나, 부득이한 사정이 있는 경우에는 위원장이 직권으로 30일을 연장할 수 있다(제45조 제1항). 재결은 서면(재결서)으로 한다(제46조 제1항).

3. 재결의 범위

① <불고불리의 원칙> 위원회는 심판청구의 대상이 되는 처분 또는 부작위 외의 사항에 대하여는 재결하지 못한다(제47조 제1항). ② <불이익변경금지의 원칙> 위원회는 심판청구의 대상이 되는 처분보다 청구인에게 불이익한 재결을 하지 못한다(제47조 제2항).

4. 재결의 송달과 효력 발생

위원회는 지체 없이 당사자에게 재결서의 정본을 송달하여야 하다. 이 경우 중앙행정심판위원회는 재결 결과를 소관 중앙행정기관의 장에게도 알려야 한다(제48조 제1항). 재결은 청구인에게 제1항 전단에 따라 송달되었을 때에 그 효력이 생긴다(제48조 제2항). 위원회는 재결서의 등본을 지체 없이 참가인에게 송달하여야 한다(제48조 제3항). 처분의 상대방이 아닌 제3자가 심판청구를 한 경우 위원회는 재결서의 등본을 지체 없이 피청구인을 거쳐 처분의 상대방에게 송달하여야 한다(제48조 제4항).

5. 재결의 종류

(1) 각하재결

각하재결은 심판청구의 제기요건을 충족하지 않은 부적법한 심판청구에 대하여 본안에 대한 심리를 거절하는 내용의 재결을 말한다(제43조 제1항).

(2) 기각재결

기각재결이란 본안심리의 결과 행정심판청구가 이유 없다고 인정하여 원처분을 시인하는 재결을 말한다(제43조 제2항). 기각재결은 심판청구의 실체적 내용에 대한 심리를 거쳐 심판청구가 이유 없다고 판단되는 경우에 내려진다.

(3) 인용재결

1) 의의

인용재결이란 본안심리의 결과 심판청구가 이유 있다고 판단하여 청구인의 청구취지를 받아들이는 재결을 말한다.

2) 취소재결

위원회는 취소심판의 청구가 이유 있다고 인정하면 재결로써 스스로 처분을 취소 또는 다른 처분으로 변경하거나 처분청에게 처분을 다른 처분으로 변경할 것을 명한다(제43조 제3항). 취소심판에서의 인용재결에는 처분취소재결, 처분변경재결, 처분변경명령재결이 있다. 처분취소재결에는 처분의 전부취소 및 일부취소가 포함되며, 변경재결 및 변경명령재결에 있어서 '변경'은 원처분을 대신하는 다른 처분으로의 변경을 의미한다. 다만 이때의 변경은 청구인에게 유리한 변경이어야 한다(법 제47조 제2항).

3) 무효등확인재결

위원회는 무효등확인심판의 청구가 이유 있다고 인정하면 재결로써 처분의 효력 유무 또는 존재 여부를 확인한다(제43조 제4항).

4) 의무이행재결

① 의의

의무이행재결은 의무이행심판의 청구가 이유 있다고 인정한 때에 신청에 따른 처분을 스스로 하거나 처분을 할 것을 피청구인에게 명하는 재결을 말한다(제43조 제5항).

② 종류와 성질

의무이행재결에는 처분재결과 처분명령재결이 있다. 처분재결은 위원회가 스스로 처분을 하는 것이므로 형성재결이며, 처분명령 재결은 처분청에게 처분을 명하는 재결이므로 이행재결이다.

③ 인용재결의 내용

가. 처분재결과 처분명령재결의 선택

처분재결과 처분명령재결 중 어떠한 재결을 하여야 하는가에 관하여 견해가 대립하나, 행정심판위원회는 법적으로 처분재결과 처분명령재결의 선택에 있어 재량권을 갖는다고 보는 것(재량설)이 타당하다. 다만, 재량행위의 경우에는 처분청이 부관을 붙일 수 있으므로 처분청이 부관을 붙일 것으로 예상되는 경우에는 처분명령재결을 하여 처분청이 부관을 붙일 수 있는 여지를 주는 것이 타당하다.

나. 처분명령재결의 내용

청구대상의 행위가 기속행위인 경우에는 원칙적으로 청구인의 청구 내용대로 처분을 할 것을 명하는 재결(특정처분명령재결)을 하여야 하며, 재량행위인 경우에는 재결 시를 기준으로 특정처분을 해야 할 것이 명백한 경우에는 신청에 따른 처분을 하도록 하고, 특정처분을 해야 할 것이 명백하지 않다면 처분청의 재량권을 존중하여 하자 없는 재량행사를 명하는 재결을 하여야 할 것이다.

6. 재결의 효력

(1) 개설

행정심판법은 재결의 효력에 대하여 기속력에 관한 규정만을 두고 있으나, 재결도 행정행위로서의 성질을 가지므로 재결서의 정본이 당사자에게 송달되어 재결이 그 효력을 발생하게 되면(행정심판법 제48조 제2항), 행정행위로서의 여러 가지 구속력(불가쟁력·공정력)을 가지게 된다.

(2) 형성력

재결의 형성력이란 재결의 내용에 따라 새로운 법률관계의 발생이나 종래의 법률관계의 변경, 소멸을 가져오는 효력을 말하며, 제3자에게도 미치므로 이를 '대세적 효력'이라고도 한다. 형성력이 인정되는 재결로는 취소재결, 변경재결, 처분재결이 있다.

📑 판례

행정심판에 있어서 재결청의 재결내용이 처분청에 취소를 명하는 것이 아니라 처분청의 처분을 스스로 취소하는 것일 때에는 그 재결에 형성력이 발생하여 해당 행정처분은 별도의 행정처분을 기다릴 것 없이 당연히 취소되어 소멸된다(대법원 1994.4.12. 선고 93누1879 판결).

(3) 기속력

1) 기속력의 의의

재결의 기속력이란 처분청(피청구인) 및 관계행정청이 재결의 취지에 따르도록 처분청 및 관계행정청을 구속하는 효력을 말한다(행정심판법 제49조 제1항). 재결의 기속력은 인용재결의 효력이며 기각재결에는 인정되지 않는다.

2) 기속력의 내용

① 반복금지효

행정청은 처분의 취소재결, 변경재결 또는 무효, 부존재, 실효재결이 있는 경우 동일한 사정 아래에서는 같은 내용의 처분을 되풀이하지 못하며 동일한 과오를 되풀이하지 못한다.

📖 판례

재결은 당해 처분에 관하여 재결주문 및 그 전제가 된 요건사실의 인정과 판단에 대하여 처분청을 기속하므로, 당해 처분에 관하여 위법한 것으로 재결에서 판단된 사유와 기본적 사실관계에 있어 동일성이 인정되는 사유를 내세워 다시 동일한 내용의 처분을 하는 것은 허용되지 않는다 (대법원 2003.4.25. 선고 2002두3201 판결[건축불허가처분취소]).

② 원상회복의무(위법상태제거의무)

취소재결의 기속력에는 해석상 원상회복의무가 포함되는 것으로 보는 것이 타당하다. 따라서 취소재결이 확정되면 행정청은 취소된 처분에 의해 초래된 위법상태를 제거하여 원상회복할 의무가 있다.

③ 처분의무

가. 처분명령재결

당사자의 신청을 거부하거나 부작위로 방치한 처분의 이행을 명하는 재결이 있으면 행정청은 지체 없이 이전의 신청에 대하여 재결의 취지에 따라 처분을 하여야 한다(제49조 제3항).

나. 거부처분취소재결 또는 거부처분무효등확인 재결

재결에 의하여 취소되거나 무효 또는 부존재로 확인되는 처분이 당사자의 신청을 거부하는 것을 내용으로 하는 경우에는 그 처분을 한 행정청은 재결의 취지에 따라 다시 이전의 신청에 대한 처분을 하여야 한다(행정심판법 제49조 제2항).

📖 판례

대법원 1988.12.13. 선고 88누7880 판결[도시계획사업시행허가처분등취소]

가. 당사자의 신청을 거부하는 처분을 취소하는 재결이 있는 경우에는 행정청은 그 재결의 취지에 따라 이전의 신청에 대한 처분을 하여야 하는 것이므로 행정청이 그 재결의 취지에 따른 처분을 하지 아니하고 그 처분과는 양립할 수 없는 다른 처분을 하는 것은 위법한 것이라 할 것이고 이 경우 그 재결의 신청인은 위법한 다른 처분의 취소를 소구할 이익이 있다.

나. 행정처분의 취소소송은 행정청의 위법한 처분 등을 취소 또는 변경하는 소송이므로 법원은 그 처분의 위법여부를 가려서 판단하면 되는 것이고, 그 처분의 부당여부까지 판단할 필요는 없다.

다. 절차의 하자를 이유로 한 신청에 따른 처분을 취소하는 재결

신청에 따른 처분이 절차의 위법 또는 부당을 이유로 재결로써 취소된 경우 적법한 절차에 따라 신청에 따른 처분을 하거나 신청을 기각하는 처분을 하여야 한다(제49조 제4항).

라. 변경명령재결

취소심판에 있어서 변경을 명하는 재결이 있는 때(제43조 제3항)에는 명문의 규정은 없지만, 행정심판법 제49조 제1항(기속력규정)에 의해 처분청은 당해 처분을 변경하여야 한다.

3) 기속력의 범위

① 주관적 범위

행정심판법은 "재결은 피청구인인 행정청과 그 밖의 관계행정청을 기속한다(동법 제49조 제1항)."라고 규정하여 기속력은 피청구인인 행정청뿐만 아니라 그 밖의 모든 행정청에 미친다는 것을 명백히 하고 있다.

② 객관적 범위

기속력의 객관적 범위는 재결의 취지라고 할 수 있다. 기속력의 객관적 범위는 재결의 주문 및 재결이유 중 그 전제가 된 요건사실의 인정과 처분의 효력 판단에 한정되고, 재결의 결론과 직접 관련이 없는 방론이나 간접사실에 대한 판단에까지는 미치지 않는다.

(4) 불가변력

재결은 당사자의 참여 아래 심리절차를 거쳐 내려지는 심판행위(준사법적 행위)이므로 성질상 보통의 행정행위와 달리 재결을 한 위원회 자신도 이를 취소·변경할 수 없는 불가변력을 갖는다.

7. 재결에 대한 불복

(1) 재심판청구의 금지

심판청구에 대한 재결이 있는 경우에는 그 재결 및 같은 처분 또는 부작위에 대하여 다시 행정심판을 청구할 수 없다(제51조). 이와 같이 행정심판법은 처분에 대한 불복으로 원칙상 한번의 행정심판청구만을 인정하고 있다.

(2) 취소소송

재결은 취소소송의 대상이 되는 처분이다. 행정소송법 제19조 단서에 따라 재결취소소송을 제기하려면 재결 고유의 위법이 있어야 한다.

IX 고지제도

1. 고지제도의 의의 및 취지

고지제도란 행정청이 행정처분을 함에 있어서 상대방이나 이해관계인에게 그 처분에 대한 행정심판을 제기하고자 하는 경우에 필요사항을 알려주는 제도이다(행정심판법 제58조). 현행의 행정심판법은 각국의 입법례에 따라 고지제도를 도입하였는바, 고지제도는 국민에게 행정심판의 기회를 잃지 않게 하기 위한 행정구제제도로서 법치국가의 필요불가결한 제도라고 할 수 있다.

2. 고지의 성질

고지는 불복제기의 가능 여부 및 불복청구의 요건 등 불복청구에 필요한 사항을 알려 주는 비권력적 사실행위이다. 고지는 그 자체로서는 아무런 법적 효과를 발생시키지 않는다. 다만, 불고지 또는 오고지로 손해가 발생한 경우에는 국가배상청구를 할 수 있을 것이다.

3. 고지의 종류

(1) 직권에 의한 고지

행정청이 처분을 할 때에는 처분의 상대방에게 처분에 대하여 행정심판을 청구할 수 있는지의 여부, 행정심판을 청구하는 경우의 심판청구절차 및 심판청구기간을 알려야 한다(법 제58조 제1항).

(2) 청구에 의한 고지

행정청은 이해관계인이 요구하면 ① 해당 처분이 행정심판의 대상이 되는 처분인지 및 ② 행정심판의 대상이 되는 경우 소관 위원회 및 심판청구 기간을 지체 없이 알려 주어야 한다. 이 경우 서면으로 알려 줄 것을 요구받으면 서면으로 알려 주어야 한다(제58조 제2항).

4. 불고지 또는 오고지의 효과

(1) 불고지의 효과

1) 심판청구서제출기관과 권리구제

처분청이 고지를 하지 아니하여 청구인이 심판청구서를 처분청이나 위원회가 아닌 다른 행정기관에 제출한 때에는 당해 행정기관은 그 심판청구서를 지체 없이 정당한 권한이 있는 피청구인에 송부하고(제23조 제2항), 지체 없이 그 사실을 청구인에게 통지하여야 한다(제23조 제3항). 이 경우에 심판청구기간을 계산할 때에는 제1항에 따른 피청구인이나 위원회 또는 제2항에 따른 행정기관에 심판청구서가 제출되었을 때에 행정심판이 청구된 것으로 본다(제23조 제4항).

2) 청구기간

처분청이 심판청구기간을 고지하지 아니한 때에는 심판청구기간은 처분이 있음을 안 경우에도 당해 처분이 있은 날로부터 180일이 된다(제27조 제6항). 판례는 개별법률에서 정한 심판청구 기간이 행정심판법이 정한 심판 청구 기간보다 짧은 경우에도 행정청이 그 개별법률상 심판청구 기간을 알려주지 아니하였다면 행정심판법이 정한 심판청구 기간 내에 심판청구가 가능하다는 입장이다.

> **판례**
>
> 도로점용료 상당 부당이득금의 징수 및 이의절차를 규정한 지방자치법에서 이의제출기간을 행정심판법 제18조 제3항 소정기간보다 짧게 정하였다고 하여도 같은 법 제42조 제1항 소정의 고지의무에 관하여 달리 정하고 있지 아니한 이상 도로관리청인 피고가 이 사건 도로점용료 상당 부당이득금의 징수고지서를 발부함에 있어서 원고들에게 이의제출기간 등을 알려주지 아니하였다면 원고들은 지방자치법상의 이의제출기간에 구애됨이 없이 행정심판법 제18조 제6항, 제3항의 규정에 의하여 징수고지처분이 있은 날로부터 180일 이내에 이의를 제출할 수 있다고 보아야 할 것이다(대법원 1990.7.10. 선고 89누6839 판결[도로부당이득금부과처분취소]).

(2) 오고지의 효과

1) 심판청구서제출기관과 권리구제

처분청이 심판청구서 제출기관을 잘못 고지하여 청구인이 심판청구서를 처분청이나 위원회가 아닌 다른 행정기관에 제출한 때의 효과도 위의 불고지의 경우와 같다(제23조 제2항·제3항·제4항).

2) 청구기간

처분청이 심판청구기간을 '처분이 있음을 안 날로부터 90일 이내'보다 더 긴 기간으로 잘못 알린 경우에 그 잘못 알린 기간 내에 심판청구가 있으면 그 심판청구는 적법한 기간 내에 제기된 것으로 의제된다(제27조 제5항).

제2절 │ 행정소송

■ Ⅰ 행정소송의 의의

행정소송이란 행정청의 공권력 행사에 대한 불복 및 기타 공법상의 법률관계에 관한 분쟁에 대하여 법원이 정식의 소송절차를 거쳐 행하는 행정쟁송절차를 말하며, 행정소송은 법원이 정식의 소송절차를 거쳐 행하는 행정쟁송절차이다. 이 점에서 행정소송은 행정심판과 구별된다.

■ Ⅱ 행정소송의 종류

1. 개설

행정소송법은 내용에 따라 행정소송을 항고소송, 당사자소송, 민중소송, 기관소송으로 분류하고, 항고소송을 다시 취소소송, 무효등확인소송, 부작위위법확인소송으로 세분하고 있다(동법 제3조·제4조).

2. 항고소송

(1) 의의

항고소송이란 행정청의 우월한 일방적인 행정권 행사 또는 불행사에 불복하여 권익구제를 구하는 소송을 말한다. 항고소송은 행정청의 권력적인 행정작용으로 인하여 조성된 위법상태를 배제함으로써 국민의 권익을 구제하는 것을 목적으로 한다.

(2) 취소소송

취소소송이란 '행정청의 위법한 처분 등을 취소 또는 변경하는 소송'을 말한다(제4조 제1호). 취소소송의 성질의 경우 견해가 대립하나 형성소송설이 통설·판례이다. 행정소송법 제4조 제1호가 규정하는 취소소송의 개념상 형성소송설이 타당하다.

(3) 무효등확인소송

1) 의의 및 성질

무효등확인소송이란 '행정청의 처분이나 재결의 효력 유무 또는 존재 여부의 확인을 구하는 소송'을 말한다. 현행법은 무효등확인소송을 항고소송으로 규정하고 있다. 그런데 실질에 있어서는 무효등확인소송은 항고소송의 성질과 확인소송의 성질을 아울러 갖는 것으로 보아야 한다.

2) 무효확인청구와 취소청구

무효확인청구를 주위적 청구, 취소청구를 예비적 청구로 할 수 있다. 그러나 행정처분의 위법이 인정되지 않아 취소청구가 배척되면 논리상 무효확인은 인정될 수 없기 때문에 취소청구를 주위적 청구, 무효확인청구를 예비적 청구로 할 수는 없다. 다만, 취소청구가 출소기간의 경과 등 기타의 이유로 각하되는 경우에 대비하여 취소청구에 대해 본안판결이 행해지는 것을 해제조건으로 무효확인 청구를 예비적으로 제기할 수는 있다.

> **판례**
>
> 행정처분에 대한 무효확인과 취소청구는 서로 양립할 수 없는 청구로서 주위적·예비적 청구로서만 병합이 가능하고 선택적 청구로서의 병합이나 단순 병합은 허용되지 아니한다(대법원 1999.8.20. 선고 97누6889 판결[환지계획등무효확인 및 취소]).

3) 판결

무효확인소송의 대상이 된 행위의 위법이 심리의 결과 무효라고 판정되는 경우에는 인용판결(무효확인판결)을 내린다. 당해 위법이 취소원인에 불과한 경우에 법원은 어떠한 판결을 내려야 하는가 견해가 대립하나, 판례는 무효확인청구는 취소청구를 포함한다고 보고, 법원은 취소소송요건을 충족한 경우 취소판결을 하여야 한다는 입장이다.

> **판례**
>
> 일반적으로 행정처분의 무료확인을 구하는 소에는 원고가 그 처분의 취소를 구하지 아니한다고 밝히지 아니한 이상 그 처분이 만약 당연무효가 아니라면 그 취소를 구하는 취지도 포함되어 있는 것으로 보아야 한다(대법원 1994.12.23. 선고 94누477 판결[수강거부처분취소등]).

(4) 부작위위법확인소송

부작위위법확인소송이란 '행정청의 부작위가 위법하다는 것을 확인하는 소송'을 말한다. 부작위위법확인소송의 대상은 부작위이다. 부작위라 함은 '행정청이 당사자의 신청에 대하여 상당한 기간 내에 일정한 처분을 하여야 할 법률상 의무가 있음에도 불구하고 이를 하지 아니하는 것'을 말한다(행정소송법 제2조 제2호).

3. 당사자소송

(1) 의의

당사자소송이란 공법상 법률관계의 주체가 당사자가 되어 다투는 공법상 법률관계에 관한 소송을 말한다.

(2) 종류

공법상 당사자소송을 실질적 당사자소송과 형식적 당사자소송으로 구별하는 것이 일반적 견해이다. ① 형식적 당사자소송은 실질적으로는 행정청의 처분을 다투는 소송이지만, 형식적으로는 당사자소송인 소송을 말한다(예 토지보상법 제85조 제2항 보상금증감청구소송). ② 실질적 당사자소송이란 형식적으로나 실질적으로나 공법상 법률관계에 관한 다툼만이 대상인 당사자소송을 말한다.

4. 민중소송

민중소송이란 '국가 또는 공공단체의 기관이 법률에 위반되는 행위를 한 때에 직접 자기의 법률상 이익과 관계없이 그 시정을 구하기 위하여 제기하는 소송'을 말한다(행정소송법 제3조 제3호).

5. 기관소송

기관소송이란 "국가 또는 공공단체의 기관 상호 간에 있어서의 권한의 존부 또는 그 행사에 관한 다툼이 있을 때에 이에 대하여 제기하는 소송"을 말한다(행정소송법 제3조 제4호). 다만, 행정소송법 제3조 제4호 단서는 헌법재판소법 제2조의 규정에 의하여 헌법재판소의 관장사항으로 되어 있는 권한쟁의심판은 행정소송법상 기관소송에서 제외하고 있다.

■Ⅲ■ 취소소송

1. 개설

(1) 의의

취소소송이란 행정청의 위법한 처분이나 재결의 취소 또는 변경을 구하는 소송을 말한다(행정소송법 제4조 제1호). 다만, 재결의 취소·변경은 재결 자체에 고유한 위법이 있음을 이유로 하는 경우에만 인정된다(동법 제19조).

(2) 성질

취소소송은 개인의 권익구제를 직접 목적으로 하는 주관소송이며, 형성소송이다. 취소소송을 형성소송으로 볼 때 위법한 행정행위의 효력을 소급적으로 제거할 수 있다. 행정소송법 제29조 제1항은 취소소송이 형성소송임을 말해 주는 실정법상 근거로 볼 수 있다.

> **판례**
>
> 위법한 행정처분의 취소를 구하는 소는 위법한 처분에 의하여 발생한 위법상태를 배제하여 원상으로 회복시키고 그 처분으로 침해되거나 방해받는 권리와 이익을 보호 구제하고자 하는 소송이다(대법원 1996.2.9. 선고 95누14978 판결).

(3) 취소소송의 소송물

1) 소송물의 의의

소송물이란 소송법상 심판대상 또는 심판대상이 되는 단위를 말한다. 소송물은 소의 병합, 변경, 기판력의 범위와 관련하여 중요한 의미를 가진다.

2) 소송물의 개념

① 학설

다툼이 있는 행정행위 그 자체를 소송물로 보는 견해, 처분으로 인해 자신의 권리가 침해되었다는 원고의 법적주장을 소송물로 보는 견해, 처분의 위법성 일반(모든 법의 위반)을 소송물로 보는 견해, 처분 등이 위법하고 처분 등이 자기의 권리를 침해한다는 원고의 법적 주장이라 보는 견해 대립이 있다.

② 판례

> **판례**
>
> [1] 취소판결의 기판력은 소송물로 된 행정처분의 위법성 존부에 관한 판단 그 자체에만 미치는 것이므로 전소와 후소가 그 소송물을 달리하는 경우에는 전소 확정판결의 기판력이 후소에 미치지 아니한다(대법원 1996.4.26. 선고 95누5820 판결).
>
> [2] 과세처분이란 법률에 규정된 과세요건이 충족됨으로써 객관적, 추상적으로 성립한 조세채권의 내용을 구체적으로 확인하여 확정하는 절차로서, 과세처분 취소소송의 소송물은 그 취소원인이 되는 위법성 일반이고 그 심판의 대상은 과세처분에 의하여 확인된 조세채무인 과세표준 및 세액의 객관적 존부이다(대법원 1990.3.23. 선고 89누5386 판결[법인세등부과처분취소]).

③ 검토

취소소송의 원고는 특정한 처분의 위법성을 주장하는 것이며, 그 처분의 위법성이 심리대상이 되어 원고의 주장의 당부가 법원의 판결에 의하여 확정된다. 따라서 취소소송의 소송물은 대상처분의 위법성인바 여기서의 소송물이란 개개의 위법사유가 아니라, 행정처분의 위법사유일반이 하나의 소송물을 이루고 있다고 하겠다.

2. 취소소송과 무효등확인소송의 관계

(1) 병렬관계

취소판결과 무효등확인소송은 보충관계에 있는 것이 아니라 서로 병렬관계에 있다. 따라서 양 소송은 주위적·예비적 청구로서 병합은 가능하나, 선택적 청구로서 병합이나 단순병합은 허용되지 아니한다.

(2) 포섭관계

1) 무효인 처분에 대하여 취소판결을 구하였을 경우

무효인 처분을 취소소송으로 다투면, 원고가 취소만을 다투는 것이 명백한 것이 아니라면 무효확인을 구하는 취지까지 포함되어 있는 것으로 본다(무효를 구하는 의미의 취소소송). 물론 이러한 경우에는 취소소송의 요건을 구비하여야 한다.6) 요건을 구비하였다면 취소판결을 하게 된다.7) 이러한 요건을 구비한 것이 아니면, 무효등확인소송으로 소 변경을 하도록 하여야 할 것이다.

2) 취소할 수 있는 처분에 대하여 무효등확인판결을 구하였을 경우

일반적으로 행정처분의 무효확인을 구하는 소에는 원고가 그 처분의 취소를 구하지 아니한다고 밝히지 아니한 이상 처분이 만약 당연무효가 아니라면 그 취소를 구하는 취지도 포함되어 있는 것으로 보아야 한다.8) 다만 법원의 취소판결은 법원이 석명권을 행사하여 무효등확인소송을 취소소송으로 변경한 후에 이루어질 것이다. 물론 이러한 경우에는 취소소송의 요건을 구비하여야 한다.9) 만약 소 변경이 이루어지지 않은 경우에는 행정행위의 공정력 때문에 무효확인판결을 내릴 수 없고, 처분권주의 때문에 취소판결을 내릴 수도 없으므로 청구기각판결이 내려질 것이다.

3. 취소소송의 소송요건

(1) 소송요건

1) 소송요건의 의의

소송요건이라 함은 소가 적법하기 위한 요건을 말한다. 즉 소송을 제기하여 그 청구의 당부에 관한 법원의 본안판결을 구하기 위한 요건을 말한다. 소송요건의 전부 또는 일부가 결여되면 소는 부적법하게 되어 법원은 본안판결에 들어가지 아니하고 판결로서 소를 각하하게 된다.

2) 소송요건의 구분

취소소송의 소송요건은 크게 형식적 요건과 실체적 요건으로 나누어진다. 형식적 요건으로서 중요한 것은 ① 소장, ② 관할법원, ③ 피고적격, ④ 전심절차, ⑤ 제소기간 등이다. 취소소송의 실체적 요건은 일반의 소송법이론에 따라 '소의 이익' 또는 '권리보호요건'이라고 부르기도 한다.

---

6) 대법원 1984.5.29. 선고 84누175 판결
7) 대법원 1999.4.27. 선고 97누6780 판결
8) 대법원 1994.12.23. 선고 94누477 판결
9) 대법원 1986.9.23. 선고 85누838 판결

(2) 대상적격

1) 개설

행정소송법 제19조는 취소소송의 대상을 "취소소송은 처분 등을 대상으로 한다"고 규정하고 동법 제2조 제1항 제1호는 취소소송의 대상인 "처분 등"에 대하여 "행정청이 행하는 구체적 사실에 관한 법집행으로서의 공권력의 행사 또는 그 거부와 그 밖에 이에 준하는 행정작용 및 행정심판에 대한 재결을 말한다"라고 규정하고 있다. 따라서 취소소송의 대상은 ① 적극적 공권력의 행사, ② 공권력 행사의 거부처분, ③ 이에 준하는 행정작용 그리고 ④ 행정심판의 재결이 된다.

2) 거부처분의 의의

거부처분이란 국민의 공권력 행사의 신청에 대하여 처분의 발령을 거부하는 행정청의 의사작용을 말하며, 행정소송법상 처분개념으로서 거부란 신청된 행정작용이 처분에 해당되는 경우의 거부만을 의미한다.

3) 거부처분의 성립 요건

① 문제점

거부행위가 항고소송의 대상이 되기 위해 행정소송법 제2조 제1항 제1호의 개념요건만 충족하면 되는 것인지 아니면 추가로 신청권이라는 권리적 요소가 구비되어야 하는지 여부가 문제된다.

② 학설

<대상적격설> 신청권은 해당 처분의 근거 법규 혹은 조리에 의하여 일반적·추상적으로 결정되는 것이므로 대상적격의 문제로 보는 것이 타당하다는 견해

<원고적격설> 신청권은 권리적 요소이므로 원고적격의 문제로 보아야 하며, 대상적격은 거부된 행정작용이 행정소송법상의 처분개념에 해당되기만 하면 구비한 것으로 보는 견해

<본안문제설> 신청권의 존재는 본안의 문제로서 거부처분의 성립에 신청권을 요구하는 판례의 태도는 처분의 개념을 부당하게 제한하는 것이라는 견해

③ 판례

📑 판례

가. 그 신청한 행위가 공권력의 행사 또는 이에 준하는 행정작용이어야 하고,

나. 그 거부행위가 신청인의 법률관계에 어떤 변동을 일으키는 것이어야 하며,

다. 그 국민에게 그 행위발동을 요구할 법규상 또는 조리상의 신청권이 있어야 한다.

그 국민에게 그 행위발동을 요구할 법규상 또는 조리상의 신청권이 있어야 한다. 이때 그 거부행위의 처분성을 인정하기 위한 전제요건이 되는 신청권의 존부는 구체적 사건에서 신청인이 누구인가를 고려하지 않고 관계 법규의 해석에 의하여 국민에게 그러한 신청권을 인정하고 있는가를 살펴 추상적으로 결정되는 것이므로, 국민이 어떤 신청을 한 경우에 그 신청의 근거가 된 조항의 해석상 행정발동에 대한 개인의 신청권을 인정하고 있다고 보이면 그 거부행위는 항고소송의 대상이 되는 처분으로 보아야 한다(대법원 2011.10.13. 선고 2008두17905 판결[상가용지공급대상자적격처분취소등]).

④ 검토

판례가 요구하는 신청권은 당해 처분의 근거 법규에 의해 일반국민에게 추상적으로 인정되는 객관적인 신청권이므로 <대상적격>의 문제로 봄이 타당하다.

4) 처분성이 문제되는 특수한 사건

① 법령・고시・조례

일반적으로 법령이나 고시 또는 조례는 일반적・추상적 규율로서 구체적인 집행행위를 요구하므로 처분성이 부정되나, 그것이 구체적 집행행위의 개입 없이 그 자체로서 직접 국민에 대하여 구체적 효과를 발생하여 특정한 권리의무를 형성하게 하는 경우(이른바 처분적 명령, 처분적 조례)에는 행정소송법상 처분에 해당한다.

📑Q 판례

조례가 집행행위의 개입 없이도 그 자체로서 직접 국민의 구체적인 권리의무나 법적 이익에 영향을 미치는 등의 법률상 효과를 발생하는 경우 그 조례는 항고소송의 대상이 되는 행정처분에 해당하고, 이러한 조례에 대한 무효확인소송을 제기함에 있어서 행정소송법 제38조 제1항, 제13조에 의하여 피고적격이 있는 처분 등을 행한 행정청은, 행정주체인 지방자치단체 또는 지방자치단체의 내부적 의결기관으로서 지방자치단체의 의사를 외부에 표시한 권한이 없는 지방의회가 아니라, 구 지방자치법(1994.3.16. 법률 제4741호로 개정되기 전의 것) 제19조 제2항, 제92조에 의하여 지방자치단체의 집행기관으로서 조례로서의 효력을 발생시키는 공포권이 있는 지방자치단체의 장이다(대법원 1996.9.20. 선고 95누8003 판결[조례무효확인]).

② 통지

통지란 특정인 또는 불특정다수인에 대하여 특정한 사실을 알리는 행위로서, 국가공무원법상 당연퇴직의 통보처럼 이미 발생한 법률관계를 단순히 알리는 행위는 상대방의 법적 지위에 변동을 일으키는 것이 아니므로 항고소송의 대상이 되는 처분이 될 수 없다. 다만 재임용을 거부하는 취지로 한 임용기간만료의 통지처럼 통지 그 자체로 일정한 법률효과를 발생시키는 경우에는 처분성이 인정된다.

📑Q 판례

연퇴직의 통보는 법률상 당연히 발생하는 퇴직사유를 공적으로 확인하여 알려 주는 사실의 통보에 불과한 것이지 그 통보자체가 징계파면이나 직권면직과 같이 공무원의 신분을 상실시키는 새로운 형성적 행위는 아니므로 항고소송의 대상이 되는 독립한 행정처분이 될 수는 없다(대법원 1985.7.23. 선고 84누374 판결[면직처분무효확인]).

③ 반복된 행위

철거명령이 포함된 1차 계고처분을 한 후 상대방이 이에 응하지 않자 다시 2차, 3차 계고서를 발송한 경우, 건물철거의무는 제1차 철거명령 및 계고처분으로서 발생하고 제2차, 제3차 계고처분은 대집행기한의 연기통지에 불과하므로 행정처분에 해당하지 않는다. 다만, 거부처분의 경우에는, 신청 횟수를 제한하는 법규가 없다면 동일한 내용을 수차례 신청할 수 있고 그에 따라 거부처분이 수차례 있을 수 있는바, 각각의 거부처분이 독립된 행위로서 항고소송의 대상이 된다.

📑 **판례**

[1] 건물의 소유자에게 위법건축물을 일정기간까지 철거할 것을 명함과 아울러 불이행할 때에는 대집행한다는 내용의 철거대집행 계고처분을 고지한 후 이에 불응하자 다시 제2차, 제3차 계고서를 발송하여 일정기간까지의 자진철거를 촉구하고 불이행하면 대집행을 한다는 뜻을 고지하였다면 행정대집행법상의 건물철거의무는 제1차 철거명령 및 계고처분으로서 발생하였고 제2차, 제3차의 계고처분은 새로운 철거의무를 부과한 것이 아니고 다만 대집행기한의 연기통지에 불과하므로 행정처분이 아니다(대법원 1994.10.28. 선고 94누5144 판결[건축물자진철거계고처분취소]).

[2] 수익적 행정처분을 구하는 신청에 대한 거부처분은 당사자의 신청에 대하여 관할 행정청이 이를 거절하는 의사를 대외적으로 명백히 표시함으로써 성립된다. 거부처분이 있은 후 당사자가 다시 신청을 한 경우에는 신청의 제목 여하에 불구하고 그 내용이 새로운 신청을 하는 취지라면 관할 행정청이 이를 다시 거절하는 것은 새로운 거부처분이라고 보아야 한다. 관계법령이나 행정청이 사전에 공표한 처분기준에 신청기간을 제한하는 특별한 규정이 없는 이상 재신청을 불허할 법적 근거가 없으며, 설령 신청기간을 제한하는 특별한 규정이 있더라도 재신청이 신청기간을 도과하였는지는 본안에서 재신청에 대한 거부처분이 적법한가를 판단하는 단계에서 고려할 요소이지, 소송요건 심사단계에서 고려할 요소가 아니다(대법원 2021.1.14. 선고 2020두50324 판결[이주대책대상자제외처분취소]).

④ 변경처분

가. 감액처분의 경우

행정청이 금전부과처분을 한 후 감액처분을 한 경우에는 감액처분은 일부취소처분의 성질을 가지므로 감액처분이 항고소송의 대상이 되는 것이 아니며 처음의 부과처분 중감액처분에 의하여 취소되지 않고 남은 부분이 항고소송의 대상이 된다.

📑 **판례**

감액처분으로도 아직 취소되지 않고 남아 있는 부분이 위법하다 하여 다투고자 하는 경우, 감액처분을 항고소송의 대상으로 할 수는 없고, 당초 징수결정 중 감액처분에 의하여 취소되지 않고 남은 부분을 항고소송의 대상으로 할 수 있을 뿐이며, 그 결과 제소기간의 준수 여부도 감액처분이 아닌 당초 처분을 기준으로 판단해야 한다(대법원 2012.9.27. 선고 2011두27247 판결[부당이득금부과처분취소]).

나. 증액처분의 경우

증액처분의 경우에 당초의 처분은 증액처분에 흡수되어 소멸되므로 증액처분이 항고소송의 대상이 된다.

> **판례**
>
> 증액경정처분이 있는 경우 당초처분은 증액경정처분에 흡수되어 소멸하고, 소멸한 당초처분의 절차적 하자는 존속하는 증액경정처분에 승계되지 아니한다(대법원 2010.6.24. 선고 2007두16493 판결[상속세부과처분취소]).

다. 적극적 변경처분의 경우

처분청이 직권으로 제재처분을 적극적으로 감경·변경한 경우에는 당초 처분을 전부 변경하는 경우와 당초 처분을 일부만 변경하는 경우가 있다. 당초처분을 전부 변경하는 적극적 변경처분의 경우 당초 처분은 효력을 상실하므로 변경처분을 대상으로 항고소송을 제기하여야 한다.

⑤ 부관

행정행위의 부관은 부담의 경우를 제외하고는 독립하여 행정소송의 대상이 될 수 없다는 것이 판례의 입장이다.

> **판례**
>
> 행정행위의 부관은 부담의 경우를 제외하고는 독립하여 행정소송의 대상이 될 수 없는 것인바, 지방국토관리청장이 일부 공유수면매립지에 대하여 한 국가 또는 직할시 귀속처분은 매립준공인가를 함에 있어서 매립의 면허를 받은 자의 매립지에 대한 소유권취득을 규정한 공유수면매립법 제14조의 효과 일부를 배제하는 부관을 붙인 것이고, 이러한 행정행위의 부관은 위 법리와 같이 독립하여 행정소송 대상이 될 수 없다(대법원 1993.10.8. 선고 93누2032 판결[공유수면매립공사준공인가처분취소]).

5) 재결과 취소소송(원처분주의와 재결주의 – 현행 행정소송법 제19조는 원처분주의)

① 재결의 의의

행정심판법에서 재결이란 "행정심판의 청구에 대하여 제6조에 따른 행정심판위원회가 행하는 판단"을 말한다.

② 원처분주의

가. 원처분주의와 재결주의의 의의

<원처분주의>란 원처분과 재결 모두에 대해 소를 제기할 수 있으나, 원처분의 취소소송에서는 원처분의 위법을 다투고, 재결의 고유한 위법에 대해서는 재결취소소송으로 다투도록 하는 것이다.

<재결주의>란 원처분에 대해서는 소송을 제기할 수 없고, 재결에 대해서만 소송을 제기하도록 하는 제도이다.

나. 행정소송법의 태도(원처분주의)

행정소송법 제19조는 취소소송의 대상을 원칙적으로 원처분으로 하고, 재결에 대하여는 그 재결 자체에 고유한 위법이 있음을 이유로 하는 경우에 한하여 제소를 허용하는 원처분주의를 취하고 있다.

③ 재결 자체의 고유한 위법이 인정되는 경우

가. 고유한 위법의 의미

원처분주의에서 재결이 취소소송의 대상이 되는 경우는 재결 자체에 주체·절차 형식 그리고 내용상 위법이 있는 경우를 말한다.

> **판례**
>
> 행정소송법 제19조에서 말하는 '재결 자체에 고유한 위법'이란 원처분에는 없고 재결에만 있는 재결청의 권한 또는 구성의 위법, 재결의 절차나 형식의 위법, 내용의 위법 등을 뜻하고, 그중 내용의 위법에는 위법·부당하게 인용재결을 한 경우가 해당한다(대법원 1997.9.12. 선고 96누14661 판결[공장설립변경신고수리취소처분취소]).

나. 각하재결

각하재결의 경우, 원처분의 위법이 그대로 유지되고 있으므로 원칙적으로 원처분이 소의 대상이 되어야 할 것이다. 다만, 행정심판청구가 부적법하지 않음에도 불구하고 실체심리를 하지 않고 부적법 각하한 경우에는 원처분에는 없는 재결 자체의 고유한 하자가 있는 경우에 해당하므로 이때는 재결도 취소소송의 대상이 된다고 보는 것이 판례의 입장이다.

> **판례**
>
> 행정소송법 제19조에 의하면 행정심판에 대한 재결에 대하여도 그 재결 자체에 고유한 위법이 있음을 이유로 하는 경우에는 항고소송을 제기하여 그 취소를 구할 수 있고, 여기에서 말하는 '재결 자체에 고유한 위법'이란 그 재결자체에 주체, 절차, 형식 또는 내용상의 위법이 있는 경우를 의미하는데, 행정심판청구가 부적법하지 않음에도 각하한 재결은 심판청구인의 실체심리를 받을 권리를 박탈한 것으로서 원처분에 없는 고유한 하자가 있는 경우에 해당하고, 따라서 위 재결은 취소소송의 대상이 된다(대법원 2001.7.27. 선고 99두2970 판결[용화집단시설지구기본설계변경승인처분취소]).

다. 기각재결

원처분을 정당하다고 유지하고 심판청구를 기각한 재결에 대하여는 원칙적으로 내용상의 위법을 주장하여 제소할 수 없다. 그러나 불고불리의 원칙(행정심판법 제47조 제1항)에 반하여 심판청구의 대상이 되지 아니한 사항에 대하여 재결을 한 경우나, 불이익변경금지의 원칙(행정심판법 제47조 제2항)에 반하여 원처분보다 청구인에게 불리한 재결을 한 경우에는 재결 자체의 고유한 위법이 있으므로 그 취소를 구할 수 있다.

라. 부적법한 인용재결

행정심판의 제기요건을 결여하였음에도 불구하고 각하하지 아니하고 인용재결을 한 경우는 재결 자체에 고유한 위법이 있는 경우에 해당한다.

마. 제3자효 있는 행정행위의 인용재결

처분의 상대방에게 수익적인 처분이 제3자에 의해 제기된 행정심판의 재결에서 취소 또는 불리하게 변경된 경우에 처분의 상대방은 당해 행정심판의 재결의 취소소송을 제기할 수 있다. 또한, 제3자효행정행위의 거부(예 건축허가거부)에 대한 행정심판(의무이행심판 또는 취소심판)의 재결에서 처분재결 또는 취소재결이 내려진 경우 제3자는 당해 처분재결 또는 취소재결의 취소소송을 제기할 수 있다.

📖 판례

이른바 복효적 행정행위, 특히 제3자효를 수반하는 행정행위에 대한 행정심판청구에 있어서 그 청구를 인용하는 내용의 재결로 인하여 비로소 권리이익을 침해받게 되는 자는 그 인용재결에 대하여 다툴 필요가 있고, 그 인용재결은 원처분과 내용을 달리하는 것이므로 그 인용재결의 취소를 구하는 것은 원처분에는 없는 재결에 고유한 하자를 주장하는 셈이어서 당연히 항고소송의 대상이 된다(대법원 1997.12.23. 선고 96누10911 판결[체육시설사업계획승인취소처분취소]).

④ 재결 자체의 고유한 위법이 없을 시 판결의 종류

이 경우에 행정소송법 제19조 단서가 소극적 소송요건(소송의 대상)을 정한 것으로 보아 각하하여야 한다는 견해와 위법사유의 주장제한을 정한 것으로 보아 기각하여야 한다는 견해가 대립하나, 판례는 재결취소소송에서 재결에 고유한 하자가 없는 경우 기각판결을 하여야 한다는 입장이다.

📖 판례

행정소송법 제19조는 취소소송은 행정청의 원처분을 대상으로 하되(원처분주의), 다만 "재결 자체에 고유한 위법이 있음을 이유로 하는 경우"에 한하여 행정심판의 재결도 취소소송의 대상으로 삼을 수 있도록 규정하고 있으므로 재결취소소송의 경우 재결 자체에 고유한 위법이 있는지 여부를 심리할 것이고, 재결 자체에 고유한 위법이 없는 경우에는 원처분의 당부와는 상관없이 당해 재결취소소송은 이를 기각하여야 한다(대법원 1994.1.25. 선고 93누16901 판결[투전기영업허가거부처분취소]).

6) 변경처분이 있는 경우

① 문제점

처분청이 처분 발령 후 직권으로 경정처분(예 감정평가법 과징금 감액)한 경우 어느 것이 항고소송의 대상이 되는지 문제된다. 논의의 실익은 불복 제기기간에 있다. 이 논의는 변경명령재결이 난 경우 처분청이 재결의 기속력에 따라 변경처분(일부취소처분)한 경우의 논의에도 동일하게 적용된다.

② **학설**

<병존설> 변경된 원처분과 변경처분은 독립된 처분으로 모두 소의 대상이 된다는 견해

<흡수설> 원처분은 변경처분에 흡수되어 전부 취소되었기 때문에 새로운 처분만이 소송의 대상이 된다는 견해

<역흡수설> 변경처분은 원처분에 흡수되어 원처분만이 소의 대상이라는 견해

③ **판례**

> **판례**
>
> 행정청이 산업재해보상보험법에 의한 보험급여 수급자에 대하여 부당이득 징수결정을 한 후 징수결정의 하자를 이유로 징수금 액수를 감액하는 경우에 감액처분은 감액된 징수금 부분에 관해서만 법적 효과가 미치는 것으로서 당초 징수결정과 별개 독립의 징수금 결정처분이 아니라 그 실질은 처음 징수결정의 변경이고, 그에 의하여 징수금의 일부취소라는 징수의무자에게 유리한 결과를 가져오는 처분이므로 징수의무자에게는 그 취소를 구할 소의 이익이 없다. 이에 따라 감액처분으로도 아직 취소되지 않고 남아 있는 부분이 위법하다 하여 다투고자 하는 경우, 감액처분을 항고소송의 대상으로 할 수는 없고, 당초 징수결정 중 감액처분에 의하여 취소되지 않고 남은 부분을 항고소송의 대상으로 할 수 있을 뿐이며, 그 결과 제소기간의 준수 여부도 감액처분이 아닌 당초 처분을 기준으로 판단해야 한다(대법원 2012.9.27. 선고 2011두27247 판결[부당이득금부과처분취소]).

④ **검토**

원처분의 연속성이라는 관점에서 소송의 대상은 변경되어 남은 원처분으로 봄이 타당하고 따라서 제소기간 역시 이를 기준으로 봄이 타당하다. 다만, 일부취소처분은 원처분을 변경하는 것으로 독립된 처분으로 볼 수 없어 <역흡수설>로 보는 것이 타당하며, 증액 처분의 경우 새로운 효과를 발생시키는 바 <흡수설>이 타당하다.

> **판례**
>
> ★★★ **【기출유사문제】**
> A시는 택지개발예정지구 지정 공람·공고가 이루어진 P사업지구에서 택지개발사업을 시행하고 있으며, 甲은 P사업지구에 주택을 소유하고 있는 자이다. A시는 택지개발사업과 관련한 이주대책을 수립·공고하였는데, 이에 의하면 이주대책 대상자 요건을 '택지개발예정지구 지정 공람·공고일 1년 이전부터 보상계약체결일 또는 수용재결일까지 계속하여 P사업지구 내 주택을 소유하고 계속 거주한 자로, A시로부터 그 주택에 대한 보상을 받고 이주하는 자'로 정하고 있다. 甲은 A시에 이주대책 대상자 선정 신청을 하였으나, A시는 '기준일 이후 주택 취득'을 이유로 甲을 이주대책 대상에서 제외하는 결정을 하였고, 이 결정은 2023.6.28. 甲에게 통보되었다(이하 '1차 결정'이라 함). 이에 甲은 A시에 이의신청을 하면서, 이의신청서에 이주대책 대상자 선정요건을 충족함을 증명할 수 있는 마을주민확인서, 수도개설 사용, 전력 개통사용자 확인 등 증빙서류를 새롭게 추가로 첨부하여 제출하였다. 그러나 A시는 추가된 증빙자료만으로 법적 소유관계를 확인할 수 없다는 이유로 甲의 이의신청을 기각하고 甲을 이주대책 대상에서 제외한다는 결정

03

을 하였으며, 이 결정은 2023.8.31. 甲에게 통보되었다(이하 '2차 결정'이라 함). 다음 각 물음에 답하시오. (각 물음은 상호관련성이 없는 별개의 상황임) 40점 (공인노무사 제32회 기출문제)

(물음1) 甲이 자신을 이주대책 대상에서 제외한 A시의 결정에 대해 취소소송으로 다투려는 경우, 소의 대상 및 제소기간의 기산점에 대해 설명하시오. 20점

(물음2) 甲이 1차 결정에 대해 무효확인소송을 제기하였고, 甲이 기준일 이전에 주택을 취득한 것이 인정되어 청구를 인용하는 법원의 판결이 확정되었다. A시는 甲을 이주대책 대상자로 선정하여야 하는지 여부 및 A시가 아무런 조치를 하지 않는 경우 「행정소송법」상 강제수단에 대하여 설명하시오. 20점

(물음1)에 대해서	(물음2)에 대하여
Ⅰ. 논점의 정리	Ⅰ. 논점의 정리
Ⅱ. 취소소송의 대상	Ⅱ. 행정소송법 제30조의 법적 성질
1. 1차 결정이 취소소송의 대상이 되는 거부처분인지	1. 학설
(1) 행정소송법 제2조 처분등의 개념	2. 판례의 태도
(2) 취소소송의 대상이 되는 거부처분	3. 검토
(3) 사안의 경우	4. 소결
2. 반복된 거부처분의 경우 갑이 제기하는 취소소송의 대상	Ⅲ. 판결의 취지에 따른 재처분으로 A시는 갑을 이주대책대상자로 선정하여야 하는지 여부
(1) 판례의 태도	1. 판례의 태도
(2) 최근 행정기본법 제36조 제4항의 개정으로 볼 경우(만약 민원처리에 관한 법률 제35조 이의신청으로 볼 경우)	2. 사안의 경우
(3) 사안의 경우	Ⅳ. A시가 아무런 조치를 하지 않는 경우 행정소송법상 강제수단
Ⅲ. 甲이 제기하는 취소소송의 제소기간의 기산점	1. 문제의 소재
1. 행정소송법 제20조 제소기간	2. 간접강제가 가능한지 여부
2. 사안의 경우	(1) 학설
Ⅳ. 사안의 해결	(2) 대법원 판례
	(3) 검토 및 소결
	3. 소결
	Ⅴ. 사안의 해결

(물음1)에 대해서

Ⅰ. 논점의 정리

갑이 자신을 이주대책대상에서 제외한 A시의 결정에 대해 취소소송으로 다투려고 하는 사안에서 1차 결정과 2차결정이 있어 甲이 취소소송을 제기하는 경우 소의 대상을 무엇으로 해야 하는지 여부와 취소소송의 제소기간이 문제 된다. 또한, 1차결정의 처분성 여부와 별도로 2차결정도 독립된 처분으로 볼 수 있는지 문제 되는바, 이하에서는 관련 규정 및 판례를 통해 사안을 고찰해 보고자 한다.

■ 택지개발촉진법에서 규정하고 있지 않은 수용 규정은 토지보상법을 준용하도록 규정됨.

제12조(토지수용)

① 시행자(제7조 제1항 제4호 및 제5호에 따라 공동으로 사업을 시행하는 경우에는 공공시행자와 공동출자법인을 말한다)는 택지개발지구에서 택지개발사업을 시행하기 위하여 필요할 때에는 「공익사업을 위한 토지 등의 취득 및 보상에 관한 법률」 제3조에서 정하는 토지·물건 또는 권리(이하 "토지등"이라 한다)를 수용하거나 사용(이하 "수용"이라 한다)할 수 있다.

② 제3조에 따른 택지개발지구의 지정·고시가 있는 때에는 「공익사업을 위한 토지 등의 취득 및 보상에 관한 법률」 제20조 제1항 및 제22조에 따른 사업인정 및 사업인정의 고시가 있는 것으로 보며, 재결(裁決)의 신청은 같은 법 제23조 제1항 및 제28조 제1항에도 불구하고 실시계획에서 정하는 사업시행기간에 하여야 한다.

③ 제1항에 따른 토지등의 수용에 관한 재결의 관할 토지수용위원회는 중앙토지수용위원회로 한다.

④ 제1항에 따른 토지등의 수용에 관하여는 이 법에 특별한 규정이 있는 경우를 제외하고는 「공익사업을 위한 토지 등의 취득 및 보상에 관한 법률」을 준용한다.

⑤ 제7조 제1항 제4호에 따라 공동으로 사업을 시행하는 경우로서 공공시행자가 토지등을 수용한 경우에는 택지개발지구의 전체 토지면적에서 수용한 토지의 면적에 해당하는 지분의 토지를 포함하여 100분의 30 이상 100분의 80 미만의 범위에서 대통령령으로 정하는 비율 이상의 토지는 해당 토지를 수용한 공공시행자가 택지로 활용하여야 한다.

Ⅱ. 취소소송의 대상

1. 1차 결정이 취소소송의 대상이 되는 거부처분인지

(1) 행정소송법 제2조 처분등의 개념

취소소송의 대상인 처분등이란 '행정청이 행하는 구체적 사실에 관한 법집행으로서의 공권력의 행사 또는 그 거부와 그 밖에 이에 준하는 행정작용 및 행정심판에 대한 재결'을 말한다(행정소송법 제2조 제1항 제1호).

행정소송법 제2조(정의)

① 이 법에서 사용하는 용어의 정의는 다음과 같다.

1. "처분등"이라 함은 행정청이 행하는 구체적 사실에 관한 법집행으로서의 공권력의 행사 또는 그 거부와 그 밖에 이에 준하는 행정작용(이하 "處分"이라 한다) 및 행정심판에 대한 재결을 말한다.

2. "부작위"라 함은 행정청이 당사자의 신청에 대하여 상당한 기간 내에 일정한 처분을 하여야 할 법률상 의무가 있음에도 불구하고 이를 하지 아니하는 것을 말한다.

② 이 법을 적용함에 있어서 행정청에는 법령에 의하여 행정권한의 위임 또는 위탁을 받은 행정기관, 공공단체 및 그 기관 또는 사인이 포함된다.

(2) 취소소송의 대상이 되는 거부처분

판례에 의하면 처분청의 거부가 취소소송의 대상이 되는 거부처분이 되려면, ① 행정청의 공권력 행사로서의 거부 처분이여야 하고, ② 그 거부행위가 신청인의 법적 상태에 변동(국민의 권리와 의무에 직접적인 영향을 미칠 것)을 초래하여야 하고, ③ 그 국민에게 그 행위발동을 요구할 법규상·조리상 신청권이 있어야 한다. 즉 그 국민에게 법규상·조리상 신청권이 있는 처분에 대한 거부행위는 신청인의 법적 상태에 변동을 초래한다고 본다. 1차 결정과 2차 결정이 모두 취소소송의 대상이 되는 거부처분인지와 관련하여, 첫째, 그 신청한 행위인 이주대책대상자 선정행위가 처분인지 문제 된다. 둘째, 그 국민에게 이주대책대상자 선정행위발동을 요구할 법규상·조리상 신청권이 있는지 문제 된다.

■ 거부가 처분이 되기 위한 요건으로 3가지를 포섭하는 방식으로 답안을 구성할 수도 있음. 배점이 충분하다면 상세히 해당 부분에 대한 내용을 논술하여야 할 것임.
1. 당사자의 신청에 대하여 공권력의 행사로서의 거부일 것
 - 사업시행자가 이주대책대상자 제외 처분을 하였다는 점에서 인정됨
2. 국민의 권리와 의무에 직접적인 영향을 미칠 것
 - 이주대책대상자의 이주대책대상자 확인결정을 통해서 당사자에게는 입주할 수 있는 권리가 생기므로 직접적인 권익에 영향을 준다고 볼 수 있음.
3. 법규상 조리상 신청권이 있을 것
 - 토지보상법 제78조와 동법 시행령 제40조에서 해당되는 주거용건축물 제공자임.

---

(3) 사안의 경우

사안에서 甲을 이주대책 대상자에서 제외하는 1차 결정은 공익사업으로 인해 이주하게 되는 자의 생활보상에 필요한 주거에 필요한 이주대책을 실시하는 것으로 공권력 행사로사의 거부이고, 국민의 권리와 의무에 직접적인 변동을 초래하는 것이며, 甲은 공익사업을 위한 토지등의 취득 및 보상에 관한 법률(이하 '토지보상법') 제78조 및 동법 시행령 제40조상으로 볼 때도 관련 법령에 따라 그 법규상 조리상 신청권이 있음이 명백하다고 보인다. 따라서 A시의 2023.6.28.자 통보(1차 결정)은 취소소송의 대상인 처분에 해당한다고 판단된다.

2. 반복된 거부처분의 경우 甲이 제기하는 취소소송의 대상

(1) 판례의 태도

거부처분은 관할 행정청이 국민의 처분신청에 대하여 거절의 의사표시를 함으로써 성립되고, 그 이후 동일한 내용의 새로운 신청에 대하여 다시 거절의 의사표시를 한 경우에는 새로운 거부처분이 있는 것으로 보아야 할 것이다.

【판시사항】
[1] 행정청의 행위가 항고소송의 대상이 될 수 있는지 결정하는 방법 및 행정청의 행위가 '처분'에 해당하는지 불분명한 경우, 이를 판단하는 방법

[2] 수익적 행정처분을 구하는 신청에 대한 거부처분이 있은 후 당사자가 새로운 신청을 하는 취지로 다시 신청을 하였으나 행정청이 이를 다시 거절한 경우, 새로운 거부처분인지 여부(적극)

【판결요지】

[1] 항고소송의 대상인 '처분'이란 "행정청이 행하는 구체적 사실에 관한 법집행으로서의 공권력의 행사 또는 그 거부와 그 밖에 이에 준하는 행정작용"(행정소송법 제2조 제1항 제1호)을 말한다. 행정청의 행위가 항고소송의 대상이 될 수 있는지는 추상적·일반적으로 결정할 수 없고, 구체적인 경우에 관련 법령의 내용과 취지, 그 행위의 주체·내용·형식·절차, 그 행위와 상대방 등 이해관계인이 입는 불이익 사이의 실질적 견련성, 법치행정의 원리와 그 행위에 관련된 행정청이나 이해관계인의 태도 등을 고려하여 개별적으로 결정하여야 한다. 행정청의 행위가 '처분'에 해당하는지 불분명한 경우에는 그에 대한 불복방법 선택에 중대한 이해관계를 가지는 상대방의 인식가능성과 예측가능성을 중요하게 고려하여 규범적으로 판단하여야 한다.

[2] 수익적 행정처분을 구하는 신청에 대한 거부처분은 당사자의 신청에 대하여 관할 행정청이 이를 거절하는 의사를 대외적으로 명백히 표시함으로써 성립된다. 거부처분이 있은 후 당사자가 다시 신청을 한 경우에는 신청의 제목 여하에 불구하고 그 내용이 새로운 신청을 하는 취지라면 관할 행정청이 이를 다시 거절하는 것은 새로운 거부처분이라고 보아야 한다. 관계 법령이나 행정청이 사전에 공표한 처분기준에 신청기간을 제한하는 특별한 규정이 없는 이상 재신청을 불허할 법적 근거가 없으며, 설령 신청기간을 제한하는 특별한 규정이 있더라도 재신청이 신청기간을 도과하였는지는 본안에서 재신청에 대한 거부처분이 적법한가를 판단하는 단계에서 고려할 요소이지, 소송요건 심사단계에서 고려할 요소가 아니다(대법원 2021.1.14. 선고 2020두50324 판결[이주대책대상자제외처분취소]).

(2) 최근 행정기본법 제36조 제4항의 개정 이의신청으로 볼 경우

최근 행정기본법 제36조상의 이의신청 결과 통지와 관련된 행정쟁송 제기 대상의 명확화(제36조)이 입법예고되었는데, 이의신청에 대한 결과를 통지받은 후 행정심판이나 행정소송을 제기하는 경우 이의신청의 대상이 된 원래의 처분을 대상으로 한다는 점을 명확히 하되, 그 내용이 변경된 경우에는 변경처분을 소송의 대상으로 하고, 원처분이 기각된 경우에는 원래의 원처분을 소송의 대상으로 한다고 개정 입법 예고되었다. 또한 행정기본법 제36조 제4항에서는 이의신청의 결과통지서를 받은 날로부터 90일 이내에 행정심판 또는 행정소송을 제기할 수 있다고 규정하고 있다.

■ 행정기본법 제36조 처분에 대한 이의신청으로 인식할 것인지가 문제될 수 있다. **행정기본법상 이의신청은 그 결과를 통지받은 후 행정심판 또는 행정소송을 제기하려는 자는 그 결과를 통지받은 날**(제2항에 따른 통지기간 내에 결과를 통지받지 못한 경우에는 같은 항에 따른 통지기간이 만료되는 날의 다음 날을 말한다)**부터 90일 이내에 행정심판 또는 행정소송을 제기할 수 있다.**

행정기본법 제36조(처분에 대한 이의신청)

① 행정청의 처분(「행정심판법」 제3조에 따라 같은 법에 따른 행정심판의 대상이 되는 처분을 말한다. 이하 이 조에서 같다)에 이의가 있는 당사자는 처분을 받은 날부터 30일 이내에 해당 행정청에 이의신청을 할 수 있다.

② 행정청은 제1항에 따른 이의신청을 받으면 그 신청을 받은 날부터 14일 이내에 그 이의신청에 대한 결과를 신청인에게 통지하여야 한다. 다만, 부득이한 사유로 14일 이내에 통지할 수 없는 경우에는 그 기간을 만료일 다음 날부터 기산하여 10일의 범위에서 한 차례 연장할 수 있으며, 연장 사유를 신청인에게 통지하여야 한다.

③ 제1항에 따라 이의신청을 한 경우에도 그 이의신청과 관계없이 「행정심판법」에 따른 행정심판 또는 「행정소송법」에 따른 행정소송을 제기할 수 있다.

④ 이의신청에 대한 결과를 통지받은 후 행정심판 또는 행정소송을 제기하려는 자는 그 결과를 통지받은 날(제2항에 따른 통지기간 내에 결과를 통지받지 못한 경우에는 같은 항에 따른 통지기간이 만료되는 날의 다음 날을 말한다)부터 90일 이내에 행정심판 또는 행정소송을 제기할 수 있다.

⑤ 다른 법률에서 이의신청과 이에 준하는 절차에 대하여 정하고 있는 경우에도 그 법률에서 규정하지 아니한 사항에 관하여는 이 조에서 정하는 바에 따른다.

-이하 생략-

☆ (2) 민원처리에 관한 법률 제35조 이의신청으로 볼 경우

민원 처리에 관한 법률 제35조 제1항에서 정한 거부처분에 대한 이의신청(이하 '민원 이의신청'이라 한다)은 행정청의 위법 또는 부당한 처분이나 부작위로 침해된 국민의 권리 또는 이익을 구제함을 목적으로 하여 행정청과 별도의 행정심판기관에 대하여 불복할 수 있도록 한 절차인 행정심판과는 달리, 같은 법에 의하여 민원사무처리를 거부한 처분청이 민원인의 신청 사항을 다시 심사하여 잘못이 있는 경우 스스로 시정하도록 한 절차이다. 이에 따라, 민원 이의신청을 받아들이는 경우에는 이의신청 대상인 거부처분을 취소하지 않고 바로 최초의 신청을 받아들이는 새로운 처분을 하여야 하지만, 이의신청을 받아들이지 않는 경우에는 다시 거부처분을 하지 않고 그 결과를 통지함에 그칠 뿐이다. 따라서 이의신청을 받아들이지 않는 취지의 기각 결정 내지는 그 취지의 통지는, 종전의 거부처분을 유지함을 전제로 한 것에 불과하고 또한 거부처분에 대한 행정심판이나 행정소송의 제기에도 영향을 주지 못하므로, 결국 민원 이의신청인의 권리·의무에 새로운 변동을 가져오는 공권력의 행사나 이에 준하는 행정작용이라고 할 수 없어, 독자적인 항고소송의 대상이 될 수 없다고 봄이 타당하다(대법원 2012.11.15. 선고 2010두8676 판결 참조).

■ 민원 처리에 관한 법률 (약칭: 민원처리법)

제35조(거부처분에 대한 이의신청)

① 법정민원에 대한 행정기관의 장의 거부처분에 불복하는 민원인은 그 거부처분을 받은 날부터 60일 이내에 그 행정기관의 장에게 문서로 이의신청을 할 수 있다.

② 행정기관의 장은 이의신청을 받은 날부터 10일 이내에 그 이의신청에 대하여 인용 여부를 결정하고 그 결과를 민원인에게 지체 없이 문서로 통지하여야 한다. 다만, 부득이한 사유로 정하여진 기간 이내에 인용 여부를 결정할 수 없을 때에는 그 기간의 만료일 다음 날부터 기산(起算)하여 10일 이내의 범위에서 연장할 수 있으며, 연장 사유를 민원인에게 통지하여야 한다.

③ 민원인은 제1항에 따른 이의신청 여부와 관계없이 「행정심판법」에 따른 행정심판 또는 「행정소송법」에 따른 행정소송을 제기할 수 있다.

④ 제1항에 따른 이의신청의 절차 및 방법 등에 필요한 사항은 대통령령으로 정한다.

■ 해당 사건의 1심 법원은 민원사무처리에 관한 법률 이의신청으로 해석하고 있다.

민원 처리에 관한 법률 제35조 제1항에서 정한 거부처분에 대한 이의신청(이하 '민원 이의신청'이라 한다)은 행정청의 위법 또는 부당한 처분이나 부작위로 침해된 국민의 권리 또는 이익을 구제함을 목적으로 하여 행정청과 별도의 행정심판기관에 대하여 불복할 수 있도록 한 절차인 행정심판과는 달리, 같은 법에 의하여 민원사무처리를 거부한 처분청이 민원인의 신청 사항을 다시 심사하여 잘못이 있는 경우 스스로 시정하도록 한 절차이다.

원고는 피고 공사의 2차 통보를 1차 통보와는 별개의 새로운 처분으로 볼 수 있다고 주장하면서 피고 공사에 대하여 2차 통보의 취소를 청구하므로 그 적법 여부에 관하여 직권으로 살펴본다.

항고소송의 대상이 되는 행정처분은 행정청의 공법상 행위로서 특정사항에 대하여 법규에 의한 권리의 설정 또는 의무의 부담을 명하거나, 기타 법률상 효과를 발생하게 하는 등 국민의 권리의무에 직접 관계가 있는 행위를 가리키는 것이고, 상대방 또는 기타 관계자들의 법률상 지위에 직접적인 영향을 미치지 않는 행위는 항고소송의 대상이 되는 행정처분이 아니다(대법원 2007.11.15. 선고 2007두10198 판결 등 참조).

한편 민원 처리에 관한 법률 제35조 제1항에서 정한 거부처분에 대한 이의신청(이하 '민원 이의신청'이라 한다)은 행정청의 위법 또는 부당한 처분이나 부작위로 침해된 국민의 권리 또는 이익을 구제함을 목적으로 하여 행정청과 별도의 행정심판기관에 대하여 불복할 수 있도록 한 절차인 행정심판과는 달리, 같은 법에 의하여 민원사무처리를 거부한 처분청이 민원인의 신청 사항을 다시 심사하여 잘못이 있는 경우 스스로 시정하도록 한 절차이다. 이에 따라, 민원 이의신청을 받아들이는 경우에는 이의신청 대상인 거부처분을 취소하지 않고 바로 최초의 신청을 받아들이는 새로운 처분을 하여야 하지만, 이의신청을 받아들이지 않는 경우에는 다시 거부처분을 하지 않고 그 결과를 통지함에 그칠 뿐이다. 따라서 이의신청을 받아들이지 않는 취지의 기각 결정 내지는 그 취지의 통지는, 종전의 거부처분을 유지함을 전제로 한 것에 불과하고 또한 거부처분에 대한 행정심판이나 행정소송의 제기에도 영향을 주지 못하므로, 결국 민원 이의신청인의 권리·의무에 새로운 변동을 가져오는 공권력의 행사나 이에 준하는 행정작용이라고 할 수 없어, 독자적인 항고소송의 대상이 될 수 없다고 봄이 타당하다(대법원 2012.11.15. 선고 2010두8676 판결 참조).

이 사건에 관하여 보건대, ① 원고가 2017.8.25.경 피고 공사에게 제출한 이의신청서는 피고 공사가 원고의 이주자택지 공급대상자 선정 신청에 대하여 이주자택지 공급대상자 요건을 충족하지 못하여 그 대상자에서 제외되었다는 내용의 1차 통보를 하면서 이에 이의가 있는 경우 30일 이내에 서면으로 이의신청을 할 수 있다는 내용을 안내함에 따라 제출된 것이고, 그 이의신청서의 내용도 원고가 이주자택지 공급대상자 요건을 충족하였는데도 그 요건을 충족하지 못하였다고 보아 이루어진 1차 통보는 잘못된 것이어서 이의신청을 하니 1차 통보를 취소하고 이주자택지 공급대상자로 결정하여 달라는 취지이므로, 그 형식, 내용, 제출경위 등에 비추어 원고의 당초의 이주자택지 공급대상자 선정 신청에 대하여 이주자택지 공급대상자 요건을 충족하는지 여부를 다시 심사하여 1차 통보에 잘못이 있는 경우 이를 시정하여 달라는 것일 뿐, 원고의 당초의 이주자택지 공급대상자 선정 신청과는 별개의 새로운 신청으로 보기 어려운 점, ② 1차 통지에 대하여 이의신청을 할 당시 원고는 법령상 아무런 제한 없이 1차 통지에 대하여 행정심판이나 행정소송을 제기할 수 있었던 점, ③ 피고 공사는 원고가 제출한 이의신청서에 대하여 이주자택지 공급대상자 요건을 충족하는지 여부를 다시 심사한 결과 종전의 1차 통보의 결정 내용을 그대로 유지한다는 취지의 2차 통보를 하였으므로, 이와 같은 2차 통보는 원고의 권리·의무에 어떤 새로운 변동을 초래하는 것이 아닌 점 등을 종합하면, 피고 공사의 2차 통보를 1차 통보와 별도로 항고소송의 대상이 되는 것이라고 볼 수 없다. 따라서 이 사건 소 중 피고 공사에 대한 청구 부분은 그 대상적격을 흠결하여 부적법하다(인천지방법원 2019.12.20. 선고 2019구합50247 판결[이주대책대상자제외처분취소]).

(3) 사안의 경우

1차 결정 후 새로운 2차 결정이 다시 나왔다. 2차 결정이 동일한 내용의 새로운 신청인지 문제된다. 문언상 이의신청이기는 하나 이의신청서에 마을주민확인서, 수도개설 사용, 전력개통사용자 확인 등 증빙서류를 새롭게 추가로 첨부하여 제출하였다는 점에서, 2차 결정은 1차 결정과 동일한 내용을 신청하였으나 새로운 신청내용이라고 보아야 하고, 따라서 이는 새로운 거부처분이므로 변경처분이라고 보아야 한다. 따라서 반복된 거부처분의 경우 갑이 제기하는 취소소송의 대상은 1차 결정과 새로운 변경처분인 2차 결정이 소송의 대상이라고 판단된다.

III. 甲이 제기하는 취소소송의 제소기간의 기산점

1. 행정소송법 제20조 제소기간

행정소송법 제20조 제1항과 제2항에 의하면 취소소송은 처분등이 있음을 안 날부터 90일 이내에 제기하여야 하고, 처분등이 있은 날부터 1년을 경과하면 이를 제기하지 못한다. 다만, 정당한 사유가 있는 때에는 그러하지 아니하다.

행정소송법 제20조(제소기간)

① 취소소송은 처분등이 있음을 안 날부터 90일 이내에 제기하여야 한다. 다만, 제18조 제1항 단서에 규정한 경우와 그 밖에 행정심판청구를 할 수 있는 경우 또는 행정청이 행정심판청구를 할 수 있다고 잘못 알린 경우에 행정심판청구가 있은 때의 기간은 재결서의 정본을 송달받은 날부터 기산한다.

② 취소소송은 처분등이 있은 날부터 1년(第1項 但書의 경우는 裁決이 있은 날부터 1年)을 경과하면 이를 제기하지 못한다. 다만, 정당한 사유가 있는 때에는 그러하지 아니하다.
③ 제1항의 규정에 의한 기간은 불변기간으로 한다.

2. 사안의 경우

동일한 신청에 대한 동일한 내용의 거부처분이 반복되는 경우 취소소송의 제기기간은 각 처분을 기준으로 진행되고 종전 처분에 대한 제소기간이 도과하였다 하여 그 이후의 새로운 거부처분에 대하여 취소소송을 제기할 수 없게 되는 것은 아니다. 1차 결정 취소소송의 제소기간의 기산점은 2023.6.28.이고, 2차 결정 취소소송의 제소기간의 기산점은 2023.8.31.이다. 행정기본법 제36조 제4항을 적용하더라도 제2차 결정은 이의신청결과 통지서를 받은 것으로 이의신청결과 통지서를 받은 2023.8.31.이 취소소송의 제소기간 기산점이 될 것으로 판단된다.

IV. 사안의 해결

甲이 제기하는 취소소송의 소의 대상은 1차 결정 처분과 2차 결정 처분이고, 제소기간의 기산점은 1차 결정 처분의 취소소송 제소기간은 2023.6.28.이고, 2차 결정 취소소송의 제소기간은 2023.8.31.이라고 생각된다.

1. 행정기본법 제정 시행이 2021.3.23.이고
   [시행 2021.3.23.] [법률 제17979호, 2021.3.23. 제정]
   부칙 제1조(시행일) 이 법은 공포한 날부터 시행한다. 다만, 제22조, 제29조, 제38조부터 제40조까지는 공포 후 6개월이 경과한 날부터 시행하고, 제23조부터 제26조까지, 제30조부터 제34조까지, 제36조 및 제37조는 공포 후 2년이 경과한 날부터 시행한다.
2. 행정기본법 제36조 규정은 제정 시행된 2021년 3월 23일부터 2년후인 2023년 3월 23일부터 시행 적용되게 되었다.

건국 이래 처음으로 "행정법"이 만들어진다.
「행정기본법」, 2021년 2월 26일 국회 본회의 통과
행정법의 원칙과 기준을 세우고, 국민의 실체적 권리도 확장 -
□ 법제처(처장 이강섭)는 「행정기본법」 제정안이 26일 국회 본회의를 통과했다고 밝혔다.
   이 법은 그동안 명문 규정 없이 학설과 판례로만 인정되어 온 행정의 법 원칙을 법률에 명확히 규정해 행정의 통일성과 적법성을 높이고, 쟁송을 통해 더 이상 처분을 다툴 수 없게 된 경우에도 '재심사'의 기회를 보장하는 등 국민의 권익보호 수단을 확대하는 내용이 담겼다.
□ 행정 법령은 국가 법령의 대부분*을 차지하면서도, 민사(민법)·형사(형법)·상사(상법) 분야와 달리, 행정법 적용 및 집행의 원칙이나 입법 기준이 되는 '기본법'이 없는 상황이다.
   * 국가법령 5,000여개 중 4,600여건 이상이 행정 법령에 해당('21.2. 기준)

> □ 3차례의 권역별 공청회, 전문가 대상 입법 공청회(2020 행정법 포럼)와 1차례의 중앙·지방 공무원 대상 설명회를 통해 국민과 각계 전문가 의견을 충분히 듣고 신중히 검토해, 작년 7월 제정안을 국회에 제출했다.
>
> 3. 해당 판례는 해당 규정이 제정 시행되기 전인 2021년 1월 14일에 판결되었다. 행정기본법 2021년 2월 26일 국회를 통과하였지만 그 이전에 2020년부터 행정법 포럼을 통해 공청회를 가져서 대법원에 행정기본법 제정에 따라 이의신청 결과 통지서를 받은날로부터 90일 이내에 행정소송을 제기하는 부분에 대하여 충분히 인식하고 있었을 것으로 추정된다.
> 4. 대법원 2021.1.14. 선고 2020두50324 판결[이주대책대상자제외처분취소]
>   1차 결정도 처분, 이의신청에 대한 2차 결정도 처분이라고 하는 판례

(물음2)에 대해서

Ⅰ. 논점의 정리

행정소송법 제38조 제1항, 제30조 제2항에 의하면 판결에 의하여 무효로 확인된 처분이 당사자의 신청을 거부하는 것을 내용으로 하는 경우에는 그 처분을 행한 행정청은 판결의 취지에 따라 다시 이전의 신청에 대한 처분을 하여야 한다. A시는 갑을 이주대책대상자로 선정하여야 하는지와 관련하여 판결의 취지에 따른 재처분으로 A시는 갑을 이주대책대상자로 선정하여야 하는지 쟁점이 된다. 또한, A시가 아무런 조치를 하지 않는 경우 행정소송법상 강제수단이 쟁점이 된다.

Ⅱ. 행정소송법 제30조의 법적 성질

1. 학설

① 행정소송법상 기속력에 관한 규정은 판결 자체의 효력으로서 당연한 것이므로 기속력이 기판력과 동일하다는 기판력설과 ② 취소판결로 행정행위의 취소는 가능하여도 동일한 행정행위의 발령은 막을 수 없기 때문에 취소판결의 효과의 실질적인 보장을 위해 행정소송법이 특별히 인정한 효력이라는 견해로서 특별한 효력설이 있다.

2. 판례의 태도

판례는 행정소송법 제30조 제1항의 취소 확정판결의 '기속력'은 취소 청구가 인용된 판결에서 인정되는 것으로서 당사자인 행정청과 그 밖의 관계행정청에게 확정판결의 취지에 따라 행동여야 할 의무를 지우는 작용을 함에 비하여 '기판력'이란 기판력 있는 전소 판결의 소송물과 동일한 후소를 허용하지 않음과 동시에, 후소의 소송물이 전소의 소송물과 동일하지는 않더라도 전소의 소송물에 관한 판단이 후소의 선결문제가 되거나 모순관계에 있을 때에는 후소에서 전소 판결의 판단과 다른 주장을 하는 것을 허용하지 않는 작용을 한다(대법원 2016.3.24. 선고 2015두48235 판결)고 보아 기속력과 기판력을 구별한다.

① 가장 최근 판례

■ 기판력과 기속력의 의미 – 최근에는 기속력을 기판력과는 구별되는 특수한 효력으로 보고 양자를 명확히 구별함

【판시사항】

[1] 행정소송법 제30조 제1항이 규정하는 취소 확정판결의 '기속력'과 같은 법 제8조 제2항에 의하여 행정소송에 준용되는 민사소송법 제216조, 제218조가 규정하는 '기판력'의 의미

[2] 종전 처분이 판결에 의하여 취소된 경우, 종전 처분과 다른 사유를 들어 새로이 처분을 하는 것이 기속력에 저촉되는지 여부(소극) 및 이때 동일 사유인지 다른 사유인지 판단하는 기준 / 취소 확정판결의 당사자인 처분 행정청이 종전 처분 후에 발생한 새로운 사유를 내세워 다시 처분을 할 수 있는지 여부(적극) 및 새로운 처분의 사유가 종전 처분의 사유와 기본적 사실관계에서 다르지만 종전 처분 당시 이미 존재하고 있었고 당사자가 알고 있었던 경우, 이를 내세워 새로이 처분을 하는 것이 확정판결의 기속력에 저촉되는지 여부(소극)

【판결요지】

[1] 행정소송법 제30조 제1항은 "처분 등을 취소하는 확정판결은 그 사건에 관하여 당사자인 행정청과 그 밖의 관계행정청을 기속한다."라고 규정하고 있다. 이러한 취소 확정판결의 '기속력'은 취소 청구가 인용된 판결에서 인정되는 것으로서 당사자인 행정청과 그 밖의 관계행정청에게 확정판결의 취지에 따라 행동하여야 할 의무를 지우는 작용을 한다. 이에 비하여 행정소송법 제8조 제2항에 의하여 행정소송에 준용되는 민사소송법 제216조, 제218조가 규정하고 있는 '기판력'이란 기판력 있는 전소 판결의 소송물과 동일한 후소를 허용하지 않음과 동시에, 후소의 소송물이 전소의 소송물과 동일하지는 않더라도 전소의 소송물에 관한 판단이 후소의 선결문제가 되거나 모순관계에 있을 때에는 후소에서 전소 판결의 판단과 다른 주장을 하는 것을 허용하지 않는 작용을 한다.

[2] 취소 확정판결의 기속력은 판결의 주문 및 전제가 되는 처분 등의 구체적 위법사유에 관한 판단에도 미치나, 종전 처분이 판결에 의하여 취소되었더라도 종전 처분과 다른 사유를 들어서 새로이 처분을 하는 것은 기속력에 저촉되지 않는다. 여기에서 동일 사유인지 다른 사유인지는 확정판결에서 위법한 것으로 판단된 종전 처분사유와 기본적 사실관계에서 동일성이 인정되는지 여부에 따라 판단되어야 하고, 기본적 사실관계의 동일성 유무는 처분사유를 법률적으로 평가하기 이전의 구체적인 사실에 착안하여 그 기초인 사회적 사실관계가 기본적인 점에서 동일한지에 따라 결정된다. 또한 행정처분의 위법 여부는 행정처분이 행하여진 때의 법령과 사실을 기준으로 판단하므로, 확정판결의 당사자인 처분 행정청은 종전 처분 후에 발생한 새로운 사유를 내세워 다시 처분을 할 수 있고, 새로운 처분의 처분사유가 종전 처분의 처분사유와 기본적 사실관계에서 동일하지 않은 다른 사유에 해당하는 이상, 처분사유가 종전 처분 당시 이미 존재하고 있었고 당사자가 이를 알고 있었더라도 이를 내세워 새로이 처분을 하는 것은 확정판결의 기속력에 저촉되지 않는다(대법원 2016.3.24. 선고 2015두48235 판결[감차명령처분취소등]).

② 과거에는 기판력설을 취한 판례
■ 기속력을 기판력의 일종으로 본 판례

【판시사항】

확정된 행정처분취소판결에 저촉되는 행정처분의 효력

【판결요지】

어떠한 행정처분에 위법한 하자가 있다는 이유로 그 취소를 소구한 행정소송에서 그 행정처분을 취소하는 판결이 선고되어 확정된 경우에 처분행정청이 그 행정소송의 사실심변론종결 이전의 사유를 내세워 다시 확정판결에 저촉되는 행정처분을 하는 것은 확정판결의 기판력에 저촉되어 허용될 수 없고 이와 같은 행정처분은 그 하자가 명백하고 중대한 경우에 해당되어 당연무효이다(대법원 1989.9.12. 선고 89누985 판결[국가유공자유족등록신청기각처분취소]).

③ 최근에는 기속력을 기판력과는 구별되는 특수한 효력으로 보고 양자를 명확히 구별함
대법원 2001.3.23. 선고 99두5238 판결[손실보상재결처분취소]

【판시사항】

[1] 취소소송에서 처분 등을 취소하는 확정판결의 기속력의 범위 및 거부처분에 대한 취소판결이 확정된 경우 행정청이 사실심 변론종결 이전의 사유를 내세워 다시 거부처분을 할 수 있는지 여부(소극)

[2] 구 하천법 제10조와 같은법시행령 제3항의 규정에 의한 준용하천의 경우, 제외지(제외지)로 편입된 토지에 대한 손실보상의 기준(=제외지 편입 당시의 현황에 따른 지료 상당액)

【판결요지】

[1] 행정소송법 제30조 제1항에 의하여 인정되는 취소소송에서 처분 등을 취소하는 확정판결의 기속력은 주로 판결의 실효성 확보를 위하여 인정되는 효력으로서 판결의 주문뿐만 아니라 그 전제가 되는 처분 등의 구체적 위법사유에 관한 이유 중의 판단에 대하여도 인정되고, 같은 조 제2항의 규정상 특히 거부처분에 대한 취소판결이 확정된 경우에는 그 처분을 행한 행정청은 판결의 취지에 따라 다시 처분을 하여야 할 의무를 부담하게 되므로, 취소소송에서 소송의 대상이 된 거부처분을 실체법상의 위법사유에 기하여 취소하는 판결이 확정된 경우에는 당해 거부처분을 한 행정청은 원칙적으로 신청을 인용하는 처분을 하여야 하고, 사실심 변론종결 이전의 사유를 내세워 다시 거부처분을 하는 것은 확정판결의 기속력에 저촉되어 허용되지 아니한다(대법원 2001.3.23. 선고 99두5238 판결[손실보상재결처분취소]).

3. 검토

① 기속력은 취소판결에서의 효력이지만 기판력은 모든 본안판결에서 효력이라는 점, ② 기속력은 당사자인 행정청과 그 밖의 관계 행정청에 미치지만 기판력은 당사자와 후소 법원에 미친다는 점,

③ 기속력은 일종의 실체법적 효력이지만 기판력은 소송법상 효력이라는 점에서 ④ 양자는 상이하므로 특수효력설과 판례가 타당하다.

4. 소결

처분취소 인용판결은 행정소송법 제30조 제1항에 의해 재처분의무를 행정청에게 부과하지만, 수익적 처분에 대한 거부처분취소 인용판결은 특별히 행정소송법 제30조 제2항에 의하여 판결의 취지에 따른 재처분의무를 행정청에게 부과한다. 기속력에 반하는 처분은 중대·명백한 법규위반으로 무효이다.

■ 감평행정법 개념 재정리 : 기속력

행정소송법 제30조(취소판결등의 기속력)
① 처분등을 취소하는 확정판결은 그 사건에 관하여 당사자인 행정청과 그 밖의 관계행정청을 기속한다.
② 판결에 의하여 취소되는 처분이 당사자의 신청을 거부하는 것을 내용으로 하는 경우에는 그 처분을 행한 행정청은 판결의 취지에 따라 다시 이전의 신청에 대한 처분을 하여야 한다.
③ 제2항의 규정은 신청에 따른 처분이 절차의 위법을 이유로 취소되는 경우에 준용한다.

1. 의의

취소판결의 기속력이란 소송당사자인 행정청과 관계행정청에게 확정판결의 취지에 따라 행동하여야 할 의무를 지우는 효력을 말한다. 확정판결에 의하여 위법한 부담적 행정처분이 취소된 경우에 행정청이 그에 따르지 않고 동일한 행위를 반복하거나, 수익적 처분의 발급신청에 대한 위법한 거부처분이 취소된 경우에도 처분청이 판결의 취지에 따르는 처분을 하지 않는 경우에는 취소소송은 그 의의를 상실한다. 이에 따라 행정소송법은 "처분 등을 취소하는 확정판결은 그 사건에 관하여 당사자인 행정청과 그 밖의 관계행정청을 기속한다(법 제30조 제1항)"고 하여 취소판결의 기속력을 규정하고 있다.

이러한 취소소송 확정판결의 기속력은 인용판결에만 인정된다는 점에서, 인용판결뿐만 아니라 기각판결의 경우에도 인정되는 기판력과 차이가 있다.

2. 성질 및 기판력과의 관계

기속력은 기판력의 당연한 결과로서 행정소송법상 기속력에 관한 규정은 취소판결의 기판력이 행정청에게도 미친다는 것을 명시한 것이라고 보는 견해(기판력설)가 있으나, 기속력은 판결의 실효성을 확보하기 위하여 판결의 취지에 따라 행동하도록 관계행정청을 구속하는 실체법상의 효력으로서 법적 안정성을 위하여 후소의 재판을 구속하여 모순된 재판을 금하는 소송법상 효력인 기판력과는 그 본질을 달리한다고 보는 견해(특수효력설)가 타당하다. 한편 판례는 종래 기판력설을 취했으나, 최근에는 기속력을 기판력과는 구별되는 특수한 효력으로 보고 양자를 명확히 구별하고 있다.

III. 판결의 취지에 따른 재처분으로 A시는 갑을 이주대책대상자로 선정하여야 하는지 여부

1. 판례의 태도

판결의 취지에 따른 재처분이란 취소인용판결에서 적시한 위법한 거부처분사유가 아닌 처분사유에 따른 재처분으로 신청을 인용하는 재처분과 재차 거부하는 거부처분이 있다. 즉 판결의 취지에 따른 재처분이란 위법사유를 보완한 재처분이거나 다른 사유에 기초한 재처분이어야 한다. 원칙적으로 행정청의 재처분은 신청에 따른 처분, 즉 인용처분(⑩ 허가를 신청한 경우 허가처분)이 되어야 한다. 다만 행정청은 판결의 취지를 존중하면 되는 것이지 반드시 신청한 내용대로 처분을 하여야 하는 것은 아니므로 경우에 따라서는 거부처분이 될 수도 있다. 따라서 행정청은 기본적 사실관계의 동일성이 없는 다른 이유를 들어 다시 거부처분을 할 수 있으며, 이 경우 반복금지의무 위반이 아님은 물론 오히려 재처분의무를 성실히 이행한 것이 된다. 또한 거부처분 후에 법령이 개정되어 시행된 경우에 행정청은 개정된 법령의 허가기준을 새로운 사유로 들어 다시 이전의 신청에 대한 거부처분을 할 수 있으며, 그러한 거부처분도 행정소송법 제30조 제2항에 규정된 재처분에 해당된다. 다만, 개정법령에서 이미 허가를 신청 중인 경우에는 종전 규정에 따른다는 취지의 경과규정을 둔 경우에는 종전 규정에 따른 재처분이 이루어져야 할 것이므로, 개정된 법령의 허가기준을 새로운 사유로 들어 거부처분을 할 수는 없다. 한편 취소판결의 사유가 절차 또는 형식 위법인 경우에 행정청이 적법한 절차 또는 형식을 갖추어 행한 동일한 내용의 처분은 취소된 처분과 동일한 처분이 아니므로 역시 기속력에 반하지 않는다.

2. 사안의 경우

행정소송법 제30조 제2항에 의하면 행정청의 거부처분을 취소하는 판결이 확정된 경우에는 그 처분을 행한 행정청은 판결의 취지에 따라 이전의 신청에 대하여 재처분할 의무가 있고, 이 경우 확정판결의 당사자인 처분 행정청은 그 행정소송의 사실심 변론종결 이후 발생한 새로운 사유를 내세워 다시 이전 신청에 대하여 거부처분을 할 수 있으며, 그러한 처분도 이 조항에 규정된 재처분에 해당한다(대법원 1999.12.28. 선고 98두1895 판결). 원칙적으로 신청을 인용하는 처분을 하여야 하나, 사실심변론종결 후의 새로운 사유나 거부처분 후에 개정, 시행된 법령에 따라서 재차 거부처분을 할 수 있으므로 A시는 갑을 이주대책대상자로 선정하여야 하는 것은 아니라고 생각된다.

IV. A시가 아무런 조치를 하지 않는 경우 행정소송법상 강제수단

1. 문제의 소재

행정소송법 제38조 제1항에 의하면 간접강제규정인 행정소송법 제34조를 준용하지 않는다. A시가 아무런 조치를 하지 않는 경우 행정소송법상 강제수단과 관련하여 간접강제가 가능한지 문제 된다.

■ 감평행정법 쟁점 따라잡기 : 간접강제

행정소송법 제34조(거부처분취소판결의 간접강제)

① 행정청이 제30조 제2항의 규정에 의한 처분을 하지 아니하는 때에는 제1심수소법원은 당사자의 신청에 의하여 결정으로써 상당한 기간을 정하고 행정청이 그 기간 내에 이행하지 아니하는 때에는 그 지연기간에 따라 일정한 배상을 할 것을 명하거나 즉시 손해배상을 할 것을 명할 수 있다.

② 제33조와 민사집행법 제262조의 규정은 제1항의 경우에 준용한다.

행정소송법 제33조(소송비용에 관한 재판의 효력)

소송비용에 관한 재판이 확정된 때에는 피고 또는 참가인이었던 행정청이 소속하는 국가 또는 공공단체에 그 효력을 미친다.

민사집행법 제262조(채무자의 심문)

제260조 및 제261조의 결정은 변론 없이 할 수 있다. 다만, 결정하기 전에 채무자를 심문하여야 한다.

민사집행법 제261조(간접강제)

① 채무의 성질이 간접강제를 할 수 있는 경우에 제1심 법원은 채권자의 신청에 따라 간접강제를 명하는 결정을 한다. 그 결정에는 채무의 이행의무 및 상당한 이행기간을 밝히고, 채무자가 그 기간 이내에 이행을 하지 아니하는 때에는 늦어진 기간에 따라 일정한 배상을 하도록 명하거나 즉시 손해 배상을 하도록 명할 수 있다.

② 제1항의 신청에 관한 재판에 대하여는 즉시항고를 할 수 있다.

1. 의의

   간접강제란 의무자가 비대체적 작위의무의 이행을 하지 않고 있을 때 그 의무의 이행을 위하여 법원이 상당한 이행기간을 밝히고 의무자가 그 기간 이내에 이를 이행하지 아니하는 경우 지연된 기간에 따라 일정한 배상을 하도록 명하거나 즉시 손해배상을 하도록 명하는 제도이다(민사집행법 제261조 참고).

   거부처분에 대한 취소판결이 확정되면 판결의 기속력에 의하여 행정청은 해당 판결의 취지에 따른 처분을 할 의무가 있다(법 제30조 제2항). 그럼에도 불구하고 행정청이 재처분의무를 이행하지 않는 경우 그 의무이행을 강제해야 하는데, 이 재처분의무가 처분청만이 이행할 수 있는 비대체적 작위의무라는 점을 고려하여 행정소송법은 원고가 법원에 간접강제를 신청할 수 있도록 규정하고 있다(법 제34조).

2. 요건

   ① 거부처분에 대한 취소판결이 확정되어야 하며, ② 처분청이 거부처분취소판결의 취지에 따른 재처분을 하지 않았어야 한다. ③ 이때 재처분을 하지 않았다는 것은 아무런 재처분을 하지 않은 것뿐만 아니라 재처분이 기속력에 반하여 당연무효가 된 것을 포함한다.

☆ 간접강제신청의 요건에 관한 판례

[1] 거부처분에 대한 취소의 확정판결이 있음에도 행정청이 아무런 재처분을 하지 아니하거나, 재처분을 하였다 하더라도 그것이 종전 거부처분에 대한 취소의 확정판결의 기속력에 반하는 등으로 당연무효라면 이는 아무런 재처분을 하지 아니한 때와 마찬가지라 할 것이므로 이러한 경우에는 행정소송법 제30조 제2항, 제34조 제1항 등에 의한 간접강제신청에 필요한 요건을 갖춘 것으로 보아야 한다.

[2] 주택건설사업 승인신청 거부처분의 취소를 명하는 판결이 확정되었음에도 행정청이 그에 따른 재처분을 하지 않은 채 위 취소소송 계속 중에 도시계획법령이 개정되었다는 이유를 들어 다시 거부처분을 한 사안에서, 개정된 도시계획 법령에 그 시행 당시 이미 개발행위허가를 신청 중인 경우에는 종전 규정에 따른다는 경과규정을 두고 있으므로 위 사업승인신청에 대하여는 종전 규정에 따른 재처분을 하여야 함에도 불구하고 개정 법령을 적용하여 새로운 거부처분을 한 것은 확정된 종전 거부처분 취소판결의 기속력에 저촉되어 당연무효라고 한 사례(대법원 2002.12.11. 자 2002무22 결정).

3. 절차

행정청이 거부처분취소판결의 취지에 따른 처분을 하지 않은 경우에 당사자는 '제1심 수소법원'에 간접강제를 신청할 수 있다(법 제34조 제1항). 따라서 당사자는 취소판결이 항소심이나 상고심에서 확정되는 경우에도 행정소송의 제1심 수소법원인 행정법원에 가서 간접강제를 신청하여야 한다. 한편 간접강제결정은 변론을 거치지 않더라도 할 수 있다. 다만 변론을 열지 않고 결정을 하는 경우에도 행정청을 심문하여야 한다(법 제34조 제2항, 민사집행법 제262조).

4. 결정

법원의 심리 결과 당사자의 신청이 이유 있다고 인정되면 법원은 인용결정을 하는데, 이때 법원은 재처분을 하여야 할 상당한 기간을 정하게 되고 만약 행정청이 그 기간 내에 재처분을 하지 않을 때에는 그 지연기간에 따라 일정한 배상을 할 것을 명하거나 즉시 손해배상을 할 것을 명하게 된다(법 제34조 제1항). 만약 법원의 심리 결과 간접강제의 요건이 충족되지 않아 신청인의 신청이 이유 없다고 인정되면 법원은 기각결정한다.

5. 배상금의 성질

판례는 간접강제결정에 기한 배상금은 확정판결의 취지에 따른 재처분의 지연에 대한 제재나 손해배상이 아니고 재처분의 이행에 관한 '심리적 강제수단(즉 이행강제금)'에 해당한다고 본다. 따라서 간접강제결정에서 정한 의무이행기한이 경과한 후에라도 확정판결의 취지에 따른 재처분의 이행이 있으면 더 이상 배상금을 추심할 수 없다고 한다.

2. 간접강제가 가능한지 여부
  (1) 학설
      행정소송법 제34조 제1항이 재처분의무를 이행하지 아니하는 때라고 규정하고 있으므로 준용규
      정이 없더라도 유추적용을 통하여 가능하다는 긍정설과 행정소송법 제38조 제1항은 행정소송법
      제34조를 준용하지 않으므로 가능하지 않다는 부정설이 있다.
  (2) 대법원 판례
      거부처분에 대하여 무효확인판결이 내려진 경우 행정청에 판결의 취지에 따른 재처분의무가 인
      정될 뿐 그에 대하여 간접강제까지 허용되는 것은 아니라고 할 것이다.

■ 감평행정법 판례 - 건축허가 무효확인 판결에 기한 간접강제 : 행정처분에 대하여 무효확인 판결
  이 내려진 경우, 그 행정처분이 거부처분인 경우에도 행정청에 판결의 취지에 따른 재처분의무가
  인정될 뿐 그에 대하여 간접강제까지 허용되는 것은 아니다.

【판시사항】
[1] 행정소송법 제34조 소정의 간접강제의 대상(=거부처분 취소판결)
[2] 거부처분에 대한 무효확인 판결이 간접강제의 대상이 되는지 여부(소극)

【판결요지】
[1] 행정소송법 제34조는 취소판결의 간접강제에 관하여 규정하면서 제1항에서 행정청이 같은 법
    제30조 제2항의 규정에 의한 처분을 하지 아니한 때에 간접강제를 할 수 있도록 규정하고 있고,
    같은 법 제30조 제2항은 "판결에 의하여 취소되는 처분이 당사자의 신청을 거부하는 것을 내용
    으로 하는 경우에는 그 처분을 행한 행정청은 판결의 취지에 따라 다시 이전의 신청에 대한 처분
    을 하여야 한다."라고 규정함으로써 취소판결에 따라 취소된 행정처분이 거부처분인 경우에 행
    정청에 다시 처분을 할 의무가 있음을 명시하고 있으므로, 결국 같은 법상 간접강제가 허용되는
    것은 취소판결에 의하여 취소된 행정처분이 거부처분인 경우라야 할 것이다.
[2] 행정소송법 제38조 제1항이 무효확인 판결에 관하여 취소판결에 관한 규정을 준용함에 있어서
    같은 법 제30조 제2항을 준용한다고 규정하면서도 같은 법 제34조는 이를 준용한다는 규정을
    두지 않고 있으므로, 행정처분에 대하여 무효확인 판결이 내려진 경우에는 그 행정처분이 거부
    처분인 경우에도 행정청에 판결의 취지에 따른 재처분의무가 인정될 뿐 그에 대하여 간접강제까
    지 허용되는 것은 아니라고 할 것이다(대법원 1998.12.24. 자 98무37 결정).

---

  (3) 검토 및 소결
      ① 행정소송법 제38조 제1항이 무효확인판결에 관하여 취소판결에 관한 규정을 준용함에 있어서
      같은 법 제30조 제2항을 준용한다고 규정하면서도 같은 법 제34조는 이를 준용한다는 규정을 두
      지 아니한 점, ② 행정소송법은 절차법으로서 법정주의가 적용된다는 점에 비추어 부정설과 판례
      가 타당하다. A시가 아무런 조치를 하지 않는 경우 간접강제는 가능하지 않다고 판단된다.

3. 소결

행정처분에 대하여 무효확인 판결이 내려진 경우에는 그 행정처분이 거부처분인 경우에도 행정청에 판결의 취지에 따른 재처분의무가 인정될 뿐 그에 대하여 간접강제까지 허용되는 것은 아니라고 할 것이므로 A시가 아무런 조치를 하지 않는 경우 행정소송법상 강제수단은 없다고 판단된다.

V. 사안의 해결

① 행정소송법 제30조 제2항에 의하면 행정청의 거부처분을 취소하는 판결이 확정된 경우에는 그 처분을 행한 행정청은 판결의 취지에 따라 이전의 신청에 대하여 재처분할 의무가 있고, 이 경우 확정판결의 당사자인 처분 행정청은 그 행정소송의 사실심 변론종결 이후 발생한 새로운 사유를 내세워 다시 이전 신청에 대하여 거부처분을 할 수 있으며, 그러한 처분도 이 조항에 규정된 재처분에 해당한다고 판례가 명시하고 있는바, A시는 갑을 이주대책대상자로 선정하여야 하는 것은 아니다.

② 행정소송법 제38조 제1항이 무효확인 판결에 관하여 취소판결에 관한 규정을 준용함에 있어서 같은 법 제30조 제2항을 준용한다고 규정하면서도 같은 법 제34조는 이를 준용한다는 규정을 두지 않고 있으므로, 행정처분에 대하여 무효확인 판결이 내려진 경우에는 그 행정처분이 거부처분인 경우에도 행정청에 판결의 취지에 따른 재처분의무가 인정될 뿐 그에 대하여 간접강제까지 허용되는 것은 아니라고 할 것이라고 판례는 판시하고 있는바, A시가 아무런 조치를 하지 않는 경우 행정소송법상 강제수단은 없다고 판단된다.

(3) 원고적격

행정소송법 제12조(원고적격)

취소소송은 처분등의 취소를 구할 법률상 이익이 있는 자가 제기할 수 있다. 처분등의 효과가 기간의 경과, 처분등의 집행 그 밖의 사유로 인하여 소멸된 뒤에도 그 처분등의 취소로 인하여 회복되는 법률상 이익이 있는 자의 경우에는 또한 같다.

1) 원고적격의 의의 및 취지

원고적격이란 행정소송에서 원고가 될 수 있는 자격을 말하며 남소방지에 취지가 있다.

2) 법률상 이익의 의미

① 문제점

행정소송법 제12조 제1문은 "취소소송은 처분등의 취소를 구할 법률상 이익이 있는 자가 제기할 수 있다"고 규정하여 원고적격으로 법률상 이익을 요구한다. 이에 따라 법률상 이익의 의미가 문제된다.

② 학설

<권리구제설> 처분 등으로 인하여 권리가 침해된 자만이 항고소송을 제기할 수 있는 원고적격을 갖는다는 견해

<법률상 이익구제설> 처분 등에 의해 '법적으로 보호된 개인적 이익'을 침해당한 자만이 항고소송의 원고적격이 있는 것으로 보는 견해

<보호가치이익설> 실체법을 준거로 하는 것이 아니라 소송법적 관점에서 재판에 의하여 보호할 만한 가치가 있는 이익이 침해된 자는 항고소송의 원고적격이 있다고 보는 견해

<적법성 보장설> 항고소송의 주된 기능을 행정통제에서 찾고, 처분의 위법성을 다툴 적합한 이익을 갖는 자에게 원고적격을 인정하는 견해

③ 판례

판례는 원칙상 '법적 이익구제설'에 입각하고 있으며, 처분의 근거 법규 및 관련 법규에 의해 보호되는 직접적이고 구체적인 개인적 이익을 법률상 이익으로 보고 있다. 최근에는 법률상 이익의 범위를 점차 넓혀가는 경향이 있다.

📑🔍 판례

이익처분의 상대방은 직접 개인적 이익의 침해를 받은 자로서 원고적격이 인정된다. 처분의 직접 상대방이 아닌 제3자라 하더라도 이른바 '경원자 관계'나 '경업자 관계'와 같이 처분의 근거 법규 또는 관련 법규에 의하여 개별적 · 직접적 · 구체적으로 보호되는 이익이 있는 경우에는 처분의 취소를 구할 원고적격이 인정되지만, 제3자가 해당 처분과 간접적 · 사실적 · 경제적인 이해관계를 가지는 데 불과한 경우에는 처분의 취소를 구할 원고적격이 인정되지 않는다(대법원 2021.2.4. 선고 2020두48772 판결[시공업체선정처분취소]).

④ 검토

<권리구제설>은 원고적격의 범위가 좁다는 비판이 있고, <보호가치이익설>은 법원의 법규창조력을 인정하게 된다는 점에서 비판이 있고, <적법성보장설>은 현행 행정소송법이 취하는 주관적 소송체계에 반한다는 비판이 있다. 따라서 각 학설의 문제점과 항고소송의 기능에 비추어 문언의 충실한 해석과 국민의 재판청구권 보장 차원에서 <법률상보호이익설>이 타당하다.

3) 법률의 범위 (보호규범론)

① 문제점

법이 보호하는 이익구제설의 입장을 취할 경우, 그 법의 범위를 어디까지 넓힐 것인가에 따라 원고적격의 인정범위가 달라질 수 있다.

② 학설

종전에는 법률의 범위를 처분의 직접적인 근거 법률에만 한정하였으나, 오늘날 공권의 확대화 경향에 의해 관계 법률까지 확대하고 있으며, 일반적 견해는 헌법상 기본권 원리까지 포함하는 것으로 그 폭을 넓히고 있다.

③ 판례

> 📑 판례
>
> 행정처분의 직접 상대방이 아닌 제3자라 하더라도 당해 행정처분으로 인하여 법률상 보호되는 이익을 침해당한 경우에는 취소소송을 제기하여 그 당부의 판단을 받을 자격이 있다 할 것이고, 여기에서 말하는 법률상 보호되는 이익이라 함은 당해 처분의 근거 법규 및 관련 법규에 의하여 보호되는 개별적·직접적·구체적 이익이 있는 경우를 말하는데, 환경·교통·재해 등에 관한 영향평가법(이하 '환경영향평가법'이라 한다), 같은 법 시행령, 구 폐기물처리시설 설치촉진 및 주변지역지원 등에 관한 법률(2004.2.9. 법률 제7169호로 개정되기 전의 것, 이하 '폐촉법'이라 한다), 같은 법 시행령의 각 관련 규정에 의하면, 폐기물처리시설 설치기관이 1일 처리능력이 100t 이상인 폐기물처리시설을 설치하는 경우에는 폐촉법에 따른 환경상 영향조사 대상에 해당할 뿐만 아니라 환경영향평가법에 따른 환경영향평가 대상사업에도 해당하므로 폐촉법령뿐만 아니라 환경영향평가법령도 위와 같은 폐기물처리시설을 설치하기 위한 폐기물소각시설 설치계획 입지결정·고시처분의 근거 법령이 된다고 할 것이고, 따라서 위 폐기물처리시설설치계획입지가 결정·고시된 지역 인근에 거주하는 주민들에게 위 처분의 근거 법규인 환경영향평가법 또는 폐촉법에 의하여 보호되는 법률상 이익이 있으면 위 처분의 효력을 다툴 수 있는 원고적격이 있다 (대법원 2005.5.12. 선고 2004두14229 판결[폐기물처리시설입지결정 및 고시처분취소]).

④ 검토

법률상 이익의 존부는 오늘날 환경의 이익, 소비자의 권리 등이 중시되는바, 일반적 견해와 같이 헌법상 기본원리까지 고려하여 판단하여야 할 것이다. 이러한 법률의 목적·취지가 공익보호뿐만 아니라 제3자의 사익도 보호하고 있는 것으로 해석될 경우에는 법률상 이익이 인정된다고 보아야 할 것이다.

4) 제3자의 권리보호 필요성

① 경업자 소송에서의 원고적격

경업자란 경쟁관계에 있는 영업자를 말하는 것으로서 보통 새로운 경쟁자에 대한 신규영업허가에 대하여 기존업자가 그 허가의 취소를 구하는 형태로 소송이 제기된다.

② 경원자소송의 원고적격과 협의의 소익

가. 경원자소송의 개념

경원자란 수익적 처분에 대한 신청이 경쟁하는 관계를 말하는 것으로서, 보통 수인의 신청을 받아 일부에 대하여만 인·허가 등의 수익적 행정처분을 할 수 있는 경우에 인·허가 등을 받지 못한 자가 인·허가처분에 대하여 취소를 구하는 소송을 제기하거나(이른바 소극적 경원자소송) 자신의 신청에 대한 거부처분에 대하여 취소를 구하는 소송(이른바 적극적 경원자소송)으로 제기된다.

나. 원고적격

판례는 경원자 관계에 있는 경우 허가 등의 처분을 받지 못한 자는 비록 경원자에 대하여 이루어진 허가 등 처분의 상대방이 아니라 하더라도 당해 처분의 취소를 구할 원고적격이 있다고 판시하였다.

📑 판례

> 인·허가 등의 수익적 행정처분을 신청한 수인이 서로 경쟁관계에 있어서 일방에 대한 허가 등의 처분이 타방에 대한 불허가 등으로 귀결될 수밖에 없는 때 허가 등의 처분을 받지 못한 자는 비록 경원자에 대하여 이루어진 허가 등 처분의 상대방이 아니라 하더라도 당해 처분의 취소를 구할 원고 적격이 있다. 다만, 명백한 법적 장애로 인하여 원고 자신의 신청이 인용될 가능성이 처음부터 배제되어 있는 경우에는 당해 처분의 취소를 구할 정당한 이익이 없다(대법원 2009.12.10. 선고 2009두8359 판결[예비인가처분취소]).

다. 협의의 소익

판례는 처분이 취소된다 하더라도 허가 등의 처분을 받지 못할 불이익이 회복된다고 할 수 없을 때에는 당해 처분의 취소를 구할 정당한 이익이 없다고 판시하였다.

📑 판례

> 인가·허가 등 수익적 행정처분을 신청한 여러 사람이 서로 경원관계에 있어서 한 사람에 대한 허가 등 처분이 다른 사람에 대한 불허가 등으로 귀결될 수밖에 없을 때 허가 등 처분을 받지 못한 사람은 신청에 대한 거부처분의 직접 상대방으로서 원칙적으로 자신에 대한 거부처분의 취소를 구할 원고적격이 있고, 취소판결이 확정되는 경우 판결의 직접적인 효과로 경원자에 대한 허가 등 처분이 취소되거나 효력이 소멸되는 것은 아니더라도 행정청은 취소판결의 기속력에 따라 판결에서 확인된 위법사유를 배제한 상태에서 취소판결의 원고와 경원자의 각 신청에 관하여 처분요건의 구비 여부와 우열을 다시 심사하여야 할 의무가 있으며, 재심사 결과 경원자에 대한 수익적 처분이 직권취소되고 취소판결의 원고에게 수익적 처분이 이루어질 가능성을 완전히 배제할 수는 없으므로, 특별한 사정이 없는 한 경원관계에서 허가 등 처분을 받지 못한 사람은 자신에 대한 거부처분의 취소를 구할 소의 이익이 있다(대법원 2015.10.29. 선고 2013두27517 판결).

③ 인인소송

가. 인인소송의 의의 및 인정 기준

인인소송이란 어떠한 시설의 설치를 허가하는 처분에 대하여 해당 시설의 인근주민이 다투는 소송을 말한다. 대법원은 시설의 설치를 함에 있어 환경영향평가를 실시하여야 하는 경우라든가 해당 사업으로 인하여 환경상 침해를 받으리라고 예상되는 영향권의 범위가 설정되어 있는 경우에는 환경영향평가 대상지역 내에 거주하는 주민 또는 일정한 영향권 내의 주민들의 환경상 이익에 대한 침해 또는 침해 우려를 사실상 추정하여 원고적격을 인정한다.

> 📑 판례
>
> 주거지역 안에서는 도시계획법 제19조 제1항과 개정 전 건축법 제32조 제1항에 의하여 공익 상 부득이하다고 인정될 경우를 제외하고는 거주의 안녕과 건전한 생활환경의 보호를 해치는 모든 건축이 금지되고 있을 뿐 아니라 주거지역 내에 거주하는 사람이 받는 위와 같은 보호이 익은 법률에 의하여 보호되는 이익이라고 할 것이므로 주거지역 내에 위 법조 소정 제한면적 을 초과한 연탄공장 건축허가처분으로 불이익을 받고 있는 제3거주자는 비록 당해 행정처분 의 상대자가 아니라 하더라도 그 행정처분으로 말미암아 위와 같은 법률에 의하여 보호되는 이익을 침해받고 있다면 당해 행정 처분의 취소를 소구하여 그 당부의 판단을 받을 법률상의 자격이 있다(대법원 1975.5.13. 선고 73누96,97 판결[건축허가처분취소]).

나. 환경영향평가 대상지역 밖의 경우

환경영향평가 대상지역 밖에 거주하는 주민 또는 일정한 영향권 밖에 거주하는 주민들은 해당 처분으로 인하여 수인한도를 넘는 환경피해를 받거나 받을 우려가 있다는 것을 입증하 여야만 원고적격을 인정한다.

> 📑 판례
>
> 공유수면매립면허처분과 농지개량사업 시행인가처분의 근거 법규 또는 관련 법규가 되는 구 공유수면매립법(1997.4.10. 법률 제5337호로 개정되기 전의 것), 구 농촌근대화촉진법(1994.12.22. 법률 제4823호로 개정되기 전의 것), 구 환경보전법(1990.8.1. 법률 제4257호로 폐지), 구 환경보전 법 시행령(1991.2.2. 대통령령 제13303호로 폐지), 구 환경정책기본법(1993.6.11. 법률 제4567호 로 개정되기 전의 것), 구 환경정책기본법 시행령(1992.8.22. 대통령령 제13715호로 개정되기 전의 것)의 각 관련 규정의 취지는, 공유수면매립과 농지개량사업시행으로 인하여 직접적이고 중대한 환경피해를 입으리라고 예상되는 환경영향평가 대상지역 안의 주민들이 전과 비교하여 수인한도를 넘는 환경침해를 받지 아니하고 쾌적한 환경에서 생활할 수 있는 개별적 이익까지 도 이를 보호하려는 데에 있다고 할 것이므로, 위 주민들이 공유수면매립면허처분 등과 관련하 여 갖고 있는 위와 같은 환경상의 이익은 주민 개개인에 대하여 개별적으로 보호되는 직접적·구체적 이익으로서 그들에 대하여는 특단의 사정이 없는 한 환경상의 이익에 대한 침해 또는 침해우려가 있는 것으로 사실상 추정되어 공유수면매립면허처분 등의 무효확인을 구할 원고적 격이 인정된다. 한편, 환경영향평가 대상지역 밖의 주민이라 할지라도 공유수면매립면허처분 등으로 인하여 그 처분 전과 비교하여 수인한도를 넘는 환경피해를 받거나 받을 우려가 있는 경우에는, 공유수면매립면허처분 등으로 인하여 환경상 이익에 대한 침해 또는 침해우려가 있 다는 것을 입증함으로써 그 처분 등의 무효확인을 구할 원고적격을 인정받을 수 있다(대법원 2006.3.16. 선고 2006두330 전원합의체 판결[정부조치계획취소등]).

(4) 협의의 소익

1) 협의의 소익의 의의 및 근거

협의의 소익이란 원고가 본안판결을 구할 현실적 이익 내지 필요성을 말하며, 권리보호의 필요라고 불리기도 한다. 행정소송법은 협의의 소의 이익에 대한 일반규정을 두지 않고 있다. 다만 행정소송법 제12조 제2문은 처분의 효력이 소멸된 뒤에도 처분의 취소로 인하여 회복되는 이익이 법률상 이익인 경우에는 취소소송을 제기할 수 있다고 규정하고 있는바, 이는 '원고적격'이라는 조문의 제목에도 불구하고 처분의 효력이 소멸된 경우에 대한 권리보호의 필요에 대한 규정으로 보아야 할 것이다.

2) 행정소송법 제12조 제2문의 해석

① 문제점

행정소송법 제12조 제2문은 "처분 등의 효과가 소멸한 뒤에도 그 처분 등의 취소로 인하여 회복되는 법률상 이익"이라고 규정하여 제1문과 동일하게 "법률상 이익"이라는 표현을 사용하고 있다. 이에 대해 동일한 문구가 입법과오인지 여부와 소송의 성질이 확인소송인지 취소소송인지 대립한다.

② 학설

<법률상 이익설> 행정소송법 제12조 제2문의 법률상 이익도 제1문의 법률상 이익과 마찬가지로 처분의 근거 법률에 의해 보호되는 개별적·직접적·구체적 이익에 한정되는 것으로서, 제12조 제2문의 소송은 위법상태의 배제의 의미로서의 취소소송이므로 행정소송법 제12조 제2문은 입법과오가 아니라는 견해

<정당한 이익설> 처분의 효력이 소멸된 경우에는 취소가 불가능하므로 제12조 제2문의 소송은 처분의 위법성을 확인만 하는 확인소송이며, 이러한 확인소송은 확인의 정당한 이익만 인정되면 소 제기가 가능하므로 법률상 이익이 있는 자로 한정하고 있는 제12조 제2문은 입법과오에 해당한다는 견해

<확인소송설> 애초부터 취소소송의 본질을 확인소송으로 보는 것을 전제로 제12조 제1문의 취소와 제2문의 취소 모두 위법성의 확인을 의미하고 따라서 처분의 효과가 소멸된 경우에도 독일과 같이 계속 확인소송이라는 별도의 소송유형으로 변경되는 것이 아니라 여전히 취소소송의 형태로 유지된다고 보는 견해

③ 검토

취소소송을 형성소송으로 이해할 때, 처분의 효력이 소멸한 경우에는 배제할 법적 효과가 없으므로 현행법 체계상 계속적 확인소송으로서 입법적 과오이므로 이를 분리하여 별도로 규율하면서 법률상 이익이라는 표현을 삭제함이 타당하다고 판단된다.

3) 원칙적으로 협의의 소익이 없는 경우

① 처분의 효력이 소멸한 경우, ② 원상회복이 불가능한 경우, ③ 처분 후의 사정에 의해 이익 침해가 해소된 경우, ④ 보다 실효적인 권리구제 수단이 있는 경우는 소의 이익이 없는 것으로 본다.

📑 판례

[1] 현역병입영대상자로 병역처분을 받은 자가 그 취소소송 중 모병에 응하여 현역병으로 자진 입대한 경우, 그 처분의 위법을 다툴 실제적 효용 내지 이익이 없다는 이유로 소의 이익이 없다고 본 사례(대법원 1998.9.8. 선고 98두9165 판결)

[2] 토지를 수용당한 후 20년이 넘도록 수용재결의 실효를 주장하지 아니한 채 보상요구를 한 적도 있다가 수용보상금 중 극히 일부가 미지급되었음을 이유로 수용재결의 실효를 주장하는 것은 신의칙에 비추어 허용될 수 없다 한 사례(대법원 1993.5.14. 선고 92다51433 판결)

4) 처분의 효력이 소멸된 경우 권리보호필요성

① 개설

처분이 외형상 잔존함으로 인하여 어떠한 법률상 이익이 침해되고 있다고 볼 만한 별다른 사정이 없는 한 처분 등이 소멸하면 협의 소익은 없게 됨이 원칙이다. 다만, 위법한 처분이 반복될 위험성이 있는 경우, 가중적 제재처분이 따르는 경우, 회복되는 경제적 이익이 있는 경우에는 예외적으로 권리보호의 필요가 존재한다.

② 학설

제재적 처분기준에 따라 처분할 것이므로 가중된 제재적 처분을 받을 불이익은 분명하여 협의의 소익을 긍정하는 <법규명령설>과, 제재적 처분기준에 따라 처분한다고 볼 수는 없기 때문에 권리보호필요성을 부정하는 <행정규칙설>, 법규명령인지 행정규칙인지 구별하지 않고 현실적 불이익을 받을 가능성이 있다면 협의의 소익을 긍정하는 견해가 대립한다.

③ 관련 판례

가. 변경 전 판례

종래 제재적 처분기준의 대외적구속력 여부를 기준으로 법규명령의 효력을 가지는 경우 소의 이익을 긍정하고 행정규칙의 효력을 가지는 경우 소의 이익을 부정하였다.

나. 변경된 판례(대법원 2006.6.22. 선고 2003두1684 전원합의체 판결)

<다수의견> 법규명령인지 여부와 상관없이 현실적 권리보호의 필요성을 기준으로 소의 이익을 긍정하여야 한다고 판시하였다.

<별개의견>은 부령인 제재적 처분기준의 법규성을 인정하는 이론적 기초 위에서 소의 이익을 긍정함이 법리적으로 더욱 합당하다고 하였다.

[다수의견] 제재적 행정처분이 그 처분에서 정한 제재기간의 경과로 인하여 그 효과가 소멸되었으나, 부령인 시행규칙 또는 지방자치단체의 규칙(이하 이들을 '규칙'이라고 한다)의 형식으로 정한 처분기준에서 제재적 행정처분(이하 '선행처분'이라고 한다)을 받은 것을 가중사유나 전제요건으로 삼아 장래의 제재적 행정처분(이하 '후행처분'이라고 한다)을 하도록 정하고 있는 경우, 제재적 행정처분의 가중사유나 전제요건에 관한 규정이 법령이 아니라 규칙의 형식으로 되어 있다고 하더라도, 그러한 규칙이 법령에 근거를 두고 있는 이상 그 법적 성질이 대외적·일반적 구속력을 갖는 법규명령인지 여부와는 상관없이, 관할 행정청이나 담당공무원은 이를 준수할 의무가 있으므로 이들이 그 규칙에 정해진 바에 따라 행정작용을 할 것이 당연히 예견되고, 그 결과 행정작용의 상대방인 국민으로서는 그 규칙의 영향을 받을 수밖에 없다. 따라서 그러한 규칙이 정한 바에 따라 선행처분을 받은 상대방이 그 처분의 존재로 인하여 장래에 받을 불이익, 즉 후행처분의 위험은 구체적이고 현실적인 것이므로, 상대방에게는 선행처분의 취소소송을 통하여 그 불이익을 제거할 필요가 있다. 또한, 나중에 후행처분에 대한 취소소송에서 선행처분의 사실관계나 위법 등을 다툴 수 있는 여지가 남아 있다고 하더라도, 이러한 사정은 후행처분이 이루어지기 전에 이를 방지하기 위하여 직접 선행처분의 위법을 다투는 취소소송을 제기할 필요성을 부정할 이유가 되지 못한다. 그러한 쟁송방법을 막는 것은 여러 가지 불합리한 결과를 초래하여 권리구제의 실효성을 저해할 수 있기 때문이다. 오히려 앞서 본 바와 같이 행정청으로서는 선행처분이 적법함을 전제로 후행처분을 할 것이 당연히 예견되므로, 이러한 선행처분으로 인한 불이익을 선행처분 자체에 대한 소송에서 사전에 제거할 수 있도록 해 주는 것이 상대방의 법률상 지위에 대한 불안을 해소하는 데 가장 유효적절한 수단이 된다고 할 것이고, 또한 그 소송을 통하여 선행처분의 사실관계 및 위법 여부가 조속히 확정됨으로써 이와 관련된 장래의 행정작용의 적법성을 보장함과 동시에 국민생활의 안정을 도모할 수 있다. 이상의 여러 사정과 아울러, 국민의 재판청구권을 보장한 헌법 제27조 제1항의 취지와 행정처분으로 인한 권익침해를 효과적으로 구제하려는 행정소송법의 목적 등에 비추어 행정처분의 존재로 인하여 국민의 권익이 실제로 침해되고 있는 경우는 물론이고 권익침해의 구체적·현실적 위험이 있는 경우에도 이를 구제하는 소송이 허용되어야 한다는 요청을 고려하면, 규칙이 정한 바에 따라 선행처분을 가중사유 또는 전제요건으로 하는 후행처분을 받을 우려가 현실적으로 존재하는 경우에는, 선행처분을 받은 상대방은 비록 그 처분에서 정한 제재기간이 경과하였다 하더라도 그 처분의 취소소송을 통하여 그러한 불이익을 제거할 권리보호의 필요성이 충분히 인정된다고 할 것이므로, 선행처분의 취소를 구할 법률상 이익이 있다고 보아야 한다.

[대법관 이강국의 별개의견] 다수의견은, 제재적 행정처분의 기준을 정한 부령인 시행규칙의 법적 성질에 대하여는 구체적인 논급을 하지 않은 채, 시행규칙에서 선행처분을 받은 것을 가중사유나 전제요건으로 하여 장래 후행처분을 하도록 규정하고 있는 경우, 선행처분의 상대방이 그 처분의 존재로 인하여 장래에 받을 불이익은 구체적이고 현실적이라는 이유로, 선행처분에서 정한 제재기간이 경과한 후에도 그 처분의 취소를 구할 법률상 이익이 있다고 보고 있는바, 다수의견이 위와 같은 경우 선행처분의 취소를 구할 법률상 이익을 긍정하는 결론에

는 찬성하지만, 그 이유에 있어서는 부령인 제재적 처분기준의 법규성을 인정하는 이론적 기초 위에서 그 법률상 이익을 긍정하는 것이 법리적으로는 더욱 합당하다고 생각한다. 상위법령의 위임에 따라 제재적 처분기준을 정한 부령인 시행규칙은 헌법 제95조에서 규정하고 있는 위임명령에 해당하고, 그 내용도 실질적으로 국민의 권리의무에 직접 영향을 미치는 사항에 관한 것이므로, 단순히 행정기관 내부의 사무처리준칙에 지나지 않는 것이 아니라 대외적으로 국민이나 법원을 구속하는 법규명령에 해당한다고 보아야 한다(대법원 2006.6.22. 선고 2003두1684 전원합의체 판결[영업정지처분취소]).

④ **검토**

법규성을 부정하더라도 원고가 가중된 제재처분을 받을 불이익의 가능성은 여전히 존재하므로 법적 성질에 대한 논의와 무관하게 현실적으로 불이익을 받을 가능성이 있는지를 기준으로 권리보호필요성을 판단하는 견해가 타당하다.

(5) 피고적격

행정소송법 제13조(피고적격)
① 취소소송은 다른 법률에 특별한 규정이 없는 한 그 처분등을 행한 행정청을 피고로 한다. 다만, 처분등이 있은 뒤에 그 처분등에 관계되는 권한이 다른 행정청에 승계된 때에는 이를 승계한 행정청을 피고로 한다.
② 제1항의 규정에 의한 행정청이 없게 된 때에는 그 처분등에 관한 사무가 귀속되는 국가 또는 공공단체를 피고로 한다.

1) 피고적격의 의의

피고적격이란 구체적인 소송에서 피고로서 소송을 수행하여 본안판결을 받을 수 있는 자격을 말하는 것으로서, 행정소송법은 소송수행의 편의를 위하여 당사자능력이 없는 단순한 행정기관에 불과한 행정청에게 피고적격을 인정하고 있다(제13조 제1항).

2) 행정청의 의미

취소소송은 다른 법률에 특별한 규정이 없는 한 그 처분 등을 행한 행정청, 즉 처분청을 피고로 하여 제기한다. 행정청이란 국가 또는 공공단체의 기관으로 국가나 공공단체의 의사를 결정하여 외부에 표시할 수 있는 권한, 즉 처분권한을 가진 기관을 말한다.

3) 예외

① <대통령이 처분청인 경우> 각각의 소속장관이 피고가 된다.
② <권한의 위임·위탁인 경우> 권한을 받아 처분을 행한 수임·수탁청이 피고가 된다.
③ <권한의 대리나 내부위임인 경우> 대리관계를 밝히고 처분을 한 경우 피대리관청이 처분청으로 피고가 되나, 대리관계를 밝히지 않은 경우 해당 행정청이 피고가 된다.

④ <권한이 다른 행정청에 승계된 때> 승계한 행정청이 피고가 된다.

⑤ <처분청이나 재결청이 없게 된 때> 처분 등에 관한 사무가 귀속되는 국가 또는 공공단체가 피고가 된다.

4) 피고의 경정

① 의의 및 취지

피고의 경정이란 피고로 지정된 자를 소송 중에 다른 자로 변경하거나 추가하는 것을 말하며, 행정효율성 도모에 그 취지가 있다(행정소송법 제14조).

② 행정소송법 제14조와 효과

행정소송법 제14조 제1항은 "원고가 피고를 잘못 지정한 때에는 법원은 원고의 신청에 의하여 결정으로써 피고의 경정을 허가할 수 있다."고 규정하고 있다. 허가가 있으면 신소제기 시 구소가 취하된 것으로 보며, 피고경정은 사실심 종결 시까지만 가능하고, 신청 각하 시에는 즉시 항고할 수 있다.

③ 피고경정이 허용되는 경우

원고가 피고를 잘못 지정한 경우(법 제14조 제1항), 행정청의 권한이 다른 행정청에 승계되거나 행정청이 없게 된 경우(법 제14조 제6항), 소의 종류의 변경이 있는 경우(법 제21조, 제42조)에 피고경정이 허용된다.

(6) 제소기간

행정소송법 제20조(제소기간)

① 취소소송은 처분등이 있음을 안 날부터 90일 이내에 제기하여야 한다. 다만, 제18조 제1항 단서에 규정한 경우와 그 밖에 행정심판청구를 할 수 있는 경우 또는 행정청이 행정심판청구를 할 수 있다고 잘못 알린 경우에 행정심판청구가 있은 때의 기간은 재결서의 정본을 송달받은 날부터 기산한다.

② 취소소송은 처분등이 있은 날부터 1년(제1항 당서의 경우는 재결이 있은 날부터 1년)을 경과하면 이를 제기하지 못한다. 다만, 정당한 사유가 있는 때에는 그러하지 아니하다.

③ 제1항의 규정에 의한 기간은 불변기간으로 한다.

1) 의의

제소기간이란 처분의 상대방 등이 소송을 제기할 수 있는 시간적 간격을 말한다. 제소기간이 경과하면 해당 처분에 불가쟁력이 발생하며, 어떠한 소송이 제소기간을 준수하였는지 여부는 소송요건으로서 법원의 직권조사사항에 속한다.

2) 제소기간의 판단

① 안 날부터 90일(제20조 제1항)

처분 등이 있음을 안 날로부터 90일 이내에 제기해야 한다. 다만, 행정심판을 거친 경우에는 행정심판 재결서 정본을 송달받은 날로부터 90일을 기산한다. 상기의 90일은 불변기간으로 하며(제20조 제3항), 법원은 이 기간을 늘리거나 줄일 수 없다.

> **판례**
>
> **[1]** 통상 고시 또는 공고에 의하여 행정처분을 하는 경우에는 그 처분의 상대방이 불특정 다수인이고 그 처분의 효력이 불특정 다수인에게 일률적으로 적용되는 것이므로, 행정처분에 이해관계를 갖는 자가 고시 또는 공고가 있었다는 사실을 현실적으로 알았는지 여부에 관계없이 고시가 효력을 발생하는 날에 행정처분이 있음을 알았다고 보아야 한다(대법원 2001.7.27. 선고 99두9490 판결).
>
> **[2]** 통상 고시 또는 공고에 의하여 행정처분을 하는 경우에는 그 처분의 상대방이 불특정 다수인이고 그 처분의 효력이 불특정 다수인에게 일률적으로 적용되는 것이므로, 그 행정처분에 이해관계를 갖는 자가 고시 또는 공고가 있었다는 사실을 현실적으로 알았는지 여부에 관계없이 고시가 효력을 발생하는 날 행정처분이 있음을 알았다고 보아야 한다(대법원 2007.6.14. 선고 2004두619 판결[청소년유해매체물결정 및 고시처분무효확인]).

② 있은 날부터 1년(제20조 제2항)

취소소송은 처분 등이 있은 날로부터 1년을 경과하면 이를 제기하지 못한다. "처분 등이 있은 날"이란 처분이 외부에 표시되어 효력이 발생한 날을 의미한다. 행정심판을 거친 경우에는 재결이 있은 날로부터 1년 내에 소송을 제기하여야 하며, "재결이 있은 날"이란 재결의 효력이 발생한 날로서 재결서 정본을 송달받은 날이 된다. 또한 정당한 사유가 있으면 1년이 경과한 후에도 제소할 수 있다.

> **판례**
>
> 헌법재판소법 제40조 제1항에 의하여 준용되는 행정소송법 제20조 제2항에 의하여 '정당한 사유'가 있는 경우에는 청구기간의 경과에도 불구하고 헌법소원 심판청구는 적법하다(헌법재판소 1993.7.29. 선고 89헌마31 전원재판부 참조). 여기에서 정당한 사유라 함은 청구기간 도과의 원인 등 여러 가지 사정을 종합하여 지연된 심판청구를 허용하는 것이 사회통념상으로 보아 상당한 경우를 뜻하는 것으로 민사소송법 제173조 제1항 소정의 '당사자가 그 책임을 질 수 없는 사유'나 행정심판법 제27조 제2항 소정의 '천재지변, 전쟁, 사변 그 밖의 불가항력적인 사유'보다는 넓은 개념이라고 할 것이므로, 일반적으로 천재지변 기타 피할 수 없는 사정과 같은 객관적 불능의 사유와 이에 준할 수 있는 사유뿐만 아니라 일반적 주의를 다하여도 그 기간을 준수할 수 없는 사유를 포함한다고 할 것이다(헌법재판소 2020.7.7. 자 2020헌마828 결정).

③ 행정소송법 제20조 제1항과 제2항과의 관계

처분이 있음을 안 날과 처분이 있은 날 중 어느 하나의 기간만이라도 경과하면 소를 제기할 수 없다.

④ 이의신청을 거쳐 취소소송을 제기하는 경우

이의신청을 거쳐 취소소송을 제기하는 경우에는 행정기본법 제36조 제4항에 따라 이의신청에 대한 결과를 통지받은 날부터 90일 이내에 취소소송을 제기할 수 있다.

■ 개별공시지가 결정의 효력발생일과 제소기간

① 개별공시지가의 효력발생일 : 개별공시지가결정은 행정편의상 일단의 각 개별토지에 대한 가격결정을 일괄하여 행정기관 게시판에 결정·공시하여 고지하는 것일 뿐 그 처분의 효력은 각각의 토지소유자에 대하여 각별로 발생하는 것이므로 개별공시지가결정의 결정·공시는 결정·공시일로부터 그 효력을 발생하지만 처분 상대방인 토지소유자가 그 결정·공시일에 개별공시지가결정이 있음을 알았다고까지 의제할 수는 없다고 판시(대판 1993.12.24. 선고 92누17204 판결)한 바 있다.

② 개별공시지가의 결정공시방법 : 부동산가격공시법에서는 개별공시지가에 대하여 개별통지(부동산공시법 시행령 제21조 제3항)를 할 수 있는 규정을 두고 있으나 3,600만여 필지의 개별공시지가를 모두 개별 통지하기는 현실적으로 어려움이 있어 동법 시행령 제21조 제2항에서 시장·군수 또는 구청장은 개별공시지가를 공시할 때에는 해당 시·군 또는 구의 게시판 또는 인터넷 홈페이지에 게시하여야 한다고 규정하고 있다.

③ 개별공시지가결정에 대한 제소기간 : 따라서 개별공시지가의 제소기간에 대한 판단은 해당 시·군 또는 구의 게시판 또는 인터넷 홈페이지에 게시하고 매년 전국적으로 반복적인 행위를 하기 때문에 개별공시지가의 결정·공시일이 효력발생일인 만큼 대법원2004두619판결을 논거로 결정·공시일을 안 날로 간주하여 제소기간을 기산하도록 하고, 현장실무에서는 부동산가격공시알리미 사이트를 통해 개별공시지가의 열람과 의견청취를 할 수 있도록 제도화하였다.

○ 개별토지가격결정에 있어서는 그 처분의 고지방법에 있어 개별토지가격합동조사지침(국무총리훈령 제248호)의 규정에 의하여 행정편의상 일단의 각 개별토지에 대한 가격결정을 일괄하여 읍·면·동의 게시판에 공고하는 것일 뿐 그 처분의 효력은 각각의 토지 또는 각각의 소유자에 대하여 각별로 효력을 발생하는 것이므로 개별토지가격결정의 공고는 공고일로부터 그 효력을 발생하지만 처분 상대방인 토지소유자 및 이해관계인이 공고일에 개별토지가격결정처분이 있음을 알았다고까지 의제할 수는 없어 결국 개별토지가격결정에 대한 재조사 또는 행정심판의 청구기간은 처분 상대방이 실제로 처분이 있음을 안 날로부터 기산하여야 할 것이나, 시장, 군수 또는 구청장이 개별토지가격결정을 처분 상대방에 대하여 별도의 고지절차를 취하지 않는 이상 토지소유자 및 이해관계인이 위 처분이 있음을 알았다고 볼 경우는 그리 흔치 않을 것이므로, 특별히 위 처분을 알았다고 볼만한 사정이 없는 한 개별토지가격결정에 대한 재조사청구 또는 행정심판청구는 행정심판법 제18조 제3항 소정의 처분이 있은 날로부터 180일 이내에 이를 제기하면 된다(대법원 1993.12.24. 선고 92누17204 판결[개별토지가격결정처분취소]).

○ 통상 고시 또는 공고에 의하여 행정처분을 하는 경우에는 그 처분의 상대방이 불특정 다수인이고 그 처분의 효력이 불특정 다수인에게 일률적으로 적용되는 것이므로, 그 행정처분에 이해관계를 갖는 자가 고시 또는 공고가 있었다는 사실을 현실적으로 알았는지 여부에 관계없이 고시가 효력을 발생하는 날 행정처분이 있음을 알았다고 보아야 한다(대법원 2007.6.14. 선고 2004두619 판결[청소년유해매체물결정 및 고시처분무효확인]).

■ 개별공시지가 직권정정과 이의신청 정정의 제소기간

① 개별공시지가 정정 불가 결정 통지는 관념의 통지 - 항고소송의 대상이 되는 처분이 아니다.

대법원 2002.2.5. 선고 2000두5043 판결[개별공시지가정정불가처분취소]

【판시사항】

개별토지가격합동조사지침 제12조의3 소정의 개별공시지가 경정결정신청에 대한 행정청의 정정불가 결정 통지가 항고소송의 대상이 되는 처분인지 여부(소극)

【판결요지】

개별토지가격합동조사지침(1991.3.29. 국무총리훈령 제248호로 개정된 것) 제12조의3은 행정청이 개별토지가격결정에 위산·오기 등 명백한 오류가 있음을 발견한 경우 직권으로 이를 경정하도록 한 규정으로서 토지소유자 등 이해관계인이 그 경정결정을 신청할 수 있는 권리를 인정하고 있지 아니하므로, 토지소유자 등의 토지에 대한 개별공시지가 조정신청을 재조사청구가 아닌 경정결정신청으로 본다고 할지라도, 이는 행정청에 대하여 직권발동을 촉구하는 의미밖에 없으므로, 행정청이 위 조정신청에 대하여 정정불가 결정 통지를 한 것은 이른바 관념의 통지에 불과할 뿐 항고소송의 대상이 되는 처분이 아니다.

---

② 개별공시지가 직권정정 소급효 : 공시기준일에 소급하여 효력이 발생한다.

○ 의견변경 : 개별공시지가의 직권정정을 통지한 경우에 제소기간의 기산일 : 새로운 개별공시지가 직권정정통지서를 받은 날/통지를 하지 않고 결정공시만 하는 경우(이것이 최근 일반적임)에는 정정결정공시한 날 효력이 발생하고, 제소기간도 정정결정공시한 날

○ 국토부에서 2012년에 개별공시지가 결정통지문을 폐지하였고, 지방자치단체도 거의 대부분이 폐지된 시점에서 실무적으로 현재는 시군구 게시판(인터넷 홈페이지 - 부동산가격공시알리미서비스)에 30일간 결정공시를 한다. 그렇다면 이때의 효력발생일과 제소기간은 개별공시지가의 원래 취지와 같이 정정결정공시일에 효력이 발생하고(1월 1일 공시기준일에 소급효) 제소기간은 일반처분 대법원 2004두619 판결과 같이 제소기간은 정정결정공시일에 발생하는 것으로 보는 것이 타당하다고 판단된다.

최초 결정공시일로 볼 경우에는 지나치게 당사자에게 권익이 침해되는 결과를 초래한다고 볼 수 있기 때문에 개별공시지가를 직권정정한 경우에 당사자에게 직권정정통지서를 발송한 경우 개별토지소유자를 이를 수령한 날을 안 날로 보아 90일 이내에 행정심판 또는 행정소송으로 보는 것이 타당하다고 생각된다(최근에는 개별공시지가 결정통지문이 폐지되어 해당 시군구 게시판에 정정결정공시되었다면 개별공시지가 정정결정공시일을 새로운 효력발생일로 보고 제소기간 기산점으로 보는 것이 타당하다고 보인다).

(실무적으로는 이에 대한 이론이 있지만 경기도 행정심판위원회에서 2013년도 행정심판으로 받아준 전례가 있어 각 지방자치단체에 이와 동일하게 행정쟁송을 제기할 수 있도록 하는 것이 국민의 권익구제에 도움이 될 것으로 판단된다.)

00군 고시 제2023-00호

개별공시지가 정정 공시

『부동산 가격공시에 관한 법률』제12조(개별공시지가의 정정) 규정에 따라 개별공시지가를 정정·결정하였음을 공시합니다.

2023년 3월 30일

○ ○ 군 수(직인생략)

○ 정정기준일: 2022.1.1.
○ 공시기간: 2023.3.30. ~ 4.30.
○ 공시내용: 개별공시지가 직권정정 1건(북면 월학리)
○ 문의: 인제군청 0000(☎000-0000)

정정지가 세부내역

토지 소재지	지번	지목	면적 (㎡)	당초지가 (원/㎡)	변경지가 (원/㎡)	정정사유	기준일
북면 월학리	산00	임야	12,095	11,900	939	오기정정	2022.1.1.

대법원 1994.10.7. 선고 93누15588 판결[토지초과이득세부과처분취소]

【판시사항】

가. 과세처분 등 행정처분의 취소를 구하는 행정소송에서 선행처분인 개별공시지가결정의 위법을 독립된 위법사유로 주장할 수 있는지 여부

나. 토지특성조사의 착오가 명백하여야만 개별토지가격경정결정을 할 수 있는지 여부

다. 개별토지가격이 경정되면 당초 공시기준일에 소급하여 효력이 발생하는지 여부

【판결요지】

가. 개별토지가격의 결정에 위법이 있는 경우에는 그 자체를 행정소송의 대상이 되는 행정 처분으로 보아 그 위법 여부를 다툴 수 있음은 물론 이를 기초로 한 과세처분 등 행정 처분의 취소를 구하는 행정소송에서도 선행처분인 개별토지가격결정의 위법을 독립된 위법사유로 주장할 수 있다.

나. 개별토지가격합동조사지침 제12조의3에 의하면 토지특성조사의 착오 기타 위산·오기 등 지가산정에 명백한 잘못이 있을 경우에는 시장·군수 또는 구청장이 지방토지평가 위원회의 심의를 거쳐 경정결정할 수 있고, 다만, 경미한 사항일 경우에는 지방토지평 가위원회의 심의를 거치지 아니할 수 있다고 규정되어 있는바, 여기서 토지특성조사의 착오 또는 위산·오기는 지가산정에 명백한 잘못이 있는 경우의 예시로서 이러한 사유 가 있으면 경정결정할 수 있는 것으로 보아야 하고 그 착오가 명백하여야 비로소 경정 결정할 수 있다고 해석할 것은 아니다.

다. 개별토지가격이 지가산정에 명백한 잘못이 있어 경정결정 공고되었다면 당초에 결정 공고된 개별토지가격은 그 효력을 상실하고 경정결정된 새로운 개별토지가격이 공시 기준일에 소급하여 그 효력을 발생한다.

■ 행정청은 이 사건 각 토지에 대한 개별공시지가를 재검토한 바, 감정평가법인의 검증 을 마치고, 부동산평가위원회의 심의를 거쳐 이 사건 각 토지 일부에 대하여 당초 가 격을 정정결정·공시하고 청구인에게 통지하였다(출처 : 경기도 행정심판위원회 2013년도 재결례).

사건
2013 경행심 1345 개별공시지가 정정결정처분 취소청구

1. 사건개요

청구인은 ○○시 ○○면 ○○○리 ○○○-○ 외 8건 토지(○○○-○, ○○○-○○, ○○○-○○, ○○○-○○, ○○○-○○, ○○○-○○, ○○○, ○○○-○)(이하 '이 사건 각 토지'라 한다)의 소유자이고, 피청구인은 2013.5.31. 청구인에게 2013.1.1. 기준 개별공시지가에 대해 이 사건 각 토지의 산정지가를 결정하여 통보하였다. 이에 청구인은 이의신청기간(2013.5.31. ~ 2013.7.1.)이 경과된 2013.9.26. 전화로 개별공시지 가가 너무 높다는 민원을 제기하였다.

이에 피청구인은 이 사건 각 토지에 대한 개별공시지가를 재검토한 바, 일부 토지특성 에 착오사항이 발견하여 「개별공시지가 검증업무 처리지침」 제18조 및 제19조에 따라 감정평가법인의 검증을 마치고, ○○시 부동산평가위원회의 심의를 거쳐 2013.10.31. 이 사건 각 토지 일부에 대하여 당초 가격을 정정결정·공시(이하 '이 사건 각 처분'이 라 한다)하고 청구인에게 통지하였다.

2. 청구취지

피청구인이 2013.10.31. 청구인(이하 亡夫 ○○○ 포함)에게 한 개별공시지가 정정결정처분을 취소한다.

3. 주문

청구인의 청구중 4개 필지(○○○, ○○○-○, ○○○-○○, ○○○-○○)에 대한 부분은 각하하고, 4개 필지(○○○-○, ○○○-○, ○○○-○○, ○○○-○○)에 대한 부분은 기각하고, ○○○-○○에 대한 부분은 이유가 있으므로 이를 인용한다.

③ 개별공시지가 (이의신청과 행정심판) 행정소송에 대한 제소기간 논거는 대법원 2008두19987 판결을 쓰면 된다.

대법원 2010.1.28. 선고 2008두19987 판결[개별공시지가결정처분취소]

【판시사항】

개별공시지가에 대하여 이의가 있는 자가 행정심판을 거쳐 행정소송을 제기하는 경우 제소기간의 기산점

【판결요지】

부동산 가격공시 및 감정평가에 관한 법률 제12조, 행정소송법 제20조 제1항, 행정심판법 제3조 제1항의 규정 내용 및 취지와 아울러 부동산 가격공시 및 감정평가에 관한 법률에 행정심판의 제기를 배제하는 명시적인 규정이 없고 부동산 가격공시 및 감정평가에 관한 법률에 따른 이의신청과 행정심판은 그 절차 및 담당 기관에 차이가 있는 점을 종합하면, 부동산 가격공시 및 감정평가에 관한 법률이 이의신청에 관하여 규정하고 있다고 하여 이를 행정심판법 제3조 제1항에서 행정심판의 제기를 배제하는 '다른 법률에 특별한 규정이 있는 경우'에 해당한다고 볼 수 없으므로, 개별공시지가에 대하여 이의가 있는 자는 곧바로 행정소송을 제기하거나 부동산 가격공시 및 감정평가에 관한 법률에 따른 이의신청과 행정심판법에 따른 행정심판청구 중 어느 하나만을 거쳐 행정소송을 제기할 수 있을 뿐 아니라, 이의신청을 하여 그 결과 통지를 받은 후 다시 행정심판을 거쳐 행정소송을 제기할 수도 있다고 보아야 하고, 이 경우 행정소송의 제소기간은 그 행정심판 재결서 정본을 송달받은 날부터 기산한다.

④ 개별공시지가의 이의신청에 따른 제소기간 : 행정기본법 제36조 제4항 이의신청 결과통지서를 받은 날로부터 90일 제소기간

행정기본법 제36조(처분에 대한 이의신청)

① 행정청의 처분(「행정심판법」 제3조에 따라 같은 법에 따른 행정심판의 대상이 되는 처분을 말한다. 이하 이 조에서 같다)에 이의가 있는 당사자는 처분을 받은 날부터 30일 이내에 해당 행정청에 이의신청을 할 수 있다.

② 행정청은 제1항에 따른 이의신청을 받으면 그 신청을 받은 날부터 14일 이내에 그 이의 신청에 대한 결과를 신청인에게 통지하여야 한다. 다만, 부득이한 사유로 14일 이내에 통지할 수 없는 경우에는 그 기간을 만료일 다음 날부터 기산하여 10일의 범위에서 한 차례 연장할 수 있으며, 연장 사유를 신청인에게 통지하여야 한다.

③ 제1항에 따라 이의신청을 한 경우에도 그 이의신청과 관계없이「행정심판법」에 따른 행정심판 또는「행정소송법」에 따른 행정소송을 제기할 수 있다.

④ 이의신청에 대한 결과를 통지받은 후 행정심판 또는 행정소송을 제기하려는 자는 그 결과를 통지받은 날(제2항에 따른 통지기간 내에 결과를 통지받지 못한 경우에는 같은 항에 따른 통지기간이 만료되는 날의 다음 날을 말한다)부터 90일 이내에 행정심판 또는 행정소송을 제기할 수 있다.

00군 공고 제2024 - 00호

2024년 1월 1일 기준 개별공시지가 재결정 · 공시

부동산 가격공시에 관한 법률 제11조 규정에 의해 접수된 이의신청 토지에 대하여 인제군 부동산평가위원회의 심의를 거쳐 2024년 1월 1일 기준 개별공시지가를 다음과 같이 재결정·공시합니다.

2024년 7월 29일

0 0 군 수

1. 개별공시지가 재결정에 관한 사항
   가. 공 시 기 준 일　　　 : 2024년 1월 1일
   나. 재 결 정 일　　　　 : 2024년 7월 29일
   다. 개별토지 단위면적　 : 원/㎡
   라. 지가 재결정 필지수(이의신청) : 81필지

2. 공시사항
   가. 재결정된 개별공시지가는 토지소유자에게 개별통지(재결정통지문)
   나. 지가 재결정 내역서 확인 : 군청 게시판 게첨
   다. 재결정된 개별공시지가에 대하여 불복할 경우에는 행정소송법 제20조의 규정에 의거 처분이 있음을 안 날부터 90일 이내에 행정소송을 제기할 수 있으며, 처분이 있는 날부터 1년이 경과하면 행정소송을 제기할 수 없음을 알려드립니다.

3. 문의사항
   00군청 0000 (☎ 000-000-0000) 문의하시기 바랍니다.

⑤ 정부입법에 의한 행정기본법 제36조 처분에 대한 이의신청 제도 정비(변경처분은 변경처분이 소송의 대상, 기각된 경우에는 원처분이 소송의 대상)
(안 제36조 제4항 및 제5항 개정안)

현행	개정안
제36조(처분에 대한 이의신청) ① ~ ③ (생략)	제36조(처분에 대한 이의신청) ① ~ ③ (현행과 같음)
④ 이의신청에 대한 결과를 통지받은 후 행정심판 또는 행정소송을 제기하려는 자는 그 결과를 통지받은 날(제2항에 따른 통지기간 내에 결과를 통지받지 못한 경우에는 같은 항에 따른 통지기간이 만료되는 날의 다음 날을 말한다)부터 90일 이내에 행정심판 또는 행정소송을 제기할 수 있다.	④ -- 90일 이내에 제1항의 처분(이의신청 결과 처분이 변경된 경우에는 변경된 처분으로 한다)에 대하여 -----------
<신설>	⑤ 행정청은 제2항 또는 다른 법률에 따라 이의신청에 대한 결과를 통지할 때에는 대통령령으로 정하는 바에 따라 제4항에 따른 행정심판 또는 행정소송을 제기할 수 있는 기간 등 행정심판 또는 행정소송의 제기에 관한 사항을 함께 안내하여야 한다. 다만, 이의신청에 대한 결과를 통지하기 전에 이미 신청인이 행정심판 또는 행정소송을 제기한 경우에는 안내하지 아니할 수 있다.

> 개정안: 90일 이내에 제1항의 처분(이의신청 결과 처분이 변경된 경우에는 변경된 처분으로 한다)에 대하여.....

이의신청에 대한 행정청의 결정에 대해 불복하는 경우 원처분과 이의신청에 대한 결정 중 어느 것을 대상으로 행정쟁송을 제기할 것인가에 대해서는 학계의 의견이 대립되는 부분이 존재함. 이의신청의 인용결정은 이의신청인의 권리의무에 변동을 가져오고 원처분을 대체하는 새로운 처분이므로 당연히 대상적격을 가진다는 것이 통설의 입장이다.

그러나 이의신청에 대한 기각 또는 각하결정에 대해서는 기존의 원처분의 결론을 그대로 유지하는 것이고 이의신청인의 권리·의무에 새로운 변동을 가져오는 공권력의 행사나 이에 준하는 행정작용으로 볼 수 없다는 점에서 기각 또는 각하결정의 통지는 단순한 사실행위로 대상적격을 부정하는 것이 다수설과 판례(대법원 2012.11.15. 선고 2010두8676 판결)의 입장임. 반면, 대상적격을 인정하는 견해는 이의신청 결정은 별도의 절차에서 인정된 행정작용으로 이를 독립된 대상적격으로 인정하지 못할 바는 없다는 것을 근거로 하고 있다[10].

이처럼 학계에서도 의견이 나뉘는바 일반국민이 행정쟁송의 대상적격에 대해 알기 어렵다는 점에서 개정안은 다수설 및 판례의 입장과 같이 처분에 대한 이의신청 결과를 통지받고 행정심판 또는 행정소송을 제기하는 경우에는 '제1항의 원처분'이 대상이고, 예외적으로 처분이 변경된 경우에 한하여 변경된 처분의 대상적격을 인정한다는 것을 법문으로 명확히 하려는 것으로 그 취지의 타당성이 인정된다고 할 것임.

안 제36조 제5항은 현행 제36조 제4항에 따라 이의신청인은 이의신청 결과를 통지받은 날부터 90일 이내에 행정심판 또는 행정소송을 제기할 수 있는바 이의신청인이 행정청으로부터 결과통지를 받을 때 이 사실을 함께 안내하도록 하여 국민의 권리구제를 강화하려는 것으로 타당성이 인정된다고 할 것이다.[11]

○ **참고판례 : 대법원 2012.11.15. 선고 2010두8676 판결[주택건설사업승인불허가처분취소등]**

【판시사항】

[1] 민원사항에 대한 행정기관의 장의 거부처분에 불복하여 민원사무처리에 관한 법률 제18조 제1항에 따라 이의신청을 한 경우, 이의신청에 대한 결과를 통지받은 날부터 취소소송의 제소기간이 기산되는지 여부(소극) 및 위 이의신청 절차가 헌법 제27조에서 정한 재판청구권을 침해하는지 여부(소극)

[2] 민원사무처리에 관한 법률 제18조 제1항에서 정한 '거부처분에 대한 이의신청'을 받아들이지 않는 취지의 기각 결정 또는 그 취지의 통지가 항고소송의 대상이 되는지 여부(소극)

【판결요지】

[1] 행정소송법 제18조 내지 제20조, 행정심판법 제3조 제1항, 제4조 제1항, 민원사무처리에 관한 법률(이하 '민원사무처리법'이라 한다) 제18조, 같은 법 시행령 제29조 등의 규정들과 그 취지를 종합하여 보면, 민원사무처리법에서 정한 민원 이의신청의 대상인 거부처분에 대하여는 민원 이의신청과 상관없이 행정심판 또는 행정소송을 제기할 수 있으며, 또한 민원 이의신청은 민원사무처리에 관하여 인정된 기본사항의 하나로 처분청으로 하여금 다시 거부처분에 대하여 심사하도록 한 절차로서 행정심판법에서 정한 행정심판과는 성질을 달리하고 또한 사안의 전문성과 특수성을 살리기 위하여 특별한 필요에 따라 둔 행정심판에 대한 특별 또는 특례 절차라 할 수도 없어 행정소송법에서 정한 행정심판을 거친 경우의 제소기간의 특례가 적용된다고 할 수도 없으므로, 민원 이의신청에 대한 결과를 통지받은 날부터 취소소송의 제소기간이 기산된다고 할 수 없다. 그리고 이와 같이 민원 이의신청 절차와는 별도로 그 대상이 된 거부처분에 대하여 행정심판 또는 행정소송을 제기할 수 있도록 보장하고 있는 이상, 민원 이의신청 절차에 의하여 국민의 권익 보호가 소홀하게 된다거나 헌법 제27조에서 정한 재판청구권이 침해된다고 볼 수도 없다.

---

10) 황창근, "이의신청에 대한 행정청의 결정과 그에 대한 불복", 홍익법학 제25권 제1호(2024)
11) 국회 법사위원회 행정기본법 일부개정법률안에 대한 검토보고서 일부인용함.

[2] 민원사무처리에 관한 법률(이하 '민원사무처리법'이라 한다) 제18조 제1항에서 정한 거부처분에 대한 이의신청(이하 '민원 이의신청'이라 한다)은 행정청의 위법 또는 부당한 처분이나 부작위로 침해된 국민의 권리 또는 이익을 구제함을 목적으로 하여 행정청과 별도의 행정심판기관에 대하여 불복할 수 있도록 한 절차인 행정심판과는 달리, 민원사무처리법에 의하여 민원사무처리를 거부한 처분청이 민원인의 신청 사항을 다시 심사하여 잘못이 있는 경우 스스로 시정하도록 한 절차이다. 이에 따라, 민원 이의신청을 받아들이는 경우에는 이의신청 대상인 거부처분을 취소하지 않고 바로 최초의 신청을 받아들이는 새로운 처분을 하여야 하지만, 이의신청을 받아들이지 않는 경우에는 다시 거부처분을 하지 않고 그 결과를 통지함에 그칠 뿐이다. 따라서 이의신청을 받아들이지 않는 취지의 기각 결정 내지는 그 취지의 통지는, 종전의 거부처분을 유지함을 전제로 한 것에 불과하고 또한 거부처분에 대한 행정심판이나 행정소송의 제기에도 영향을 주지 못하므로, 결국 민원 이의신청인의 권리·의무에 새로운 변동을 가져오는 공권력의 행사나 이에 준하는 행정작용이라고 할 수 없어, 독자적인 항고소송의 대상이 된다고 볼 수 없다고 봄이 타당하다(대법원 2012.11.15. 선고 2010두8676 판결[주택건설사업승인불허가처분취소등]).

4. 행정심판 전치주의

(1) 행정심판전치의 의의 및 근거

행정심판전치란 사인이 행정소송의 제기에 앞서 행정청에 대해 먼저 행정심판의 제기를 통해 처분의 시정을 구하고, 그 시정에 불복이 있을 때 소송을 제기하는 것을 말한다. 헌법적 근거는 헌법 제107조 제3항이고, 일반적 근거 규정으로는 행정소송법 제18조가 있다.

(2) 임의적 행정심판전치(원칙)

헌법 제107조 제3항에 따라 행정심판은 임의적 전심절차인 것이 원칙이며, 행정소송법 제18조 제1항 제1문 또한 취소소송은 처분에 대한 행정심판을 제기할 수 있는 경우에도 이를 거치지 아니하고 제기할 수 있다고 규정하고 있다.

(3) 임의적 행정심판전치의 예외

1) 임의적 행정심판전치의 예외 규정

행정소송법 제18조 제1항 단서는 다른 법률에 처분에 대한 행정심판의 재결을 거치지 않으면 취소소송을 제기할 수 없다는 규정이 있는 때에는 반드시 행정심판을 거쳐야 한다고 규정하고 있다.

2) 행정심판의 재결 없이 행정소송을 제기할 수 있는 경우(행정소송법 제18조 제2항)

① 행정심판의 청구가 있은 날로부터 60일이 지나도 재결이 없는 때
② 처분의 집행 또는 절차의 속행으로 생길 중대한 손해를 예방하여야 할 긴급한 필요가 있는 때
③ 법령의 규정에 의한 행정심판기관이 의결 또는 재결을 하지 못할 사유가 있는 때
④ 그 밖의 정당한 사유가 있는 때

3) 행정심판의 제기 없이 행정소송을 제기할 수 있는 경우(행정소송법 제18조 제3항)

① 동종사건에 관하여 이미 행정심판의 기각재결이 있은 때

② 서로 내용상 관련되는 처분 또는 같은 목적을 위하여 단계적으로 진행되는 처분 중 어느 하나가 이미 행정심판의 재결을 거친 때

③ 행정청이 사실심 변론 종결 후 소송의 대상인 처분을 변경하여 해당 변경된 처분에 관하여 소를 제기하는 때

④ 처분을 행한 행정청이 행정심판을 거칠 필요가 없다고 잘못 알린 때

4) 적용범위

행정심판전치주의는 취소소송과 부작위위법확인소송에서 인정되며(행정소송법 제18조 제1항, 제38조 제2항) 무효확인소송에는 적용되지 않는다(행정소송법 제38조 제1항). 무효선언을 구하는 취소소송에서 행정심판전치주의의 요건을 충족하지 않은 경우에는 무효확인소송으로 소의 변경을 하면 된다.

📑🔍 **판례**

[1] 무효선언을 구하는 취소소송은 그 형식이 취소소송이므로 행정심판전치주의가 적용되어야 한다 (대법원 1976.2.24. 선고 75누128 전원합의체 판결[갑종배당소득세과세처분취소]).

[2] 주위적 청구가 무효확인소송이라 하더라도 병합 제기된 예비적 청구가 취소소송인 경우 예비적 청구인 취소소송에 필요적 전치주의의 적용이 있다(대법원 1994.4.29. 선고 93누12626 판결).

5. 재판관할

(1) 재판관할의 의의(행정소송법 제9조)

재판관할이란 법원이 가진 재판권을 행사해야 할 장소적·직무적 범위를 구체적으로 정해놓은 것을 말한다. 즉, 소송사건이나 법원의 종류가 다양하기 때문에 어떤 특정사건을 어느 법원이 담당할 것인지를 정하기 위해 법원 상호 간에 재판권의 범위를 정해야 하는데 그 범위를 정한 것이 관할이다.

(2) 전속관할과 임의관할

전속관할과 임의관할은 배타성 여부에 의한 구분으로서, 전속관할이란 어느 사건에 관하여 특정 법원만 배타적으로 갖는 경우의 관할이며, 임의관할이란 전속관할이 아닌 나머지의 법정관할을 말한다.

(3) 토지관할

1) 의의

토지관할은 있는 곳을 달리하는 같은 종류의 법원 사이에 같은 종류의 직분을 어떻게 배분할 것인지를 정하는 기준으로서, 토지관할은 임의관할에 해당한다.

> 행정소송법 제9조나 제40조에 항고소송이나 당사자소송의 토지관할에 관하여 이를 전속관할로 하는 명문의 규정이 없는 이상 이들 소송의 토지관할을 전속관할이라 할 수 없다(대법원 1994.1.25. 선고 93누18655 판결[토지수용재결처분취소]).

2) 보통재판(행정소송법 제9조 제1항)

보통재판이란 특정인에 대한 일체의 소송사건에 관해서 일반적으로 인정되는 토지관할이다. 행정소송법 제9조 제1항에서는 취소소송의 제1심 관할법원을 '피고의 소재지를 관할하는 행정법원'으로 규정하고 있다.

3) 특별재판(행정소송법 제9조 제3항)

특별재판은 한정된 종류의 사건에 인정되는 토지관할을 말하며, 행정소송법 제9조 제3항에서는 "토지의 수용 기타 부동산 또는 특정의 장소에 관계되는 처분 등에 대한 취소소송은 그 부동산 또는 장소의 소재지 행정법원에 제기할 수 있다"고 하여 특별재판에 관한 규정을 두고 있다.

6. 소의 변경

(1) 소의 변경의 의의 및 종류

소의 변경이란 청구의 변경을 말한다. 청구의 변경에는 행정소송법은 소의 종류의 변경에 관한 규정(제21조)과 처분변경에 따른 소의 변경에 관한 규정(제22조)을 두고 있다.

(2) 소의 종류의 변경(행정소송법 제21조)

행정소송법 제21조(소의 변경)
① 법원은 취소소송을 당해 처분등에 관계되는 사무가 귀속하는 국가 또는 공공단체에 대한 당사자소송 또는 취소소송 외의 항고소송으로 변경하는 것이 상당하다고 인정할 때에는 청구의 기초에 변경이 없는 한 사실심의 변론종결 시까지 원고의 신청에 의하여 결정으로써 소의 변경을 허가할 수 있다.
② 제1항의 규정에 의한 허가를 하는 경우 피고를 달리하게 될 때에는 법원은 새로이 피고로 될 자의 의견을 들어야 한다.
③ 제1항의 규정에 의한 허가결정에 대하여는 즉시항고할 수 있다.
④ 제1항의 규정에 의한 허가결정에 대하여는 제14조 제2항·제4항 및 제5항의 규정을 준용한다.

1) 의의 및 취지

취소소송을 당사자소송 또는 취소소송 이외의 항고소송으로 변경하는 것이 상당하다고 인정할 때에 청구의 기초에 변경이 없는 한 사실심 변론 종결 시까지 원고의 신청에 의하여 결정으로써 소의 변경을 허가할 수 있다. 이는 국민의 권리구제에 그 취지가 있다.

2) 요건

① 청구의 기초에 변경이 없을 것(청구의 기초가 동일할 것), ② 소를 변경하는 것이 상당하다고 인정될 것, ③ 변경의 대상이 되는 소가 사실심에 계속되어 있고, 사실심 변론종결 전일 것, ④ 새로운 소가 적법할 것, ⑤ 원고의 신청이 있을 것을 요건으로 한다.

> **판례**
>
> 공무원퇴직 연금 중 일부 금액에 대한 지급거부의 의사표시를 한 공무원연금관리공단의 회신이 항고소송의 대상인 처분에 해당하는지와 그 처분에 해당되지 않는다고 판단될 경우 그 처분의 취소를 구하는 청구에 미지급 퇴직연금의 직접 지급을 구하는 취지도 포함된 것인지를 석명하여야 한다고 한 사례(대법원 2004.7.8. 선고 2004두244 판결[연금지급청구서반려처분취소])

3) 효과

소의 변경을 허가하는 결정이 확정되면 새로운 소는 제소기간과 관련하여 변경된 소를 제기한 때에 제기된 것으로 본다(제21조 제4항). 변경된 소는 취하된 것으로 보며(제21조 제4항) 변경된 소의 소송자료는 새로운 소의 소송자료가 된다.

4) 불복방법

소의 변경을 허가하는 결정에 대하여 새로운 소의 피고와 변경된 소의 피고는 즉시항고할 수 있다 (제21조 제3항).

> **판례**
>
> 불허가결정에 대하여는 독립하여 항고할 수 없고 종국판결에 대한 상소로써만 다툴 수 있다(대법원 1992.9.25. 선고 92누5096 판결[도시계획결정처분무효확인 등]).

(3) 처분변경으로 인한 소의 변경(행정소송법 제22조)

> **행정소송법 제22조(처분변경으로 인한 소의 변경)**
> ① 법원은 행정청이 소송의 대상인 처분을 소가 제기된 후 변경한 때에는 원고의 신청에 의하여 결정으로써 청구의 취지 또는 원인의 변경을 허가할 수 있다.
> ② 제1항의 규정에 의한 신청은 처분의 변경이 있음을 안 날로부터 60일 이내에 하여야 한다.
> ③ 제1항의 규정에 의하여 변경되는 청구는 제18조 제1항 단서의 규정에 의한 요건을 갖춘 것으로 본다.

1) 의의 및 취지

처분변경으로 인한 소의 변경이란 행정청이 소송의 대상인 처분을 소가 제기된 후 변경한 때에는 원고의 신청에 의하여 법원이 허가를 받아 소를 변경하는 것을 말하며, 무용한 절차 반복 금지, 국민의 권리구제에 취지가 있다.

2) 요건

① 소 제기 후 처분의 변경이 있을 것 (행정소송법 제22조 제1항), ② 처분의 변경이 있음을 안 날로부터 60일 이내일 것(동조 제2항), ③ 변경될 소는 사실심변론종결 전일 것을 요건으로 한다.

3) 절차 및 효과

① 처분변경으로 인한 소의 변경은 원고의 신청에 의해 법원의 허가결정에 의해 행해진다(제22조 제1항). ② 처분변경으로 인한 새로운 청구는 행정심판의 전치가 요구되는 경우에도 행정심판전치요건을 갖춘 것으로 본다(제22조 제3항).

(4) 민사소송법에 의한 소의 변경

1) 문제점

행정소송을 민사소송으로 또는 민사소송을 행정소송으로 소변경할 수 있는지 규정이 없어 논란이 있다.

2) 학설

① **긍정설** : 실무상 양자 간 구별이 분명하지 않고, 당사자변경은 그 실질이 동일하고, 국민의 권리구제, 소송경제를 위해 변경이 가능하다고 보는 견해
② **부정설** : 민사소송법상의 소의 변경은 법원과 당사자의 동일성을 유지하면서 동종의 절차에서 심리될 수 있는 청구 사이에서만 가능한 것이므로 민사소송을 행정소송으로 변경하는 것이나 행정소송을 민사소송으로 변경하는 것은 허용되지 않는다고 보는 견해

3) 판례

> **판례**
>
> 행정소송법 제7조는 원고의 고의 또는 중대한 과실 없이 행정소송이 심급을 달리하는 법원에 잘못 제기된 경우에 민사소송법 제31조 제1항을 적용하여 이를 관할 법원에 이송하도록 규정하고 있을 뿐 아니라 관할 위반의 소를 부적법하다고 하여 각하하는 것보다 관할 법원에 이송하는 것이 당사자의 권리 구제나 소송경제의 측면에서 바람직하므로, 원고가 고의 또는 중대한 과실 없이 행정소송으로 제기하여야 할 사건을 민사소송으로 잘못 제기한 경우 수소법원으로서는 만약 그 행정소송에 대한 관할도 동시에 가지고 있는 경우라면, 행정소송으로서의 전심절차 및 제소기간을 도과하였거나 행정소송의 대상이 되는 처분 등이 존재하지도 아니한 상태에 있는 등 행정소송으로서의 소송요건을 결하고 있음이 명백하여 행정소송으로 제기되었더라도 어차피 부적법하게 되는 경우가 아닌 이상, 원고로 하여금 항고소송으로 소 변경을 하도록 하여 그 1심법원으로 심리·판단하여야 한다(대법원 1999.11.26. 선고 97다42250 판결[진료비]).

4) 검토

양자 간 당사자가 동일하고, 관할도 동시에 가지고 있는 경우는 권리구제, 소송경제를 위하여 소 변경을 인정하자는 판례 입장이 타당하다. 행정소송법 개정안은 민사소송과 행정소송 간 소 변경을 허용하고 있다.

(5) 처분사유의 추가·변경(제29회, 제27회 기출)

1) 의의 및 취지

처분사유의 추가·변경이란 소송의 계속 중 행정청이 당해 처분의 적법성을 유지하기 위해 처분 당시 제시된 처분사유를 추가하거나 변경하는 것이다. 소송경제 및 분쟁의 일회적 해결에 취지가 있다.

2) 구별개념

① 하자의 치유와의 구별

처분사유의 추가·변경은 처분 시에 객관적으로 이미 존재하였던 법적 근거와 사실상황을 고려하는 것이므로, 처분의 성립 당시에 법적 요건의 하자가 있었으나 그 요건을 사후에 보완함으로써 그 처분의 효력을 유지시키는 하자의 치유와 구별된다.

② 행정처분의 전환과의 구별

처분사유의 사후변경은 행위는 그대로 두고 처분의 이유만 변경하는 것이므로, 하자 있는 행정처분을 새로운 행정처분으로 대체하는 행정처분의 전환과는 구별된다.

③ 이유제시의 흠결 시 처분이유의 사후제시와의 구별

처분이유의 사후제시가 절차적 흠결을 보완하기 위한 형식적 적법성의 문제라면, 처분사유의 사후변경은 행정행위의 실체적 적법성의 문제로서 소송 계속 중에 그 대상이 된 처분을 실체적인 적법성을 확보하기 위하여 잘못 제시된 처분의 사유를 변경하는 것을 말한다. 따라서 처분사유의 사후변경과 행정절차의 하자의 치유문제로서 이유제시의 흠결 시 처분이유의 사후제시와는 구별된다.

3) 인정여부

① 문제점

행정소송법에 소송계속 중의 처분사유의 추가·변경에 관한 명문의 규정이 없는바 인정여부가 문제된다.

② 학설

<긍정설> 부정하면 새로운 사유를 들어 다시 거부할 수 있으므로 소송 경제에 반한다는 견해
<부정설> 원고의 공격 방어권이 침해됨을 이유로 부정하는 견해
<제한적 긍정설> 일정한 범위 내 제한적으로 인정된다는 견해

③ 판례

> 📑 판례
>
> **[1]** 행정처분의 취소를 구하는 항고소송에서 처분청은 당초 처분의 근거로 삼은 사유와 기본적 사실관계가 동일성이 있다고 인정되는 한도 내에서만 다른 사유를 추가 또는 변경할 수 있고, 이러한 기본적 사실관계의 동일성 유무는 처분사유를 법률적으로 평가하기 이전의 구체적 사실에 착안하여 그 기초인 사회적 사실관계가 기본적인 점에서 동일한지에 따라 결정되므로, 추가 또는 변경된 사유가 처분 당시에 이미 존재하고 있었다거나 당사자가 그 사실을 알고 있었다고 하여 당초의 처분사유와 동일성이 있다고 할 수 없다(대법원 2011.11.24. 선고 2009두19021 판결[정보공개거부처분취소]).
>
> **[2]** 행정처분의 취소를 구하는 항고소송에서는 처분청이 당초 처분의 근거로 제시한 사유와 기본적 사실관계에서 동일성이 없는 별개의 사실을 들어 처분사유로 주장할 수 없다(대법원 2017.8.29. 선고 2016두44186 판결[산업단지개발계획변경신청거부처분취소]).

④ 검토

실질적 법치주의와 분쟁의 일회적 해결, 원고의 방어권 보장과 신뢰보호 조화 관점에서 인정되는 한도 내에서만 가능하다고 보는 <제한적 긍정설>이 타당하다고 판단된다.

4) 인정범위

① 시간적 범위

취소소송에 있어서 처분의 위법성 판단시점을 처분 시로 보는 판례의 입장에 따르면, <처분 시에 객관적으로 존재하였던 사유만이 처분사유의 추가·변경의 대상>이 되고 처분 후에 발생한 사실관계나 법률관계는 대상이 되지 못한다. 또, 처분사유의 추가·변경은 법률해석이나 적용의 영역이 아니라 사실관계에 관한 영역이므로 사실심 변론종결 시까지만 허용된다(행정소송규칙 제9조).

> 📑 판례
>
> 행정청은 기본적 사실관계의 동일성이 있다고 인정되는 한도 내에서만 다른 처분사유를 추가, 변경할 수 있다고 할 것이나 이는 사실심 변론종결 시까지만 허용된다(대법원 1999.8.20. 선고 98두17043 판결[단독주택용지조성원가공급거부처분취소]).

② 객관적 범위

가. 객관적 인정 범위

처분사유의 추가 변경이란 '처분의 동일성'이 유지되는 것을 전제로 처분의 '사유'만을 추가하거나 변경하는 것이므로 당초의 처분사유와 기본적 사실관계의 동일성이 유지되는 범위 내에서만 허용된다(행정소송규칙 제9조).

나. 기본적 사실관계의 동일성 판단 기준

기본적 사실관계의 동일성은 판례의 태도에 따라 처분 사유를 법률적으로 평가하기 이전

구체적 사실에 착안하여 그 기초인 사회적 사실관계가 기본적인 점에서 동일한지 여부를 말한다. 그 판단은 시간적·장소적 근접성, 행위의 태양·결과 등의 제반사정을 종합적으로 고려하여 개별, 구체적으로 판단해야 한다.

📑 판례

[1] 행정처분의 취소를 구하는 항고소송에 있어 처분청은 당초 처분의 근거로 삼은 사유와 기본적 사실관계가 동일성이 있다고 인정되는 한도 내에서만 다른 사유를 추가 또는 변경할 수 있고, 이러한 기본적 사실관계의 동일성 유무는 처분사유를 법률적으로 평가하기 이전의 구체적 사실에 착안하여 그 기초인 사회적 사실관계가 기본적인 점에서 동일한지 여부에 따라 결정되므로, 추가 또는 변경된 사유가 처분 당시에 이미 존재하고 있었다거나 당사자가 그 사실을 알고 있었다고 하여 당초의 처분사유와 동일성이 있다고 할 수 없다(대법원 2018.11.15. 선고 2015두37389 판결[업무정지등처분취소]).

[2] 기본적 사실관계가 동일하다는 것은 처분사유를 법률적으로 평가하기 이전의 구체적인 사실에 착안하여 그 기초적인 사회적 사실관계가 기본적인 점에서 동일한 것을 말하며, 처분청이 처분 당시에 적시한 구체적 사실을 변경하지 아니하는 범위 내에서 단지 그 처분의 근거 법령만을 추가·변경하거나 당초의 처분사유를 구체적으로 표시하는 것에 불과한 경우에는 새로운 처분사유를 추가하거나 변경하는 것이라고 볼 수 없다(대법원 2013.8.22. 선고 2011두28301 판결[이주대책대상자거부처분취소]).

5) 효과

처분사유의 추가·변경이 인정되면 법원은 추가·변경되는 사유를 근거로 심리할 수 있고, 인정되지 않는다면 법원은 당초의 처분사유만을 근거로 심리하여야 한다.

6) 유형별 판례의 검토

① 기본적 사실관계의 동일성을 부정한 판례

📑 판례

[1] 이주대책대상자 선정신청을 한 자에 대하여 사업지구 내 가옥 소유자가 아니라는 이유로 거부처분을 한 후에 이주대책 신청기간이나 소정의 이주대책 실시기간을 모두 도과하여 실기한 이주대책신청을 하였으므로 원고에게는 이주대책을 신청할 권리가 없고, 사업시행자가 이를 받아들여 택지나 아파트공급을 해 줄 법률상 의무를 부담한다고 볼 수 없다는 피고(처분청)의 상고이유의 주장은 사업지구 내 가옥 소유자가 아니라는 이 사건 처분사유와 기본적 사실관계의 동일성도 없으므로 적법한 상고이유가 될 수 없다(대법원 1999.8.20. 선고 98두17043 판결[단독주택용지조성원가공급거부처분취소]).

[2] 처분사유로 추가한 정보공개법 제7조 제1항 제5호의 사유와 당초의 처분사유인 같은 항 제4호 및 제6호의 사유는 기본적 사실관계가 동일하지 않다(대법원 2003.12.11. 선고 2001두8827 판결[정보공개청구거부처분취소]).

② 기본적 사실관계의 동일성을 인정한 판례

> **판례**
>
> **[1]** 갑이 '사실상의 도로'로서 인근 주민들의 통행로로 이용되고 있는 토지를 매수한 다음 2층 규모의 주택을 신축하겠다는 내용의 건축신고서를 제출하였으나, 구청장이 '위 토지가 건축법상 도로에 해당하여 건축을 허용할 수 없다'는 사유로 건축신고수리 거부처분을 하자 갑이 처분에 대한 취소를 구하는 소송을 제기하였는데, 1심법원이 위 토지가 건축법상 도로에 해당하지 않는다는 이유로 갑의 청구를 인용하는 판결을 선고하자 구청장이 항소하여 '위 토지가 인근 주민들의 통행에 제공된 사실상의 도로인데, 주택을 건축하여 주민들의 통행을 막는 것은 사회공동체와 인근 주민들의 이익에 반하므로 갑의 주택 건축을 허용할 수 없다'는 주장을 추가한 사안에서, 당초 처분사유와 구청장이 원심에서 추가로 주장한 처분사유는 위 토지상의 사실상 도로의 법적 성질에 관한 평가를 다소 달리하는 것일 뿐, 모두 토지의 이용현황이 '도로'이므로 거기에 주택을 신축하는 것은 허용될 수 없다는 것이므로 기본적 사실관계의 동일성이 인정되고, 위 토지에 건물이 신축됨으로써 인근 주민들의 통행을 막지 않도록 하여야 할 중대한 공익상 필요가 인정되고 이러한 공익적 요청이 갑의 재산권 행사보다 훨씬 중요하므로, 구청장이 원심에서 추가한 처분사유는 정당하여 결과적으로 위 처분이 적법한 것으로 볼 여지가 있음에도 이와 달리 본 원심판단에 법리를 오해한 잘못이 있다고 한 사례(대법원 2019.10.31. 선고 2017두74320 판결)
>
> **[2]** 행정청이 폐기물처리사업계획 부적정 통보처분을 하면서 그 처분사유로 사업예정지에 폐기물처리 시설을 설치할 경우 인근 농지의 농업경영과 농어촌 생활유지에 피해를 줄 것이 예상되어 농지법에 의한 농지 전용이 불가능하다는 사유 등을 내세웠다가, 위 행정처분의 취소소송에서 사업예정지에 폐기물처리시설을 설치할 경우 인근 주민의 생활이나 주변 농업활동에 피해를 줄 것이 예상되어 폐기물처리시설 부지로 적절하지 않다는 사유를 주장한 경우에, 두 처분사유는 모두 인근 주민의 생활이나 주변 농업활동의 피해를 문제삼는 것이어서 기본적 사실관계가 동일하므로, 행정청은 위 행정처분의 취소소송에서 후자의 처분사유를 추가로 주장할 수 있다고 한 사례(대법원 2006.6.30. 선고 2005두364 판결[폐기물처리업사업계획부적정통보처분취소])

7. 행정소송의 가구제

(1) 가구제의 의의 및 구분

가구제란 본안에서 승소판결이 있다 하여도 권리보호 목적을 달성할 수 없을 수도 있으므로 판결이 있기 전에 일시적 조치를 취하여 잠정적으로 권리를 보호하는 제도를 말하며, 가구제수단으로는 <집행정지>와 <가처분>이 문제된다.

(2) 집행정지

1) 집행부정지 원칙의 의의(행정소송법 제23조 제1항)

취소소송의 제기는 처분 등의 효력이나 그 집행 또는 절차의 속행에 영향을 주지 아니한다(법 제23조 제1항). 이와 같이 위법한 처분 등을 다투는 항고소송이 제기된 경우에도 처분 등의 효력을 잠정적으로나마 정지시키지 않고 처분 등의 후속적인 집행을 인정하는 것을 '집행부정지의 원칙'이라 한다.

2) 집행정지의 의의 및 취지(행정소송법 제23조 제2항)

집행정지란 취소소송이 제기된 경우 처분 등이나 그 집행 또는 절차의 속행으로 인하여 생길 회복하기 어려운 손해를 예방하기 위하여 긴급한 필요가 있다고 인정할 때 당사자의 신청 또는 직권으로 처분 등의 효력이나 그 집행 또는 절차 속행의 전부 또는 일부를 정지하는 결정을 말하며, 본안 판결의 실효성을 확보하여 권리구제를 도모하기 위해 인정되는 가구제 제도이다.

3) 요건

① 개설

법원의 집행정지결정에는 다음과 같은 적극적 요건과 소극적 요건이 충족되어야 한다. <적극적 요건>은 신청인이 주장·소명하는 요건이며, <소극적 요건>은 행정청이 주장·소명한다.

② 적극적 요건(신청인이 주장·소명)

가. 적법한 본안소송이 계속 중일 것

적법한 본안소송이 '계속'되어 있어야 한다. 이 점에서 본안소송 제기 전에 신청이 가능한 민사소송에 있어서의 가처분과 차이가 있다. 또한 본안소송은 '적법'한 것이어야 하므로 처분성의 흠결이나 제소기간의 도과로 본안소송이 부적법한 경우에는 집행정지도 허용되지 않는다.

나. 처분의 존재

㉠ 처분의 존재

처분 등이 존재하여야 한다. 무효인 처분의 경우 행정소송법 제28조 제1항에서 집행정지에 관한 규정을 무효등확인소송에 준용시키고 있어 처분 등이 존재하는 것으로 보지만, 부작위의 경우 처분이 존재하지 않는 것으로 본다.

㉡ 거부처분에 대한 집행정지 가능성(처분 여부)

ⓐ 문제점

거부처분이 집행정지 요건 중 '처분 등이 존재할 것'의 요건에 해당되는지가 문제된다.

ⓑ 학설

<긍정설> 집행정지가 허용된다면 행정청에게 사실상 구속력이 생기는 것을 논거로 하는 견해

<부정설> 침해적 처분만이 집행정지의 대상이 되고, 수익적 행정처분의 신청에 대한 거부처분은 집행정지의 대상이 되지 않는다고 보는 견해

<제한적 긍정설> 원칙적으로 부정설이 타당하나 기간 만료 시 갱신허가 거부 등 그 실익이 있는 경우 긍정할 필요가 있다고 보는 견해

© 판례

허가신청에 대한 거부처분은 그 효력이 정지되더라도 그 처분이 없었던 것과 같은 상태를 만드는 것에 지나지 아니하는 것이고 그 이상으로 행정청에 대하여 어떠한 처분을 명하는 등 적극적인 상태를 만들어 내는 경우를 포함하지 아니하는 것이므로, 교도소장이 접견을 불허한 처분에 대하여 효력정지를 한다 하여도 이로 인하여 위 교도소장에게 접견의 허가를 명하는 것이 되는 것도 아니고 또 당연히 접견이 되는 것도 아니어서 접견허가거부처분에 의하여 생길 회복할 수 없는 손해를 피하는 데 아무런 보탬도 되지 아니하니 접견허가거부처분의 효력을 정지할 필요성이 없다(대법원 1991.5.2. 자 91두15 결정[접견허가거부처분효력정지]).

ⓓ 검토

원칙적으로 부정함이 타당하나, 현행 집행정지제도의 기능적 한계를 극복하여 권리구제의 실효성을 확보하고자 하는 <제한적 긍정설>이 타당하다.

다. 회복하기 어려운 손해의 가능성

대법원은 회복하기 어려운 손해란 사회통념상 금전으로 보상할 수 없는 손해를 의미한다고 보았다. 또한, 처분의 성질과 태양 및 내용 등을 종합적으로 고려하여 구체적·개별적으로 판단하고 있어, 최근에는 과세처분이나 과징금납부명령 등 재산상 손해에 대하여도 집행정지결정이 나오고 있다.

판례

행정소송법 제23조 제2항에서 정하고 있는 집행정지 요건인 '회복하기 어려운 손해'라 함은 특별한 사정이 없는 한 금전으로 보상할 수 없는 손해로서 이는 금전보상이 불능인 경우 내지는 금전보상으로는 사회관념상 행정처분을 받은 당사자가 참고 견딜 수 없거나 또는 참고 견디기가 현저히 곤란한 경우의 유형, 무형의 손해를 일컫는다 할 것이고(대법원 1986.3.21. 자 86두5 결정, 대법원 2003.4.25. 자 2003무2 결정 등 참조), '처분등이나 그 집행 또는 절차의 속행으로 인하여 생길 회복하기 어려운 손해를 예방하기 위하여 긴급한 필요'가 있는지 여부는 처분의 성질과 태양 및 내용, 처분상대방이 입는 손해의 성질·내용 및 정도, 원상회복·금전배상의 방법 및 난이 등은 물론 본안 청구의 승소가능성의 정도 등을 종합적으로 고려하여 구체적·개별적으로 판단하여야 하며, 한편, 같은 조 제3항에서 규정하고 있는 집행정지의 장애사유로서의 '공공복리에 중대한 영향을 미칠 우려'라 함은 일반적·추상적인 공익에 대한 침해의 가능성이 아니라 당해 처분의 집행과 관련된 구체적·개별적인 공익에 중대한 해를 입힐 개연성을 말하는 것으로서 이러한 집행정지의 소극적 요건에 대한 주장·소명책임은 행정청에게 있다(대법원 2004.5.17. 자 2004무6 결정[집행정지]).

라. 긴급한 필요의 존재

긴급한 필요란 회복하기 어려운 손해의 발생이 절박하여 손해를 회피하기 위하여 본안판결을 기다릴 여유가 없는 것을 말한다.

③ 소극적 요건(행정청이 주장·소명)

가. 공공복리에 중대한 영향을 미칠 우려가 없을 것

집행정지는 적극적 요건이 충족된다고 하더라도 공공복리에 중대한 영향을 미칠 우려가 있는 경우에는 허용되지 않는다(법 제23조 제3항). 처분의 집행에 의해 신청인이 입을 손해와 처분의 집행정지로 인해 영향을 받을 공공복리를 비교·형량하여 정해야 한다.

나. 본안청구가 이유 없음이 명백하지 않을 것

보전절차에서 본안의 이유유무를 따지는 것은 허용되지 않는다는 견해가 있으나, 본안소송에서 승소할 가망이 전혀 없는 경우까지 집행정지신청을 인용하는 것은 집행정지제도의 취지에 반한다는 것이 다수설 및 판례의 입장이다.

📑Q 판례

> 행정처분의 효력정지나 집행정지를 구하는 신청사건에 있어서는 행정처분 자체의 적법 여부는 원칙적으로는 판단할 것이 아니고 그 행정처분의 효력이나 집행을 정지할 것인가에 대한 행정소송법 제23조 제2항 소정의 요건의 존부만이 판단의 대상이 되나 본안소송에서의 처분의 취소가능성이 없음에도 불구하고 처분의 효력정지나 집행정지를 인정한다는 것은 제도의 취지에 반하므로 집행정지사건 자체에 의하여도 신청인의 본안청구가 이유 없음이 명백할 때에는 행정처분의 효력정지나 집행정지를 명할 수 없다(대법원 1992.8.7. 자 92두30 결정[이송처분 효력정지]).

4) 집행정지 절차

집행정지의 요건이 충족된 경우에 본안이 계속되고 있는 법원은 당사자의 신청 또는 직권에 의하여 처분 등의 효력이나 그 집행 또는 절차의 속행의 전부 또는 일부의 정지를 결정할 수 있다(법 제23조 제2항). 또한 본안소송의 원고가 신청인이 되는데, 신청인은 그 신청의 이유에 대하여 소명하여야 한다(법 23조 제4항).

5) 집행정지의 대상

① 처분의 효력정지

처분의 효력정지는 처분 등의 집행 또는 절차의 속행을 정지함으로써 목적을 달성할 수 있는 경우에는 허용되지 아니한다(법 제23조 제2항). 따라서 효력정지는 통상 허가의 취소, 영업정지처분과 같이 별도의 집행행위 없이 처분목적이 달성되는 처분에 대하여 행해진다.

② 처분의 집행정지

처분의 집행정지란 처분의 집행을 정지하는 것을 말한다. 예를 들면, 철거명령에 대한 집행정지신청에 대해 대집행을 정지시키는 것이 있다.

③ 절차속행의 정지

절차속행의 정지란 여러 단계의 절차를 통하여 행정 목적이 달성되는 경우에 절차의 속행을 정지하는 것을 말한다. 예를 들면, 대집행영장에 의한 통지를 다투는 사건에서 대집행의 실행을 정지시키는 것이다.

6) 집행정지의 효과

① 형성력

처분 등의 효력정지는 행정처분이 없었던 것과 같은 상태를 실현시키는 것이므로 그 범위 안에서 형성력을 가진다고 볼 수 있다.

② 기속력

집행정지결정은 취소판결의 기속력에 준하여 당해 사건에 관하여 당사자인 행정청과 관계행정청을 기속한다(법 제23조 제6항).

판례

> 집행정지결정을 하였다면 행정청에 의하여 과징금부과처분이 집행되거나 행정청·관계 행정청 또는 제3자에 의하여 과징금부과처분의 실현을 위한 조치가 행하여져서는 아니되며, 따라서 부수적인 결과인 가산금 등은 발생되지 아니한다고 보아야 할 것이다(대법원 2003.7.11. 선고 2002다48023 판결[부당이득금]).

③ 시적효력

집행정지결정의 효력은 결정의 주문에 정하여진 시기까지 존속하는 것이나 주문에 특별한 정함이 없는 때에는 본안소송에 대한 판결이 확정될 때까지 존속한다. 한편 집행정지결정은 장래에 향하여 효력을 발생함이 원칙이겠으나 소급하는 경우도 있을 수 있다.

7) 집행정지결정의 취소

집행정지결정이 확정된 후 집행정지가 공공복리에 중대한 영향을 미치거나 그 정지사유가 없어진 때에는 해당 집행정지결정을 한 법원은 당사자의 신청 또는 직권에 의하여 결정으로써 집행정지의 결정을 취소할 수 있다(동법 제24조 제1항). 당사자가 집행정지결정의 취소를 신청하는 때에는 그 사유를 소명하여야 한다(동조 제2항).

8) 집행정지 등 결정에의 불복

집행정지결정 또는 기각결정에 대하여는 즉시 항고를 할 수 있다. 집행정지결정에 대한 즉시 항고에는 결정의 집행을 정지하는 효력이 없다(동법 제23조 제5항). 복효적 행정행위에 있어서는 집행정지결정에 대한 즉시 항고는 집행정지결정으로 불이익을 받는 자의 대항수단이 된다.

📑 **판례**

〈최근 집행정지에 대한 대법원 판례 쟁점(보상법규 제34회 3번 기출)〉

대법원 2022.2.11. 선고 2021두40720 판결[위반차량운행정지취소등]

[1] 행정소송법 제23조에 따른 집행정지결정의 효력은 결정 주문에서 정한 종기까지 존속하고, 그 종기가 도래하면 당연히 소멸한다. 따라서 효력기간이 정해져 있는 제재적 행정처분에 대한 취소소송에서 법원이 본안소송의 판결 선고 시까지 집행정지결정을 하면, 처분에서 정해 둔 효력기간(집행정지결정 당시 이미 일부 집행되었다면 그 나머지 기간)은 판결 선고 시까지 진행하지 않다가 판결이 선고되면 그때 집행정지결정의 효력이 소멸함과 동시에 처분의 효력이 당연히 부활하여 처분에서 정한 효력기간이 다시 진행한다. 이는 처분에서 효력기간의 시기와 종기를 정해 두었는데, 그 시기와 종기가 집행정지기간 중에 모두 경과한 경우에도 특별한 사정이 없는 한 마찬가지이다. 이러한 법리는 행정심판위원회가 행정심판법 제30조에 따라 집행정지결정을 한 경우에도 그대로 적용된다. 행정심판위원회가 행정심판 청구 사건의 재결이 있을 때까지 처분의 집행을 정지한다고 결정한 경우에는, 재결서 정본이 청구인에게 송달될 때 재결의 효력이 발생하므로(행정심판법 제48조 제2항, 제1항 참조) 그때 집행정지결정의 효력이 소멸함과 동시에 처분의 효력이 부활한다.

[2] 효력기간이 정해져 있는 제재적 행정처분의 효력이 발생한 이후에도 행정청은 특별한 사정이 없는 한 상대방에 대한 별도의 처분으로써 효력기간의 시기와 종기를 다시 정할 수 있다. 이는 당초의 제재적 행정처분이 유효함을 전제로 그 구체적인 집행시기만을 변경하는 후속 변경처분이다. 이러한 후속 변경처분도 특별한 규정이 없는 한 의사표시에 관한 일반법리에 따라 상대방에게 고지되어야 효력이 발생한다. 위와 같은 후속 변경처분서에 효력기간의 시기와 종기를 다시 특정하는 대신 당초 제재적 행정처분의 집행을 특정 소송사건의 판결 시까지 유예한다고 기재되어 있다면, 처분의 효력기간은 원칙적으로 그 사건의 판결 선고 시까지 진행이 정지되었다가 판결이 선고되면 다시 진행된다. 다만 이러한 후속 변경처분 권한은 특별한 사정이 없는 한 당초의 제재적 행정처분의 효력이 유지되는 동안에만 인정된다. 당초의 제재적 행정처분에서 정한 효력기간이 경과하면 그로써 처분의 집행은 종료되어 처분의 효력이 소멸하는 것이므로(행정소송법 제12조 후문 참조), 그 후 동일한 사유로 다시 제재적 행정처분을 하는 것은 위법한 이중처분에 해당한다.

대법원 2020.9.3. 선고 2020두34070 판결[직접생산확인취소처분취소]

【판결요지】

[1] 집행정지결정의 효력은 결정 주문에서 정한 기간까지 존속하다가 그 기간이 만료되면 장래에 향하여 소멸한다. 집행정지결정은 처분의 집행으로 회복하기 어려운 손해를 예방하기 위하여 긴급한 필요가 있고 달리 공공복리에 중대한 영향을 미치지 않을 것을 요건으로 하여 본안판결이 있을 때까지 해당 처분의 집행을 잠정적으로 정지함으로써 위와 같은 손해를 예방하는 데 취지가 있으므로, 항고소송을 제기한 원고가 본안소송에서 패소확정판결을 받았더라도 집행정지결정의 효력이 소급하여 소멸하지 않는다.

그러나 제재처분에 대한 행정쟁송절차에서 처분에 대해 집행정지결정이 이루어졌더라도 본안에서 해당 처분이 최종적으로 적법한 것으로 확정되어 집행정지결정이 실효되고 제재처분을 다시 집행할 수 있게 되면, 처분청으로서는 당초 집행정지결정이 없었던 경우와 동등한 수준으로 해당 제재처분이 집행되도록 필요한 조치를 취하여야 한다. 집행정지는 행정쟁송절차에서 실효적 권리구제를 확보하기 위한 잠정적 조치일 뿐이므로, 본안 확정판결로 해당 제재처분이 적법하다는 점이 확인되었다면 제재처분의 상대방이 잠정적 집행정지를 통해 집행정지가 이루어지지 않은 경우와 비교하여 제재를 덜 받게되는 결과가 초래되도록 해서는 안 된다. 반대로, 처분상대방이 집행정지결정을 받지 못했으나 본안소송에서 해당 제재처분이 위법하다는 것이 확인되어 취소하는 판결이 확정되면, 처분청은 그 제재처분으로 처분상대방에게 초래된 불이익한 결과를 제거하기 위하여 필요한 조치를 취하여야 한다.

[2] 직접생산확인을 받은 중소기업자가 공공기관의 장과 납품 계약을 체결한 후 직접 생산하지 않은 제품을 납품하였다. 관할 행정청은 중소기업제품 구매촉진 및 판로지원에 관한 법률 제11조 제3항에 따라 당시 유효기간이 남아 있는 중소기업자의 모든 제품에 대한 직접생산확인을 취소하는 1차 취소처분을 하였다. 중소기업자는 1차 취소처분에 대하여 취소소송을 제기하였고, 집행정지결정이 이루어졌다. 그러나 결국 중소기업자의 패소판결이 확정되어 집행정지가 실효되고, 취소처분을 집행할 수 있게 되었다. 그런데 1차 취소처분 당시 유효기간이 남아 있던 직접생산확인의 전부 또는 일부는 집행정지기간 중 유효기간이 모두 만료되었고, 1차 취소처분 당시 유효기간이 남아 있었던 직접생산확인 제품목록과 취소처분을 집행할 수 있게 된 시점에 유효기간이 남아 있는 직접생산확인 제품 목록은 다르다. 위와 같은 경우 관할 행정청은 1차 취소처분을 집행할 수 있게 된 시점으로부터 상당한 기간 내에 직접생산확인 취소 대상을 '1차 취소처분 당시' 유효기간이 남아 있었던 모든 제품에서 '1차 취소처분을 집행할 수 있게 된 시점 또는 그와 가까운 시점'을 기준으로 유효기간이 남아 있는 모든 제품으로 변경하는 처분을 할 수 있다. 이러한 변경처분은 중소기업자가 직접생산하지 않은 제품을 납품하였다는 점과 중소기업제품 구매촉진 및 판로지원에 관한 법률 제11조 제3항 중 제2항 제3호에 관한 부분을 각각 궁극적인 '처분하려는 원인이 되는 사실'과 '법적 근거'로 한다는 점에서 1차 취소처분과 동일하고, 제재의 실효성을 확보하기 위하여 직접생산확인 취소 대상만을 변경한 것이다.

(3) 가처분

1) 의의 및 취지

가처분이란 다툼이 있는 법률관계에 관하여 잠정적으로 임시의 지위를 보전하는 것을 내용으로 하는 가구제제도이다. 행정소송법에는 명문의 규정이 없으며, 이는 원래 민사소송에서 당사자 간의 이해관계를 조정하고 본안판결의 실효성을 확보하기 위해 인정되어온 제도이다.

2) 항고소송에서 가처분의 인정여부

① 문제점

현행 집행정지제도는 소극적 성격으로 인해 거부 또는 부작위에 대한 실효적 권리구제수단이 되지 못한다. 따라서 실효적 권리구제 수단을 위해 가처분 인정여부가 문제된다.

② 학설

<부정설> 집행정지를 민사소송법상 가처분제도의 특칙으로 이해하여 가처분은 준용될 수 없다는 견해

<긍정설> 국민의 실효적 권리구제와 행정소송법상 가처분 배제 규정이 없다는 논거로 긍정하는 견해

<제한적 긍정설> 행정소송법상 집행정지제도가 미치지 않는 범위에서 가처분을 인정할 수 있다는 견해

③ 판례

> 📑 판례
>
> 민사집행법 제300조 제2항이 규정한 임시의 지위를 정하기 위한 가처분은 그 성질상 주장 자체에 의하여 다툼이 있는 권리관계에 관한 정당한 이익이 있는 자가 가처분 신청을 할 수 있고, 그 경우 주장 자체에 의하여 신청인과 저촉되는 지위에 있는 자를 피신청인으로 하여야 한다. 한편 민사집행법상의 가처분으로 행정청의 행정행위 금지를 구하는 것은 허용될 수 없다(대법원 2011.4.18. 자 2010마1576 결정[자동차사업면허처분금지가처분]).

④ 검토

생각건대 현 행정소송법이 의무이행소송을 인정하지 않은 점을 고려할 때, 판례의 입장에 따라 <부정설>이 타당하다. 다만, 권리구제를 위해 입법적으로 해결할 필요성은 인정된다.

8. 취소소송의 심리

(1) 심리의 의의

소송의 심리란 소에 대한 판결을 하기 위하여 그 기초가 될 소송자료를 수집하는 절차를 말한다.

(2) 심리의 내용

심리는 그 내용에 따라 요건심리와 본안심리로 나눌 수 있다. ① 요건심리란 제기된 소가 소송요건을 갖춘 것인지의 여부를 심리하는 것을 말하며, ② 본안심리란 요건심리의 결과 당해 소송이 소송요건을 갖춘 것으로 인정되는 경우 사건의 본안, 즉 청구의 이유 유무(예 취소소송에서의 처분의 위법 여부)에 대하여 실체적 심사를 행하는 것을 말한다.

(3) 심리의 범위

1) 불고불리의 원칙

행정소송에도 민사소송에서와 같이 불고불리의 원칙이 적용된다(법 제8조). 불고불리의 원칙이라 함은 법원은 소송의 제기가 없으면 재판할 수 없고, 소송의 제기가 있는 경우에도 당사자가 신청한 사항에 대하여 신청의 범위 내에서 심리·판단하여야 한다는 원칙을 말한다(민사소송법 제203조).

2) 재량문제의 심리

행정청의 재량행위도 행정소송의 대상이 된다. 재량행위도 재량권의 일탈·남용이 있는 경우에는 위법하게 되고, 법원은 재량권의 일탈남용 여부에 대하여 심리·판단할 수 있다(제27조).

3) 법률문제·사실문제

법원은 소송의 대상이 된 처분 등의 모든 법률문제 및 사실문제에 대하여 처음부터 새롭게 다시 심사할 수 있다.

(4) 심리의 원칙

1) 당사자주의와 직권주의

① 당사자주의는 소송절차에서 당사자에게 주도권을 인정하는 것을 말하고, ② 직권주의는 법원에게 주도권을 인정하는 것이다. 당사자주의는 처분권주의와 변론주의의 내용이 있다.

2) 처분권주의·변론주의

① 처분권주의란 소송 개시와 종료, 분쟁의 대상을 당사자가 결정한다는 것이고, ② 변론주의란 사실의 주장, 증거수집·제출책임을 당사자에게 맡기는 것이다.

3) 구술심리주의·공개심리주의

① 구술심리주의란 변론과 증거조사를 구술로 행하는 것이고, ② 공개심리주의란 재판의 심리·판결은 공개되어야 한다는 원칙이다(헌법 제109조 제1항).

(5) 직권탐지주의(행정소송의 심리절차에 있어서 특수성)

1) 직권탐지주의의 의의

직권탐지주의란 사실의 주장, 증거수집·제출책임을 법원이 부담하는 것을 말하며, 변론주의에 대비되는 개념이다.

2) 직권탐지의 범위

① 문제점

행정소송법 제26조는 "법원은 필요하다고 인정할 때에는 직권으로 증거조사를 할 수 있고 당사자가 주장하지 아니한 사실에 대하여도 판단할 수 있다"라고 규정하고 있는바, 이는 행정소송법이 변론주의를 기본으로 하면서 아울러 부분적으로 직권탐지주의를 가미하고 있다고 볼 수 있다. 행정소송법 제26조의 해석에 관하여 견해가 대립한다.

② 학설

<직권탐지주의원칙설> 직권탐지의 범위에 관하여 직권탐지주의를 원칙이라고 보고 당사자의 변론을 보충적인 것으로 보는 견해

<직권탐지주의보충설> 변론주의가 원칙이며 직권탐지주의는 변론주의에 대한 예외로서 보충적으로 인정된다고 보는 견해

③ 판례

판례는 행정소송법 제26조는 행정소송의 특수성에서 연유하는 당사자주의, 변론주의에 대한 일부 예외규정일 뿐 법원이 아무런 제한 없이 당사자가 주장하지 아니한 사실을 판단할 수 있는 것은 아니고 일건 기록상 현출되어 있는 사항에 관해서만 판단할 수 있다고 판시하고 있다.

🔍 판례

[1] 행정소송법 제26조는 "법원은 필요하다고 인정할 때에는 직권으로 증거조사를 할 수 있고, 당사자가 주장하지 아니한 사실에 대하여도 판단할 수 있다"고 하여. 행정소송에서는 직권심리주의가 적용되도록 하고 있으므로, 법원으로서는 기록상 현출되어 있는 사항에 관하여 직권으로 증거조사를 하고 이를 기초로 하여 판단할 수 있다. 다만, 행정소송에서도 당사자주의나 변론주의의 기본 구도는 여전히 유지된다고 할 것이므로, 새로운 사유를 인정하여 행정처분의 정당성 여부를 판단하는 것은 당초의 처분사유와 기본적 사실관계에 있어서 동일성이 인정되는 한도 내에서만 허용된다할 것이다(대법원 2013.8.22. 선고 2011두26589 판결).

[2] 법원의 석명권 행사는 당사자의 주장에 모순된 점이 있거나 불완전·불명료한 점이 있을 때에 이를 지적하여 정정·보충할 수 있는 기회를 주고, 계쟁 사실에 대한 증거의 제출을 촉구하는 것을 그 내용으로 하는 것으로, 당사자가 주장하지도 아니한 법률효과에 관한 요건사실이나 독립된 공격방어방법을 시사하여 그 제출을 권유함과 같은 행위를 하는 것은 변론주의의 원칙에 위배되는 것으로 석명권 행사의 한계를 일탈하는 것이 된다(대법원 2001.1.16. 선고 99두8107 판결).

④ 검토

변론주의를 원칙으로 하여 법원이 필요하다고 인정할 때 청구범위 내에서 직권으로 증거조사를 판단할 수 있음을 허용하는 변론주의 보충설의 입장이 타당하다고 판단된다.

(6) 주장책임

변론주의하에서는 당사자는 주요사실에 대한 주장책임을 당사자가 부담한다. 주요사실을 주장하지 않으면 그만큼 유리한 법률효과상의 불이익을 부담하게 된다. 법원이 소송자료수집의 책임을 지는 직권탐지주의하에서는 당사자의 주장책임의 문제는 발생하지 않는다. 행정소송법은 항고소송이나 당사자소송을 불문하고 당사자가 주장하지 아니한 사실에 대해서도 자료의 판단을 인정하는 직권탐지주의를 가미하여 특례를 인정하고 있으므로 주장책임에 대한 예외를 인정한 것으로 볼 수 있다(동법 제26조).

(7) 입증책임

1) 의의

입증책임이란 소송상의 일정한 사실의 존부가 확정되지 아니한 경우에 불리한 법적 판단을 받게 되는 당사자 일방의 불이익 내지 위험을 말한다.

2) 본안에 대한 입증책임

① 문제점

취소소송에서 소송을 제기하는 원고인 국민과 피고인 행정청 중 누가 입증책임을 부담하는지 명문 규정이 없어 견해가 대립한다.

② 학설

<원고책임설> 행정처분의 공정력을 이유로 입증책임은 그 위법을 주장하는 원고에게 있다고 보는 견해

<피고책임설> 법치행정의 원리에서 볼 때 행정청은 행정행위의 적법성을 스스로 담보하지 않으면 안 되기 때문에 그가 행한 행정행위의 적법사유에 대하여 언제나 입증책임을 진다고 하는 견해

<입증책임분배설> 각각 자기에게 유리한 요건사실에 대하여 입증책임을 부담한다는 견해

<특수성 인정설> 행정소송에서의 입증책임분배는 행정소송과 민사소송의 목적과 성질의 차이, 행위규범과 재판규범과의 차이 등을 이유로 독자적으로 정하여야 한다고 보는 견해

③ 판례

판례는 입증책임은 원칙적으로 민사소송의 일반원칙에 따라 당사자 간에 분배된다고 하여 입증책임분배설의 입장이다.

> 📑 **판례**
>
> 민사소송법의 규정이 준용되는 행정소송에 있어서 입증책임은 원칙적으로 민사소송의 일반원칙에 따라 당사자 간에 분배되고 항고소송의 경우에는 그 특성에 따라 당해 처분의 적법을 주장하는 피고에게 그 적법사유에 대한 입증책임이 있다 할 것인바 피고가 주장하는 당해 처분의 적법성이 합리적으로 수긍할 수 있는 일응의 입증이 있는 경우에는 그 처분은 정당하다 할 것이며 이와 상반되는 주장과 입증은 그 상대방인 원고에게 그 책임이 돌아간다(서울행정법원 2016.2.5. 선고 2014구단10915 판결[양도소득세부과처분취소]).

④ 검토

공정력이란 처분내용의 적법성이 아니라 정책적 견지에서 인정되는 사실상의 통용력에 불과하므로 공정력을 입증책임의 근거로 삼는 원고책임설은 타당하지 않다. 피고책임설은 입증이 곤란한 경우에 패소가능성을 피고에게만 전담시키는 결과가 되므로 공평의 원리에 반한다. 특수성 인정설은 입증책임분배설과 근본적으로 다를 바가 없다. 따라서 입증책임분배설을 원칙으로 하되, 행정소송의 특성을 고려하는 방식이 타당하다고 본다.

(8) 법관의 석명의무

석명이란 당사자의 진술에 불명·모순·결함이 있거나 또는 입증을 다하지 못한 경우에 법관이 질문하거나 시사하는 형식으로 보충함으로써 변론을 보다 완전하게 하는 법원의 기능을 말한다(민사소송법 제136조 참조). 민사소송법은 석명이 법관의 재량(결정재량)인 양 규정하고 있다. 그러나 석명은 법원의 재량사항이 아니라 의무의 성질을 가진다는 것이 통설이다.

📋🔍 **판례**

> 원심은 석명권을 행사하여 피고를 처분청인 충남도지사로 결정하게 하여 소송을 진행케 했어야 한다. 원심이 그와 같은 조치를 취하지 아니한 채 소를 각하한 것은 석명권 불행사의 비난을 받아 마땅하다 (대법원 1990.1.12. 선고 89누1032 판결).

(9) 처분의 위법성 판단 시점

1) 문제점

취소소송의 대상이 되는 처분의 위법성 판단 기준시점이 어디인지 견해 대립이 있다. 이는 취소소송의 목적이나 기능에 대한 견해 차이에서 생기는 것이다.

2) 학설

① <처분시설> 취소소송의 본질은 처분에 대한 사후심사라는 것을 논거로 처분의 위법성은 처분 시 법령 및 사실 관계를 기준으로 판단하여야 한다는 견해
② <판결시설> 취소소송의 본질은 처분의 효력을 현재 유지할 것인가 여부를 결정하는 것이므로 판결 시를 기준한다는 견해

3) 관련 판례

행정소송에서 행정처분의 위법 여부는 행정처분이 있을 때의 법령과 사실상태를 기준으로 판단해야 한다고 하여 처분시설의 입장이다. 거부처분의 경우에도 거부처분 시를 기준으로 판단해야 한다고 한다.

📋🔍 **판례**

> 항고소송에서 행정처분의 적법 여부는 특별한 사정이 없는 한 행정처분 당시를 기준으로 판단하여야 한다. 여기서 행정처분의 위법 여부를 판단하는 기준 시점에 관하여 판결 시가 아니라 처분 시라고 하는 의미는 행정처분이 있을 때의 법령과 사실상태를 기준으로 하여 위법 여부를 판단하며 처분 후 법령의 개폐나 사실상태의 변동에 영향을 받지 않는다는 뜻이지 처분 당시 존재하였던 자료나 행정청에 제출되었던 자료만으로 위법 여부를 판단한다는 의미는 아니다. 그러므로 처분 당시의 사실상태 등에 관한 증명은 사실심 변론종결 당시까지 할 수 있고, 법원은 행정처분 당시 행정청이 알고 있었던 자료뿐만 아니라 사실심 변론종결 당시까지 제출된 모든 자료를 종합하여 처분 당시 존재하였던 객관적 사실을 확정하고 그 사실에 기초하여 처분의 위법 여부를 판단할 수 있다(대법원 2017.4.7. 선고 2014두37122 판결[건축허가복합민원신청불허재처분취소]).

4) 검토

항고소송의 본질은 개인의 권익구제에 있으므로 처분 이후의 사정은 고려할 필요가 없으므로 처분시설이 타당하다. 법령에 특별히 정하는 바가 있으면 그에 따라야 한다. 다만, 부작위위법확인소송 및 사정판결과 당사자소송의 경우에는 판결 시가 기준이 된다.

9. 취소소송 판결의 종류

각하판결		
본안판결	취소판결	(전부)취소판결
		일부취소판결
	기각판결	기각판결
		사정판결

(1) 각하판결(소송판결)

각하판결이란 소송요건 결여를 이유로 본안 심리를 거부하는 판결이다. 소송요건의 충족 여부는 변론종결 시를 기준으로 판단하며, 원고는 결여된 요건을 보완하면 다시 소를 제기할 수 있다.

(2) 본안판결(인용판결/기각판결)

1) 본안판결

본안판결은 청구의 당부에 관한 판결로서 청구내용의 전부 또는 일부를 기각하거나 인용하는 것을 그 내용으로 한다.

2) 인용판결

① 의의 및 종류

처분의 취소·변경을 구하는 청구가 이유 있음을 인정하여 그 청구의 전부 또는 일부를 인용하는 형성판결을 말한다. 이에는 처분이나 재결에 대한 취소판결, 무효선언을 하는 취소판결이 있다. 또한, 계쟁처분에 대한 전부취소판결과 일부취소판결이 있다.

② 일부취소의 가능성(제35회 3번 기출)

처분의 일부취소의 가능성은 일부취소의 대상이 되는 부분의 분리취소가능성에 따라 결정된다. 일부취소되는 부분이 분리가능하고, 당사자가 제출한 자료만으로 일부취소되는 부분을 명확히 확정할 수 있는 경우에는 일부취소가 가능하지만, 일부취소되는 부분이 분리가능하지 않거나 당사자가 제출한 자료만으로 일부취소되는 부분을 명확히 확정할 수 없는 경우에는 일부취소를 할 수 없다.

📑 판례

〈일부취소의 유형별 검토〉

1. 일부취소가 가능한 경우

[1] 개발부담금부과처분 취소소송에 있어 당사자가 제출한 자료에 의하여 적법하게 부과될 정당한 부과금액을 산출할 수 없을 경우에는 부과처분 전부를 취소할 수밖에 없으나, 그렇지 않은 경우에는 그 정당한 금액을 초과하는 부분만 취소하여야 한다(대법원 2004.7.22. 선고 2002두868 판결[개발부담금부과처분취소]).

[2] 공정거래위원회가 위반행위에 대한 과징금을 부과하면서 여러 개의 위반행위에 대하여 외형상 하나의 과징금 납부명령을 하였으나 여러 개의 위반행위 중 일부의 위반행위에 대한 과징금 부과만이 위법하고 소송상 그 일부의 위반행위를 기초로 한 과징금액을 산정할 수 있는 자료가 있는 경우에는, 하나의 과징금 납부명령일지라도 그 일부의 위반행위에 대한 과징금액에 해당하는 부분만을 취소하여야 한다(대법원 2019.1.31. 선고 2013두14726 판결[시정조치등취소청구]).

2. 일부취소가 불가능한 경우

[1] 영업정지처분이 적정한 영업정지기간을 초과하여서 위법한 경우 그 초과부분만을 취소할 수 있는지 여부(소극) : 행정청이 영업정지 처분을 함에 있어서 그 정지기간을 어느 정도로 할 것인지는 행정청의 재량권에 속하는 사항인 것이며, 다만 그것이 공익의 원칙이나 평등의 원칙 또는 비례의 원칙 등에 위반하여 재량권의 한계를 벗어난 재량권 남용에 해당하는 경우에만 위법한 처분으로서 사법심사의 대상이 되는 것이나, 법원으로서는 영업정지처분이 재량권 남용이라고 판단될 때에는 위법한 처분으로서 그 처분의 취소를 명할 수 있을 뿐이고, 재량권의 한계 내에서 어느 정도가 적정한 영업정지기간인지를 가리는 일은 사법심사의 범위를 벗어난다(대법원 1982.9.28. 선고 82누2 판결[영업정지처분취소·행정처분취소]).

[2] 수 개의 위반행위에 대하여 하나의 과징금납부명령을 하였으나 수 개의 위반행위 중 일부의 위반행위만이 위법하지만, 소송상 그 일부의 위반행위를 기초로 한 과징금액을 산정할 수 있는 자료가 없는 경우에는 하나의 과징금납부명령 전부를 취소할 수밖에 없다(대법원 2004.10.14. 선고 2001두2881 판결[시정명령취소]).

📑 판례

★★★ 【기출유사문제】 감정평가 및 감정평가사에 관한 법률에 따라 표준지공시지가 업무를 하고 있는 감정평가사 甲에 대하여 업무정지 처분에 갈음하여 과징금 5천만원을 부과하였다. 감정평가사 甲은 잘못한 것에 비하여 너무 과도한 과징금이라고 판단하고 관할법원에 과징금 부과처분 취소소송을 제기하였다. 행정소송법 제4조 제1호의 변경의 의미와 관할법원에서 일부취소판결을 할 수 있는지 설명하시오. 40점

1. 과징금부과처분의 의의 및 구별개념 2. 과징금부과처분의 법적 성질 3. 행정소송법 제4조 제1호의 변경의 의미 　(적극적 변경의 가능성) 　(1) 문제점 　(2) 학설의 대립 　(3) 대법원 판례의 태도 　(4) 소결	4. 일부취소판결의 가능성 　(1) 일부취소판결의 인정여부 　(2) 일부취소판결의 요건 　(3) 일부취소와 전부취소 판결의 유형별 　　판례 검토 　　1) 가분성이 인정되는 경우에 일부 　　　취소 판결을 허용하는 판결 　　2) 재량행위인 경우 처분청의 재량권 　　　을 존중하여 전부취소하는 판결 　(4) 소결(사안의 경우)

1. 과징금부과처분의 의의 및 구별개념

과징금은 행정법상 의무위반 행위로 얻은 경제적 이익을 박탈하기 위한 금전상 제재금을 말한다. 과징금은 의무이행의 확보수단으로써 가해진다는 점에서 의무위반에 대한 벌인 과태료와 구별된다.

2. 과징금부과처분의 법적 성질

감정평가 및 감정평가사에 관한 법률(이하 '감정평가법')상 과징금은 계속적인 공적업무수행을 위하여 업무정지처분에 갈음하여 부과되는 것으로 변형된 과징금에 속한다. 이는 인허가 철회나 정지처분으로 인해 발생하는 국민생활 불편이나 공익을 고려함에 취지가 인정된다. 과징금 부과행위는 과징금 납부의무를 명하는 행위이므로 급부하명에 해당한다. 또한, 감정평가법 제41조에서는 "과징금을 부과할 수 있다."고 규정하고 있으므로 법문언의 규정형식상 재량행위에 해당한다.

3. 행정소송법 제4조 제1호의 변경의 의미(적극적 변경의 가능성)

행정소송법 제4조(항고소송) 항고소송은 다음과 같이 구분한다.
1. 취소소송 : 행정청의 위법한 처분등을 취소 또는 변경하는 소송
2. 무효등 확인소송 : 행정청의 처분등의 효력 유무 또는 존재여부를 확인하는 소송
3. 부작위위법확인소송 : 행정청의 부작위가 위법하다는 것을 확인하는 소송

(1) 문제점

취소소송의 인용판결로 처분을 적극적으로 변경하는 것이 가능한지에 대하여 견해가 대립되고 있다. 행정소송법 제4조 제1호에서 취소소송을 행정청의 위법한 처분 등을 취소 또는 변경하는 소송으로 정의하고 있는데, 여기에서 '변경'이 소극적 변경(일부취소)을 의미하는지 아니면 적극적 변경을 의미하는지의 문제로 제기된다.

(2) 학설의 대립

① 권력분립의 원칙을 형식적으로 이해하는 관점에서 취소소송에서의 "변경"을 소극적 변경으로서의 일부취소로 보는 것이 타당하다는 견해가 있다. 이 견해가 다수의 견해이다.

② 권력분립의 원칙을 실질적으로 이해하면 "변경"을 법원이 위법한 처분을 취소하고 새로운 처분을 내용으로 하는 판결을 하는 적극적 변경도 가능하다고 보는 견해가 있다.

(3) 대법원 판례의 태도

판례는 이 '변경'은 소극적 변경, 즉 일부취소를 의미하는 것으로 보고 있다(대법원 1964.5.19. 선고 63누177 판결).

(4) 소결

적극적 변경판결을 하게 되면 법원이 직접처분하는 결과가 되어 권력분립원칙에 반하게 되므로 '변경'은 일부취소라고 보는 다수설과 판례가 타당하다고 판단된다.

4. 일부취소판결의 가능성

(1) 일부취소판결의 인정여부

원고의 청구 중 일부에 대해서만 이유가 있는 경우, 즉 처분의 일부만이 위법한 경우에 법원이 그 일부에 대해서만 취소판결을 내릴 수 있는지 여부가 문제되는바, 위에서 검토한 바와 같이 판례는 행정소송법 제1조 제1호의 변경을 소극적 변경, 즉 일부취소를 의미하는 것으로 보고 일정한 요건하에 일부취소판결을 인정하고 있다.

(2) 일부취소판결의 요건

처분의 일부취소의 가능성은 일부취소의 대상이 되는 부분의 분리가능성에 따라 결정된다. 즉 외형상 하나의 처분이라 하더라도 가분성이 있거나 그 처분의 대상의 일부가 특정될 수 있다면 그 일부만의 취소가 가능하다는 것이 판례의 태도이다.

(3) 일부취소와 전부취소 판결의 유형별 판례 검토

1) 가분성이 인정되는 경우에 일부취소 판결을 허용하는 판결

> [관련판례] ① 과세처분 : 일부취소
> 과세처분취소소송의 처분의 적법 여부는 과세액이 정당한 세액을 초과하느냐의 여부에 따라 판단되는 것으로서 당사자는 사실심 변론종결 시까지 객관적인 조세채무액을 뒷받침하는 주장과 자료를 제출할 수 있고 이러한 자료에 의하여 적법하게 부과될 정당한 세액이 산출되는 때에는 그 정당한 세액을 초과하는 부분만 취소하여야 할 것이고 전부를 취소할 것이 아니다(대법원 2000.6.13. 선고 98두5811 판결).

[관련판례] ② 정보비공개결정처분 : 일부취소
법원이 행정기관의 정보공개거부처분의 위법 여부를 심리한 결과 공개를 거부한
정보에 비공개대상정보에 해당하는 부분과 공개가 가능한 부분이 혼합되어 있고
공개청구의 취지에 어긋나지 아니하는 범위 안에서 두 부분을 분리할 수 있음을
인정할 수 있을 때에는 청구취지의 변경이 없더라도 공개가 가능한 정보에 관한
부분만의 일부취소를 명할 수 있다(대법원 2003.10.10. 선고 2003두7767 판결).

[관련판례] ③ 국가유공자 비해당결정처분 : 일부취소
국가유공자 등 예우 및 지원에 관한 법률 제4조 제1항 제6호, 제6조의3 제1항, 제6
조의4 등 관련 법령의 해석상, 여러 개의 상이에 대한 국가유공자 요건 비해당결
정처분에 대한 취소소송에서 그중 일부 상이에 대해서만 국가유공자 요건이 인정
될 경우에는 비해당결정처분 중 요건이 인정되는 상이에 대한 부분만을 취소하
여야 하고, 비해당결정처분 전부를 취소할 것은 아니다(대법원 1982.9.28. 선고 82누2
판결).

[관련판례] ④ 과징금을 부과하면서 여러 개의 위반행위에 대하여 외형상 하나의
과징금 납부명령을 하였으나, 그중 일부의 위반행위에 대한 과징금 부과만이 위법
한 경우 : 일부취소
공정거래위원회가 위반행위에 대한 과징금을 부과하면서 여러 개의 위반행위에
대하여 외형상 하나의 과징금 납부명령을 하였으나 여러 개의 위반행위 중 일부
의 위반행위에 대한 과징금 부과만이 위법하고 소송상 그 일부의 위반행위를 기
초로 한 과징금액을 산정할 수 있는 자료가 있는 경우에는, 하나의 과징금 납부
명령일지라도 그 일부의 위반행위에 대한 과징금액에 해당하는 부분만을 취소하
여야 한다(대법원 2019.1.31. 선고 2013두14726 판결).

2) 재량행위인 경우 처분청의 재량권을 존중하여 전부취소하는 판결

[관련판례] ① 영업정지처분 : 전부취소
행정청이 영업정지처분을 함에 있어서 그 정지기간을 어느 정도로 할 것인지는
행정청의 재량권에 속하는 사항인 것이며, 다만 그것이 공익의 원칙이나 평등의
원칙 또는 비례의 원칙 등에 위반하여 재량권의 한계를 벗어난 재량권 남용에 해
당하는 경우에만 위법한 처분으로서 사법심사의 대상이 되는 것이나, 법원으로서
는 영업정지처분이 재량권 남용이라고 판단될 때에는 위법한 처분으로서 그 처
분의 취소를 명할 수 있을 뿐이고, 재량권의 한계 내에서 어느 정도가 적정한 영
업정지 기간인지를 가리는 일은 사법심사의 범위를 벗어난다(대법원 1982.9.28. 선
고 82누2 판결).

[관련판례] ② 과징금부과처분 : 전부취소

자동차운수사업면허조건 등을 위반한 사업자에 대하여 행정청이 행정제재수단으로 사업 정지를 명할 것인지, 과징금을 부과할 것인지, 과징금을 부과키로 한다면 그 금액은 얼마로 할 것인지에 관하여 재량권이 부여되었다 할 것이므로 **과징금 부과처분이 법이 정한 한도액을 초과하여 위법할 경우 법원으로서는 그 전부를 취소할 수밖에 없고, 그 한도액을 초과한 부분이나 법원이 적정하다고 인정되는 부분을 초과한 부분만을 취소할 수 없다**(대법원 1998.4.10. 선고 98두2270 판결).

[관련판례] ③ 과세처분이지만 전부취소를 한 사건

과세처분취소소송에 있어 처분의 적법 여부는 정당한 세액을 초과하느냐의 여부에 따라 판단되는 것으로서, 당사자는 사실심 변론종결 시까지 객관적인 조세채무액을 뒷받침하는 주장과 자료를 제출할 수 있고, 이러한 자료에 의하여 적법하게 부과될 정당한 세액이 산출되는 때에는 그 정당한 세액을 초과하는 부분만 취소하여야 할 것이고 전부를 취소할 것이 아님은 소론이 지적하는 바와 같으나(대법원 1991.4.12. 선고 90누8060 판결 참조), **이 사건에 있어서는 앞에서 본 바와 같이 상속 재산 일부에 대한 적법한 가액평가의 자료가 있다 할 수 없고, 따라서 정당한 상 속세액을 산출할 수 없어 과세처분 전부를 취소할 수밖에 없다**(대법원 1992.7.24. 선고 92누4840 판결).

(4) 소결(사안의 경우)

① 일부취소를 인정한 판결(가분성이 있거나 그 처분대상의 일부를 특정할 수 있는 경우 가능)은 금전사건에서 빈번히 나타난다. 외형상 하나의 행정처분이라 하더라도 가분성이 있거나 그 처분대상의 일부가 특정될 수 있다면 그 일부만의 취소가 가능하다고 보는 것이 타당하다.

② 일부취소를 부정한 판결(재량행위의 있어서 재량권의 범위 내에서는 판단 어려움)은 과징금 부과처분과 같이 재량행위인 경우에는 처분청의 재량권을 존중하여야 하고, 법원이 직접 처분을 하는 것은 인정되지 아니하므로 전부취소를 하여 처분청이 재량권을 행사하여 다시 적정한 처분을 하도록 하여야 한다. 재량행위의 일부취소(영업정지 6개월 중 영업정지 3개월을 취소하는 것)는 행정청의 재량권에 속하는 것이므로 인정될 수 없다. 영업정지처분등이 재량권 남용에 해당한다고 판단될 때에는 위법한 처분으로서 그 처분의 취소를 할 수 있을 따름이고, 재량권의 범위 내에서 어느 정도가 적정한 영업정지기간인가를 가리는 일은 사법심사의 범위를 벗어난다고 생각된다.

③ 결국 권력분립의 원칙과 행정청의 판단권을 존중하여 일부취소판결을 부정하는 것이 일면 타당하나, 가분성과 특정성 여부에 따라 일부취소판결 여부를 결정하는 것이 타당하다고 판단된다. 사안의 경우 과징금부과처분을 변경하기 위해서는 과징금부과처분은 재량행위이며, 업무정지처분에 갈음하여 부과된 변형된 과징금은 가분성과 특정성이 인정되기 어렵다고 판단된다. 따라서 과징금 처분에 대한 해당 사안은 일부취소판결은 불가하고, 전부취소를 하여야 할 것으로 판단된다.

3) 기각판결

기각판결이란 처분의 취소청구가 이유 없다고 하여 원고의 청구를 배척하는 판결을 말한다. 다만, 원고의 청구가 이유 있는 경우라도 그 처분 등을 취소·변경함이 현저하게 공공복리에 적합하지 않다고 인정되는 경우에는 기각판결을 할 수 있는데, 이 경우의 기각판결을 사정판결이라 한다.

4) 사정판결(기각판결의 일종)

> **행정소송법 제28조(사정판결)**
> ① 원고의 청구가 이유 있다고 인정하는 경우에도 처분등을 취소하는 것이 현저히 공공복리에 적합하지 아니하다고 인정하는 때에는 법원은 원고의 청구를 기각할 수 있다. 이 경우 법원은 그 판결의 주문에서 그 처분등이 위법함을 명시하여야 한다.
> ② 법원이 제1항의 규정에 의한 판결을 함에 있어서는 미리 원고가 그로 인하여 입게 될 손해의 정도와 배상방법 그 밖의 사정을 조사하여야 한다.
> ③ 원고는 피고인 행정청이 속하는 국가 또는 공공단체를 상대로 손해배상, 제해시설의 설치 그 밖에 적당한 구제방법의 청구를 당해 취소소송등이 계속된 법원에 병합하여 제기할 수 있다.

① **의의**

사정판결이란 취소소송에 있어서 본안심리 결과, 원고의 청구가 이유 있다고 인정하는 경우에도 공공복리를 위하여 원고의 청구를 기각하는 판결을 말한다. 사정판결은 법률적합성의 원칙의 예외로 극히 엄격한 요건 아래 제한적으로 하여야 하고, 사정판결을 하는 경우에도 사익구제조치가 반드시 병행되어야 한다.

② **사정판결의 요건**

가. 원고의 청구가 이유 있을 것

원고의 청구는 행정청의 처분이 위법하다는 것으로 행정청의 처분이 위법한 경우여야 한다. 처분의 위법 여부는 처분 시를 기준으로 한다. 이 요건의 인정은 위법한 처분을 취소하여 개인의 권익을 구제할 필요와 그 취소로 인하여 발생할 수 있는 공공복리에 대한 현저한 침해를 비교·형량하여 결정하여야 한다.

나. 처분 등을 취소하는 것이 현저히 공공복리에 적합하지 아니할 것

판례는 행정처분을 취소·변경해야 할 필요와 그 취소·변경으로 인하여 발생할수 있는 공공복리에 반하는 사태 등을 비교·교량하여 그 적용여부를 판단하여야 한다고 판시하였고, 판단기준의 시점은 변론종결 시를 기준으로 한다. 즉 처분등을 취소하는 것이 현저히 공공복리에 적합하지 아니한지 여부는 행정소송규칙 제14조에 의거하여 사실심 변론종결할 때 기준으로 판단하여야 한다.

> **행정소송규칙 제14조(사정판결)**
> 법원이 법 제28조 제1항에 따른 판결을 할 때 그 처분등을 취소하는 것이 현저히 공공복리에 적합하지 아니한지 여부는 사실심 변론을 종결할 때를 기준으로 판단한다.

> **판례**
>
> **[1]** 사정판결의 요건인 현저히 공공복리에 적합하지 아니한지 여부는 위법한 행정처분을 취소·변경하여야 할 필요와 그 취소·변경으로 인하여 발생할 수 있는 공공복리에 반하는 사태 등을 비교·교량하여 판단하여야 한다(대법원 2006.9.22. 선고 2005두2506 판결[보험약가인하처분취소]).
>
> **[2]** 사정판결은 극히 예외적으로 위법한 처분을 취소하지 않는 제도이므로 사정판결의 적용은 극히 엄격한 요건아래 제한적으로 하여야 한다(대법원 1995.6.13. 선고 94누4660 판결[환지청산금부과처분취소]).

③ 사정판결의 효과

사정판결은 원고의 청구를 기각하는 판결이므로 취소소송의 대상인 처분 등은 당해 처분이 위법함에도 그 효력이 유지된다. 사정판결이 있는 경우 원고의 청구가 이유 있음에도 불구하고 원고가 패소한 것이므로 소송비용은 승소자인 피고가 부담한다.

④ 원고의 권익구제

사정판결로 해당 처분 등이 적법하게 되는 것은 아니므로 원고가 당해 처분 등으로 손해를 입은 경우 손해배상청구를 할 수 있다. 원고는 피고인 행정청이 속하는 국가 또는 공공단체를 상대로 손해배상, 제해시설의 설치 그 밖에 적당한 구제방법의 청구를 당해 취소소송 등이 계속된 법원에 병합하여 제기할 수 있다(법 제28조 제3항).

⑤ 적용범위

행정소송법상 사정 판결은 취소소송에서만 인정되고, 무효등확인소송과 부작위위법확인소송에는 준용되고 있지 않다(제38조). 사정판결이 무효등확인소송에도 인정될 수 있는지에 관하여 견해가 대립하고 있는데, 판례는 부정설을 취하고 있다.

> **판례**
>
> 당연무효의 행정처분을 소송목적물로 하는 행정소송에서는 존치시킬 효력이 있는 행정행위가 없기 때문에 행정소송법 제28조 소정의 사정판결을 할 수 없다(대법원 1996.3.22. 선고 95누5509 판결[토지수용재결처분취소등]).

10. 취소소송 판결의 효력

	기속력	기판력
각하판결	×	×
기각판결	×	○
인용판결	○	○
집행정지 결정	○	×

(1) 개설

취소소송의 판결이 확정되면 민사소송에서 인정되는 일반적인 효력인 자박력, 확정력 및 형성력 등의 효력을 발생하게 된다. 그 밖에 행정소송법은 행정소송 특유의 효력으로서 취소판결에 제3자에 대한 효력(제29조 제1항)과 기속력(제30조)을 정하고, 이를 다른 행정소송유형에 준용하고 있다.

(2) 자박력(불가변력)

법원이 판결을 선고하면 선고법원 자신도 판결의 내용을 취소·변경할 수 없는 효력을 자박력이라 한다. 이 효력은 선고법원에 대한 효력이다.

(3) 형식적 확정력(불가쟁력)

형식적 확정력이라 함은 취소소송의 판결을 더 이상 정식재판절차를 통해 다툴 수 없게 되는 효력을 말한다. 판결에 대하여 불복이 있으면, 그 취소·변경을 위하여 상소하여야 한다. 따라서 상소기간이 경과하거나 당사자가 상소를 포기하는 등 기타의 사유로 상소할 수 없게 된 상태를 판결의 형식적 확정력이라 한다.

(4) 기판력(실질적 확정력)

1) 기판력의 의의 및 취지

기판력이란 판결이 확정되면 후소에서 동일한 사항이 문제되는 경우 당사자와 이들 승계인은 전소의 판결에 반하는 주장을 할 수 없고, 법원도 그에 반하는 판결을 할 수 없는 구속력을 말하며, 분쟁의 반복방지와 재판의 통일성을 보장함에 취지가 있다.

> 📑 판례
>
> 확정판결의 기판력이라 함은 확정판결의 주문에 포함된 법률적 판단의 내용은 이후 그 소송당사자의 관계를 규율하는 새로운 기준이 되는 것이므로 동일한 사항이 소송상 문제가 되었을 때 당사자는 이에 저촉되는 주장을 할 수 없고 법원도 이에 저촉되는 판단을 할 수 없는 기속력을 의미하는 것이고 이 경우 적극당사자(원고)가 되어 주장하는 경우는 물론이고 소극당사자(피고)로서 항변하는 경우에도 그 기판력에 저촉되는 주장은 할 수 없다(대법원 1987.6.9. 선고 86다카2756 판결).

2) 법적 근거

행정소송법은 기판력에 관한 명문의 규정을 두고 있지 않다. 행정소송에서의 판결의 기판력은 행정소송법 제8조 제2항에 따라 민사소송법상 기판력규정이 준용되어 인정되는 것이다.

3) 내용

기판력이 발생하면 동일 소송물에 대하여 다시 소를 제기하지 못하게 되는 <반복금지효>가 발생한다. 또한 후소에서 당사자는 이미 소송물에 대해 내려진 전소확정판결에 반하는 주장을 할 수 없고, 후소법원은 전소판결을 후소판결의 기초로 삼지 않으면 안된다. 이를 <모순금지효>라 한다.

4) 기판력의 범위

① 주관적 범위

취소소송의 기판력은 당사자 및 이와 동일시할 수 있는 자(例 승계인)에게만 미치며 제3자에게는 미치지 않는다. 소송참가를 한 제3자에게도 기판력이 미치지 않는다. 그러나 국가 또는 공공단체에 대해서는 기판력이 미치는 것으로 본다.

📑🔍 판례

> 행정처분취소청구를 기각하는 판결이 확정되면 그 처분이 적법하다는 점에 관하여 기판력이 생기고 그 소의 원고뿐만 아니라 관계 행정기관도 이에 기속된다 할 것이므로 면직처분이 위법하지 아니하다는 점이 판결에서 확정된 이상 원고가 다시 이를 무효라 하여 그 무효확인을 소구할 수는 없다(대법원 1992.12.8. 선고 92누6891 판결[면직처분무효확인]).

② 객관적 범위

일반적으로 기판력은 판결의 주문에 포함된 것에 한하여 인정된다(민사소송법 제216조 제1항). 이유부분은 민사소송에서와 같이 행정소송에서도 판결 주문을 해석하기 위한 수단으로서의 의미를 가질 뿐 기판력에 있어서는 의미를 갖지 못한다.

📑🔍 판례

> 취소판결의 기판력은 소송물로 된 행정처분의 위법성 존부에 관한 판단 그 자체에만 미치는 것이므로 전소와 후소가 그 소송물을 달리하는 경우에는 전소 확정판결의 기판력이 후소에 미치지 아니한다(대법원 1996.4.26. 선고 95누5820 판결[주택건설사업계획승인처분무효]).

③ 시간적 범위

기판력은 사실심 변론의 종결 시를 기준으로 하여 발생한다. 처분청은 당해 사건의 사실심 변론 종결 이전에 주장할 수 있었던 사유를 내세워 확정판결과 저촉되는 처분을 할 수 없고 하여도 무효이다.

> **판례**
>
> 민사소송법 제422조 제1항 각 호 소정의 재심사유를 상고이유로 삼을 수 있다고 할 것이나, 그 재심사유는 당해 사건에 대한 것이어야 하고, 당해 사건과 관련한 다른 사건에 재심사유가 존재한다는 점을 들어 당해 사건의 상고이유로 삼을 수는 없다 할 것이며, 확정판결의 기판력은 그 변론종결 후에 새로 발생한 사유가 있을 경우에는 효력이 차단되는 것이지만, 여기서 말하는 변론종결 후에 발생한 새로운 사유란 법률관계 사실 자체를 말하는 것이지 기존의 법률관계에 대한 새로운 증거자료를 의미하는 것이 아니다(대법원 2001.1.16. 선고 2000다41349 판결[건물철거등]).

5) 기판력과 국가배상소송

① 문제점

취소소송의 판결의 기판력이 국가배상소송에 대하여 미치는 것은 취소소송의 소송물(위법성)이 후소인 국가배상소송의 선결문제로 되는 경우이다. 취소소송의 소송물이 국가배상소송에서 선결문제로 되지 않는 무과실책임의 경우에는 취소소송판결의 기판력이 국가배상소송에 미치지 않는다. 과실책임의 경우에는 위법성이 선결문제가 되므로 취소소송의 판결의 기판력이 국가배상소송에 미치는지 여부가 문제된다.

② 학설

<기판력긍정설> 취소소송의 위법성과 국가배상소송의 법성은 동일한 개념으로 기판력이 미친다고 보는 견해

<제한적 긍정설> 국가배상소송의 위법성을 취소소송의 위법성보다 넓은 개념으로 보아 인용판결에서는 기판력이 미치나, 기각판결에서는 기판력이 미치지 않는다고 보는 견해

<부정설> 이 둘은 취소소송의 위법성이 국가배상소송의 위법성은 전혀 다른 개념으로, 기판력이 미치지 않는다고 보는 견해

③ 판례

> **판례**
>
> 어떠한 행정처분이 후에 항고소송에서 취소되었다고 할지라도 그 기판력에 의하여 당해 행정처분이 곧바로 공무원의 고의 또는 과실로 인한 것으로서 불법행위를 구성한다고 단정할 수는 없는 것이고, 그 행정처분의 담당공무원이 보통 일반의 공무원을 표준으로 하여 볼 때 객관적 주의의무를 결하여 그 행정처분이 객관적 정당성을 상실하였다고 인정될 정도에 이른 경우에 비로소 국가배상법 제2조 소정의 국가배상책임의 요건을 충족하였다고 봄이 상당할 것이며, 이때에 객관적 정당성을 상실하였는지 여부는 피침해이익의 종류 및 성질, 침해행위가 되는 행정처분의 태양 및 그 원인, 행정처분의 발동에 대한 피해자 측의 관여의 유무, 정도 및 손해의 정도 등 제반 사정을 종합하여 손해의 전보책임을 국가 또는 지방자치단체에게 부담시켜야 할 실질적인 이유가 있는지 여부에 의하여 판단하여야 한다(대법원 2003.11.27. 선고 2001다33789·33796·33802·33819 판결[손해배상(기)]).

④ 검토

손해전보를 목적으로 하는 국가배상에서 반드시 항고소송의 기판력이 미친다고 할 수 없지만, 공무원은 국민에 대한 봉사자 지위를 가지는바, 손해발생방지 의무를 부담하는 것이 타당하다. 따라서 <제한적 긍정설>이 타당하며 기각판결의 경우 국가배상청구소송의 위법성 판단에 대한 기판력이 미치지 않는다고 판단된다.

(5) 형성력(제25회 2번 기출)

> **행정소송법 제29조(취소판결등의 효력)**
> ① 처분등을 취소하는 확정판결은 제3자에 대하여도 효력이 있다.
> ② 제1항의 규정은 제23조의 규정에 의한 집행정지의 결정 또는 제24조의 규정에 의한 그 집행정지결정의 취소결정에 준용한다.

1) 의의 및 근거

형성력이란 취소판결이 확정되면 행정청의 의사표시 없이도 당연히 행정상 법률관계의 발생·변경·소멸 즉 형성의 효과를 가져오는 효력을 말하며, 이는 취소소송 목적 달성에 그 취지가 인정된다. 행정소송법에는 이에 관한 직접적인 규정이 없지만, 형성력은 특히 취소인용판결의 경우에 일반적으로 인정되는 효력이고 또한 취소판결의 제3자효를 규정한 제29조 제1항은 이를 전제로 한 규정이다.

2) 내용

① 형성효

형성효란 처분에 대한 취소의 확정판결이 있으면 그 이후에는 행정처분의 취소나 통지 등의 별도의 절차를 요하지 않는 효과를 말한다.

② 소급효

소급효란 취소판결의 취소의 효과는 처분 시에 소급하는 효력을 말한다. 일반적 견해는 취소판결은 항상 소급효를 갖는다고 본다. 따라서 취소판결 후에 취소된 처분을 대상으로 하는 처분은 당연히 무효이다. 그러나 문제되는 경우, 벌칙과 관련된 부분은 원칙적으로 소급하지 아니하는 것으로 볼 것이다.

③ 제3자효(대세효)

가. 의의 및 취지

취소판결의 취소의 효력(형성효 및 소급효)은 소송에 관여하지 않은 제3자에 대항도 미치는데 이를 취소의 대세적 효력(대세효)라 한다. 행정소송법 제29조 제1항은 이를 명문으로 규정하고 있다. 승소한 자의 권리를 확실히 보호하는 취지가 있다.

나. 제3자의 범위

'제3자'란 당해 판결에 의하여 권리 또는 이익에 영향을 받게 되는 범위에 있는 이해관계인에 한정된다. 즉, 당해 처분에 직접적인 이해관계 있는 제3자, 일반처분의 경우 견해의 대립이 있지만 불특정 다수인을 대상으로 봄이 타당하다.

다. 취소판결의 제3자효의 내용

<일반원칙> 취소판결의 형성력은 제3자에 대하여도 발생하며 제3자는 취소판결의 효력에 대항할 수 없다.

<일반처분의 취소의 제3자효> 일반처분의 취소의 소급적 효과가 소송을 제기하지 않은 자에게도 미치는가 견해대립이 있지만. 불가쟁력이 발생한 일반처분은 제3자의 법적 안정성 보장을 위하여 취소판결의 소급효가 인정되지 않는다고 보아야 하고, 불가쟁력이 발생하지 않은 경우는 제3자에 대하여도 취소의 소급효가 미친다고 봄이 타당하다.

> **📑 판례**
>
> 행정처분을 취소하는 확정판결이 제3자에 대하여도 효력이 있다고 하더라도 일반적으로 판결의 효력은 주문에 포함한 것에 한하여 미치는 것이니 그 취소판결 자체의 효력으로써 그 행정처분을 기초로 하여 새로 형성된 제3자의 권리까지 당연히 그 행정처분 전의 상태로 환원되는 것이라고는 할 수 없고, 단지 취소판결의 존재와 취소판결에 의하여 형성되는 법률관계를 소송당사자가 아니었던 제3자라 할지라도 이를 용인하지 않으면 아니된다는 것을 의미하는 것에 불과하다 할 것이며, 따라서 취소판결의 확정으로 인하여 당해 행정처분을 기초로 새로 형성된 제3자의 권리관계에 변동을 초래하는 경우가 있다 하더라도 이는 취소판결 자체의 형성력에 기한 것이 아니라 취소판결의 위와 같은 의미에서의 제3자에 대한 효력의 반사적 효과로서 그 취소판결이 제3자의 권리관계에 대하여 그 변동을 초래할 수 있는 새로운 법률요건이 되는 까닭이라 할 것이다(대법원 1986.8.19. 선고 83다카2022 판결[손해배상]).

④ 취소된 처분을 전제로 형성된 법률관계의 효력 상실

취소판결의 형성효, 소급효와 대세효로 인하여 취소된 처분을 전제로 형성된 법률관계는 소급하여 그 효력을 상실한다. 다만, 이러한 해결은 법적 안정성의 측면에서 문제가 있을 수 있다.

(6) 기속력

> **행정소송법 제30조(취소판결등의 기속력)**
> ① 처분등을 취소하는 확정판결은 그 사건에 관하여 당사자인 행정청과 그 밖의 관계행정청을 기속한다.
> ② 판결에 의하여 취소되는 처분이 당사자의 신청을 거부하는 것을 내용으로 하는 경우에는 그 처분을 행한 행정청은 판결의 취지에 따라 다시 이전의 신청에 대한 처분을 하여야 한다.
> ③ 제2항의 규정은 신청에 따른 처분이 절차의 위법을 이유로 취소되는 경우에 준용한다.

1) 의의

기속력이란 행정청에 대하여 판결의 취지에 따라 행동하도록 당사자인 행정청과 그 밖의 관계행
정청을 구속하는 효력을 말한다. 행정소송법은 "처분 등을 취소하는 확정판결은 그 사건에 관하여
당사자인 행정청과 그 밖의 관계행정청을 기속한다"(법 제30조 제1항)고 규정하고 있으며, 기속력
은 인용판결이 확정된 경우에 한하여 인정되고 기각판결에는 인정되지 않는다.

2) 법적 성질

① 문제점

구속력의 성질을 무엇으로 볼 것인가에 관하여 기판력설과 특수효력설이 대립하고 있다.

② 학설

<기판력설> 기속력은 취소판결의 기판력이 행정 측에 미치는 것에 지나지 않으며 그 본질은
기판력과 같다고 보는 견해

<특수효력설> 기속력은 취소판결의 실효성을 확보하기 위하여 행정소송법이 특별히 부여한 효
력이며 기판력과는 그 본질을 달리한다고 보는 견해

③ 판례

📖🔍 **판례**

> 취소 확정판결의 '기속력'은 취소 청구가 인용된 판결에서 인정되는 것으로서 당사자인 행정청과
> 그 밖의 관계행정청에게 확정판결의 취지에 따라 행동하여야 할 의무를 지우는 작용을 한다. 이에
> 비하여 행정소송법 제8조 제2항에 의하여 행정소송에 준용되는 민사소송법 제216조, 제218조가
> 규정하고 있는 '기판력'이란 기판력 있는 전소 판결의 소송물과 동일한 후소를 허용하지 않음과
> 동시에, 후소의 소송물이 전소의 소송물과 동일하지는 않더라도 전소의 소송물에 관한 판단이 후
> 소의 선결문제가 되거나 모순관계에 있을 때에는 후소에서 전소 판결의 판단과 다른 주장을 하는
> 것을 허용하지 않는 작용을 한다(대법원 2016.3.24. 선고 2015두48235 판결[감차명령처분취소등]).

④ 검토

기속력은 인용판결의 효력이고, 기판력은 모든 판결의 효력이라는 점, 기속력과 기판력은 그 미
치는 범위가 다르고, 기속력은 일종의 실체법상 효력이고 기판력은 소송법상 효력이라는 점에서
특수효력설이 타당하다.

3) 기속력의 내용

① 반복금지효

취소판결이 확정되면 처분청 및 관계행정청은 취소된 처분에서 행한 과오와 동일한 과오를 반
복해서는 안 되는 구속을 받는다. 달리 말하면 처분청 및 관계행정청은 판결의 취지에 저촉되는
처분을 하여서는 안 된다. '동일한 처분'이라 함은 동일 사실관계 아래에서 동일 당사자에 대하
여 동일한 내용을 갖는 행위를 말한다.

> **판례**
>
> 재결의 기속력은 재결의 주문 및 그 전제가 된 요건사실의 인정과 판단, 즉 처분 등의 구체적
> 위법 사유에 관한 판단에만 미친다고 할 것이고, 종전 처분이 재결에 의하여 취소되었다 하더라
> 도 종전 처분사유와는 다른 사유를 들어서 처분을 하는 것은 기속력에 저촉되지 않는다고 할 것
> 이며, 여기에서 동일 사유인지 다른 사유인지는 종전 처분에 관하여 위법한 것으로 재결에서 판
> 단된 사유와 기본적 사실관계에 있어 동일성이 인정되는 사유인지 여부에 따라 판단되어야 한다
> (대법원 2005.12.9. 선고 2003두7705 판결[주택건설사업계획 승인신청서 반려처분취소]).

② 재처분의무

가. 거부처분취소에 따른 재처분의무

　　판결에 의하여 취소 또는 변경되는 처분이 당사자의 신청을 거부하는 것을 내용으로 하는 경
　　우에는 그 처분을 행한 행정청은 판결의 취지에 따라 다시 이전의 신청에 대한 가부간의 처분
　　을 하여야 한다(법 제30조 제2항). 당사자가 처분을 받기 위해 신청을 다시 할 필요는 없다.

> **판례**
>
> 행정소송법 제30조 제2항에 의하면, 행정청의 거부처분을 취소하는 판결이 확정된 경우에는
> 그 처분을 행한 행정청은 판결의 취지에 따라 이전의 신청에 대하여 재처분할 의무가 있고,
> 이 경우 확정판결의 당사자인 처분 행정청은 그 행정소송의 사실심 변론종결 이후 발생한 새로
> 운 사유를 내세워 다시 이전의 신청에 대하여 거부처분을 할 수 있으며, 그러한 처분도 이 조항
> 에 규정된 재처분에 해당한다(대법원 1999.12.28. 선고 98두1895 판결[토지형질변경불허가처분취소]).

나. 절차상의 위법을 이유로 신청에 따른 인용처분이 취소된 경우의 재처분의무

　　행정소송법 제30조 제3항은 신청에 따른 처분이 절차의 위법을 이유로 취소된 경우에는 거
　　부처분취소판결에 있어서의 재처분의무에 관한 제30조 제2항의 규정을 준용하는 것으로 규
　　정하고 있다. 여기에서 '신청에 따른 처분'이라 함은 '신청에 대한 인용처분'을 말하며, '절차
　　의 위법'은 실체법상(내용상)의 위법에 대응하는 넓은 의미의 형식상의 위법을 말하며 협의
　　의 절차의 위법뿐만 아니라 권한·형식의 위법을 포함하는 것으로 해석하여야 한다.

> **판례**
>
> **대법원 2014.3.13. 선고 2012두1006 판결[국방·군사시설사업실시계획승인고시처분무효**
> **확인 및 취소]**
> [1] 절차상 또는 형식상 하자로 인하여 무효인 행정처분이 있은 후 행정청이 관계 법령에서
> 　　정한 절차 또는 형식을 갖추어 다시 동일한 행정처분을 하였다면 당해 행정처분은 종전의
> 　　무효인 행정처분과 관계없이 새로운 행정처분이라고 보아야 한다.
> [2] 이 사건 처분은 새로운 국방·군사시설사업 실시계획 승인처분으로서의 요건을 갖춘 새
> 　　로운 처분일 뿐, 종전처분과 동일성을 유지하되 종전처분의 내용을 일부 수정하거나 새로

운 사항을 추가하는 것에 불과한 종전처분의 변경처분이 아니므로, 비록 종전처분에 하자가 있더라도 이 사건 처분이 관계 법령에 규정된 절차를 거쳐 그 요건을 구비한 이상 적법하다.

③ 결과제거의무(원상회복의무)

취소판결이 확정되면 행정청은 취소된 처분에 의해 초래된 위법상태를 제거하여 원상으로 회복할 의무를 진다. 취소판결의 기속력에 원상회복의무(위법상태제거의무)가 포함되는지에 관하여 명문의 규정은 없지만, 취소소송제도의 본질 및 행정소송법 제30조에 근거하여 이를 긍정하는 것이 타당하다. 판례도 이를 긍정하고 있다.

판례

어떤 행정처분을 위법하다고 판단하여 취소하는 판결이 확정되면 행정청은 행정소송법 제30조의 취소판결의 기속력에 따라 그 판결에서 확인된 위법사유를 배제한 상태에서 다시 처분을 하거나 그 밖에 위법한 결과를 제거하는 조치를 할 의무가 있다(대법원 2019.10.17. 선고 2018두104 판결).

4) 기속력의 범위

① 주관적 범위

기속력은 당사자인 행정청과 그 밖의 관계행정청을 기속한다(법 제30조 제1항). 여기에서 '관계행정청'이라 함은 당해 판결에 의하여 취소된 처분 등에 관계되는 무엇인지의 처분권한을 가지는 행정청, 즉 취소된 처분 등을 기초로 하여 그와 관련되는 처분이나 부수되는 행위를 할 수 있는 행정청을 총칭하는 것이라고 할 것이다.

② 객관적 범위

가. 객관적 범위

판결의 기속력은 판결주문 및 이유에서 판단된 처분 등의 개개 구체적 위법사유에만 미친다. 또한 기속력은 사건의 동일성이 있는 경우에만 미치며, 사건의 동일성 여부는 기본적 사실관계의 동일성 여부로 판단한다.

판례

종전 처분이 재결에 의하여 취소되었다 하더라도 종전 처분 시와는 다른 사유를 들어서 처분을 하는 것은 기속력에 저촉되지 않는다고 할 것이며, 여기에서 동일 사유인지 다른 사유인지는 종전 처분에 관하여 위법한 것으로 재결에서 판단된 사유와 기본적 사실관계에 있어 동일성이 인정되는 사유인지 여부에 따라 판단되어야 한다(대법원 2005.12.9. 선고 2003두7705 판결[주택건설사업계획승인신청서반려처분취소]).

나. 기본적 사실관계의 동일성 인정 기준

기본적 사실관계의 동일성이란 처분사유를 법률적으로 평가하기 이전의 구체적 사실에 착안하여 그 기초인 사회적 사실관계가 기본적인 점에서 동일한지 여부에 따라 판단하고, 구체적 판단은 시간적·장소적 근접성, 행위의 태양·결과 등의 제반사정을 종합적으로 고려해야 한다. 처분사유의 내용이 공통되거나 취지가 유사한 경우에는 기본적 사실관계의 동일성을 인정해야 할 것이다.

③ 시간적 범위

처분의 위법 여부의 판단시점은 처분 시이기 때문에 기속력은 처분 당시까지 존재하던 사유에 대하여만 미치고 그 이후에 생긴 사유에는 미치지 아니한다. 따라서 취소된 처분 후 새로운 처분 사유가 생긴 경우(법 또는 사실상태가 변경된 경우)에는 기본적 사실관계에 동일성이 없는 한 행정청은 동일한 내용의 처분을 다시 할 수 있다.

📑 판례

취소 확정판결의 기속력은 판결의 주문 및 전제가 되는 처분 등의 구체적 위법사유에 관한 판단에도 미치나, 종전 처분이 판결에 의하여 취소되었더라도 종전 처분과 다른 사유를 들어서 새로이 처분을 하는 것은 기속력에 저촉되지 않는다. 여기에서 동일 사유인지 다른 사유인지는 확정판결에서 위법한 것으로 판단된 종전 처분사유와 기본적 사실관계에서 동일성이 인정되는지 여부에 따라 판단되어야 하고, 기본적 사실관계의 동일성 유무는 처분사유를 법률적으로 평가하기 이전의 구체적인 사실에 착안하여 그 기초인 사회적 사실관계가 기본적인 점에서 동일한지에 따라 결정된다. 또한 행정처분의 위법 여부는 행정처분이 행하여진 때의 법령과 사실을 기준으로 판단하므로, 확정판결의 당사자인 처분 행정청은 종전 처분 후에 발생한 새로운 사유를 내세워 다시 처분을 할 수 있고, 새로운 처분의 처분사유가 종전 처분 후에 발생한 새로운 사유를 내세워 다시 처분을 할 수 있고, 새로운 처분의 처분사유가 종전 처분의 처분사유와 기본적 사실관계에서 동일하지 않은 다른 사유에 해당하는 이상, 처분사유가 종전 처분 당시 이미 존재하고 있었고 당사자가 이를 알고 있었더라도 이를 내세워 새로이 처분을 하는 것은 확정판결의 기속력에 저촉되지 않는다(대법원 2016.3.24. 선고 2015두48235 판결[감차명령처분취소등]).

5) 위반의 효과

취소판결의 기속력에 반하는 행정청의 처분은 위법한 행위로서 하자가 중대하고 명백하다고 볼 수 있어 무효로 판단된다. 판례 역시 기속력에 위반하여 한 행정청의 행위는 당연무효가 된다고 판시하였다.

📑 판례

확정판결의 당사자인 처분행정청이 그 행정소송의 사실심 변론종결 이전의 사유를 내세워 다시 확정판결과 저촉되는 행정처분을 하는 것은 허용되지 않는 것으로서 이러한 행정처분은 그 하자가 중대하고도 명백한 것이어서 당연무효라 할 것이다(대법원 1990.12.11. 선고 90누3560 판결[토지형질변경허가신청불허가처분취소]).

(7) 간접강제

1) 의의

거부처분에 따른 취소판결이나 부작위위법확인판결이 확정되었음에도 행정청이 행정소송법 제30
조 제2항의 판결의 취지에 따른 처분을 하지 않는 경우 법원이 행정청에게 일정한 배상을 명령하
는 제도이다(법 제34조).

2) 요건

판례는 거부처분취소 판결이 확정된 경우 행정청이 판결의 취지에 따라 다시 이전의 신청에 대한
처분을 하지 아니하거나 재처분을 하였더라도 그것이 종전의 거부처분에 대한 취소의 확정판결의
기속력에 반하는 등 당연무효인 경우에 간접강제를 신청할 수 있다고 한다.

> **판례**
>
> 거부처분에 대한 취소의 확정판결이 있음에도 행정청이 아무런 재처분을 하지 아니하거나, 재처분
> 을 하였다 하더라도 그것이 종전 거부처분에 대한 취소의 확정판결의 기속력에 반하는 등으로 당연
> 무효라면 이는 아무런 재처분을 하지 아니한 때와 마찬가지라 할 것이므로 이러한 경우에는 행정소
> 송법 제30조 제2항, 제34조 제1항 등에 의한 간접강제신청에 필요한 요건을 갖춘 것으로 보아야
> 한다(대법원 2002.12.11. 자 2002무22 결정[간접강제]).

3) 절차

행정청이 거부처분취소판결의 취지에 따른 처분을 하지 않은 경우에 당사자는 '제1심 수소법원'에
간접강제를 신청할 수 있다. 법원의 심리 결과 당사자의 신청이 이유 있다고 인정되면 법원은 인
용결정을 하는데, 이때 법원은 재처분을 하여야 할 상당한 기간을 정하게 되고 만약 행정청이 그
기간 내에 재처분을 하지 않을 때에는 그 지연기간에 따라 일정한 배상을 할 것을 명하거나 즉시
손해배상을 할 것을 명하게 된다(법 제34조 제1항).

4) 배상금의 성질

간접강제는 재처분의 지연에 대한 제재나 손해배상이 아니고 재처분의 이행에 관한 심리적 강제
수단에 불과하다. 재처분의 이행이 있으면 더 이상 배상금을 추심하는 것이 허용되지 않는다.

> **판례**
>
> 행정소송법 제34조 소정의 간접강제결정에 기한 배상금은 거부처분취소판결이 확정된 경우 그 처분
> 을 행한 행정청으로 하여금 확정판결의 취지에 따른 재처분의무의 이행을 확실히 담보하기 위한 것
> 으로서, 확정판결의 취지에 따른 재처분의무내용의 불확정성과 그에 따른 재처분에의 해당 여부에
> 관한 쟁송으로 인하여 간접강제결정에서 정한 재처분의무의 기한 경과에 따른 배상금이 증가될 가
> 능성이 자칫 행정청으로 하여금 인용처분을 강제하여 행정청의 재량권을 박탈하는 결과를 초래할
> 위험성이 있는 점 등을 감안하면, 이는 확정판결의 취지에 따른 재처분의 지연에 대한 제재나 손해
> 배상이 아니고 재처분의 이행에 관한 심리적 강제수단에 불과한 것으로 보아야 하므로, 특별한 사정

이 없는 한 간접강제결정에서 정한 의무이행기한이 경과한 후에라도 확정판결의 취지에 따른 재처분의 이행이 있으면 배상금을 추심함으로써 심리적 강제를 꾀할 목적이 상실되어 처분상대방이 더 이상 배상금을 추심하는 것은 허용되지 않는다(대법원 2004.1.15. 선고 2002두2444 판결[청구이의]).

5) 입법론

간접강제제도는 우회적인 제도이므로, 궁극적으로는 의무이행소송을 도입하여 국민의 권리보호에 만전을 기하여야 할 것이다.

11. 제3자에 의한 재심청구

(1) 제3자의 소송참가(확정판결 전)

1) 의의, 취지(행정소송법 제16조)

제3자의 소송참가란 법원이 소송 결과에 따라 권리 또는 이익의 침해를 받을 제3자가 있는 경우 당사자 또는 제3자의 신청 또는 직권에 의해 결정으로써 그 제3자를 소송에 참가시킬 수 있는 제도이며, 행정소송의 공정한 해결, 모든 이해관계자의 이익보호에 취지가 있다.

2) 요건

① 타인 간에 소송이 계속 중일 것, ② 소송의 결과에 따라 권리 또는 이익의 침해를 받을 제3자일 것을 요건으로 한다. 이때 제3자란 소송당사자 이외의 자를 말하며, 권리 또는 이익이란 법률상 이익을 의미한다. 또한 소송 결과에 따라 침해를 받는다는 것은 취소판결의 효력, 즉 형성력 및 기속력에 따라 직접 권리 또는 이익을 침해받는 경우를 말한다.

(2) 제3자의 재심청구(확정판결 후)

1) 의의 및 취지(행정소송법 제31조)

제3자의 재심이란 처분등을 취소하는 판결에 의해 권리 또는 이익을 침해받은 제3자가 자기에게 책임 없는 사유로 소송에 참가하지 못함으로써 판결의 결과에 영향을 미칠 공격 또는 방어방법을 제출하지 못하고 판결이 확정된 경우 이 확정판결에 대한 취소와 동시에 판결 전 상태로 복구시켜 줄 것을 구하는 불복방법이다.

2) 요건

① 재심은 처분 등을 취소하는 종국판결의 확정을 전제로 한다. ② 재심청구의 원고는 판결에 의해 권리 또는 이익의 침해를 받은 소송당사자 이외의 제3자로서, 권리 또는 이익이란 법률상 이익을 의미하고, 침해를 받는다는 것은 취소판결의 주문에 의해 침해를 받음을 의미한다.

Ⅳ 무효등확인소송(제17회 기출)

1. 의의 및 종류, 대상

무효등확인소송이란 '행정청의 처분이나 재결의 효력 유무 또는 존재 여부의 확인을 구하는 소송'을 말한다. 무효등확인소송에는 처분이나 재결의 존재확인소송, 부존재확인소송, 유효확인소송, 무효확인소송, 실효확인소송이 있으며, 취소소송과 같이 '처분 등'을 대상으로 한다.

📖🔍 판례

> [1] 일반적으로 행정처분의 무효확인을 구하는 소에는 원고가 그 처분의 취소는 구하지 아니한다고 밝히고 있지 아니하는 이상, 그 처분이 만약 당연무효가 아니라면 그 취소를 구하는 취지도 포함되어 있는 것으로 볼 것이나 행정심판절차를 거치지 아니한 까닭에 행정처분취소의 소를 무효확인의 소로 변경한 경우에는 무효확인을 구하는 취지 속에 그 처분이 당연무효가 아니라면 그 취소를 구하는 취지까지 포함된 것으로 볼 여지가 전혀 없다고 할 것이므로 법원으로서는 그 처분이 당연무효인가 여부만 심리판단하면 족하다고 할 것이다(대법원 1987.4.28. 선고 86누887 판결).
>
> [2] 애국지사의 유족연금·사망일시금·유족생계보조수당과 이들 각 금원에 대한 청구권발생일로부터 연 5푼의 이율에 의한 복리계산금원의 청구권이 원고에게 있음의 확인을 구하거나 위 각 금원을 지급할 의무가 행정청에 있음의 확인을 구하는 청구는 작위의 의무확인소송으로서 항고소송의 대상이 되지 아니한다(대법원 1990.11.23. 선고 90누578 판결).

2. 법적 성질

무효등확인소송은 주관적 소송으로서 형성소송이 아니고 확인소송에 속한다. 현행법은 이를 항고소송의 하나로 규정하고 있으며, 취소소송에 대한 대부분의 규정을 광범위하게 준용한다.

3. 소송요건(준용규정 제38조)

(1) 소송요건

처분을 대상으로 원고적격과, 피고적격, 협의의 소익 요건도 갖추고 있어야 한다. 그러나 무효확인소송의 경우 제소기간의 제한이 없고, 행정심판전치주의가 적용되지 않는다는 점이 취소소송과 차이점이 있다.

(2) 대상적격

무효등확인소송도 취소소송과 같이 처분 등을 대상으로 한다(법 제38조 제1항). 재결무효등확인소송은 재결 자체에 고유한 위법이 있음을 이유로 하는 경우에 한한다(법 제38조 제1항).

(3) 원고적격

무효등확인소송은 처분 등의 효력 유무 또는 존재 여부의 확인을 구할 법률상 이익이 있는 자가 제기할 수 있다(행정소송법 제35조). 이때의 법률상 이익은 취소소송과 마찬가지로 해당 처분의 근거 법률 또는 관련 법률에 의하여 보호되는 직접적이고 구체적인 이익으로 보는 것이 판례의 입장이다.

📑 판례

행정소송은 행정청의 위법한 처분 등을 취소·변경하거나 그 효력 유무 또는 존재 여부를 확인함으로써 국민의 권리 또는 이익의 침해를 구제하고 공법상의 권리관계 또는 법 적용에 관한 다툼을 적정하게 해결함을 목적으로 하므로, 대등한 주체 사이의 사법상 생활관계에 관한 분쟁을 심판대상으로 하는 민사소송과는 목적, 취지 및 기능 등을 달리한다. 또한 행정소송법 제4조에서는 무효확인소송을 항고소송의 일종으로 규정하고 있고, 행정소송법 제38조 제1항에서는 처분 등을 취소하는 확정판결의 기속력 및 행정청의 재처분 의무에 관한 행정소송법 제30조를 무효확인소송에도 준용하고 있으므로 무효확인판결 자체만으로도 실효성을 확보할 수 있다. 그리고 무효확인소송의 보충성을 규정하고 있는 외국의 일부 입법례와는 달리 우리나라 행정소송법에는 명문의 규정이 없어 이로 인한 명시적 제한이 존재하지 않는다. 이와 같은 사정을 비롯하여 행정에 대한 사법통제, 권익구제의 확대와 같은 행정소송의 기능 등을 종합하여 보면, 행정처분의 근거 법률에 의하여 보호되는 직접적이고 구체적인 이익이 있는 경우에는 행정소송법 제35조에 규정된 '무효확인을 구할 법률상 이익'이 있다고 보아야 하고, 이와 별도로 무효확인소송의 보충성이 요구되는 것은 아니므로 행정처분의 무효를 전제로 한 이행소송 등과 같은 직접적인 구제수단이 있는지 여부를 따질 필요가 없다고 해석함이 상당하다(대법원 2008.3.20. 선고 2007두6342 전원합의체 판결[하수도원인자부담금부과처분취소]).

(4) 협의의 소익

1) 문제점

행정소송법 제35조에서 법률상 이익을 요구하는데, 민사소송에서와 같이 '확인의 이익'이 필요한지 문제가 된다.

2) 학설

① 긍정설 : 민사소송의 확인소송과 같다고 보아 확인의 이익이 필요하다고 본다. 따라서 무효등확인소송에서도 "즉시 확정의 이익"이 필요하며, 다른 소송으로 구제되지 않을 때에만 보충적으로 인정된다.

② 부정설 : 행정소송은 민사소송과 목적·취지를 달리하여 확인의 이익이 필요없다고 본다. 또, 무효 등 확인소송에서 취소판결의 기속력을 준용하므로 판결 자체로 실효성 확보가 가능하다고 한다.

3) 판례

① 종전 판례는 긍정설 입장이었지만, ② 최근 대법원은 행정소송법 제30조 기속력을 무효확인소송에도 준용하고 있으므로 무효확인판결 자체만으로 실효성 확보가 가능하고, 민사소송과 목적 취지가 다르며, 명문 규정이 없다는 점을 이유로 <부정설>로 판례를 변경하였다.

판례

[1] 원고가 무효임을 주장하는 과세처분에 따라 그 부과세액을 납부하여 이미 그 처분이 집행될 것과 같이 되어 버렸다면 그 과세처분이 존재하고 있는 것과 같은 외관이 남아 있음으로써 장차 원고에게 다가올 법률상의 불안이나 위험은 전혀 없다 할 것이고, 다만 남아 있는 것은 이미 이루어져 있는 위법상태의 제거, 즉 납부효과가 발생한 세금의 반환을 구하는 문제뿐이라고 할 것인바, 이와 같은 위법상태의 제거방법으로써 그 위법상태를 이룬 원인에 관한 처분의 무효확인을 구하는 방법은 관세관청이 그 무효확인판결의 구속력을 존중하여 납부한 세금의 환급을 하여 줄 것을 기대하는 간접적인 방법이라고 할 것이므로 민사소송에 의한 부당이득반환청구의 소로써 직접 그 위법상태를 구할 길이 열려 있는 이상 위와 같은 과세처분의 무효확인의 소는 분쟁해결에 직접적이고도 유효적절한 해결방법이라 할 수 없어 확인을 구할 법률상 이익이 없다고 할 것이다(대법원 1991.9.10. 선고 91누3840 판결).

[2] 행정소송은 행정청의 위법한 처분 등을 취소·변경하거나 그 효력 유무 또는 존재 여부를 확인함으로써 국민의 권리 또는 이익의 침해를 구제하고 공법상의 권리관계 또는 법 적용에 관한 다툼을 적정하게 해결함을 목적으로 하므로, 대등한 주체 사이의 사법상 생활관계에 관한 분쟁을 심판대상으로 하는 민사소송과는 목적, 취지 및 기능 등을 달리한다. 또한 행정소송법 제4조에서는 무효확인소송을 항고소송의 일종으로 규정하고 있고, 행정소송법 제38조 제1항에서는 처분 등을 취소하는 확정판결의 기속력 및 행정청의 재처분 의무에 관한 행정소송법 제30조를 무효확인소송에도 준용하고 있으므로 무효확인판결 자체만으로도 실효성을 확보할 수 있다. 그리고 무효확인소송의 보충성을 규정하고 있는 외국의 일부 입법례와는 달리 우리나라 행정소송법에는 명문의 규정이 없어 이로 인한 명시적 제한이 존재하지 않는다. 이와 같은 사정을 비롯하여 행정에 대한 사법통제, 권익구제의 확대와 같은 행정소송의 기능 등을 종합하여 보면, 행정처분의 근거 법률에 의하여 보호되는 직접적이고 구체적인 이익이 있는 경우에는 행정소송법 제35조에 규정된 '무효확인을 구할 법률상 이익'이 있다고 보아야 하고, 이와 별도로 무효확인소송의 보충성이 요구되는 것은 아니므로 행정처분의 무효를 전제로 한 이행소송 등과 같은 직접적인 구제수단이 있는지 여부를 따질 필요가 없다고 해석함이 상당하다(대법원 2008.3.20. 선고 2007두6342 전원합의체 판결).

4) 검토

무효등확인소송도 항고소송의 일종이고, 무효등확인판결 자체만으로도 실효성을 확보할 수 있는바 별도로 무효확인소송의 보충성이 요구되지 않는다고 봄이 타당하다.

(5) 피고적격

취소소송의 피고적격을 규정한 행정소송법 제13조는 무효등확인소송에도 준용되어, 여기서도 처분 등을 행한 행정청이 피고가 된다(법 제13조, 제38조 제1항).

4. 집행정지 결정

무효인 행정처분도 처분으로서의 외관이 존재하기 때문에 행정청에 의하여 집행될 우려가 있다. 이에 따라 행정소송법은 취소소송에 있어 집행정지결정에 관한 규정의 준용을 인정하고 있다(법 제23조, 제38조 제1항).

5. 판결의 효력

무효등확인판결의 효력에 대하여는 취소판결의 효력에 관한 규정이 준용된다(법 제29조, 제30조, 제38조 제1항). 이에 따라 무효등확인판결은 제3자에 대하여 효력이 있고, 기속력에 근거하여 당사자인 행정청과 그 밖의 관계행정청을 기속하므로 이들 행정청으로서는 동일처분의 반복이 금지된다. 다만 거부 처분취소판결의 간접강제에 관한 규정은 무효등확인소송의 경우에는 준용되고 있지 않다(법 제34조, 제38조 제1항).

6. 사정판결 가능성

판례는 무효등확인소송에는 사정판결이 인정되지 않는다고 하여 부정설을 취하고 있다.

🔍 판례

[1] 당연무효의 행정처분을 소송목적물로 하는 행정소송에서는 행정소송법(구법) 제12조 소정의 사정 판결을 할 수 없다(대법원 1985.2.26. 선고 84누380 판결).

[2] 당연무효의 행정처분을 소송목적물로 하는 행정소송에서는 존치시킬 효력이 있는 행정행위가 없기 때문에 행정소송법 제28조 소정의 사정판결을 할 수 없다고 할 것이다(대법원 1996.3.22. 선고 95누5509 판결).

V 부작위위법확인소송(제16회 기출)

1. 의의 및 취지(행정소송법 제4조)

부작위위법확인소송이란 행정청이 당사자의 신청에 대해 상당한 기간 내에 일정한 처분을 해야 할 법률상 의무가 있음에도 불구하고 이를 행하지 않는 경우 그 부작위가 위법하다는 확인을 구하는 소송을 말하며, 소극적 위법상태를 제거하여 국민의 권리를 보호하는 데에 그 취지가 인정된다.

2. 법적 성질

부작위확인소송은 항고소송 중 하나로 규정하지만, 실질은 확인소송의 성질을 가진다. 현행법은 취소소송에 대한 대부분의 규정을 광범위하게 준용한다.

3. 소송요건

(1) 소송요건

부작위위법확인소송은 소송요건으로 대상적격, 원고적격, 제소기간. 협의의 소익, 피고적격을 갖추고 있어야 하며, 무효등확인소송과 차이점은 제소기간의 적용가능성, 행정심판전치의 적용 가능성이 있다.

(2) 대상적격

1) 부작위의 의의

부작위란 행정청이 당사자의 신청에 대하여 상당한 기간 내에 일정한 처분을 하여야 할 법률상 의무가 있음에도 불구하고 이를 하지 아니하는 것을 말한다(행정소송법 제2조 제2항 제2호).

2) 부작위 성립 요건

① 당사자의 신청

신청의 대상은 행정소송의 대상으로서 처분이어야 한다. 그리고 이때의 신청은 법규상 또는 조리상 신청권이 인정되는 자의 신청이어야 한다.

> **판례**
>
> 4급 공무원이 당해 지방자치단체 인사위원회의 심의를 거쳐 3급 승진대상자로 결정되고 임용권자가 그 사실을 대내외에 공표까지 하였다면, 그 공무원은 승진임용에 관한 법률상 이익을 가진 자로서 임용권자에 대하여 3급 승진임용을 신청할 조리상의 권리가 있고, 이러한 공무원으로부터 소청심사청구를 통해 승진임용신청을 받은 행정청으로서는 상당한 기간 내에 그 신청을 인용하는 적극적 처분을 하거나 각하 또는 기각하는 등의 소극적 처분을 하여야 할 법률상의 응답의무가 있다. 그럼에도, 행정청이 위와 같은 권리자의 신청에 대해 아무런 적극적 또는 소극적 처분을 하지 않고 있다면 그러한 행정청의 부작위는 그 자체로 위법하다(대법원 2009.7.23. 선고 2008두10560 판결[부작위위법확인의소]).

② 상당한 기간의 경과

법령에서 신청에 대한 처리기간을 정하고 있는 경우에는 그 처리기간이 경과하면 특별한 사정이 없는 한 상당한 기간이 경과하였다고 보아야 할 것이다.

③ 처분의무의 존재

기속행위의 경우에는 특정처분을 할 의무가 될 것이며 재량행위의 경우에는 재량의 하자 없는 처분을 할 의무가 될 것이다.

④ **처분의 부작위**

행정청이 인용처분을 하거나 거부처분을 하였다면 부작위의 문제는 생기지 않는다. 법령이 일정 기간 동안 아무런 처분이 없는 경우 거부처분을 한 것으로 간주하는 간주거부는 거부처분취소 소송을 제기하여야 한다. 또한 판례는 묵시적 거부는 거부처분취소소송 제기도 가능하고 부작위 위법확인소송 제기도 가능하다고 보고 있다.

📑 **판례**

> 검사 지원자 중 한정된 수의 임용대상자에 대한 임용 결정은 한편으로는 그 임용대상에서 제외한 자에 대한 임용거부결정이라는 양면성을 지니는 것이므로 임용대상자에 대한 임용의 의사표시는 동시에 임용대상에서 제외한 자에 대한 임용거부의 의사표시를 포함한 것으로 볼 수 있고, 이러 한 임용 거부의 의사 표시는 본인에게 직접 고지되지 않았다고 하여도 본인이 이를 알았거나 알 수 있었을 때에 그 효력이 발생한 것으로 보아야 한다(대법원 1991.2.12. 선고 90누5825 판결[검사임 용거부처분취소]).

(3) 원고적격

부작위위법확인소송은 처분의 신청을 한 자로서 부작위의 위법의 확인을 구할 법률상 이익이 있는 자만이 제기할 수 있다(행정소송법 제36조). 통설 및 판례는 법규상·조리상 신청권을 가진 자일 것을 요구하며, 부작위의 직접 상대방이 아닌 제3자라도 당해 처분의 부작위 위법확인을 구할 법률상 이익이 있는 경우에는 원고적격이 인정된다.

(4) 제소기간

1) 문제점

행정심판을 거쳐 부작위위법확인소송을 제기하는 경우 행정소송법 제20조 제1항 단서 등이 적용 되어 문제가 없지만, 행정심판을 거치지 않고 부작위위법확인소송을 제기하는 경우 행정소송법 제20조가 적용될 수 있는지가 문제된다.

2) 학설

① 상당기간이 경과하면 그때 처분이 있는 것으로 보고 행정소송법 제20조 제2항에 따라 그로부 터 1년 내에 제소해야 한다는 견해와 ② 행정소송법상 명문의 규정이 없기 때문에 제소기간에 제한이 없다는 견해(다수설)가 대립한다.

3) 판례

판례는 부작위상태가 계속되는 한 부작위위법의 확인을 구할 이익이 있다고 보아야 하므로 제소 기간의 제한을 받지 않는다고 한다.

> **판례**
>
> 부작위위법확인의 소는 부작위상태가 계속되는 한 그 위법의 확인을 구할 이익이 있다고 보아야
> 하므로 원칙적으로 제소기간의 제한을 받지 않는다. 그러나 행정소송법 제38조 제2항이 제소기간
> 을 규정한 같은 법 제20조를 부작위위법확인소송에 준용하고 있는 점에 비추어 보면, 행정심판 등
> 전심절차를 거친 경우에는 행정소송법 제20조가 정한 제소기간 내에 부작위위법확인의 소를 제기
> 하여야 한다(대법원 2009.7.23. 선고 2008두10560 판결).

4) 검토

부작위상태가 계속되는 한 위법임을 확인할 부작위의 종료시점을 정하기 어렵고, 행정심판법상
부작위에 대한 의무이행심판의 경우 심판청구기간에 제한이 없다는 점(행정심판법 제27조 제7항)
등을 고려 <제소기간 제한이 없다는 견해>가 타당하다.

(5) 협의의 소익

부작위위법확인소송은 부작위상태가 계속되고 있고 부작위의 위법확인을 구할 실익이 있어야 한다.
따라서 행정청이 부작위위법확인소송의 제기 이후 판결 시까지 신청에 대하여 인·허가 등의 적극적
처분이나 각하·기각의 소극적 처분을 하면 행정청의 부작위상태는 해소되어 소의 이익은 상실되게
된다.

(6) 피고적격

부작위위법확인소송에 있어서의 피고는 당사자의 신청에 대하여 상당한 기간 내에 일정한 처분을 하
여야 할 법률상 의무가 있음에도 불구하고 이를 하지 아니하는 행정청을 말한다. 위법한 부작위의
성립 이후에 그 부작위에 관계되는 권한이 다른 행정청에 승계된 때에는 이를 승계한 행정청을 피고
로 하여야 할 것이며(동법 제13조 제1항, 제38조 제2항), 또한 부작위청이 없게 된 때에는 그 부작위
에 관계되는 사무가 귀속되는 국가 또는 공공단체를 피고로 한다(동법 제38조 제2항, 제13조 제2항).
원고가 피고를 잘못 지정한 때에는 취소소송의 경우와 같이 피고를 경정할 수 있다(동법 제14조, 제
38조 제2항).

4. 소의 변경

부작위위법확인소송의 계속 중에 행정청이 처분을 하고 원고가 이에 불복하는 경우에는 취소소송으로
의 변경이 가능하다. 또한 부작위위법확인소송을 당사자소송으로 변경할 수도 있으며, 이러한 소의
변경에는 법원의 허가가 필요하다(동법 제21조, 제37조).

5. 소송의 심리

(1) 심리 범위

1) 문제점

법원이 어느 정도로 부작위위법확인소송을 심리할 수 있느냐에 관하여 학설이 대립되고 있다. 이는 행정소송법이 부작위를 "행정청이 일정한 처분을 하여야 할 의무가 있음에도 불구하고 이를 하지 아니하는 것"으로서 정의함에 따라 '일정한 처분'의 관념을 어떻게 해석할 것인가에 관한 문제라고 할 것이다.

2) 학설

① **절차심리설** : 의무이행소송을 도입하지 않은 입법취지를 근거로 소송물은 단순한 응답의무, 즉 부작위의 위법만을 심리하는 견해
② **실체심리설** : 무용한 소송의 반복방지, 당사자 권리구제의 실효성을 근거로 신청에 따른 처분의 무가 있는지까지 심리한다는 견해

3) 판례

판례는 부작위위법확인소송을 행정청의 부작위 내지 무응답이라고 하는 소극적 위법상태를 제거하는 것을 목적으로 하는 소송으로 보고 있어 <절차적 심리설>의 입장이다.

> **판례**
>
> 부작위위법확인의 소는 … 국민의 신청에 대하여 상당한 기간 내에 일정한 처분, 즉 그 신청을 인용하는 적극적 처분 또는 각하하거나 기각하는 등의 소극적 처분을 하여야 할 법률상의 응답의무가 있음에도 불구하고 이를 하지 아니하는 경우, 판결 시를 기준으로 하여 그 부작위의 위법성을 확인함으로써 행정청의 응답을 신속하게 하여 부작위 내지 무응답이라고 하는 소극적 위법상태를 제거하는 것을 목적으로 하는 것이고, 나아가 당해 판결의 구속력에 의하여 행정청에 처분 등을 하게 하고, 다시 당해 처분 등에 대하여 불복이 있는 때에는 그 처분을 다투게 함으로써 최종적으로는 국민의 권리이익을 보호하려는 제도이므로…(대법원 1990.9.25. 선고 89누4758 판결).

4) 검토

행정소송법상 부작위의 정의규정, 부작위위법확인소송의 소송물을 부작위의 위법성이라 볼 때 <절차심리설>이 타당하다.

(2) 위법성 판단기준 시

취소소송이나 무효등확인소송과 달리 부작위위법확인소송의 경우 처분이 존재하지 않기 때문에 위법성판단의 기준시점은 <판결 시>가 된다고 봄이 타당하다.

6. 부작위위법확인 소송의 판결

(1) 판결의 종류

판결의 종류는 취소소송과 같다. ① 부작위가 아닌 것을 대상으로 부작위위법확인소송을 제기한 경우에 법원은 대상적격 흠결로 각하판결을 할 것이다. ② 부작위위법확인소송을 적법하게 제기하였으나 소송계속 중 행정청이 거부처분을 포함한 어떠한 응답을 하였다면 법원은 소의 이익 흠결로 각하판결을 할 것이다. ③ 부작위위법확인소송이 적법하게 제기되고 판결 시까지 어떠한 형태의 응답이 없는 경우 법원은 인용판결을 할 것이다.

(2) 판결의 효력

판결의 효력으로서 형성력은 생기지 않는다. 제3자효, 기속력, 간접강제 등이 준용된다(행정소송법 제38조 제2항). 다만, 소극적인 부작위상태의 위법확인을 목적으로 하는 부작위위법확인소송의 경우에는 사정판결이 있을 수 없는바 사정판결은 준용되지 않는다.

Ⅵ 당사자소송

1. 의의

당사자소송이란 행정청의 처분 등을 원인으로 하는 법률관계에 관한 소송, 그 밖에 공법상의 법률관계에 관한 소송으로서 그 법률관계의 한쪽 당사자를 피고로 하는 소송을 말한다. 행정소송법은 공법상 당사자소송을 "행정청의 처분 등을 원인으로 하는 법률관계에 관한 소송, 그 밖에 공법상의 법률관계에 관한 소송으로서 그 법률관계의 한쪽 당사자를 피고로 하는 소송"이라고 정의하고 있다(제3조 제2호).

2. 당사자소송의 종류

(1) 실질적 당사자소송

1) 의의

실질적 당사자소송이란 공법상 법률관계에 관한 소송으로서 그 법률관계의 한쪽 당사자를 피고로 하는 소송을 말한다. 여기서 공법상 법률관계에 관한 소송이란 소송상 청구의 대상이 되는 권리 내지 법관계가 공법에 속하는 소송, 즉 공권의 주장을 소송물로 하는 소송 내지는 공법법규의 적용을 통해서 해결될 수 있는 법률관계에 관한 소송을 의미한다고 볼 수 있다.

2) 실질적 당사자소송의 예

실질적 당사자소송에 해당하는 것으로는 ① 재산권의 수용·사용·제한에 따른 손실보상청구권(형식적 당사자소송에 의하는 경우는 제외), ② 공법상 채권관계(공법상 임치·부당이득·사무관리 등)에 관한 소송, ③ 기타 봉급 등 공법상 금전급부청구소송, ④ 공법상 지위나 신분(공무원, 학생 등)의 확인을 구하는 소송, ⑤ 공법상 결과제거청구소송, ⑥ 공법상 계약에 관한 소송, ⑦ 국가배상청구소송 등을 열거할 수 있다.

> **판례**
>
> 전문직 공무원인 공중보건의사의 채용계약해지의 의사표시는 일반공무원에 대한 징계처분과는 달
> 라서 항고소송의 대상이 되는 처분 등의 성격을 가진 것이 아니라 일정한 사유가 있을 때 관할 도지
> 사가 채용계약관계의 한쪽 당사자로서 대등한 지위에서 행하는 의사표시이므로 공중보건의사채용
> 계약 해지의 의사표시에 대하여는 대등한 당사자 간의 소송형식인 공법상의 당사자소송으로 그 의
> 사표시의 무효확인을 청구할 수 있다(대법원 1996.5.31. 선고 95누10617 판결).

(2) 형식적 당사자소송

1) 의의

형식적 당사자소송이란 행정청의 처분 등이 원인이 되어 형성된 법률관계에 다툼이 있는 경우
그 원인이 되는 처분, 재결 등의 효력을 직접 다투는 것이 아니라 그 법률관계의 한쪽 당사자를
피고로 하는 소송을 말한다.

2) 허용가능성

① 문제점

형식적 당사자소송이 현행법상 별도의 개별법상의 근거가 없는 때에도 행정소송법 제3조 제2호
의 규정에 근거하여 일반적으로 허용될 수 있는지에 대하여 학설의 대립이 있다.

② 학설

<긍정설> 행정소송법 제3조 제2호의 '행정청의 처분 등을 원인으로 하는 법률관계에 관한 소송
으로서 그 법률관계의 한쪽 당사자를 피고로 하는 소송'에는 형식적 당사자소송이 포함된다고
보는 견해

<부정설> 명문 규정 없이는 행정소송법 규정만으로는 일반적으로 인정될 수 없고, 처분등의
공정력·구성요건적 효력은 그대로 두고 그 결과로서 발생한 법률관계만을 형식적 당사자소송
의 판결로서 변경시키는 것은 곤란하다는 점을 들어 부정하는 견해

③ 검토

형식적 당사자소송은 처분·재결 자체의 공정력을 부인하지 않은 채 그에 의하여 형성된 법률
관계를 다투는 소송이라는 점에서 행정소송법의 규정만으로 일반적으로 허용될 수 없고 행정행
위의 공정력에 의한 취소소송의 배타적 관할을 배제하는 개별법의 명시적 규정이 있는 경우에
허용될 수 있다고 볼 것이다. 따라서 부정설이 타당하다고 본다.

3) 형식적 당사자소송에 대한 입법례

토지보상법 제85조는 토지수용위원회의 재결에 대하여 불복하고자 할 때에는 행정소송을 제기할
수 있음을 규정하고(동조 제1항), 특히 그 소송이 보상금의 증감에 관한 소송일 때에는 "해당 소
송을 제기하는 자가 토지소유자 또는 관계인인 때에는 사업시행자를, 사업시행자인 때에는 토지
소유자 또는 관계인을 각각 피고로 한다(동조 제2항)."라고 규정하고 있다.

🔍 판례

대법원 2010.8.19. 선고 2008두822 판결[토지수용이의재결처분취소등]

구 '공익사업을 위한 토지 등의 취득 및 보상에 관한 법률'(2007.10.17. 법률 제8665호로 개정되기 전의 것) 제74조 제1항에 규정되어 있는 잔여지 수용청구권은 손실보상의 일환으로 토지소유자에게 부여되는 권리로서 그 요건을 구비한 때에는 잔여지를 수용하는 토지수용위원회의 재결이 없더라도 그 청구에 의하여 수용의 효과가 발생하는 형성권적 성질을 가지므로, 잔여지 수용청구를 받아들이지 않은 토지수용위원회의 재결에 대하여 토지소유자가 불복하여 제기하는 소송은 위 법 제85조 제2항에 규정되어 있는 '보상금의 증감에 관한 소송'에 해당하여 사업시행자를 피고로 하여야 한다.

대법원 2022.11.24. 선고 2018두67 전원합의체 판결[손실보상금]

【판결요지】

공익사업을 위한 토지 등의 취득 및 보상에 관한 법률(이하 '토지보상법'이라 한다) 제85조 제2항에 따른 보상금의 증액을 구하는 소(이하 '보상금 증액 청구의 소'라 한다)의 성질, 토지보상법상 손실보상금 채권의 존부 및 범위를 확정하는 절차 등을 종합하면, 토지보상법에 따른 토지소유자 또는 관계인(이하 '토지소유자 등'이라 한다)의 사업시행자에 대한 손실보상금 채권에 관하여 압류 및 추심명령이 있더라도, 추심채권자가 보상금 증액 청구의 소를 제기할 수 없고, 채무자인 토지소유자 등이 보상금 증액 청구의 소를 제기하고 그 소송을 수행할 당사자적격을 상실하지 않는다고 보아야 한다. 그 상세한 이유는 다음과 같다.

① 토지보상법 제85조 제2항은 토지소유자 등이 보상금 증액 청구의 소를 제기할 때에는 사업시행자를 피고로 한다고 규정하고 있다. 위 규정에 따른 보상금 증액 청구의 소는 토지소유자 등이 사업시행자를 상대로 제기하는 당사자소송의 형식을 취하고 있지만, 토지수용위원회의 재결 중 보상금 산정에 관한 부분에 불복하여 그 증액을 구하는 소이므로 실질적으로는 재결을 다투는 항고소송의 성질을 가진다.

행정소송법 제12조 전문은 "취소소송은 처분 등의 취소를 구할 법률상 이익이 있는 자가 제기할 수 있다."라고 규정하고 있다. 앞서 본 바와 같이 보상금 증액 청구의 소는 항고소송의 성질을 가지므로, 토지소유자 등에 대하여 금전채권을 가지고 있는 제3자는 재결에 대하여 간접적이거나 사실적·경제적 이해관계를 가질 뿐 재결을 다툴 법률상의 이익이 있다고 할 수 없어 직접 또는 토지소유자 등을 대위하여 보상금 증액 청구의 소를 제기할 수 없고, 토지소유자 등의 손실보상금 채권에 관하여 압류 및 추심명령이 있더라도 추심채권자가 재결을 다툴 지위까지 취득하였다고 볼 수는 없다.

② 토지보상법 등 관계 법령에 따라 토지수용위원회의 재결을 거쳐 이루어지는 손실보상금 채권은 관계 법령상 손실보상의 요건에 해당한다는 것만으로 바로 존부 및 범위가 확정된다고 볼 수 없다. 토지소유자 등이 사업시행자로부터 손실보상을 받기 위해서는 사업시행자와 협의가 이루어지지 않으면 토지보상법 제34조, 제50조 등에 규정된 재결절차를 거친 뒤에 그 재결에 대하여 불복이 있는 때에 비로소 토지보상법 제83조 내지 제85조에 따라 이의신청 또는 행정소송을 제기할 수 있을 뿐이고, 이러한 절차를 거치지 않은 채 곧바로 사업시행자를 상대로 손실보상을 청구하는 것은 허용되지 않는다.

이와 같이 손실보상금 채권은 토지보상법에서 정한 절차로서 관할 토지수용위원회의 재결 또는 행정소송 절차를 거쳐야 비로소 구체적인 권리의 존부 및 범위가 확정된다. 아울러 토지보상법 령은 토지소유자 등으로 하여금 위와 같은 손실보상금 채권의 확정을 위한 절차를 진행하도록 정하고 있다. 따라서 사업인정고시 이후 위와 같은 절차를 거쳐 장래 확정될 손실보상금 채권에 관하여 채권자가 압류 및 추심명령을 받을 수는 있지만, 그 압류 및 추심명령이 있다고 하여 추심채권자가 위와 같은 손실보상금 채권의 확정을 위한 절차에 참여할 자격까지 취득한다고 볼 수는 없다.

③ 요컨대, 토지소유자 등이 토지보상법 제85조 제2항에 따라 보상금 증액 청구의 소를 제기한 경 우, 그 손실보상금 채권에 관하여 압류 및 추심명령이 있다고 하더라도 추심채권자가 그 절차에 참여할 자격을 취득하는 것은 아니므로, 보상금 증액 청구의 소를 제기한 토지소유자 등의 지위 에 영향을 미친다고 볼 수 없다. 따라서 보상금 증액 청구의 소의 청구채권에 관하여 압류 및 추심명령이 있더라도 토지소유자 등이 그 소송을 수행할 당사자적격을 상실한다고 볼 것은 아 니다.

3. 당사자소송의 성질

당사자소송은 개인의 권익구제를 직접 목적으로 하는 주관적 소송으로서, 소송물의 내용에 따라 이행 의 소, 확인의 소로 구분될 수 있다.

4. 재판관할

항고소송에 있어서와 마찬가지로 행정법원이 제1심 관할법원이 된다. 다만, 당사자소송은 항고소송과 는 달리 국가·공공단체 그 밖의 권리주체를 피고로 하는 것이므로 국가나 공공단체가 피고인 경우 에는 당해 소송과 구체적인 관계가 있는 관계행정청의 소재지를 피고의 소재지로 하여 그 행정청의 소재지를 관할하는 행정법원이 당사자소송의 관할법원이 된다(동법 제40조). 여기에서의 '행정청'은 본래의 의미의 행정청 외에 관서 또는 청사의 뜻을 아울러 포함한다고 볼 것이다.

5. 소송요건

(1) 원고적격

당사자소송은 대등한 당사자 간의 공법상 법률관계에 관한 소송이므로 항고소송에 있어서와 같은 원 고적격의 제한은 없으며, 따라서 민사소송법상 원고적격에 관한 규정이 준용된다(동법 제8조 제2항).

> 📑 판례
>
> 한편 과거의 법률관계라 할지라도 현재의 권리 또는 법률상 지위에 영향을 미치고 있고 현재의 권리 또는 법률상 지위에 대한 위험이나 불안을 제거하기 위하여 그 법률관계에 관한 확인판결을 받는 것이 유효 적절한 수단이라고 인정될 때에는 그 법률관계의 확인소송은 즉시확정의 이익이 있다고 보아야 할 것이나, 계약직공무원에 대한 채용계약이 해지된 경우에는 공무원 등으로 임용되는 데에 있어서 법

령상의 아무런 제약사유가 되지 않을 뿐만 아니라, 계약기간 만료 전에 채용계약이 해지된 전력이 있는 사람이 공무원 등으로 임용되는 데에 있어서 그러한 전력이 없는 사람보다 사실상 불이익한 장애사유로 작용한다고 하더라도 그것만으로는 법률상의 이익이 침해되었다고 볼 수는 없으므로 그 무효확인을 구할 이익이 없다(대법원 2008.6.12. 선고 2006두16328 판결).

(2) 피고적격

항고소송의 경우처럼 행정청을 피고로 하는 것이 아니고 실체법상 권리주체인 '국가·공공단체 그 밖의 권리주체'를 피고로 한다(동법 제39조). 국가가 피고가 될 때에는 법무부장관이 국가를 대표하고(국가를 당사자로 하는 소송에 관한 법률 제2조), 지방자치단체가 피고가 되는 때에는 해당 지방자치단체의 장이 대표한다.

📖 판례

광주보상법에 의한 보상금 등의 지급에 관한 법률관계의 주체는 피고 대한민국이라고 해석되고 지방자치단체인 광주직할시나 국가기관으로서 보상금의 심의·결정 및 지급 등의 기능을 담당하는 데 불과한 피고위원회 및 그 위원장 등을 그 주체로 볼 수 없다고 한 원심의 판단은 정당하고 위 법률에 있어서의 보상금지급주체에 관한 법리나 당사자소송에 있어서의 피고적격에 관한 법리를 오해한 위법이 있다고 할 수 없다(대법원 1992.12.24. 선고 92누3335 판결).

6. 소송의 제기

(1) 제소기간

당사자소송에 관하여는 원칙적으로 제소기간의 제한이 없으나(동법 제44조 제1항), 장기간 소를 제기하지 않은 경우에는 소송제기권의 실효가 문제될 수 있을 것이다. 이 경우는 물론 민사소송법상 일반원리에 의해 판단하여야 할 것이다. 다만, 법령에서 당사자소송에 관하여 제소기간이 정하여져 있는 때에는 이에 따라야 하며, 그 기간은 불변기간이다(동법 제41조).

(2) 관련청구소송의 이송·병합

당사자소송과 관련청구소송이 각각 다른 법원에 계속된 경우에 관련청구소송을 당사자소송이 계속된 법원이 이송할 수 있으며, 당사자소송과 관련청구소송을 병합하여 당사자소송이 제기될 행정법원에 제기할 수 있다(법 제10조, 제44조 제2항).

(3) 소의 변경

법원은 당사자소송을 항고소송으로 변경하는 것이 상당하다고 인정할 때에는 청구의 기초가 변경이 없는 한 사실심 변론종결 시까지 원고의 신청에 의하여 결정으로써 소의 변경을 허용할 수 있다(법 제21조, 제42조).

(4) 가구제

당사자소송에서는 집행정지는 인정되지 않는다. 다만 당사자소송은 민사소송과 유사하므로 민사집행법상의 가처분이 허용된다.

7. 판결

판결의 종류는 취소소송과 같다. 따라서 각하판결, 기각판결, 인용판결이 있으며, 사정판결 제도는 없다. 당사자소송도 판결을 통해 확정되면 불가변력, 확정력을 갖는다. 또한 취소소송에 있어서 판결의 기속력은 당사자소송의 판결에도 준용된다(법 제30조 제1항, 제44조 제1항). 다만 취소판결의 제3자효(법 제29조 제1항), 재처분의무(법 제30조 제2항), 간접강제(법 제34조) 등은 당사자소송에서는 적용되지 않는다.

03

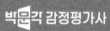
박문각 감정평가사

부록 01

행정소송법

[시행 2017.7.26.] [법률 제14839호, 2017.7.26, 타법개정]

법무부(행정소송과)
02-2110-4406

제1장 총칙

제1조(목적)

이 법은 행정소송절차를 통하여 행정청의 위법한 처분 그 밖에 공권력의 행사·불행사등으로 인한 국민의 권리 또는 이익의 침해를 구제하고, 공법상의 권리관계 또는 법적용에 관한 다툼을 적정하게 해결함을 목적으로 한다.

제2조(정의)

① 이 법에서 사용하는 용어의 정의는 다음과 같다.

　　1. "처분등"이라 함은 행정청이 행하는 구체적 사실에 관한 법집행으로서의 공권력의 행사 또는 그 거부와 그 밖에 이에 준하는 행정작용(이하 "處分"이라 한다) 및 행정심판에 대한 재결을 말한다.

　　2. "부작위"라 함은 행정청이 당사자의 신청에 대하여 상당한 기간내에 일정한 처분을 하여야 할 법률상 의무가 있음에도 불구하고 이를 하지 아니하는 것을 말한다.

② 이 법을 적용함에 있어서 행정청에는 법령에 의하여 행정권한의 위임 또는 위탁을 받은 행정기관, 공공단체 및 그 기관 또는 사인이 포함된다.

제3조(행정소송의 종류)

행정소송은 다음의 네가지로 구분한다. 〈개정 1988.8.5.〉

1. 항고소송 : 행정청의 처분등이나 부작위에 대하여 제기하는 소송

2. 당사자소송 : 행정청의 처분등을 원인으로 하는 법률관계에 관한 소송 그 밖에 공법상의 법률관계에 관한 소송으로서 그 법률관계의 한쪽 당사자를 피고로 하는 소송

3. 민중소송 : 국가 또는 공공단체의 기관이 법률에 위반되는 행위를 한 때에 직접 자기의 법률상 이익과 관계없이 그 시정을 구하기 위하여 제기하는 소송

4. 기관소송 : 국가 또는 공공단체의 기관상호간에 있어서의 권한의 존부 또는 그 행사에 관한 다툼이 있을 때에 이에 대하여 제기하는 소송. 다만, 헌법재판소법 제2조의 규정에 의하여 헌법재판소의 관장사항으로 되는 소송은 제외한다.

제4조(항고소송)

항고소송은 다음과 같이 구분한다.

1. 취소소송 : 행정청의 위법한 처분등을 취소 또는 변경하는 소송

2. 무효등 확인소송 : 행정청의 처분등의 효력 유무 또는 존재여부를 확인하는 소송

3. 부작위위법확인소송 : 행정청의 부작위가 위법하다는 것을 확인하는 소송

제5조(국외에서의 기간)

이 법에 의한 기간의 계산에 있어서 국외에서의 소송행위추완에 있어서는 그 기간을 14일에서 30일로, 제3자에 의한 재심청구에 있어서는 그 기간을 30일에서 60일로, 소의 제기에 있어서는 그 기간을 60일에서 90일로 한다.

제6조(명령·규칙의 위헌판결등 공고)

① 행정소송에 대한 대법원판결에 의하여 명령·규칙이 헌법 또는 법률에 위반된다는 것이 확정된 경우에는 대법원은 지체 없이 그 사유를 행정안전부장관에게 통보하여야 한다. 〈개정 2013.3.23, 2014.11.19, 2017.7.26.〉

② 제1항의 규정에 의한 통보를 받은 행정안전부장관은 지체 없이 이를 관보에 게재하여야 한다. 〈개정 2013.3.23, 2014.11.19, 2017.7.26.〉

제7조(사건의 이송)

민사소송법 제34조 제1항의 규정은 원고의 고의 또는 중대한 과실 없이 행정소송이 심급을 달리하는 법원에 잘못 제기된 경우에도 적용한다. 〈개정 2002.1.26.〉

제8조(법적용례)

① 행정소송에 대하여는 다른 법률에 특별한 규정이 있는 경우를 제외하고는 이 법이 정하는 바에 의한다.

② 행정소송에 관하여 이 법에 특별한 규정이 없는 사항에 대하여는 법원조직법과 민사소송법 및 민사집행법의 규정을 준용한다. 〈개정 2002.1.26.〉

제2장 취소소송
제1절 재판관할

제9조(재판관할)

① 취소소송의 제1심관할법원은 피고의 소재지를 관할하는 행정법원으로 한다. 〈개정 2014.5.20.〉

② 제1항에도 불구하고 다음 각 호의 어느 하나에 해당하는 피고에 대하여 취소소송을 제기하는 경우에는 대법원소재지를 관할하는 행정법원에 제기할 수 있다. 〈신설 2014.5.20.〉

　1. 중앙행정기관, 중앙행정기관의 부속기관과 합의제행정기관 또는 그 장

　2. 국가의 사무를 위임 또는 위탁받은 공공단체 또는 그 장

③ 토지의 수용 기타 부동산 또는 특정의 장소에 관계되는 처분등에 대한 취소소송은 그 부동산 또는 장소의 소재지를 관할하는 행정법원에 이를 제기할 수 있다. 〈개정 2014.5.20.〉

[전문개정 1994.7.27.]
[제목개정 2014.5.20.]

제10조(관련청구소송의 이송 및 병합)

① 취소소송과 다음 각 호의 1에 해당하는 소송(이하 "關聯請求訴訟"이라 한다)이 각각 다른 법원에 계속되고 있는 경우에 관련청구소송이 계속된 법원이 상당하다고 인정하는 때에는 당사자의 신청 또는 직권에 의하여 이를 취소소송이 계속된 법원으로 이송할 수 있다.

  1. 당해 처분등과 관련되는 손해배상·부당이득반환·원상회복등 청구소송

  2. 당해 처분등과 관련되는 취소소송

② 취소소송에는 사실심의 변론종결 시까지 관련청구소송을 병합하거나 피고 외의 자를 상대로 한 관련청구소송을 취소소송이 계속된 법원에 병합하여 제기할 수 있다.

제11조(선결문제)

① 처분등의 효력 유무 또는 존재 여부가 민사소송의 선결문제로 되어 당해 민사소송의 수소법원이 이를 심리·판단하는 경우에는 제17조, 제25조, 제26조 및 제33조의 규정을 준용한다.

② 제1항의 경우 당해 수소법원은 그 처분등을 행한 행정청에게 그 선결문제로 된 사실을 통지하여야 한다.

제2절 당사자

제12조(원고적격)

취소소송은 처분등의 취소를 구할 법률상 이익이 있는 자가 제기할 수 있다. 처분등의 효과가 기간의 경과, 처분등의 집행 그 밖의 사유로 인하여 소멸된 뒤에도 그 처분등의 취소로 인하여 회복되는 법률상 이익이 있는 자의 경우에는 또한 같다.

제13조(피고적격)

① 취소소송은 다른 법률에 특별한 규정이 없는 한 그 처분등을 행한 행정청을 피고로 한다. 다만, 처분등이 있은 뒤에 그 처분등에 관계되는 권한이 다른 행정청에 승계된 때에는 이를 승계한 행정청을 피고로 한다.

② 제1항의 규정에 의한 행정청이 없게 된 때에는 그 처분등에 관한 사무가 귀속되는 국가 또는 공공단체를 피고로 한다.

제14조(피고경정)

① 원고가 피고를 잘못 지정한 때에는 법원은 원고의 신청에 의하여 결정으로써 피고의 경정을 허가할 수 있다.

② 법원은 제1항의 규정에 의한 결정의 정본을 새로운 피고에게 송달하여야 한다.

③ 제1항의 규정에 의한 신청을 각하하는 결정에 대하여는 즉시항고할 수 있다.

④ 제1항의 규정에 의한 결정이 있은 때에는 새로운 피고에 대한 소송은 처음에 소를 제기한 때에 제기된 것으로 본다.

⑤ 제1항의 규정에 의한 결정이 있은 때에는 종전의 피고에 대한 소송은 취하된 것으로 본다.

⑥ 취소소송이 제기된 후에 제13조 제1항 단서 또는 제13조 제2항에 해당하는 사유가 생긴 때에는 법원은 당사자의 신청 또는 직권에 의하여 피고를 경정한다. 이 경우에는 제4항 및 제5항의 규정을 준용한다.

제15조(공동소송)
수인의 청구 또는 수인에 대한 청구가 처분등의 취소청구와 관련되는 청구인 경우에 한하여 그 수인은 공동소송인이 될 수 있다.

제16조(제3자의 소송참가)
① 법원은 소송의 결과에 따라 권리 또는 이익의 침해를 받을 제3자가 있는 경우에는 당사자 또는 제3자의 신청 또는 직권에 의하여 결정으로써 그 제3자를 소송에 참가시킬 수 있다.
② 법원이 제1항의 규정에 의한 결정을 하고자 할 때에는 미리 당사자 및 제3자의 의견을 들어야 한다.
③ 제1항의 규정에 의한 신청을 한 제3자는 그 신청을 각하한 결정에 대하여 즉시항고할 수 있다.
④ 제1항의 규정에 의하여 소송에 참가한 제3자에 대하여는 민사소송법 제67조의 규정을 준용한다.
〈개정 2002.1.26.〉

제17조(행정청의 소송참가)
① 법원은 다른 행정청을 소송에 참가시킬 필요가 있다고 인정할 때에는 당사자 또는 당해 행정청의 신청 또는 직권에 의하여 결정으로써 그 행정청을 소송에 참가시킬 수 있다.
② 법원은 제1항의 규정에 의한 결정을 하고자 할 때에는 당사자 및 당해 행정청의 의견을 들어야 한다.
③ 제1항의 규정에 의하여 소송에 참가한 행정청에 대하여는 민사소송법 제76조의 규정을 준용한다.
〈개정 2002.1.26.〉

제3절 소의 제기

제18조(행정심판과의 관계)
① 취소소송은 법령의 규정에 의하여 당해 처분에 대한 행정심판을 제기할 수 있는 경우에도 이를 거치지 아니하고 제기할 수 있다. 다만, 다른 법률에 당해 처분에 대한 행정심판의 재결을 거치지 아니하면 취소소송을 제기할 수 없다는 규정이 있는 때에는 그러하지 아니하다. 〈개정 1994.7.27.〉
② 제1항 단서의 경우에도 다음 각 호의 1에 해당하는 사유가 있는 때에는 행정심판의 재결을 거치지 아니하고 취소소송을 제기할 수 있다. 〈개정 1994.7.27.〉
  1. 행정심판청구가 있은 날로부터 60일이 지나도 재결이 없는 때
  2. 처분의 집행 또는 절차의 속행으로 생길 중대한 손해를 예방하여야 할 긴급한 필요가 있는 때
  3. 법령의 규정에 의한 행정심판기관이 의결 또는 재결을 하지 못할 사유가 있는 때
  4. 그 밖의 정당한 사유가 있는 때
③ 제1항 단서의 경우에 다음 각 호의 1에 해당하는 사유가 있는 때에는 행정심판을 제기함이 없이 취소소송을 제기할 수 있다. 〈개정 1994.7.27.〉

1. 동종사건에 관하여 이미 행정심판의 기각재결이 있은 때
2. 서로 내용상 관련되는 처분 또는 같은 목적을 위하여 단계적으로 진행되는 처분 중 어느 하나가 이미 행정심판의 재결을 거친 때
3. 행정청이 사실심의 변론종결 후 소송의 대상인 처분을 변경하여 당해 변경된 처분에 관하여 소를 제기하는 때
4. 처분을 행한 행정청이 행정심판을 거칠 필요가 없다고 잘못 알린 때
④ 제2항 및 제3항의 규정에 의한 사유는 이를 소명하여야 한다.

제19조(취소소송의 대상)

취소소송은 처분등을 대상으로 한다. 다만, 재결취소소송의 경우에는 재결 자체에 고유한 위법이 있음을 이유로 하는 경우에 한한다.

제20조(제소기간)

① 취소소송은 처분등이 있음을 안 날부터 90일 이내에 제기하여야 한다. 다만, 제18조 제1항 단서에 규정한 경우와 그 밖에 행정심판청구를 할 수 있는 경우 또는 행정청이 행정심판청구를 할 수 있다고 잘못 알린 경우에 행정심판청구가 있은 때의 기간은 재결서의 정본을 송달받은 날부터 기산한다.
② 취소소송은 처분등이 있은 날부터 1년(第1項 但書의 경우는 裁決이 있은 날부터 1年)을 경과하면 이를 제기하지 못한다. 다만, 정당한 사유가 있는 때에는 그러하지 아니하다.
③ 제1항의 규정에 의한 기간은 불변기간으로 한다.

[전문개정 1994.7.27.]

제21조(소의 변경)

① 법원은 취소소송을 당해 처분등에 관계되는 사무가 귀속하는 국가 또는 공공단체에 대한 당사자소송 또는 취소소송 외의 항고소송으로 변경하는 것이 상당하다고 인정할 때에는 청구의 기초에 변경이 없는 한 사실심의 변론종결 시까지 원고의 신청에 의하여 결정으로써 소의 변경을 허가할 수 있다.
② 제1항의 규정에 의한 허가를 하는 경우 피고를 달리하게 될 때에는 법원은 새로이 피고로 될 자의 의견을 들어야 한다.
③ 제1항의 규정에 의한 허가결정에 대하여는 즉시항고할 수 있다.
④ 제1항의 규정에 의한 허가결정에 대하여는 제14조 제2항·제4항 및 제5항의 규정을 준용한다.

제22조(처분변경으로 인한 소의 변경)

① 법원은 행정청이 소송의 대상인 처분을 소가 제기된 후 변경한 때에는 원고의 신청에 의하여 결정으로써 청구의 취지 또는 원인의 변경을 허가할 수 있다.
② 제1항의 규정에 의한 신청은 처분의 변경이 있음을 안 날로부터 60일 이내에 하여야 한다.
③ 제1항의 규정에 의하여 변경되는 청구는 제18조 제1항 단서의 규정에 의한 요건을 갖춘 것으로 본다. 〈개정 1994.7.27.〉

제23조(집행정지)

① 취소소송의 제기는 처분등의 효력이나 그 집행 또는 절차의 속행에 영향을 주지 아니한다.

② 취소소송이 제기된 경우에 처분등이나 그 집행 또는 절차의 속행으로 인하여 생길 회복하기 어려운 손해를 예방하기 위하여 긴급한 필요가 있다고 인정할 때에는 본안이 계속되고 있는 법원은 당사자의 신청 또는 직권에 의하여 처분등의 효력이나 그 집행 또는 절차의 속행의 전부 또는 일부의 정지(이하 "執行停止"라 한다)를 결정할 수 있다. 다만, 처분의 효력정지는 처분등의 집행 또는 절차의 속행을 정지함으로써 목적을 달성할 수 있는 경우에는 허용되지 아니한다.

③ 집행정지는 공공복리에 중대한 영향을 미칠 우려가 있을 때에는 허용되지 아니한다.

④ 제2항의 규정에 의한 집행정지의 결정을 신청함에 있어서는 그 이유에 대한 소명이 있어야 한다.

⑤ 제2항의 규정에 의한 집행정지의 결정 또는 기각의 결정에 대하여는 즉시항고할 수 있다. 이 경우 집행정지의 결정에 대한 즉시항고에는 결정의 집행을 정지하는 효력이 없다.

⑥ 제30조 제1항의 규정은 제2항의 규정에 의한 집행정지의 결정에 이를 준용한다.

제24조(집행정지의 취소)

① 집행정지의 결정이 확정된 후 집행정지가 공공복리에 중대한 영향을 미치거나 그 정지사유가 없어진 때에는 당사자의 신청 또는 직권에 의하여 결정으로써 집행정지의 결정을 취소할 수 있다.

② 제1항의 규정에 의한 집행정지결정의 취소결정과 이에 대한 불복의 경우에는 제23조 제4항 및 제5항의 규정을 준용한다.

제4절 심리

제25조(행정심판기록의 제출명령)

① 법원은 당사자의 신청이 있는 때에는 결정으로써 재결을 행한 행정청에 대하여 행정심판에 관한 기록의 제출을 명할 수 있다.

② 제1항의 규정에 의한 제출명령을 받은 행정청은 지체 없이 당해 행정심판에 관한 기록을 법원에 제출하여야 한다.

제26조(직권심리)

법원은 필요하다고 인정할 때에는 직권으로 증거조사를 할 수 있고, 당사자가 주장하지 아니한 사실에 대하여도 판단할 수 있다.

제5절 재판

제27조(재량처분의 취소)

행정청의 재량에 속하는 처분이라도 재량권의 한계를 넘거나 그 남용이 있는 때에는 법원은 이를 취소할 수 있다.

제28조(사정판결)

① 원고의 청구가 이유 있다고 인정하는 경우에도 처분등을 취소하는 것이 현저히 공공복리에 적합하지 아니하다고 인정하는 때에는 법원은 원고의 청구를 기각할 수 있다. 이 경우 법원은 그 판결의 주문에서 그 처분등이 위법함을 명시하여야 한다.

② 법원이 제1항의 규정에 의한 판결을 함에 있어서는 미리 원고가 그로 인하여 입게 될 손해의 정도와 배상방법 그 밖의 사정을 조사하여야 한다.

③ 원고는 피고인 행정청이 속하는 국가 또는 공공단체를 상대로 손해배상, 제해시설의 설치 그 밖에 적당한 구제방법의 청구를 당해 취소소송등이 계속된 법원에 병합하여 제기할 수 있다.

제29조(취소판결등의 효력)

① 처분등을 취소하는 확정판결은 제3자에 대하여도 효력이 있다.

② 제1항의 규정은 제23조의 규정에 의한 집행정지의 결정 또는 제24조의 규정에 의한 그 집행정지결정의 취소결정에 준용한다.

제30조(취소판결등의 기속력)

① 처분등을 취소하는 확정판결은 그 사건에 관하여 당사자인 행정청과 그 밖의 관계행정청을 기속한다.

② 판결에 의하여 취소되는 처분이 당사자의 신청을 거부하는 것을 내용으로 하는 경우에는 그 처분을 행한 행정청은 판결의 취지에 따라 다시 이전의 신청에 대한 처분을 하여야 한다.

③ 제2항의 규정은 신청에 따른 처분이 절차의 위법을 이유로 취소되는 경우에 준용한다.

제6절 보칙

제31조(제3자에 의한 재심청구)

① 처분등을 취소하는 판결에 의하여 권리 또는 이익의 침해를 받은 제3자는 자기에게 책임 없는 사유로 소송에 참가하지 못함으로써 판결의 결과에 영향을 미칠 공격 또는 방어방법을 제출하지 못한 때에는 이를 이유로 확정된 종국판결에 대하여 재심의 청구를 할 수 있다.

② 제1항의 규정에 의한 청구는 확정판결이 있음을 안 날로부터 30일 이내, 판결이 확정된 날로부터 1년 이내에 제기하여야 한다.

③ 제2항의 규정에 의한 기간은 불변기간으로 한다.

제32조(소송비용의 부담)

취소청구가 제28조의 규정에 의하여 기각되거나 행정청이 처분등을 취소 또는 변경함으로 인하여 청구가 각하 또는 기각된 경우에는 소송비용은 피고의 부담으로 한다.

제33조(소송비용에 관한 재판의 효력)

소송비용에 관한 재판이 확정된 때에는 피고 또는 참가인이었던 행정청이 소속하는 국가 또는 공공단체에 그 효력을 미친다.

제34조(거부처분취소판결의 간접강제)

① 행정청이 제30조 제2항의 규정에 의한 처분을 하지 아니하는 때에는 제1심수소법원은 당사자의 신청에 의하여 결정으로써 상당한 기간을 정하고 행정청이 그 기간 내에 이행하지 아니하는 때에는 그 지연기간에 따라 일정한 배상을 할 것을 명하거나 즉시 손해배상을 할 것을 명할 수 있다.

② 제33조와 민사집행법 제262조의 규정은 제1항의 경우에 준용한다. 〈개정 2002.1.26.〉

제3장 취소소송 외의 항고소송

제35조(무효등 확인소송의 원고적격)

무효등 확인소송은 처분등의 효력 유무 또는 존재 여부의 확인을 구할 법률상 이익이 있는 자가 제기할 수 있다.

제36조(부작위위법확인소송의 원고적격)

부작위위법확인소송은 처분의 신청을 한 자로서 부작위의 위법의 확인을 구할 법률상 이익이 있는 자만이 제기할 수 있다.

제37조(소의 변경)

제21조의 규정은 무효등 확인소송이나 부작위위법확인소송을 취소소송 또는 당사자소송으로 변경하는 경우에 준용한다.

제38조(준용규정)

① 제9조, 제10조, 제13조 내지 제17조, 제19조, 제22조 내지 제26조, 제29조 내지 제31조 및 제33조의 규정은 무효등 확인소송의 경우에 준용한다.

② 제9조, 제10조, 제13조 내지 제19조, 제20조, 제25조 내지 제27조, 제29조 내지 제31조, 제33조 및 제34조의 규정은 부작위위법확인소송의 경우에 준용한다. 〈개정 1994.7.27.〉

제4장 당사자소송

제39조(피고적격)

당사자소송은 국가·공공단체 그 밖의 권리주체를 피고로 한다.

제40조(재판관할)

제9조의 규정은 당사자소송의 경우에 준용한다. 다만, 국가 또는 공공단체가 피고인 경우에는 관계행정청의 소재지를 피고의 소재지로 본다.

제41조(제소기간)

당사자소송에 관하여 법령에 제소기간이 정하여져 있는 때에는 그 기간은 불변기간으로 한다.

제42조(소의 변경)

제21조의 규정은 당사자소송을 항고소송으로 변경하는 경우에 준용한다.

제43조(가집행선고의 제한)

국가를 상대로 하는 당사자소송의 경우에는 가집행선고를 할 수 없다.

[단순위헌, 2020헌가12, 2022.2.24, 행정소송법(1984.12.15. 법률 제3754호로 전부개정된 것) 제43조는 헌법에 위반된다.]

제44조(준용규정)

① 제14조 내지 제17조, 제22조, 제25조, 제26조, 제30조 제1항, 제32조 및 제33조의 규정은 당사자소송의 경우에 준용한다.

② 제10조의 규정은 당사자소송과 관련청구소송이 각각 다른 법원에 계속되고 있는 경우의 이송과 이들 소송의 병합의 경우에 준용한다.

제5장 민중소송 및 기관소송

제45조(소의 제기)

민중소송 및 기관소송은 법률이 정한 경우에 법률에 정한 자에 한하여 제기할 수 있다.

제46조(준용규정)

① 민중소송 또는 기관소송으로서 처분등의 취소를 구하는 소송에는 그 성질에 반하지 아니하는 한 취소소송에 관한 규정을 준용한다.

② 민중소송 또는 기관소송으로서 처분등의 효력 유무 또는 존재 여부나 부작위의 위법의 확인을 구하는 소송에는 그 성질에 반하지 아니하는 한 각각 무효등 확인소송 또는 부작위위법확인소송에 관한 규정을 준용한다.

③ 민중소송 또는 기관소송으로서 제1항 및 제2항에 규정된 소송외의 소송에는 그 성질에 반하지 아니하는 한 당사자소송에 관한 규정을 준용한다.

부칙 〈제14839호, 2017.7.26.〉 (정부조직법)

제1조(시행일)

① 이 법은 공포한 날부터 시행한다. 다만, 부칙 제5조에 따라 개정되는 법률 중 이 법 시행 전에 공포되었으나 시행일이 도래하지 아니한 법률을 개정한 부분은 각각 해당 법률의 시행일부터 시행한다.

제2조 부터 제4조까지 생략

제5조(다른 법률의 개정)

①부터 ㉚까지 생략

㉙ 행정소송법 일부를 다음과 같이 개정한다.

제6조 제1항 및 제2항 중 "행정자치부장관"을 각각 "행정안전부장관"으로 한다.

㊵부터 〈382〉까지 생략

제6조 생략

Chapter 02 행정소송규칙

[시행 2024.3.1.] [대법원규칙 제3132호, 2024.2.22, 일부개정]

법원행정처(특별지원심의관실)
02-3480-7631

제1장 총칙

제1조(목적)
이 규칙은 「행정소송법」(이하 "법"이라 한다)에 따른 행정소송절차에 관하여 필요한 사항을 규정함을 목적으로 한다.

제2조(명령·규칙의 위헌판결 등 통보)
① 대법원은 재판의 전제가 된 명령·규칙이 헌법 또는 법률에 위배된다는 것이 법원의 판결에 의하여 확정된 경우에는 그 취지를 해당 명령·규칙의 소관 행정청에 통보하여야 한다.
② 대법원 외의 법원이 제1항과 같은 취지의 재판을 하였을 때에는 해당 재판서 정본을 지체 없이 대법원에 송부하여야 한다.

제3조(소송수행자의 지정)
소송수행자는 그 직위나 업무, 전문성 등에 비추어 해당 사건의 소송수행에 적합한 사람이 지정되어야 한다.

제4조(준용규정)
행정소송절차에 관하여는 법 및 이 규칙에 특별한 규정이 있는 경우를 제외하고는 그 성질에 반하지 않는 한 「민사소송규칙」 및 「민사집행규칙」의 규정을 준용한다.

제2장 취소소송

제5조(재판관할)
① 국가의 사무를 위임 또는 위탁받은 공공단체 또는 그 장에 대하여 그 지사나 지역본부 등 종된 사무소의 업무와 관련이 있는 소를 제기하는 경우에는 그 종된 사무소의 소재지를 관할하는 행정법원에 제기할 수 있다.
② 법 제9조 제3항의 '기타 부동산 또는 특정의 장소에 관계되는 처분등'이란 부동산에 관한 권리의 설정, 변경 등을 목적으로 하는 처분, 부동산에 관한 권리행사의 강제, 제한, 금지 등을 명령하거나 직접 실현하는 처분, 특정구역에서 일정한 행위를 할 수 있는 권리나 자유를 부여하는 처분, 특정구역을 정하여 일정한 행위의 제한·금지를 하는 처분 등을 말한다.

제6조(피고경정)

법 제14조 제1항에 따른 피고경정은 사실심 변론을 종결할 때까지 할 수 있다.

제7조(명령 · 규칙 소관 행정청에 대한 소송통지)

① 법원은 명령·규칙의 위헌 또는 위법 여부가 쟁점이 된 사건에서 그 명령·규칙 소관 행정청이 피고와 동일하지 아니한 경우에는 해당 명령·규칙의 소관 행정청에 소송계속 사실을 통지할 수 있다.

② 제1항에 따른 통지를 받은 행정청은 법원에 해당 명령·규칙의 위헌 또는 위법 여부에 관한 의견서를 제출할 수 있다.

제8조(답변서의 제출)

① 피고가 원고의 청구를 다투는 경우에는 소장의 부본을 송달받은 날부터 30일 이내에 다음 각 호의 사항이 포함된 답변서를 제출하여야 한다.

1. 사건의 표시
2. 피고의 명칭과 주소 또는 소재지
3. 대리인의 이름과 주소 또는 소송수행자의 이름과 직위
4. 청구의 취지에 대한 답변
5. 처분등에 이른 경위와 그 사유
6. 관계 법령
7. 소장에 기재된 개개의 사실에 대한 인정 여부
8. 항변과 이를 뒷받침하는 구체적 사실
9. 제7호 및 제8호에 관한 피고의 증거방법과 원고의 증거방법에 대한 의견
10. 덧붙인 서류의 표시
11. 작성한 날짜
12. 법원의 표시

② 답변서에는 제1항 제9호에 따른 증거방법 중 증명이 필요한 사실에 관한 중요한 서증의 사본을 첨부하여야 한다.

③ 제1항 및 제2항의 규정에 어긋나는 답변서가 제출된 때에는 재판장은 법원사무관등으로 하여금 방식에 맞는 답변서의 제출을 촉구하게 할 수 있다.

④ 재판장은 필요한 경우 제1항 제5호 및 제6호의 사항을 각각 별지로 작성하여 따로 제출하도록 촉구할 수 있다.

제9조(처분사유의 추가 · 변경)

행정청은 사실심 변론을 종결할 때까지 당초의 처분사유와 기본적 사실관계가 동일한 범위 내에서 처분사유를 추가 또는 변경할 수 있다.

제10조(집행정지의 종기)

법원이 법 제23조 제2항에 따른 집행정지를 결정하는 경우 그 종기는 본안판결 선고일부터 30일 이내의 범위에서 정한다. 다만, 법원은 당사자의 의사, 회복하기 어려운 손해의 내용 및 그 성질, 본안 청구의 승소가능성 등을 고려하여 달리 정할 수 있다.

제10조의2(「학교폭력예방 및 대책에 관한 법률」제17조의4에 따른 집행정지 시 의견 청취)

① 법원이 「학교폭력예방 및 대책에 관한 법률」제17조의4 제1항에 따라 집행정지 결정을 하기 위하여 피해학생 또는 그 보호자(이하 이 조에서 "피해학생등"이라 한다)의 의견을 청취하여야 하는 경우에는 심문기일을 지정하여 피해학생등의 의견을 청취하는 방법으로 한다. 다만, 특별한 사정이 있는 경우에는 기한을 정하여 피해학생등에게 의견의 진술을 갈음하는 의견서를 제출하게 하는 방법으로 할 수 있다.

② 법원은 제1항에 따른 의견청취 절차를 진행하기 위하여 필요한 경우에는 집행정지 결정의 대상이 되는 처분등을 한 행정청에 피해학생등의 송달받을 장소나 연락처, 의견진술 관련 의사 등에 관한 자료를 제출할 것을 요구할 수 있다.

③ 법원은 제1항 본문에 따라 심문기일을 지정하였을 때에는 당사자와 피해학생등에게 서면, 전화, 휴대전화 문자전송, 전자우편, 팩시밀리 또는 그 밖에 적당하다고 인정되는 방법으로 그 심문기일을 통지하여야 한다.

④ 법원은 필요하다고 인정하는 경우에는 비디오 등 중계장치에 의한 중계시설을 통하거나 인터넷 화상장치를 이용하여 제1항 본문의 심문기일을 열 수 있다.

⑤ 법원은 필요하다고 인정하는 경우에는 가해학생 또는 그 보호자를 퇴정하게 하거나 가림시설 등을 이용하여 피해학생등의 의견을 청취할 수 있다.

⑥ 제3항에 따라 심문기일을 통지받은 피해학생등은 해당 사건에 대한 의견 등을 기재한 서면을 법원에 제출할 수 있다.

⑦ 피해학생등이 제1항 단서의 의견서 또는 제6항의 서면을 제출한 경우 법원은 당사자에게 피해학생등의 의견서 또는 서면이 제출되었다는 취지를 서면, 전화, 휴대전화 문자전송, 전자우편, 팩시밀리 또는 그 밖에 적당하다고 인정되는 방법으로 통지하여야 한다.

⑧ 법원은 다음 각 호의 어느 하나에 해당하는 경우에는 피해학생등의 의견을 청취하지 아니할 수 있다.

　1. 피해학생등이 의견진술의 기회를 포기한다는 뜻을 명백히 표시한 경우

　2. 피해학생등이 정당한 사유 없이 심문기일에 출석하지 아니하거나 제1항 단서에서 정한 기한 내에 의견의 진술을 갈음하는 의견서를 제출하지 아니하는 경우

　3. 피해학생등의 의견을 청취하기 위하여 임시로 집행정지를 하는 경우

　4. 그 밖에 피해학생등의 의견을 청취하기 어려운 부득이한 사유가 있는 경우

⑨ 당사자와 소송관계인은 청취한 피해학생등의 의견을 이용하여 피해학생등의 명예 또는 생활의 평온을 해치는 행위를 하여서는 아니 된다.

[본조신설 2024.2.22.]

제11조(비공개 정보의 열람·심사)

① 재판장은 「공공기관의 정보공개에 관한 법률」 제20조 제1항에 따른 취소소송 사건, 같은 법 제21조 제2항에 따른 취소소송이나 이를 본안으로 하는 집행정지신청 사건의 심리를 위해 같은 법 제20조 제2항에 따른 비공개 열람·심사를 하는 경우 피고에게 공개 청구된 정보의 원본 또는 사본·복제물의 제출을 명할 수 있다.

② 제1항에 따른 제출 명령을 받은 피고는 변론기일 또는 심문기일에 해당 자료를 제출하여야 한다. 다만, 특별한 사정이 있으면 재판장은 그 자료를 다른 적당한 방법으로 제출할 것을 명할 수 있고, 이 경우 자료를 제출받은 재판장은 지체 없이 원고에게 제1항의 명령에 따른 자료를 제출받은 사실을 통지하여야 한다.

③ 제2항에 따라 제출된 자료는 소송기록과 분리하여 해당 사건을 심리하는 법관만이 접근할 수 있는 방법으로 보관한다.

④ 법원은 제1항의 취소소송이나 집행정지신청 사건에 대한 재판이 확정된 경우 제2항에 따라 제출받은 자료를 반환한다. 다만, 법원은 당사자가 그 자료를 반환받지 아니한다는 의견을 표시한 경우 또는 위 확정일부터 30일이 지났음에도 해당 자료를 반환받지 아니하는 경우에는 그 자료를 적당한 방법으로 폐기할 수 있다.

⑤ 당사자가 제1항의 취소소송이나 집행정지신청 사건의 재판에 관하여 불복하는 경우 법원은 제2항에 따라 제출받은 자료를 제3항에 따른 방법으로 상소법원에 송부한다.

제12조(행정청의 비공개 처리)

① 피고 또는 관계행정청이 「민사소송법」 제163조 제1항 각 호의 어느 하나에 해당하는 정보 또는 법령에 따라 비공개 대상인 정보가 적혀 있는 서면 또는 증거를 제출·제시하는 경우에는 해당 정보가 공개되지 아니하도록 비실명 또는 공란으로 표시하거나 그 밖의 적절한 방법으로 제3자가 인식하지 못하도록 처리(이하 "비공개 처리"라 한다)할 수 있다.

② 법원은 피고 또는 관계행정청이 제1항에 따라 비공개 처리를 한 경우에도 사건의 심리를 위해 필요하다고 인정하는 경우에는 다음 각 호의 어느 하나를 제출·제시할 것을 명할 수 있다.
   1. 비공개 처리된 정보의 내용
   2. 비공개 처리를 하지 않은 서면 또는 증거

③ 법원은 제2항 각 호의 자료를 다른 사람이 보도록 하여서는 안 된다. 다만, 당사자는 법원에 해당 자료의 열람·복사를 신청할 수 있다.

④ 제3항의 열람·복사 신청에 관한 결정에 대해서는 즉시항고를 할 수 있다.

⑤ 제3항의 신청을 인용하는 결정은 확정되어야 효력을 가진다.

제13조(피해자의 의견 청취)

① 법원은 필요하다고 인정하는 경우에는 해당 처분의 처분사유와 관련하여 다음 각 호에 해당하는 사람(이하 '피해자'라 한다)으로부터 그 처분에 관한 의견을 기재한 서면을 제출받는 등의 방법으로 피해자의 의견을 청취할 수 있다. 〈개정 2024.2.22.〉
   1. 「성폭력방지 및 피해자보호 등에 관한 법률」 제2조 제3호의 성폭력피해자

2. 「양성평등기본법」 제3조 제2호의 성희롱으로 인하여 피해를 입은 사람

3. 「학교폭력예방 및 대책에 관한 법률」 제2조 제4호의 피해학생 또는 그 보호자

② 당사자와 소송관계인은 제1항에 따라 청취한 피해자의 의견을 이용하여 피해자의 명예 또는 생활의 평온을 해치는 행위를 하여서는 아니 된다.

③ 제1항에 따라 청취한 의견은 처분사유의 인정을 위한 증거로 할 수 없다.

제14조(사정판결)

법원이 법 제28조 제1항에 따른 판결을 할 때 그 처분등을 취소하는 것이 현저히 공공복리에 적합하지 아니한지 여부는 사실심 변론을 종결할 때를 기준으로 판단한다.

제15조(조정권고)

① 재판장은 신속하고 공정한 분쟁 해결과 국민의 권익 구제를 위하여 필요하다고 인정하는 경우에는 소송계속 중인 사건에 대하여 직권으로 소의 취하, 처분등의 취소 또는 변경, 그 밖에 다툼을 적정하게 해결하기 위해 필요한 사항을 서면으로 권고할 수 있다.

② 재판장은 제1항의 권고를 할 때에는 권고의 이유나 필요성 등을 기재할 수 있다.

③ 재판장은 제1항의 권고를 위하여 필요한 경우에는 당사자, 이해관계인, 그 밖의 참고인을 심문할 수 있다.

제3장 취소소송 외의 항고소송

제16조(무효확인소송에서 석명권의 행사)

재판장은 무효확인소송이 법 제20조에 따른 기간 내에 제기된 경우에는 원고에게 처분등의 취소를 구하지 아니하는 취지인지를 명확히 하도록 촉구할 수 있다. 다만, 원고가 처분등의 취소를 구하지 아니함을 밝힌 경우에는 그러하지 아니하다.

제17조(부작위위법확인소송의 소송비용부담)

법원은 부작위위법확인소송 계속 중 행정청이 당사자의 신청에 대하여 상당한 기간이 지난 후 처분등을 함에 따라 소를 각하하는 경우에는 소송비용의 전부 또는 일부를 피고가 부담하게 할 수 있다.

제18조(준용규정)

① 제5조부터 제13조까지 및 제15조는 무효등 확인소송의 경우에 준용한다.

② 제5조부터 제8조까지, 제11조, 제12조 및 제15조는 부작위위법확인소송의 경우에 준용한다.

부록

제4장 당사자소송

제19조(당사자소송의 대상)

당사자소송은 다음 각 호의 소송을 포함한다.

1. 다음 각 목의 손실보상금에 관한 소송
    가. 「공익사업을 위한 토지 등의 취득 및 보상에 관한 법률」 제78조 제1항 및 제6항에 따른 이주
        정착금, 주거이전비 등에 관한 소송
    나. 「공익사업을 위한 토지 등의 취득 및 보상에 관한 법률」 제85조 제2항에 따른 보상금의 증감
        (增減)에 관한 소송
    다. 「하천편입토지 보상 등에 관한 특별조치법」 제2조에 따른 보상금에 관한 소송
2. 그 존부 또는 범위가 구체적으로 확정된 공법상 법률관계 그 자체에 관한 다음 각 목의 소송
    가. 납세의무 존부의 확인
    나. 「부가가치세법」 제59조에 따른 환급청구
    다. 「석탄산업법」 제39조의3 제1항 및 같은 법 시행령 제41조 제4항 제5호에 따른 재해위로금
        지급청구
    라. 「5·18민주화운동 관련자 보상 등에 관한 법률」 제5조, 제6조 및 제7조에 따른 관련자 또는
        유족의 보상금 등 지급청구
    마. 공무원의 보수·퇴직금·연금 등 지급청구
    바. 공법상 신분·지위의 확인
3. 처분에 이르는 절차적 요건의 존부나 효력 유무에 관한 다음 각 목의 소송
    가. 「도시 및 주거환경정비법」 제35조 제5항에 따른 인가 이전 조합설립변경에 대한 총회결의의
        효력 등을 다투는 소송
    나. 「도시 및 주거환경정비법」 제50조 제1항에 따른 인가 이전 사업시행계획에 대한 총회결의의
        효력 등을 다투는 소송
    다. 「도시 및 주거환경정비법」 제74조 제1항에 따른 인가 이전 관리처분계획에 대한 총회결의의
        효력 등을 다투는 소송
4. 공법상 계약에 따른 권리·의무의 확인 또는 이행청구 소송

제20조(준용규정)

제5조부터 제8조까지, 제12조 및 제13조는 당사자소송의 경우에 준용한다.

부칙 〈제3132호, 2024.2.22.〉

이 규칙은 2024년 3월 1일부터 시행한다.

[시행 2024.1.16.] [법률 제20056호, 2024.1.16, 일부개정]

법제처(미래법제혁신기획단)
044-200-6737

제1장 총칙
제1절 목적 및 정의 등

제1조(목적)

이 법은 행정의 원칙과 기본사항을 규정하여 행정의 민주성과 적법성을 확보하고 적정성과 효율성을 향상시킴으로써 국민의 권익 보호에 이바지함을 목적으로 한다.

제2조(정의)

이 법에서 사용하는 용어의 뜻은 다음과 같다.

1. "법령등"이란 다음 각 목의 것을 말한다.

    가. 법령 : 다음의 어느 하나에 해당하는 것

        1) 법률 및 대통령령·총리령·부령

        2) 국회규칙·대법원규칙·헌법재판소규칙·중앙선거관리위원회규칙 및 감사원규칙

        3) 1) 또는 2)의 위임을 받아 중앙행정기관(「정부조직법」 및 그 밖의 법률에 따라 설치된 중앙행정기관을 말한다. 이하 같다)의 장이 정한 훈령·예규 및 고시 등 행정규칙

    나. 자치법규: 지방자치단체의 조례 및 규칙

2. "행정청"이란 다음 각 목의 자를 말한다.

    가. 행정에 관한 의사를 결정하여 표시하는 국가 또는 지방자치단체의 기관

    나. 그 밖에 법령등에 따라 행정에 관한 의사를 결정하여 표시하는 권한을 가지고 있거나 그 권한을 위임 또는 위탁받은 공공단체 또는 그 기관이나 사인(私人)

3. "당사자"란 처분의 상대방을 말한다.

4. "처분"이란 행정청이 구체적 사실에 관하여 행하는 법 집행으로서 공권력의 행사 또는 그 거부와 그 밖에 이에 준하는 행정작용을 말한다.

5. "제재처분"이란 법령등에 따른 의무를 위반하거나 이행하지 아니하였음을 이유로 당사자에게 의무를 부과하거나 권익을 제한하는 처분을 말한다. 다만, 제30조 제1항 각 호에 따른 행정상 강제는 제외한다.

제3조(국가와 지방자치단체의 책무)

① 국가와 지방자치단체는 국민의 삶의 질을 향상시키기 위하여 적법절차에 따라 공정하고 합리적인 행정을 수행할 책무를 진다.

② 국가와 지방자치단체는 행정의 능률과 실효성을 높이기 위하여 지속적으로 법령등과 제도를 정비·개선할 책무를 진다.

제4조(행정의 적극적 추진)

① 행정은 공공의 이익을 위하여 적극적으로 추진되어야 한다.

② 국가와 지방자치단체는 소속 공무원이 공공의 이익을 위하여 적극적으로 직무를 수행할 수 있도록 제반 여건을 조성하고, 이와 관련된 시책 및 조치를 추진하여야 한다.

③ 제1항 및 제2항에 따른 행정의 적극적 추진 및 적극행정 활성화를 위한 시책의 구체적인 사항 등은 대통령령으로 정한다.

제5조(다른 법률과의 관계)

① 행정에 관하여 다른 법률에 특별한 규정이 있는 경우를 제외하고는 이 법에서 정하는 바에 따른다.

② 행정에 관한 다른 법률을 제정하거나 개정하는 경우에는 이 법의 목적과 원칙, 기준 및 취지에 부합되도록 노력하여야 한다.

제2절 기간 및 나이의 계산 〈개정 2022.12.27.〉

제6조(행정에 관한 기간의 계산)

① 행정에 관한 기간의 계산에 관하여는 이 법 또는 다른 법령등에 특별한 규정이 있는 경우를 제외하고는 「민법」을 준용한다.

② 법령등 또는 처분에서 국민의 권익을 제한하거나 의무를 부과하는 경우 권익이 제한되거나 의무가 지속되는 기간의 계산은 다음 각 호의 기준에 따른다. 다만, 다음 각 호의 기준에 따르는 것이 국민에게 불리한 경우에는 그러하지 아니하다.

1. 기간을 일, 주, 월 또는 연으로 정한 경우에는 기간의 첫날을 산입한다.
2. 기간의 말일이 토요일 또는 공휴일인 경우에도 기간은 그 날로 만료한다.

제7조(법령등 시행일의 기간 계산)

법령등(훈령·예규·고시·지침 등을 포함한다. 이하 이 조에서 같다)의 시행일을 정하거나 계산할 때에는 다음 각 호의 기준에 따른다.

1. 법령등을 공포한 날부터 시행하는 경우에는 공포한 날을 시행일로 한다.
2. 법령등을 공포한 날부터 일정 기간이 경과한 날부터 시행하는 경우 법령등을 공포한 날을 첫날에 산입하지 아니한다.
3. 법령등을 공포한 날부터 일정 기간이 경과한 날부터 시행하는 경우 그 기간의 말일이 토요일 또는 공휴일인 때에는 그 말일로 기간이 만료한다.

제7조의2(행정에 관한 나이의 계산 및 표시)

행정에 관한 나이는 다른 법령등에 특별한 규정이 있는 경우를 제외하고는 출생일을 산입하여 만(滿) 나이로 계산하고, 연수(年數)로 표시한다. 다만, 1세에 이르지 아니한 경우에는 월수(月數)로 표시할 수 있다.

[본조신설 2022.12.27.]

제2장 행정의 법 원칙

제8조(법치행정의 원칙)

행정작용은 법률에 위반되어서는 아니 되며, 국민의 권리를 제한하거나 의무를 부과하는 경우와 그 밖에 국민생활에 중요한 영향을 미치는 경우에는 법률에 근거하여야 한다.

제9조(평등의 원칙)

행정청은 합리적 이유 없이 국민을 차별하여서는 아니 된다.

제10조(비례의 원칙)

행정작용은 다음 각 호의 원칙에 따라야 한다.

1. 행정목적을 달성하는 데 유효하고 적절할 것
2. 행정목적을 달성하는 데 필요한 최소한도에 그칠 것
3. 행정작용으로 인한 국민의 이익 침해가 그 행정작용이 의도하는 공익보다 크지 아니할 것

제11조(성실의무 및 권한남용금지의 원칙)

① 행정청은 법령등에 따른 의무를 성실히 수행하여야 한다.
② 행정청은 행정권한을 남용하거나 그 권한의 범위를 넘어서는 아니 된다.

제12조(신뢰보호의 원칙)

① 행정청은 공익 또는 제3자의 이익을 현저히 해칠 우려가 있는 경우를 제외하고는 행정에 대한 국민의 정당하고 합리적인 신뢰를 보호하여야 한다.
② 행정청은 권한 행사의 기회가 있음에도 불구하고 장기간 권한을 행사하지 아니하여 국민이 그 권한이 행사되지 아니할 것으로 믿을 만한 정당한 사유가 있는 경우에는 그 권한을 행사해서는 아니 된다. 다만, 공익 또는 제3자의 이익을 현저히 해칠 우려가 있는 경우는 예외로 한다.

제13조(부당결부금지의 원칙)

행정청은 행정작용을 할 때 상대방에게 해당 행정작용과 실질적인 관련이 없는 의무를 부과해서는 아니 된다.

제3장 행정작용
제1절 처분

제14조(법 적용의 기준)

① 새로운 법령등은 법령등에 특별한 규정이 있는 경우를 제외하고는 그 법령등의 효력 발생 전에 완성되거나 종결된 사실관계 또는 법률관계에 대해서는 적용되지 아니한다.
② 당사자의 신청에 따른 처분은 법령등에 특별한 규정이 있거나 처분 당시의 법령등을 적용하기 곤란한 특별한 사정이 있는 경우를 제외하고는 처분 당시의 법령등에 따른다.

③ 법령등을 위반한 행위의 성립과 이에 대한 제재처분은 법령등에 특별한 규정이 있는 경우를 제외하고는 법령등을 위반한 행위 당시의 법령등에 따른다. 다만, 법령등을 위반한 행위 후 법령등의 변경에 의하여 그 행위가 법령등을 위반한 행위에 해당하지 아니하거나 제재처분 기준이 가벼워진 경우로서 해당 법령등에 특별한 규정이 없는 경우에는 변경된 법령등을 적용한다.

제15조(처분의 효력)

처분은 권한이 있는 기관이 취소 또는 철회하거나 기간의 경과 등으로 소멸되기 전까지는 유효한 것으로 통용된다. 다만, 무효인 처분은 처음부터 그 효력이 발생하지 아니한다.

제16조(결격사유)

① 자격이나 신분 등을 취득 또는 부여할 수 없거나 인가, 허가, 지정, 승인, 영업등록, 신고 수리 등(이하 "인허가"라 한다)을 필요로 하는 영업 또는 사업 등을 할 수 없는 사유(이하 이 조에서 "결격사유"라 한다)는 법률로 정한다.

② 결격사유를 규정할 때에는 다음 각 호의 기준에 따른다.

1. 규정의 필요성이 분명할 것
2. 필요한 항목만 최소한으로 규정할 것
3. 대상이 되는 자격, 신분, 영업 또는 사업 등과 실질적인 관련이 있을 것
4. 유사한 다른 제도와 균형을 이룰 것

제17조(부관)

① 행정청은 처분에 재량이 있는 경우에는 부관(조건, 기한, 부담, 철회권의 유보 등을 말한다. 이하 이 조에서 같다)을 붙일 수 있다.

② 행정청은 처분에 재량이 없는 경우에는 법률에 근거가 있는 경우에 부관을 붙일 수 있다.

③ 행정청은 부관을 붙일 수 있는 처분이 다음 각 호의 어느 하나에 해당하는 경우에는 그 처분을 한 후에도 부관을 새로 붙이거나 종전의 부관을 변경할 수 있다.

1. 법률에 근거가 있는 경우
2. 당사자의 동의가 있는 경우
3. 사정이 변경되어 부관을 새로 붙이거나 종전의 부관을 변경하지 아니하면 해당 처분의 목적을 달성할 수 없다고 인정되는 경우

④ 부관은 다음 각 호의 요건에 적합하여야 한다.

1. 해당 처분의 목적에 위배되지 아니할 것
2. 해당 처분과 실질적인 관련이 있을 것
3. 해당 처분의 목적을 달성하기 위하여 필요한 최소한의 범위일 것

제18조(위법 또는 부당한 처분의 취소)

① 행정청은 위법 또는 부당한 처분의 전부나 일부를 소급하여 취소할 수 있다. 다만, 당사자의 신뢰를 보호할 가치가 있는 등 정당한 사유가 있는 경우에는 장래를 향하여 취소할 수 있다.

② 행정청은 제1항에 따라 당사자에게 권리나 이익을 부여하는 처분을 취소하려는 경우에는 취소로 인하여 당사자가 입게 될 불이익을 취소로 달성되는 공익과 비교·형량(衡量)하여야 한다. 다만, 다음 각 호의 어느 하나에 해당하는 경우에는 그러하지 아니하다.
  1. 거짓이나 그 밖의 부정한 방법으로 처분을 받은 경우
  2. 당사자가 처분의 위법성을 알고 있었거나 중대한 과실로 알지 못한 경우

제19조(적법한 처분의 철회)

① 행정청은 적법한 처분이 다음 각 호의 어느 하나에 해당하는 경우에는 그 처분의 전부 또는 일부를 장래를 향하여 철회할 수 있다.
  1. 법률에서 정한 철회 사유에 해당하게 된 경우
  2. 법령등의 변경이나 사정변경으로 처분을 더 이상 존속시킬 필요가 없게 된 경우
  3. 중대한 공익을 위하여 필요한 경우
② 행정청은 제1항에 따라 처분을 철회하려는 경우에는 철회로 인하여 당사자가 입게 될 불이익을 철회로 달성되는 공익과 비교·형량하여야 한다.

제20조(자동적 처분)

행정청은 법률로 정하는 바에 따라 완전히 자동화된 시스템(인공지능 기술을 적용한 시스템을 포함한다)으로 처분을 할 수 있다. 다만, 처분에 재량이 있는 경우는 그러하지 아니하다.

제21조(재량행사의 기준)

행정청은 재량이 있는 처분을 할 때에는 관련 이익을 정당하게 형량하여야 하며, 그 재량권의 범위를 넘어서는 아니 된다.

제22조(제재처분의 기준)

① 제재처분의 근거가 되는 법률에는 제재처분의 주체, 사유, 유형 및 상한을 명확하게 규정하여야 한다. 이 경우 제재처분의 유형 및 상한을 정할 때에는 해당 위반행위의 특수성 및 유사한 위반행위와의 형평성 등을 종합적으로 고려하여야 한다.
② 행정청은 재량이 있는 제재처분을 할 때에는 다음 각 호의 사항을 고려하여야 한다.
  1. 위반행위의 동기, 목적 및 방법
  2. 위반행위의 결과
  3. 위반행위의 횟수
  4. 그 밖에 제1호부터 제3호까지에 준하는 사항으로서 대통령령으로 정하는 사항

제23조(제재처분의 제척기간)

① 행정청은 법령등의 위반행위가 종료된 날부터 5년이 지나면 해당 위반행위에 대하여 제재처분(인허가의 정지·취소·철회, 등록 말소, 영업소 폐쇄와 정지를 갈음하는 과징금 부과를 말한다. 이하 이 조에서 같다)을 할 수 없다.
② 다음 각 호의 어느 하나에 해당하는 경우에는 제1항을 적용하지 아니한다.
  1. 거짓이나 그 밖의 부정한 방법으로 인허가를 받거나 신고를 한 경우

2. 당사자가 인허가나 신고의 위법성을 알고 있었거나 중대한 과실로 알지 못한 경우

3. 정당한 사유 없이 행정청의 조사·출입·검사를 기피·방해·거부하여 제척기간이 지난 경우

4. 제재처분을 하지 아니하면 국민의 안전·생명 또는 환경을 심각하게 해치거나 해칠 우려가 있는 경우

③ 행정청은 제1항에도 불구하고 행정심판의 재결이나 법원의 판결에 따라 제재처분이 취소·철회된 경우에는 재결이나 판결이 확정된 날부터 1년(합의제행정기관은 2년)이 지나기 전까지는 그 취지에 따른 새로운 제재처분을 할 수 있다.

④ 다른 법률에서 제1항 및 제3항의 기간보다 짧거나 긴 기간을 규정하고 있으면 그 법률에서 정하는 바에 따른다.

제2절 인허가의제

제24조(인허가의제의 기준)

① 이 절에서 "인허가의제"란 하나의 인허가(이하 "주된 인허가"라 한다)를 받으면 법률로 정하는 바에 따라 그와 관련된 여러 인허가(이하 "관련 인허가"라 한다)를 받은 것으로 보는 것을 말한다.

② 인허가의제를 받으려면 주된 인허가를 신청할 때 관련 인허가에 필요한 서류를 함께 제출하여야 한다. 다만, 불가피한 사유로 함께 제출할 수 없는 경우에는 주된 인허가 행정청이 별도로 정하는 기한까지 제출할 수 있다.

③ 주된 인허가 행정청은 주된 인허가를 하기 전에 관련 인허가에 관하여 미리 관련 인허가 행정청과 협의하여야 한다.

④ 관련 인허가 행정청은 제3항에 따른 협의를 요청받으면 그 요청을 받은 날부터 20일 이내(제5항 단서에 따른 절차에 걸리는 기간은 제외한다)에 의견을 제출하여야 한다. 이 경우 전단에서 정한 기간(민원 처리 관련 법령에 따라 의견을 제출하여야 하는 기간을 연장한 경우에는 그 연장한 기간을 말한다) 내에 협의 여부에 관하여 의견을 제출하지 아니하면 협의가 된 것으로 본다.

⑤ 제3항에 따라 협의를 요청받은 관련 인허가 행정청은 해당 법령을 위반하여 협의에 응해서는 아니 된다. 다만, 관련 인허가에 필요한 심의, 의견 청취 등 절차에 관하여는 법률에 인허가의제 시에도 해당 절차를 거친다는 명시적인 규정이 있는 경우에만 이를 거친다.

제25조(인허가의제의 효과)

① 제24조 제3항·제4항에 따라 협의가 된 사항에 대해서는 주된 인허가를 받았을 때 관련 인허가를 받은 것으로 본다.

② 인허가의제의 효과는 주된 인허가의 해당 법률에 규정된 관련 인허가에 한정된다.

제26조(인허가의제의 사후관리 등)

① 인허가의제의 경우 관련 인허가 행정청은 관련 인허가를 직접 한 것으로 보아 관계 법령에 따른 관리·감독 등 필요한 조치를 하여야 한다.

② 주된 인허가가 있은 후 이를 변경하는 경우에는 제24조·제25조 및 이 조 제1항을 준용한다.

③ 이 절에서 규정한 사항 외에 인허가의제의 방법, 그 밖에 필요한 세부 사항은 대통령령으로 정한다.

제3절 공법상 계약

제27조(공법상 계약의 체결)
① 행정청은 법령등을 위반하지 아니하는 범위에서 행정목적을 달성하기 위하여 필요한 경우에는 공법상 법률관계에 관한 계약(이하 "공법상 계약"이라 한다)을 체결할 수 있다. 이 경우 계약의 목적 및 내용을 명확하게 적은 계약서를 작성하여야 한다.
② 행정청은 공법상 계약의 상대방을 선정하고 계약 내용을 정할 때 공법상 계약의 공공성과 제3자의 이해관계를 고려하여야 한다.

제4절 과징금

제28조(과징금의 기준)
① 행정청은 법령등에 따른 의무를 위반한 자에 대하여 법률로 정하는 바에 따라 그 위반행위에 대한 제재로서 과징금을 부과할 수 있다.
② 과징금의 근거가 되는 법률에는 과징금에 관한 다음 각 호의 사항을 명확하게 규정하여야 한다.
  1. 부과·징수 주체
  2. 부과 사유
  3. 상한액
  4. 가산금을 징수하려는 경우 그 사항
  5. 과징금 또는 가산금 체납 시 강제징수를 하려는 경우 그 사항

제29조(과징금의 납부기한 연기 및 분할 납부)
과징금은 한꺼번에 납부하는 것을 원칙으로 한다. 다만, 행정청은 과징금을 부과받은 자가 다음 각 호의 어느 하나에 해당하는 사유로 과징금 전액을 한꺼번에 내기 어렵다고 인정될 때에는 그 납부기한을 연기하거나 분할 납부하게 할 수 있으며, 이 경우 필요하다고 인정하면 담보를 제공하게 할 수 있다.
1. 재해 등으로 재산에 현저한 손실을 입은 경우
2. 사업 여건의 악화로 사업이 중대한 위기에 처한 경우
3. 과징금을 한꺼번에 내면 자금 사정에 현저한 어려움이 예상되는 경우
4. 그 밖에 제1호부터 제3호까지에 준하는 경우로서 대통령령으로 정하는 사유가 있는 경우

제5절 행정상 강제

제30조(행정상 강제)
① 행정청은 행정목적을 달성하기 위하여 필요한 경우에는 법률로 정하는 바에 따라 필요한 최소한의 범위에서 다음 각 호의 어느 하나에 해당하는 조치를 할 수 있다.

1. 행정대집행 : 의무자가 행정상 의무(법령등에서 직접 부과하거나 행정청이 법령등에 따라 부과한 의무를 말한다. 이하 이 절에서 같다)로서 타인이 대신하여 행할 수 있는 의무를 이행하지 아니하는 경우 법률로 정하는 다른 수단으로는 그 이행을 확보하기 곤란하고 그 불이행을 방치하면 공익을 크게 해칠 것으로 인정될 때에 행정청이 의무자가 하여야 할 행위를 스스로 하거나 제3자에게 하게 하고 그 비용을 의무자로부터 징수하는 것

2. 이행강제금의 부과 : 의무자가 행정상 의무를 이행하지 아니하는 경우 행정청이 적절한 이행기간을 부여하고, 그 기한까지 행정상 의무를 이행하지 아니하면 금전급부의무를 부과하는 것

3. 직접강제 : 의무자가 행정상 의무를 이행하지 아니하는 경우 행정청이 의무자의 신체나 재산에 실력을 행사하여 그 행정상 의무의 이행이 있었던 것과 같은 상태를 실현하는 것

4. 강제징수 : 의무자가 행정상 의무 중 금전급부의무를 이행하지 아니하는 경우 행정청이 의무자의 재산에 실력을 행사하여 그 행정상 의무가 실현된 것과 같은 상태를 실현하는 것

5. 즉시강제 : 현재의 급박한 행정상의 장해를 제거하기 위한 경우로서 다음 각 목의 어느 하나에 해당하는 경우에 행정청이 곧바로 국민의 신체 또는 재산에 실력을 행사하여 행정목적을 달성하는 것

   가. 행정청이 미리 행정상 의무 이행을 명할 시간적 여유가 없는 경우

   나. 그 성질상 행정상 의무의 이행을 명하는 것만으로는 행정목적 달성이 곤란한 경우

② 행정상 강제 조치에 관하여 이 법에서 정한 사항 외에 필요한 사항은 따로 법률로 정한다.

③ 형사(刑事), 행형(行刑) 및 보안처분 관계 법령에 따라 행하는 사항이나 외국인의 출입국·난민인정·귀화·국적회복에 관한 사항에 관하여는 이 절을 적용하지 아니한다.

제31조(이행강제금의 부과)

① 이행강제금 부과의 근거가 되는 법률에는 이행강제금에 관한 다음 각 호의 사항을 명확하게 규정하여야 한다. 다만, 제4호 또는 제5호를 규정할 경우 입법목적이나 입법취지를 훼손할 우려가 크다고 인정되는 경우로서 대통령령으로 정하는 경우는 제외한다.

   1. 부과·징수 주체
   2. 부과 요건
   3. 부과 금액
   4. 부과 금액 산정기준
   5. 연간 부과 횟수나 횟수의 상한

② 행정청은 다음 각 호의 사항을 고려하여 이행강제금의 부과 금액을 가중하거나 감경할 수 있다.

   1. 의무 불이행의 동기, 목적 및 결과
   2. 의무 불이행의 정도 및 상습성
   3. 그 밖에 행정목적을 달성하는 데 필요하다고 인정되는 사유

③ 행정청은 이행강제금을 부과하기 전에 미리 의무자에게 적절한 이행기간을 정하여 그 기한까지 행정상 의무를 이행하지 아니하면 이행강제금을 부과한다는 뜻을 문서로 계고(戒告)하여야 한다.

④ 행정청은 의무자가 제3항에 따른 계고에서 정한 기한까지 행정상 의무를 이행하지 아니한 경우 이행강제금의 부과 금액·사유·시기를 문서로 명확하게 적어 의무자에게 통지하여야 한다.

⑤ 행정청은 의무자가 행정상 의무를 이행할 때까지 이행강제금을 반복하여 부과할 수 있다. 다만, 의무자가 의무를 이행하면 새로운 이행강제금의 부과를 즉시 중지하되, 이미 부과한 이행강제금은 징수하여야 한다.

⑥ 행정청은 이행강제금을 부과받은 자가 납부기한까지 이행강제금을 내지 아니하면 국세강제징수의 예 또는 「지방행정제재·부과금의 징수 등에 관한 법률」에 따라 징수한다.

제32조(직접강제)

① 직접강제는 행정대집행이나 이행강제금 부과의 방법으로는 행정상 의무 이행을 확보할 수 없거나 그 실현이 불가능한 경우에 실시하여야 한다.

② 직접강제를 실시하기 위하여 현장에 파견되는 집행책임자는 그가 집행책임자임을 표시하는 증표를 보여 주어야 한다.

③ 직접강제의 계고 및 통지에 관하여는 제31조 제3항 및 제4항을 준용한다.

제33조(즉시강제)

① 즉시강제는 다른 수단으로는 행정목적을 달성할 수 없는 경우에만 허용되며, 이 경우에도 최소한으로만 실시하여야 한다.

② 즉시강제를 실시하기 위하여 현장에 파견되는 집행책임자는 그가 집행책임자임을 표시하는 증표를 보여 주어야 하며, 즉시강제의 이유와 내용을 고지하여야 한다.

③ 제2항에도 불구하고 집행책임자는 즉시강제를 하려는 재산의 소유자 또는 점유자를 알 수 없거나 현장에서 그 소재를 즉시 확인하기 어려운 경우에는 즉시강제를 실시한 후 집행책임자의 이름 및 그 이유와 내용을 고지할 수 있다. 다만, 다음 각 호에 해당하는 경우에는 게시판이나 인터넷 홈페이지에 게시하는 등 적절한 방법에 의한 공고로써 고지를 갈음할 수 있다. 〈신설 2024.1.16.〉
  1. 즉시강제를 실시한 후에도 재산의 소유자 또는 점유자를 알 수 없는 경우
  2. 재산의 소유자 또는 점유자가 국외에 거주하거나 행방을 알 수 없는 경우
  3. 그 밖에 대통령령으로 정하는 불가피한 사유로 고지할 수 없는 경우

제6절 그 밖의 행정작용

제34조(수리 여부에 따른 신고의 효력)

법령등으로 정하는 바에 따라 행정청에 일정한 사항을 통지하여야 하는 신고로서 법률에 신고의 수리가 필요하다고 명시되어 있는 경우(행정기관의 내부 업무 처리 절차로서 수리를 규정한 경우는 제외한다)에는 행정청이 수리하여야 효력이 발생한다.

제35조(수수료 및 사용료)

① 행정청은 특정인을 위한 행정서비스를 제공받는 자에게 법령으로 정하는 바에 따라 수수료를 받을 수 있다.

② 행정청은 공공시설 및 재산 등의 이용 또는 사용에 대하여 사전에 공개된 금액이나 기준에 따라 사용료를 받을 수 있다.

③ 제1항 및 제2항에도 불구하고 지방자치단체의 경우에는 「지방자치법」에 따른다.

제7절 처분에 대한 이의신청 및 재심사

제36조(처분에 대한 이의신청)

① 행정청의 처분(「행정심판법」 제3조에 따라 같은 법에 따른 행정심판의 대상이 되는 처분을 말한다. 이하 이 조에서 같다)에 이의가 있는 당사자는 처분을 받은 날부터 30일 이내에 해당 행정청에 이의신청을 할 수 있다.

② 행정청은 제1항에 따른 이의신청을 받으면 그 신청을 받은 날부터 14일 이내에 그 이의신청에 대한 결과를 신청인에게 통지하여야 한다. 다만, 부득이한 사유로 14일 이내에 통지할 수 없는 경우에는 그 기간을 만료일 다음 날부터 기산하여 10일의 범위에서 한 차례 연장할 수 있으며, 연장 사유를 신청인에게 통지하여야 한다.

③ 제1항에 따라 이의신청을 한 경우에도 그 이의신청과 관계없이 「행정심판법」에 따른 행정심판 또는 「행정소송법」에 따른 행정소송을 제기할 수 있다.

④ 이의신청에 대한 결과를 통지받은 후 행정심판 또는 행정소송을 제기하려는 자는 그 결과를 통지받은 날(제2항에 따른 통지기간 내에 결과를 통지받지 못한 경우에는 같은 항에 따른 통지기간이 만료되는 날의 다음 날을 말한다)부터 90일 이내에 행정심판 또는 행정소송을 제기할 수 있다.

⑤ 다른 법률에서 이의신청과 이에 준하는 절차에 대하여 정하고 있는 경우에도 그 법률에서 규정하지 아니한 사항에 관하여는 이 조에서 정하는 바에 따른다.

⑥ 제1항부터 제5항까지에서 규정한 사항 외에 이의신청의 방법 및 절차 등에 관한 사항은 대통령령으로 정한다.

⑦ 다음 각 호의 어느 하나에 해당하는 사항에 관하여는 이 조를 적용하지 아니한다.

　1. 공무원 인사 관계 법령에 따른 징계 등 처분에 관한 사항

　2. 「국가인권위원회법」 제30조에 따른 진정에 대한 국가인권위원회의 결정

　3. 「노동위원회법」 제2조의2에 따라 노동위원회의 의결을 거쳐 행하는 사항

　4. 형사, 행형 및 보안처분 관계 법령에 따라 행하는 사항

　5. 외국인의 출입국·난민인정·귀화·국적회복에 관한 사항

　6. 과태료 부과 및 징수에 관한 사항

제37조(처분의 재심사)

① 당사자는 처분(제재처분 및 행정상 강제는 제외한다. 이하 이 조에서 같다)이 행정심판, 행정소송 및 그 밖의 쟁송을 통하여 다툴 수 없게 된 경우(법원의 확정판결이 있는 경우는 제외한다)라도 다음 각 호의 어느 하나에 해당하는 경우에는 해당 처분을 한 행정청에 처분을 취소·철회하거나 변경하여 줄 것을 신청할 수 있다.

　1. 처분의 근거가 된 사실관계 또는 법률관계가 추후에 당사자에게 유리하게 바뀐 경우

　2. 당사자에게 유리한 결정을 가져다주었을 새로운 증거가 있는 경우

3. 「민사소송법」 제451조에 따른 재심사유에 준하는 사유가 발생한 경우 등 대통령령으로 정하는 경우

② 제1항에 따른 신청은 해당 처분의 절차, 행정심판, 행정소송 및 그 밖의 쟁송에서 당사자가 중대한 과실 없이 제1항 각 호의 사유를 주장하지 못한 경우에만 할 수 있다.

③ 제1항에 따른 신청은 당사자가 제1항 각 호의 사유를 안 날부터 60일 이내에 하여야 한다. 다만, 처분이 있은 날부터 5년이 지나면 신청할 수 없다.

④ 제1항에 따른 신청을 받은 행정청은 특별한 사정이 없으면 신청을 받은 날부터 90일(합의제행정기관은 180일) 이내에 처분의 재심사 결과(재심사 여부와 처분의 유지·취소·철회·변경 등에 대한 결정을 포함한다)를 신청인에게 통지하여야 한다. 다만, 부득이한 사유로 90일(합의제행정기관은 180일) 이내에 통지할 수 없는 경우에는 그 기간을 만료일 다음 날부터 기산하여 90일(합의제행정기관은 180일)의 범위에서 한 차례 연장할 수 있으며, 연장 사유를 신청인에게 통지하여야 한다.

⑤ 제4항에 따른 처분의 재심사 결과 중 처분을 유지하는 결과에 대해서는 행정심판, 행정소송 및 그 밖의 쟁송수단을 통하여 불복할 수 없다.

⑥ 행정청의 제18조에 따른 취소와 제19조에 따른 철회는 처분의 재심사에 의하여 영향을 받지 아니한다.

⑦ 제1항부터 제6항까지에서 규정한 사항 외에 처분의 재심사의 방법 및 절차 등에 관한 사항은 대통령령으로 정한다.

⑧ 다음 각 호의 어느 하나에 해당하는 사항에 관하여는 이 조를 적용하지 아니한다.

1. 공무원 인사 관계 법령에 따른 징계 등 처분에 관한 사항
2. 「노동위원회법」 제2조의2에 따라 노동위원회의 의결을 거쳐 행하는 사항
3. 형사, 행형 및 보안처분 관계 법령에 따라 행하는 사항
4. 외국인의 출입국·난민인정·귀화·국적회복에 관한 사항
5. 과태료 부과 및 징수에 관한 사항
6. 개별 법률에서 그 적용을 배제하고 있는 경우

제4장 행정의 입법활동 등

제38조(행정의 입법활동)

① 국가나 지방자치단체가 법령등을 제정·개정·폐지하고자 하거나 그와 관련된 활동(법률안의 국회 제출과 조례안의 지방의회 제출을 포함하며, 이하 이 장에서 "행정의 입법활동"이라 한다)을 할 때에는 헌법과 상위 법령을 위반해서는 아니 되며, 헌법과 법령등에서 정한 절차를 준수하여야 한다.

② 행정의 입법활동은 다음 각 호의 기준에 따라야 한다.

1. 일반 국민 및 이해관계자로부터 의견을 수렴하고 관계 기관과 충분한 협의를 거쳐 책임 있게 추진되어야 한다.
2. 법령등의 내용과 규정은 다른 법령등과 조화를 이루어야 하고, 법령등 상호 간에 중복되거나 상충되지 아니하여야 한다.

3. 법령등은 일반 국민이 그 내용을 쉽고 명확하게 이해할 수 있도록 알기 쉽게 만들어져야 한다.

③ 정부는 매년 해당 연도에 추진할 법령안 입법계획(이하 "정부입법계획"이라 한다)을 수립하여야 한다.

④ 행정의 입법활동의 절차 및 정부입법계획의 수립에 관하여 필요한 사항은 정부의 법제업무에 관한 사항을 규율하는 대통령령으로 정한다.

제39조(행정법제의 개선)

① 정부는 권한 있는 기관에 의하여 위헌으로 결정되어 법령이 헌법에 위반되거나 법률에 위반되는 것이 명백한 경우 등 대통령령으로 정하는 경우에는 해당 법령을 개선하여야 한다.

② 정부는 행정 분야의 법제도 개선 및 일관된 법 적용 기준 마련 등을 위하여 필요한 경우 대통령령으로 정하는 바에 따라 관계 기관 협의 및 관계 전문가 의견 수렴을 거쳐 개선조치를 할 수 있으며, 이를 위하여 현행 법령에 관한 분석을 실시할 수 있다.

제40조(법령해석)

① 누구든지 법령등의 내용에 의문이 있으면 법령을 소관하는 중앙행정기관의 장(이하 "법령소관기관" 이라 한다)과 자치법규를 소관하는 지방자치단체의 장에게 법령해석을 요청할 수 있다.

② 법령소관기관과 자치법규를 소관하는 지방자치단체의 장은 각각 소관 법령등을 헌법과 해당 법령 등의 취지에 부합되게 해석·집행할 책임을 진다.

③ 법령소관기관이나 법령소관기관의 해석에 이의가 있는 자는 대통령령으로 정하는 바에 따라 법령 해석업무를 전문으로 하는 기관에 법령해석을 요청할 수 있다.

④ 법령해석의 절차에 관하여 필요한 사항은 대통령령으로 정한다.

부칙 〈제20056호, 2024.1.16.〉

이 법은 공포한 날부터 시행한다.

행정절차법

[시행 2023.3.24.] [법률 제18748호, 2022.1.11, 일부개정]

행정안전부(행정제도과)
044-205-2242, 2244, 2246

제1장 총칙

제1절 목적, 정의 및 적용 범위 등 〈개정 2012.10.22.〉

제1조(목적)

이 법은 행정절차에 관한 공통적인 사항을 규정하여 국민의 행정 참여를 도모함으로써 행정의 공정성·투명성 및 신뢰성을 확보하고 국민의 권익을 보호함을 목적으로 한다.

[전문개정 2012.10.22.]

제2조(정의)

이 법에서 사용하는 용어의 뜻은 다음과 같다.

1. "행정청"이란 다음 각 목의 자를 말한다.

   가. 행정에 관한 의사를 결정하여 표시하는 국가 또는 지방자치단체의 기관

   나. 그 밖에 법령 또는 자치법규(이하 "법령등"이라 한다)에 따라 행정권한을 가지고 있거나 위임 또는 위탁받은 공공단체 또는 그 기관이나 사인(私人)

2. "처분"이란 행정청이 행하는 구체적 사실에 관한 법 집행으로서의 공권력의 행사 또는 그 거부와 그 밖에 이에 준하는 행정작용(行政作用)을 말한다.

3. "행정지도"란 행정기관이 그 소관 사무의 범위에서 일정한 행정목적을 실현하기 위하여 특정인에게 일정한 행위를 하거나 하지 아니하도록 지도, 권고, 조언 등을 하는 행정작용을 말한다.

4. "당사자등"이란 다음 각 목의 자를 말한다.

   가. 행정청의 처분에 대하여 직접 그 상대가 되는 당사자

   나. 행정청이 직권으로 또는 신청에 따라 행정절차에 참여하게 한 이해관계인

5. "청문"이란 행정청이 어떠한 처분을 하기 전에 당사자등의 의견을 직접 듣고 증거를 조사하는 절차를 말한다.

6. "공청회"란 행정청이 공개적인 토론을 통하여 어떠한 행정작용에 대하여 당사자등, 전문지식과 경험을 가진 사람, 그 밖의 일반인으로부터 의견을 널리 수렴하는 절차를 말한다.

7. "의견제출"이란 행정청이 어떠한 행정작용을 하기 전에 당사자등이 의견을 제시하는 절차로서 청문이나 공청회에 해당하지 아니하는 절차를 말한다.

8. "전자문서"란 컴퓨터 등 정보처리능력을 가진 장치에 의하여 전자적인 형태로 작성되어 송신·수신 또는 저장된 정보를 말한다.

9. "정보통신망"이란 전기통신설비를 활용하거나 전기통신설비와 컴퓨터 및 컴퓨터 이용기술을 활용하여 정보를 수집·가공·저장·검색·송신 또는 수신하는 정보통신체제를 말한다.

[전문개정 2012.10.22.]

부록

제3조(적용 범위)

① 처분, 신고, 확약, 위반사실 등의 공표, 행정계획, 행정상 입법예고, 행정예고 및 행정지도의 절차 (이하 "행정절차"라 한다)에 관하여 다른 법률에 특별한 규정이 있는 경우를 제외하고는 이 법에서 정하는 바에 따른다. 〈개정 2022.1.11.〉

② 이 법은 다음 각 호의 어느 하나에 해당하는 사항에 대하여는 적용하지 아니한다.

1. 국회 또는 지방의회의 의결을 거치거나 동의 또는 승인을 받아 행하는 사항
2. 법원 또는 군사법원의 재판에 의하거나 그 집행으로 행하는 사항
3. 헌법재판소의 심판을 거쳐 행하는 사항
4. 각급 선거관리위원회의 의결을 거쳐 행하는 사항
5. 감사원이 감사위원회의의 결정을 거쳐 행하는 사항
6. 형사(刑事), 행형(行刑) 및 보안처분 관계 법령에 따라 행하는 사항
7. 국가안전보장·국방·외교 또는 통일에 관한 사항 중 행정절차를 거칠 경우 국가의 중대한 이익을 현저히 해칠 우려가 있는 사항
8. 심사청구, 해양안전심판, 조세심판, 특허심판, 행정심판, 그 밖의 불복절차에 따른 사항
9. 「병역법」에 따른 징집·소집, 외국인의 출입국·난민인정·귀화, 공무원 인사 관계 법령에 따른 징계와 그 밖의 처분, 이해 조정을 목적으로 하는 법령에 따른 알선·조정·중재(仲裁)·재정(裁定) 또는 그 밖의 처분 등 해당 행정작용의 성질상 행정절차를 거치기 곤란하거나 거칠 필요가 없다고 인정되는 사항과 행정절차에 준하는 절차를 거친 사항으로서 대통령령으로 정하는 사항

[전문개정 2012.10.22.]

제4조(신의성실 및 신뢰보호)

① 행정청은 직무를 수행할 때 신의(信義)에 따라 성실히 하여야 한다.

② 행정청은 법령등의 해석 또는 행정청의 관행이 일반적으로 국민들에게 받아들여졌을 때에는 공익 또는 제3자의 정당한 이익을 현저히 해칠 우려가 있는 경우를 제외하고는 새로운 해석 또는 관행에 따라 소급하여 불리하게 처리하여서는 아니 된다.

[전문개정 2012.10.22.]

제5조(투명성)

① 행정청이 행하는 행정작용은 그 내용이 구체적이고 명확하여야 한다.

② 행정작용의 근거가 되는 법령등의 내용이 명확하지 아니한 경우 상대방은 해당 행정청에 그 해석을 요청할 수 있으며, 해당 행정청은 특별한 사유가 없으면 그 요청에 따라야 한다.

③ 행정청은 상대방에게 행정작용과 관련된 정보를 충분히 제공하여야 한다.

[전문개정 2019.12.10.]

제5조의2(행정업무 혁신)

① 행정청은 모든 국민이 균등하고 질 높은 행정서비스를 누릴 수 있도록 노력하여야 한다.

② 행정청은 정보통신기술을 활용하여 행정절차를 적극적으로 혁신하도록 노력하여야 한다. 이 경우 행정청은 국민이 경제적·사회적·지역적 여건 등으로 인하여 불이익을 받지 아니하도록 하여야 한다.

③ 행정청은 행정청이 생성하거나 취득하여 관리하고 있는 데이터(정보처리능력을 갖춘 장치를 통하여 생성 또는 처리되어 기계에 의한 판독이 가능한 형태로 존재하는 정형 또는 비정형의 정보를 말한다)를 행정과정에 활용하도록 노력하여야 한다.

④ 행정청은 행정업무 혁신 추진에 필요한 행정적·재정적·기술적 지원방안을 마련하여야 한다.

[본조신설 2022.1.11.]

제2절 행정청의 관할 및 협조

제6조(관할)

① 행정청이 그 관할에 속하지 아니하는 사안을 접수하였거나 이송받은 경우에는 지체 없이 이를 관할 행정청에 이송하여야 하고 그 사실을 신청인에게 통지하여야 한다. 행정청이 접수하거나 이송받은 후 관할이 변경된 경우에도 또한 같다.

② 행정청의 관할이 분명하지 아니한 경우에는 해당 행정청을 공통으로 감독하는 상급 행정청이 그 관할을 결정하며, 공통으로 감독하는 상급 행정청이 없는 경우에는 각 상급 행정청이 협의하여 그 관할을 결정한다.

[전문개정 2012.10.22.]

제7조(행정청 간의 협조 등)

① 행정청은 행정의 원활한 수행을 위하여 서로 협조하여야 한다.

② 행정청은 업무의 효율성을 높이고 행정서비스에 대한 국민의 만족도를 높이기 위하여 필요한 경우 행정협업(다른 행정청과 공동의 목표를 설정하고 행정청 상호 간의 기능을 연계하거나 시설·장비 및 정보 등을 공동으로 활용하는 것을 말한다. 이하 같다)의 방식으로 적극적으로 협조하여야 한다.

③ 행정청은 행정협업을 활성화하기 위한 시책을 마련하고 그 추진에 필요한 행정적·재정적 지원방안을 마련하여야 한다.

④ 행정협업의 촉진 등에 필요한 사항은 대통령령으로 정한다.

[전문개정 2022.1.11.]

제8조(행정응원)

① 행정청은 다음 각 호의 어느 하나에 해당하는 경우에는 다른 행정청에 행정응원(行政應援)을 요청할 수 있다.

1. 법령등의 이유로 독자적인 직무 수행이 어려운 경우
2. 인원·장비의 부족 등 사실상의 이유로 독자적인 직무 수행이 어려운 경우
3. 다른 행정청에 소속되어 있는 전문기관의 협조가 필요한 경우

4. 다른 행정청이 관리하고 있는 문서(전자문서를 포함한다. 이하 같다) · 통계 등 행정자료가 직무 수행을 위하여 필요한 경우

5. 다른 행정청의 응원을 받아 처리하는 것이 보다 능률적이고 경제적인 경우

② 제1항에 따라 행정응원을 요청받은 행정청은 다음 각 호의 어느 하나에 해당하는 경우에는 응원을 거부할 수 있다.

1. 다른 행정청이 보다 능률적이거나 경제적으로 응원할 수 있는 명백한 이유가 있는 경우

2. 행정응원으로 인하여 고유의 직무 수행이 현저히 지장받을 것으로 인정되는 명백한 이유가 있는 경우

③ 행정응원은 해당 직무를 직접 응원할 수 있는 행정청에 요청하여야 한다.

④ 행정응원을 요청받은 행정청은 응원을 거부하는 경우 그 사유를 응원을 요청한 행정청에 통지하여야 한다.

⑤ 행정응원을 위하여 파견된 직원은 응원을 요청한 행정청의 지휘 · 감독을 받는다. 다만, 해당 직원의 복무에 관하여 다른 법령등에 특별한 규정이 있는 경우에는 그에 따른다.

⑥ 행정응원에 드는 비용은 응원을 요청한 행정청이 부담하며, 그 부담금액 및 부담방법은 응원을 요청한 행정청과 응원을 하는 행정청이 협의하여 결정한다.

[전문개정 2012.10.22.]

제3절 당사자등

제9조(당사자등의 자격)

다음 각 호의 어느 하나에 해당하는 자는 행정절차에서 당사자등이 될 수 있다.

1. 자연인

2. 법인, 법인이 아닌 사단 또는 재단(이하 "법인등"이라 한다)

3. 그 밖에 다른 법령등에 따라 권리 · 의무의 주체가 될 수 있는 자

[전문개정 2012.10.22.]

제10조(지위의 승계)

① 당사자등이 사망하였을 때의 상속인과 다른 법령등에 따라 당사자등의 권리 또는 이익을 승계한 자는 당사자등의 지위를 승계한다.

② 당사자등인 법인등이 합병하였을 때에는 합병 후 존속하는 법인등이나 합병 후 새로 설립된 법인등이 당사자등의 지위를 승계한다.

③ 제1항 및 제2항에 따라 당사자등의 지위를 승계한 자는 행정청에 그 사실을 통지하여야 한다.

④ 처분에 관한 권리 또는 이익을 사실상 양수한 자는 행정청의 승인을 받아 당사자등의 지위를 승계할 수 있다.

⑤ 제3항에 따른 통지가 있을 때까지 사망자 또는 합병 전의 법인등에 대하여 행정청이 한 통지는 제1항 또는 제2항에 따라 당사자등의 지위를 승계한 자에게도 효력이 있다.

[전문개정 2012.10.22.]

제11조(대표자)

① 다수의 당사자등이 공동으로 행정절차에 관한 행위를 할 때에는 대표자를 선정할 수 있다.

② 행정청은 제1항에 따라 당사자등이 대표자를 선정하지 아니하거나 대표자가 지나치게 많아 행정절차가 지연될 우려가 있는 경우에는 그 이유를 들어 상당한 기간 내에 3인 이내의 대표자를 선정할 것을 요청할 수 있다. 이 경우 당사자등이 그 요청에 따르지 아니하였을 때에는 행정청이 직접 대표자를 선정할 수 있다.

③ 당사자등은 대표자를 변경하거나 해임할 수 있다.

④ 대표자는 각자 그를 대표자로 선정한 당사자등을 위하여 행정절차에 관한 모든 행위를 할 수 있다. 다만, 행정절차를 끝맺는 행위에 대하여는 당사자등의 동의를 받아야 한다.

⑤ 대표자가 있는 경우에는 당사자등은 그 대표자를 통하여서만 행정절차에 관한 행위를 할 수 있다.

⑥ 다수의 대표자가 있는 경우 그중 1인에 대한 행정청의 행위는 모든 당사자등에게 효력이 있다. 다만, 행정청의 통지는 대표자 모두에게 하여야 그 효력이 있다.

[전문개정 2012.10.22.]

제12조(대리인)

① 당사자등은 다음 각 호의 어느 하나에 해당하는 자를 대리인으로 선임할 수 있다.

  1. 당사자등의 배우자, 직계 존속·비속 또는 형제자매

  2. 당사자등이 법인등인 경우 그 임원 또는 직원

  3. 변호사

  4. 행정청 또는 청문 주재자(청문의 경우만 해당한다)의 허가를 받은 자

  5. 법령등에 따라 해당 사안에 대하여 대리인이 될 수 있는 자

② 대리인에 관하여는 제11조제3항·제4항 및 제6항을 준용한다.

[전문개정 2012.10.22.]

제13조(대표자·대리인의 통지)

① 당사자등이 대표자 또는 대리인을 선정하거나 선임하였을 때에는 지체 없이 그 사실을 행정청에 통지하여야 한다. 대표자 또는 대리인을 변경하거나 해임하였을 때에도 또한 같다. 〈개정 2014.1.28.〉

② 제1항에도 불구하고 제12조 제1항 제4호에 따라 청문 주재자가 대리인의 선임을 허가한 경우에는 청문 주재자가 그 사실을 행정청에 통지하여야 한다. 〈신설 2014.1.28.〉

[전문개정 2012.10.22.]

제4절 송달 및 기간·기한의 특례

제14조(송달)

① 송달은 우편, 교부 또는 정보통신망 이용 등의 방법으로 하되, 송달받을 자(대표자 또는 대리인을 포함한다. 이하 같다)의 주소·거소(居所)·영업소·사무소 또는 전자우편주소(이하 "주소등"이라 한다)로 한다. 다만, 송달받을 자가 동의하는 경우에는 그를 만나는 장소에서 송달할 수 있다.

② 교부에 의한 송달은 수령확인서를 받고 문서를 교부함으로써 하며, 송달하는 장소에서 송달받을 자를 만나지 못한 경우에는 그 사무원·피용자(被傭者) 또는 동거인으로서 사리를 분별할 지능이 있는 사람(이하 이 조에서 "사무원등"이라 한다)에게 문서를 교부할 수 있다. 다만, 문서를 송달받을 자 또는 그 사무원등이 정당한 사유 없이 송달받기를 거부하는 때에는 그 사실을 수령확인서에 적고, 문서를 송달할 장소에 놓아둘 수 있다. 〈개정 2014.1.28.〉

③ 정보통신망을 이용한 송달은 송달받을 자가 동의하는 경우에만 한다. 이 경우 송달받을 자는 송달받을 전자우편주소 등을 지정하여야 한다.

④ 다음 각 호의 어느 하나에 해당하는 경우에는 송달받을 자가 알기 쉽도록 관보, 공보, 게시판, 일간신문 중 하나 이상에 공고하고 인터넷에도 공고하여야 한다.

1. 송달받을 자의 주소등을 통상적인 방법으로 확인할 수 없는 경우
2. 송달이 불가능한 경우

⑤ 제4항에 따른 공고를 할 때에는 민감정보 및 고유식별정보 등 송달받을 자의 개인정보를 「개인정보 보호법」에 따라 보호하여야 한다. 〈신설 2022.1.11.〉

⑥ 행정청은 송달하는 문서의 명칭, 송달받는 자의 성명 또는 명칭, 발송방법 및 발송 연월일을 확인할 수 있는 기록을 보존하여야 한다. 〈개정 2022.1.11.〉

[전문개정 2012.10.22.]

제15조(송달의 효력 발생)

① 송달은 다른 법령등에 특별한 규정이 있는 경우를 제외하고는 해당 문서가 송달받을 자에게 도달됨으로써 그 효력이 발생한다.

② 제14조 제3항에 따라 정보통신망을 이용하여 전자문서로 송달하는 경우에는 송달받을 자가 지정한 컴퓨터 등에 입력된 때에 도달된 것으로 본다.

③ 제14조 제4항의 경우에는 다른 법령등에 특별한 규정이 있는 경우를 제외하고는 공고일부터 14일이 지난 때에 그 효력이 발생한다. 다만, 긴급히 시행하여야 할 특별한 사유가 있어 효력 발생 시기를 달리 정하여 공고한 경우에는 그에 따른다.

[전문개정 2012.10.22.]

제16조(기간 및 기한의 특례)

① 천재지변이나 그 밖에 당사자등에게 책임이 없는 사유로 기간 및 기한을 지킬 수 없는 경우에는 그 사유가 끝나는 날까지 기간의 진행이 정지된다.

② 외국에 거주하거나 체류하는 자에 대한 기간 및 기한은 행정청이 그 우편이나 통신에 걸리는 일수(日數)를 고려하여 정하여야 한다.

[전문개정 2012.10.22.]

제2장 처분 〈개정 2012.10.22.〉
제1절 통칙 〈개정 2012.10.22.〉

제17조(처분의 신청)

① 행정청에 처분을 구하는 신청은 문서로 하여야 한다. 다만, 다른 법령등에 특별한 규정이 있는 경우와 행정청이 미리 다른 방법을 정하여 공시한 경우에는 그러하지 아니하다.

② 제1항에 따라 처분을 신청할 때 전자문서로 하는 경우에는 행정청의 컴퓨터 등에 입력된 때에 신청한 것으로 본다.

③ 행정청은 신청에 필요한 구비서류, 접수기관, 처리기간, 그 밖에 필요한 사항을 게시(인터넷 등을 통한 게시를 포함한다)하거나 이에 대한 편람을 갖추어 두고 누구나 열람할 수 있도록 하여야 한다.

④ 행정청은 신청을 받았을 때에는 다른 법령등에 특별한 규정이 있는 경우를 제외하고는 그 접수를 보류 또는 거부하거나 부당하게 되돌려 보내서는 아니 되며, 신청을 접수한 경우에는 신청인에게 접수증을 주어야 한다. 다만, 대통령령으로 정하는 경우에는 접수증을 주지 아니할 수 있다.

⑤ 행정청은 신청에 구비서류의 미비 등 흠이 있는 경우에는 보완에 필요한 상당한 기간을 정하여 지체 없이 신청인에게 보완을 요구하여야 한다.

⑥ 행정청은 신청인이 제5항에 따른 기간 내에 보완을 하지 아니하였을 때에는 그 이유를 구체적으로 밝혀 접수된 신청을 되돌려 보낼 수 있다.

⑦ 행정청은 신청인의 편의를 위하여 다른 행정청에 신청을 접수하게 할 수 있다. 이 경우 행정청은 다른 행정청에 접수할 수 있는 신청의 종류를 미리 정하여 공시하여야 한다.

⑧ 신청인은 처분이 있기 전에는 그 신청의 내용을 보완·변경하거나 취하(取下)할 수 있다. 다만, 다른 법령등에 특별한 규정이 있거나 그 신청의 성질상 보완·변경하거나 취하할 수 없는 경우에는 그러하지 아니하다.

[전문개정 2012.10.22.]

제18조(다수의 행정청이 관여하는 처분)

행정청은 다수의 행정청이 관여하는 처분을 구하는 신청을 접수한 경우에는 관계 행정청과의 신속한 협조를 통하여 그 처분이 지연되지 아니하도록 하여야 한다.

[전문개정 2012.10.22.]

제19조(처리기간의 설정·공표)

① 행정청은 신청인의 편의를 위하여 처분의 처리기간을 종류별로 미리 정하여 공표하여야 한다.

② 행정청은 부득이한 사유로 제1항에 따른 처리기간 내에 처분을 처리하기 곤란한 경우에는 해당 처분의 처리기간의 범위에서 한 번만 그 기간을 연장할 수 있다.

③ 행정청은 제2항에 따라 처리기간을 연장할 때에는 처리기간의 연장 사유와 처리 예정 기한을 지체 없이 신청인에게 통지하여야 한다.

④ 행정청이 정당한 처리기간 내에 처리하지 아니하였을 때에는 신청인은 해당 행정청 또는 그 감독 행정청에 신속한 처리를 요청할 수 있다.

⑤ 제1항에 따른 처리기간에 산입하지 아니하는 기간에 관하여는 대통령령으로 정한다.
[전문개정 2012.10.22.]

제20조(처분기준의 설정·공표)

① 행정청은 필요한 처분기준을 해당 처분의 성질에 비추어 되도록 구체적으로 정하여 공표하여야 한다. 처분기준을 변경하는 경우에도 또한 같다.

② 「행정기본법」 제24조에 따른 인허가의제의 경우 관련 인허가 행정청은 관련 인허가의 처분기준을 주된 인허가 행정청에 제출하여야 하고, 주된 인허가 행정청은 제출받은 관련 인허가의 처분기준을 통합하여 공표하여야 한다. 처분기준을 변경하는 경우에도 또한 같다. 〈신설 2022.1.11.〉

③ 제1항에 따른 처분기준을 공표하는 것이 해당 처분의 성질상 현저히 곤란하거나 공공의 안전 또는 복리를 현저히 해치는 것으로 인정될 만한 상당한 이유가 있는 경우에는 처분기준을 공표하지 아니할 수 있다. 〈개정 2022.1.11.〉

④ 당사자등은 공표된 처분기준이 명확하지 아니한 경우 해당 행정청에 그 해석 또는 설명을 요청할 수 있다. 이 경우 해당 행정청은 특별한 사정이 없으면 그 요청에 따라야 한다. 〈개정 2022.1.11.〉
[전문개정 2012.10.22.]

제21조(처분의 사전 통지)

① 행정청은 당사자에게 의무를 부과하거나 권익을 제한하는 처분을 하는 경우에는 미리 다음 각 호의 사항을 당사자등에게 통지하여야 한다.
  1. 처분의 제목
  2. 당사자의 성명 또는 명칭과 주소
  3. 처분하려는 원인이 되는 사실과 처분의 내용 및 법적 근거
  4. 제3호에 대하여 의견을 제출할 수 있다는 뜻과 의견을 제출하지 아니하는 경우의 처리방법
  5. 의견제출기관의 명칭과 주소
  6. 의견제출기한
  7. 그 밖에 필요한 사항

② 행정청은 청문을 하려면 청문이 시작되는 날부터 10일 전까지 제1항 각 호의 사항을 당사자등에게 통지하여야 한다. 이 경우 제1항 제4호부터 제6호까지의 사항은 청문 주재자의 소속·직위 및 성명, 청문의 일시 및 장소, 청문에 응하지 아니하는 경우의 처리방법 등 청문에 필요한 사항으로 갈음한다.

③ 제1항 제6호에 따른 기한은 의견제출에 필요한 기간을 10일 이상으로 고려하여 정하여야 한다. 〈개정 2019.12.10.〉

④ 다음 각 호의 어느 하나에 해당하는 경우에는 제1항에 따른 통지를 하지 아니할 수 있다.
  1. 공공의 안전 또는 복리를 위하여 긴급히 처분을 할 필요가 있는 경우
  2. 법령등에서 요구된 자격이 없거나 없어지게 되면 반드시 일정한 처분을 하여야 하는 경우에 그 자격이 없거나 없어지게 된 사실이 법원의 재판 등에 의하여 객관적으로 증명된 경우

3. 해당 처분의 성질상 의견청취가 현저히 곤란하거나 명백히 불필요하다고 인정될 만한 상당한 이유가 있는 경우

⑤ 처분의 전제가 되는 사실이 법원의 재판 등에 의하여 객관적으로 증명된 경우 등 제4항에 따른 사전 통지를 하지 아니할 수 있는 구체적인 사항은 대통령령으로 정한다. 〈신설 2014.1.28.〉

⑥ 제4항에 따라 사전 통지를 하지 아니하는 경우 행정청은 처분을 할 때 당사자등에게 통지를 하지 아니한 사유를 알려야 한다. 다만, 신속한 처분이 필요한 경우에는 처분 후 그 사유를 알릴 수 있다. 〈신설 2014.12.30.〉

⑦ 제6항에 따라 당사자등에게 알리는 경우에는 제24조를 준용한다. 〈신설 2014.12.30.〉

[전문개정 2012.10.22.]

제22조(의견청취)

① 행정청이 처분을 할 때 다음 각 호의 어느 하나에 해당하는 경우에는 청문을 한다. 〈개정 2014.1.28., 2022.1.11.〉

1. 다른 법령등에서 청문을 하도록 규정하고 있는 경우
2. 행정청이 필요하다고 인정하는 경우
3. 다음 각 목의 처분을 하는 경우
   가. 인허가 등의 취소
   나. 신분·자격의 박탈
   다. 법인이나 조합 등의 설립허가의 취소

② 행정청이 처분을 할 때 다음 각 호의 어느 하나에 해당하는 경우에는 공청회를 개최한다. 〈개정 2019.12.10.〉

1. 다른 법령등에서 공청회를 개최하도록 규정하고 있는 경우
2. 해당 처분의 영향이 광범위하여 널리 의견을 수렴할 필요가 있다고 행정청이 인정하는 경우
3. 국민생활에 큰 영향을 미치는 처분으로서 대통령령으로 정하는 처분에 대하여 대통령령으로 정하는 수 이상의 당사자등이 공청회 개최를 요구하는 경우

③ 행정청이 당사자에게 의무를 부과하거나 권익을 제한하는 처분을 할 때 제1항 또는 제2항의 경우 외에는 당사자등에게 의견제출의 기회를 주어야 한다.

④ 제1항부터 제3항까지의 규정에도 불구하고 제21조 제4항 각 호의 어느 하나에 해당하는 경우와 당사자가 의견진술의 기회를 포기한다는 뜻을 명백히 표시한 경우에는 의견청취를 하지 아니할 수 있다.

⑤ 행정청은 청문·공청회 또는 의견제출을 거쳤을 때에는 신속히 처분하여 해당 처분이 지연되지 아니하도록 하여야 한다.

⑥ 행정청은 처분 후 1년 이내에 당사자등이 요청하는 경우에는 청문·공청회 또는 의견제출을 위하여 제출받은 서류나 그 밖의 물건을 반환하여야 한다.

[전문개정 2012.10.22.]

제23조(처분의 이유 제시)

① 행정청은 처분을 할 때에는 다음 각 호의 어느 하나에 해당하는 경우를 제외하고는 당사자에게 그 근거와 이유를 제시하여야 한다.

　1. 신청 내용을 모두 그대로 인정하는 처분인 경우

　2. 단순·반복적인 처분 또는 경미한 처분으로서 당사자가 그 이유를 명백히 알 수 있는 경우

　3. 긴급히 처분을 할 필요가 있는 경우

② 행정청은 제1항 제2호 및 제3호의 경우에 처분 후 당사자가 요청하는 경우에는 그 근거와 이유를 제시하여야 한다.

[전문개정 2012.10.22.]

제24조(처분의 방식)

① 행정청이 처분을 할 때에는 다른 법령등에 특별한 규정이 있는 경우를 제외하고는 문서로 하여야 하며, 다음 각 호의 어느 하나에 해당하는 경우에는 전자문서로 할 수 있다. 〈개정 2022.1.11.〉

　1. 당사자등의 동의가 있는 경우

　2. 당사자가 전자문서로 처분을 신청한 경우

② 제1항에도 불구하고 공공의 안전 또는 복리를 위하여 긴급히 처분을 할 필요가 있거나 사안이 경미한 경우에는 말, 전화, 휴대전화를 이용한 문자 전송, 팩스 또는 전자우편 등 문서가 아닌 방법으로 처분을 할 수 있다. 이 경우 당사자가 요청하면 지체 없이 처분에 관한 문서를 주어야 한다. 〈신설 2022.1.11.〉

③ 처분을 하는 문서에는 그 처분 행정청과 담당자의 소속·성명 및 연락처(전화번호, 팩스번호, 전자우편주소 등을 말한다)를 적어야 한다. 〈개정 2022.1.11.〉

[전문개정 2012.10.22.]

제25조(처분의 정정)

행정청은 처분에 오기(誤記), 오산(誤算) 또는 그 밖에 이에 준하는 명백한 잘못이 있을 때에는 직권으로 또는 신청에 따라 지체 없이 정정하고 그 사실을 당사자에게 통지하여야 한다.

[전문개정 2012.10.22.]

제26조(고지)

행정청이 처분을 할 때에는 당사자에게 그 처분에 관하여 행정심판 및 행정소송을 제기할 수 있는지 여부, 그 밖에 불복을 할 수 있는지 여부, 청구절차 및 청구기간, 그 밖에 필요한 사항을 알려야 한다.

[전문개정 2012.10.22.]

제2절 의견제출 및 청문

제27조(의견제출)

① 당사자등은 처분 전에 그 처분의 관할 행정청에 서면이나 말로 또는 정보통신망을 이용하여 의견제출을 할 수 있다.

② 당사자등은 제1항에 따라 의견제출을 하는 경우 그 주장을 입증하기 위한 증거자료 등을 첨부할 수 있다.

③ 행정청은 당사자등이 말로 의견제출을 하였을 때에는 서면으로 그 진술의 요지와 진술자를 기록하여야 한다.

④ 당사자등이 정당한 이유 없이 의견제출기한까지 의견제출을 하지 아니한 경우에는 의견이 없는 것으로 본다.

[전문개정 2012.10.22.]

제27조의2(제출 의견의 반영 등)

① 행정청은 처분을 할 때에 당사자등이 제출한 의견이 상당한 이유가 있다고 인정하는 경우에는 이를 반영하여야 한다. 〈개정 2019.12.10.〉

② 행정청은 당사자등이 제출한 의견을 반영하지 아니하고 처분을 한 경우 당사자등이 처분이 있음을 안 날부터 90일 이내에 그 이유의 설명을 요청하면 서면으로 그 이유를 알려야 한다. 다만, 당사자등이 동의하면 말, 정보통신망 또는 그 밖의 방법으로 알릴 수 있다. 〈신설 2019.12.10.〉

[전문개정 2012.10.22.]

[제목개정 2019.12.10.]

제28조(청문 주재자)

① 행정청은 소속 직원 또는 대통령령으로 정하는 자격을 가진 사람 중에서 청문 주재자를 공정하게 선정하여야 한다. 〈개정 2019.12.10.〉

② 행정청은 다음 각 호의 어느 하나에 해당하는 처분을 하려는 경우에는 청문 주재자를 2명 이상으로 선정할 수 있다. 이 경우 선정된 청문 주재자 중 1명이 청문 주재자를 대표한다. 〈신설 2022.1.11.〉

   1. 다수 국민의 이해가 상충되는 처분

   2. 다수 국민에게 불편이나 부담을 주는 처분

   3. 그 밖에 전문적이고 공정한 청문을 위하여 행정청이 청문 주재자를 2명 이상으로 선정할 필요가 있다고 인정하는 처분

③ 행정청은 청문이 시작되는 날부터 7일 전까지 청문 주재자에게 청문과 관련한 필요한 자료를 미리 통지하여야 한다. 〈신설 2014.1.28., 2022.1.11.〉

④ 청문 주재자는 독립하여 공정하게 직무를 수행하며, 그 직무 수행을 이유로 본인의 의사에 반하여 신분상 어떠한 불이익도 받지 아니한다. 〈개정 2014.1.28., 2022.1.11.〉

⑤ 제1항 또는 제2항에 따라 선정된 청문 주재자는 「형법」이나 그 밖의 다른 법률에 따른 벌칙을 적용할 때에는 공무원으로 본다. 〈개정 2014.1.28., 2022.1.11.〉

⑥ 제1항부터 제5항까지에서 규정한 사항 외에 청문 주재자의 선정 등에 필요한 사항은 대통령령으로 정한다. 〈신설 2022.1.11.〉

[전문개정 2012.10.22.]

제29조(청문 주재자의 제척·기피·회피)

① 청문 주재자가 다음 각 호의 어느 하나에 해당하는 경우에는 청문을 주재할 수 없다. 〈개정 2019.12.10.〉

1. 자신이 당사자등이거나 당사자등과 「민법」 제777조 각 호의 어느 하나에 해당하는 친족관계에 있거나 있었던 경우
2. 자신이 해당 처분과 관련하여 증언이나 감정(鑑定)을 한 경우
3. 자신이 해당 처분의 당사자등의 대리인으로 관여하거나 관여하였던 경우
4. 자신이 해당 처분업무를 직접 처리하거나 처리하였던 경우
5. 자신이 해당 처분업무를 처리하는 부서에 근무하는 경우. 이 경우 부서의 구체적인 범위는 대통령령으로 정한다.

② 청문 주재자에게 공정한 청문 진행을 할 수 없는 사정이 있는 경우 당사자등은 행정청에 기피신청을 할 수 있다. 이 경우 행정청은 청문을 정지하고 그 신청이 이유가 있다고 인정할 때에는 해당 청문 주재자를 지체 없이 교체하여야 한다.

③ 청문 주재자는 제1항 또는 제2항의 사유에 해당하는 경우에는 행정청의 승인을 받아 스스로 청문의 주재를 회피할 수 있다.

[전문개정 2012.10.22.]

제30조(청문의 공개)

청문은 당사자가 공개를 신청하거나 청문 주재자가 필요하다고 인정하는 경우 공개할 수 있다. 다만, 공익 또는 제3자의 정당한 이익을 현저히 해칠 우려가 있는 경우에는 공개하여서는 아니 된다.

[전문개정 2012.10.22.]

제31조(청문의 진행)

① 청문 주재자가 청문을 시작할 때에는 먼저 예정된 처분의 내용, 그 원인이 되는 사실 및 법적 근거 등을 설명하여야 한다.

② 당사자등은 의견을 진술하고 증거를 제출할 수 있으며, 참고인이나 감정인 등에게 질문할 수 있다.

③ 당사자등이 의견서를 제출한 경우에는 그 내용을 출석하여 진술한 것으로 본다.

④ 청문 주재자는 청문의 신속한 진행과 질서유지를 위하여 필요한 조치를 할 수 있다.

⑤ 청문을 계속할 경우에는 행정청은 당사자등에게 다음 청문의 일시 및 장소를 서면으로 통지하여야 하며, 당사자등이 동의하는 경우에는 전자문서로 통지할 수 있다. 다만, 청문에 출석한 당사자등에게는 그 청문일에 청문 주재자가 말로 통지할 수 있다.

[전문개정 2012.10.22.]

제32조(청문의 병합·분리)

행정청은 직권으로 또는 당사자의 신청에 따라 여러 개의 사안을 병합하거나 분리하여 청문을 할 수 있다.

[전문개정 2012.10.22.]

제33조(증거조사)

① 청문 주재자는 직권으로 또는 당사자의 신청에 따라 필요한 조사를 할 수 있으며, 당사자등이 주장하지 아니한 사실에 대하여도 조사할 수 있다.

② 증거조사는 다음 각 호의 어느 하나에 해당하는 방법으로 한다.

   1. 문서·장부·물건 등 증거자료의 수집

   2. 참고인·감정인 등에 대한 질문

   3. 검증 또는 감정·평가

   4. 그 밖에 필요한 조사

③ 청문 주재자는 필요하다고 인정할 때에는 관계 행정청에 필요한 문서의 제출 또는 의견의 진술을 요구할 수 있다. 이 경우 관계 행정청은 직무 수행에 특별한 지장이 없으면 그 요구에 따라야 한다.

[전문개정 2012.10.22.]

제34조(청문조서)

① 청문 주재자는 다음 각 호의 사항이 적힌 청문조서(聽聞調書)를 작성하여야 한다.

   1. 제목

   2. 청문 주재자의 소속, 성명 등 인적사항

   3. 당사자등의 주소, 성명 또는 명칭 및 출석 여부

   4. 청문의 일시 및 장소

   5. 당사자등의 진술의 요지 및 제출된 증거

   6. 청문의 공개 여부 및 공개하거나 제30조 단서에 따라 공개하지 아니한 이유

   7. 증거조사를 한 경우에는 그 요지 및 첨부된 증거

   8. 그 밖에 필요한 사항

② 당사자등은 청문조서의 내용을 열람·확인할 수 있으며, 이의가 있을 때에는 그 정정을 요구할 수 있다.

[전문개정 2012.10.22.]

제34조의2(청문 주재자의 의견서)

청문 주재자는 다음 각 호의 사항이 적힌 청문 주재자의 의견서를 작성하여야 한다.

1. 청문의 제목

2. 처분의 내용, 주요 사실 또는 증거

3. 종합의견

4. 그 밖에 필요한 사항

[전문개정 2012.10.22.]

제35조(청문의 종결)

① 청문 주재자는 해당 사안에 대하여 당사자등의 의견진술, 증거조사가 충분히 이루어졌다고 인정하는 경우에는 청문을 마칠 수 있다.

② 청문 주재자는 당사자등의 전부 또는 일부가 정당한 사유 없이 청문기일에 출석하지 아니하거나 제31조 제3항에 따른 의견서를 제출하지 아니한 경우에는 이들에게 다시 의견진술 및 증거제출의 기회를 주지 아니하고 청문을 마칠 수 있다.

③ 청문 주재자는 당사자등의 전부 또는 일부가 정당한 사유로 청문기일에 출석하지 못하거나 제31조 제3항에 따른 의견서를 제출하지 못한 경우에는 10일 이상의 기간을 정하여 이들에게 의견진술 및 증거제출을 요구하여야 하며, 해당 기간이 지났을 때에 청문을 마칠 수 있다. 〈개정 2019.12.10.〉

④ 청문 주재자는 청문을 마쳤을 때에는 청문조서, 청문 주재자의 의견서, 그 밖의 관계 서류 등을 행정청에 지체 없이 제출하여야 한다.

[전문개정 2012.10.22.]

제35조의2(청문결과의 반영)

행정청은 처분을 할 때에 제35조 제4항에 따라 받은 청문조서, 청문 주재자의 의견서, 그 밖의 관계 서류 등을 충분히 검토하고 상당한 이유가 있다고 인정하는 경우에는 청문결과를 반영하여야 한다.

[전문개정 2012.10.22.]

제36조(청문의 재개)

행정청은 청문을 마친 후 처분을 할 때까지 새로운 사정이 발견되어 청문을 재개(再開)할 필요가 있다고 인정할 때에는 제35조 제4항에 따라 받은 청문조서 등을 되돌려 보내고 청문의 재개를 명할 수 있다. 이 경우 제31조 제5항을 준용한다.

[전문개정 2012.10.22.]

제37조(문서의 열람 및 비밀유지)

① 당사자등은 의견제출의 경우에는 처분의 사전 통지가 있는 날부터 의견제출기한까지, 청문의 경우에는 청문의 통지가 있는 날부터 청문이 끝날 때까지 행정청에 해당 사안의 조사결과에 관한 문서와 그 밖에 해당 처분과 관련되는 문서의 열람 또는 복사를 요청할 수 있다. 이 경우 행정청은 다른 법령에 따라 공개가 제한되는 경우를 제외하고는 그 요청을 거부할 수 없다. 〈개정 2022.1.11.〉

② 행정청은 제1항의 열람 또는 복사의 요청에 따르는 경우 그 일시 및 장소를 지정할 수 있다.

③ 행정청은 제1항 후단에 따라 열람 또는 복사의 요청을 거부하는 경우에는 그 이유를 소명(疎明)하여야 한다.

④ 제1항에 따라 열람 또는 복사를 요청할 수 있는 문서의 범위는 대통령령으로 정한다.

⑤ 행정청은 제1항에 따른 복사에 드는 비용을 복사를 요청한 자에게 부담시킬 수 있다.

⑥ 누구든지 의견제출 또는 청문을 통하여 알게 된 사생활이나 경영상 또는 거래상의 비밀을 정당한 이유 없이 누설하거나 다른 목적으로 사용하여서는 아니 된다. 〈개정 2022.1.11.〉

[전문개정 2012.10.22.]

제3절 공청회

제38조(공청회 개최의 알림)

행정청은 공청회를 개최하려는 경우에는 공청회 개최 14일 전까지 다음 각 호의 사항을 당사자등에게 통지하고 관보, 공보, 인터넷 홈페이지 또는 일간신문 등에 공고하는 등의 방법으로 널리 알려야 한다. 다만, 공청회 개최를 알린 후 예정대로 개최하지 못하여 새로 일시 및 장소 등을 정한 경우에는 공청회 개최 7일 전까지 알려야 한다. 〈개정 2019.12.10.〉

1. 제목
2. 일시 및 장소
3. 주요 내용
4. 발표자에 관한 사항
5. 발표신청 방법 및 신청기한
6. 정보통신망을 통한 의견제출
7. 그 밖에 공청회 개최에 필요한 사항

[전문개정 2012.10.22.]

제38조의2(온라인공청회)

① 행정청은 제38조에 따른 공청회와 병행하여서만 정보통신망을 이용한 공청회(이하 "온라인공청회"라 한다)를 실시할 수 있다. 〈개정 2022.1.11.〉
② 제1항에도 불구하고 다음 각 호의 어느 하나에 해당하는 경우에는 온라인공청회를 단독으로 개최할 수 있다. 〈신설 2022.1.11.〉
 1. 국민의 생명·신체·재산의 보호 등 국민의 안전 또는 권익보호 등의 이유로 제38조에 따른 공청회를 개최하기 어려운 경우
 2. 제38조에 따른 공청회가 행정청이 책임질 수 없는 사유로 개최되지 못하거나 개최는 되었으나 정상적으로 진행되지 못하고 무산된 횟수가 3회 이상인 경우
 3. 행정청이 널리 의견을 수렴하기 위하여 온라인공청회를 단독으로 개최할 필요가 있다고 인정하는 경우. 다만, 제22조 제2항 제1호 또는 제3호에 따라 공청회를 실시하는 경우는 제외한다.
③ 행정청은 온라인공청회를 실시하는 경우 의견제출 및 토론 참여가 가능하도록 적절한 전자적 처리 능력을 갖춘 정보통신망을 구축·운영하여야 한다. 〈개정 2022.1.11.〉
④ 온라인공청회를 실시하는 경우에는 누구든지 정보통신망을 이용하여 의견을 제출하거나 제출된 의견 등에 대한 토론에 참여할 수 있다. 〈개정 2022.1.11.〉
⑤ 제1항부터 제4항까지에서 규정한 사항 외에 온라인공청회의 실시 방법 및 절차에 관하여 필요한 사항은 대통령령으로 정한다. 〈개정 2022.1.11.〉

[전문개정 2012.10.22.]

[제목개정 2022.1.11.]

부록

제38조의3(공청회의 주재자 및 발표자의 선정)

① 행정청은 해당 공청회의 사안과 관련된 분야에 전문적 지식이 있거나 그 분야에 종사한 경험이 있는 사람으로서 대통령령으로 정하는 자격을 가진 사람 중에서 공청회의 주재자를 선정한다. 〈개정 2019.12.10.〉

② 공청회의 발표자는 발표를 신청한 사람 중에서 행정청이 선정한다. 다만, 발표를 신청한 사람이 없거나 공청회의 공정성을 확보하기 위하여 필요하다고 인정하는 경우에는 다음 각 호의 사람 중에서 지명하거나 위촉할 수 있다.

   1. 해당 공청회의 사안과 관련된 당사자등

   2. 해당 공청회의 사안과 관련된 분야에 전문적 지식이 있는 사람

   3. 해당 공청회의 사안과 관련된 분야에 종사한 경험이 있는 사람

③ 행정청은 공청회의 주재자 및 발표자를 지명 또는 위촉하거나 선정할 때 공정성이 확보될 수 있도록 하여야 한다.

④ 공청회의 주재자, 발표자, 그 밖에 자료를 제출한 전문가 등에게는 예산의 범위에서 수당 및 여비와 그 밖에 필요한 경비를 지급할 수 있다.

[전문개정 2012.10.22.]

제39조(공청회의 진행)

① 공청회의 주재자는 공청회를 공정하게 진행하여야 하며, 공청회의 원활한 진행을 위하여 발표 내용을 제한할 수 있고, 질서유지를 위하여 발언 중지 및 퇴장 명령 등 행정안전부장관이 정하는 필요한 조치를 할 수 있다. 〈개정 2013.3.23, 2014.11.19, 2017.7.26.〉

② 발표자는 공청회의 내용과 직접 관련된 사항에 대하여만 발표하여야 한다.

③ 공청회의 주재자는 발표자의 발표가 끝난 후에는 발표자 상호 간에 질의 및 답변을 할 수 있도록 하여야 하며, 방청인에게도 의견을 제시할 기회를 주어야 한다.

[전문개정 2012.10.22.]

제39조의2(공청회 및 온라인공청회 결과의 반영)

행정청은 처분을 할 때에 공청회, 온라인공청회 및 정보통신망 등을 통하여 제시된 사실 및 의견이 상당한 이유가 있다고 인정하는 경우에는 이를 반영하여야 한다. 〈개정 2022.1.11.〉

[전문개정 2012.10.22.]

[제목개정 2022.1.11.]

제39조의3(공청회의 재개최)

행정청은 공청회를 마친 후 처분을 할 때까지 새로운 사정이 발견되어 공청회를 다시 개최할 필요가 있다고 인정할 때에는 공청회를 다시 개최할 수 있다.

[본조신설 2019.12.10.]

제3장 신고, 확약 및 위반사실 등의 공표 등 〈개정 2022.1.11.〉

제40조(신고)

① 법령등에서 행정청에 일정한 사항을 통지함으로써 의무가 끝나는 신고를 규정하고 있는 경우 신고를 관장하는 행정청은 신고에 필요한 구비서류, 접수기관, 그 밖에 법령등에 따른 신고에 필요한 사항을 게시(인터넷 등을 통한 게시를 포함한다)하거나 이에 대한 편람을 갖추어 두고 누구나 열람할 수 있도록 하여야 한다.

② 제1항에 따른 신고가 다음 각 호의 요건을 갖춘 경우에는 신고서가 접수기관에 도달된 때에 신고 의무가 이행된 것으로 본다.

   1. 신고서의 기재사항에 흠이 없을 것

   2. 필요한 구비서류가 첨부되어 있을 것

   3. 그 밖에 법령등에 규정된 형식상의 요건에 적합할 것

③ 행정청은 제2항 각 호의 요건을 갖추지 못한 신고서가 제출된 경우에는 지체 없이 상당한 기간을 정하여 신고인에게 보완을 요구하여야 한다.

④ 행정청은 신고인이 제3항에 따른 기간 내에 보완을 하지 아니하였을 때에는 그 이유를 구체적으로 밝혀 해당 신고서를 되돌려 보내야 한다.

[전문개정 2012.10.22.]

제40조의2(확약)

① 법령등에서 당사자가 신청할 수 있는 처분을 규정하고 있는 경우 행정청은 당사자의 신청에 따라 장래에 어떤 처분을 하거나 하지 아니할 것을 내용으로 하는 의사표시(이하 "확약"이라 한다)를 할 수 있다.

② 확약은 문서로 하여야 한다.

③ 행정청은 다른 행정청과의 협의 등의 절차를 거쳐야 하는 처분에 대하여 확약을 하려는 경우에는 확약을 하기 전에 그 절차를 거쳐야 한다.

④ 행정청은 다음 각 호의 어느 하나에 해당하는 경우에는 확약에 기속되지 아니한다.

   1. 확약을 한 후에 확약의 내용을 이행할 수 없을 정도로 법령등이나 사정이 변경된 경우

   2. 확약이 위법한 경우

⑤ 행정청은 확약이 제4항 각 호의 어느 하나에 해당하여 확약을 이행할 수 없는 경우에는 지체 없이 당사자에게 그 사실을 통지하여야 한다.

[본조신설 2022.1.11.]

제40조의3(위반사실 등의 공표)

① 행정청은 법령에 따른 의무를 위반한 자의 성명·법인명, 위반사실, 의무 위반을 이유로 한 처분사실 등(이하 "위반사실등"이라 한다)을 법률로 정하는 바에 따라 일반에게 공표할 수 있다.

② 행정청은 위반사실등의 공표를 하기 전에 사실과 다른 공표로 인하여 당사자의 명예·신용 등이 훼손되지 아니하도록 객관적이고 타당한 증거와 근거가 있는지를 확인하여야 한다.

③ 행정청은 위반사실등의 공표를 할 때에는 미리 당사자에게 그 사실을 통지하고 의견제출의 기회를 주어야 한다. 다만, 다음 각 호의 어느 하나에 해당하는 경우에는 그러하지 아니하다.

1. 공공의 안전 또는 복리를 위하여 긴급히 공표를 할 필요가 있는 경우
2. 해당 공표의 성질상 의견청취가 현저히 곤란하거나 명백히 불필요하다고 인정될 만한 타당한 이유가 있는 경우
3. 당사자가 의견진술의 기회를 포기한다는 뜻을 명백히 밝힌 경우

④ 제3항에 따라 의견제출의 기회를 받은 당사자는 공표 전에 관할 행정청에 서면이나 말 또는 정보통신망을 이용하여 의견을 제출할 수 있다.

⑤ 제4항에 따른 의견제출의 방법과 제출 의견의 반영 등에 관하여는 제27조 및 제27조의2를 준용한다. 이 경우 "처분"은 "위반사실등의 공표"로 본다.

⑥ 위반사실등의 공표는 관보, 공보 또는 인터넷 홈페이지 등을 통하여 한다.

⑦ 행정청은 위반사실등의 공표를 하기 전에 당사자가 공표와 관련된 의무의 이행, 원상회복, 손해배상 등의 조치를 마친 경우에는 위반사실등의 공표를 하지 아니할 수 있다.

⑧ 행정청은 공표된 내용이 사실과 다른 것으로 밝혀지거나 공표에 포함된 처분이 취소된 경우에는 그 내용을 정정하여, 정정한 내용을 지체 없이 해당 공표와 같은 방법으로 공표된 기간 이상 공표하여야 한다. 다만, 당사자가 원하지 아니하면 공표하지 아니할 수 있다.

[본조신설 2022.1.11.]

제40조의4(행정계획)

행정청은 행정청이 수립하는 계획 중 국민의 권리·의무에 직접 영향을 미치는 계획을 수립하거나 변경·폐지할 때에는 관련된 여러 이익을 정당하게 형량하여야 한다.

[본조신설 2022.1.11.]

제4장 행정상 입법예고

제41조(행정상 입법예고)

① 법령등을 제정·개정 또는 폐지(이하 "입법"이라 한다)하려는 경우에는 해당 입법안을 마련한 행정청은 이를 예고하여야 한다. 다만, 다음 각 호의 어느 하나에 해당하는 경우에는 예고를 하지 아니할 수 있다. 〈개정 2012.10.22.〉

1. 신속한 국민의 권리 보호 또는 예측 곤란한 특별한 사정의 발생 등으로 입법이 긴급을 요하는 경우
2. 상위 법령등의 단순한 집행을 위한 경우
3. 입법내용이 국민의 권리·의무 또는 일상생활과 관련이 없는 경우
4. 단순한 표현·자구를 변경하는 경우 등 입법내용의 성질상 예고의 필요가 없거나 곤란하다고 판단되는 경우
5. 예고함이 공공의 안전 또는 복리를 현저히 해칠 우려가 있는 경우

② 삭제 〈2002.12.30.〉

③ 법제처장은 입법예고를 하지 아니한 법령안의 심사 요청을 받은 경우에 입법예고를 하는 것이 적당하다고 판단할 때에는 해당 행정청에 입법예고를 권고하거나 직접 예고할 수 있다. 〈개정 2012.10.22.〉

④ 입법안을 마련한 행정청은 입법예고 후 예고내용에 국민생활과 직접 관련된 내용이 추가되는 등 대통령령으로 정하는 중요한 변경이 발생하는 경우에는 해당 부분에 대한 입법예고를 다시 하여야 한다. 다만, 제1항 각 호의 어느 하나에 해당하는 경우에는 예고를 하지 아니할 수 있다. 〈신설 2012.10.22.〉

⑤ 입법예고의 기준·절차 등에 관하여 필요한 사항은 대통령령으로 정한다. 〈개정 2012.10.22.〉

제42조(예고방법)

① 행정청은 입법안의 취지, 주요 내용 또는 전문(全文)을 다음 각 호의 구분에 따른 방법으로 공고하여야 하며, 추가로 인터넷, 신문 또는 방송 등을 통하여 공고할 수 있다. 〈개정 2019.12.10.〉

　　1. 법령의 입법안을 입법예고하는 경우 : 관보 및 법제처장이 구축·제공하는 정보시스템을 통한 공고

　　2. 자치법규의 입법안을 입법예고하는 경우 : 공보를 통한 공고

② 행정청은 대통령령을 입법예고하는 경우 국회 소관 상임위원회에 이를 제출하여야 한다.

③ 행정청은 입법예고를 할 때에 입법안과 관련이 있다고 인정되는 중앙행정기관, 지방자치단체, 그 밖의 단체 등이 예고사항을 알 수 있도록 예고사항을 통지하거나 그 밖의 방법으로 알려야 한다.

④ 행정청은 제1항에 따라 예고된 입법안에 대하여 온라인공청회 등을 통하여 널리 의견을 수렴할 수 있다. 이 경우 제38조의2 제3항부터 제5항까지의 규정을 준용한다. 〈개정 2022.1.11.〉

⑤ 행정청은 예고된 입법안의 전문에 대한 열람 또는 복사를 요청받았을 때에는 특별한 사유가 없으면 그 요청에 따라야 한다.

⑥ 행정청은 제5항에 따른 복사에 드는 비용을 복사를 요청한 자에게 부담시킬 수 있다.

[전문개정 2012.10.22.]

제43조(예고기간)

입법예고기간은 예고할 때 정하되, 특별한 사정이 없으면 40일(자치법규는 20일) 이상으로 한다.

[전문개정 2012.10.22.]

제44조(의견제출 및 처리)

① 누구든지 예고된 입법안에 대하여 의견을 제출할 수 있다.

② 행정청은 의견접수기관, 의견제출기간, 그 밖에 필요한 사항을 해당 입법안을 예고할 때 함께 공고하여야 한다.

③ 행정청은 해당 입법안에 대한 의견이 제출된 경우 특별한 사유가 없으면 이를 존중하여 처리하여야 한다.

④ 행정청은 의견을 제출한 자에게 그 제출된 의견의 처리결과를 통지하여야 한다.

⑤ 제출된 의견의 처리방법 및 처리결과의 통지에 관하여는 대통령령으로 정한다.

[전문개정 2012.10.22.]

제45조(공청회)

① 행정청은 입법안에 관하여 공청회를 개최할 수 있다.

② 공청회에 관하여는 제38조, 제38조의2, 제38조의3, 제39조 및 제39조의2를 준용한다.

[전문개정 2012.10.22.]

제5장 행정예고

제46조(행정예고)

① 행정청은 정책, 제도 및 계획(이하 "정책등"이라 한다)을 수립·시행하거나 변경하려는 경우에는 이를 예고하여야 한다. 다만, 다음 각 호의 어느 하나에 해당하는 경우에는 예고를 하지 아니할 수 있다. 〈개정 2019.12.10.〉

　1. 신속하게 국민의 권리를 보호하여야 하거나 예측이 어려운 특별한 사정이 발생하는 등 긴급한 사유로 예고가 현저히 곤란한 경우

　2. 법령등의 단순한 집행을 위한 경우

　3. 정책등의 내용이 국민의 권리·의무 또는 일상생활과 관련이 없는 경우

　4. 정책등의 예고가 공공의 안전 또는 복리를 현저히 해칠 우려가 상당한 경우

② 제1항에도 불구하고 법령등의 입법을 포함하는 행정예고는 입법예고로 갈음할 수 있다.

③ 행정예고기간은 예고 내용의 성격 등을 고려하여 정하되, 20일 이상으로 한다. 〈개정 2022.1.11.〉

④ 제3항에도 불구하고 행정목적을 달성하기 위하여 긴급한 필요가 있는 경우에는 행정예고기간을 단축할 수 있다. 이 경우 단축된 행정예고기간은 10일 이상으로 한다. 〈신설 2022.1.11.〉

[전문개정 2012.10.22.]

제46조의2(행정예고 통계 작성 및 공고)

행정청은 매년 자신이 행한 행정예고의 실시 현황과 그 결과에 관한 통계를 작성하고, 이를 관보·공보 또는 인터넷 등의 방법으로 널리 공고하여야 한다.

[본조신설 2014.1.28.]

제47조(예고방법 등)

① 행정청은 정책등안(案)의 취지, 주요 내용 등을 관보·공보나 인터넷·신문·방송 등을 통하여 공고하여야 한다.

② 행정예고의 방법, 의견제출 및 처리, 공청회 및 온라인공청회에 관하여는 제38조, 제38조의2, 제38조의3, 제39조, 제39조의2, 제39조의3, 제42조(제1항·제2항 및 제4항은 제외한다), 제44조 제1항부터 제3항까지 및 제45조 제1항을 준용한다. 이 경우 "입법안"은 "정책등안"으로, "입법예고"는 "행정예고"로, "처분을 할 때"는 "정책등을 수립·시행하거나 변경할 때"로 본다. 〈개정 2022.1.11.〉

[전문개정 2019.12.10.]

제6장 행정지도

제48조(행정지도의 원칙)

① 행정지도는 그 목적 달성에 필요한 최소한도에 그쳐야 하며, 행정지도의 상대방의 의사에 반하여 부당하게 강요하여서는 아니 된다.

② 행정기관은 행정지도의 상대방이 행정지도에 따르지 아니하였다는 것을 이유로 불이익한 조치를 하여서는 아니 된다.

[전문개정 2012.10.22.]

제49조(행정지도의 방식)

① 행정지도를 하는 자는 그 상대방에게 그 행정지도의 취지 및 내용과 신분을 밝혀야 한다.

② 행정지도가 말로 이루어지는 경우에 상대방이 제1항의 사항을 적은 서면의 교부를 요구하면 그 행정지도를 하는 자는 직무 수행에 특별한 지장이 없으면 이를 교부하여야 한다.

[전문개정 2012.10.22.]

제50조(의견제출)

행정지도의 상대방은 해당 행정지도의 방식·내용 등에 관하여 행정기관에 의견제출을 할 수 있다.

[전문개정 2012.10.22.]

제51조(다수인을 대상으로 하는 행정지도)

행정기관이 같은 행정목적을 실현하기 위하여 많은 상대방에게 행정지도를 하려는 경우에는 특별한 사정이 없으면 행정지도에 공통적인 내용이 되는 사항을 공표하여야 한다.

[전문개정 2012.10.22.]

제7장 국민참여의 확대 〈신설 2014.1.28.〉

제52조(국민참여 활성화)

① 행정청은 행정과정에서 국민의 의견을 적극적으로 청취하고 이를 반영하도록 노력하여야 한다.

② 행정청은 국민에게 다양한 참여방법과 협력의 기회를 제공하도록 노력하여야 하며, 구체적인 참여방법을 공표하여야 한다.

③ 행정청은 국민참여 수준을 향상시키기 위하여 노력하여야 하며 필요한 경우 국민참여 수준에 대한 자체진단을 실시하고, 그 결과를 행정안전부장관에게 제출하여야 한다.

④ 행정청은 제3항에 따라 자체진단을 실시한 경우 그 결과를 공개할 수 있다.

⑤ 행정청은 국민참여를 활성화하기 위하여 교육·홍보, 예산·인력 확보 등 필요한 조치를 할 수 있다.

⑥ 행정안전부장관은 국민참여 확대를 위하여 행정청에 교육·홍보, 포상, 예산·인력 확보 등을 지원할 수 있다.

[전문개정 2022.1.11.]

제52조의2(국민제안의 처리)

① 행정청(국회사무총장·법원행정처장·헌법재판소사무처장 및 중앙선거관리위원회사무총장은 제외한다)은 정부시책이나 행정제도 및 그 운영의 개선에 관한 국민의 창의적인 의견이나 고안(이하 "국민제안"이라 한다)을 접수·처리하여야 한다.

② 제1항에 따른 국민제안의 운영 및 절차 등에 필요한 사항은 대통령령으로 정한다.

[본조신설 2022.1.11.]

제52조의3(국민참여 창구)

행정청은 주요 정책 등에 관한 국민과 전문가의 의견을 듣거나 국민이 참여할 수 있는 온라인 또는 오프라인 창구를 설치·운영할 수 있다.

[본조신설 2022.1.11.]

제53조(온라인 정책토론)

① 행정청은 국민에게 영향을 미치는 주요 정책 등에 대하여 국민의 다양하고 창의적인 의견을 널리 수렴하기 위하여 정보통신망을 이용한 정책토론(이하 이 조에서 "온라인 정책토론"이라 한다)을 실시할 수 있다. 〈개정 2022.1.11.〉

② 행정청은 효율적인 온라인 정책토론을 위하여 과제별로 한시적인 토론 패널을 구성하여 해당 토론에 참여시킬 수 있다. 이 경우 패널의 구성에 있어서는 공정성 및 객관성이 확보될 수 있도록 노력하여야 한다. 〈개정 2022.1.11.〉

③ 행정청은 온라인 정책토론이 공정하고 중립적으로 운영되도록 하기 위하여 필요한 조치를 할 수 있다. 〈개정 2022.1.11.〉

④ 토론 패널의 구성, 운영방법, 그 밖에 온라인 정책토론의 운영을 위하여 필요한 사항은 대통령령으로 정한다. 〈개정 2022.1.11.〉

[본조신설 2014.1.28.]

[제목개정 2022.1.11.]

[종전 제53조는 제55조로 이동 〈2014.1.28.〉]

제8장 보칙 〈개정 2014.1.28.〉

제54조(비용의 부담)

행정절차에 드는 비용은 행정청이 부담한다. 다만, 당사자등이 자기를 위하여 스스로 지출한 비용은 그러하지 아니하다.

[전문개정 2012.10.22.]

[제52조에서 이동, 종전 제54조는 제56조로 이동 〈2014.1.28.〉]

제55조(참고인 등에 대한 비용 지급)

① 행정청은 행정절차의 진행에 필요한 참고인이나 감정인 등에게 예산의 범위에서 여비와 일당을 지급할 수 있다.

② 제1항에 따른 비용의 지급기준 등에 관하여는 대통령령으로 정한다.

[전문개정 2012.10.22.]

[제53조에서 이동 〈2014.1.28.〉]

제56조(협조 요청 등)

행정안전부장관(제4장의 경우에는 법제처장을 말한다)은 이 법의 효율적인 운영을 위하여 노력하여야 하며, 필요한 경우에는 그 운영 상황과 실태를 확인할 수 있고, 관계 행정청에 관련 자료의 제출 등 협조를 요청할 수 있다. 〈개정 2013.3.23., 2014.11.19., 2017.7.26.〉

[전문개정 2012.10.22.]

[제54조에서 이동 〈2014.1.28.〉]

부칙 〈제18748호, 2022.1.11.〉

제1조(시행일)

이 법은 공포 후 6개월이 경과한 날부터 시행한다. 다만, 제20조 제2항부터 제4항까지의 개정규정은 2023년 3월 24일부터 시행한다.

제2조(청문에 관한 적용례)

제22조 제1항 제3호의 개정규정은 이 법 시행 이후 같은 호 각 목의 처분에 관하여 제21조에 따라 사전 통지를 하는 처분부터 적용한다.

제3조(온라인공청회에 관한 적용례)

제38조의2 제2항 제2호의 개정규정은 이 법 시행 이후 공청회가 행정청이 책임질 수 없는 사유로 개최되지 못하거나 개최는 되었으나 정상적으로 진행되지 못하고 무산된 횟수가 3회 이상인 경우부터 적용한다.

제4조(확약에 관한 적용례)

제40조의2의 개정규정은 이 법 시행 이후 확약을 신청하는 경우부터 적용한다.

제5조(위반사실등의 공표에 관한 적용례)

제40조의3의 개정규정은 이 법 시행 이후 위반사실등의 공표를 하는 경우부터 적용한다.

제6조(행정예고에 관한 적용례)

제46조 제3항 및 제4항의 개정규정은 이 법 시행 이후 행정예고를 하는 경우부터 적용한다.

제7조(다른 법률의 개정)

민원 처리에 관한 법률 일부를 다음과 같이 개정한다.

제45조를 삭제한다.

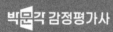

부록 02

필수암기 쟁점 용어 해설

필수암기 쟁점 용어 해설

(중요도 등급순서 1~5까지 5등급과 행정법/보상법규 용어의 개념)

등급	제1장 행정법 총론 개념
	감평행정법
3	법이라 함은 사회질서를 유지할 목적으로 사회생활을 하는 인간에게 준수하도록 하는 규범이다.
2	조, 항, 호, 목 : (1) 본칙의 규정은 그 내용을 간명하게 표시하기 위하여 조라는 기본단위를 사용하며, 제1조부터 시작한다. (2) 항은 조의 하위단위로서 ①, ②으로 표시한다. (3) 호는 조 또는 항에서 사용되는 조 또는 항의 하위단위이며, 항만의 하위단위가 아니다. (4) 목은 호를 다시 세분할 필요가 있을 때에는 가 나 다. 로 표시한 것을 말한다.
3	법원이란 법의 연원(법의 존재형태)을 짧게 줄여서 법원이라고 한다.
3	성문법이란 문장으로 표현되어 일정한 형식과 절차에 따라서 공포된 법을 말한다.
1	헌법이란 국가의 기본조직, 통치작용, 국민의 기본권 등을 규정하는 국가의 기본법이다. 우리나라는 1948년 7월 17일 서명, 공포된 후 9차의 개정을 하였다. 국가의 모든 법질서는 헌법을 정점으로 하여 단계적으로 구성되어 있다. 헌법은 성문법원으로서 가장 으뜸가는 최상위의 법이다. 따라서 하위의 법인 법률, 명령, 규칙 등은 헌법에 위반해서는 아니 된다.
2	법률은 국회의 의결을 거쳐 공포된 법률만을 의미한다. 좁은 의미의 법률을 가리킨다.
3	명령이란 국회의 의결을 거치지 않고 행정기관에 의하여 제정된 성문법을 말한다.
4	규칙이란 행정부를 제외한 국가기관인 국회, 법원, 헌법재판소, 선거관리위원회가 법률이 정한 사항에 관하여 제정하는 '규칙'이라는 명칭이 붙은 성문법규를 말한다.
5	조례는 지방의회가 법령에 반하지 않는 범위 내에서 그 권한에 속하는 사항에 대하여 의결로서 제정한 것이며, 규칙은 지방자치단체의 장이 법령과 조례에 반하지 않는 범위 내에서 그 기한에 속하는 사항에 관하여 제정한 것이다.
5	불문법이란 문자로 표현되지 않고 사실상 관행으로 행하여지고 있는 것으로 제정·공포 등의 절차에 의하지 않은 법이다. 불문법으로는 관습법, 조리, 판례법 등이 있다.
5	행위법은 사람과 사람 간의 권리의무에 대하여 규율하는 법을 말한다.
5	절차법은 사람과 사람 간의 권리의무에 대한 다툼이 있을 때 그 다툼을 해결하는 절차에 대하여 규율하는 법이다.
3	공법은 우월한 국가 등과 열등한 국민의 관계를 규율하는 법을 말하고, 사법은 대등한 사인(국민과 국민) 간의 관계를 규율하는 법을 말한다.
1	행정법이란 행정의 조직, 작용 및 행정구제에 관한 '국내공법'이다. 행정법에 의해 규율되는 행정이라는 관념은 권력분립의 원칙과 법치주의를 전제로 하여 성립하였다.
1	처분이란 행정청이 구체적 사실에 관하여 행하는 법 집행으로서 공권력의 행사 또는 그 거부와 그 밖에 이에 준하는 행정작용을 말한다.
5	행정조직법은 행정주체의 내부조직에 관한 법이다.
4	행정작용법은 행정주체의 국민에 대한 대외적인 활동을 규율하는 법을 말한다.

1	**행정구제법**은 행정권에 의해 가해진 권익침해에 대한 구제를 규율하는 법으로서, 국가배상법, 손실보상에 관한 법(공익사업을 위한 토지 등의 취득 및 보상에 관한 법률 등), 행정소송법, 행정심판법, 헌법소원에 관한 법(헌법재판소법)이 이에 속한다.
1	**법치행정의 원칙**이란 행정권도 법에 따라서 행해져야 하며(법의 지배), 만일 행정권에 의해 국민의 권익이 침해된 경우 이의 구제를 위한 제도가 보장되어야 한다는 것(행정통제제도 내지 행정구제제도의 확립)을 의미한다.
3	**공익**이란 국가공동체 구성원 전체의 공통된 이익을 의미한다.
2	**법률(法律)의 법규창조력**이란 국가작용 중 법규(국민의 권리의무에 관한 새로운 규율)를 정립하는 입법은 모두 의회가 행해야 한다는 원칙이다. 헌법 제40조는 '입법권은 국회에 속한다'고 규정함으로써 국회입법의 원칙을 선언하고 있다.
2	**법우위(優位)의 원칙**이란 법은 행정에 우월한 것이며 행정이 법에 위반하여서는 안 된다는 원칙이다. 행정은 법률뿐만 아니라 헌법, 법률, 명령, 자치법규, 법의 일반원칙 등 모든 법을 위반하여서는 안 된다(행정기본법 제8조 제1문 성문화). **행정기본법 제8조(법치행정의 원칙)** 행정작용은 법률에 위반되어서는 아니 되며, 국민의 권리를 제한하거나 의무를 부과하는 경우와 그 밖에 국민생활에 중요한 영향을 미치는 경우에는 법률에 근거하여야 한다.
2	**법률유보(法律留保)의 원칙**은 행정권의 발동에는 법적 근거가 있어야 한다는 것을 의미한다. 법률유보의 원칙은 인권보장 및 민주행정의 실현에 의의가 있다(행정기본법 제8조 제2문 성문화).
1	**행정법상 법의 일반원칙**이란 현행 행정법질서의 기초를 이룬다고 생각되는 일반 법원칙을 의미한다.
3	**평등(平等)의 원칙**이란 불합리한 차별을 해서는 안 된다는 원칙이다. **행정기본법 제9조(평등의 원칙)** 행정청은 합리적 이유 없이 국민을 차별하여서는 아니 된다.
3	**행정의 자기구속의 원칙**이란 행정관행이 성립된 경우 행정청은 특별한 사정이 없는 한 같은 사안에서 행정관행과 같은 결정을 해야 한다는 원칙이다.
1	**비례의 원칙**이란 행정작용에 있어서 행정목적과 행정수단 사이 합리적 비례관계가 있어야 한다는 원칙이다. **행정기본법 제10조(비례의 원칙)** 행정작용은 다음 각 호의 원칙에 따라야 한다. 1. 행정목적을 달성하는 데 유효하고 적절할 것 2. 행정목적을 달성하는 데 필요한 최소한도에 그칠 것 3. 행정작용으로 인한 국민의 이익 침해가 그 행정작용이 의도하는 공익보다 크지 아니할 것
1	**적합성의 원칙**이란 행정은 추구하는 행정목적의 달성에 적합한 수단을 선택하여야 한다는 원칙이다.
1	**필요성의 원칙**이란 적합한 수단이 여러 가지인 경우에 국민의 권리를 최소한으로 침해하는 수단을 선택하여야 한다는 원칙이다.
1	**상당성의 원칙**이란 행정조치를 취함에 따른 불이익이 그것에 의해 달성되는 이익보다 심히 큰 경우에는 그 행정조치를 취해서는 안된다는 원칙을 말한다.
1	**신뢰보호원칙**이란 행정청의 언동을 사인이 신뢰한 경우 보호가치 있는 신뢰는 보호되어야 한다는 원칙이다.

1	행정기본법 제12조(신뢰보호의 원칙) ① 행정청은 공익 또는 제3자의 이익을 현저히 해칠 우려가 있는 경우를 제외하고는 행정에 대한 국민의 정당하고 합리적인 신뢰를 보호하여야 한다.
3	실권의 법리란 권리자가 장기간에 걸쳐 그의 권리를 행사하지 않았기 때문에 의무자인 상대방은 이미 그 권리를 행사하지 않을 것으로 믿을 만한 정당한 사유가 있는 경우 그 권리행사를 허용하지 않는 것을 말한다. 행정기본법 제12조 ② 행정청은 권한 행사의 기회가 있음에도 불구하고 장기간 권한을 행사하지 아니하여 국민이 그 권한이 행사되지 아니할 것으로 믿을 만한 정당한 사유가 있는 경우에는 그 권한을 행사해서는 아니 된다. 다만, 공익 또는 제3자의 이익을 현저히 해칠 우려가 있는 경우는 예외로 한다.
2	부당결부금지의 원칙이란 행정작용에 있어 실질적 관련이 없는 반대급부를 결부시켜서는 안 된다는 원칙이다. 행정기본법 제13조(부당결부금지의 원칙) 행정청은 행정작용을 할 때 상대방에게 해당 행정작용과 실질적인 관련이 없는 의무를 부과해서는 아니 된다.
3	원인적 관련성이란 행정작용의 발령에 특정 반대급부의 부과가 필요하게 되는 인과관계의 필요성을 의미한다.
3	목적적 관련성이란 행정청의 수권목적 범위 내에서 행정작용과 반대급부가 행정목적을 같이 해야 함을 의미한다.
4	성실의무이란 행정청은 법령등에 따른 의무를 성실히 수행하여야 한다. 권한남용금지의 원칙이란 행정청은 행정권한을 남용하거나 그 권한의 범위를 넘어서는 아니된다(행정기본법 제11조 제1항과 제2항에서 명문화). 행정기본법 제11조(성실의무 및 권한남용금지의 원칙) ① 행정청은 법령 등에 따른 의무를 성실히 수행하여야 한다. ② 행정청은 행정권한을 남용하거나 그 권한의 범위를 넘어서는 아니 된다.
5	적법절차의 원칙이란 개인의 권익을 제한하는 모든 국가작용은 적법절차에 따라 행하여져야 한다는 원칙이다.
4	진정소급금지의 원칙(불소급의 원칙)은 법령의 효력발생일 이전에 이미 완성된 법률관계나 사실관계에 대하여 해당 법령을 적용하는 것을 금지하는 원칙이다. 소급이란 특정 법규가 그 법규의 효력발생일 이전의 사항에 대하여 적용되는 것을 말한다. 법규를 적용하는 데 소급을 인정하면 법적 안정성 또는 관계자의 신뢰에 침해를 가져올 수 있어 소급효를 인정하지 않는 불소급이 원칙이다. 불소급의 원칙(=소급금지의 원칙)은 기본적으로 진정소급금지를 의미한다. 진정소급이란 법령의 효력발생일 이전에 이미 완성된 법률관계나 사실관계에 대하여 해당 법령을 적용하는 것을 말하며, 진정소급은 원칙적으로 부정된다. 부진정소급이란 법령의 효력발생일 이전에 이미 개시는 되었으나, 계속 진행 중인 법률관계나 사실관계에 대해 해당 법령을 적용하는 것을 말하며, 부진정소급은 원칙적으로 인정된다(행정기본법 제14조에서 명문화).

	행정기본법 제14조(법 적용의 기준) ① 새로운 법령 등은 법령 등에 특별한 규정이 있는 경우를 제외하고는 그 법령 등의 효력 발생 전에 완성되거나 종결된 사실관계 또는 법률관계에 대해서는 적용되지 아니한다. ② 당사자의 신청에 따른 처분은 법령 등에 특별한 규정이 있거나 처분 당시의 법령 등을 적용하기 곤란한 특별한 사정이 있는 경우를 제외하고는 처분 당시의 법령 등에 따른다. ③ 법령 등을 위반한 행위의 성립과 이에 대한 제재처분은 법령 등에 특별한 규정이 있는 경우를 제외하고는 법령 등을 위반한 행위 당시의 법령 등에 따른다. 다만, 법령등을 위반한 행위 후 법령등의 변경에 의하여 그 행위가 법령 등을 위반한 행위에 해당하지 아니하거나 제재처분 기준이 가벼워진 경우로서 해당 법령 등에 특별한 규정이 없는 경우에는 변경된 법령 등을 적용한다.
4	법률관계란 법주체 상호 간의 권리의무관계를 말한다. 행정법관계는 행정상 법률관계 중 공법이 적용되는 법률관계를 말한다. 행정법관계는 공법관계와 동의어로 사용된다.
5	권력관계란 공권력주체로서 행정주체가 우월적인 지위에서 국민에 대하여 일방적인 조치(법률행위 또는 사실행위)를 취하는 관계를 말한다.
5	비권력관계 또는 관리관계란 행정주체가 사인과 대등한 관계에서 공행정을 수행함에 있어서(공익목적을 달성하기 위해 사업을 수행하거나 재산을 관리함에 있어서) 국민과 맺는 관계를 말한다. 예로는 공법상 계약관계 등을 들 수 있다.
4	행정주체란 행정을 행하는 법주체를 말한다. 행정주체에는 국가, 지방자치단체, 공공조합, 영조물법인, 공법상 재단, 공무수탁사인이 있다. 행정을 실제로 행하는 것은 행정주체가 아니라 행정주체의 기관이다. 이들 기관의 행위의 법적 효과는 법인격체인 행정주체에게 귀속된다.
4	국가란 국가공동체의 법인격을 가진 법인체로서 행정법관계의 법주체가 된다. 지방자치단체란 국가의 영토 내에서 일정한 지역 및 그 지역의 주민으로 구성되며, 그 지역 내에서 일정한 통치권을 행사하는 법인격을 갖는 공공단체를 말한다.
3	공무수탁사인이란 법률에 근거한 행위로 공적인 임무를 자기의 이름으로 수행하도록 권한이 주어진 사인(자연인 또는 법인)을 말한다. 토지보상법상 사인이 사업시행자가 토지를 수용하고 이주대책을 수립실시하는 경우이다.
4	행정객체란 행정의 상대방을 말한다. 행정객체에는 사인, 공공단체와 지방자치단체가 있다.
4	행정기관이란 행정권한을 행사하는 행정조직의 구성단위를 의미한다.
2	행정청이라 함은 국가뿐만아니라 지방자치단체의 의사를 결정하여 자신의 이름으로 외부에 표시할 수 있는 권한을 가진 행정기관을 말한다.
4	관계기관 협의는 원칙상 주무행정청을 구속하지는 않는다.
5	동의/부동의 경우에 처분청은 동의기관의 동의의견 또는 부동의의견에 구속된다.
2	공권(公權)이란 공법관계에서 직접 자기를 위하여 일정한 이익을 주장할 수 있는 법률상의 힘을 말한다. 행정법에서 공권이란 통상 개인적 공권을 말한다. 즉 개인적 공권이란 개인이 공법상 자기의 고유한 이익을 추구하기 위해 국가 등 행정주체에 대하여 일정한 행위를 요구할 수 있도록 개인에게 주어진 법적인 힘을 말한다. 개인적 공권은 주관적 공권으로 불리기도 한다.
5	무하자재량행사청구권이란 행정청에게 재량권이 부여된 경우에 행정청에 대하여 재량권을 흠 없이 행사해 줄 것을 청구할 수 있는 권리이다.
3	공권력이란 행정주체 일반에 부여되는 우월적 지위를 말한다.

3	**공법관계**라는 것은 공법이 적용되는 관계를 의미한다.
5	**권력관계**라는 것은 공권력주체로서의 행정주체가 우월적 지위에서 국민에 대하여 일방적인 조치를 취하는 관계를 의미한다.
5	**국고관계**라는 것은 행정주체가 일반 사인과 같은 지위에서 사법상의 행위를 함에 있어 사인과 맺는 관계를 의미한다.
5	**반사적 이익**이란 행정법규 중 공익실현만을 목적으로 하는 법규에 의해서도 개인은 간접적으로 사실상 이익을 누리게 되는 사실상 이익이며, 재판을 통해서 구제되지 않는다.
2	**개인적 공권의 성립요소**는 ① 강행법규에 의한 행정권에 대한 의무부과(강행법규성), ② 법규에서 사익보호성, ③ 재판청구권능 여부이다. 헌법상 재판청구권을 보호하고 있어 오늘날 재판청구권능여부는 고려하지 않는다.
1	**공정력**이란 행정행위가 위법하더라도 취소되지 않는 한 유효한 것으로 통용되는 효력을 의미한다. 상대방 또는 이해관계인에 대한 구속력이라고도 한다.
1	**구성요건적 효력**이란 무효가 아닌 행정행위가 존재하는 이상 비록 흠(하자)이 있는 행정행위일지라도, 모든 국가기관은 그의 존재, 유효성 및 내용을 존중하며, 스스로의 판단의 기초 내지는 구성요건으로 삼아야 하는 구속력을 말한다. 국가기관 간 권한존중을 의미한다.
3	**선결문제**란 소송에서 본안판단을 함에 있어서 그 해결이 필수적으로 전제가 되는 법문제를 말한다.
4	**구속력**이라 함은 유효한 행정행위의 내용상 구속력을 말한다.
3	**불가쟁력(不可爭力)**이란 하자 있는 행정행위라 할지라도 그에 대한 불복기간(행정불복제기기간 또는 출소기간(出訴期間))이 경과하거나 쟁송절차가 종료된 경우에는 더 이상 그 행정행위의 효력을 다툴 수 없게 하는 효력을 말한다. 불가쟁력은 형식적 확정력 또는 절차적 확정력이라고도 한다.
3	**불가변력(不可變力)**이라 함은 행정행위를 한 행정청이 해당 행정행위를 직권으로 취소 또는 변경할 수 없게 하는 힘을 말한다. 불가변력을 실질적 확정력 또는 실체적 존속력이라고도 부른다. 불가변력은 행정행위의 성질상 인정되는 효력이다.
5	**자력집행력(自力執行力)**이란 행정법상의 의무를 이행하지 아니할 경우에 행정청이 직접 실력을 행사하여 자력으로 그 의무의 이행을 실현시킬 수 있는 힘을 말한다.
1	**행정상 손해전보(行政上 損害塡補)**라 함은 공권력 행사로 야기된 손해를 전보하여 주는 제도를 말한다. 현행 행정상 손해전보제도는 위법한 공권력 행사로 인하여 발생된 손해를 국가나 지방자치단체가 배상하도록 하는 국가배상(행정상 손해배상)과 적법한 공권력 행사로 인하여 발생한 손실을 보상하여 주는 행정상 손실 보상으로 나누어진다.
2	**행정상 쟁송제도**에는 행정심판, 행정소송, 헌법소원이 있다.
5	**행정행위발급청구권(行政行爲發給請求權)**이라 함은 개인이 자기의 권익을 위하여 자기에 대하여 특정한 내용의 행정권을 발동하여 줄 것을 청구할 수 있는 권리를 말한다.
5	**행정개입청구권**이 인정되기 위하여는 ① 행정청에게 개입의무(행정권의 발동의무)가 있어야 하고(강행법규성 및 개입의무), ② 행정권의 발동에 관한 법규가 공익뿐만 아니라 제3자(행정개입청구자)의 사익을 보호하고 있어야 한다(사익보호성).
5	**특별행정법관계(特別行政法關係)**란 특별한 행정목적을 달성하기 위하여 특별권력기관과 특별한 신분을 가진 자와의 사이에 성립되는 특별한 법률관계를 말한다. 특별행정법관계는 행정주체와 일반 국민 사이에 성립되는 일반행정법관계에 대응하는 개념이다.

4	사인(私人)의 공법행위(公法行爲)라 함은 공법적 효과의 발생을 목적으로 하는 사인의 법적 행위를 말한다.
3	신고(申告)라 함은 사인이 행정기관에게 일정한 사항을 알리는 것을 말한다.
3	자기완결적 신고(自己完結的 申告)는 신고의 요건을 갖춘 신고만 하면 신고의무를 이행한 것이 되는 신고를 말한다. 자기완결적 신고는 자족적 신고, 자체완성적 공법행위로서의 신고 등으로도 불린다.
3	수리(受理)를 요하는 신고는 신고가 수리되어야 신고의 효과가 발생하는 신고를 말한다. 수리를 요하는 신고는 행위요건적 신고, 행정요건적 공법행위로서의 신고, 수리행위가 있는 신고 등으로도 불린다.
5	시효는 일정한 사실상태가 오랫동안 계속한 경우에 그 사실상태에 따라 권리관계를 형성(취득 또는 소멸)하는 법률요건이다. 시효에는 소멸시효와 취득시효가 있다.
5	소멸시효는 권리자가 그의 권리를 행사할 수 있음에도 불구하고 일정한 기간 동안 그 권리를 행사하지 않은 경우 그 권리를 소멸시키는 시효이다.
5	취득시효라 함은 어떤 사람이 권리자인 것과 같이 권리를 행사하고 있는 상태가 일정한 기간 동안 계속한 경우에 처음부터 그 사람이 권리자이었던 것으로 인정하는 제도이다.
4	제척기간이라 함은 일정한 권리에 관하여 법률이 정한 존속기간이다. 제척기간이 소멸시효와 다른 점은 제척기간의 목적은 법률관계를 속히 확정하려는 데 있으므로 그 기간이 상대적으로 짧고, 중단제도가 없다는 점 등이다. 제척기간의 예로는 제재처분의 제척기간, 행정심판제기기간, 행정소송제기기간 등이 있다.
4	존속기간이란 권리나 그 밖의 법률 따위가 유효한 기간이다.
5	공법상 부당이득이라 함은 공법상 원인(例 무효인 조세부과처분에 근거한 조세의 납부)에 의하여 발생한 부당이득을 말한다.
5	신청이란 사인이 행정청에 대하여 일정한 조치를 취하여 줄 것을 요구하는 의사표시를 말한다.
5	정보제공적 신고(사실파악형 신고)란 행정청에게 행정의 대상이 되는 사실에 관한 정보를 제공하는 기능을 갖는 신고를 말한다.
5	금지해제적 신고(신고유보부 금지)란 사적 활동을 규제하는 기능을 갖는 신고를 말한다.
5	법률요건이란 법률관계의 발생, 변경, 소멸의 원인이 되는 것을 의미한다.
5	행정권의 특권이란 행정주체에게 일방적으로 법질서에 변경을 가져올 수 있는 우월적 지위가 인정되는 것을 말한다. 권력적 행위인 행정행위에 대한 공정력, 존속력, 강제력이라는 우월한 효력이 인정되고, 이러한 행정권의 특권은 권력관계인 행정입법, 행정계획, 행정행위 분야등에서 인정되는 것을 의미한다.
등급	**제2장 행정작용법**
4	행정입법이라 함은 행정기관이 일반적·추상적 규범을 정립하는 작용 또는 그에 따라 정립된 규범을 말한다.
1	법규명령은 행정주체와 국민 간의 관계를 규율하는 법규범인 반면에 행정규칙은 행정조직 내부에서 적용되기 위하여 제정된 규범이다.
3	종속명령(從屬命令)이라 함은 법률보다 하위(下位)의 효력을 가지는 명령을 말한다.
3	위임명령(委任命令)이라 함은 법률 또는 상위명령의 위임에 의해 제정되는 명령으로서 새로운 법규사항을 정할 수 있다.
4	집행명령(執行命令)이라 함은 상위법령의 집행을 위하여 필요한 사항(신고서양식 등)을 법령의 위임 없이 직권으로 발하는 명령을 말한다. 집행명령에서는 새로운 법규사항을 정할 수 없다.

부록

5	행정입법부작위(行政立法不作爲)라 함은 행정권에게 명령을 제정·개정 또는 폐지할 법적 의무가 있음에도 합리적인 이유 없이 지체하여 명령을 제정·개정 또는 폐지하지 않는 것을 말한다.
1	행정규칙(行政規則)이라 함은 행정조직내부에서의 행정의 사무처리기준으로서 제정된 일반적·추상적 규범을 말한다. 실무에서의 훈령·통첩·예규 등이 행정규칙에 해당한다.
3	재량준칙(裁量準則)이라 함은 재량권 행사의 기준을 제시하는 행정규칙을 말한다.
5	훈령(訓令)이라 함은 상급기관이 하급기관에 대하여 상당히 장기간에 걸쳐서 그 권한의 행사를 일반적으로 지시하기 위하여 발하는 명령을 말한다.
5	고시(告示)가 행정사무의 처리기준이 되는 일반적·추상적 규범의 성질을 갖는 경우 행정규칙이다. 이 행정규칙인 고시는 행정기관이 일정한 사항을 불특정 다수인에게 통지하는 방법인 고시와 구별되어야 한다.
1	법규명령형식(法規命令形式)의 행정규칙(行政規則)이란 법규명령의 형식을 취하고 있지만 그 내용이 행정규칙의 실질을 가지는 것을 말한다.
1	법령보충적 행정규칙이라 함은 법령의 위임에 의해 법령을 보충하는 법규사항을 정하는 행정규칙을 말한다. 판례는 법령보충적 행정규칙을 수권법령과 결합하여 대외적인 구속력이 있는 법규명령으로서의 효력을 갖는다고 본다.
3	행정계획(行政計劃)이라 함은 행정주체 또는 그 기관이 일정한 행정활동을 행함에 있어서 일정한 목표를 설정하고 그 목표를 달성하기 위하여 필요한 수단을 선정하고 그러한 수단들을 조정하고 종합화한 것을 말한다.
2	계획재량(計劃裁量)이라 함은 행정계획을 수립·변경함에 있어서 계획청에게 인정되는 재량을 말한다. 계획재량은 행정목표의 설정이나 행정목표를 효과적으로 달성할 수 있는 수단의 선택 및 조정에 있어서 인정된다.
4	계획보장청구권(計保障請求權)이란 행정계획에 대한 관계국민의 신뢰를 보호하기 위하여 관계국민에 대하여 인정된 행정계획주체에 대한 권리를 총칭하는 개념이다. 계획보장청구권은 행정계획분야에 있어서의 신뢰보호의 원칙의 적용례라고 할 수 있다. 계획보장청구권에 포함되는 권리로는 계획존속청구권, 계획이행청구권, 경과조치청구권, 손해배상청구권 및 손실보상청구권이 있다.
1	행정행위 또는 행정처분이란 행정청이 구체적인 사실에 대한 법집행으로서 행하는 외부에 대하여 직접적·구체적인 법적 효과를 발생시키는 권력적 단독행위인 공법행위를 말한다.
2	기속행위는 행정권 행사의 요건과 효과가 법에 일의적으로 규정되어 있어서 행정청에게 판단의 여지가 전혀 인정되지 않고 행정청은 법에 정해진 행위를 하여야 하는 의무를 지는 행위를 말한다.
2	재량행위는 행위의 요건이나 효과의 선택에 관하여 법이 행정권에게 판단의 여지 내지 재량권을 인정한 경우에 행해지는 행정청의 행정행위를 말한다.
2	복효적 행정행위는 하나의 행정행위가 이익과 불이익의 효과를 동시에 발생시키는 행정행위를 말한다.
2	쌍방적 행정행위란 상대방의 협력이 성립요건인 행정행위를 말하며, 허가, 특허 및 인가와 같이 상대방의 신청을 요하는 행정행위와 공무원의 임명행위와 같이 상대방의 동의를 요하는 행정행위가 있다.
3	대인적 행정행위는 행위의 상대방의 주관적 사정에 착안하여 행해지는 행정행위를 말한다.
4	대물적 행정행위는 행위의 상대방의 주관적 사정을 고려하지 않고 행위의 대상인 물건이나 시설의 객관적 사정에 착안하여 행해지는 행정행위를 말한다.
4	혼합적 행정행위는 행위의 상대방의 주관적 사정과 함께 행위의 대상인 물건이나 시설의 객관적 사정에 착안하여 행해지는 행정행위를 말한다.
5	적극적 행정행위는 허가 또는 특허 등 적극적으로 현재의 법률상태에 변동을 초래하는 행위를 말한다.

5	**소극적 행정행위**는 현재의 법률상태에 변동을 가져오지 않으려는 행위를 말한다.
5	**개별처분**은 행정행위의 상대방이 특정되어 있는 행정행위이다.
5	**일반처분**은 불특정 다수인을 상대방으로 하여 불특정 다수인에게 효과를 미치는 행정행위를 말한다.
2	**제3자효 행정행위**는 상대방에게는 이익을 주고 제3자에게는 불이익을 주거나 상대방에게는 불이익을 주고 제3자에게는 이익을 주는 행정행위를 말한다(협의의 복효적 행정행위).
3	**재량권**이란 행정기관이 행정권을 행사함에 있어서 둘 이상의 다른 내용의 결정 또는 행태 중에서 선택할 수 있는 권한을 말한다.
2	**재량행위**란 행정결정에 있어 행정청에게 선택의 자유가 인정되는 행정행위를 말한다.
2	**기속행위**란 행정행위의 요건 및 법적 결과가 일의적으로 명확하게 규정되어 있어서 법을 집행함에 있어서 행정청에게 어떠한 선택의 자유도 인정되지 않고 법을 기계적으로 적용하는 행정행위를 말한다.
2	**재량권의 일탈**이란 재량권의 외적 한계를 벗어난 것을 말한다.
2	**재량권의 남용**이란 재량권의 내적 한계, 즉 재량권이 부여된 내재적 목적을 벗어난 것을 말한다.
3	**재량권의 불행사**란 재량권을 행사함에 있어 고려하여야 할 구체적 사정을 전혀 고려하지 않은 경우를 말한다.
3	**재량의 해태**란 재량권을 행사함에 있어 고려하여야 하는 구체적 사정에 대한 고려를 하였지만 충분히 고려하지 않은 경우를 말한다.
4	**불확정개념**이란 그 개념 자체로서는 그 의미가 명확하지 않고 해석의 여지가 있는 개념을 말한다.
5	**판단여지**라 함은 요건을 이루는 불확정개념의 해석·적용에 있어서 이론상 하나의 판단만이 가능한 것이지만, 둘 이상의 판단이 모두 적법한 판단으로 인정될 수 있는 가능성이 있는 것을 말한다.
3	**법률행위적 행정행위**는 법적효과가 행정행위의 효과의사의 내용에 따라 발생하는 행위를 말하며 명령적 행위와 형성적 행위로 구분한다.
3	**명령적 행위**는 인간이 본래 가지는 자연적 자유를 규율하는 행위를 말한다. * 하명이란 행정청이 국민에게 작위, 부작위, 급부 또는 수인의무를 명하는 행위를 말한다. * 허가란 법령에 의한 일반적인 상대적 금지(허가조건부 금지)를 일정한 요건을 갖춘 경우에 해제하여 일정한 행위를 적법하게 할 수 있게 하는 행정행위를 말한다. * 면제라 함은 법령에 의해 정해진 작위의무, 급부의무 또는 수인의무를 해제해 주는 행정행위를 말한다.
3	**형성적 행위**라 함은 상대방에게 특정한 권리, 능력(권리능력, 행위능력), 법률상의 지위 또는 포괄적 법률관계 기타 법률상의 힘을 발생, 변경 또는 소멸시키는 행위를 말한다. * 특허란 상대방에게 직접 권리, 능력, 법적 지위, 포괄적 법률관계를 설정하는 행위를 말한다. * 인가란 타인의 법률적 행위를 보충하여 그 법률적 효력을 완성시켜 주는 행정행위를 말한다. * 공법상 대리란 제3자가 하여야 할 행위를 행정기관이 대신하여 행함으로써 제3자가 스스로 행한 것과 같은 효과를 발생시키는 행정행위를 말한다.
4	**준법률행위적 행정행위**는 효과의사 이외의 정신작용을 구성요소로 법적 효과가 행위자의 의사와는 무관하게 법규범에 의해 부여되는 행위를 말하며 확인행위, 공증행위, 통지행위, 수리행위로 구분된다.
4	**확인행위**란 특정한 사실 또는 법률관계의 존부 또는 정부에 관하여 의문이 있거나 다툼이 있는 경우에 행정청이 이를 공권적으로 확인하는 행위를 말한다.
4	**공증행위**란 특정의 사실 또는 법률관계의 존재를 공적으로 증명하는 행정행위를 말한다.
4	**통지행위**란 특정인 또는 불특정 다수인에게 특정한 사실을 알리는 행정행위를 말한다.

부록

4	수리행위란 법상 행정청에게 수리의무가 있는 경우에 신고, 신청 등 타인의 행위를 행정청이 적법한 행위로서 받아들이는 행위를 말한다.
2	부관이란 행정청에 의해 주된 행정행위에 부가된 종된 규율로서 조건, 기한, 부담, 사후부담의 유보, 부담의 사후변경의 유보, 철회권의 유보가 있다.
4	조건이란 행정행위의 효력의 발생 또는 소멸을 장래의 불확실한 사실에 의존시키는 부관을 말한다.
4	기한이란 행정행위의 효력의 발생 또는 소멸을 장래의 발생이 확실한 사실에 의존시키는 부관을 말한다.
1	부담이란 행정행위의 주된 내용에 부가하여 그 행정행위의 상대방에게 작위, 부작위, 급부, 수인 등의 의무를 부과하는 부관을 말한다.
4	사후부담의 유보란 행정행위를 발하면서 사후에 부담을 부가할 수 있는 권한을 유보하는 부관을 말한다.
5	사후변경의 유보란 행정행위를 발하면서 이미 부가된 부담의 내용을 사후에 변경할 수 있는 권한을 유보하는 부관을 말한다.
4	철회권의 유보란 행정행위를 행함에 있어 일정한 경우에는 행정행위를 철회할 수 있음을 정한 부관을 말한다.
3	부관의 가능성이란 어떠한 종류의 행정행위에 대하여 부관을 붙일 수 있는가에 관한 문제를 말한다.
3	부관의 내용상의 한계란 부관을 붙일 수 있는 경우, 즉 부관의 가능성이 있는 경우에도 부관의 내용이 넘어서는 안 되는 한계를 말한다.
2	독립쟁송가능성이란 위법한 부관만을 행정쟁송의 대상으로 할 수 있는가의 문제를 말한다.
2	독립취소가능성이란 부관만이 취소쟁송대상이 되거나 부관부 행정행위 전체가 취소쟁송대상이 되는 경우 부관만의 취소가 가능한가의 문제를 말한다.
2	행정행위의 하자란 행정행위의 적법 요건의 흠결을 의미한다.
5	행정행위의 부존재란 행정행위라고 볼 수 있는 외관이 존재하지 않는 경우를 말한다.
3	행정행위의 무효란 행정행위가 외관상 성립은 하였으나 그 하자의 중대함으로 인하여 행정행위가 애초부터 아무런 효력을 발생하지 않는 경우를 말한다.
3	주체에 관한 하자란 행정행위는 정당한 권한을 가진 행정기관에 의해 그의 권한 내에서 정상적인 의사에 기하여 행하여져야 하는 것을 말한다.
3	절차의 하자란 행정행위가 행해지기 전에 거쳐야 하는 절차 중 하나를 거치지 않았거나 거쳤으나 절차상 하자가 있는 것을 말한다.
3	형식에 관한 하자란 법령상 문서, 기타의 형식이 요구되는 경우에 이에 따르지 않는 것을 말한다.
3	내용에 관한 하자란 행정행위가 완전한 효력을 발생하기 위하여는 행정행위의 내용이 법에 위반하지 아니하고 공익에 적합하여야 하며 실현불가능하지 않아야 하며 불명확하지 않아야 하는 것을 말한다.
1	하자의 승계란 원칙상 선행행위의 위법을 이유로 후행행위를 취소할 수는 없는 것이지만, 국민의 권리보호를 위해 일정한 요건하에서 선행행위의 위법이 후행행위에 승계되어 후행행위의 위법사유로 주장할 수 있고 후행행위를 취소할 수 있는 것을 말한다.
1	선행행위의 후행행위에 대한 구속력은 후행 행정행위의 단계에서 후행 행정행위의 전제가 되는 선행 행정행위에 배치되는 주장을 하지 못하는 효력을 말한다
2	하자의 치유란 성립 당시에 적법요건을 결한 흠 있는 행정행위라 하더라도 사후에 그 흠의 원인이 된 적법요건을 보완하거나 그 흠이 취소사유가 되지 않을 정도로 경미해진 경우에 그의 성립 당시의 흠에도 불구하고 하자 없는 적법한 행위로 그 효력을 그대로 유지시키는 것을 말한다.

5	행정행위의 전환이란 행정행위가 본래의 행정행위로서는 무효이나 다른 행정행위로 보면 그 요건이 충족되는 경우에 흠 있는 행정행위를 흠 없는 다른 행정행위로 인정하는 것을 말한다.
1	중대명백설이란 행정행위의 하자의 내용이 중대하고, 그 하자가 외관상 명백한 때에는 해당 행정행위는 무효가 되고, 그중 어느 한 요건 또는 두 요건 전부를 결여한 경우에는 해당 행정행위는 취소할 수 있는 행정행위에 불과하다는 학설이다.
4	행정행위의 직권취소는 일단 유효하게 발령된 행정행위를 성립 당시 위법한 하자가 있음을 이유로 직권으로 그 효력을 소멸시키는 것을 말한다.
4	행정행위의 철회는 적법한 행정행위를 사정변경에 따라 장래에 향하여 효력을 소멸시키는 것을 말한다.
4	처분의 변경은 처분의 당사자가 변경되는 것, 처분사유가 변경되는 것, 처분의 내용이 변경되는 것을 말한다.
5	행정행위의 실효란 유효한 행정행위의 효력이 일정한 사실의 발생으로 장래에 향하여 소멸하는 것을 말한다.
5	단계적 행정결정이란 행정청의 결정이 여러 단계의 행정결정을 통하여 연계적으로 이루어지는 것을 말한다.
4	확약은 장래 일정한 행정행위를 하거나 하지 아니할 것을 약속하는 의사표시를 말한다.
5	민원사무처리에 관한 법률상 사전심사란 민원인이 법정민원 중 신청에 경제적으로 많은 비용이 수반되는 민원 등 대통령령으로 정하는 민원에 대하여 행정기관의 장에게 정식으로 민원을 신청하기 전에 미리 약식의 사전심사를 청구할 수 있는 것을 말한다.
5	가행정행위는 사실관계와 법률관계의 계속적인 심사를 유보한 상태에서 해당 행정법관계의 권리와 의무의 전부 또는 일부에 대해 잠정적으로 확정하는 행위를 의미한다.
4	사전결정이란 최종적인 행정결정을 내리기 전에 사전적인 단계에서 최종적 행정결정의 요건 중 일부에 대해 종국적인 판단으로서 내려지는 결정을 의미한다.
5	부분허가는 원자력발전소와 같이 그 건설에 비교적 장기간의 시간을 요하고 영향력이 큰 시설물의 건설에 있어서 단계적으로 시설의 일부분에 대하여 부여하는 허가를 의미한다.
5	행정의 자동결정이란 미리 입력된 프로그램에 따라 행정결정이 자동으로 행해지는 것을 말한다.
3	공법상 계약이란 공법적 효과를 발생시키는, 행정주체를 적어도 한쪽 당사자로 하는 계약을 말한다.
5	행정상 사실행위란 행정목적을 달성하기 위하여 행해지는 물리력의 행사를 말한다.
5	비공식적 행정작용은 행정작용의 근거, 요건 및 효과 등이 법에 정해져 있지 않은 행정작용을 포괄하는 개념을 말한다.
5	행정지도란 일정한 행정목적을 실현하기 위하여 상대방인 국민에게 임의적인 협력을 요청하는 비권력적 사실행위를 말한다.
5	행정조사란 행정기관이 사인으로부터 행정상 필요한 자료나 정보를 수집하기 위하여 행하는 일체의 행정작용을 말한다.
5	행정의 실효성을 확보하기 위하여 인정되는 법적 수단을 행정의 실효성 확보수단이라 한다. 행정의 실효성이라 함은 행정목적의 달성을 말한다.
5	행정상 강제란 행정목적의 실현을 확보하기 위하여 사람의 신체 또는 재산에 실력을 가함으로써 행정상 필요한 상태를 실현하는 권력적 사실행위이다.

3	**행정상 강제집행**이란 행정법상의 의무불이행이 있는 경우에 행정청이 의무자의 신체 또는 재산에 실력을 가하여 그 의무를 이행시키거나 이행한 것과 동일한 상태를 실현시키는 작용을 말한다.
1	**행정대집행**이란 의무자가 행정상 의무로서 타인이 대신하여 행할 수 있는 의무를 이행하지 아니하는 경우 법률로 정하는 다른 수단으로는 그 이행을 확보하기 곤란하고 그 불이행을 방치하면 공익을 크게 해칠 것으로 인정될 때에 행정청이 의무자가 하여야 할 행위를 스스로 하거나 제3자에게 하게 하고 그 비용을 의무자로부터 징수하는 것을 말한다.
3	**계고**는 상당한 기간 내에 의무의 이행을 하지 않으면 대집행을 한다는 의사를 사전에 통지하는 행위이다.
3	**대집행영장에 의한 통지**는 의무자가 계고를 받고 그 지정 기한까지 그 의무를 이행하지 아니할 때에는 해당 행정청이 대집행영장으로써 대집행실행의 시기, 대집행책임자의 성명과 대집행비용의 개산액을 의무자에게 통지하는 행위를 말한다.
3	**대집행의 실행**은 해당 행정청이 스스로 또는 타인으로 하여금 대체적 작위의무를 이행시키는 물리력의 행사를 말한다.
4	**이행강제금의 부과**란 의무자가 행정상 의무를 이행하지 아니하는 경우 행정청이 적절한 이행기간을 부여하고, 그 기한까지 행정상 의무를 이행하지 아니하면 금전급부의무를 부과하는 것을 말한다.
5	**직접강제**란 의무자가 행정상 의무를 이행하지 아니하는 경우 행정청이 의무자의 신체나 재산에 실력을 행사하여 그 행정상 의무의 이행이 있었던 것과 같은 상태를 실현하는 것을 말한다.
5	**강제징수**란 의무자가 행정상 의무 중 금전급부의무를 이행하지 아니하는 경우 행정청이 의무자의 재산에 실력을 행사하여 그 행정상 의무가 실현된 것과 같은 상태를 실현하는 것을 말한다.
5	**즉시강제**란 현재의 급박한 행정상의 장해를 제거하기 위한 경우로서 행정청이 미리 행정상 의무 이행을 명할 시간적 여유가 없는 경우 또는 그 성질상 행정상 의무의 이행을 명하는 것만으로는 행정목적 달성이 곤란한 경우에 행정청이 곧바로 국민의 신체 또는 재산에 실력을 행사하여 행정목적을 달성하는 것을 말한다.
5	**행정벌**이란 행정법상의 의무위반행위에 대하여 제재로서 가하는 처벌을 말하며 행정형벌과 행정질서벌이 있다.
4	**행정형벌**이란 형법상의 형벌을 과하는 행정벌을 말한다.
5	**행정질서벌**은 과태료가 과하여지는 행정벌을 말한다.
5	**행정범**이란 행정법규의 위반으로 성립되는 범죄를 말한다.
5	**행정형벌**이란 행정법규 위반에 대하여 과하여지는 형벌을 말한다.
4	**양벌규정**이란 범죄행위자와 함께 행위자 이외의 자를 함께 처벌하는 법규정을 말한다.
1	**과징금**이란 법령 등 위반이나 행정법상 의무 위반에 대한 제재로서 부과하는 금전부과금을 말한다. 감정평가법 제41조에 과징금은 변형된 과징금으로 업무정지에 갈음해서 부과하는 금전부담금이다.
5	**가산세**란 세법상의 의무의 성실한 이행을 확보하기 위하여 그 세법에 의하여 산출된 세액에 가산하여 징수되는 세금을 말한다
2	**명단의 공표**란 행정법상의 의무 위반 또는 의무불이행이 있는 경우에 그 위반자의 성명, 위반사실 등을 일반에게 공개하여 명예 또는 신용에 침해를 가함으로써 심리적인 압박을 가하여 행정법상의 의무이행을 확보하는 간접강제수단을 말한다. 최근 감정평가법 제39조의2 징계의 공고가 명단공표에 해당될 수 있겠다.
5	**공급거부**란 행정법상의 의무를 위반하거나 불이행한 자에 대하여 행정상의 서비스 또는 재화의 공급을 거부하는 행위를 말한다.

5	관허사업의 제한이란 행정법상의 의무를 위반하거나 불이행한 자에 대하여 각종 인·허가를 거부할 수 있게 함으로써 행정법상 의무의 준수 또는 의무의 이행을 확보하는 간접적 강제수단을 말한다.
5	시정명령은 행정법규 위반에 의해 초래된 위법상태를 제거하는 것을 명하는 행정행위이다.
5	행정상 제재는 행정법령 또는 행정법상의 의무 위반에 대해 가해지는 제재를 말한다.
5	제재처분이란 법령 등에 따른 의무를 위반하거나 이행하지 아니하였음을 이유로 당사자에게 의무를 부과하거나 권익을 제한하는 처분을 말한다.
1	행정절차란 행정활동을 함에 있어서 거치는 사전통지, 의견청취, 이유제시 등 사전절차를 말한다.
3	행정상 적법절차의 원칙이란 국가권력이 개인의 권익을 제한하는 경우에는 개인의 권익을 보호하기 위한 적정한 절차를 거쳐야 한다는 원칙을 말한다.
4	신의성실의 원칙이란 행정청은 직무를 수행할 때 신의에 따라 성실히 하여야 하는 것을 말한다.
1	신뢰 보호의 원칙이란 행정청은 법령 등의 해석 또는 행정청의 관행이 일반적으로 국민들에게 받아들여졌을 때에는 공익 또는 제3자의 정당한 이익을 현저히 해칠 우려가 있는 경우를 제외하고는 새로운 해석 또는 관행에 따라 소급하여 불리하게 처리하여서는 아니 된다는 것을 말한다.
4	투명성의 원칙이란 행정청이 행하는 행정작용은 그 내용이 구체적이고 명확하여야 하며, 행정작용의 근거가 되는 법령 등의 내용이 명확하지 아니한 경우 상대방은 해당 행정청에 그 해석을 요청할 수 있고 이 경우 해당 행정청은 특별한 사유가 없으면 그 요청에 따라야 하는 것을 말한다.
4	당사자 등이란 행정청의 처분에 대하여 직접 그 상대가 되는 당사자와 행정청이 직권 또는 신청에 의하여 행정절차에 참여하게 한 이해관계인을 말한다.
1	처분 등이란 행정청이 행하는 구체적 사실에 관한 법집행으로서의 공권력의 행사 또는 그 거부와 기타 이에 준하는 행정작용을 말한다.
4	처분기준의 설정·공표는 행정청의 자의적인 권한 행사를 방지하고 행정의 통일성을 기하며 처분의 상대방에게 예측가능성을 부여하기 위하여 요청된다.
1	이유제시란 행정청이 처분을 함에 있어 처분의 근거와 이유를 제시하는 것을 말한다.
1	이유제시의 하자란 행정청이 처분이유를 제시하여야 함에도 처분이유를 전혀 제시하지 않거나 불충분하게 제시한 경우를 말한다.
3	의견진술 절차란 행정처분을 함에 있어서 이해관계인에게 의견진술의 기회를 주는 것은 말한다.
3	의견제출이란 행정청이 어떠한 행정작용을 하기에 앞서 당사자 등이 의견을 제시하는 절차로서 청문이나 공청회에 해당하지 아니하는 절차를 말한다.
1	사전통지란 행정청은 당사자에게 의무를 부과하거나 권익을 제한하는 처분을 하는 경우에는 미리 처분의 제목, 당사자의 성명 또는 명칭과 주소, 처분하려는 원인이 되는 사실과 처분의 내용 및 법적 근거, 의견을 제출할 수 있다는 뜻과 의견을 제출하지 않는 경우 처리방법, 의견제출기관의 명칭과 주소, 의견제출기한, 그 밖에 필요한 사항을 당사자 등에게 통지하여야 하는 것으로서 의견진술의 전치절차이다.
1	청문이란 당사자 등의 의견을 들을 뿐만 아니라 증거를 조사하는 등 재판에 준하는 절차를 거쳐 행하는 의견진술절차를 말한다.
5	공청회란 행정청이 공개적인 토론을 통하여 어떠한 행정작용에 대하여 당사자 등, 전문지식과 경험을 가진 자 기타 일반인으로부터 의견을 널리 수렴하는 절차를 말한다.
5	입법예고제란 행정청으로 하여금 법령 등의 제정 또는 개정에 대하여 이를 국민에게 예고하도록 하고 그에 대한 국민의 의견을 듣고 행정입법안에 해당 국민의 의견을 반영하도록 하는 제도를 말한다.

부록

5	행정예고제는 다수 국민의 권익에 관계 있는 사항(정책, 제도 및 계획 등)을 국민에게 미리 알리는 제도를 말한다.
5	복합민원이란 하나의 민원 목적을 실현하기 위하여 관계 법령 등에 의하여 다수 관계기관의 허가·인가·승인·추천·협의·확인 등을 받아야 하는 민원을 말한다.
4	인허가 의제란 하나의 인허가를 받으면 법률로 정하는 바에 따라 그와 관련된 여러 인허가를 받은 것으로 보는 것을 말한다.
5	선승인후협의제란 의제 대상 인·허가에 대한 관계 행정기관과의 모든 협의가 완료되기 전이라도 공익상 긴급할 필요가 있고 사업시행을 위한 중요한 사항에 대한 협의가 있은 경우에는 협의가 완료되지 않은 인·허가에 대한 협의를 완료할 것을 조건으로 각종 공사 또는 사업의 시행승인이나 시행인가를 할 수 있도록 하는 제도를 말한다.
1	절차의 하자란 행정절차의 개념에 따라 국민의 행정참여 및 사전적 권리구제 절차에 대한 흠결을 말한다.

등급	제3장 행정구제법
1	행정구제란 행정권의 행사에 의해 침해된 국민의 권익을 구제해 주는 것을 말한다.
2	행정상 손해전보는 통상 국가작용에 의해 개인에게 가해진 손해의 전보를 말한다.
2	행정쟁송이란 행정법관계에 있어서의 법적 분쟁을 당사자의 청구에 의하여 심리·판정하는 심판절차를 말한다.
3	행정심판은 행정기관이 심판하는 행정 쟁송절차를 말한다.
1	행정소송은 법원이 심판하는 행정 쟁송절차를 말한다.
4	당사자쟁송은 상호 대등한 당사자 상호 간의 행정법상의 법률관계의 형성 또는 존부를 다투는 쟁송을 말한다.
1	행정상 손해배상은 행정권의 행사에 의해 우연히 발생한 손해에 대한 국가 등의 배상책임을 말한다. 이를 국가배상이라고도 한다.
3	국가의 과실책임이란 공무원의 과실 있는 위법행위로 인하여 발생한 손해에 대한 배상책임을 말한다.
4	공무원이란 공무원 또는 공무를 위탁받은 사인을 말한다.
4	직무행위란 권력작용뿐만 아니라 비권력적 공행정작용을 포함하는 모든 공행정작용 및 입법작용과 사법작용을 말한다.
4	직무관련성이란 공무원의 가해행위가 직무집행행위인 경우뿐만 아니라 그 자체는 직무집행행위가 아니더라도 직무와 일정한 관련이 있는 경우를 말한다.
4	고의란 일정한 결과가 발생하리라는 것을 알면서도 행위를 행하는 것을 말한다.
4	과실이란 해당 직무를 담당하는 공무원의 통상 갖추어야 할 주의의무를 해태한 것을 말한다.
5	불가항력이란 천재지변과 같이 인간의 능력으로는 예견할 수 없거나, 예견할 수 있어도 회피할 수 없는 외부의 힘에 의하여 손해가 발생한 경우를 말한다.
5	공법상 위험책임이란 공익 목적을 위해 형성된 특별한 위험상태의 실현에 의해 생긴 손해에 대한 무과실배상책임을 말한다.
1	행정상 손실보상은 적법한 공권력 행사에 의해 국민에게 가해진 특별한 손실을 보상하여 주는 것을 의미한다.
3	존속보장이란 재산권자가 재산권을 보유하고 향유(사용, 수익, 처분)하는 것을 보장하는 것을 말한다.

3	가치보장이란 공공필요에 의해 재산권에 대한 공권적 침해가 행해지는 경우에 재산권의 가치를 보장하기 위해 보상 등 가치보장조치를 취하는 것을 말한다.
3	적법한 공용침해란 공공필요에 의하여 법률에 근거하여 가해진 국민의 권익에 대한 침해를 말한다.
1	특별한 희생이란 재산권에 일반적으로 내재된 사회적 제약을 넘는 특별한 공용침해를 말한다.
5	수용적 침해란 공공필요를 위한 적법한 공권력 행사에 의해 야기된 의도되지 않은 재산권에 대한 침해를 말한다.
5	수용유사침해란 행정기관의 위법한 침해로 피해를 입었으나 그 침해에 대한 규정이 없는 경우에 피해를 입은 자에 대한 보상 이론을 말한다.
5	공법상 결과제거청구권이란 공행정작용으로 인하여 야기된 위법한 상태로 인하여 자기의 권익을 침해받고 있는 자가 행정주체에 대하여 그 위법한 상태를 제거하여 침해 이전의 원래의 상태를 회복시켜 줄 것을 청구하는 권리를 말한다.
4	행정심판이란 행정청의 위법·부당한 처분 또는 부작위에 대한 불복에 대하여 행정기관이 심판하는 행정심판법상의 행정 쟁송절차를 말한다.
3	행정불복이란 행정결정에 대한 불복으로서 불복심사기관이 행정기관인 것을 말하며 이의신청과 행정심판이 있다.
1	이의신청은 통상 처분청에 제기하는 처분에 대한 불복절차를 말하며 준사법적 절차가 아닌 행정 불복을 말한다.
4	처분의 재심사는 처분을 불복기간의 경과 등으로 쟁송을 통하여 더 이상 다툴 수 없는 경우에 신청에 의해 처분청이 해당 처분을 재심사하는 것을 말한다.
4	취소심판이란 행정청의 위법 또는 부당한 처분을 취소하거나 변경하는 심판을 말한다.
4	무효등확인심판이란 행정청의 처분의 효력 유무 또는 존재 여부를 확인하는 심판을 말한다.
4	의무이행심판이란 행정청의 위법 또는 부당한 거부처분이나 부작위에 대하여 일정한 처분을 하도록 하는 심판을 말한다.
5	심판청구의 변경이란 심판청구의 계속 중에 청구의 취지나 이유를 변경하는 것을 말한다.
2	집행정지란 계쟁처분의 효력이나 집행 또는 절차의 속행을 정지시키는 것을 말한다.
5	임시처분이란 처분 또는 부작위에 대하여 인정되는 임시의 지위를 정하는 가구제를 말한다.
5	행정심판기관이란 행정심판의 제기를 받아 심판청구를 심리·재결하는 권한을 가진 행정기관을 말한다.
5	행정심판의 심리란 행정심판청구에 대한 재결을 하기 위하여 그 기초가 될 심판 자료를 수집하는 절차를 말한다.
4	요건심리란 제기된 소가 소송요건을 갖춘 것인지의 여부를 심리하는 것을 말한다.
4	본안심리란 요건심리의 결과 해당 심판청구가 심판청구요건을 구비한 것으로 인정되는 경우 심판청구의 당부를 심리하는 것을 말한다.
3	행정심판의 재결이라 함은 행정심판청구에 대한 심리를 거쳐 재결청이 내리는 결정을 말한다
2	각하재결이란 행정심판의 제기요건이 결여되어 행정심판이 부적법한 것인 때에 본안심리를 거절하는 재결을 말한다.
2	기각재결이란 본안심리의 결과 행정심판청구가 이유 없다고 인정하여 원처분을 시인하는 재결을 말한다.
2	인용재결이란 본안심리의 결과 심판청구가 이유 있다고 판단하여 청구인의 청구취지를 받아들이는 재결을 말한다.

3	재결의 형성력이라 함은 재결의 내용에 따라 새로운 법률관계의 발생이나 종래의 법률관계의 변경, 소멸을 가져오는 효력을 말한다.
3	재결의 기속력이란 처분청 및 관계행정청이 재결의 취지에 따르도록 처분청 및 관계행정청을 구속하는 효력을 말한다.
3	재결의 불가변력이란 재결은 당사자의 참여 아래 심리절차를 거쳐 내려지는 심판행위이므로 성질상 보통의 행정행위와 달리 재결을 한 위원회 자신도 이를 취소 · 변경할 수 없다는 것을 말한다.
4	재심판청구의 금지란 심판청구에 대한 재결이 있는 경우에는 그 재결 및 동일한 처분 또는 부작위에 대하여 다시 행정심판을 청구할 수 없다는 것을 말한다.
5	행정심판의 고지제도란 행정청이 처분을 함에 있어서 상대방에게 그 처분에 대하여 행정심판을 제기할 수 있는지 여부, 심판청구절차, 청구기간 등 행정심판의 제기에 필요한 사항을 미리 알려 주도록 의무를 지우는 제도를 말한다.
1	행정소송이란 행정청의 공권력 행사에 대한 불복 및 기타 행정법상의 법률관계에 관한 분쟁에 대하여 법원이 정식의 소송절차를 거쳐 행하는 행정쟁송절차를 말한다.
1	항고소송이란 행정청의 우월한 일방적인 행정권 행사 또는 불행사에 불복하여 권익구제를 구하는 소송을 말한다.
1	취소소송이란 행정청의 위법한 처분 등을 취소 또는 변경하는 소송을 말한다.
4	무효등확인소송이란 행정청의 처분이나 재결의 효력 유무 또는 존재 여부의 확인을 구하는 소송을 말한다.
4	부작위위법확인소송이란 행정청의 부작위가 위법하다는 것을 확인하는 소송을 말한다.
5	의무이행소송이란 행정청의 거부처분 또는 부작위에 대하여 법상의 작위의무의 이행을 청구하는 소송을 말한다.
5	예방적 부작위청구소송이란 행정청의 공권력 행사에 의해 국민의 권익이 침해될 것이 예상되는 경우에 미리 그 예상되는 침익적 처분을 저지하는 것을 목적으로 하여 제기되는 소송을 말한다.
3	당사자소송이란 공법상 법률관계의 주체가 당사자가 되어 다투는 공법상 법률관계에 관한 소송을 말한다. * 실질적 당사자소송이란 공법상 법률관계에 관한 소송으로서 그 법률관계의 주체를 당사자로 하는 소송을 말한다. * 형식적 당사자소송이란 형식적으로는 당사자소송의 형식을 취하고 있지만 실질적으로는 처분 등의 효력을 다투는 항고소송의 성질을 가지는 소송을 말한다.
1	대상적격이란 취소소송은 처분 등을 대상으로 하는 것을 말한다.
1	원처분주의란 행정심판의 재결의 당부를 다투는 취소소송의 대상을 원처분으로 하고 원처분의 취소소송에서는 원처분의 위법만을 다투고 재결에 고유한 위법은 재결취소 소송에서 다투도록 하는 제도를 말한다.
3	재결주의란 행정심판의 재결에 대하여 불복하는 경우 재결을 대상으로 취소소송을 제기하도록 하는 제도를 말한다.
1	협의의 소익(권리보호의 필요)이란 원고가 소송상 청구에 대하여 본안판결을 구하는 것을 정당화시킬 수 있는 현실적 이익 내지 필요성을 말한다.
3	부작위란 행정청이 당사자의 신청에 대하여 상당한 기간 내에 일정한 처분을 하여야 할 법률상 의무가 있음에도 불구하고 이를 하지 아니하는 것을 말하며 일정 요건 충족 시 부작위위법확인소송의 대상이 된다.
1	원고적격이란 구체적인 소송에서 원고로서 소송을 수행하여 본안판결을 받을 수 있는 자격을 말한다. 이를 법률상 이익이 있는 자라고도 한다.

1	제소기간이란 소송을 제기할 수 있는 시간적 간격을 의미하며 제소기간 경과 시 불가쟁력이 발생하여 소를 제기할 수 없는 것을 말한다.
4	경업자소송이란 여러 영업자가 경쟁관계에 있는 경우에 경쟁관계에 있는 영업자에 대한 처분 또는 부작위를 경쟁관계에 있는 다른 영업자가 다투는 소송을 말한다.
3	경원자소송이란 수인의 신청을 받아 일부에 대하여만 인·허가 등의 수익적 행정처분을 할 수 있는 경우에 인·허가 등을 받지 못한 자가 인·허가처분에 대하여 제기하는 항고소송을 말한다.
3	인인소송이란 어떠한 시설의 설치를 허가하는 처분에 대하여 해당 시설의 인근주민이 다투는 소송을 말한다.
	단체소송이란 환경단체나 소비자단체가 해당 단체가 목적으로 하는 일반적 이익(공익) 또는 회원들의 집단적 이익의 보호를 위하여 제기하는 소송을 말한다.
4	가구제란 소송의 실효성을 확보하기 위하여 본안판결 확정 전에 잠정적으로 행해지는 원고의 권리를 보전하기 위한 수단을 말한다.
1	집행정지란 처분 등의 효력·집행 또는 절차의 속행을 일시 정지시키는 소극적 현상유지적인 제도를 말한다.
1	집행부정지 원칙이란 취소소송의 제기가 처분 등의 효력이나 그 집행 또는 절차의 속행에 영향을 주지 않는다는 원칙을 말한다.
5	소송의 심리란 소에 대한 판결을 하기 위하여 그 기초가 될 소송자료를 수집하는 절차를 말한다.
2	요건심리란 제기된 소가 소송요건을 갖춘 것인지의 여부를 심리하는 것을 말한다.
2	본안심리란 요건심리의 결과 해당 소송이 소송요건을 갖춘 것으로 인정되는 경우 사건의 본안, 즉 청구의 이유 유무에 대하여 실체적 심사를 행하는 것을 말한다.
5	불고불리의 원칙이란 법원은 소송의 제기가 없으면 재판할 수 없고, 소송의 제기가 있는 경우에도 당사자가 신청한 사항에 대하여 신청의 범위 내에서 심리·판단하여야 한다는 원칙을 말한다
5	변론주의란 재판의 기초가 되는 자료의 수집·제출을 당사자의 권능과 책임으로 하는 소송원칙을 말한다.
5	직권심리주의란 소송자료의 수집을 법원이 직권으로 할 수 있는 소송심리원칙을 말한다.
5	소의 병합이란 행정소송법상 관련청구소송의 병합이라 함은 취소소송 또는 무효등확인소송에 해당 취소소송 등과 관련이 있는 청구소송을 병합하여 제기하는 것을 말한다.
5	처분 변경으로 인한 소의 변경이란 행정청이 처분을 소가 제기된 후에 변경한 때에는 원고의 신청에 의하여 법원의 허가를 받아 소를 변경하는 것을 말한다.
5	소송의 이송이란 어느 법원에 일단 계속된 소송을 그 법원의 결정에 의하여 다른 법원으로 이전하는 것을 말한다.
4	소송참가란 현재 계속 중인 타인 간의 소송에 제3자가 자기의 이익을 옹호하기 위하여 참가하는 것을 말하며 제3자의 소송참가와 행정청의 소송참가가 있다. * 제3자의 소송참가란 소송의 결과에 의하여 권리 또는 이익의 침해를 받을 제3자가 있는 경우에 당사자 또는 제3자의 신청 또는 직권에 의하여 그 제3자를 소송에 참가시키는 제도를 말한다. * 행정청의 소송참가란 관계행정청이 행정소송에 참가하는 것을 말한다.
4	처분사유란 처분의 적법성을 유지하기 위하여 처분청에 의해 주장되는 처분의 사실적·법적 근거를 말한다.
1	처분사유의 추가·변경이란 소송의 계속 중 행정청이 해당 처분의 적법성을 유지하기 위하여 처분 당시 제시된 처분사유를 추가·변경하는 것을 말한다.

부록

5	주장책임이란 당사자가 유리한 사실을 주장하지 않으면 그 사실은 없는 것으로 취급되어 불이익한 판단을 받게 되는 경우 해당 당사자의 불이익을 받는 지위를 말한다.
5	입증책임이란 소송상 증명을 요하는 어느 사실의 존부가 확정되지 않은 경우 해당 사실이 존재하지 않는 것으로 취급되어 불리한 법률판단을 받게 되는 당사자 일방의 위험 또는 불이익을 말한다. 통설·판례는 법률요건분배설로 주장하는 자가 입증해야 한다.
4	판결이란 구체적인 법률상 쟁송을 해결하기 위하여 법원이 소송절차를 거쳐 내리는 결정을 말한다.
4	소송판결이란 소송요건 또는 상소요건의 흠결이 있는 경우에 소송을 부적법하다 하여 각하하는 판결을 말한다.
4	본안판결이란 본안심리의 결과, 청구의 전부 또는 일부를 인용하거나 기각하는 종국판결을 말한다.
4	기각판결이란 본안심리의 결과, 원고의 주장이 이유 없다고 하여 그 청구를 배척하는 판결을 말한다.
2	인용판결이란 본안심리의 결과, 원고의 주장이 이유 있다고 하여 그 청구의 전부 또는 일부를 인용하는 판결을 말한다.
1	형성판결이란 일정한 법률관계를 형성·변경 또는 소멸시키는 것을 내용으로 하는 판결을 말한다.
3	확인판결이란 확인의 소에서 일정한 법률관계나 법률사실의 존부를 확인하는 판결을 말한다.
4	이행판결이란 피고에 대하여 일정한 행위를 명하는 판결을 말한다.
1	사정판결이란 취소소송에 있어서 본안심리 결과, 원고의 청구가 이유 있다고 인정하는 경우에도 공공복리를 위하여 원고의 청구를 기각하는 판결을 말한다.
2	형성력이란 계쟁처분 또는 재결의 취소판결이 확정된 때에는 해당 처분 또는 재결은 처분청의 취소를 기다릴 것 없이 당연히 효력을 상실하는 것을 말한다.
2	취소판결의 소급효란 취소판결의 취소의 효과는 처분 시에 소급하는 것을 말한다.
2	제3자효(대세효)란 취소판결의 취소의 효력은 소송에 관여하지 않은 제3자에 대하여도 미치는 것을 말한다.
1	기속력이란 행정청에 대하여 판결의 취지에 따라 행동하도록 당사자인 행정청과 그 밖의 관계행정청을 구속하는 효력을 말한다.
2	기판력이란 일단 재판이 확정된 때에는 소송당사자는 동일한 소송물에 대하여는 다시 소를 제기할 수 없고 설령 제기되어도 상대방은 기판사항이라는 항변을 할 수 있으며 법원도 일사부재리의 원칙에 따라 확정판결과 내용적으로 모순되는 판단을 하지 못하는 효력을 말한다.

	토지보상법
등급	제1장 공익사업을 위한 토지 등의 취득 등
2	**공용부담**이란 국가, 지방자치단체 등 공익사업자가 일정한 공공복리를 적극적으로 증진하기 위하여 개인에게 부과하는 공법상의 경제적 부담을 말한다.
1	**공용수용**이란 공익사업을 시행하기 위하여 공익사업의 주체가 타인의 토지 등을 강제적으로 취득하고 그로 인한 손실을 보상하는 물적 공용부담제도를 말한다.
2	**공공필요**란 재산권에 대한 공권적 침해는 공공필요에 의해서만 행해질 수 있는바, 공공필요는 공용침해의 실질적 허용요건이자 본질적 제약요소이다.
1	**비례의 원칙**이란 행정목적과 수단 사이에 적절한 비례관계가 있어야 한다는 원칙으로서 공공성의 판단기준이 된다.
1	**적합성의 원칙**이란 행정작용이 그 목적달성에 적합한 수단이어야 한다는 원칙으로 취해진 수단이 의도된 효과를 실현하는지에 대한 목적과 수단의 인과관계를 구성하는 것을 말한다.
1	**필요성의 원칙**이란 행정목적의 달성을 위한 수단이 여럿 있는 경우, 그 상대방에 대하여 침해가 가장 적은 수단을 선택하여야 한다는 원칙을 말한다.
1	**상당성의 원칙**이란 적합성과 필요성이 인정된 경우에도 다시 행정작용에 의한 침해의 정도와 그 추구하는 목적 사이에는 합리적인 비례관계가 있어야 한다는 것을 말한다.
1	**공공적 사용수용**이란 특정한 공익사업 기타 복리목적을 위하여 사적 주체가 타인의 특정 재산권을 법률의 힘에 의해 보상을 조건으로 강제적으로 취득하는 것을 말한다. 이를 사적 공용수용이라고도 한다.
2	**공용수용의 주체**란 토지 등에 대하여 수용권을 가지는 자를 말한다.
3	**피수용자**란 수용의 목적물인 재산권의 주체를 말한다.
4	**관계인**이란 사업시행자가 취득하거나 사용할 토지에 관하여 지상권 · 지역권 · 전세권 · 저당권 · 사용대차 또는 임대차에 따른 권리 또는 그 밖에 토지에 관한 소유권 외의 권리를 가진 자나 그 토지에 있는 물건에 관하여 소유권이나 그 밖의 권리를 가진 자를 말한다.
3	**수용목적물**이란 공용수용의 객체로서 수용의 대상이 되는 토지 및 물건 등을 말한다.
1	**확장수용**이란 특정한 공익사업을 위하여 필요한 범위를 넘어서 수용이 허용되는 경우를 말한다.
1	**잔여지수용**이란 동일한 토지소유자에 속하는 일단의 토지의 일부를 수용함으로 인하여 잔여지를 종전의 목적에 사용하는 것이 현저히 곤란할 때에, 토지소유자의 청구에 의하여 그 잔여지도 포함하여 전부를 수용하는 것을 말한다.
1	**완전수용**이란 토지를 사용함으로써 토지소유자가 받게 되는 토지이용의 현저한 장애 내지 제한을 완화하기 위하여 수용보상을 하는 것을 말한다.
4	**이전수용**이란 수용 · 사용할 토지의 정착물 또는 사업시행자소유의 토지에 정착한 타인의 입목, 건축물, 물건 등이 성질상 이전이 불가능하거나, 이전비가 그 정착물의 가격을 초과하는 경우에 이전에 갈음하여 수용하는 것을 말한다.
5	**공익사업의 준비**란 사업시행자가 공익사업의 시행을 위하여 행하는 준비행위로서 타인이 점유하는 토지에 출입하여 조사 · 측량을 하거나 장해물을 제거하는 등의 일련의 행위를 말한다.
4	**협의취득**이란 공익사업을 위한 토지의 취득에는 토지 등의 소유자의 의사에 반하는 강제취득인 공용수용 이외에 공용수용의 주체와 토지 등의 소유자 사이의 협의에 의한 취득이 가능한 것을 말한다.
1	**사업인정**이란 공익사업을 토지 등을 수용 또는 사용할 사업으로 결정하는 것으로서 공익사업의 시행자에게 그 후 일정한 절차를 거칠 것을 조건으로 일정한 내용의 수용권을 설정하여 주는 형성행위를 말한다.

1	사업인정 고시란 국토교통부장관은 사업인정을 하였을 때에는 지체 없이 그 뜻을 사업시행자, 토지소유자 및 관계인, 관계 시·도지사에게 통지하고, 사업시행자의 성명 또는 명칭·사업의 종류·사업지역 및 수용할 토지의 세목을 관보에 고시하여야 하는 것을 말한다. 사업인정고시도 처분에 해당된다고 보는 것이 다수견해이다.
1	협의란 사업시행자가 수용할 토지 등에 관한 권리를 취득하거나 소멸시키기 위하여 토지소유자 및 관계인과 의논하여 이루어진 의사의 합치를 말한다. ＊사업인정 전 협의란 공익사업에 필요한 토지 등을 공용수용절차에 의하지 않고 사업시행자가 토지소유자와 협의하여 취득하는 것을 말한다. ＊사업인정 후 협의란 사업시행자가 수용 목적물 및 보상 등에 관하여 피수용자와 합의하는 것을 말한다.
1	협의성립확인이란 협의가 성립한 경우 사업시행자가 수용재결의 신청기간 이내에 해당 토지소유자 및 관계인의 동의를 얻어 관할 토지수용위원회의 확인을 받는 것을 말한다.
1	수용재결이란 사업시행자에게 부여된 수용권의 구체적 내용을 결정하고, 그 실행을 완성시키는 절차를 말한다.
1	재결신청청구권이란 사업인정 후 협의가 성립되지 아니한 때 토지소유자 및 관계인이 사업시행자에게 서면으로 재결신청을 조속히 할 것을 청구할 수 있는 권리를 말한다
5	화해란 토지수용위원회가 재결이 있기 전에 수용·사용에 관한 사업시행자·토지소유자 및 관계인의 주장을 서로 양보하도록 하여 수용에 대한 분쟁을 원만하게 해결하고자 하는 양 당사자의 의사의 합치인 공법상 행위를 말한다.
1	토지보상법상 이의신청이란 관할 토지수용위원회의 위법, 부당한 재결에 불복이 있는 토지소유자 및 사업시행자가 중앙토지수용위원회에 이의를 신청하는 것을 말한다.
1	이의재결이란 관할 토지수용위원회의 위법·부당한 재결에 불복하여 이의신청을 거친 경우 그 위법·부당에 대한 중앙토지수용위원회의 판단을 말한다.
1	취소소송이란 관할 토지수용위원회의 위법한 수용재결의 취소나 변경을 구하는 소송을 말한다.
4	무효 등 확인소송이란 토지수용위원회의 재결 또는 이의재결의 효력 유무 또는 존재 여부를 확인하는 소송을 말한다.
1	보상금증감청구소송이란 토지수용위원회의 보상재결에 대하여 토지소유자 및 관계인은 보상금의 증액을 청구하는 소송을 제기할 수 있고 사업시행자는 보상금의 감액을 청구하는 소송을 제기할 수 있는 것을 말한다.
2	재결의 실효란 유효하게 성립한 재결에 대해 행정청의 의사행위에 의하지 않고, 객관적 사실 발생에 의해 당연히 재결의 효력이 상실되는 것을 말한다.
3	보상금의 공탁이란 재결에서 정한 보상금을 일정한 요건에 해당하는 경우 관할 공탁소에 보상금을 공탁함으로써 보상금 지급에 갈음하는 것을 말한다.
4	대행이란 토지·물건을 인도·이전해야 할 자가 고의나 과실 없이 의무를 이행할 수 없거나, 사업시행자가 과실 없이 토지나 물건을 인도·이전할 자를 알 수 없을 때, 사업시행자의 청구에 의하여 특별자치도지사·시장·군수 또는 구청장이 인도·이전의무를 대행하는 제도를 말한다.
1	대집행이란 의무자가 행정상 의무로서 타인이 대신하여 행할 수 있는 의무를 이행하지 아니하는 경우 법률로 정하는 다른 수단으로는 그 이행을 확보하기 곤란하고 그 불이행을 방치하면 공익을 크게 해칠 것으로 인정될 때에 행정청이 의무자가 하여야 할 행위를 스스로 하거나 제3자에게 하게 하고 그 비용을 의무자로부터 징수하는 것을 말한다.

1	환매권이란 공익사업을 위해 취득(협의취득 또는 수용)된 토지가 해당 사업에 필요 없게 되거나 일정기간 동안 해당 사업에 이용되지 않는 경우에 원소유자 등이 일정한 요건하에 해당 토지를 회복할 수 있는 권리를 말한다.
2	공익사업의 변환이란 공익사업을 위하여 토지를 협의취득 또는 수용한 후 토지를 협의취득 또는 수용한 공익사업이 다른 공익사업으로 변경된 경우 별도의 협의취득 또는 수용 없이 해당 협의취득 또는 수용된 토지를 변경된 다른 공익사업에 이용하도록 하는 제도를 말한다.
4	공용사용이란 공공필요를 위하여 특정인의 토지 등 재산을 강제로 사용하는 것을 말한다.
5	공용제한이란 공공필요를 위하여 재산권에 대하여 가해지는 공법상의 제한을 말한다.
5	공용환지란 일정 지역 안에서 토지의 이용가치를 증진시키기 위한 사업을 실시하기 위하여 토지의 소유권 및 기타의 권리를 권리자의 의사와 관계없이 강제적으로 교환·분합하는 것을 말한다.
5	환지처분이란 사업시행자가 환지처분계획구역의 전부 또는 그 구역 내의 일부 공구에 대하여 공사를 완료한 후 환지계획에 따라 환지교부 등을 하는 처분이다.
5	공용환권이란 일정한 지역 안에서 토지와 건축물 등 도시공간의 효용을 증대시키기 위한 사업을 실시하기 위하여 토지 및 건축물의 소유권 및 기타의 권리를 권리자의 의사와 관계 없이 강제적으로 교환·분합하는 것을 말한다.
5	환권처분이란 환권계획에 따라 권리의 변환을 행하는 것을 말한다.
3	도시정비법상 이전고시란 준공인가의 고시로 사업시행이 완료된 이후에 관리처분계획에서 정한 바에 따라 종전의 토지 또는 건축물에 대하여 정비사업으로 조성된 대지 또는 건축물의 위치 및 범위 등을 정하여 소유권을 분양받을 자에게 이전하고 가격의 차액에 상당하는 금액을 청산하거나 대지 또는 건축물을 정하지 않고 금전적으로 청산하는 공법상 처분을 말한다.
등급	제2장 손실보상
1	손실보상이란 공공필요에 의한 적법한 행정상의 공권력 행사에 의하여 개인의 재산권에 가해진 특별한 희생에 대하여 전체적 평등부담의 견지에서 행정주체가 행하는 조절적 전보제도를 말한다.
2	사업시행자보상 원칙이란 공익사업에 필요한 토지 등의 취득 또는 사용으로 인하여 토지소유자나 관계인이 입은 손실은 사업시행자가 보상하여야 하는 것을 말한다.
2	사전보상의 원칙이란 사업시행자는 해당 공익사업을 위한 공사에 착수하기 이전에 토지소유자와 관계인에게 보상액의 전액을 지급하여야 하는 것을 말한다.
2	현금보상의 원칙이란 손실보상은 다른 법률에 특별한 규정이 있는 경우를 제외하고는 현금으로 지급하여야 하는 것을 말한다.
3	채권보상이란 현금보상의 원칙에 대한 예외로서 채권으로 하는 손실보상을 말한다.
3	대토보상이란 현금보상의 원칙에 대한 예외로서 사업시행자의 손실보상금의 부담을 경감하고, 토지구입 수요를 줄임으로써 인근지역 부동산 가격의 상승을 억제할 수 있으며 토지소유자가 개발혜택을 일정부분 공유할 수 있도록 하는 기능을 갖는 제도를 말한다.
3	개인별 보상의 원칙이란 손실보상은 토지소유자나 관계인에게 개인별로 하여야 하는 것을 말한다.
3	일괄보상 원칙이란 사업시행자는 동일한 사업지역에 보상시기를 달리하는 동일인 소유의 토지 등이 여러 개 있는 경우 토지소유자나 관계인이 요구할 때에는 한꺼번에 보상금을 지급하여야 하는 것을 말한다.
3	사업시행 이익과의 상계금지 원칙이란 사업시행자는 동일한 소유자에게 속하는 일단의 토지 중 일부를 취득하거나 사용하는 경우 해당 공익사업의 시행으로 인하여 잔여지의 가격이 상승하거나 그 밖의 이익이 발생한 경우에도 그 이익을 그 취득 또는 사용으로 인한 손실과 상계할 수 없다는 것을 말한다.

3	시가보상의 원칙이란 보상액의 산정은 협의에 의한 경우에는 협의성립 당시의 가격을, 재결에 의한 경우에는 수용 또는 사용의 재결 당시의 가격을 기준으로 하는 것을 말한다.
1	개발이익이란 공익사업의 계획 또는 시행이 공고 또는 고시되거나 공익사업의 시행 기타 공익사업의 시행에 따른 절차로서 행하여진 토지이용계획의 설정·변경·해제 등으로 인하여 토지소유자가 자기의 노력에 관계없이 지가가 상승되어 현저하게 받은 이익으로서 정상지가상승분을 초과하여 증가된 부분을 말한다
1	개발이익 배제의 원칙이란 보상액 산정 시 해당 공익사업으로 인하여 토지 등의 가격이 변동되었을 때에는 이를 고려하지 아니하는 것을 말한다.
3	복수평가의 원칙이란 사업시행자는 토지 등에 대한 보상액을 산정하려는 경우에는 감정평가법인 등 2인 이상을 선정하여 토지 등의 평가를 의뢰하여야 하는 것을 말한다.
2	공시지가 기준보상이란 협의 또는 재결에 의하여 취득하는 토지를 평가함에 있어서는 평가대상토지와 유사한 이용가치를 지닌다고 인정되는 하나 이상의 표준지의 공시지가를 기준으로 하는 것을 말한다.
3	비교표준지란 표준지의 공시지가 중에서 대상토지와 유사한 이용가치를 지닌다고 인정되어 대상토지의 평가 시에 비교기준으로 선정된 것을 말한다.
4	시점수정이란 비교표준지공시지가의 공시기준일과 평가대상 토지의 가격시점 간의 시간적 불일치로 인한 가격수준의 변동을 정상화하는 작업을 말한다.
2	공법상 제한이란 공익목적을 위하여 공법상 토지 등 재산권에 대해 가해지는 토지 등 재산권의 사용·수익·처분에 대한 제한을 말한다.
1	일반적 제한이란 제한 그 자체로 목적이 완성되고 구체적 사업의 시행이 필요하지 않은 경우를 말한다.
1	개별적 제한이란 그 제한이 구체적 사업의 시행을 필요로 하는 경우를 말한다.
3	현황평가란 취득하는 토지에 관한 평가는 가격시점에서의 현실적인 이용상황을 기준으로 하여야 한다는 것을 말한다.
3	나지상정평가란 토지에 관한 평가에서 그 토지에 건축물·입목·공작물 그 밖에 토지에 정착한 물건이 있거나 토지에 관한 소유권 외의 권리가 설정되어 있을 경우에는 그 건축물 등이 없고 토지에 관한 소유권 외의 권리가 설정되어 있지 아니한 나지 상태를 상정하여 평가하는 것을 말한다.
2	그 밖의 요인이란 지가변동률·생산자물가상승률 및 개별요인과 같이 토지보상법에 명문으로 참작하도록 규정되어 있지는 않지만, 해당 보상평가에 있어서 정당보상이 이루어지도록 참작하여야 하는 사항을 말한다.
5	부대적 손실이란 수용·사용의 직접적인 목적물은 되지 않으나 공익사업의 시행을 위하여 목적물의 취득에 따른 피수용자에게 미치는 손실을 말한다.
1	잔여지 및 잔여건축물 보상이란 사업시행자는 동일한 토지소유자에 속하는 일단의 토지의 일부가 취득 또는 사용됨으로 인하여 잔여지의 가격이 감소하거나 그 밖의 손실이 있는 때 또는 잔여지에 통로·도랑·담장 등의 신설 그 밖의 공사가 필요한 때에는 원칙상 국토교통부령이 정하는 바에 따라 그 손실이나 공사의 비용을 보상하여야 하는 것을 말한다.
4	이전비보상이란 건축물·입목·공작물 기타 토지에 정착한 물건에 대하여는 원칙상 이전에 필요한 비용으로 보상하여야 하는 것을 말한다.
4	권리의 보상이란 광업권·어업권·양식업권 및 물 등의 사용에 관한 권리에 대하여는 투자비용·예상수익 및 거래가격 등을 참작하여 평가한 적정가격으로 보상하여야 하는 것을 말한다.
1	영업손실보상이란 영업을 폐지하거나 휴업함에 따른 영업손실에 대하여는 영업이익과 시설의 이전비용 등을 참작하여 보상하여야 하는 것을 말한다.

1	농업손실보상이란 공익사업시행으로 인하여 해당 토지가 공익사업시행지구에 편입되어 영농을 계속할 수 없게 됨에 따라 발생하는 손실에 대하여 농지의 단위면적당 소득 등을 참작하여 보상하여야 하는 것을 말한다.
1	간접손실보상이란 공익사업으로 인하여 사업시행지 밖의 재산권자에게 가해지는 손실 중 공익사업으로 인하여 필연적으로 발생하는 손실을 보상하는 것을 말한다.
2	생활보상은 피수용자가 종전과 같은 생활을 유지할 수 있도록 실질적으로 보장하는 보상을 말한다.
3	주거대책이란 피수용자가 종전과 같은 주거를 획득하는 것을 보장하는 보상을 말한다.
1	이주대책이란 공익사업의 시행으로 인하여 생활의 근거를 상실하게 되는 자를 종전과 같은 생활상태를 유지할 수 있도록 다른 지역으로 이주시키는 것을 말한다.
1	주거이전비란 주거용 건물의 거주자에 대하여는 주거 이전에 필요한 비용을 산정하여 보상하는 것을 말한다.
5	토지사용으로 인한 손실의 보상이란 공익사업의 시행을 위하여 타인의 토지를 사용하는 경우에는, 해당 토지의 소유권을 제한하게 되므로 이에 대한 보상으로 사용료를 지급하여야 하는 것을 말한다.
1	잔여지수용 청구란 동일한 토지소유자에 속하는 일단의 토지의 일부가 협의에 의하여 매수되거나 수용됨으로 인하여 잔여지를 종래의 목적에 사용하는 것이 현저히 곤란할 때에는 해당 토지소유자는 잔여지를 매수하여 줄 것을 청구할 수 있으며, 사업인정 이후에는 관할 토지수용 위원회에 수용을 청구할 수 있는 것을 말한다.
3	무허가건축물 부지란 건축법 등 관계법령에 의하여 허가를 받거나 신고를 하고 건축 또는 용도변경을 하여야 하는 건축물을 허가를 받지 아니하거나 신고를 하지 아니하고 건축 또는 용도변경한 건축물의 부지를 말한다.
3	불법형질변경토지란 관계법령에 의하여 허가나 승인을 받고 형질변경하여야 할 토지를 허가나 승인을 받지 아니하고 형질변경한 토지를 말한다.
4	미지급용지란 공공사업용지로 이용 중에 있는 토지로서 보상이 완료되지 아니한 토지, 즉 종전에 시행된 공익사업의 부지로서 보상금이 지급되지 아니한 토지를 말한다.
5	사도법상 사도란 사도법에 따라 개설허가권자의 개설허가를 받은 도로를 말한다.
1	사실상의 사도란 사도법상의 사도 외의 관할 시장 또는 군수의 허가를 받지 않고 개설하거나 형성된 사도를 말한다.
3	예정공도란 「국토계획법」에 따른 도시·군관리계획에 의하여 도로로 결정된 후부터 도로로 사용되고 있는 도로를 말한다.
4	개간지란 임야, 하천부지, 도로부지, 공유수면 등의 토지에 대하여 형질변경, 토질, 토양의 증진, 시설, 공작물의 설치 등을 통하여 전, 답 또는 과수원 등의 농경지로 전환·이용되고 있는 토지를 말한다.
5	송전선로란 발전소 상호 간, 변전소 상호 간, 또는 발전소와 변전소 간을 연결하는 전선로와 이에 속하는 전기설비를 말한다.
5	건축물이란 기둥과 벽, 지붕 등으로 이루어져 사람의 주거 및 기타 용도로 활용하는 건축물을 말하며 건축물의 부대시설 또는 건축설비 등도 건축물에 포함된다.
5	공작물이란 손실보상과 관련하여서는 토지에 정착한 인위적인 힘이 가해진 구조물로서 건축물로 볼 수 없는 것을 말한다.
5	수목이란 토지 위에 식생하고 있는 모든 식물군을 뜻하는 것으로 보상평가에 있어서는 관상수, 수익수, 묘목, 입목 및 죽림 등으로 구분할 수 있다.

5	묘목이란 모종으로 옮겨심기 위해 가군 어린 나무를 말한다.
5	입목은 '땅 위에 서 있는 산 나무'를 뜻한다.
5	농작물이란 농업생산에 의한 작물로서 벼, 보리, 배추, 무 등과 같은 1년생 작물 및 도라지, 작약, 인삼 등 다년생 작물을 포함한다.
5	농작물보상이란 농작물을 수확하기 전에 농경지를 수용 또는 사용함으로써 발생하는 손실을 보상하는 것을 말한다.
부동산공시법	
1	표준지공시지가란 부동산공시법의 규정에 의한 절차에 따라 국토교통부장관이 조사·평가하여 공시한 표준지의 단위면적당 가격을 말한다.
1	개별공시지가란 시장·군수 또는 구청장이 국세·지방세 등 각종 세금의 부과, 그 밖의 다른 법령에서 정하는 목적을 위한 지가산정에 사용되도록 하기 위하여 부동산공시법 제25조에 따른 시·군·구 부동산가격공시위원회의 심의를 거쳐 매년 공시하는 공시기준일 현재 관할구역 안의 개별토지의 단위면적당 가격을 말한다.
1	토지가격비준표란 국토교통부장관이 행정목적상 지가산정을 위하여 필요하다고 인정하는 경우 작성하여 관계행정기관에 제공하는 것으로서, 표준지와 지가산정대상토지의 지가산정요인에 관한 표준적인 비교표를 말한다.
4	부동산가격공시위원회란 부동산평가에 관한 사항 등을 심의하기 위한 필수기관으로서 국토교통부장관 소속하의 중앙부동산가격공시위원회와, 시장·군수 또는 구청장 소속하의 시·군·구 부동산가격공시위원회가 있다.
5	표준주택가격이란 국토교통부장관이 부동산공시법의 규정에 의한 절차에 따라 조사·평가하여 공시한 표준주택의 매년 공시기준일(원칙상 1월 1일) 현재의 적정가격을 말한다.
5	개별주택가격이란 시장·군수 또는 구청장이 매년 표준주택가격의 공시기준일 현재를 기준으로 결정·공시한 관할구역 안의 개별주택의 가격을 말한다.
5	공동주택가격이란 국토교통부장관이 공동주택에 대하여 매년 공시기준일(원칙상 1월 1일) 현재의 적정가격을 조사·산정하고, 중앙부동산가격공시위원회의 심의를 거쳐 공시하는 가격을 말한다.
5	비주거용 표준부동산가격이란 국토교통부장관이 비주거용 표준부동산에 대하여 용도지역, 이용상황, 건물구조 등이 일반적으로 유사하다고 인정되는 일단의 비주거용 일반부동산 중에서 선정한 비주거용 표준부동산에 대하여 매년 공시기준일 현재의 적정가격을 조사·산정하고, 중앙부동산가격공시위원회의 심의를 거쳐 이를 공시하는 가격을 말한다.
5	비주거용 개별부동산가격이란 시장·군수 또는 구청장이 매년 비주거용 표준부동산가격의 공시기준일 현재를 기준으로 결정·공시한 관할구역 안의 비주거용 개별부동산의 가격을 말한다.
5	비주거용 집합부동산가격이란 국토교통부장관이 비주거용 집합부동산에 대하여 매년 공시기준일(원칙상 1월 1일) 현재의 적정가격을 조사·산정하고, 중앙부동산가격공시위원회의 심의를 거쳐 공시하는 가격을 말한다.

감정평가법	
1	감정평가사란 타인의 의뢰에 의하여 토지 등의 경제적 가치를 판정하여 그 결과를 가액으로 나타내는 감정평가 업무를 직무로 하는 자를 말한다.
3	감정평가업이란 타인의 의뢰에 따라 일정한 보수를 받고 토지 등의 감정평가를 업으로 행하는 것을 말한다.
2	감정평가사의 자격취소란 국토교통부장관이 감정평가사에게 부여한 자격의 효력을 상실시키는 행위를 말한다.
2	감정평가사에 대한 징계란 감정평가사가 감정평가법이 규정하는 징계사유 중 어느 하나의 사유에 해당하는 경우에 감정평가사 징계위원회의 의결에 따라 국토교통부장관에 의해 과해지는 제재를 말한다.
3	징계위원회란 감정평가사의 징계에 관한 사항을 의결하는 기관을 말한다. 정식명칭은 감정평가관리·징계위원회이다.
3	감정평가법인 등이란 사무소개설을 한 감정평가사와 감정평가법인설립 인가를 받은 감정평가법인을 말한다.
1	과징금(변형된 과징금)은 행정법상 의무위반 행위로 얻은 경제적 이익을 박탈하기 위한 금전상 제재금을 말한다.

부록

◆ 참고문헌

석종현·송동수, 일반행정법 총론, 박영사, 2024

홍정선, 행정기본법 해설, 박영사, 2024

정관영 외4인, 분쟁해결을 위한 행정기본법 실무해설, 신조사, 2021

정선균, 행정법 강해, 필통북스, 2024

박균성, 행정법 강의, 박영사, 2024

정남철, 한국행정법론, 법문사, 2024

김철용, 행정법, 고시계사, 2024

홍정선, 기본행정법, 박영사, 2024

강정훈, 감평행정법 기본서, 박문각, 2025

강정훈, 감정평가 및 보상법규 기본서, 박문각, 2025

강정훈, 감정평가 및 보상법규 종합문제, 박문각, 2024

강정훈, 감정평가 및 보상법규 기출문제분석, 박문각, 2024

강정훈, 감정평가 및 보상법규 판례정리분석, 박문각, 2024

강정훈 보상법규 암기장 시리즈, 박문각, 2025

홍정선, 행정법 특강, 박영사, 2013

류해웅, 토지법제론, 부연사, 2012

류해웅, 신수용보상법론, 부연사, 2012

김성수·이정희, 행정법연구, 법우사, 2013

박균성, 신경향행정법연습, 삼조사, 2012

박정훈, 행정법사례연습, 법문사, 2012

김연태, 행정법사례연습, 홍문사, 2012

홍정선, 행정법연습, 신조사, 2011

김남진·김연태, 행정법 I, 법문사, 2007

김성수, 일반행정법, 법문사, 2005

김철용, 행정법 I, 박영사, 2004

류지태, 행정법신론, 신영사, 2008

박균성, 행정법론(상), 박영사, 2008

박윤흔, 최신행정법강의(상), 박영사, 2004

정하중, 행정법총론, 법문사, 2004

홍정선, 행정법원론(상), 박영사, 2008

노병철, 감정평가 및 보상법규, 회경사, 2008

강구철, 국토계획법, 2006, 국민대출판부

강구철, 도시정비법, 2006, 국민대출판부

佐久間 晟, 用地買收, 2004, 株式會社 プログレス

日本 エネルギー 研究所, 損失補償と事業損失, 1994, 日本 エネルギー 研究所

西埜 章·田邊愛壹, 損失補償の要否と内容, 1991, 一粒社

西埜 章·田邊愛壹, 損失補償法, 2000, 一粒社

한국토지공법학회, 토지공법연구 제40집(한국학술진흥재단등재), 2008.5

한국토지보상법 연구회, 토지보상법연구 제8집, 2008.2

월간감정평가사 편집부, 감정평가사 기출문제, 부연사, 2008

임호정 · 강교식, 부동산가격공시 및 감정평가, 부연사, 2007

가림동국평가연구원, 감정평가 및 보상판례요지, 부연사, 2007

김동희, 행정법(Ⅰ)(Ⅱ), 박영사, 2009

박균성, 행정법 강의, 박영사, 2011

홍정선, 행정법 특강, 박영사, 2011

강구철 · 강정훈, 감정평가사를 위한 쟁점행정법, 부연사, 2009

류해웅, 신수용보상법론, 부연사, 2009

한국감정평가협회, 감정평가 관련 판례 및 질의회신(제1,2집), 2009년

임호정, 보상법전, 부연사, 2007

강정훈, 감정평가 및 보상법규 강의, 리북스, 2010

강정훈, 감정평가 및 보상법규 판례정리, 리북스, 2010

한국토지공법학회, 토지공법연구(제51집), 2010

국토연구원, 국토연구 논문집(국토연구원 연구전집), 2011

감정평가 및 보상법전, 리북스, 2019

강구철 · 강정훈, 新 감정평가 및 보상법규, 2013

감정평가 관련 판례 및 질의 회신 Ⅰ.Ⅱ(한국감정평가사협회/2016년)

한국토지보상법연구회 발표집 제1집-제19집(한국토지보상법연구회/2019년)

한국토지보상법연구회 발표집 제1집-제20집(한국토지보상법연구회/2020년)

한국토지보상법연구회 발표집 제21집(한국토지보상법연구회/2021년)

한국토지보상법연구회 발표집 제22집(한국토지보상법연구회/2022년)

한국토지보상법연구회 발표집 제23집(한국토지보상법연구회/2023년)

한국토지보상법연구회 발표집 제22집(한국토지보상법연구회/2024년)

토지보상법 해설(가림감정평가법인, 김원보, 2024년)

국가법령정보센터(2025년)

대법원종합법률정보서비스(2025년)

국토교통부 정보마당(2025년)

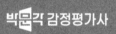

MEMO

박문각 감정평가사

강정훈 감평행정법
2차 | 기본서

제7판 인쇄 2025. 3. 20. | **제7판 발행** 2025. 3. 25. | **편저자** 강정훈

발행인 박 용 | **발행처** (주)박문각출판 | **등록** 2015년 4월 29일 제2019-0000137호

주소 06654 서울시 서초구 효령로 283 서경 B/D 4층 | **팩스** (02)584-2927

전화 교재 문의 (02)6466-7202

저자와의
협의하에
인지생략

정가 35,000원
ISBN 979-11-7262-565-8

MEMO